Graetz · Geschichte der Juden

# Geschichte der Juden

## von den ältesten Zeiten bis auf die Gegenwart

Aus den Quellen neu bearbeitet von

Dr. H. Graetz

## Zweiter Band

### Erste Hälfte

Vom Tode des Königs Salomo bis zum babylonischen Exile (586)

Zweite vermehrte und verbesserte Auflage

Bearbeitet von Dr. M. Brann

# Geschichte der Israeliten

## vom Tode des Königs Salomo
(um 977 vorchristlicher Zeit)
## bis zum Tode des Juda Makkabi
(160)

Von

Dr. H. Graetz

arani

Reprint der Ausgabe letzter Hand, Leipzig 1902


Gesamtherstellung: Ebner Ulm
ISBN 3-7605-8673-2

# Geschichte der Juden

von

den ältesten Zeiten bis auf die Gegenwart.

---

Aus den Quellen neu bearbeitet

von

**Dr. H. Graetz,**
weil. Professor an der Universität und am jüdisch-theologischen
Seminar zu Breslau.

**Zweiter Band.**

Erste Hälfte.

Vom Tode des Königs Salomo bis zum babylonischen Exile (586)

Leipzig,
Oskar Leiner.
1902.

# Geschichte der Israeliten

vom

Tode des Königs Salomo
(um 977 vorchr. Zeit)

bis

zum Tode des Juda Makkabi (160).

Von

Dr. H. Graetz,

weil. Professor an der Universität und am jüdisch-theologischen Seminar zu Breslau.

Zweite vermehrte und verbesserte Auflage,
bearbeitet
von

Dr. M. Brann.

Leipzig,
Oskar Leiner.
1902.

# Vorwort zur ersten Auflage.

Gegen meine Absicht bin ich genöthigt, vor der Vollendung des Werkes ein Wort an meine Leser und zwar zur captatio benevolentiae zu richten. Der zweite Band, welcher das Ganze abschließen soll, würde zu voluminös und unhandlich ausfallen, wenn ich den ganzen Geschichtsstoff von mehr als acht Jahrhunderten hineinpressen wollte. Denn durch neue Entdeckungen und Forschungen auf diesem Gebiete in den letzten Jahrzehnten hat das Material eine früher ungeahnte Ausdehnung erhalten, und um dieses zu berücksichtigen, das Haltbare aufzunehmen und zu verarbeiten und das Gehaltlose mit Gründen abzuweisen, ist die Bogenzahl des zweiten Bandes so angewachsen, daß es unumgänglich nöthig wurde, denselben in zwei Hälften zu theilen. Die Theilung ist auch nicht willkürlich gemacht, sondern vom Geschichtsverlauf selbst gegeben. Denn das babylonische Exil bildet ebenso einen Knotenpunkt in der judäischen Geschichtsperiode, wie der Tod Salomo's und der Beginn der Reichsspaltung in der älteren israelitischen Geschichte. Die erste Hälfte, welche die Begebenheiten bis zum Untergange des judäischen Staates erzählt, übergebe ich hiermit dem Publikum; die zweite Hälfte, welche die Zeit vom babylonischen Exile bis zu den Makkabäerkämpfen und bis zum Tode der makkabäischen Helden umfaßt, wird unter Gottes Beistand binnen einigen Monaten nachfolgen. Ein Theil der auch zu dieser Hälfte gehörenden Noten werden der zweiten Hälfte beigegeben werden.

Breslau, im Februar 1875.

Graetz.

# Vorwort zur zweiten Auflage.

Die Grundsätze, von denen ich mich bei der Bearbeitung des zehnten (1897) und elften (1900) Bandes des Graetz'schen Geschichtswerkes habe leiten lassen, sind auch bei der Herausgabe des vorliegenden Theiles für mich maßgebend gewesen. Handschriftliche Bemerkungen oder Nachträge zu diesem Bande haben sich freilich im litterarischen Nachlaß des heimgegangenen Meisters nicht gefunden. Um so reicheren Ertrag boten die in der „Monatsschrift für die Geschichte und Wissenschaft des Judenthums" veröffentlichten Aufsätze des Verfassers und von seinen später erschienenen Büchern besonders der „Kritische Commentar zu den Psalmen" (1881) und die „Emendationes in plerosque sacrae scripturae veteris testamenti libros" (1892/94). Namentlich habe ich den größten Theil der umfangreichen Abhandlung über die „allerneueste Bibelkritik Wellhausen-Renan" (Jahrgang 1886 der „Monatsschrift," S. 193 bis 204 und 233 bis 251) möglichst zwanglos in die Note 6, die von der „Composition der Thora" handelt, hineingearbeitet. Die Alleinherrschaft der Graf-Wellhausen'schen Hypothese ist allerdings in unseren Tagen bereits einigermaßen erschüttert. Denn immer mehr bricht sich die Ueberzeugung Bahn, daß der moderne Evolutionismus einer unbefangenen Würdigung der heiligen Schrift gerade so hindernd im Wege steht, wie seiner Zeit z. B. der Rationalismus. Nichtsdestoweniger schien es in Rücksicht auf die Verbreitung, welche die genannte Auffassung noch immer besitzt, rathsam, die Meinung des Verfassers über die einschlägigen Fragen den Lesern des Buches zugänglich zu machen.

Meine eigenen Ansichten zur Geltung zu bringen, war hier selbstverständlich nicht der Ort. Trotzdem wird der aufmerksame Leser über meine Meinung in einigen wesentlichen Punkten nicht im Zweifel bleiben.

Breslau, den 15. August 1902.

Dr. Brann.

# Inhalt.

## Drittes Kapitel.



## Viertes Kapitel.



## Fünftes Kapitel.

## Sechstes Kapitel.

Seite



## Siebentes Kapitel.



## Achtes Kapitel.

## Zwölftes Kapitel.

Seite



## Dreizehntes Kapitel.

## Noten.

# Dritte Epoche.

# Die rückläufige Bewegung.

## Erstes Kapitel.

### Die Reichsspaltung und das erneuerte Prophetenthum.

Rehabeam. Das Thronfolgerecht. Jerobeam's Umsturzplan. Vorgang in Sichem. Rehabeam's Flucht. Trennung in zwei Reiche: das Zehnstämmereich und das Zweistämmereich. Jerobeam, König über Zehnstämme Sichem und dann Thirza Hauptstadt. Jerobeam's Verirrungen. Stierkultus in Bethel und Dan. Verhalten der Leviten. Nächste Folge der Reichsspaltung. Schischak's Einfall und Eroberung in Juda. Abfall der Vasallenländer. Reibungen beider Reiche gegen einander. Sturz des Hauses Jerobeam. Baescha und Ela im Zehnstämmereich. Aßa in Juda. Sturz des Hauses Baescha. Omri. Seine Pläne. Samaria, Hauptstadt; Baal- und Astartencultus; Bündniß mit Tyrus und Juda. Ahab und Isebel. Verfolgung der Propheten. Der Prophet Eliahu und sein Eifer. Entstehung des Nasiräerthums. Vorgänge auf dem Berge Karmel. Ahab's Kämpfe gegen Ben-Hadad von Aram. Josaphat in Verbindung mit dem Hause Omri. Die neuen Prophetenschulen. Sturz der Omriden. Jehu vertilgt das Haus Omri und hebt den Baalkultus auf.

(977—887.)

Zum ersten Mal, seitdem das Königthum in Israel eingeführt wurde, konnte nach Salomo's Tod die Thronfolge ohne unruhige Bewegung und Spaltung vor sich gehen. Glücklicher als sein Vater und Großvater konnte Rehabeam unangefochten die Regierung über das zu einem Großstaate emporgehobene Land antreten, dem so viele Völkerschaften zinsbar waren, er konnte sich in goldene Träume von Herrschermacht und Glück wiegen. Sei es, daß Rehabeam keinen Bruder hatte, der ihm die Krone hätte streitig machen können, oder daß Salomo das alte Recht der Erbschaft für Privatbesitz auch auf die Besitznahme der Regierung angewendet hat, daß der Erstgeborene jedesmal den Vorzug genießen sollte, genug, Rehabeam bestieg ruhig den Thron seines Vaters. In der That, Thronstreitigkeiten zwischen Brüdern, wie bei Salomo's Regierungsantritt, kamen in Jerusalem nicht mehr vor. Rehabeam wäre solchen auch nicht gewachsen gewesen. Denn so wenig wir auch von seinen persönlichen Eigenschaften wissen, so ist doch so viel gewiß, daß er seinem Vater nicht ähnlich war und daß seine Geistesanlagen noch weniger als mittelmäßig waren. Wie alle im Purpur geborenen Königssöhne, denen keine hervorstechende Charaktergröße zu Theil geworden, war er kurzsichtig und hochmüthig und dabei so unselbstständig, daß er sich selbst nicht rathen konnte. Er hatte weder kriegerischen Geist, noch Sinn für das Großartige. Der Thron sollte ihm lediglich Macht, süße Ruhe und Lebensbehaglichkeit sichern. Dieser Traum, den er gehegt haben mochte, war indessen nur von kurzer Dauer. Es erfolgte darauf ein schreckliches Erwachen Unerwartet stellte sich ein Feind ein, der ihm Macht, Ruhe und Lebensbehaglichkeit raubte und im israelitischen Staate einen Riß hervorbrachte, der nimmermehr geheilt werden konnte.

Jerobeam, Sohn Nebat's, der Ephraimite, welcher in Salomo's letzten Regierungsjahren die Fahne der Empörung geschwungen, aber für den ersten Augenblick keinen Erfolg erzielt hatte und nach Aegypten geflohen war (I. S. 363), kehrte bei der Nachricht von Salomo's Ableben sofort nach der Heimath zurück [1]), um zum zweiten Mal mit seinen ehrgeizigen Plänen, die von einem Propheten gebilligt waren, aufzutreten. Wahrscheinlich hat sein Gönner Scheschenk

[1]) Könige I. 12, fg. V. 2. statt וַיֵּשֶׁב ירבעם במצרים muß man mit Chronik II. 10, 2 lesen . . . וַיָּשָׁב ממצרים. Der chronologische Gang der Ereignisse von dem Abfall der Zehnstämme, wie er sich aus den Umständen von selbst ergiebt, stimmt, oberflächlich betrachtet, nicht mit der Darstellung in der Relation, d. h diese folgt nicht einer chronologischen Ordnung Jerobeam war der Urheber des ganzen Aufstandes, das läßt sich nicht verkennen. (Vergl. Chronik II. 13, 6—7; er war der Hauptsprecher (Könige das. V. 3 u. 12). Folglich begann die Bewegung mit seiner Rückkehr. V. 2 steht aber nicht im Widerspruch mit V. 20a. Der Letztere knüpft nur an den Ersteren durch ein Finitum an, statt des Infinitivs: ובשלחם ובקראם אותו אל העדה, denn V. 3 muß man nothwendig zu ויקראו ergänzen: אל העדה, das in V. 20 angegeben ist. V. 2 und Eingang von V. 3 bilden also den Anfang und V. 1 die Folge. — Nicht etwaige Stände haben Rehabeam in Sichem huldigen wollen — eine Huldigung ist bei Salomo's Regierungsantritt gar nicht vorgekommen —, sondern die Aeltesten Israel's legten ihm den Zwang auf, nach Sichem zu kommen. Es war der erste Schritt zur Renitenz. Den Aufruf zur Empörung V. 16 hat Jerobeam gethan, wie Scheba Sam. II. 20, 1 V. 17 steht ebenfalls außer chronologischer Ordnung und gehört zu Vers 21a. Für das Wort ראה in V. 16 haben LXX βόσκε d. h. רעה, was richtiger ist. [Vgl. Benzinger in „Marti's Kurzem Hand-Commentar zum Alten Testament", Abt. IX: „Die Bücher der Könige" zur Stelle]. — Aus V. 18 geht hervor, daß die Sichemiten den König Rehabeam bedroht haben.

(Schischak), König von Aegypten, seine Heimkehr befördert und ihn vielleicht zu Schiff nach einem israelitischen Hafenplatz bringen lassen. So wie dieser kecke, vor nichts zurückschreckende Ephraimite in Sichem, der zweiten Stadt des Landes, angekommen war, begann die Widersetzlichkeit der stets zum Aufruhr geneigten Sichemiten. Er wurde zur Volksgemeinde eingeladen, oder vielmehr er veranlaßte die Zusammenberufung derselben und leitete sie, um die Schritte zu berathen, die eingeschlagen werden sollten, um nicht plötzlich mit dem Herkommen zu brechen und doch das von ihm geplante Ziel zu erreichen. Die Aeltesten anderer Stämme wurden ebenfalls eingeladen, sich an dem Vorgehen der Sichemiten zu betheiligen und solchergestalt der Widersetzlichkeit einen imposanten, vom Volkswillen ausgedrückten Charakter zu geben. Beschlossen wurde zunächst, daß die Stammältesten sich nicht wie bisher nach Jerusalem zur Huldigung des neuen Königs begeben, sondern dieser eingeladen werden sollte, nach Sichem zu kommen, um hier die Huldigung zu empfangen. Es war der erste Schritt zur Empörung. Rehabeam entschloß sich dazu, wahrscheinlich mit Widerstreben und in der Erwartung, daß seine Gegenwart eine etwaige Auflehnung lähmen werde. Es war ein verhängnißvoller Augenblick von weittragenden Folgen in der Geschichte Israel's.

Rehabeam ließ sich von seinen Räthen nach Sichem begleiten, von älteren, welche seinem Vater beigestanden, und von jüngeren, die er in seine Nähe gezogen hatte. Für alle Fälle nahm er auch den Oberbeamten über die Frohnsklaven, Adoniram, mit, welcher gewöhnt war, ungefügige Arbeiter mit finsterem Blick und mit der Geißel niederzuschlagen. Als Rehabeam in Sichem angekommen war, begaben sich die Stammältesten zu ihm, um Beschwerden vorzubringen. Jerobeam hatten sie zu ihrem Sprecher gewählt, und er rückte mit den Beschwerden des Volkes so herb als möglich heraus: „Dein Vater hat uns ein hartes Joch aufgelegt und uns schwerer Dienstbarkeit unterworfen. Wenn du dieses schwere Joch erleichtern willst, dann wollen wir dir unterthänig sein.“ Betroffen von dieser unverblümt kecken Sprache, antwortete Rehabeam mit verbissenem Zorne, sie mögen in drei Tagen wieder vor ihm erscheinen und sich die Antwort holen. Welche Antwort wollte er den Stammältesten geben? Er wußte es Anfangs selbst nicht, er pflog erst darüber Rath mit seinen Dienern. Die älteren Räthe stimmten für Milde, die jüngeren für Strenge, und der unkluge König folgte den Letzteren. Als er die Aeltesten und Jerobeam am dritten Tage wieder empfing, fuhr er sie mit einer Antwort an, von der er glaubte, sie werde niederschmetternd wirken. „Mein kleiner Finger ist mehr als meines Vaters Lenden! Hat er euch mit Ruthen gezüchtigt, so werde ich euch mit Skorpionen züchtigen." Das hatte Jerobeam erwartet, und darauf hatte er gerechnet. Zu den Aeltesten gewendet, sprach der von Anfang an auf Abfall von Rehabeam sinnende Ephraimite: „Was für Antheil haben wir an David und welches Erbe an Isai's Sohn? Zu euren Zelten kehret heim, Israeliten, und du, David, weide dein eigenes Haus!" Darauf entfaltete Jerobeam die Fahne der Empörung und versammelte die Sichemiten, die willfährig sich um ihn schaarten, um ihre Feindseligkeit gegen Rehabeam kund zu geben. Die ganze Eifersucht und der Haß, den die Ephraimiten während David's und Salomo's Regierung ob ihrer Unterordnung und vermeintlichen Zurücksetzung in stiller Brust gehegt hatten, brachen mit einem Male hervor. Sie ergriffen die Gelegenheit, um sich vom davidischen Königsthron loszumachen und wieder, wie einst zur Zeit der Richter, an der Spitze der Stämme zu stehen. Mit Waffen in der Hand drangen die Sichemiten, immer Jerobeam an der Spitze, auf das Haus ein, worin Rehabeam weilte. Dieser sandte seinen Frohnbeamten Adoniram, um die Aufrührer wie aufwieglerische Sklaven zu Paaren zu treiben. Ein Steinhagel empfing ihn, er sank leblos zu Boden. Rehabeam, dessen Leben gleichfalls bedroht war, entfloh auf seinem Wagen aus Sichem und gelangte nach Jerusalem. Der Riß war vollzogen, und Niemand war da, ihn zu heilen.

So empört und niedergebeugt durch den Vorgang in Sichem Rehabeam auch war, so mußte er sich doch erst, ehe er einen Schritt that, vergewissern, ob er noch auf treue Anhänger zählen konnte. Wie, wenn die Stämme in der Nähe seiner Hauptstadt, von dem Beispiel der Sichemiten verführt, ihm ebenfalls den Gehorsam aufkündigten? Wo würde der Abfall Halt machen? Von dieser Sorge wurde er indeß befreit. Der Stamm Juda, der mit David's Haus eng verwachsen war und es als die höchste Blüthe seines eigenen Wesens betrachtete, blieb seiner Anhänglichkeit an David treu. Der Stamm Simeon gehörte so sehr als Anhängsel zu Juda, daß er gar nicht als selbstständiger Stamm mitzählte; er war gewohnt, dem Stamme Juda Gefolgschaft zu leisten. Aber auch der Stamm Benjamin blieb Rehabeam treu; er war bereits mit Juda eng verschmolzen und konnte sein Geschick von diesem nicht mehr trennen. In den meisten benjaminitischen Städten wohnten zugleich Judäer, und diese hätten einen Abfall verhindert. In Jerusalem wohnten mehr Benjaminiten als Judäer [1]).

[1]) Der scheinbar überflüssige Vers, das. 12, 17: ובני ישראל הישבים בערי יהודה bezieht sich auf Benjaminiten, nicht auf Judäer; denn diese werden niemals בני ישראל genannt; es schließt aber auch Genossen anderer Stämme ein, deren Gebiet sich Judäer angeeignet hatten, z. B. Daniten in Eschtaol, Thimna (s. I,

Diese Stämme hielten also zu Rehabeam. Sobald er von dieser Seite gesichert war und wußte, daß zwei (oder drei) Stämme fest zu ihm standen, dachte er selbstverständlich daran, die Sichemiten und Ephraimiten überhaupt mit dem Schwerte zum Gehorsam zurückzuführen, und es wäre ihm vielleicht gelungen, wenn nicht Jerobeam Vorkehrungen getroffen hätte, von diesem Abfall den größten Nutzen für sich zu ziehen. Er wußte den Ephraimiten beizubringen, daß nur ein König im Stande sein würde, dem Andringen Rehabeam's eine feste Gegenwehr entgegenzusetzen, und daß sie nur dadurch das herbe Strafgericht von sich abzuwenden vermöchten, das ihrer als Empörer harrte, falls sie sich wieder unterwerfen sollten. Und diese mögen selbst überzeugt gewesen sein, daß nur ein König aus ihrer Mitte ihnen die Macht über die übrigen Stämme verschaffen könnte. Sie beschlossen also, einen Gegenkönig aufzustellen. Wer war geeigneter dazu als Jerobeam? Er allein hatte Muth und Gewandtheit gezeigt, und er war ein Ephraimite. Die ephraimitischen Aeltesten riefen in Folge dessen ihn zum Könige aus und zogen die übrigen Stämme nach. Der Stamm Manasse folgte stets dem von Ephraim ausgegangenen Anstoß, und die übrigen Stämme im Norden konnten sich, wenn sie auch wollten, dem nicht entziehen. Von Juda waren sie räumlich getrennt, und zu einem eigenen Verbande fehlten ihnen alle Bedingungen. Darum gingen auch sie mit Ephraim. Die jenseitigen Stämme huldigten ebenfalls Jerobeam, vermuthlich, weil auch sie Beschwerden gegen das Haus David hatten und von Rehabeam keine Erleichterung erwarteten. So herrschte der aus der Dunkelheit aufgetauchte Mann aus Zereda über zehn Stämme (um 977—955), wobei die beiden Manasse, das diesseitige und jenseitige, Machir und Gilead, als zwei gezählt werden. Sein Gebiet umfaßte also das Zehnstämmereich. Beim Hause David blieben nur, wie erwähnt, die Stämme Juda, Benjamin und Simeon; da dieser aber keine Bedeutung hatte und in Juda völlig aufgegangen war, so bildete das dem Rehabeam treugebliebene Gebiet das Zweistämmereich. Das Volk war also wieder in zwei Theile

S. 230). In V. 20 muß mit LXX nach שבט יהודה noch ergänzt werden שבט בנימן. Daß die Benjaminiten die Hauptbevölkerung Jerusalems ausmachten, folgt aus Jeremia 6, 1. Fälschlich nehmen einige Ausleger an, daß ein Theil der Benjaminiten zum Zehnstämmereiche gehörte; nein, der ganze Stamm Benjamin gehörte zu Juda oder zu David's Haus. Bemerkenswerth dafür ist Ezechiel 37, 16: einerseits יהודה ובני ישראל חבריו und andrerseits אפרים וכל בית ישראל חבריו. Die israelitischen Genossen Juda's waren Simeon und Benjamin und die Genossen Ephraim's das (übrige) Haus Israel. Ueber das, was diese Ausl. aus Ps. 80, 2 folgern, s. Frankel-Graetz, Monatsschr. Jg. 1874, S. 391.

gespalten. Das Haus Israel, das kaum ein Jahrhundert mit dem Hause Jakob oder Hause Juda verbunden war, war wieder von ihm getrennt. Einer Verschmelzung beider Hälften widerstrebten Beide; die Ungleichheit ihres früheren Geschichtsganges verhinderte ihre Vereinigung. Das Haus Israel, zunächst der Stamm Ephraim, leistete lieber auf die großen Vortheile, welche die Vereinigung mit dem davidischen Königshause auch ihm gebracht hatte, Verzicht, um nicht, in Abhängigkeit von diesem, eine untergeordnete Stelle einzunehmen. Die Besseren in beiden Reichen mögen von Schmerz und Trauer ob des eingetretenen Risses erfüllt gewesen sein [1]), aber ihn rückgängig zu machen, vermochten sie nicht. Den Bürgerkrieg, welcher nahe daran war, auszubrechen, wendete ein Prophet Schemaja ab, der den Judäern und Benjaminiten bei ihrem Auszuge im Namen Gottes zurief: „Ziehet nicht zum Kriege gegen eure Brüder vom Hause Israel aus, denn von mir ist die Spaltung ausgegangen!" Nur kleine Fehden kamen eine geraume Zeit hindurch zwischen den beiden Bruderreichen vor, wie sie bei Grenznachbarn, welche gegen einander erbittert sind, nicht fehlen konnten [2]); aber sie führten zu keiner Entscheidung.

Beide Könige suchten indeß, um nicht stets auf dem Kriegsfuße zu bleiben und bis zu den Zähnen bewaffnet gegen einander zu stehen, sich durch Bündnisse zu stärken und etwaige Angriffe des Feindes von vorn herein zu lähmen. Rehabeam schloß ein Bündniß mit dem neu entstandenen Königreich von Damaskus [3]). Der unter Salomo von dem Bandenführer Rezon gegründete Staat (B. I, S. 365) hatte nämlich, weil von keiner Seite verhindert, eine große Bedeutung erlangt, Rezon [4]), oder sein Nachfolger Tabrimmon, hatte mehrere aramäische Länder mit Damaskus vereinigt und gebot über ein weites Ländergebiet. In Folge der Entstehung des Zehnstämmereiches wurde dieses Grenzland des damascenischen Aram. Das Bündniß Rehabeam's mit dem Könige von Damaskus hinderte Jerobeam, das judäische Reich mit einem nachhaltigen Kriege zu überziehen. Dieser wieder schloß mit einer anderen Macht ein Bündniß, um den König von Juda in Furcht zu halten.

Jerobeam wurde in seinen ehrgeizigen Plänen von dem ägyptischen König Scheschenk (Schischak), zu dem er Zuflucht genommen hatte,

[1]) Folgt aus Jesaia 7, 17.

[2]) Könige I. 14, 30; 15, 6—7.

[3]) Folgt aus das. 15, 19.

[4]) Das. V. 18 ist der Name חזיון wahrscheinlich identisch mit רזון. LXX geben den ersten Namen wieder durch 'Αζίν. [Vgl. jedoch Benzinger zur Stelle].

auf's förderſamſte unterſtützt. Dieſer ſoll ihm ſogar die ältere Schweſter ſeiner Frau, Namens Ano[1]), vermählt haben, wie er eine andere Schweſter derſelben dem idumäiſchen Königsſohne, der ebenfalls Schutz bei ihm geſucht, gegeben hatte. Scheſchenk hat ihm auch wahrſcheinlich Mittel zur Rückreiſe nach ſeinem Vaterland gewährt. Mit ihm ſcheint Jerobeam ein Bündniß gegen Juda geſchloſſen zu haben. Dadurch war Rehabeam verhindert, einen Krieg im Großen gegen Iſrael zu unternehmen. Um ſich zugleich von ägyptiſcher, wie von iſraelitiſcher Seite zu ſchützen, ließ Rehabeam eine Reihe von Feſtungen in einem Umkreiſe von mehreren Stunden rings um die Hauptſtadt anlegen, mehr nach Süden und Weſten als nach Norden[2]). In der Stunde der Noth bewährten ſie ſich aber durchaus nicht. Schiſchak unternahm nämlich einen umfaſſenden Kriegszug gegen Rehabeam in deſſen fünftem Regierungsjahr (um 972) mit einer erdrückenden Zahl von Fußvolk, Reiterei und Kriegswagen. Auch Nubier und Aethiopier und noch andere Völkerſchaften waren in ſeinem Gefolge. Von der Ueberzahl überwältigt, ergaben ſich die feſten Städte nach einander dem ägyptiſchen Heere, und Schiſchak drang bis Jeruſalem vor. Wie es ſcheint, unterwarf ſich auch die Hauptſtadt ohne Gegenwehr; darum begnügte ſich der Aegypterkönig mit der Erbeutung der Schätze, die Salomo in Palaſt und Tempel niedergelegt hatte, nahm alles Gold, das ſich in Jeruſalem befand, auch die goldenen Schilder und Speere, mit welchen die Trabanten den König bei ſeinem Zug nach dem Tempel zu begleiten pflegten, ließ aber das Königreich Juda beſtehen, ſchleifte nicht einmal die Mauern Jeruſalems und ließ auch Rehabeam auf dem Throne[3]). Bei ſeiner Rückkehr ließ Schiſchak ſeine Kriegsthaten und Siege über Juda und andere Gebiete in Schrift und Bild verewigen. In den Ruinen eines Tempels in Theben iſt noch an einer erhaltenen Wand

[1]) Zuſatz in den LXX zu Könige I, 12, 15 fg. im vatikaniſchen Text. Dieſer apokryphiſche Zuſatz enthält zwar viel aus der Relation von Hadad LXX daſ. 11, 19 fg. Allein, da mancher Zug in der Relation von Jerobeam verſchieden iſt, und da der Name der Prinzeſſin zweimal genannt wird: Ἀνώ, ſo kann dieſer Zuſatz doch möglicherweiſe aus einer alten Schrift entlehnt ſein. Allerdings iſt es verdächtig, daß Joſephus dieſe Relation nicht gekannt hat. [Vgl. A. Kloſtermann in Strack-Zöckler's Kurzgef. Commentar ꝛc. Bd. III zu I. Könige 11, 19 f. u. 14, 1 und Benzinger zu I. Könige 11, 19 f.]

[2]) Chronik II, 11, 6—11.

[3]) Könige daſ. 14, 25 fg. Chronik II. 12, 2 fg. Daſelbſt V. 3 iſt unter לֻבִּים Nubier zu verſtehen, wie Hitzig richtig annimmt, und anſtatt סֻכִּיִּים wohl zu leſen פוטיים, eine Völkerſchaft Put, welche in der Bibel häufig und auch in ägyptiſchen Inſchriften genannt wird unter dem Namen Puut. In der hebräiſchen Benennung iſt die Liquida נ abſorbirt, wie הֹדּוּ für הִנְדּוּ.

eine Reihe von Halbfiguren (156) in halberhabener Arbeit abgebildet, welche durch die Schlingen um den Hals als Gefangene kenntlich sind. Der Gott Ammon führt sie dem siegreichen König zu. Diese Halbfiguren, welche von der Mitte abwärts in Schilder auslaufen, stellen nicht gefangene Personen dar, auch nicht den König Rehabeam (wie man früher irrigerweise vermuthet hat), sondern eine Reihe von Städten [1]), welche der ägyptische König unterworfen hat. In den Schildern sind die Namen der eroberten Städte angegeben (die meisten freilich unleserlich und unverständlich). Unter denselben sind auch einige Städte genannt, welche Rehabeam hat befestigen lassen. In den hieroglyphischen Inschriften auf einem Theil der Tempelwand preist der Gott Ammon den König Scheschenk dafür, daß er ihm Tempel in Theben und anderen Städten erbaut hat, und überschüttet ihn förmlich mit Lob, daß er Völker des Südens und des Nordens besiegt hat, so daß deren Könige sich vor ihm zur Erde warfen [2]). Das Bündniß, welches Salomo mit Aegypten geschlossen, dessen Unterpfand die ägyptische Königstochter sein sollte, war nur von sehr kurzer Dauer gewesen. Sein Sohn sollte schon die Eitelkeit solcher Bündnisse kennen lernen und erfahren, wie wenig Verläßlichkeit klug berechnete Pläne und staatsmännische Vorsichtsmaßregeln gewähren. Kurzsichtig hatte Salomo in seiner Weisheit dem Bündniß mit Aegypten und der Ehe mit der Pharao-Tochter Opfer gebracht, er hatte ihr einen eigenen Palast gebaut, und nur wenige Jahre nachdem er die Augen geschlossen, plünderte ein ägyptischer König alle Schätze und Kostbarkeiten dieses Palastes und der übrigen königlichen Gebäude, die er zu seinem Ruhme errichtet hatte.

Mit der Herrlichkeit und Größe des von Salomo hinterlassenen Reiches war es zu Ende. Es war gewissermaßen an einem Tage zusammengebrochen. Der größte Theil desselben hatte sich davon losgerissen, und der übrig gebliebene kleinere Theil wurde ein Vasallenland Aegyptens [3]) und mußte vielleicht an dasselbe jährlichen Tribut zahlen. Die früher zinsbaren Völkerschaften, Philister und Idumäer, haben ohne Zweifel Juda's Schwäche benutzt, um sich von ihm unabhängig zu machen. Wurde doch Hadad von Edom ebenso von Scheschenk begünstigt wie Jerobeam [4]). Herrschte Rehabeam nicht mehr über

[1]) S. Note 1.

[2]) Dieselbe Note.

[3]) Folgt aus Chronik das. 12, 8.

[4]) Ueber den Abfall Edom's findet sich zwar kein Beleg, aber er läßt sich voraussetzen. Die Angabe Könige I. 22, 48 über Edom's Verhältniß zum Davidischen Hause gehört einem halben Jahrhundert später an. Daß die Philister abgefallen waren, folgt daraus, daß sie mit Baescha und Omri, also mit dem Zehnstämmereich, Krieg führten.

Idumäa, so konnte er nicht mehr Schiffe nach dem Goldlande Ophir auslaufen lassen, und damit war die ergiebigste Quelle des Reichthums versiegt. Auch die andern Quellen hatten aufgehört zu fließen. Der Zwischenhandel mit Rossen und Kriegswagen aus Aegypten, welche eine königliche Handelsgesellschaft bis in die Euphratgegend zu liefern pflegte, konnte nicht mehr betrieben werden, da die Ausfuhr nach den Nordländern durch die Entstehung des Zehnstämmereichs abgeschnitten war. Der Goldglanz der salomonischen Zeit war unter Rehabeam in Judäa erloschen, die Zauberwelt zerronnen. Um äußerlich noch einen gewissen Glanz beizubehalten, sich beim Gang zum Tempel von Trabanten begleiten zu lassen, gab Rehabeam ihnen statt der goldenen Schilde und Speere, die Scheschenk nach Aegypten entführt, solche aus Erz in die Hand [1]). Juda war ein armes Land geworden, das sich wie vor Entstehung des Königthums nur durch den Betrieb des Ackerbaues ernähren konnte.

Auch im Zehnstämmereich ging es Jerobeam nicht nach Wunsch. Selbstverständlich machte er Sichem zu seiner Residenz und zum Mittelpunkt des Reiches, es sollte mit Jerusalem wetteifern oder es noch verdunkeln. Jerobeam hat es auch befestigt [2]). Der Stamm Ephraim bildete den Grundstock des Zehnstämmereiches, und dieses wurde in gleicher Weise Ephraim oder Haus Joseph oder Haus Israel genannt [3]). Allein die Sichemiten, die Führer des Stammes Ephraim, welche Jerobeam's Thronbesteigung gefördert hatten, waren zu keiner Zeit zuverlässige Bundesgenossen und noch weniger gefügige Unterthanen. Ungestüm, eine Neuerung zu unterstützen, hatten sie nicht die Geduld und Ruhe, sie zu ertragen, wenn sie ihnen lästig wurde. Wie sie in der Richterzeit mit Abimelech verfahren waren, ihn zuerst als König anzuerkennen und seine Unthaten zu unterstützen und gleich darauf eine feindselige Haltung gegen ihn anzunehmen, ebenso scheinen die Sichemiten Jerobeam Unbotmäßigkeiten gezeigt zu haben, als er mit seiner Königswürde Ernst machte, ihnen den strengen Herrn zeigte und von ihnen Gehorsam verlangte. Es scheint zu Reibungen zwischen Jerobeam und den Sichemiten gekommen zu sein, in Folge deren er Sichem verließ und eine andere Stadt zu seiner Residenz machte, die Stadt Thirza (jetzt Talusa) [4]). Sie lag etwa eine Stunde

[1]) Könige das. 14, 27 fg.

[2]) Könige das. 12, 25.

[3]) Hosea 4, 17; 5, 3 fg.; 6, 4; 7, 1 fg.; 8, 9 fg.; 9, 3 fg.; 10, 6 fg.; 11, 3; 12, 1 fg.; 13, 1 fg.; 14, 9; Zacharia 9, 10 fg.; Jesaia 7, 2 fg.; 9, 8; Ps. 78, 67.

[4]) Es folgt daraus, daß Sichem in der folgenden Geschichte gar keine Rolle mehr spielte, Thirza dagegen nicht bloß unter Baescha und den folgenden Königen

nördlich von Sichem, auf einem hohen Hügel, in einer quellenreichen und fruchtbaren Gegend, in der noch jetzt ausgedehnte Oelgärten gedeihen. Diese Stadt befestigte Jerobeam und baute darin einen Palast, welcher zugleich als Festung (Armón) zur Vertheidigung dienen sollte [1]). Jenseits des Jordans befestigte er ebenfalls einige Städte, unter anderem Penuel (oder Peniel) südlich vom Jabbok gegen Einfälle feindlicher Stämme. Denn die Moabiter und Ammoniter haben sich wahrscheinlich in Folge der Spaltung ebenso von Israel losgemacht, wie die Idumäer von Juda [2]). Im Innern mußte Jerobeam aus Verlegenheit Neuerungen einführen. Aus Gewohnheit oder Ueberzeugung fuhren manche Familien der Nordstämme auch nach der Reichsspaltung fort, zur Herbstzeit zum Erntefest zum Tempel in Jerusalem zu wallfahrten und sich dort an dem Kultus ohne Bildniß der Gottheit zu betheiligen. Eine solche Hinneigung, sei es auch nur eines Bruchtheils des Volkes, zur judäischen Hauptstadt, machte Jerobeam Sorge. Wie, wenn das Volk immer zahlreicher zum Tempel in Jerusalem wallfahrten und sich mit dem Hause David wieder aussöhnen sollte? Würde er nicht eben so rasch wieder gestürzt werden, wie er erhoben wurde? Um diesen möglichen Abfall zu verhüten, sann er einen frevelhaften Plan aus, welcher Israel wieder in die Zeit der Barbarei und des Götzenthums zurückwerfen sollte.

Jerobeam hatte bei seinem mehrjährigen Aufenthalte in Aegypten die dort eingeführte Götterverehrung kennen gelernt und erfahren, daß die Anbetung der Thiere und besonders des Stieres den Königen ganz besonders zum Vortheil gereichte. Der Thierkultus hatte das Volk so verdummt, daß es auch nicht einen Augenblick zum Nachdenken kam, Alles, was die Könige thaten, vielmehr billig und gerecht fand und an deren Lastern und Ueberhebung keinerlei Anstoß nahm. Ein solcher

bis zu Omri's Zeit als Residenz genannt wird, sondern auch schon zur Zeit Jerobeam's, Könige das. 14, 17. Die Nachricht, daß Jerobeam Thirza zu seiner Residenz gemacht, scheint in der Relation ausgefallen zu sein und zwar in Könige B. 12, 25 ויצא משם (משכם) ויבן את פנואל. Vor Penuel müssen noch andere Städte aufgeführt worden sein, zunächst Thirza, dann wohl auch Ramoth-Gilead (Mizpa), welches später eine solche Wichtigkeit erlangte, daß oft um dasselbe gekämpft wurde. Ueber die Lage von Thirza und seine Identität mit dem jetzigen Talusa vergl. Robinson Biblical researches III p. 158; v. d. Velde, Reise durch Syrien und Palästina II. S. 294 [Buhl, Geogr. des alten Palästina, S. 203, hält aus guten Gründen die Identification für sehr zweifelhaft.]

[1]) Könige das. 16, 17—18.

[2]) Aus der Inschrift des Mesa-Denkmals s. Note 2, geht hervor, daß Omri erst vorher wieder Moab unterworfen hat. Daraus folgt, daß es sich in Jerobeam's Tagen unabhängig gemacht hat.

politisch vortheilhafter Kultus könnte auch ihm, dem Emporkömmling, zu Statten kommen, dachte Jerobeam. Er entwarf daher mit seinen Räthen den Plan, ihn im Zehnstämmereich einzuführen. Er berechnete, daß ein solcher Kultus ihm auch nach einer anderen Seite Nutzen bringen würde, er würde ihm die Gunst des ägyptischen Hofes erhalten. Israel würde nur als ein Anhängsel zu Aegypten erscheinen, und beide würden, so wie eine gemeinsame Gottesverehrung und gemeinsame Sitte, so auch gemeinsame Interessen haben. Das ägyptische Wesen war ihm überhaupt nahegelegt, da seine Frau wahrscheinlich eine Aegypterin war und aus dem Königshause stammte (o. S. 7). Um aber nicht als Neuerer in der Gottesverehrung zu erscheinen, gedachte er den Stierkultus gerade als die alte Religion der Israeliten auszugeben. Hatten doch die Israeliten in Aegypten und auch noch später in ihrem Lande den Apis-Abir verehrt [1]. Dagegen sollte der Gottesdienst im jerusalemischen Tempel ohne Bildniß der Gottheit als eine von Salomo eingeführte Neuerung und Jerobeam als Wiederhersteller der uralten israelitischen Religion erscheinen [2]. Diesen Plan, worin viel schlaue Berechnung steckte, führte Jerobeam aus. Er verbot zunächst das Wallfahrten zum Tempel nach Jerusalem und ließ den Gott Israels unter der Gestalt eines jungen Stiers (Kalbes) darstellen. Zwei solcher Bilder mit Gold oder mit einem goldenen Belag (Massechah) [3] ließ er anfertigen und stellte sie in zwei Städten auf, welche schon früher als geheiligte Stätten galten, in **Bethel** und in **Dan**, das eine für die südlichen und das andere für die nördlichen Stämme. Jerobeam machte es den Stämmen bequem, damit die Entferntwohnenden nicht nöthig haben sollten, zum Erntefeste eine weite Reise zu machen. Als die zwei Rinderbilder aufgestellt waren, ließ Jerobeam verkünden: „Das ist dein Gott, Israel, der dich aus Aegypten geführt hat." In Bethel, an dessen Kultus er sich selbst zu betheiligen gedachte, errichtete er einen größeren Tempel (Bet-Bamoth) [4], in dem man nun einen Altar zum Opfern aufstellte. Um das Volk zu entwöhnen, sich am Herbstfest in Jerusalem zu betheiligen, bestimmte er, daß ein solches einen Monat später (im **achten** statt im siebenten) gefeiert werden

[1]) B. I. S. 370.

[2]) Eine Analogie dazu bietet, daß Chiskija, der den Götzenkultus abgeschafft hat, als Neuerer verlästert wurde; Jesaia 36, 7; Könige II. 18, 22.

[3]) Vgl. Könige, I. 14, 9.

[4]) Könige I. 12, 31; II. 23, 15. Amos 7, 13. Könige I 12, 30 kann האחד unmöglich „wie ein Mann" bedeuten, sondern es muß ergänzt werden: וילכו העם לפני האחד [אל בית אל ולפני השני] עד דן; LXX haben dazu den Zusatz καὶ εἴασαν τὸν οἶκον κυρίου ויעזבו את בית ה׳ d. h. das Volk wallfahrtete nicht mehr nach dem Tempel zu Jerusalem. [Aehnlich **Benzinger**, anders, aber nicht besser, **Klostermann** zur Stelle.]

sollte. Wahrscheinlich wurde auch eine andere Kalenderberechnung, nach der ägyptischen Jahresform, das längere Sonnenjahr statt des kürzeren Mondjahres eingeführt[1]). Das Volk im Großen und Ganzen nahm keinen Anstoß an dieser Neuerung, sie schien ihm in der That nur eine Wiederherstellung des uralten Kultus zu sein. Auch war ja dadurch die Grundlehre und die bereits tiefgewurzelte Ueberzeugung von der Einzigkeit Gottes nicht aufgehoben. Jerobeam hatte nicht Vielgötterei eingeführt, sondern lediglich dem einzigen Gott Israel's (Jhwh) eine Gestalt gegeben, welche die Kraft und Fruchtbarkeit symbolisiren sollte. Das Volk, sinnlich wie es noch war, fand auch mehr Gefallen daran, sich die Gottheit bildlich vorzustellen; die Geistigkeit Gottes, welche durch kein äußeres Zeichen dargestellt werden könnte, lag damals seinem Vorstellungskreise ferner, als die Einzigkeit desselben. Grobsinnliche Ausschweifung und Unkeuschheit waren mit dem Stierkultus nicht wie bei dem kanaanitischen Baaldienste verbunden, verletzten daher nicht das sittliche Gefühl[2]). So gewöhnte sich das Volk allmälig daran, nach Bethel oder Dan zu dem großen Feste zu wallen, sonst aber opferte es daheim oder an der nächstgelegenen alten geheiligten Stätte. Jerobeam erreichte vollkommen seinen Zweck; das Volk wurde dumm und folgte ihm in sklavischem Gehorsam.

Aber der Stamm Levi machte ihm Verlegenheit. Kein Levite mochte sich dazu hergeben, bei diesem Stierkultus das Priesteramt zu versehen, so nachhaltig hatte Samuel's prophetische Lehre auf diesen Stamm eingewirkt. Um nicht dazu gezwungen zu werden, wanderten die Leviten, welche in den israelitischen Städten gewohnt hatten, nach dem Reiche Juda aus[3]). Was sollte Jerobeam beginnen? Die Leviten und besonders die Abkömmlinge des Hauses Ahron galten einmal als Priesterstand und als Vermittler zwischen Gott und den Menschen vermittelst der Opfer und der religiösen Handlungen. Nun hatten diese ihn im Stiche gelassen und damit seine ganze Einrichtung verworfen und gebrandmarkt. Priester konnte er aber nicht entbehren, so nahm er sie da her, wo er sie fand. Den ersten Besten, der sich ihm anbot, ließ er als Priester gelten. Er selbst verrichtete an einem Feste das Priesteramt, um es dadurch in den Augen des Volkes zu heben oder

[1]) Vergl. B. I. S. 478.

[2]) Zu beachten ist, daß der Baalkultus strenger von den Propheten getadelt wurde, als der Stierkultus, Könige, I. 16, 33, eben weil mit jenem Unkeuschheit verbunden war, mit diesem aber nicht. Aus Chronik II. 11, 15 scheint hervorzugehen, daß Jerobeam auch den ägyptischen Bockkultus (שעירים) eingeführt hat.

[3]) Könige I. 12, 31 fg.; 13, 1 fg. Chronik II. 11, 13 fg. gewiß aus einer alten Quelle.

auch in Nachahmung der ägyptischen Sitte, laut welcher der Priester sich auch zum König aufschwingen konnte und der König auch Priesterdienst verrichten durfte. Man erzählte sich später, als Jerobeam an einer Handlähmung gelitten hatte, daß ein Prophet aus Juda, der ihm Vorwürfe wegen seiner Neuerung gemacht, ihm die Lähmung zugezogen habe. Indem der König im Zorn ausgerufen: „Haltet ihn fest!" und dabei die Hand ausgestreckt, sei diese gelähmt worden. So wurde Jerobeam schrittweise dahin geführt, das israelitische Grundwesen zu vernichten.

An Warnungen, in seiner Verleitung des Volkes auf götzendienerischem Abwege nicht zu verharren, hat es Jerobeam nicht gefehlt. Der greise Prophet Achija aus Schilo, welcher den ehrgeizigen Sohn Nebat's zur Empörung gegen das Haus David ermuthigt hatte (I. S. 362), konnte wegen Altersschwäche nicht gegen diesen auftreten, um sein Verfahren zu brandmarken. Als aber einst Jerobeam's Frau wegen der Krankheit ihres ältesten Sohnes ihn in Schilo aufsuchte, um ihn über den Ausgang der Krankheit zu befragen, sich dabei, um nicht erkannt zu werden, vermummte und wie ein schlichtes Weib auftrat, erkannte sie der Prophet und verkündete dem Hause Jerobeam's einen traurigen Untergang. Indessen konnte Jerobeam, wie die Dinge lagen, nicht mehr umkehren. Das Aufgeben seiner Wege hätte die Aussöhnung des Zehnstämmereiches mit dem Hause David zur Folge gehabt. Aus Selbsterhaltungstrieb mußte er auf dem einmal eingeschlagenen Wege verharren. Der neue Kultus erhielt sich daher während des ganzen Bestandes des Zehnstämmereiches; keiner von Jerobeam's Nachfolgern machte auch nur den Versuch, ihn zu ändern, wie sehr auch die großen Propheten dagegen eiferten und ihn mit beißendem Spott lächerlich machten. Die Israeliten im Zehnstämmereich glaubten immer noch den Gott ihrer Väter unter dem Namen Jhwh zu verehren, wenn sie sich ihn auch unter einem Bilde und noch dazu unter dem Bilde eines Stieres vorstellten; sie hatten keine Ahnung davon, welchen Rückgang sie dadurch machten, Gottes Größe sich unter einem grasfressenden Thier zu denken[1]. Dadurch wurde das Volk aller Einsicht bar. „Ephraim wurde gleich einer thörichten Taube ohne Verstand[2]"; es gerieth wieder in jenen Gemüthszustand gedankenlosen Aberglaubens, daß es sich auch an das Sinnloseste, als eine Aeußerung des göttlichen Spruchs, anklammerte. Es befragte ein Holzstück um Orakel und ein Stock sollte ihm die Zukunft verkünden[3]. So wünschten es seine

[1]) Ps. 106, 20.
[2]) Hosea 7, 11.
[3]) Das. 4, 11—12.

Machthaber; sie tyrannisirten es weit schlimmer, als die Salomonischen Amtsleute, ohne daß es bei so vielen Palastrevolutionen in seiner Mitte gewagt hätte, sein Joch abzuschütteln.

Im judäischen Reiche oder im Hause Jakob's waren die Zustände nicht so arg. Politisch war es zwar schwach geworden, die Losreißung der Stämme und der Einfall der Aegypter unter Scheschenk hatten ihm Wunden geschlagen, die eine geraume Zeit brauchten, um zu vernarben. Aber religiös und sittlich war es noch nicht gesunken. Rehabeam scheint sich nicht viel um die sittlichen oder religiösen Zustände gekümmert zu haben; er war überhaupt schlaff und mag, nachdem sein Stolz gebeugt worden war, seine Tage in Unthätigkeit verbracht haben. Aber der Tempel auf der einen Seite und die Leviten auf der anderen Seite, welche zahlreich nach Jerusalem geströmt waren, haben hier den Verfall aufgehalten. Es blieb Alles äußerlich wenigstens beim Alten, wie zur Zeit Salomo's. Die Höhen-Altäre (Bamoth) bestanden zwar fort, auf denen die Familien das ganze Jahr hindurch ihr Opferbedürfniß befriedigten, aber zum Herbstfest wurde der Tempel aufgesucht. Abweichungen vom hergebrachten Gottesdienst blieben vereinzelt und beschränkten sich auf den Kreis der Hoffrauen. Wenn Salomo Altäre für seine heidnischen Frauen geduldet hatte (I. S. 362), so brauchte Rehabeam nicht strenger zu sein, sie zu verbieten. Seine Frau **Maacha**, Tochter oder Enkelin Absalom's[1]), hatte eine Vorliebe für den unzüchtigen kanaanitischen Kultus, stellte ein Astartenbild

[1]) Könige I. 15, 2 ist ausdrücklich angegeben, daß Abijam's Mutter מעכה בת אבישלום hieß, gerade so wie Aßa's Mutter (das. V. 10 und 13); in Chronik II. 11, 20—21 ist noch ausdrücklicher angegeben, daß Maacha Rehabeam's Lieblingsfrau war. Daraus ergiebt sich ohne Weiteres [vgl. dagegen **Benzinger** zu I. 12, 8], daß Abijam und Aßa **Brüder** und **Söhne** Rehabeam's waren, folglich muß in Könige das. 15, 8 בנו in אחיו emendirt werden. Die Angabe in Chronik II. 13, 2, daß Abijam's Mutter מיכיהו בת אוריאל מן גבעה geheißen, kann daher nur ein harmonistischer Zug sein. Eben so harmonistisch ist es, wenn die griechische Version Aßa's Mutter zum Unterschiede von Abijam's Mutter *'Ανὰ θυγατὴρ 'Αβεσσαλώμ* nennt. Aquila, Theodotion und Symmachus haben dagegen in beiden Stellen *Μααχά*. Kimchi's Ausgleichung, daß Maacha Aßa's Großmutter gewesen sei — die auch Ewald aufstellt —, widerspricht dem Textworte. Man muß vielmehr annehmen: daß Maacha Rehabeam's Frau war, und daß sie ihm zwei Söhne geboren hat, **Abijam** und **Aßa**. Woher Josephus die Nachricht hat, daß Maacha nicht Tochter Absalom's, sondern dessen Enkelin von Thamar war, *ἐκ τῆς 'Αβεσσαλώμου θυγατρὸς Θαμάρης Μαχάνη* (Alterth. VIII. 10, 1) ist nicht zu ermitteln. Was Könige das. 14, 23—24 von Götzenthum und von קדשים berichtet wird, kann sich nur auf das, was Maacha eingeführt hat, beziehen (das. 15, 12—13) nämlich אשרה und קדש, also nur die Königin-Mutter hat Götzendienst getrieben. — Die Bedeutung von מפלצה ist bisher weder etymologisch, noch archäologisch befriedigend erklärt worden.

in ihrem Palast auf, unterhielt dazu Tempeldirnen und ließ noch etwas Schandbareres (Miphlézet) anfertigen, dessen Bedeutung den Späteren glücklicher Weise abhanden gekommen ist. Rehabeam duldete dieses Alles, aber weit um sich gegriffen hat diese unzüchtige Neuerung nicht. Indeß, wenn auch götzendienerische Verkehrtheit im Reiche Juda nicht Platz gegriffen hat, so war doch der Aufschwung zu einer höheren Gesittung seit Rehabeam's Regierung gehemmt. Es trat eine Mattigkeit ein, als wenn das Volk bereits von Altersschwäche befallen wäre. Fast zwei Jahrhunderte vergingen, ehe sich wieder ein hoher Geistesflug kund gab. Kein Prophet ließ seine weckende und rügende Stimme vernehmen, um der Ermattung Einhalt zu thun. Es werden allerdings einige Propheten aus Juda genannt, Schemaja und Iddo[1]), aber die Erinnerung weiß nichts von ihren Thaten und Reden zu erzählen. Ruhmlos verging Rehabeam's siebzehnjährige Regierung (977—961) und ruhmlos seine Zeit. Die dreijährige Regierung seines Sohnes Abijam (960—958) war ihr ähnlich. Auch er führte kleine Fehden mit Jerobeam, die keinen Erfolg hatten[2]). Auch er duldete die götzendienerischen Gräuel seiner Mutter Maacha. Da Abijam, wie es scheint, jung starb und keine Nachkommen hinterließ[3]), so kam sein Bruder Aßa zur Regierung (957—918). Auch er war noch jung, und die Königin-Mutter Maacha führte Anfangs die Zügel der Regierung[4]). Es scheint, daß sie ihrem götzendienerischen und unzüchtigen Kultus unter seiner Regierung eine größere Ausdehnung gegeben hat oder geben wollte; es wäre dadurch im Reiche Juda selbst ein Riß ausgebrochen. Aber eine Revolution im Zehnstämmereich verhinderte dieses Unterfangen und führte eine andere Wendung herbei.

Nadab, welcher nach Jerobeam's Tod auf den Thron folgte (um 955—954), unternahm einen Krieg gegen die Philister und belagerte die danitische Stadt Gibbton, welche die Philister an sich

[1]) S. o. S. 6 und Chronik II. 12, 15, 13, 22.

[2]) Was in Chronik II. 13, 19 erzählt wird, Abijam habe Jerobeam Bethel Jeschanah und Ephrain abgenommen, ist verdächtig, da Bethel, Sitz des goldenen Stieres, dem Zehnstämmereich bis zum Untergange geblieben ist Könige II. 23, 15 fg. [Vgl. dagegen Oettli in Strack-Zöckler's Kurzgef. Commentar rc. VIII, S. 103.]

[3]) Was Chronik das. 13, 21 von Abijam's 22 Söhnen und 16 Töchtern erzählt, kann nicht historisch sein. Vgl. o. S. 14 [und die Bemerkung dazu].

[4]) Das folgt aus dem Ausdruck Könige I. 15, 13 ויסירה מגבירה, denn גבירה bedeutet Königin-Mutter, welche während der Minderjährigkeit des Sohnes regiert. Vgl. Könige II. 24, 8, 15, mit Jeremia 22, 26 und 13, 18, wo Nechuschta die אם המלך, גבירה genannt wird. Ebenso wird Isebel הגבירה genannt, Könige II. 10, 13.

gerissen hatten. Im Lager verschwor sich ein Krieger aus dem Stamme Isaschar, Namens Baescha (Baascha) gegen ihn und tödtete ihn. Vom Lager zog er nach der Hauptstadt Thirza und vernichtete das ganze Haus Jerobeam's (954). Der Begründer dieses Hauses war nicht von einem Propheten gesalbt worden, er galt nicht für unverletzlich wie Saul und David, daher scheute sich die Mörderhand nicht, seinem Sohn den Tod zu geben. Baescha eröffnete die Reihe der Königsmörder im Zehnstämmereich, die noch mehr zur Zerrüttung desselben beigetragen haben. Nach der geschehenen Unthat nahm er Besitz von Thron und Reich (954–933). Er behielt Thirza als Hauptstadt des Reiches bei, weil sie mehr in der Mitte lag und bereits befestigt war. Hätte Baescha den Stierkultus abgeschafft, so hätte er vielleicht die Besseren im judäischen Reiche an sich gezogen, da diese wohl über die götzendienerische Neuerung der Maacha aufgebracht waren, die noch schlimmer als jener war, weil sie mit unzüchtigen Ausschweifungen der Tempeldirnen gepaart war. In Jerusalem scheint auch eine solche Befürchtung aufgetaucht zu sein, aber Aßa beeilte sich, die Folgen abzuwenden. Entweder auf eigene Anregung oder von einem Propheten aufgefordert, entriß er der Königin-Mutter die Zügel der Regierung, hob ihren Astartenkultus auf, entfernte die Tempelbuhlerinnen und verbrannte das Schambild, welches Maacha zur Anbetung aufgestellt hatte, im Thale Kidron. Durch diese entschlossene That gewann Aßa die Herzen der Besseren im judäischen Reiche.

Zwischen den beiden Reichen wiederholten sich unter Aßa und Baescha die alten erfolglosen Fehden. Aßa soll einige Städte von Ephraim erobert und seinem Reiche einverleibt haben[1]). Um vor Juda sicher zu sein, scheint auch Baescha ein Bündniß mit Aegypten geschlossen und dieses aufgestachelt zu haben, seinen Gegner mit Krieg zu überziehen. Ein ägyptischer Feldherr Namens Serach (Osorkon?) zog mit einem zahlreichen Heere von Aethiopiern heran und drang bis Marescha vor (etwa 10 St. südwestlich von Jerusalem). Aßa zog ihm indeß mit dem Heerbann von Juda und Benjamin entgegen, schlug das äthiopische Heer nördlich von Marescha, verfolgte es bis in die Gegend von Gerar und brachte zahlreiche Beute nach Jerusalem (um 943)[2]). Durch den Sieg gegen das ägyptisch-äthiopische Heer kühner

[1]) Könige I. 15, 32; Chronik II. 15, 8.

[2]) Chronik II. 14, 8 fg. Diese Relation scheint historisch zu sein, weil Lokalitäten darin genau angegeben sind. Einige Aegyptologen haben den Feldherrn דז mit dem ägyptischen König Osorkon I. (Uasarken) identificirt, andere die Identificirung verworfen (Brugsch, Histoire d'Égypte, p. 228). [So auch Ebers bei Riehm-Bäthgen s. v. Serah]. Es spricht nämlich dagegen, daß der ägyptische König Osorkon nicht Aethiopier genannt werden könnte und

geworden, mag Aßa die Einfälle in das benachbarte Reich Israel thatkräftiger wiederholt haben. Dadurch gerieth Baescha in Angst und, um die Gefahr abzuwenden, bemühte er sich um ein Bündniß mit dem aramäischen König Ben-Hadad von Damaskus, der, bisher ein Bundesgenosse des judäischen Reiches (o. S. 6), kriegerische Angriffe auf dasselbe verhindert hatte. Ben-Hadad, Sohn Tabrimmon's, gab das Bündniß mit Aßa auf und stellte sich auf Baescha's Seite. So im Rücken frei, entwarf dieser einen Eroberungsplan gegen Juda. Zunächst eroberte er Rama, den Geburts- und Aufenthaltsort des Propheten Samuel, das zu Benjamin gehörte, und befestigte es, um von hier aus Einfälle in das benachbarte Gebiet zu machen. Er gedachte die Eroberungen noch weiter fortzusetzen. Dadurch erschreckt, bemühte sich Aßa wieder, das Bündniß mit dem König von Damaskus zu erneuern, schickte Gesandte an ihn und gab ihnen viele Schätze an Silber und Gold aus dem Tempel und seinem Palaste mit. Ben-Hadad ließ sich zur Umstimmung bewegen; es schmeichelte ihm, von beiden Reichen, denen die Aramöer früher tributpflichtig waren, umworben zu werden. Er gedachte von Beider Schwäche Nutzen zu ziehen und ließ ein Heer in den Norden des Reiches Israel einrücken, unterwarf Ijjon, Dan und das benachbarte Abel (Bet Maacha), ferner die Gegend um den Harfensee und das ganze Gebirgsland des Stammes Napthali. Aßa war auf Kosten des Brudervolks gerettet, Baescha mußte seine Eroberungsgelüste und Rama aufgeben. Aßa bot hierauf sämtliche waffenfähige Männer auf, um das Festungswerk von Rama zu zerstören, und mit den Quadersteinen und Bohlen befestigte er zwei judäische Städte, Geba und das hochgelegene Mizpa. Da Baescha bald darauf starb (um 933) und in Thirza bald darauf wieder eine Revolution ausbrach, so hatte Aßa von dieser Seite Ruhe[1]. Die hoch und günstig gelegene Stadt Mizpa machte Aßa zu einer wichtigen Festung und ließ in den Felsen eine tiefe und geräumige Cisterne anlegen, um bei einer Belagerung Wasservorrath zu haben[2].

Serach nicht König genannt wird. Die Zeit dieses Kampfes ist angedeutet das. 15, 10 im fünfzehnten Jahre; der Ort der Schlacht war nicht das Thal Zephata, wie auch Ewald irrthümlich annimmt, sondern nördlich von Marescha; denn das. 14, 9 בגיא צפתה למרשה hat keinen Sinn; man muß daher mit LXX κατὰ βοῤῥᾶν Μαρησά lesen = צפנה למרשה. [So auch Smend bei Riehm-Bäthgen s. v. Mareša und Buhl, S. 89 Anm. 91].

[1]) Könige I, 15, 17 fg.; Chronik II, 16, 1 setzt dieses Faktum in das 36. Jahr Aßa's, da aber Baescha bereits im 26. Jahre Aßa's starb, so muß die Zahl verdorben sein, etwa ל"ו entstanden aus כ"ו. Dann wäre diese Feindseligkeit in Baescha's letztem Regierungsjahre ausgebrochen. [Anders Oettli a. a. O. zur Stelle.] [2]) Jeremia 41, 9.

Im Zehnstämmereich fielen indessen blutige Ereignisse vor, welche eine Wendung in beiden Hälften herbeiführten. Auf Baescha folgte sein Sohn Ela (933—932). Dieser war dem Müßiggang und dem Trunke ergeben. Während seine Krieger mit den Philistern Krieg führten und Gibbton abermals belagerten, brachte er seine Tage bei Gelagen zu. Diesen Umstand benutzte einer seiner Diener, Simri (Zimri), Befehlshaber über die Hälfte der Kriegswagen, welcher in Thirza zurückgeblieben war. Während Ela im Hause seines Palast-hauptmanns schwelgte, tödtete ihn Simri (um 932), rottete zugleich das ganze Haus Baescha's aus und verschonte nicht einmal dessen Freunde[1]). Selbstverständlich setzte er sich auf den Thron; aber seine Regierung war von allzukurzer Dauer, nur eine einzige Woche. Sobald das Heer vor Gibbton von dem Königsmorde in Thirza Kunde erhalten hatte, rief es sofort den israelitischen Feldherrn Omri als König aus. Dieser zog mit dem Heere vor die Residenz; er fand aber die Thore verschlossen, belagerte die Stadt und machte eine Bresche in die Mauer. Sowie Simri merkte, daß er verloren war, mochte er sich nicht der Schande aussetzen, durch eine fremde Hand zu fallen, zündete vielmehr den Palast an und stürzte sich in die Gluth. Es war schon der dritte König von Israel unter fünf, welcher eines unnatürlichen Todes starb, und nur zwei waren in dem Erbbegräbniß der Könige, welches Jerobeam angelegt hatte, beigesetzt worden[2]). Bald sollte ein vierter König durch Mord fallen.

Omri, ein Kriegsmann, gedachte den leergewordenen Thron sofort einzunehmen, er fand aber Widerstand. Ein Theil der hauptstädtischen Bevölkerung stellte nämlich einen Gegenkönig an Thibni, Sohn Ginat's, auf, der wahrscheinlich ein Eingeborener war. Das Heer dagegen hielt an Omri fest. So bildeten sich zwei Parteien in der israelitischen Hauptstadt, die einander bekriegten und die Straßen von Thirza wohl mit Blut färbten. Ein Bürgerkrieg fehlte noch im Reiche Ephraim, um das Maß voll zu machen. Volle vier Jahre dauerte der Parteikampf (932—928). Endlich siegte die kriegerische Partei, Thibni wurde getödtet und Omri blieb Alleinherrscher (928)[3]). Er fühlte sich aber

[1]) Könige I, 16, 8 fg. Vgl. das. II, 9, 31. Wunderlich hat Ewald aus dieser Stelle geschlossen, als ob Simri Ela's Frauen verschont hätte, und daß die bereits alte Isebel durch Toilettenkünste Jehu verführen wollte, mit ihr Thron und Bett zu theilen! Isebel nannte Jehu nur deßwegen זמרי הרג אדניו weil jener gleich diesem ein Beamter des Königs war (מעבדי אדניו), also die Pflicht hatte, doppelt treu zu sein, und dennoch Beide ihren Herrn getödtet haben

[2]) Könige das. 16, 6.

[3]) Das. 16, 21 fg. Ueber die Chronologie B. 1, S. 471. Zu V. 22 וימת תבני hat die griechische Version (beider Texte) einen Zusatz, als wenn Thibni

unbehaglich in Thirza; der Palast war seit Simri's Tode verbrannt, Zerstörungen mögen auch sonst in dem vierjährigen Bürgerkriege vorgekommen sein. Die besiegte Partei war ihm feindlich gesinnt. Omri sah sich daher nach einer anderen Hauptstadt um. Sichem konnte er nicht dazu auswählen, weil der unruhige und aufrührerische Geist der Bevölkerung ihm keine Sicherheit gewährte; eine andere bedeutende Stadt in der Mitte des Landes gab es nicht. Omri kam daher darauf, eine neue Hauptstadt zu erbauen. Ein abgeplatteter Hügel, wenige Stunden nordwestlich von Sichem, schien ihm dazu geeignet: diesen kaufte er seinem Eigenthümer Schamar ab, errichtete darauf Bauten, einen Palast und andere Häuser, befestigte ihn und nannte ihn Schomron (Samaria). Woher er wohl neue Einwohner genommen haben mag? Vielleicht hat er den ihm anhänglichen Kriegern Wohnungen darin eingeräumt, wie David ehemals in dem neu erbauten Jerusalem. Ein Jahr nach seinem Siege (927) über den Gegenkönig verließ Omri Thirza und bezog die neue Hauptstadt Samaria, die zwei Jahrhunderte eine Nebenbuhlerin Jerusalems wurde und dann nach mehr denn zweihundertjähriger Verödung abermals aufleben und neue Feindseligkeiten gegen Juda und Jerusalem zeigen sollte. Samaria erbte den Haß Sichem's gegen Jerusalem und verzehnfachte ihn. Die neue Stadt gab dem Zehnstämmereich ihren Namen; es wurde später auch das Land Samaria genannt.

Omri, der erste König von Samaria, war nicht ein kräftiger und kriegerischer, aber ein kluger Mann; die Krone, die ihm mehr noch die Gunst der Zeit als die eigene Thatkraft aufgesetzt hatte, befriedigte ihn nicht, er wollte sein Land und sein Volk wieder groß, angesehen und auch reich machen. Konnte die salomonische Zeit nicht für Israel wiederhergestellt werden? Freilich war das Volk in zwei ungleiche Theile gespalten und dadurch geschwächt. Aber mußte denn zwischen beiden Theilen stets der Krieg herrschen und das Schwert verzehren? Könnten sie nicht, durch Stammverwandtschaft und gemeinsame Interessen ohnehin auf einander angewiesen, sich in Frieden vereinigen und zusammengehen? Omri versuchte vor Allem mit dem davidischen

einen Bruder Joram gehabt hätte: Vaticanus: καὶ ἀπέθανε Θαμνὶ καὶ Ἰωρὰμ ὁ ἀδελφὸς αὐτοῦ; Alexandrinus: ἡττήθη ὁ λαὸς ὁ ὢν ὀπίσω Θαμνὶ καὶ Ἰωρὰμ ὁ ἀδελφὸς αὐτοῦ. Es ist nicht denkbar, daß mit einem Male ein Bruder genannt sein soll, von dem früher nicht die Rede war. Betrachtet man, daß im Alexandrinus vom Tode Thibni's nichts erwähnt wird, daß also eine Auslassung angenommen werden muß, so kommt man darauf, daß diese Thatsache in dem Zusatz erwähnt sein muß. Der Vertent des Alexandrinus hatte vor sich וימת אחיו oder ähnliches, las aber dafür ויורם אחיו. Dasselbe ist der Fall im Vaticanus. [Anders Klostermann u. Benzinger a. a. O. zur Stelle.]

Königshause Frieden zu schließen und es ihm nahe zu legen, wie vortheilhaft für beide eine Friedenspolitik wäre, indem sie dadurch die Herrschaft über die ehemaligen Tributländer wieder erlangen könnten [1]). In der That herrschte eine geraume Zeit hindurch Eintracht zwischen beiden Reichen, und sie unterstützten fortan einander, statt einander zu befehden. Ebenso sehr und vielleicht noch mehr lag es Omri am Herzen, mit Phönicien ein freundnachbarliches Verhältniß zu unterhalten. Von der Fülle, welche die ausgedehnte Schifffahrt und der Handel diesem Lande brachten, sollte auch dem Zehnstämmereich ein Theil zufließen. Auch in Tyrus waren während dieser Zeit königsmörderische Könige auf einander gefolgt, bis endlich Ithobal (Ethbaal [2]), ein Priester der Astarte, nach der Ermordung seines Vorgängers Phelles den Thron bestieg. Durch die blutigen Vorgänge in der phönicischen Hauptstadt war das Land geschwächt worden. Vornehme Familien waren zur Auswanderung gezwungen worden und gründeten Kolonien an dem afrikanischen Nordgestade. Das mächtig gewordene Königreich von Damaskus trachtete nach dem Besitze der so ergiebigen phönicischen Küste. Ithobal mußte also daran denken, sich durch Bündnisse zu stärken, und am nächsten lag ihm das Zehnstämmereich. Omri und Ithobal hatten demnach das gleiche Interesse, ein Schutz- und Trutzbündniß mit einander zu schließen. Dieses Beiden erwünschte Bündniß wurde durch eine Verschwägerung besiegelt. Omri's Sohn Achab heirathete Ithobal's Tochter Isebel (Izebel, Jezabel), eine Ehe, welche tragische Ereignisse zur Welt bringen sollte.

Omri, von dieser Seite gestärkt, konnte an kriegerische Unternehmungen denken. Von Moab, das sich wohl unter Jerobeam unabhängig gemacht hatte, entriß er mehrere Städte und machte das Land wieder tributpflichtig [3]). Es mußte jährlich ganze Heerden von Böcken

[1]) Kriege zwischen Omri und Aßa werden in den Annalen nicht erwähnt, wie früher unter Jerobeam und Baescha; Achab war aus das innigste mit Josaphat befreundet und verschwägerte sich mit ihm. Da Achab kein Mann der Initiative war, so kann der Plan friedlichen Zusammengehens mit dem davidischen Hause nur von Omri ausgegangen sein. Auf ihn wird auch die umwälzende Neuerung im Zehnstämmereich zurückgeführt. (Micha 6, 16) וישתמר חקות עמרי, auch angedeutet Könige I, 16, 25. Die Politik, welche Achab später verfolgte, muß also, als von Omri eingeleitet, betrachtet werden. Auch die Verheirathung seines Thronerben mit der sidonischen Königstochter (das. V. 31) war ohne Zweifel sein Werk.

[2]) Ueber diesen König vgl. Menander bei Josephus, Alterth VIII. 13, 1, 2; [IX, 66] contra Apionem I, 18. An dieser letzten Stelle wird Ithobal Ἀστάρτης ἱερεύς genannt. Vgl. Movers, Phönicier II. 1. S 344 fg. [u. Pietschmann, Gesch. d. Phönicier, S. 298 fg. Ed. Meyer, Gesch. d. Alterthums I, S. 346. 396.]

[3]) S. Note 2, die moabitische Mesa-Inschrift.

und Widdern mit Wolle als Tribut liefern. Da aber zwischen Moab und Aram eine Art Bundesverhältniß zur gegenseitigen Hülfeleistung bestand und überhaupt ein Machtzuwachs Israels von Aram mit eifersüchtigen Augen betrachtet wurde, so erklärte der aramäische König von Damaskus, Ben-Hadad I., Omri den Krieg und entriß dem Zehnstämmereich abermals einige Städte. Omri war genöthigt, unter harten Bedingungen Frieden zu schließen und Ben-Hadad zu gestatten, daß ihm Karavanenstraßen durch das israelitische Reich offen gehalten wurden, daß die Züge unangefochten durch das Land gehen durften [1]).

Desto inniger schloß sich Omri an das tyrische Reich an und verfolgte den Plan, sein Volk zu kanaanisiren. Wozu denn die Absonderung Israels von den Nachbarn? Hat sie ihm Vortheile gebracht? Wäre es nicht klüger und ersprießlicher, wenn das Zehnstämmereich vollständig einen phönicischen oder tyrischen Charakter annähme? In Sprache und Sitte mit einander verwandt, könnten die beiden Völkerschaften nicht noch enger mit einander verschmolzen werden, wenn die phönicische Religionsform auch in Israel heimisch würde? Diese Verschmelzung bahnte Omri an. Er führte den Kultus des Baal und der Astarte als officielle Gottesverehrung ein, baute einen Tempel des Baal in seiner Hauptstadt Samaria, berief Priester dazu und befahl, daß überall dem Baal und der Astarte geopfert werde [2]). Der Stierkultus in Bethel und Dan sollte schwinden, er schien noch immer zu israelitisch und bildete eine Scheidewand zwischen den Phöniciern und Israeliten. Ob Jhwh mit oder ohne sichtbares Bild verehrt wird, er bildete immer noch einen Gegensatz gegen den tyrischen Baal oder Adonis, und diesen Gegensatz wollte Omri aufheben, nicht aus besonderer Vorliebe für den Baalkultus, sondern aus politischer Berechnung, um Israel zu einem phönicischen Volke umzubilden und ihm dadurch die Vortheile des Bundeslandes zuzuwenden. In der That wurde Israel durch Omri wieder Gold und Silber in Fülle zugewendet. Sein Sohn durfte sich den Luxus erlauben, sich einen Palast mit Elfenbein auslegen zu lassen [3]), was nicht einmal Salomo bei aller seiner Prachtliebe haben konnte, der sich mit einem Thron aus Elfenbein begnügen mußte.

Omri's Neuerung hatte eine viel größere Tragweite als die Jerobeam's, oder in der Sprache der Quelle, er handelte noch viel frevelhafter als seine Vorgänger [4]). Jerobeam gab noch das Stierbild

[1]) Könige I, 20, 34, woraus entschieden hervorgeht, daß diese Vereinbarung in Folge einer Niederlage Omri's erfolgt ist.

[2]) Vgl. S. 20 Anmerk. 1.

[3]) Könige I, 22, 39; vgl. 20, 3. [4]) Das. 16, 25.

als Gott Israel's aus; Omri dagegen wollte dem Volke seinen Gott und seinen Ursprung rauben oder es vergessen machen, daß es ein besonderes, den Götzendienern entgegengesetztes Volksthum bilden sollte. Wie diese Neuerung aufgenommen wurde, haben die Geschichtsquellen nicht angedeutet. Da Omri sechs Jahre nach der Erbauung Samaria's starb (um 922), so konnte seine Umkehrung aller bisherigen Gewohnheiten und Anschauungen nicht tief eingreifen. Erst sein Sohn Achab (922—901) sollte sein Werk fortsetzen, als hätte es ihm sein Vater als Vermächtniß eingeschärft. Selbstverständlich unterhielt auch er die innige Verbindung mit Tyrus und mit dem Könige von Juda.

Aber die Vollstreckung eines solchen Vermächtnisses gewaltsamer Eingriffe in das Innerste der Menschen hängt auch beim besten Willen des Nachfolgers von den Umständen oder von einer Fügung, welche der klügste Kopf nicht berechnen kann, ab. Zweierlei Hindernisse traten der Kanaanisirung des Zehnstämmereiches entgegen; das eine lag in Achab's Temperament, und das andere trat aus einem unerwarteten Gegenstoß auf, welcher den gewaltsamen Stoß geschwächt, wenn nicht ganz gelähmt hat. Um die Umwandlung des Volkes in ein Anhängsel von Phönicien und dessen Entfremdung von sich selbst, von seiner Vergangenheit und von seinen Erinnerungen durchzuführen, hätte Omri's Nachfolger starken Geistes, unbeugsamen Willens und rücksichtsloser Härte sein müssen, um jeden Widerstand mit starker Hand zu brechen. Achab war aber fast das Entgegengesetzte, schwach, milde, Ruhe und Gemächlichkeit liebend, eher geneigt, Störungen und Hindernissen aus dem Wege zu gehen, als sie aufzusuchen und zu beseitigen. Wäre es auf ihn allein angekommen, so hätte er das System seines Vaters fallen lassen und sich begnügt, unbekümmert um die Zukunft, die Genüsse, welche die Königsmacht ihm darbot, auszukosten. Achab war nicht einmal kriegerisch; von Seiten benachbarter Könige ließ er sich Zumuthungen gefallen, die einen auch nur halbwegs ehrenfesten König in Aufwallung gebracht und zu verzweifeltem Widerstande gereizt hätten. Allein wie er den Krieg gegen einen übermüthigen Nachbar gegen seinen Willen und seine Neigung unternehmen mußte, so war er auch gezwungen, den Kampf gegen das israelitische Volksthum aufzunehmen. Sein Vater hatte ihm eine Gemahlin zugeführt, die im Gegensatze zu ihm einen starken, männlichen Willen hatte und mit aller Strenge und Grausamkeit ihn durchzusetzen suchte. Isebel (Izebel), die phönicische Königstochter, deren Vater, ehe er König war, bei dem Astartenkultus das Priesteramt verrichtete, war von Eifer erfüllt, die Kanaanisirung des Volkes Israel durchzuführen, sei es aus verkehrter Vorstellung und Anhänglichkeit an die Religionsform ihres Geburtslandes oder aus politischer Berechnung, um das israelitische Volk mit ihrem Geburtslande innig zu verschmelzen, Tyrier und Israeliten zu einem einzigen Volke zu machen. Sie unternahm das von Omri begonnene Werk mit Thatkraft und Rücksichtslosigkeit und riß ihren willensschwachen Gatten zu allen Gewaltsamkeiten und Frevelthaten fort[1]. Sie führte das Scepter, und Achab war nur ein Werkzeug in ihrer Hand[2]. Durch Isebel's finsteren, trotzigen Sinn und ihre vor nichts zurückschreckende Thatkraft entstand eine Gährung und Bewegung im Zehnstämmereich, welche zu blutigen Auftritten führte, aber auch wie ein zerstörendes Unwetter eine Luftreinigung zur Folge hatte. Zunächst ließ Isebel in der Hauptstadt Samaria einen großen Baaltempel errichten[3]. Zu einem solchen Tempel gehörten drei Altäre, Bilder und Spitzsäulen, welche einer Art göttlicher Dreieinigkeit geweiht waren: dem Baal, seiner Ehehälfte Astarte und dem Gott der Gluth oder Zerstörung (Moloch, Chammon)[4]. Für diesen Kultus zog Isebel einen Schwarm von Priestern und Propheten für die beiden Hauptgötzen in das Land, 450 für den Baal- und 400 für den Astarte-Dienst, welche auf Kosten des Königshauses unterhalten und zur Tafel der Königin zugezogen wurden[5]. Diese versahen zum Theil das Opferwesen in Samaria und zum Theil durchstreiften sie wie rasend das Land, um in Städten und Dörfern ihr Unwesen zu treiben. Die phönicischen Priester oder Propheten zogen nämlich Frauengewänder an, bemalten Gesicht und Augen nach Weiberart, hatten die Arme bis zur Schulter entblößt, trugen Schwerter und Beile, auch eine Geißel, Klappern, Pfeifen, rauschende Cymbeln und Pauken. Unter Tanz und Geheul drehten sie sich im Kreise, senkten abwechselnd das Haupt zur Erde und schleiften das Haar im Straßenkoth. Dann zerbissen sie sich die Arme und schnitten sich in den Leib mit den Schwertern und Messern, bis Blut herausfloß, das sie der blutdürstigen Göttin opferten. In der Raserei pflegten sich einige derselben zu entmannen und einen scheußlichen Aufzug zu machen[6]. Tempeldirnen (Kedeschôt), welche ihr Schandgewerbe zu Ehren der Astarte und zum Gewinn der Priester trieben, haben gewiß auch nicht gefehlt[7]. Mit dieser Schaar von

[1]) Könige I, 21, 25. [2]) Das. 21, 8.

[3]) Das. I, 16, 32; II, 10, 21; 25—27.

[4]) Vgl. Movers Phönicier I, S. 674 fg. Daß mehrere Altäre und מצבות, d. h. konische, phallusartige Säulen, im Baaltempel aufgestellt waren folgt aus Könige II, 10, 26 (vgl. LXX) und 11, 18. [Vgl. Pietschmann a. a. O. S. 204 ff.]

[5]) Könige I, 18, 19, 22.

[6]) Vgl. bei Movers das. S. 682 die Belege. [Pietschmann a. a. O. S. 164.]

[7]) Es ist auffallend, daß in der Geschichte Achab's und Isebel's nichts von קדשות erwähnt wird; sie gehörten aber streng zur אשרה o. S. 15 und Könige II, 23, 7.

Baalspriestern und Astartenrasenden glaubte Isebel das israelitische Volk des Gottes seiner Väter zu entwöhnen und dessen völlige nationale Umwandlung durchführen zu können. An der Spitze der phönicischen Priesterschaft stand wohl ein Oberpriester, welcher derselben Weisungen und Befehle ertheilte, wie sie zu Werke gehen sollte[1]). Zunächst wurden die dem Gott Israels geweihten Altäre zerstört[2]) und dafür wohl andere in kanaanitischer Form aufgerichtet, mit Spitzsäulen, welche eine schandbare Bedeutung hatten (phallische Form). Wahrscheinlich wurden auch die Altäre in Bethel und Dan auf dieselbe Weise umgewandelt. Das opferbedürftige Volk sollte aus Mangel an eigenen Altären die Opfer auf den Stätten des Baal und der Astarte darzubringen gezwungen werden und sich an diesen Kultus gewöhnen.

Wie leicht ist es nicht, ein Volk, wenn die Machthaber mit List und Gewalt darauf ausgehen, zum Aufgeben seiner Gewohnheiten und Eigenthümlichkeiten und zur Annahme des Fremden zu bewegen? Ohnehin waren die Israeliten im Zehnstämmereich durch die schon ein halbes Jahrhundert dauernde Entfernung von dem geistig anregenden Mittelpunkt in Jerusalem und durch die Gewöhnung an den Stierkultus verdummt und an ihren eigenen Erinnerungen irre geworden. Die Städte waren durch den Wohlstand bereits an Verfeinerung, Verweichlichung und Hang zur Sinnlichkeit entartet, und diesem Hange schmeichelte der unzüchtige Baal- und Astartenkultus nur zu sehr. Die Städter haben sich ohne Zweifel größtentheils dem neuen Kultus gefügt oder ihm wenig Widerstand entgegengesetzt. Unter diesen drang die Umwandlung und die Entsittlichung durch. Nur etwa sieben Tausend blieben fest, knieeten nicht vor dem Baal und huldigten ihm nicht mit Küssen[3]). Ein Theil des Volkes, darunter die Dörfler, schwankte indeß in seinen Vorstellungen und Handlungen hin und her, wußte nicht, ob Ihwh ein mächtigerer Gott sei oder Baal[4]), verehrte diesen öffentlich und jenen heimlich. Es war eine Zeit der Spannung und Verwirrung, wie sie einer geschichtlichen Neugestaltung voranzugehen pflegt. Es mußte sich zeigen, ob die uralte Ueberzeugung von dem Gott Israels und den Anforderungen der Heiligkeit tief genug gewurzelt war, Lebensfähigkeit und Kraft genug besaß, den Gegensatz zu überwinden und das Fremde auszuscheiden. In einer solchen Zeit pflegt eine kräftige Persönlichkeit, in der die bessere Ueberzeugung lebendig geworden und die von ihr ganz beherrscht ist den Ausschlag zu geben,

[1]) Folgt aus Könige II, 11, 18.
[2]) Das. I, 19, 10; 14, folgt auch aus 18, 30.
[3]) Das. I, 19, 18.
[4]) Das. 18, 21.

durch ihre Festigkeit, ihre Gluth und ihren Opfermuth die Schwankenden hinzureißen, die Schwachen zu kräftigen, die Trägen aufzustacheln und solchergestalt eine Schaar von Vertheidigern um die von der Entfremdung bedrohte Eigenart zu sammeln und sie zu retten. Wird eine solche Persönlichkeit gerade durch den feindlichen Gegensatz erweckt und zur Thatkraft angespornt, so wirkt sie wie eine strotzende Triebkraft und bringt eine Neugestaltung, gemischt aus alten und neuen Elementen, hervor. Eine solche Persönlichkeit trat damals während der Spannung in dem Propheten Eliahu auf (um 920—900 [1]).

Woher stammte dieser thatkräftige, hinreißend wirkende Prophet? In welchem Stamme stand seine Wiege? Wer war sein Vater? Man weiß das Alles nicht. Er wird nur schlechthin Eliahu (gekürzt Elia) der Thisbite genannt; in Gilead, jenseits des Jordans, war er nicht heimisch, sondern gehörte zu den nur halbberechtigten Einsassen (Toschabim) dieses Landes [2]). Er war eine stürmische Natur, die keinerlei Rücksicht kannte, ihr Leben für die eigene Ueberzeugung ohne Bedenken einzusetzen bereit war. Er galt den Späteren als die Verkörperung des religiösen und sittlichen Eifers (Kanná) [3]). Im Sturme trat er auf, wie ein Sturm brauste er an den schwachen, von seinem Weibe gegängelten König Achab heran, donnerte ihm ein betäubendes Wort zu, wie der Sturm brauste er wieder davon und konnte niemals festgehalten werden [4]); und im Sturme verschwand er plötzlich vom Schauplatz. Eliahu war einzig und allein von dem Gedanken beseelt, das Andenken an den Gott Israels, das aus den Gemüthern des Volkes zu schwinden drohte, zu retten; ihm weihte er sich, in seinen Dienst stellte er sich [5]).

Aeußerlich machte sich Eliahu durch seine Tracht kenntlich. Im Gegensatz zu dem weibischen, üppigen und sonderbaren Wesen der Baal- und Astartenpropheten trug er um das Unterkleid einen Gürtel von Leder, über dasselbe einen schwarzen, härenen Mantel (Sak) und ließ

[1]) Chronologisch läßt sich Elia's Wirksamkeit nur ungefähr bestimmen. Er trat gegen Achab und Isebel auf und lebte noch während Achasja's Regierung 901.

[2]) Könige I, 17, 1. Der Ausdruck מתשבי גלעד scheint darauf hinzuweisen, daß seine Vorfahren zu dem geduldeten Rest der Ureinwohner gehörten. Daher wird der Name seines Vaters nicht genannt, wie bei seinem Jünger Elisa.

[3]) Maleachi 3, 23.

[4]) Könige I, 18, 12.

[5]) Bei ihm und seinem Nachfolger Elisa wird der Ausdruck gebraucht עמד לפני ה׳ (17, 1 und a. St.) d. h. Gott mit aller Kraft wie ein Sklave seinem Herrn dienen. Uebrigens muß vor der Erzählung von Elia's Leben ein ganzes Stück Geschichte aus den Erinnerungen der späteren Propheten verloren gegangen sein, denn diese Erzählung beginnt ex abrupto.

das Haupthaar lang wachsen[1]). Im Gegensatz zu dem üppigen Leben der Baalsverehrer enthielt er sich des Weines und führte das Nasiräerwesen ein, welches eben darin bestand, keinen Wein zu trinken[2]) und das Kopfhaar nicht abzuscheeren[3]). In dieser Tracht und mit dieser Lebensweise trat er wahrscheinlich zuerst in Gilead auf und verkündete den einen Gedanken, der viel umfaßt: Ihwh allein ist Gott. Hier, wo der Jordan den Schwärmen der Baalspropheten Hindernisse entgegenstellte und die Furcht vor Achab und Isebel nicht die Gemüther lähmte, fanden sich noch treue Anhänger des Gottes Israels. Unter diesen fand Eliahu wohl zuerst Zuhörer und Jünger, die er mit seinem stürmischen Wesen zur Mitthätigkeit fortriß. Ehe man sich's versah, war eine Schaar Propheten oder Prophetenjünger (Bene-Nebiim) da, welche ihr Leben für die Erhaltung des Ureigenen hinzugeben bereit waren[4]). Auch diese nahmen Eliahu's Lebensweise an und wurden Nasiräer[5]). Die Losung in diesem neugebildeten Kreise war, eine einfache Lebensweise zu führen, nicht in Städten zu wohnen, wo Ueppigkeit und Weichlichkeit herrschten, sondern in Zeltdörfern, keinen Wein zu trinken, noch Weinberge zu pflegen, überhaupt den Ackerbau zu meiden, sondern wie die Erzväter und die Stämme in der Jugendzeit von Viehzucht zu leben. Jonadab, Sohn Rechab's, der ohne Zweifel zu Eliahu's Anhängern zählte, hat zuerst für sich und sein Haus diese Lebensregel festgestellt. Er schärfte es seinen Nachkommen als Vermächtniß ein, sich stets des Weines zu enthalten, kein festes Haus zu bauen, keine Saat zu bestellen und besonders niemals einen Weinberg anzupflanzen[6]). Eliahu hat nicht blos für den Augenblick eine Schaar Vertheidiger der ureigenen Lehre erweckt und entflammt, sondern auch für die Zukunft eine neue Richtung angebahnt. Er hat der Weichlichkeit und der Genußsucht die Einfachheit und Enthaltsamkeit entgegengesetzt.

Mit der Schaar von Propheten oder Prophetenjüngern begann er in seinem Eifer für Ihwh den Baalspriestern und Propheten ent-

[1]) Könige II, 1, 8; 2, 8; 14. Es ist unter dieser אדרת zu verstehen: אדרת שער, welches die Propheten seit Eliahu zu tragen pflegten, Zacharia 13, 4. Dasselbe wird auch שק genannt Jes. 20, 2.

[2]) Folgt aus Amos 2, 11—12.

[3]) Vgl. weiter unten bei Elisa.

[4]) Ergiebt sich aus dem Folgenden.

[5]) Folgt aus Amos das., daß die Propheten zugleich Nasiräer waren.

[6]) Jeremia 35, 5—10. Jonadab war ein Zeitgenosse Eliahu's und ein Feind des Baalkultus, Könige II, 10, 15—16. Aus dieser Stelle geht hervor, daß Jonadab nicht ein Judäer war, wie man aus Chronik I, 2, 55 geschlossen hat. בית רכב kann auch eine Stadt sein, wie die vorangehenden Eigennamen mit dem vorgesetzten אבי. Jehu traf Jonadab auf dem Wege von Jesreel nach Samaria. Wie käme dieser dahin, wenn er ein Judäer gewesen wäre?

gegenzuwirken, flog wahrscheinlich von Stadt zu Stadt, rief die Bevölkerung zusammen und riß sie durch seine stürmische Beredtsamkeit hin, deren Spitze war: „Ihwh allein ist Gott, und Baal und Astarte sind stumme, todte Götzen.“ Er mag auch manche Gewaltthätigkeiten an den Baalspriestern begangen haben, mit denen er zusammenstieß. Lange konnte Isebel das Treiben des eifervollen Thisbiten nicht ruhig mit ansehen; es durchkreuzte ihre Pläne. Sie sandte wohl ihre Trabanten gegen Eliahu's Schaar aus, und diejenigen, welche in deren Hände fielen, wurden schonungslos getödtet. Es waren die ersten Märtyrer, welche für die altisraelitische Lehre fielen. Isebel, die Tochter des Astartepriesters Ethbaal, war die erste Religionsverfolgerin [1]). Eliahu selbst indeß, auf den es Isebel ganz besonders abgesehen hatte, konnte nie erreicht werden; er entschwand stets den Händen der Häscher. Schon hatte sein Eifer eine bedeutende Wirkung hervorgebracht, Achab's Palast-Aufseher Obadiahu war heimlich der alten Lehre zugethan. Er, der vielleicht Auftrag hatte, die Prophetenjünger zu verfolgen, wußte hundert derselben in zwei Grotten, wahrscheinlich im Gebirge Karmel, je fünfzig in einer, zu verbergen und sie mit Brod und Wasser zu versorgen [2]). Obadiahu stand wohl nicht allein, sondern hatte Gesinnungsgenossen, die seine heimlichen Aufträge ausführten. Eliahu war dadurch eine Macht geworden, die nicht so leicht zu brechen war. Wie konnte Isebel gegen einen unsichtbaren Feind ankämpfen, der in ihrem eigenen Hause Helfer fand?

Eines Tages machte sich Eliahu, obwohl er seiner Anhänger beraubt war, in Achab's Nähe, um ihn selbst, dessen schwacher, lenksamer Charakter bekannt war, ob der von ihm geduldeten Unthaten zu erschrecken. Achab hatte eine Vorliebe für Bauten und Befestigung von Städten [3]). Auf seine Veranlassung wurde Jericho, das seit dem Einzuge der Israeliten seiner Mauern beraubt war, von Chiel aus Bethel befestigt [4]). Es gehörte eigentlich zum Stamm Benjamin [5]), wurde aber in den Kriegen zwischen dem Zehnstämmereich und dem Reiche Juda diesem entrissen und zu Ephraim geschlagen. Achab legte auch eine neue Residenz in der schönen Ebene Jesreel an, um in derselben die rauhen Wintermonate zuzubringen; Samaria diente nur als Sommerresidenz [6]). Diese neue Stadt Jesreel, welche Schauplatz

[1]) Könige 1, 18, 4; 13.
[2]) Das.
[3]) Das. 22, 39.
[4]) Das. 16, 34.
[5]) Josua 18, 21.
[6]) Folgt aus Amos 3, 15.

tragischer Auftritte werden sollte, wurde mit vieler Pracht erbaut. Das Königspaar ließ sich einen Palast aus Elfenbein darin errichten[1]). Achab brauchte aber in Jesreel viel Raum für Gartenanlagen und hatte ein Gelüste nach einem schönen Weinberge nahe bei seinem Palast, welcher Naboth, einem der angesehensten Bürger von Jesreel, gehörte. Dem Besitzer bot Achab Ersatz dafür in Tausch oder Geld an, aber jener mochte das Erbe seiner Väter nicht veräußern. Mißmuthig darüber, daß er seinen Palast nicht mit großen Gartenanlagen umgeben konnte, mochte Achab nicht einmal Speise zu sich nehmen. In dieser Verstimmung fand ihn Isebel, spottete über seinen kindischen Mißmuth und seine feige Rathlosigkeit: „Du wirst so jetzt die Herrschaft über Israel behaupten!“ [2]) Sie versprach ihm indeß, ihn bald in den Besitz des gewünschten Weinbergs zu setzen. Im Namen des Königs richtete sie Briefe an diejenigen Aeltesten von Jesreel, deren sklavischer Ergebenheit sie sicher war, eine Gerichtsversammlung zusammen zu berufen und zwei Zeugen aufzustellen, welche Naboth beschuldigen sollten, er habe die Götter und den König geschmäht. Die feigen oder feilen Aeltesten überwanden das Bedenken, einen Unschuldigen auf den Tod anklagen zu lassen. Als nun die Gerichtsversammlung an einem der Thore Jesreel's zusammen gekommen war, und Naboth als der Aelteste an der Spitze derselben saß, traten zwei verworfene Menschen auf und sagten als Zeugen aus, sie hätten vernommen, wie Naboth die Götter und den König gelästert habe. Gegen die Zeugenaussagen verschlug die Unschuldsbetheuerung des Angeklagten nichts. Er wurde von den Aeltesten zum Tode verurtheilt, und das

[1]) Das. und Könige I, 22, 39.

[2]) Das. 21, 1 fg. V. 7 ist dunkel תעשה מלוכה kommt sonst nicht vor. LXX fügen hinzu σὺ νῦν οὕτω? [Vgl. a. Klostermann z. St.] Uebrigens sind die Relationen von Eliahu und Achab nicht in chronologischer Reihenfolge geordnet. Schon die griechische Version verbindet Kap. 19 mit 21 und 20 mit 22. Die letzten zwei Kapitel, welche die Kriegsgeschichte Achab's und Ben-Hadad's mittheilen, referiren die Vorgänge in den letzten vier Regierungsjahren Achab's. Kap. 22 vom letzten Krieg und Tod Achab's sagt im Anfang, daß drei Jahre Ruhe war; folglich spielt der Krieg, welcher 20, 26 fg. erzählt wird, 3 Jahre vor Achab's Tod und der ihm vorangegangene nach 20, 22 fg. ein Jahr vorher. Kap. 18 und 19, welche Eliahu's Strafgericht an den Baalpropheten, seine Flucht, seinen Aufenthalt am Sinaï und den Auftrag, den er da erhalten hat, Jehu zu salben, erzählen, können auch nur von den letzten Jahren Achab's handeln. Da nach dieser Relation Elia wegen des Strafgerichtes von Isebel für vogelfrei erklärt wurde, so kann er sich nicht in Jesreel haben blicken lassen, um Achab wegen des Justizmordes an Naboth Vorwürfe zu machen. Chronologisch zu ordnen ist demnach zuerst Kap. 21, dann 18—19, dann 20 und 22. Die Ueberschrift in Cap. 21, ויהי אחר הדברים האלה, welche in LXX fehlt, muß sich auf eine andere Relation beziehen.

Todesurtheil wurde sofort vollstreckt, nicht bloß an ihm, sondern auch an seinen Söhnen [1]). Die Güter eines Hingerichteten verfielen dem König. Triumphirend sagte hierauf Isebel zu ihrem Gatten: „Jetzt kannst du Naboth's Weinberg in Besitz nehmen, denn er ist todt." [2]) Sobald Eliahu von dieser empörenden Unthat vernommen hatte, hielt es ihn nicht länger. Er begab sich nach Jesreel und traf den König gerade, wie er sich Naboth's Weinberg ansah; hinter ihm ritten zwei Männer, von denen einer später Naboth's Rächer werden sollte. Donnernd rief der Prophet dem Könige zu: „Hast du gemordet und ergreifst jetzt Besitz? Das unschuldig vergossene Blut Naboth's und seiner Söhne hat Gott gestern gesehen, auf diesem Felde sollst du die Strafe dafür erleiden [3])." Diese Drohung machte einen betäubenden Eindruck auf den nicht gemüthverhärteten Achab, er ging in sich und kasteiete sich demüthig. Aber zu einer Sinnesänderung ließ es die ruchlose Isebel nicht kommen; sie beherrschte den schwachen Mann vollständig.

Eliahu, welcher ebenso plötzlich wieder verschwand, näherte sich Achab zum zweiten Male, um ihm zu verkünden, daß einige Jahre Hungersnoth im ganzen Lande sein werde; dann entfernte er sich wieder, hielt sich in der Nähe des Jordans, dann in der phönicischen Stadt Sarepta (Zarphat) bei einer Witwe auf, dann weilte er in einer Höhle des Berges Karmel. Inzwischen wüthete die Hungersnoth im Lande, und es gab nicht einmal Futter für die Rosse und Maulthiere des Königs [4]). In dieser Noth schickte Achab Boten über Boten überall hin, auch in die Nachbarländer, den finsteren Propheten aufzusuchen, um sich mit ihm abzufinden [5]); sein Aufenthaltsort blieb aber unbekannt. Eines Tages zeigte sich Eliahu dem Palasthauptmann Obadiahu und rief ihm kurz die Worte zu: „Geh', sage deinem Herrn: Eliahu ist da." Bei seinem Anblick bemerkte Achab: „Bist du es, du Unterwühler Israels?" Darauf entgegnete ihm der Prophet: „Nicht ich habe Israel unterwühlt, sondern du und deines Vaters Haus, indem

[1]) Das. 21, 8 fg. Das Letztere folgt aus Könige II, 9, 26.

[2]) LXX haben zu 21, 16 (20, 10) den Zusatz, Achab habe über Naboth's Tod getrauert.

[3]) Das. Könige I, 21, 19; II, 9, 25 fg.

[4]) Von der Hungersnoth in dieser Zeit das. I, 17, 7 fg. unter dem phönicischen König Ethbaal (Ithobal) berichtet auch Menander nach phönicischen Quellen (bei Josephus Alterth. VIII 13, 2): *Μέμνηται δὲ τῆς ἀνομβρίας ταύτης καὶ Μένανδρος ἐν ταῖς Ἰθωβάλου τῶν Τυρίων βασιλέως πράξεσι λέγων οὕτως: Ἀβροχία τε ἐπ' αὐτοῦ ἐγένετο ἀπὸ τοῦ Ὑπερβερεταίου μηνὸς ἕως τοῦ ἐχομένου ἔτους Ὑπερβερεταίου.* [Pietschmann a. a. O. S. 293]

[5]) Könige das. 18, 10.

ihr dem Baal anhänget.“ Als wäre er derjenige, welcher Befehle zu ertheilen hätte, bedeutete er dem König, die Baalspriester zum Berge Karmel zusammen kommen zu lassen, dort solle offenkundig werden, wer ein echter und wer ein falscher Prophet sei.

Der Vorgang auf dem Berge Karmel, wo der Streit ausgetragen wurde, muß von außerordentlicher Wirkung gewesen sein; die Nachricht darüber ist aber nur verschleiert überliefert worden. Achab bestellte sämmtliche Baalspropheten zum Berge, auch er kam dahin, und viel Volk fand sich ein, gespannt darauf, wie die Zwistigkeit zwischen dem Propheten und dem König ausfallen, und ob dadurch die anhaltende Regenlosigkeit aufhören würde. In der Grotte des Karmel waren wahrscheinlich die hundert Propheten verborgen, welche Obadjahu gerettet und verpflegt hatte. Auch sie fanden sich wohl zur Entscheidung ein. Eliahu, welcher die Versammlung beherrschte, sprach zu den Anwesenden: „Wie lange wollt ihr noch wie Vögel von einem Zweige auf den andern hin und her hüpfen [1])? Ist Ihwh Gott, so hängt ihm an; ist Baal ein Gott, so bleibt bei ihm.“ Darauf befahl er den Baalspropheten, einen Altar zu errichten, zu opfern und ihren Gott anzurufen, daß er ein Wunder thun möge. Sie thaten es auch auf ihre Weise, verwundeten sich mit Messern und Schwertern, bis das Blut ihren Leib bedeckte und riefen von Morgen bis Mittag: „O, Baal, erhöre uns!“ Aber es rührte sich nichts. Eliahu ermunterte sie mit beißender Ironie, welche ein Grundzug der prophetischen Beredtsamkeit wurde, ihre Anstrengungen zu verdoppeln, um dem Baal ein Lebenszeichen zu entlocken. „Rufet ihn lauter an, vielleicht hat er eine Unterredung, eine Zerstreuung oder ist auf Reisen, vielleicht schläft er, daß er erwache!“ Als die Baalspriester mit Beschämung von ihrem Thun abstanden, errichtete Eliahu einen Altar mit zwölf Steinen, opferte ebenfalls darauf und betete leise: „Erhöre mich, Gott Abraham's, Isaak's und Israel's, damit das Volk erkenne, daß du Gott bist, daß ich in deinem Auftrage gehandelt habe und daß du ihren Sinn gewendet hast.“ Darauf erfolgte ein Zeichen so plötzlich, daß die anwesende Versammlung, auf ihr Gesicht niederfallend, ausrief: „Ihwh allein ist Gott!“ Ein plötzlicher Blitzschlag, wird erzählt, verzehrte das Opfer und Alles, was auf und an dem Altar war, und verzehrte selbst das Wasser. Eliahu nahm dann Wiedervergeltung

[1]) Könige das. 18, 21. Der Ausdruck עד מתי אתם פסחים על שתי הסעפים ist dunkel, die Uebersetzung der LXX durch „Kniekehle“ ist verfehlt. סעיף hat niemals diese Bedeutung. Es bedeutet vielmehr „Ast“ und „Zweig“, auch „Felszacken“. Das Bild scheint vom Vogel hergenommen, der auf Zweigen hin und her hüpft, bald auf den einen, bald auf den andern. [Anders Klostermann z. St.]

an den Baalspriestern; er befahl dem Volke, sie zu ergreifen, zu tödten und ihre Leichen in den vorüberfließenden Kischon zu werfen. Der anwesende Achab, betäubt von den Vorgängen, ließ es geschehen.

Nicht so gleichgültig nahm die blutdürstige Isebel die Sache. Sobald sie Kunde davon hatte, bedrohte sie Eliahu, ihm, falls sie seiner habhaft werden sollte, dasselbe Geschick zu bereiten. In Folge dessen mußte er auf seine Rettung bedacht sein, entfloh nach dem Reiche Juda, scheint aber dort unter dem Könige Josaphat wegen dessen Bündnisses mit Achab keinen Schutz gefunden zu haben, eilte immer weiter über Beerseba hinaus und war so verzweifelt, daß er den Tod herbeiwünschte. Durch ein Traumgesicht gestärkt, worin er die Weisung erhielt, weiter in die Wüste bis zum Berge Horeb zu wandern, begab er sich dahin. An der Stätte, wo die reine und einfache Lehre von Gott und den Gesetzen der sittlichen Ordnung geoffenbart worden, sollte er erfahren, daß er in seinem Eifer für diese Lehre zu weit gegangen war. Als er hier in einer Grotte des Sinai in schauerlicher Einsamkeit, wo ihm nur das eigene Wort wiedertönte, sich in Klagen ergoß: „Ich habe für Ihwh geeifert, weil die Israeliten deinen Bund verlassen, deine Altäre zerstört und deine Propheten vertilgt haben; und ich bin allein übrig geblieben, und auch nach meinem Leben trachten sie," erhielt er eine Antwort durch Zeichen, „daß Gott nicht im Sturm spreche und nicht im Erdbeben und nicht in Feuersgluth, sondern in einem sanften Säuseln." Ihm wurde bedeutet auf seinem Wege umzukehren, einen Nachfolger zu bestellen und vom Schauplatze abzutreten. Sein rücksichtsloser Eifer, der sich bis zum Blutvergießen gesteigert hatte, wurde am Horeb getadelt [1]).

Während Eliahu's längerer Abwesenheit scheint eine Art Waffenstillstand zwischen dem Omri'schen Königshause und den Anhängern des Thisbiten eingetreten zu sein. Achab, der Zeuge der Vorgänge am Karmel gewesen, war wohl in seinem Vertrauen zum Baal lauer geworden und hat der Verfolgung der Ihwh-Propheten, so weit es in seiner Macht stand, Einhalt gethan. Diese selbst scheinen in ihrem Eifer nachgelassen zu haben. Es bildeten sich Kreise von Prophetenjüngern in Gilgal, wo schon unter Samuel ein Prophetenorden war (I, S. 153), ferner in Jericho und selbst in Bethel [2]), und sie wurden nicht verfolgt. Nur ein einziger dieser Propheten oder Prophetenjünger blieb unfreundlich gegen Achab, Michajhu (Micha),

[1]) Das. 19, 9—16. Die Worte: „Nicht im Sturme ist der Herr" und der Befehl an Eliahu, Elisa zu ernennen, sind unstreitig Tadelsäußerungen gegen Eliahu's Eifer.

[2]) Folgt aus Könige II, 2, 2 fg.

Sohn Jimla's. So oft Achab sich in eine Unternehmung einlassen wollte und Micha zuzog, um durch dessen Mund die Zukunft zu erfahren, prophezeite dieser ihm Unglück. Aber Achab ließ ihn doch am Leben und begnügte sich, ihn in Gewahrsam zu bringen[1]). Unglück hatte der König des Zehnstämmereiches genug, das ihn hätte warnen können, von seinen verkehrten Wegen abzugehen. Der König von Aram, Ben-Hadad II. wurde immer mächtiger, anspruchsvoller und eroberungssüchtiger. Er besaß nicht nur Reiterei und Streitwagen, sondern auch zweiunddreißig Könige in seiner Gefolgschaft, die er wohl durch Kriege bezwungen und zu Vasallen gemacht hatte[2]). Mit diesen Bundesgenossen oder Vasallen vereint, überzog er Achab mit Krieg, wahrscheinlich die Schwäche benutzend, welche durch die Hungersnoth und die Zerrüttung im Innern entstanden war. Ben-Hadad unterwarf ganze Strecken des Zehnstämmereiches und belagerte zuletzt Samaria (um 904)[3]). In der Bedrängniß bat Achab um Frieden, aber Ben-Hadad stellte harte, schmähliche Bedingungen; nicht bloß alles Gold und Silber, sondern auch seine Weiber und Kinder sollte ihm der König von Israel ausliefern. Dieser war in seiner Mattherzigkeit beinahe bereit, auch um diesen Preis den Frieden zu erkaufen, allein die Aeltesten, die er zu Rathe gezogen, und alles Volk riethen, lieber auf Leben und Tod den Krieg fortzusetzen. Achab hatte aber nur eine geringe Schaar dem zahlreichen Heere des Feindes entgegenzustellen. Diese machte einen Ausfall, und da Ben-Hadad und seine Vasallenkönige, des Sieges gewiß, sich dem Weinrausche überlassen hatten, wurde das aramäische Heer von den Israeliten geschlagen und in die Flucht gejagt. Ben-Hadad selbst entkam nur durch rasche Flucht. Erzählt wird, ein Prophet habe Achab in der Bedrängniß diesen unerwarteten Sieg verheißen und ihm noch dazu bedeutet, für das nächste Jahr sich schlagfertig zu machen, da der König von Damaskus in dieser Zeit den Krieg erneuern würde. In der That machte Ben-Hadad abermals einen Einfall und drang bis in die Ebene Jesreel bis Aphek vor. Achab hatte aber vorher gerüstet, den ganzen Heerbann aufgeboten und zog dem Feinde entgegen. Achab's Heer siegte abermals und schlug den Feind so sehr auf's Haupt, daß Ben-Hadad nicht einmal entfliehen konnte, sondern sich in Aphek verbergen mußte. Nun kam die Reihe an ihn, um Frieden zu bitten. Seine Diener machten ihm Hoffnung, daß Achab der erlittenen Unbill

[1]) Könige I, 22, 8; 18; daß Micha in Kerkerhaft war, folgt aus V. 26.
[2]) Das. 20, 1, 16.
[3]) Ueber die Zeit dieses Krieges, etwa im vierten Jahre vor Achab's Tod vgl. o. S. 28 Anmerk. 2.

nicht eingedenk sein werde, da die Könige von Israel milde und versöhnlich seien[1]). Im Traueraufzug, grobes Zeug um die Lenden und Stricke um den Hals, begaben sich Ben-Hadad's Getreue zu Achab, stellten sich als Gefangene und baten um das Leben ihres Königs. Achab fühlte sich geschmeichelt, seinen mächtigen Feind gedemüthigt um Schonung seines Lebens bittend zu sehen und versprach ihnen, Ben-Hadad am Leben zu lassen[2]). Ohne zu zögern, zogen sie Ben-Hadad aus dem Versteck, und Achab ließ ihn neben sich auf den Wagen setzen. So unerwartet begnadigt, war der aramäische König freigebig mit Versprechungen. Er wollte Achab sämmtliche Städte wieder herausgeben, welche sein Vater Ben-Hadad I. dem israelitischen Reiche entzogen und seinem Lande einverleibt hatte, und ihm noch dazu gestatten, Handelswege im Gebiet von Damaskus zu unterhalten und zu beschützen, wie sie Omri im Reiche Israel hatte bewilligen müssen. Die Feinde von gestern wurden gute Freunde, schlossen ein Bündniß, beschworen es wohl auch hoch und theuer, um es morgen gelegentlich zu brechen[3]). Diesen ziemlich leichtsinnigen Friedensschluß hat ein Prophet mit Recht getadelt und Achab prophezeit, daß er dadurch Gefahren auf sich herabziehen werde[4]).

Ben-Hadad, glücklich entkommen, war in der That nicht gewillt, die Friedensbedingungen und Versprechungen voll zu erfüllen. Er gab zwar die eroberten Städte des Gebirges Naphtali heraus, aber die jenseitigen Städte, namentlich das wichtige Ramot-Gilead, den Stützpunkt für das Gebiet, mochte er nicht herausgeben, und Achab war träge genug, ihre Herausgabe nicht nachdrücklich zu fordern[5]). Je länger er damit zögerte, desto schwerer wurde es ihm, darauf zu bestehen, weil sich Ben-Hadad inzwischen verstärkt hatte. Auf sich allein

[1]) Das. I. 20. 31.

[2]) Das. V. 33 ist sehr dunkel: das Verbum חלט ist ein ἅπαξ λεγόμενον. Die syrische Version giebt wohl das rechte Wort dafür: ופלטוהי מנה d. h. וַיְפַלְּטוּ; „sie befreiten ihn" oder de conatu „suchten ihn rasch zu befreien". Das ה von הממנו muß nach den Versionen nicht bloß zum Verbum gezogen werden, sondern es muß in ein suffix. verbale mascul. verwandelt werden. ויפלטוהו ממנו. Aber auch וינחשו ist nicht verständlich. Während der Unterredung mit Achab konnten die Diener unmöglich ein Orakel befragen, ob dieser es ehrlich meinte. Man muß wohl dafür setzen יָחִישׁוּ; es soll mit וימהרו das Schnelle der Handlung bezeichnen, wie Jesaia 5, 19. [Ganz anders Klostermann zur Stelle; vgl. gegen ihn Benzinger zur Stelle.]

[3]) Könige das. V. 34. Vor ואני כבריה muß ergänzt werden ואחאב אמר. [Vgl. auch Benzinger zur Stelle.]

[4]) Das. 35 fg. Josephus nennt diesen Propheten oder מבני הנביאים Micha. Alterth. VIII. 14, 5.

[5]) Könige das. 22, 3.

und sein Heer angewiesen, hätte es Achab vielleicht gar nicht unternehmen können, Ramot-Gilead durch Waffengewalt erzwingen zu wollen. Da kam ihm der Besuch des Königs Josaphat von Juda (918 bis 895) zu Statten, mit dem er eine enge Bundesgenossenschaft hatte. Mit ihm vereint, wagte er es, kriegerisch gegen Ben-Hadad vorzugehen. Es war in der That etwas Ueberraschendes, daß die Vertreter der beiden einander feindlichen Reiche einander so nahe gerückt waren, daß der Eine dem Andern in dessen Hauptstadt einen Besuch machte. Es war um so auffallender, als Josaphat den götzendienerischen Unfug Achab's und Isebel's verabscheuen mußte. Denn in seinem Lande war er beflissen, die Reinheit des Kultus zu erhalten und von fremden Einflüssen zu säubern. Den Rest der Astartenbuhlerinnen, der noch von seiner Großmutter Maacha geblieben war, verjagte er aus dem Lande[1]). Wenn Josaphat auch nicht ein so eifriger Verfechter der alten Lehre war, wie die spätere Zeit sich ihn dachte[2]), so mußte ihn doch die gewaltsame Einführung des Baal- und Astartenkultus in Samaria und die blutige Verfolgung der Propheten empören. Nichts desto weniger unterhielt er ein inniges Freundschaftsverhältniß mit dem Hause Omri und trug kein Bedenken, Achab's Tochter Athalia seinem Sohne Jehoram als Frau zuzuführen und sich solchergestalt mit dem götzendienerischen Hause zu verschwägern[3]). Politische Gründe haben wahrscheinlich dabei den Ausschlag gegeben. Denn Josaphat war eben so wenig kriegerisch wie Achab und mochte sich durch Anlehnung an das stärkere Zehnstämmereich besser gegen feindliche Angriffe haben schützen wollen. Zwar scheint Idumäa wieder in Abhängigkeit von Juda gekommen und von einem Landvogt (Nizzab) beherrscht worden zu sein[4]). Es ist aber nicht erzählt, daß Josaphat die Obmacht über dieses Land durch Waffen erlangt hat. Auch sonst war er vom Glück nicht besonders begünstigt. Im Besitz von Idumäa nahm er zwar von dem Hafenplatz Eziongeber aus die Schifffahrt nach

[1]) Könige I, 22, 47.

[2]) Chronik II, 17, 6 fg. im Gegensatz zur nüchternen Erzählung Könige das. u. V. 43—44. Die Thatsache von der Einsetzung der Richter und von dem feindlichen Einfall der Ammoniter und Moabiter und der Bewohner des Berges Seïr in Juda, die in Chronik erzählt wird, ist von zweifelhafter geschichtlicher Wahrheit. [Vgl. Wellhausen, Prolegomena zur Gesch. Israels, 3. Aufl., S. 196 fg. u. dagegen Ewald, Gesch. Israels III. 509 fg. u. Oettli a. a. O. S. 114.]

[3]) Könige II. 8, 18, 26—27.

[4]) Das. I, 22, 48. Der Ausdruck נצב מלך ist sehr dunkel; das Wort מלך fehlt noch dazu in der griechischen und syrischen Version; aus II, 8, 20 fg. folgt indeß, daß Edom unter Josaphat in Botmäßigkeit von Juda war. [Vgl. Ztschr. f. alttestamentl. Wissensch. V, 178.]

Ophir, welche seit dem Tode Salomo's durch die eingetretene Schwächung eingegangen war, wieder auf. Er ließ wieder auf der Rhede eine Flotte von großen Schiffen bauen; allein ein Sturm zertrümmerte die Schiffe, und Josaphat unterließ diese kühne Unternehmung, als wenn die Gottheit sie durch den Sturm mißbilligt hätte.

Josaphat hatte wahrscheinlich den auffallenden Schritt gethan, einen Besuch in Samaria zu machen, um durch ein engeres Bündniß mit Achab sich zu stärken, und dieser benutzte die Gelegenheit, seinen königlichen Gast zu ersuchen, ihn gegen Ben-Hadad zu unterstützen. „Willst du mit mir gegen Ramot-Gilead ziehen?" fragte Achab, und Josaphat stellte sich, sein Volk und seine Reiterei ihm zur Verfügung. Allein er wollte durch den Ausspruch eines Ihwh-Propheten gesichert sein, daß der Krieg einen günstigen Ausgang haben werde, und überredete Achab, einen solchen zu befragen. Zu einem Baalspropheten hatte Josaphat kein Vertrauen. Aus Gefälligkeit gegen seinen Bundesgenossen ging Achab darauf ein und ertheilte den Prophetenjüngern von Gilgal, Bethel und Jericho die Erlaubniß, nach Samaria zu kommen und frei sprechen zu dürfen. Vierhundert derselben sollen sich eingefunden haben und sämmtlich auf Achab's Befragen: „Sollen wir nach Ramot-Gilead ziehen oder es unterlassen?" wie aus einem Munde geantwortet haben: „Ziehe hinauf, und Ihwh wird es in die Hand des Königs überliefern." Einer derselben, Zidkija, Sohn des Khenaana, setzte sich zum Vorzeichen Hörner von Eisen auf und gab die Deutung dazu: „Mit solchen Hörnern wirst du die Aramäer bis zur Vernichtung stoßen." Indessen scheint Josaphat in dieser Einstimmigkeit die Aufrichtigkeit vermißt zu haben und gab zu verstehen, daß er den Ausspruch jenes Propheten Michajhu hören möchte, den Achab in Gewahrsam hielt (o. S. 32). Widerwillig ging dieser auch darauf ein und befahl einem Eunuchen, den überwachten Propheten vor den Sitz der beiden Könige zu führen. Befragt, antwortete Micha erst scheinbar wie die übrigen Prophetenjünger: „Zieh' hinauf und sei glücklich, und Ihwh mag Ramot-Gilead in die Hand des Königs geben." Achab muß aber an dem Tone erkannt haben, daß der Spruch nicht aus der Tiefe der Seele gekommen war, und beschwor ihn, die reine Wahrheit im Namen Ihwh's zu sprechen. Da wurde Micha von der prophetischen Gewalt übermannt und sprudelte, sich selbst vergessend, heraus: „Ich habe ganz Israel zerstreut gesehen, wie eine Heerde ohne Hirten, und Ihwh sprach: „„sie haben keinen Herrn, mögen sie in ihr Haus in Frieden zurückkehren."" Seinen Widerspruch gegen die Aussage der übrigen Priester rechtfertigt Micha mit einer Bemerkung, welche einen Blick in das Wesen der Prophetie gewährt: „Ich sah (im Gesichte) den

Herrn auf seinem Thron sitzen und das Himmelsheer stand um ihn rechts und links und vernahm, wie Gott sprach: „„Wer will Achab bethören, daß er nach Ramot-Gilead ziehe und dort falle?““ Da meldete sich der prophetische Geist und sprach: „„Ich will ihn bethören, ich will zum Lügengeiste im Munde der Propheten werden, damit er höre, folge und falle.““ Zidkija, der so zuversichtlich Sieg verheißen, näherte sich hierauf Micha und schlug ihn auf die Wange: „Auf welchem Wege fuhr der Geist Gottes von mir, um mit dir zu sprechen?“ Darauf Micha: „Du wirst es an dem Tage erfahren, an dem du dich in einem der abgelegensten Zimmer verstecken wirst.“ Achab, halb gläubig und halb ungläubig, ließ den rücksichtslosen Propheten in ein noch strengeres Gewahrsam in Samaria bringen und ertheilte den Befehl, ihn so lange bei schmaler Kost und wenig Wasser zu halten, bis er zurückkehren würde Darauf rüstete er sich zum Kriegszuge. Nichts desto weniger legte er seine königlichen Gewänder ab und vermummte sich, um vom Feinde nicht erkannt zu werden und so dem Verhängniß zu entgehen. Nach so langer feindseliger Trennung zogen wieder israelitische und judäische Krieger gemeinschaftlich in den Krieg. Als Achab aber mit Josaphat über den Jordan gesetzt und sich Ramot-Gilead genähert hatte, ehe noch der Kampf recht begonnen hatte, traf ihn schon, als er auf dem Kriegswagen stand, ein Pfeil, der ihn tödtlich verwundete. Achab behielt noch so viel Besonnenheit, dem Wagenlenker zu befehlen, ihn aus dem Getümmel zu führen. Die Streiter wußten es aber nicht und kämpften weiter bis zum Abend. Erst als der König sich völlig verblutet und den Geist aufgegeben hatte, rief der Herold laut: „Ein Jeder nach seinem Lande, ein Jeder nach seiner Stadt!“ [1]. Das israelitische und judäische Heer kehrten in Folge dessen über den Jordan zurück und die Aramäer behaupteten das Schlachtfeld und die kampfumworbene Bergstadt Ramot. Achab's Leiche wurde nach Samaria gebracht und dort beigesetzt. Während sein Blut, von dem der Königswagen voll war, in einem Teiche abgespült wurde, leckten die Hunde davon [2]).

Achasja, sein Sohn, folgte Achab auf den Thron, das erste Mal, daß die Krone im Zehnstämmereich auf den Enkel überging. Der zweite Omride hat eine zu kurze Zeit regiert (um 901 -900) und so wenig Erinnerungen hinterlassen, daß seine Eigenart nicht kenntlich

[1]) Das. I, 22, 5 fg. V. 36 ויעבר הרנה übersetzen sämmtliche drei alten Versionen durch **Herold**: στρατοκῆρυξ, P. כרוזא, Targum כרוז. Demnach ist רנה ein nomen agentis für רֹנֵן oder richtiger רַנָּן, der **Schreier** oder **Ausrufer**.

[2]) Das. V. 38. Die LXX haben noch einen Zusatz καὶ ὕες; was והזנות רחצו bedeuten soll, ist noch dunkel.

geworden ist. Natürlich verharrte er trotz der Warnungszeichen in der Verkehrtheit seiner Eltern und überbot sie noch. Den König Josaphat wollte er überreden, mit ihm gemeinschaftlich die Schifffahrt nach Ophir trotz des Unfalls wieder aufzunehmen[1]); aber einen Kriegszug gegen die Moabiter, welche nach Achab's Tode sich von der Botmäßigkeit losgemacht hatten[2]), gemeinschaftlich mit dem König von Juda zu unternehmen, unterließ er. Als Achasja aus dem Gitterfenster seines Söllers in Samaria stürzte und auf's Krankenlager fiel, sandte er zu einem damals berühmten Götzen Baal-Zebub (Bel-Zebub) nach Ekron, um ein Orakel zu befragen und zu erfahren, ob er von dem Sturze wieder genesen werde. Zu dieser Zeit war Eliahu von seiner großen Wanderung zum Horeb wieder zurückgekehrt, hatte aber, des Winkes eingedenk, den er dort erhalten hatte, zurückgezogen gelebt, wahrscheinlich auf dem Berge Karmel[3]). In den Gang der Begebenheiten mochte er nicht eingreifen. Er hatte seinen Nachfolger erwählt, Elisa, Sohn des Schaphat, aus der Jordangegend. Diese Wahl war charakteristisch für Eliahu. Er traf Elisa auf dem Felde, beschäftigt, mit einem Gespann Rinder den Acker seines Vaters zu bestellen. Da kam Eliahu auf ihn zu, warf stumm seinen düsteren Prophetenmantel über ihn und entfernte sich. War Elisa würdig, ihm nachzufolgen, so mußte er das Zeichen verstehen. In der That lief dieser ihm nach und bat ihn, nur so lange auf ihn zu warten, bis er die Eltern geküßt, und Abschied genommen haben würde. „So kehre doch um," antwortete Eliahu kurz, „was habe ich dir denn gethan?" Elisa verstand, daß, um ein eifervoller Prophet Gottes zu sein, er Vater und Mutter verlassen, die Regungen des Herzens und die Gewohnheiten des Lebens opfern müsse. Ohne in's Vaterhaus zurückzukehren, folgte er Eliahu nach und bediente ihn[4]), oder wie es damals hieß, goß Wasser auf seine Hände[5]). Nur noch einmal griff Eliahu in die Oeffentlichkeit ein. Den Boten, welche Achasja zum Baal-Zebub abgeordnet hatte, ging er entgegen und rief ihnen zu: „Saget dem König, der euch gesendet hat: „„Giebt es denn keinen Gott in Israel, daß du nach Ekron sendest, um Baal-Zebub wegen deiner Krankheit zu befragen?"" Die Boten kehrten nach Samaria um und berichteten, was sie von dem außerordentlichen Manne vernommen hatten. An der Beschreibung seines Wesens und seiner Kleidung erkannte Achasja, daß Eliahu wieder im

[1]) Das. I, 22, 50.
[2]) Könige II. 1, 1; 3, 5.
[3]) Das. II, 1, 9.
[4]) Das. I 19, 19 fg.
[5]) Das. II, 3, 11.

Lande sei, und befahl den Boten, ihn aufzufordern, sich zu ihm zu begeben. Nach langem Zögern begab sich Eliahu furchtlos nach Samaria und verkündete Achasja, daß er das Siechbett nicht mehr verlassen werde[1]). Dieser starb gleich darauf und ihm folgte, da er kinderlos war, sein Bruder Jehoram (Joram, um 899—887)

Auch Eliahu verschwand zur selben Zeit vom Schauplatze. Wo ist er geblieben? Hat auch er den Zoll des Sterblichen geleistet? Seine Jünger und die Jünger seiner Jünger konnten es sich nicht denken, daß dieser Feuergeist dem Grabe und Staube verfallen sein sollte, und sie erzählten sich, daß er im Sturme gen Himmel gefahren. Sein ihn stets begleitender Jünger Elisa habe bemerkt, daß der Meister zuletzt sich ihm entziehen wollte, und er habe sich um so mehr an seine Fersen geheftet. Eliahu habe noch zuletzt die Aufenthaltsorte der Prophetenjünger in Gilgal, Bethel und Jericho besucht, und Elisa, stets hinter ihm her, habe aber nicht gewagt, ihn zu fragen, wohin er des Weges ginge. Endlich seien beide trockenen Fußes durch den Jordan geschritten, indem Eliahu mit seinem zusammengerollten Prophetenmantel das Wasser getheilt habe, und plötzlich trennte ihn ein feuriger Wagen mit feurigen Rossen von seinem Jünger, er entfuhr im Sturme zum Himmel, und Elisa habe ihn nicht mehr gesehen[2]). Es scheint, daß er zuletzt in dem Lande jenseits des Jordan, woher er gekommen, auch plötzlich verschwunden ist. Die nachhaltige Thätigkeit Eliahu's, welcher unter den allerungünstigsten Verhältnissen, unter schweren Kämpfen und Verfolgungen die alte Lehre erhalten hat vom Gotte der Väter gegenüber dem mit Verfolgungssucht aufgezwungenen Götzenthum, von der Heiligkeit gegenüber der Unzüchtigkeit des Baal- und Astartenkultus, von der Einfachheit gegenüber der überhandnehmenden Schwelgerei, konnten sich die Späteren nur durch auffällige Wunder denken. Sein ganzes Leben war ihnen räthselhaft erschienen; darum erklärten sie es als Wunder, führten es auf übermenschliche Vorgänge zurück. Woher nahm er die Speise auf seinen schnellen Wanderungen von einem Ende des Landes zum andern und in den unzugänglichen, von Niemandem aufgefundenen Verstecken? Raben hätten ihm am Bache Kherit Brod und Fleisch des Morgens, Brod und Fleisch des Abends zugebracht[3]), oder ein Maß Mehl und ein Fläschchen Oel hätten auf seinen Ausspruch während der Hungersnoth so lange ausgereicht, um ihn, die Wittwe, bei der er sich eine Zeit lang vor der Verfolgung aufgehalten hat, ihren Sohn und ihr Gesinde zu ernähren[4]), oder in der Wüste,

[1]) Das. II, 1, 3 fg.
[2]) Das. 2, 1 fg.
[3]) Das. I, 17, 3 fg.; 6. [4]) Das. V. 9 fg

wo kein Mensch anzutreffen war, sei er im Schlaf mit Speise und Wasser versorgt worden, oder er habe auf seiner Wanderung zum Horeb gleich Mose vierzig Tage und vierzig Nächte ohne Speise leben können[1]). Eliahu hat das israelitische Volk oder wenigstens sieben Tausend in demselben vom Tode des Geistes erweckt, daß sie nicht vor dem Baal knieen mochten. Dieser Vorgang wurde von seinen Jüngern als Todtenerweckung ausgelegt, er habe dem bereits verschiedenen Kinde der Wittwe wieder die Seele eingehaucht[2]).

Das größte Wunder, das Eliahu vollbracht hat, war indeß, daß er eine *Genossenschaft* gründete, welche das heilige Feuer der alten Lehre unterhielt und je nach Bedürfniß laut oder still gegen die Verkehrtheit von oben Widerspruch erhob. Die von ihm geschaffene neue Prophetenschule bildete eine eigene Gemeinde im Zehnstämmereich. Sie unterschied sich wesentlich von den Propheten aus Samuel's Orden; diese hatten mehr Saitenspiel zur Begleitung von Psalmen betrieben, sie waren vielmehr Seher als Sittenrichter und Warner. Seit David's und Salomo's Zeit in der Umgebung der Könige wurden sie deren Rathgeber, sogen die Hofluft ein und büßten dadurch ihre Selbstständigkeit ein. Sie konnten sich von dem Brauche nicht loswinden, Geschenke anzunehmen, so oft sie um Auskunft angegangen wurden[3]). Dagegen hielt die Elianische Schule ihre Hände rein von Gaben[4]). Die Prophetenjünger lebten von ihrer Hände Arbeit einfach und ärmlich[5]). Nach Eliahu's Verschwinden brauchte diese Genossenschaft ein Oberhaupt, und der noch junge Elisa stellte sich an ihre Spitze. Es hieß: der Thisbite selbst habe ihm das Erstgeburtsrecht über seine geistigen Kinder übertragen und ihm seinen Prophetenmantel vererbt, der ihm entfallen war[6]). Elisa folgte anfangs ganz den Fußtapfen seines Meisters, hielt sich von der Gesellschaft zurück und weilte meistens auf dem Berge Karmel[7]). Allmählich mischte er sich aber unter das Volk, nachdem es ihm gelungen war, einen thatkräftigen Mann zu ermuthigen, das ihm verhaßte Haus Omri zu stürzen und den Baalkultus zu beseitigen.

[1]) Das. 19, 6—8.

[2]) Das. 17, 17 fg.

[3]) Folgt aus Könige I, 14, 3.

[4]) Folgt aus das. II, 5, 26; das. 4, 42—44.

[5]) Das. 4, 1 fg.; 6, 1 fg.

[6]) Das. 2, 9 fg. פי שנים ברוחך bedeutet nicht das *Doppelte*, noch zwei *Drittel* von Eliahu's Geist, sondern wie an den andern beiden Parallelstellen Deuteron. 21, 17; Zacharia 13, 8: zwei *Theile*, *einen Theil* mehr als die Uebrigen, d. h. das *Erstgeburtsrecht*.

[7]) Könige II, 2, 25; 4, 25.

Jehoram, der dritte Omride (899—887), war nicht so sehr auf die Ausbreitung des götzendienerischen Unfugs versessen, wie seine Mutter Isebel; an einem Orte, wo es gar zu sehr Anstoß erregte, hatte er eine Schandspitzsäule des Baal entfernen lassen, entweder in Jesreel oder in Bethel[1]). Nichts desto weniger hegte Elisa so viel Abneigung gegen ihn, daß er ihm nicht in das Gesicht sehen mochte[2]). Nach seines Bruders Tode unternahm Jehoram einen Kriegszug gegen die Moabiter, um ihren König Mesa (Mescha) wegen seines Abfalls zu züchtigen und zur Botmäßigkeit zurückzubringen (zwischen 899—94). Allein mochte er indeß nicht zu Felde ziehen und bewog ebenfalls Josaphat, mit dem er das freundschaftliche Verhältniß seiner Vorgänger weiter pflog, und der sein Schwager war, ihm mit einem Heere beizustehen. Der Zug sollte durch Idumäa, südlich vom todten Meere, nach Moab angetreten werden, und der König oder Statthalter von Idumäa, welcher von Josaphat abhängig war, sollte ebenfalls Zuzug bringen. Auf diesem Wege nach dem Süden mußte Jehoram Jerusalem berühren, und er wurde von seinem Verbündeten in der judäischen Hauptstadt freundlich empfangen[3]). Nach der Trennung schienen die beiden Häuser Israel und Jakob befreundeter zu sein, als während ihres staatlichen Zusammenhangs. Doch es waren nur ihre Könige, die Hand in Hand mit einander gingen. Auch diesmal bestand Josaphat darauf, daß ein Prophet Jhwh's um den Ausgang des Kriegszuges befragt werde, und da Elisa, der Nachfolger Eliahu's, als der würdigste angesehen wurde, wurde er berufen. Dieser sagte bei dieser Gelegenheit dem Jehoram in das Gesicht: „Wenn ich nicht den König Josaphat berücksichtigte, würde ich dich nicht ansehen, wende dich an die Propheten deines Vaters und deiner Mutter!" Nichts desto weniger prophezeite er einen glücklichen Ausgang.

Mesa, der König von Moab, der mit seinem Heer die Verbündeten an der Südgrenze seines Landes erwartete, wurde auch von der Ueberzahl geschlagen und entfloh nach der Bergfeste Kir-Chareschet (Kir Moab, Kerek?). Jehoram, welcher Rache an den Moabitern nehmen wollte, ließ alle Städte, durch welche die verbündeten Heere gezogen waren, zerstören, die fruchtbaren Felder mit Steinen unfruchtbar machen, die Wasserquellen zustopfen und die Fruchtbäume umhauen. Kir-Chareschet wurde umzingelt und mit Schleudersteinen angegriffen. Mesa

[1]) Das. 3, 2; da nach das. 10, 26—29 in Samaria diese מצבות bis zu Jehu's Umsturz stehen blieben, so kann sich das Erstere nur auf eine andere Lokalität beziehen.

[2]) Das. 3, 14.

[3]) Diesen Zug hat Josephus, Alterth. IX, 3, 1.

versuchte zwar mit mehreren Hundert Mann die Belagerung zu durchbrechen, um zum König von Edom zu gelangen, dessen verrätherische Gesinnung er gekannt zu haben scheint. Da er aber nicht durchzudringen vermochte, opferte er seinen ältesten Sohn auf der Mauer vor den Augen der Belagerer, um seinen Gott Khemosch (den Kriegsgott) zu besänftigen, dessen Zorn seine Niederlage zugeschrieben wurde. Dann brach, wie es scheint, eine Seuche in Jehoram's Lager aus, und er mußte mit seinen Verbündeten abziehen [1]). Das Land Moab war allerdings größtentheils verwüstet, aber Mesa konnte sich doch noch behaupten.

Nicht lange darauf fiel auch Edom von Juda ab, nach Josaphat's Tode. Es hatte schon bei dem gemeinschaftlichen Zug gegen Moab eine nicht ganz treue Haltung angenommen und scheint sich nach dem Abzug der Verbündeten mit Mesa verständigt zu haben. Es schien, als sollte die enge Freundschaft und die Verschwägerung mit dem Hause Omri auch David's Hause Unglück bringen. Joram (Jehoram), Josaphat's Sohn, gleichnamig mit seinem königlichen Schwager von Israel (894—888), war so innig mit dem israelitischen Königshause befreundet, daß er auch in seinem Lande götzendienerische Verkehrtheiten einführte Ohne Zweifel hatte seine Frau Athalia einen bedeutenden Antheil daran. Denn sie hegte, gleich ihrer Mutter Isebel, eine fanatische Anhänglichkeit an den schandbaren Kultus des Baal [2]). — Da die Idumäer einen König ihrer Wahl an ihre Spitze gestellt hatten, unternahm Joram von Juda einen Kriegszug mit Streitwagen gegen sie, um sie zur Botmäßigkeit zurückzuführen. Bei Zoar, der Palmenstadt, im Südostwinkel des todten Meeres, an der Grenze von Edom und Moab, kam es zu einer Schlacht. Joram, plötzlich von allen Seiten umzingelt, wurde geschlagen, und das ganze judäische Heer suchte mit seinem König sein Heil in der Flucht [3]). Es dauerte fast ein halbes

[1]) Das. 3, 21 fg. קצף ist hier nichts anderes als Pest, wie Numeri 17, 11; 18, 5. So richtig Schlottmann in theol. Stud. und Krit. 1871, S. 919, vgl. Note 2. Die Zeit dieses Krieges ist fixirt in den letzten 5 Jahren Josaphat's und in den ersten Jehorams von Israel.

[2]) Das. 8, 18.

[3]) Das. V. 20 fg. V. 21 muß man lesen: צֹעֲרָה statt צעירה und ויך אותו אדום statt ויכה את אדום, weil sonst das folgende ואת שרי הרכב dem widersprechen würde; die ganze Thatsache, daß Edom thatsächlich seit der Zeit unabhängig war, zeugt dafür. Schon Joseph Kimchi erklärt diesen Vers derart, daß Joram geschlagen wurde. Was das. V. 22 vom Abfall von לבנה hinzugefügt wird, ist unverständlich. Denn Libnah in der Gegend der Schephela gehörte damals zum Philisterland. Man muß einen anderen Namen dafür emendiren, vielleicht המנה. [Vgl. Klostermann u. Benzinger a. a. O. zur Stelle.]

Jahrhundert, bis Edom wieder in Juda's Botmäßigkeit gebracht werden konnte.

Endlich sollte sich das Verhängniß des Hauses Omri vollziehen, und das Haus David's wurde in dasselbe hineingezogen. Der Prophet Elisa hat die Fäden dazu geschlungen. In Damaskus war ein Dynastiewechsel eingetreten. Ben-Hadad II., der mit Achab Krieg geführt hatte, war von einem seiner vertrauten Diener durch Erstickung getödtet worden, und der Mörder Chazael hatte sich des Thrones bemächtigt. Die Prophetenjünger erzählten sich, Elisa habe diese Palastrevolution hervorgerufen. Er war nach Damaskus gereist und wurde von dem erkrankten König Ben-Hadad angegangen, ihm zu prophezeien, ob er von seiner Krankheit genesen werde. Der Bote, den der König an den israelitischen Propheten abgesandt, war eben Chazael. Diesem verkündete Elisa, Ben-Hadad werde zwar nicht an seiner Krankheit sterben, aber sterben werde er, und Chazael habe den Wink verstanden und dessen Tod herbeigeführt[1]). Sobald dieser den Thron von Damaskus bestiegen hatte, ging er darauf aus, die ehemaligen Eroberungen im Zehnstämmereich, welche unter Ben-Hadad wieder verloren gegangen waren, mit dem Schwerte wieder zu erlangen. Zunächst richtete er seine Angriffe gegen die Stämme jenseits des Jordan. Jehoram von Israel zog daher mit einem Heere nach Ramot-Gilead, um diese wichtige Feste zu vertheidigen. Der Kampf um die Felsenfestung scheint hartnäckig gewesen zu sein; Jehoram von Israel wurde dabei durch einen Pfeil verwundet. Er begab sich in Folge dessen nach Jesreel, um seine Wunde heilen zu lassen und ließ einen seiner Hauptleute, Namens Jehu, als Befehlshaber für die Vertheidigung zurück[2]). Eines Tages kam in Elisa's Auftrage ein Prophetenjünger zu Jehu, führte ihn aus dem Kreise der Kriegsobersten in ein abgelegenes Gemach, salbte ihn zum König von Israel, schärfte ihm ein, das Strafgericht über das Haus Omri's zu vollstrecken und verschwand eben so plötzlich, wie er gekommen war. Als Jehu zu den Kriegsobersten heraustrat und diese an seinem Wesen eine Veränderung wahrnahmen, fragten sie ihn neugierig, was ihm der Prophetenjünger verkündet hatte. Jehu wollte anfangs nicht mit der Sprache heraus. Endlich eröffnete er ihnen, er sei in Elisa's Auftrag zum König über das Zehnstämmereich gesalbt worden. Sogleich huldigten

[1]) So ist die Erzählung in Könige II, 8, 7—15 zu verstehen, daß Chazael in Folge der zweideutigen Antwort Elisa's seinen Herrn umgebracht habe.

[2]) Das. 8, 28 fg.; 9, 15; das. V. 14b muß es heißen: ויהוא היה שמר statt ויורם. [Vgl. Benzinger a. a. O. S. 149].

ihm die Kriegsobersten, legten auf der höchsten Stufe des Palastes ihre Purpurgewänder als Thron unter, bliesen in das Horn und riefen: „Es lebe der König Jehu [1]).“

Einmal, vom Heere als Nachfolger Jehoram's anerkannt, mußte Jehu entschlossen und rasch zu handeln, um die Verschwörung zu Ende zu führen. Zunächst ließ er die Wege, welche von Ramot-Gilead nach Jesreel führten, verlegen, damit der Vorgang nicht verrathen werde. Dann führte er einen Theil des Heeres mit sich, überschritt den Jordan und ritt wie im Fluge auf Jesreel zu, wo Jehoram, noch an den Wunden leidend, sich aufhielt. An dem rasenden Ritte, den der Thorwächter von Ferne bemerkte, erkannte der König Jehu und sein ungestümes Wesen, und es war ihm noch dazu verdächtig, daß die Boten, die er ihm entgegengeschickt hatte, nicht zurückgekehrt waren. Jehoram ließ daher seinen Wagen anspannen, um mit eigenen Augen zu erfahren, was Jehu so eilig nach Jesreel führte. Achasja, der König von Juda, sein Neffe, welcher kurz vorher seinem Vater Joram auf dem Throne gefolgt war (888—887) und seinem Oheim in der Krankheit einen Besuch gemacht hatte, begleitete ihn ebenfalls zu Wagen. Sie trafen Jehu noch beim Felde des Naboth, an dem Isebel einen Gerichtsmord hatte vollziehen lassen (o. S. 29). Als Beide des heranziehenden Jehu ansichtig waren, rief ihm Jehoram zu: „Ist Heil, Jehu?“ „Was kann es für Heil bei der Buhlerei und Zauberei deiner Mutter Isebel geben!“ antwortete dieser [2]). Sofort wandte sich Jehoram zur Flucht um und rief Achasja zu, dasselbe zu thun, denn es sei auf ihr Leben abgesehen. In demselben Augenblick traf ihn ein Pfeil, von Jehu abgedrückt, und er sank leblos in seinem Wagen nieder. Da ließ Jehu dessen Leichnam auf Naboth's Feld werfen und erinnerte seinen Wagengenossen Bidkar daran, wie sie beide Zeugen der prophetischen Androhung waren, die Eliahu gegen Achab bei diesem Felde ausgesprochen hatte. Er sei als der Vollstrecker des Verhängnisses über das Haus Achab berufen. Auch Achasja fiel an demselben Tage. Von Jehu und seinen Leuten zwischen Jesreel und Jibleam verfolgt, traf ihn ein Pfeil; er schleppte sich noch bis Megiddo und hauchte da sein Leben aus. Eine Umwälzung war vollzogen, das ganze Haus Achab verfiel dem Untergange, und es warf sich Niemand zu dessen Vertheidigung auf, selbst die Hausgenossen verließen die noch übrigen Glieder desselben.

[1]) Das. V. 13 ist אל גרם המעלות dunkel, man muß dafür substituiren על מרם המעלות [Andere Vorschläge bei Klostermann a. a. O.]

[2]) Das. V. 22 ist עד זנוני . . . אמך dunkel, wird nur verständlich, wenn man עם dafür liest. [Vgl. andere Vorschläge bei Klostermann a. a. O.]

Jehu zog ungehindert in Jesreel ein. Die Königin-Mutter Isebel behielt noch so viel Standhaftigkeit, reich geschmückt aus der Fensteröffnung des Palastes hinauszublicken und Jehu zuzurufen: „Wie stehts, du Königsmörder gleich Simri!" [1]) Da rief Jehu den Eunuchen des Palastes zu, sie auf die Straße zu schleudern, und sie gehorchten. Die Rosse schritten über diese Königin hinweg, welche so viel Unheil angerichtet, und ihr Blut bespritzte die Wand des Palastes und die Rosse. Als Jehu später Befehl gab, sie als Königstochter zu begraben, fand man nur noch ihren Schädel und die Reste von den Händen und Füßen. Alles Uebrige hatten inzwischen die Hunde verzehrt. Die Zeitgenossen, die sich jenes Tages erinnerten, an dem Naboth und seine Kinder als Verbrecher hingerichtet wurden, hatte das Strafgericht wohl mit Schaudern erfüllt. Indessen war mit dem Tode des Sohnes und der Großmutter noch nicht Alles zu Ende. Noch lebten Söhne, Enkel und Verwandte Jehoram's, etwa siebzig Köpfe, in Samaria, welche von den angesehensten Männern und Aeltesten Samaria's erzogen und geleitet wurden. An diese wandte sich Jehu mit der Aufforderung, einen derselben auf den Thron zu setzen. Sie merkten indeß, daß die Aufforderung nicht ernstlich gemeint war und scheuten sich also selbständig vorzugehen, unterwarfen sich daher dem Willen dessen, der zwei Könige getödtet hatte. Darauf ließ ihnen Jehu melden, sie sollten mit den Häuptern nach Jesreel kommen; sie verstanden ihn und kamen mit den Köpfen der Nachkommen Achab's dahin; so wenig Anhänglichkeit fand das Haus Achab im Unglück. Der Stadthauptmann, der Palastaufseher, die übrigen Beamten, die Erzieher und die Aeltesten, sie alle fanden sich in Jesreel ein, um die blutigen Köpfe der letzten Omriden in Gefäßen dem Sieger zu überbringen. Jehu ließ die Köpfe Nachts vor dem Stadtthor in zwei Reihen aufstellen und lud am andern Morgen die Einwohner von Jesreel ein, sich dahin zu begeben. Beim Anblick der grinsenden Schädel erklärte er, daß er sich nur gegen Jehoram verschworen habe, diese seien aber durch andere Hände gefallen, und daß sich das Wort Eliahu's über das Haus Achab erfüllt habe. Jehu verband Schlauheit mit Entschlossenheit. Alle diese Beamten und Großen des Hauses Achab, welche ihm die Schlachtopfer geliefert hatten, ließ er als Mörder hinrichten [2]). Da nun keiner aus diesem Hause übrig geblieben war,

[1]) Vgl. o. S. 18, Anmerk. 1.

[2]) Das ist der Sinn von Könige II. 10, 11. Jehu hat nicht bloß die Glieder des Hauses Achab, sondern auch die Großen und Vertrauten וכל גדליו ומידעיו umbringen lassen. Das Folgende ויכרני leitet die Erzählung von das. V. 18—25 ein.

den Thron einzunehmen, so setzte sich Jehu darauf, und die Einwohner von Jesreel huldigten ihm.

Um sich das Herz des Volkes zu gewinnen, traf er Anstalten, den Baalkultus aus Samaria, dem Mittelpunkt desselben, zu vertilgen. Mit seinen Getreuen begab er sich dahin und traf unterwegs die Brüder und Verwandten des judäischen Königs Achasja, welche, unbekannt mit den letzten Vorgängen, der Isebel beizustehen oder die Blutthaten an Jehu zu rächen gedachten, oder vielleicht von Athalia, der Mutter Achasja's, aus Jerusalem entfernt wurden, damit sie ungehindert ihre Unthat ausführen könnte. Auf einen Wink Jehu's wurden sämmtliche judäische Prinzen ergriffen, getödtet und in eine Cisterne geworfen. Ehe er Samaria erreichte, stieß Jonadab zu ihm, der das von Eliahu gepredigte Nasiräerleben in seiner Familie heimisch gemacht hatte. „Bist du mir noch wie ehemals gesinnt?" fragte ihn Jehu. „Allerdings," antwortete Jonadab. „So reiche mir deine Hand." Jehu machte Eliahu's Jünger mit dem bekannt, was er gegen die Baalspriester in Samaria auszuführen gedachte, und nahm ihn auf seinem Wagen mit, um Zeuge des Eifers zu sein. In Samaria angekommen, bestellte er sämmtliche Baalsdiener auf einen bestimmten Tag zum Tempel, that, als wenn er sich selbst an dem Kultus betheiligen wollte und befahl ihnen, ihre zu diesem Dienst erforderlichen Gewänder anzuziehen. Heimlich hatte er bewaffnete Trabanten innerhalb und außerhalb des Baaltempels aufgestellt, und er selbst begab sich mit Jonadab in das Innere desselben. Kaum hatte er zum Scheine das Opfer dargebracht, so fielen sämmtliche Priester und Anhänger selbst als Opfer. Seine Trabanten machten diese im Innern nieder, und die Entfliehenden wurden von den achtzig außerhalb Aufgestellten niedergemetzelt. Dann drangen die Trabanten in den Raum des Allerheiligsten, verbrannten das Bildniß des Götzen, zerstörten den Altar, die Spitzsäulen und dann auch noch den Tempel und verwandelten den Platz in einen Düngerhaufen [1]. Und überall im Lande ließ Jehu

[1]) Das. 10, 18 fg. Zu V. 25 fg. ist manches nicht verstanden worden. עיר בית הבעל kann weder Vorstadt, noch Burg, noch Inneres bedeuten; man muß sich schon entschließen, דביר zu lesen: das Hinterste, Heiligste, Adyton [So auch Klostermann a. a. O.] Zweimal steht V. 26—27 מצבות בית הבעל, einmal Plur. und einmal Sing. Das ist unverständlich, um so unverständlicher, als die מצבת oder מצבות voraussätzlich aus Stein waren, und diese können doch nicht verbrannt worden sein! Auf Solche paßte lediglich „zerstören" ויתצו את מצבות הבעל. Das Götzenbild selbst war entschieden aus Gold verfertigt, d. h. mit einem goldenen Ueberzuge (מסכר); vgl. Hosea 2, 10 וזהב עשו לבעל; Chronik II. 28, 2 מסכות לבעלים. V. 26 muß man also lesen ויציאו את מסכת בית הבעל וישרפוה; vgl.

die Gegenstände dieses häßlichen Götzendienstes, so weit er öffentlich war, vernichten, er geberdete sich als Jünger Eliahu's, als Eiferer für Jhwh[1]). Nur in Jerusalem bestand der Baalkultus oder vielmehr, er wurde da zum Trotze von einem Weibe, von Isebel's Tochter, die ihrer Mutter würdig war, mit Fanatismus eingeführt.

Exodus 32, 20. V. 26 ist von dem Bilde die Rede im Sing. und im folgenden von den Spitzsäulen im Plural. [Klostermann a. a. O., liest V. 26 מצבת sing. u. hält 27a nur für eine Variante zu V. 26.]

[1]) Das. V. 16.

# Zweites Kapitel.

## Das Haus David und die Jehuiden.

Athalia und ihr Eifer für die Einführung des Götzenthums in Juda. Verschwörung gegen sie. Der Hohepriester Jojada und das königliche Kind Joasch. Athalia's Sturz. Reinigung des Cultus in Jerusalem. Der Prophet Elisa und die Prophetenschulen. Ausbesserung des Tempels. Die Tempelspenden. Stellung des Hohenpriesters zum Könige. Schwäche des Zehnstämmereiches unter Jehu und Joachas. Ermordung Joasch's von Juda. Amazja's Eroberung Edom's. Die Bedeutung des Propheten Elisa. Die Wundersagen von ihm. Krieg zwischen Amazja und Joasch. Erste Eroberung Jerusalems. Erweiterung des Zehnstämmereichs unter Jerobeam II. und Schwächung des Reiches Juda nach Amazja's Tode. Erste judäische Gefangene von den Joniern nach dem Abendlande gebracht.

(887—805.)

Es ist eine auffallende Erscheinung, daß die Frauen, welche doch geborene Priesterinnen der Zucht und Keuschheit sein sollten, im Alterthum einen besonderen Hang zum unzüchtigen Kultus des Baal und der Astarte hatten. Maacha, die Königin-Mutter in Juda, hat ihm in Jerusalem, Isebel in Samaria und nun wieder Athalia in Jerusalem eine Stätte geschaffen. Es war aber nicht Athalia's einziger und auch nicht ihr größter Frevel. Isebel's Tochter übertraf ihre Mutter bei Weitem an Grausamkeit und Blutdurst. Jene hatte nur Propheten und starre Anhänger der väterlichen Lehre hinrichten lassen, jedenfalls nur solche, die sie als ihre Feinde betrachtete. Athalia aber ließ das Blut ihrer eigenen Verwandten, wenigstens das der Verwandten ihres Gatten und Sohnes, vergießen. Sobald sie die Kunde von dem gewaltsamen Tode ihres Sohnes Achasja auf der Steige von Gur bei Jibleam (o. S. 43) vernommen hatte, ließ sie durch die ihr ergebenen Trabanten sämtliche noch in Jerusalem zurückgebliebenen Glieder des Hauses David hinrichten, wahrscheinlich auch Achasja's Frau Zibja aus Beerseba. Auch der jüngste, kaum ein Jahr alte Königssohn Joasch sollte zum Opfer fallen, wurde aber auf eine eigenartige Weise gerettet. Was hat diese blutdürstige Tochter Isebel's mit dem Gemetzel beabsichtigt? Hat sie bloß aus Ehrgeiz gefrevelt, um sich des Thrones zu bemächtigen und ohne Nebenbuhler regieren zu können? Oder hat Athalia, eine eingefleischte Anhängerin des Baalcultus, diesen in Jerusalem und Juda befestigen und ausbreiten wollen, und hat sie deswegen die Ueberbleibsel des davidischen Hauses aus dem Wege geräumt, um freie Hand zu haben? Wollte sie, was ihrer Mutter mißlungen war, durch ihre Alleinherrschaft dem götzendienerischen Wesen Phöniciens von Jerusalem aus Nachdruck geben? Gleichviel aus welchem verruchten Beweggrunde Achab's und Isebel's würdige Tochter auch gehandelt haben mag, sie erfüllte das judäische Volk mit solchem Schrecken, daß sich Niemand fand, ihren Frevelthaten Widerstand entgegenzusetzen. Volk und Priester beugten ihr Haupt vor ihr. Selbst der Hohepriester Jojada, welcher mit dem Königshause verschwägert war, hüllte sich in Schweigen. In Jerusalem wurde ein Bildniß des Baal nebst Spitzsäulen und Altären aufgestellt, gerade zur selben Zeit als Jehu diese Zeichen des Götzenthums in Samaria zerstören ließ, und ein Oberpriester Matthân mit einer Schaar untergeordneter Priester angestellt und angesiedelt, wahrscheinlich in der Unterstadt (Millô), in der Nähe der königlichen Paläste. Hat Athalia den Tempel auf Moria unangetastet und unentweiht gelassen? Es scheint, daß sie, weniger folgerichtig in ihrer Verwegenheit und furchtsamer als spätere Könige, nicht gewagt hat, in das von Salomo erbaute Heiligthum ein Bildniß des Baal zu bringen. Aber den Gottesdienst in demselben scheint sie gestört zu haben. Die von Athalia unterhaltenen Miethstruppen der Karier (Khari) und die von Alters her den Königen zur Verfügung stehenden Trabanten scheinen als Wache an der Pforte des Tempels gestanden zu haben, um das Volk von demselben fern zu halten. Je der dritte Theil dieser Miethlinge und Läufer pflegte am Sabbat den Wachtposten zu besetzen, um den Besuch des Tempels zu verhindern; er wurde am darauffolgenden Sabbat von einem andern Drittheil abgelöst und so abwechselnd Sabbat um Sabbat[1]. Sechs Jahre (um

[1]) Die wichtige Notiz Könige II. 11, 4—7 ist bisher nicht richtig aufgefaßt worden. Der Text giebt selbst an die Hand, daß von den כרי und רצים zwei Drittel, שתי הידות, am Sabbat den Posten nicht bezogen haben; diese hießen יצאי השבת, folglich hat nur ein Drittel derselben jede Woche Wache gehalten; dieses wird באי השבת genannt. Dieses Drittel wies Jojada an, an drei Stellen Wache zu halten, ein Drittel beim Palaste, ein Drittel beim Roßthore (vgl. I. S. 325) und ein Drittel beim Thore, der vom Palast zum Tempel führte. Statt V. 6 ושמרו משמרת בית המלך muß man nach LXX שִׁמְרוּ (φυλάξατε) oder nach Peschito יִשְׁמְרוּ lesen (נהון נטרין oder gar וּשְׁמַרְו wie V. 7). [So auch Klostermann a. a. O.] Dagegen die sonst vom Wachedienst frei sind, sollten ausnahmsweise an diesem Tage den Tempel bewachen, wie V. 9 aussagt באי השבת עִם יצאי השבת. Ob

887—881) beherrschte Athalia das Volk politisch und religiös mit Gewalt; die vornehmen judäischen Familien standen wahrscheinlich zu ihrer Partei. Nur der Nächste zum Königshause, der Hohepriester Jojada, hielt fest an der alten Lehre und an dem davidischen Hause. Er hatte eine Tochter des Königs Joram von Juda, Namens Josabat (Jehoschabat), aus einer anderen Ehe, zur Frau [1]); sie war demnach die Schwester des durch Jehu umgekommenen Königs Achasja von väterlicher Seite. Während Athalia die letzten Glieder des davidischen Hauses schonungslos ausrottete, hatte Josabat das jüngste Kind ihres Bruders vom Blutbade gerettet und es mit seiner Amme in ein Gemach des Tempels gebracht, wo die Leviten zu schlafen pflegten [2]). Hier wurde das königliche Kind lange verborgen gehalten, von seiner Vaterschwester erzogen, da Athalia sich wenig um das, was in dem von Besuchern verödeten Tempel vorging, gekümmert zu haben scheint, und die Ahroniden und Leviten, welche zu Jojada treu hielten, verriethen nichts. Gerade wegen seiner Jugend erregte der letzte Sprößling des davidischen Hauses erhöhte Theilnahme. Während der sechs Jahre, in denen Athalia ihre Willkür-Regierung in Jerusalem entfaltete, blieb Jojada nicht müßig und knüpfte mit den Hauptleuten der karischen Miethssoldaten und der Trabanten vertrauliche Gespräche an und lüftete allmälig den Schleier des Geheimnisses, daß ein junger Königssohn noch am Leben sei, dem die Krone von Juda gebührte. Er fand sie sämmtlich dem Königshause zugeneigt und anhänglich und

die Trabanten auch sonst dieselben Wachtposten zu beziehen pflegten, folgt aus der Stelle keineswegs; im Gegentheil scheint es, daß sie sonst nur an einem Thore Wache hielten, da dieses davon den Namen hatte שער אחר הרצים oder שער הרצים. Nur an diesem Tage hat sie Jojada auf diesen Posten gestellt. Die Benennung באי השבה und יצאי השבה scheinen sie erst in Athalia's Zeit erhalten zu haben. Warum ist die Wache gerade am Sabbat besetzt und abgelöst worden? Höchst wahrscheinlich, um die Tempelbesucher abzuwehren. Das Wort מסח (V. 6) ist bisher noch nicht ungezwungen erklärt worden. Ob die L.-A. gesichert ist? Es scheint für מחוץ zu stehen. [Andere Vorschläge bei Klostermann a. a. O.] Die Aufziehenden sollten den Tempel von außen bewachen, die Abziehenden dagegen inwendig. — Die כָּרִי, die nur hier vorkommen, waren wahrscheinlich Karier, die bekanntlich Semiten waren und als Miethlinge in Aegypten, auf Cypern und in anderen phönicischen Colonien gedient haben. Der tyrische König, Athalia's Großvater, mag ihr oder schon ihrem Gatten Joram solche Soldtruppen überlassen haben. כרי steht durchaus nicht in Beziehung mit כרתי. — Daß die Chronik die ursprüngliche Erzählung von diesen כרי und den Läufern auf Leviten bezogen hat, ist bekannt; ihre Erzählung ist ungeschichtlich. [Vgl. auch noch Benzinger zur Stelle.]

[1]) Chronik II, 22, 11 hat wohl ursprünglich auch in Könige II, 11, 2 gestanden.

[2]) Chronik II, 22, 11, wo es deutlicher angegeben ist als in Könige.

der Thronräuberin Athalia feindlich. Als er sich ihrer Theilnahme vergewissert hatte, führte er sie in den Tempel und zeigte ihnen den siebenjährigen Joasch, den sie wohl an den Zügen als rechtmäßigen Thronerben erkannt haben. Jojada ließ darauf die Hauptleute einen Eid leisten, dem Kinde treu zu dienen. Mit ihrer Hilfe konnte er den Plan ins Werk setzen, zugleich eine Umwälzung und eine Wiederherstellung herbeizuführen. Da die Hauptleute auf den blinden Gehorsam ihrer Untergebenen rechnen konnten, so wurde Plan und Tag für die Ausführung der Verschwörung festgesetzt. An einem Sabbat bezog eine Abtheilung der wachthabenden Trabanten und Karier ihre Posten, die Uebrigen aber, zwei Dritttheil derselben, besetzten den Eingang des Tempels. Sie alle hatten den gemessenen Befehl, alle diejenigen niederzumachen, welche in feindlicher Absicht die Schranken im Vorhofe des Tempels überschreiten sollten. Als das Königskind vor jedem Ueberfall gesichert war, lud Jojada auch die Volksmenge in den Tempelvorhof ein[1]). In einem erwartungsvollen Augenblicke, als die Karier und Trabanten ihre Schwerter gezückt und die Hauptleute die Ehrenwaffen David's schon in der Hand hielten, führte der Hohepriester das Kind Joasch aus dem Gemache seiner Verborgenheit, setzte ihm die Krone auf, salbte ihn zum Könige und ließ ihn den säulenartigen Sitz besteigen, welcher für die Könige im Tempelhofe angebracht war. Dabei schmetterten die Trompeten, die Trabanten klirrten mit den Waffen, das Volk klatschte in die Hände und alle riefen: „Es lebe der König Joasch!“[2]) Erst als das Geräusch vom Tempel bis zu Athalia's Palast ertönte, erwachte sie aus ihrer Sorglosigkeit und Sicherheit, in die sie sich im Vertrauen auf die Treue der Miethstruppen gewiegt hatte. Eilig begab sie sich zum Tempelplatz mit einigen Begleitern[3]). Mit Schrecken gewahrte sie ein junges Kind mit der Krone auf dem Haupte, ihre Truppen in seiner Umgebung zu seinem Schutze und die Volksmenge in freudiger Erregung. Sie sah sich verrathen, zerriß ihre Kleider und rief: „Verschwörung, Verschwörung!“ Sofort bemächtigten sich ihrer einige Hauptleute, führten sie aus dem Tempelvorhofe auf einem Umwege durch das östliche Roßthor in den Palast und tödteten sie. So schied die letzte Enkelin des Hauses Omri aus dem Leben, schmählich wie ihre Mutter.

[1]) Folgt aus Könige das. V. 13—11.

[2]) Das. V. 12 fg.: ואת העדות in V. 12 ist dunkel, es scheint dasselbe auszusagen wie עמד על העמוד V. 14. Es muß also gelesen werden ויעמידהו על העמוד. [Ganz anders Klostermann a. a. O.]

[3]) Folgt aus V. 15 das. והבא אחריה המת בחרב oder wie in Chronik והבא אחריה ומת בחרב.

Das enge Bündniß mit Tyrus hat den beiden Reichen kein Glück gebracht. Mutter und Tochter, Isebel und Athalia, glichen ihrer Göttin Astarte, der Urheberin von Verderben, Tod und Untergang [1]). Viele Anhänger scheint Achab's Tochter in Jerusalem nicht gehabt zu haben; sie fand in der Stunde ihres Todes keinen Annehmer. Ihre Baalspriester konnten ihr nicht helfen, sie waren selbst hülflos. Auch sie fielen dem Zorn des Volkes zum Opfer.

Jojada, welcher die große Umwälzung geleitet und herbeigeführt hat, war darauf bedacht, Vorkehrungen zu treffen, daß solche traurige Erscheinungen sich nicht in Jerusalem wiederholen sollten. Er benutzte die freudige und gehobene Stimmung des jungen Königs und des Volkes, um die Spuren des Baalkultus zu entfernen und treue Anhänglichkeit an den Gott der Väter in den Gemüthern anzufachen. Im Tempel forderte er König und Versammlung auf, es feierlich auszusprechen, daß sie fortan ein Volk Gottes sein wollten, daß sie ihm treu dienen und keinen Götzen neben ihm verehren würden. Das Versprechen, welches der König und das Volk laut ausriefen, wurde durch ein Bündniß besiegelt [2]). Jojada scheint noch mehr gethan zu haben, um diesem zum ersten Male in feierlicher Weise abgelegten religiösen Bekenntniß Festigkeit und Dauer zu geben. Das Gesetzbuch und die Lehren, welche auf Mose zurückgeführt wurden, waren bisher nur im Kreise der Ahroniden und Leviten gehegt worden, das Volk hatte kaum eine geringe Kunde davon; nur durch dunkle Ueberlieferungen war es ihm bekannt, daß der Gott seiner Väter seine Vorfahren aus Aegypten befreit, sich ihnen auf dem Sinaï geoffenbart, für sie Wunder gethan und sie in das Land geführt hat. Es fühlte sich wohl als Volk Gottes, aber es wußte nicht recht, welche Pflichten ihm diese Ehre auferlegte. Selbst das Zehnwort war dem Herzen des Volkes nicht nahe gerückt, die Tafeln, die es enthielten, lagen da in der Bundeslade, im Allerheiligsten, als ein uraltes, heiliges Denkmal. Es betrachtete die Bundeslade aber als Schutzmittel; daß diese Tafeln sein Thun und Lassen regeln sollten, das war ihm nicht recht klar. Es ist erstaunlich, daß die Lehre dem eigenen Träger unbekannt war, aber es ist eine Thatsache. Die Ahroniden und Leviten hatten bisher das Volk mit seinem ehrwürdigen Schriftthume nicht bekannt gemacht. Wie die ägyptischen und vielleicht auch die griechischen Priester eine

[1]) Plautus mercator Act IV. sc. 5:
Diva Astarte, hominum deorumque vis, vita, salus rursus eadem quae est
Pernicies, mors, interitus . . .

[2]) Könige II, 11, 17.

zweifache Religion bekannten, eine äußerliche, aus Opfern und Riten bestehend, für die Uneingeweihten, und eine innere, gewisse Lehren und Ueberlieferungen enthaltend, für Geweihte, so scheinen auch die israelitischen Priester die ursprünglich für das ganze Volk geoffenbarte Lehre als zu hoch und unverständlich für Uneingeweihte ihnen fern gehalten zu haben. Erst der Hohepriester Jojada scheint diese Schranken aufgehoben und das Volk mit dem Inhalt der Gesetze vertraut gemacht zu haben[1]). Solche Abschnitte, welche für die damalige Lage passend schienen, hat wohl Jojada bei dieser Gelegenheit aus einer Mose-Rolle vorgelesen. In einem Abschnitte wird von einer zweiten Offenbarung Gottes an Mose auf dem Sinaï erzählt. Als das Volk wegen seiner bundesbrüchigen Verehrung des goldenen Kalbes in der Wüste von Neuem belehrt werden mußte, hat Gott ihm vom Berge zugerufen, daß er zwar gnädig, barmherzig, langmüthig, voll Liebe und Treue sei, seine Gnade Tausenden von Geschlechtern bewahre und sie nicht vernichte, daß er aber auch ein eifervoller Gott sei und die Sünden der Väter an dem dritten und vierten Geschlechte heimsuche. Von Neuem hat Gott mit dem Volke ein Bündniß geschlossen und ihm verheißen, ihm Wunder zu thun, wie sie auf der ganzen Erde und unter allen Völkern nicht vorgekommen sind. Er hat aber gewarnt, mit den götzendienerischen Völkern des Landes einen Vertrag einzugehen, weil ein solcher dem Volk nur zum Unheil gereichen werde. Die Götzenaltäre sollten vielmehr zerstört, die Spitzsäulen zerbrochen, die Astartenbäume umgehauen werden. „Du sollst nicht einen andern Gott anbeten, denn Ihwh ist ein eifervoller Gott.“ In Folge des Bündnisses mit den Nachbarn würden Mischehen entstehen und die götzendienerischen Töchter würden die israelitischen Söhne zu ihren Göttern hinüberziehen[2]). Ueberhaupt soll das Volk keine Götter aus Erz haben. Beim Anhören dieses Abschnittes, sobald er verlesen wurde, mußten die Anwesenden sich von der Wahrheit desselben getroffen fühlen. Jedes Wort paßte auf ihre damalige Lage ganz besonders.

[1]) Daß der Pentateuch oder auch nur der Tetrateuch zur Zeit der Richter und selbst zur Zeit David's und Salomo's nicht bekannt war, ist so augenfällig, daß die Thatsache nicht bewiesen zu werden braucht. Erst in der Geschichte Amazia's wird auf das Gesetzbuch Mose's hingewiesen. Auf welche Weise war die Lehre dem Volke bekannt geworden? Ein Psalm aus der nach-Usianischen Zeit giebt den Modus der Belehrung an (Ps. 78, 5—6) ויקם עדות ביעקב ותורה שם בישראל אשר צוה את אבותינו להודיעם לבניהם. למען ידעו דור אחרון בנים יולדו יקמו ויספרו לבניהם. Deutlich genug ist hier angegeben, daß die Belehrung lediglich mündlich war. Aus dem Segen Mose's (Deuteron. 33, 8) geht hervor, daß die Belehrung vom Stamme Levi ausging. Vgl. Note 6.

[2]) Exodus 34, 16 fg.

Haben nicht Omri und Achab und nach ihm die judäischen Könige ein Bündniß mit den Tyriern geschlossen? Und was war die Folge? Isebel und Athalia haben ihre Gatten zu dem Götzendienst verführt und sie gereichten ihnen zum Unheil.

Die Bewohner Jerusalems machten sofort Anwendung von dem Vernommenen; sie stürzten auf den Baaltempel, den Athalia erbaut hatte, zerstörten die Altäre, zertrümmerten die Bildnisse und vernichteten alle Gegenstände, die zum Cultus gehört hatten[1]). Das Volk selbst nahm die Wahrung seines ureigenen Bekenntnisses in die Hand. Erst nachdem das erneuerte Bündniß mit Gott vom jungen Könige und dem Volk bestätigt war, wurde Joasch im Triumph von den Truppen, den Trabanten und dem Volke vom Tempelberg durch das Trabantenthor in den Palast geführt und auf den Thron seiner Väter gesetzt, und Jerusalem war in freudiger Aufregung. Die Anhänger der gefallenen Königin verhielten sich ruhig und wagten nicht, die freudige Stimmung zu trüben[2]).

Es ist auffallend, daß bei der politischen und religiösen Umwälzung, die sich kurz nach einander in Samaria und Jerusalem vollzogen hat, die eingreifende Hand des Elisa vermißt wird. Er hatte Jehu durch einen Jünger zum Rächer gegen das Haus Omri salben lassen, er selbst hielt sich im Hintergrunde und wohnte nicht einmal dem Sturze des Baal bei. Mit dem König Jehu scheint er gar nicht verkehrt zu haben. War es ihm anstößig, daß dieser, so sehr er auch gegen das phönicische Götzenthum geeifert hatte, doch den Stierkultus in Bethel und Dan — mehr aus Politik als aus Ueberzeugung — bestehen ließ? Und noch weniger hatte sich Eliahu's Hauptjünger an dem Sturze Athalia's und des Götzenthums in Jerusalem betheiligt. Elisa scheint sich mehr mit der Heranbildung von Prophetenjüngern beschäftigt zu haben, um den von Eliahu angefachten Eifer nicht ausgehen zu lassen Er wurde aber nicht gleich Eliahu von allen als Führer anerkannt. Es wurde ihm zum Vorwurfe gemacht, daß er nicht wie jener langes, wildwachsendes Haar trug, daß er also auf das Nasiräerwesen weniger Werth zu legen schien. Knaben von Prophetenjüngern in Bethel riefen ihm nach: „Du Kahlkopf, du Kahlkopf!“[3]) Nichts desto weniger hat Elisa für die Jünger außerordentliche Sorgfalt verwendet. Brachte ihm ein reicher Verehrer Geschenke, so vertheilte er sie unter dieselben[4]). War ein Prophetenjünger in

[1]) Könige II, 11, 18.
[2]) Folgt aus den Worten Könige das. V. 20 והעיר שקטה.
[3]) Könige II, 2, 23.
[4]) Das. 4, 42.

Schulden gerathen und der Gläubiger drohte, für die Schuld dessen Kinder zu pfänden, so verschaffte er ihm die Zahlung[1]. Elisa war auch darin seinem Meister nicht ähnlich, daß er nicht wie dieser sein Leben in der Einsamkeit zubrachte, sondern mit den Menschen in Verkehr trat. In der ersten Zeit, unter den Omriden, hielt er sich allerdings ebenfalls auf dem Berge Karmel auf und pflegte von hier zu den Prophetenjüngern in der Jordangegend hin und her zu reisen, stets von seinem Jünger Gechasi begleitet. In Sunem, wo er in einem gottesfürchtigen Hause Nahrung zu sich zu nehmen pflegte, bot ihm die Frau des Hauses eine kleine Söllerwohnung mit Bett, Tisch, Stuhl und Lampe an, um sich zeitweilig häuslich einrichten und erholen zu können, und er nahm es an[2]. Später, unter den jehuidischen Königen ließ er sich dauernd in Samaria nieder und war unter dem Namen „der Prophet von Samaria" bekannt[3]. Durch seinen freundlichen Verkehr mit den Menschen gewann er Einfluß auf sie und brachte ihnen seine Ueberzeugung bei. Angesehene Männer suchten ihn auf, um sich Belehrung bei ihm zu holen[4]. In der Regel wurde er an den Sabbaten und Neumondstagen vom Volke aufgesucht[5]. Nur im Reiche Juda und in Jerusalem ließ sich Elisa nicht blicken. Warum hat er dieses Land gemieden? Oder warum haben sich keine Erinnerungen von seinem Verkehr in demselben erhalten? War er doch dem Hohenpriester Jojada sinnverwandt, und hatten doch beide dasselbe Ziel im Auge. Es scheint, daß das stürmische Prophetenthum Eliahu's und Elisa's in Jerusalem nicht besonders beliebt war. Hier herrschte das feste religiöse und sittliche Gesetz, von den Ahroniden und Leviten gehegt, ausgelegt und gelehrt, und dieses war ein Feind der prophetischen Schwärmerei, die sich um Gesetz und Herkommen wenig kümmerte. Daß Eliahu auf dem Karmel einen Altar erbaut und dort Opfer dargebracht, wenn auch im Namen desselben Gottes, der in Jerusalem seinen Tempel hatte, wurde ohne Zweifel von der jerusalemischen Priesterschaft nicht gebilligt; es verstieß gegen das Gesetz. Elisa wäre in Jerusalem kein willkommener Gast gewesen. Das freie Prophetenthum, das seine Ueberzeugung und seine Regel aus den Eingebungen des Augenblickes schöpfte und das an Gesetz und Norm gebundene Priesterthum waren unverträglich mit einander, konnten nicht einen gemeinsamen Weg gehen.

[1]) Das. 4, 1 fg.
[2]) Das. 4, 8 fg.
[3]) Das. 5, 3.
[4]) Das. 6, 32.
[5]) Das. 4, 23.

In Jerusalem war das Augenmerk besonders auf das Heiligthum und das Gesetz gerichtet, seitdem Jojada sich als strenger Hüter derselben bewährt hatte. Der Tempel hatte unter Athalia Beschädigungen erlitten. Nicht bloß die Cedernholzbekleidung von Gold war stellenweise zerstört, sondern auch Quadern der Mauer waren gewaltsam ausgebrochen und auch andere Stellen waren schadhaft geworden. Es war daher für den jungen König Joasch im Beginn seiner Regierung eine wichtige Angelegenheit, diese Schäden ausbessern zu lassen, und Jojada hat wohl darauf gedrungen; allein die Mittel fehlten dazu, denn der etwaige Tempelschatz, angesammelt von den Weihgeschenken der früheren Könige und den frommen Spenden, war ohne Zweifel von Athalia daraus entfernt und für den Baalkultus verwendet worden. Der König erließ demzufolge einen Befehl an die Priester, Gelder zur Ausbesserung der Schäden zu sammeln; sie sollten diese Sammlung als eine eigene Angelegenheit mit Eifer betreiben. Regelmäßige Tempelabgaben bestanden damals noch nicht, und es war auch kein Bedürfniß dazu vorhanden; der fromme Sinn Einzelner spendete Weihgeschenke. Sonst war es eingeführter Brauch bei jeder erneuten Volkszählung, daß jeder Kriegsfähige vom zwanzigsten Jahre an eine kleine Münze (einen halben Sekel) als Sühnegabe lieferte zur Verhütung einer Seuche, welche von der Kopfzählung befürchtet wurde. Ferner pflegten Männer und Frauen nach überstandenen Gefahren eine Spende für den Tempel, öfter im Werthe der eigenen Person, zu geloben. Auf Joasch's Befehl sollten die Priester diese eigenartige Kopfsteuer und sonstige Spenden in Folge der Gelübde von den Betreffenden eintreiben, wenn sie in der Leistung säumig waren. Jeder Ahronide sollte von seinen Bekannten diese Gelder an sich nehmen und von der gesammelten Summe sollten die Schäden des Tempels ausgebessert werden[1]). Indessen sei es, daß die eingelaufenen Gelder nicht genügt, oder daß die Priester sie zu eigenem Bedarf verwendet haben, die Tempelschäden blieben lange unausgebessert. Endlich trug der König dem Hohenpriester Jojada auf (um 864), dem Volke selbst die Angelegenheit an's Herz zu legen. Eine Lade, mit einer Oeffnung versehen, wurde im Tempelvorhofe aufgestellt, in welche Jeder, den

[1]) Könige II, 12, 5—9 ist ein wenig dunkel; der Verf. der Chronik hat die Erzählung entweder geflissentlich geändert oder nicht mehr recht verstanden. כסף עבר ist wohl nichts anderes, als das, Exodus 30, 13—15 angegebene כסף ··· העבר על הפקדים, und zwar מחצית השקל. Es ist also eine Kopfsteuer für die Volkszählung. איש כסף נפשות ערכו entspricht dem in Leviticus 27, 2—8 angegebenen ערכך נפשות. Es sind also zweierlei bestimmte Einnahmequellen angegeben: Kopfsteuer für die Zählung und Gelübdeverpflichtung. כל כסף אשר יעלה על לב איש sind freiwillige Spenden.

seine Frömmigkeit und Freigebigkeit antrieben, je nach seinen Vermögensverhältnissen, eine freiwillige Spende legen oder von einem Priester hineinlegen lassen sollte. Um das Volk zu reichen Spenden aufzufordern, wurde wahrscheinlich abermals aus einer Mose-Rolle an einem Festtage ein Abschnitt aus der Geschichte der Wüstenwanderungen vorgelesen, jener Geschichte vom Bau des Stiftszeltes, worin erzählt wird, wie die Vorfahren, Männer und Frauen, im Wetteifer Silber und Gold, Erz und Purpur spendeten, um das neue Heiligthum würdig und prachtvoll auszustatten und wie der Spenden so viele waren, daß Mose ausrufen lassen mußte, es sei überzählig und zuviel gespendet [1]. Wahrscheinlich trug die Anregung durch Vorlesung der dem Volke bis dahin unbekannten Einzelheiten von dem Bau des Stiftzeltes aus dem Gesetzbuche, das auf Mose zurückgeführt wurde, ihre Früchte. Die Spenden liefen reichlich ein und sie reichten aus, Holz und Quadern dafür anzuschaffen und Maurer und Zimmerleute davon zu besolden [2]. Höchst wahrscheinlich hat der Hohepriester Jojada bei dieser Gelegenheit die Ordnung der Priester und Leviten, die Vorschrift für die Gewänder, die sie tragen sollten, für die Art der Opfer, welche dargebracht und für die Gebühren, die den Ahroniden von den Opfern zukommen sollten, erneuert und eingeschärft. Auch dabei berief er sich wohl auf die in dem Gesetzbuch Mose's gegebenen Verordnungen und las die betreffenden Stücke aus demselben vor. Ueberhaupt erhob Jojada das Hohepriesterthum, welches bis dahin auch unter den besten Königen nur eine untergeordnete Stellung eingenommen hatte, zur Ebenbürtigkeit mit dem Königthum. Hatte nicht der Hohepriester durch Eifer und Klugheit das Königthum gerettet? Wäre nicht der letzte Sproß des Hauses David untergegangen, wenn nicht Jojada die blutdürstige Athalia gestürzt hätte? Er konnte daher mit Recht beanspruchen, daß dem Hohenpriester in den Staatsangelegenheiten eine gewichtige Stimme eingeräumt werde [3]. Jojada mochte

[1]) Exodus 25, 1 fg., 35, 4 fg., 36, 4—7.

[2]) Könige das. 12, 11 fg. Statt ויצרו das. muß man nach Chronik II, 24, 11 lesen ויערו (=ויעררו) „sie haben ausgeleert" nämlich die Lade. Diese L.-A. ist bereits von Anderen vorgeschlagen.

[3]) Sehr richtig hat Racine durch poetische Intuition dieses Verhältniß des Hohenpriesters zum Könige in Juda geahnt und Joad die Worte in den Mund gelegt (Athalie, Acte I. Sc. 2):

„Il faut que sur le trône un roi soit élevé,
„Qui se souvienne un jour qu'au rang de ses ancêtres,
„Dieu l'a fait remonter par la main de ses prêtres,
„L'a tiré par leurs mains de l'oubli du tombeau,
„Et de David éteint rallumé le flambeau."

sein Ansehen benutzt haben, um dem Gesetze Achtung zu verschaffen und die Wiederkehr der traurigen Zeiten des Abfalles von Jhwh zu verhüten. Aber dadurch konnte ein Widerstreit zwischen dem Königthum und dem Hohenpriesterthum nicht ausbleiben, indem jenes seiner Natur nach auf Launen beruht und dieses sich auf ein festes Gesetz berief. So lange Jojada lebte, dem Joasch Alles verdankte, brach der Widerstreit nicht aus. Aus Dankbarkeit und Hochachtung mag Joasch sich den Anordnungen des Hohenpriesters gefügt haben. Seiner entseelten Hülle erwies Joasch die Ehre, sie in dem Grabmal der Könige in der Davidsstadt beizusetzen [1]). Nach seinem Tode brach indeß bei irgend einer Veranlassung zwischen seinem Sohn und Nachfolger Zacharia und dem König ein Widerstreit aus, der jenem das Leben kostete. Näheres ist nicht darüber bekannt, berichtet wird nur, auf Befehl Joasch's hätten einige Fürsten Juda's Jojada's Sohn im Tempelvorhof mit Steinen getödtet, und der junge Hohepriester habe in der Todesstunde gerufen: „Gott möge es wahrnehmen und heimsuchen [2])."

Sonst war nach dem völligen Untergang sämmtlicher Glieder des Hauses Omri, welches so viele Zuckungen und Reibungen in Samaria und Jerusalem erzeugt hat, im Innern beider Reiche Ruhe eingetreten. Der Zustand war leidlich, nur daß im judäischen Reiche die Privatanhöhen noch fortbestanden und im Zehnstämmereiche der Gott Israels noch immer unter dem Stierbilde verehrt wurde. Der Baalkultus war aber aus beiden Reichen verbannt. Nach Außen aber waren beide Länder nicht glücklich. Jehu, der kecke Reiteroberst, welcher das Haus Omri in Jesreel und Samaria vertilgt hatte, bewährte nicht dieselbe Tüchtigkeit einem starken auswärtigen Feinde gegenüber. In Damaskus war eine Palastumwälzung vor sich gegangen. König Ben-Hadad, gegen den die Omriden Kämpfe zu bestehen hatten, wurde, wie bereits erzählt, von einem seiner Diener, Namens Chazael, im Bade erstickt, und der Mörder hatte sich zum König aufgeworfen. Dieser war kriegerisch, unternehmend und eroberungssüchtig und plante darüber, das damascenische Reich zu einem mächtigen und gebietenden

[1]) Chronik II, 24, 16

[2]) Chronik II, 24, 20 fg. Das Faktum ist wohl historisch, die Motivirung aber, als wenn Zacharia in Folge seines Tadels gegen den König und die Fürsten wegen ihres Abfalls zum Götzenthum getödtet worden wären, ist schwerlich richtig, da im Buch der Könige das. 12, 3 angegeben und das. 14, 3 bestätigt wird, daß Joasch sein Lebenlang nicht götzendienerisch war. Die L.-A. der LXX כל ימי אשר הורהו יהוידע statt כל ימיו ist falsch. [Sie stimmt jedoch mit Chronik II, 24, 2 genau überein.]

Staate zu erheben. Am nächsten lag Chazael das Zehnstämmereich, welches seinem Vorgänger einige Zugeständnisse abgerungen hatte (o. S. 33). Ohne sich an das geschlossene Bündniß zu kehren, überschwemmte er das israelitische Land mit seinen Schaaren, nahm die festen Städte mit Sturm, verbrannte die Häuser und schonte weder Kinder, noch schwangere Frauen. Auch die Städte jenseits des Jordans eroberte er und scheint jenen König Mescha, welchen Jehoram von Israel so hart bedrängt hatte, zum Verbündeten gehabt zu haben. Er machte sich von der israelitischen Vasallenschaft los, vertrieb die Israeliten aus den moabitischen Städten und baute die Trümmer seines Landes auf. Zum Andenken an diese Befreiung setzte Mescha ein Denkmal aus schwarzem Stein mit Inschriften, welche die Geschichte derselben verewigen sollten. Dieser Steinblock hat sich mehr als sieben und zwanzig Jahrhunderte erhalten und ist in jüngster Zeit aufgefunden und zertrümmert worden [1]). Das ganze Gebiet der Stämme Manasse, Gad und Reuben vom Gebirge Baschan bis zum Arnon wurde dem Zehnstämmereiche entrissen, die Einwohner zu Halbsklaven unterworfen und mehrere derselben noch grausamer unter eisernen Dreschwagen zermalmt [2]). Jehu war nicht im Stande, Chazael Stand zu halten, vielleicht weil auch der König von Tyrus ihm feindlich war, dessen Verwandte und Verbündete er vertilgt hatte. Noch schlimmer ging es unter seinem Sohne **Jehoachas** (um 859—845). Das Land wurde so hart von Chazael und seinem Sohne **Ben-Hadad III.** bedrängt und die israelitische Kriegsmacht wurde so geschwächt, daß nur 10 000 Mann Fußvolk, fünfzig Reiter und zehn Kriegswagen übrig geblieben waren [3]). Von Zeit zu Zeit machten die Aramäer Streifzüge in das israelitische Gebiet und raubten nicht blos Werthsachen, sondern auch Menschen, die sie als Sklaven behandelten und verkauften [4]). Jehoachas scheint mit dem Eroberer einen schmählichen Frieden geschlossen und ihm gestattet zu haben, daß dessen Schaaren freien Durchzug durch sein Land nehmen durften. Darauf überzog Chazael das Philisterland mit Krieg, belagerte die Hauptstadt Gath und eroberte sie. Von hier aus gedachte er auch Jerusalem anzugreifen, aber Joasch unterwarf sich ihm freiwillig und erkaufte den Frieden mit Geld [5]). War es Unzufriedenheit mit seiner Feigheit oder hatte er sonst Veranlassung zu Beschwerden gegeben? Einige Große Juda's verschworen sich gegen

[1]) S. Note 2.
[2]) Könige II, 8, 12; 10, 32—33; vgl. Amos 1, 3—4.
[3]) Das. 13, 3—7, 22.
[4]) Das. 5, 2; 6, 8—9, 23.
[5]) Das. II, 12, 18 fg.

Joasch und zwei derselben, Jozachar und Jehozabad, tödteten ihn in einem fremden Hause, wo er zufällig weilte (um 843)[1]). Erst unter dem israelitischen König Jehoasch (um 845—830) gelang es allmälig die Obmacht des aramäischen Reiches zu brechen, wahrscheinlich, weil die Nachbarkönige der Chittiter am Euphrat und die Könige von Aegypten, eifersüchtig auf die Ausdehnung des damascenischen Reiches, eine feindliche Haltung gegen dasselbe nahmen[2]).

Ben-Hadad III. hatte nämlich, um das Zehnstämmereich völlig zu schwächen oder gar aufzulösen, die Hauptstadt Samaria so hart belagert, daß alle Lebensmittel aufgezehrt waren, und daß ein Eselskopf um achtzig Sekel und ein Maß Brenndünger um fünf Sekel verkauft wurden[3]). Von den Kriegsrossen waren nur noch wenige übrig geblieben, und diese waren so abgemagert, daß sie den Dienst versagten[4]). Die Hungersnoth trieb zwei Weiber, einen Vertrag mit einander abzuschließen, daß sie gemeinschaftlich an einem Tage das Kind der einen und am darauf folgenden Tage das der anderen schlachten und verzehren wollten[5]). Aber unerwartet hoben die Aramäer die Belagerung auf, eilten davon und ließen Zelte, Rosse, Esel, Kostbarkeiten und Lebensmittel zurück. Halbverhungerte Aussätzige, welche aus der Stadt gewiesen worden waren, machten zuerst die Entdeckung von dem Abzug des aramäischen Belagerungsheeres, sättigten sich an den vorgefundenen Speisen und machten die Anzeige den Stadtpförtnern. Der König, dem die frohe Kunde gebracht wurde, traute ihr Anfangs nicht und überließ sich erst der Freude, als ausgesandte Boten die Nachricht brachten, daß kein Aramäer zu erblicken sei und daß der ganze Weg von Samaria bis zum Jordan voller Kleider und Waffen gefunden wurde, welche Ben-Hadad's Schaaren auf der Flucht von sich geworfen hatten[6]).

[1]) Das. 12, 21 fg.

[2]) Folgt aus das. 7, 6, über die מלכי החתים vgl. B. I, S. 389 fg.

[3]) Könige das. 6, 24—25.

[4]) Das. 7, 13

[5]) Das. 6, 28 fg.

[6]) Die Relation das. 6, 24 bis 7, 20 kann nur unter Joasch von Israel gesetzt werden, und unter dem daselbst genannten Ben-Hadad kann nur der Sohn Chazael's verstanden sein. Denn Elisa wird als in Samaria weilend dargestellt (6, 32 fg.). Der König wird als fromm geschildert (6, 30). In V. 33 מה אוחיל לה' עוד spricht sich Gottergebenheit aus, und es ist der König, der es ausspricht. Statt המלאך muß המלך gelesen werden, wie bereits von Anderen bemerkt. Endlich verkehrt Elisa freundschaftlich mit dem Könige, das kann lediglich von Joasch angenommen werden, denn das. 13, 14 fg. nennt Joasch den Propheten: „Vater, Vater, Wagen und Reiterei Israels!" An einen anderen König ist nicht zu denken und am allerwenigsten an Jehoram von Israel, welchen Elisa nicht einmal anblicken mochte (3, 14). Eben so wenig kann Jehoachas darunter

Diese so unerwartet eingetretene Errettung aus der großen Noth ermuthigte Jehoasch, angriffsweise gegen die Aramäer vorzugehen. Drei Schlachten lieferte er gegen Ben-Hadad, sämmtlich in der Ebene Jesreel bei Aphek, und in allen blieb er Sieger. Der König von Damaskus war dadurch genöthigt, Frieden mit dem König von Israel zu schließen und ihm die Städte zurückzuerstatten, welche er und sein Vater Chazael dem Gebiete des Zehnstämmereiches diesseits entrissen hatten [1]).

Die Schwächung des damascenisch-aramäischen Reiches kam auch dem judäischen Reiche unter dem König Amazja (um 843—816) zu statten. Jenes hatte den kleinen Gemeinwesen, Moab, Ammon und Edom, welche in einem feindlichen Verhältnisse zu Israel oder Juda standen, Schutz verliehen und Angriffe auf dieselben verhindert. Ben Hadad's Demüthigung machte daher Amazja's Hände frei, die ehemaligen Besitzungen des davidischen Hauses wieder zu erobern. Das Ländchen Edom hatte sich seit einem halben Jahrhundert von der Vasallenschaft dieses Königshauses losgesagt und sich selbstständig gemacht. Einer seiner Könige hatte eine neue Hauptstadt erbaut, auf einer Höhe des Gebirges Seïr, welche auf Kalkstein und Porphyrfelsen mehr als 4000 Fuß über dem Meeresspiegel emporragt. Ein Stufenweg führte von den Thälern zu ihr hinauf. In dieser Felsenstadt (Sela, Petra, in gerader Linie etwa 15 Meilen südlich vom todten Meere) glaubten die Idumäer in Sicherheit gegen feindliche Angriffe zu sein. Stolz sprach Edom: „Wer will mich von der Höhe zur Tiefe hinunterbringen?“ [2]) Amazja hatte die Kühnheit, die Idumäer in ihren Bergfestungen aufzusuchen. Sie zogen ihm zwar mit einem zahlreichen Heere (10 000 Mann) entgegen, in dem Salzthal unweit des Todten Meeres kam es zur Schlacht; aber Amazja schlug sie so kräftig auf's Haupt, daß die Uebriggebliebenen die Flucht ergriffen und ihm den Weg frei ließen, die Felsenstadt zu erobern. Nach ihrer Besetzung verwandelte er ihren Namen, man weiß nicht

verstanden werden, weil er nicht בן המרצח, Sohn des Mörders, genannt werden konnte (6, 32), da Jehu doch im Auftrage eines Prophetenjüngers die Omriden umbringen ließ. Ueberhaupt beziehen sich alle Relationen, in denen von dem König (המלך) schlechtweg im Verhältniß zu Elisa erzählt wird, auf Jehoasch, so: 5, 5 fg.; 6, 9 fg.; 8, 4 fg. Alle diese Relationen stammen von den Prophetenjüngern, und diesen war es selbstverständlich, daß der König, welcher auf Elisa's Rathschläge hörte und ihn verehrte, kein anderer als Jehoasch war; darum hielten sie es für überflüssig, ihn zu individualisiren und zu nennen.

[1]) Das. 13, 14—25. Aus V. 17 geht hervor, daß das Schlachtfeld jedesmal in אפק war.

[2]) Obadja 1, 3.

aus welchem Grunde, nach dem einer judäischen Stadt: Joktheel[1]). Ohne Zweifel hat dieser glückliche Ausgang des edomitischen Feldzuges reiche Beute eingebracht. Edom war ein sehr reiches Land, nicht blos an Heerden, sondern auch an Metallen. Amazja war daher nicht wenig stolz darauf, diesen Krieg glücklich beendet zu haben. Seine Ueberhebung führte aber sein und seines Volkes Unglück herbei.

Zwischen dem Zehnstämmereich und Juda bestand unter Jehu und seinen Nachfolgern ein friedliches Verhältniß, wenn auch kein solches Freundschaftsbündniß wie früher zwischen den Omriden und Josaphat sammt seinen Nachfolgern. Sie hatten ein gemeinsames Interesse, die Anhänger des Baalkultus niederzuhalten und deren Verbindung mit dem götzendienerischen Ausland zu überwachen. Die Könige Jehoasch von Israel und Amazja von Juda waren der ureignen Lehre zugethan. Der Eine hörte auf die Stimme des Jhwh-Propheten, der Andere auf die des Gesetzes. Es kann nicht hoch genug angeschlagen werden, daß Amazja zwar die Mörder seines Vaters mit dem Tode bestrafte, aber deren Söhne, dem barbarischen Gebrauch zuwider, unangetastet ließ[2]). Höchst wahrscheinlich hat der Hohepriester oder ein anderer Vertreter des Gesetzes ihm an's Herz gelegt, daß die Lehre Israels verbiete, die Kinder um der Sünden der Väter willen und die Väter um der Sünden der Kinder willen umzubringen[3]). Der israelitische König Jehoasch zeigte eine tiefe Verehrung für den Propheten Elisa und nahm ihn zum Rathgeber bei wichtigen Vorfällen, und als Elisa nach mehr denn fünfzigjähriger Wirksamkeit (900—840) auf dem Todtenbette lag, suchte er ihn auf, weinte über dessen herannahendes Ende und nannte ihn einmal über das andere: Vater und Beschützer Israels[4]). Er ließ sich nach Elisa's Tode von Gechazi, dessen stetem Begleiter, alles Wichtige erzählen, was Elisa gethan hatte, und ließ der Sunamiterin, weil sich der Prophet für sie interessirt hatte, ihr Haus und Feld sammt den Er-

[1]) Könige das. 14, 6. Der Name der Stadt scheint auch in Obadja 1, 9 vorzukommen כהר עֵשָׂו מִקָּטֶל, vielleicht zusammengezogen aus מִקְּטאל = יקתאל.

[2]) Könige das. 14, 5.

[3]) Das. V. 6 wird ausnahmsweise darauf verwiesen, daß Amazja dabei nach der Vorschrift der Lehre Mose's verfahren sei. Nun findet sich zwar dieses humane Verbot nur im Deuteronomium [24, 16]; es muß aber schon in einem der drei früheren Bücher Exodus, Leviticus oder Numeri enthalten gewesen sein.

[4]) Das. 13, 14. Die Dauer von Elisa's prophetischer Wirksamkeit läßt sich dadurch ungefähr fixiren, daß sie nach Eliahu's Tod, etwa zur Zeit Jehoram's von Israel, begann und bis in Jehoasch's Regierung reichte. Sie kann aber nicht allzutief bis in die letzten Regierungsjahre dieses Königs ausgedehnt werden, sonst müßte man Elisa mehr als hundertjährige Lebenszeit geben.

trägnissen zurückerstatten, welches in ihrer Abwesenheit ein Fremder in Besitz genommen hatte [1]). Wie bedeutend muß Elisa's Persönlichkeit und Wirksamkeit gewesen sein, daß der König sich dessen Leitung gefügt hat. Er hat auch die Lehre vom Gotte Israels ohne sein Hinzuthun und ohne Absicht zu einem Triumphe gebracht. Ein angesehener Götzendiener, der Zweite im aramäischen Reiche nächst dem Könige, der Feldherr Naaman, entsagte freiwillig dem unzüchtigen Kultus des Baal und der Astarte und bekannte sich zu Ihwh, weil er durch Elisa's Wirksamkeit zur Erkenntniß gekommen war, daß nur in Israel ein wahrhafter Gott angebetet werde. Er ließ sich aus dem Lande Israel Erde nach Damaskus kommen, um einen Hausaltar gewissermaßen auf heiliger Erde zu errichten [2]). Die Erfolge, welche die Propheten Eliahu und Elisa bewirkt haben, waren so überraschend, daß sie wie Wunder angesehen und auf Wunder zurückgeführt wurden In der That, welch ein Umschwung der Zeiten! Zu Achab's Zeit wurden die Propheten Ihwh's blutig verfolgt, und Jehoasch hatte einen solchen Propheten in seiner Nähe, den er zu Rathe zog. Die Jünger Elisa's in Bethel, Jericho oder Gilgal oder die Jünger ihrer Jünger, welche die Thätigkeit ihres Meisters vor Vergessenheit retten wollten, haben daher in überschwenglicher Bewunderung in der Abgeschiedenheit ihrer Zusammenkünfte die seelischen Wunder in übernatürliche verwandelt. Sie erzählten einander, welche Wunderthaten Elisa vollbracht habe. Nicht nur habe er die Zukunft vorausgeschaut, sondern auch schlechtes Wasser durch Salz in gutes verwandelt, giftige Koloquinten unschädlich gemacht, ein in den Jordan gefallenes Beil zum Schwimmen gebracht, gegen ihn beschimpfende Buben Bären aus dem Walde herausgelockt und gehetzt, mit zwanzig Broden hundert Personen gespeist, auf ein Wort von Elisa habe sich wenig Oel in einem Oelkrügchen vervielfältigt, Naaman sei auf des Propheten Wort durch Baden im Jordan vom Aussatz geheilt worden. Elisa habe ebenso wie Eliahu ein Kind vom Tode erweckt, und selbst noch nach seinem Tode habe er ein Wunder bewirkt, daß eine Leiche, welche nur Elisa's Grab berührt, zum Leben erwacht sei [3]). Die Prophetenjünger haben den Wunderglauben in dem Kreis des israelitischen Volkes, wenn auch nicht eingeführt, so doch gesteigert und ganz be-

[1]) Das. 8, 4 fg.

[2]) Das. 5, 1 fg.

[3]) Das. 2, 19—25; 4, 2 fg.; 5, 10 fg.; 6, 1 fg. 13, 21 fg. Ewald's Schematismus von einer Zwölfzahl der Wundererzahlungen in Elisa's Leben ist Widersinn, denn genau gezählt sind ihrer mehr als 14 und nach anderer Zählweise weniger als 12.

sonders dadurch verkehrte Vorstellungen genährt, daß sie Eliahu und Elisa eine übermenschliche Höhe und fast magische Kraft verliehen haben. Wie einfach erscheint Mose, der größte Prophet neben ihnen! Die Wunder, die in seiner Geschichte erzählt werden, haben sämmtlich einen höheren Zweck und greifen nur in den allerdringlichsten Fällen ein. Dagegen lassen die Erzählungen von Eliahu und Elisa sie gewissermaßen spielend wie ein leichtes Tagewerk Wunder ohne besonderen Auftrag und um des geringfügigsten Zweckes willen verrichten. Die Prophetenjünger aus Elisa's Schule haben des Guten zu viel gethan. Die Wundererzählungen haben sie schriftlich abgefaßt und ihnen dadurch noch mehr Ansehen und Gewicht verschafft. Sie haben aber nicht bloß ihre Vorgänger allzusehr verklärt und zu Wunderthätern gestempelt, sondern auch andere Persönlichkeiten aus der älteren israelitischen Geschichte, von denen nur schwache, dunkle und schwankende Erinnerungen überkommen waren, verherrlicht. Simson, diesen kecken, handfesten Richterhelden, der ohne Scheu Philistermädchen zu Frauen oder zu Beischläferinnen genommen hatte, machten die Erzählungen, welche aus der Mitte der Prophetenjünger hervorgegangen waren, zum Nasiräer, und nur als solcher habe er die erstaunlichen Thaten vollbringen können. Ein Nasiräer, der sein Haar niemals geschoren und keinen Wein getrunken, könne eben dadurch Wunderthäter werden[1]. Das war die Vorstellungsweise dieses Kreises.

Indessen so sehr auch in beiden Reichen die gleiche Neigung vorhanden war, sich von Fremdem loszumachen und dem Eigenen treu zu bleiben, so war der innere Gegensatz schon so sehr eingewurzelt, daß sie zum selben Ziele nicht einerlei Weg mit einander gingen. Während im Zehnstämmereich das Nasiräerleben gewissermaßen als die höchste Blüthe des religiös-sittlichen Lebens bewundert und gepriesen wurde, standen die enthaltsamen, schwärmerischen Nasiräer in Juda und Jeru-

[1]) Es ist nicht zu verkennen, daß die Relation von Simson zwei Bestandtheile hat, von denen der eine historisch und der andere sagenhaft ist. Der Letztere ist dadurch kenntlich, daß er einen Nachtrag bildet (Richter, c. 16); nachdem schon vorher der Abschluß angegeben ist (15, 20), wird die Dauer seiner Thätigkeit nochmals wiederholt (16, 31). Zur sagenhaften Relation gehört auch die Einleitung (Kap. 13, 2 fg.), in welcher Simson selbst insofern als Nasiräer dargestellt wird, daß ein Scheermesser niemals sein Haupt befahren habe (V. 5). Freilich scheut sich die Relation, den grellen Widerspruch mit der anderweitigen Relation zu begehen, Simson's Enthaltsamkeit von Wein und Unreinem hervorzuheben; da es bekannt war, daß er sich mit Heidentöchtern verunreinigt hat, so wird das Verhältniß so dargestellt, daß seine Mutter sich des Weines und unreiner Speise enthalten habe. Es ist daher kein Zweifel, daß die zweite Partie aus dem Kreis der lebenslänglichen Nasiräer, d. h. aus Eliahu's und Elisa's Schule, stammt.

salem nicht in besonderem Ansehen. Man achtete dort die lebenslänglich Enthaltsamen nicht besonders. Das Gesetz schrieb vor, daß, wenn Jemand das außergewöhnliche Gelübde gethan, sich des Weines zu enthalten und sein Haar nicht scheeren zu lassen, er es allerdings, wie jedes andere Gelübde erfüllen müsse, aber doch nur zeitweilig. Nach Darbringung der vorgeschriebenen Opfer dürfe ein Solcher wieder Wein trinken [1]). Wenn die Träger der Lehre in beiden Reichen sich nicht verständigen konnten, um wie viel weniger die Träger der Krone, die vor Allem die Machtfrage im Auge hatten. Als Amazja aus dem edomitischen Kriege als Sieger heimgekehrt war, erfaßte ihn der kühne Gedanke, mit seinem im Kriege bewährten Heerbann auch gegen das Zehnstämmereich zu Felde zu ziehen und es zurück zu erobern. Als Vorwand scheint er die Tochter des israelitischen Königs für seinen Sohn zur Ehe verlangt zu haben, um, wenn diese versagt würde, den Krieg anfangen zu können. Spöttisch antwortete ihm Jehoasch auf dieses Ansinnen: „Der Dornstrauch sandte einst zur Ceder des Libanon: „„Gieb deine Tochter meinem Sohne zur Frau.““ Da ließ diese die wilden Thiere des Libanon losfahren, und diese zertraten den Dornstrauch. Weil du Edom besiegt hast, überhebt sich dein Herz. Behalte deine Ehre und bleibe zu Hause. Wozu willst du dich in's Unglück stürzen? Juda würde nur mit dir zugleich zu Falle kommen." Allein Amazja ließ sich von seinem Vorhaben nicht abbringen. Er ließ sein Heer gegen die Grenze des Zehnstämmereiches ziehen, und Jehoasch, der damals schon durch die Siege über die Aramäer zuversichtlich geworden war, rückte ihm entgegen. In Beth-Schemesch an der Grenze kam es zur Schlacht, und die Jehudäer erlitten eine bedeutende Niederlage und entflohen. Amazja selbst gerieth in des israelitischen Königs Gefangenschaft. Gewiß, man kann es nur als eine ganz besondere Milde auslegen, daß Jehoasch den glänzenden Sieg nicht gemißbraucht, nicht einmal voll ausgebeutet hat. Konnte er nicht den gefangenen Amazja entthronen, das davidische Haus für erloschen erklären und das Land Juda seinem Reiche einverleiben? Das that er aber nicht, sondern begnügte sich, die Mauern Jerusalems im Norden vom Ephraimthor bis zum Zinnenthor — vierhundert Ellen — zu zerstören und die Stadt, nebst Palast und Tempel zu brandschatzen. Jerusalem, dem das geschichtliche Verhängniß so vielfache Zerstörung gebracht hat,

[1]) Numeri 6, 2 fg. Es ist dabei hervorzuheben יפליא לנדר נדר V. 2 und ואחר ישתה הנזיר יין V. 20. Auch das wiederholte Pointiren כל ימי נזרו „nur so lange" ist beachtenswerth. Die talmudische Auslegung hat mit Recht unterschieden einen zeitweiligen Nasir für 30 Tage von einem lebenslänglichen (נזיר עולם). Dieser kam in der älteren Zeit nur im Zehnstämmereich vor.

wurde zum ersten Mal seit seinem Bestande von einem israelitischen Könige eingenommen und theilweise zerstört. Den gefangenen König dagegen setzte Jehoasch großmüthig in Freiheit, ließ sich aber zur Sicherheit Geißeln stellen[1]). Die Milde, welche Jehoasch übte, ist wohl dem Einfluß des Propheten Elisa oder seiner Jünger zuzuschreiben[2]). Nach Jehoasch's Tode (um 830) regierte Amazja zwar noch etwa fünfzehn Jahre (830—816), war aber nicht glücklich.

Das ephraimitische Reich nahm dagegen unter Jehu's Urenkel eine Macht und Ausdehnung an, als sollte die davidische Zeit wiederkehren. Jerobeam II., der dritte Jehuide, besaß mehr Kriegstüchtigkeit als seine sämmtlichen Vorgänger seit der Reichstheilung, und das Glück stand ihm bei. Es vergönnte ihm eine außerordentlich lange Lebensdauer; er regierte mehr als sechs Jahrzehnte[3]) (um 830—769), und in diesem ausgedehnten Zeitraum konnte er viele Kriege führen und Siege erringen. Zunächst scheint er seine Waffen gegen die Aramäer gekehrt zu haben, die schlimmsten Feinde des Zehnstämmereiches, welche es seit Achab's Zeit beunruhigt, zerstückelt und gefährdet hatten. Die Einzelheiten der Waffenthaten Jerobeam's sind nicht bekannt geworden, nur der Erfolg läßt einen Rückschluß auf ihre Ausdehnung machen. Die Grenzen des Reiches Israel dehnten sich wieder von der Straße, die nach Hamath führt, bis zum Südostflusse, der sich in das todte Meer ergießt, aus[4]). Ein Prophet dieser Zeit, Jona, Sohn Amitai's, aus der sebulonitischen Stadt Gath-Chepher, hatte Jerobeam zu diesem Kriege gegen die Aramäer ermuthigt[5]). Auch die Landschaft Moab scheint er erobert und mit dem Zehnstämmereich wieder vereinigt zu haben[6]).

Amazja dagegen war durch die Demüthigung, die er erlitten hatte, gelähmt. Da Jerusalem seiner Festungswerke beraubt war, so konnte er keinen Krieg unternehmen und mußte froh sein, von Feinden verschont zu bleiben. Denn ausgebessert durfte die Mauer nicht werden, dafür bürgten die Geiseln, welche in der israelitischen Hauptstadt festgehalten wurden. Wie es scheint, war das Volk und noch

[1]) Könige das. 14, 8—14. V. 13 muß man lesen ויביאהו (nämlich den Amazja) statt ויבאו. Die Geiseln werden in der Quelle das. V. 14 בני התערבות genannt.

[2]) Vgl Chronik II, 28, 9 fg. Der Kern der Erzählung ist wohl geschichtlich.

[3]) S. B. I, S. 474, 478.

[4]) Könige das. 14, 25.

[5]) Das.

[6]) Folgt daraus, daß er die Südgrenze bis zum נחל הערבה ausgedehnt hat, dieser Strich gehörte zu Moab, Jesaia 15, 7. [Könige II, 14, 25 ist von ים הערבה die Rede!]

mehr die Großen, die Fürsten Juda's, unzufrieden mit ihm. Er hatte durch Ueberhebung das Land geschädigt, Jerusalem war durch seine unüberlegte Eroberungs- und Kriegslust seines Festungsschutzes beraubt, jedem feindlichen Einfall zugänglich. Die Geiseln, welche für die Fortdauer der Demüthigung Bürgschaft leisten sollten, waren ohne Zweifel Söhne der angesehensten Familien und mußten in der Verbannung leben. Diese Unzufriedenheit mit dem König Amazja erzeugte eine Verschwörung der Großen gegen ihn; es scheint ein blutiger Kampf in Jerusalem ausgebrochen zu sein, das Volk nahm entweder Partei für die Verschwörer oder verhielt sich theilnahmlos. Amazja war hilflos und suchte sein Heil in der Flucht. Aber die Verschworenen verfolgten ihn bis Lachisch (etwa 15 Stunden südöstlich von Jerusalem)[1]), das auf einem Hügel lag, wo er Zuflucht gesucht hatte, und tödteten ihn daselbst[2]). Es war schon der dritte König aus dem davidischen Hause, welcher durch das Schwert umkam und der zweite, welcher durch eine Verschwörung fiel.

Nach Amazja's Tode erlebte Jerusalem und das judäische Land noch unglücklichere Tage. Die Fürsten Juda's, welche den König gestürzt und getödtet haben, scheinen die Zügel der Regierung, deren sie sich bemächtigt hatten, nicht aus den Händen gegeben zu haben. Der einzige hinterlassene Sohn Amazja's, Namens Asarja (Azaria, abgekürzt Usia), war noch ein Kind von etwa vier oder fünf Jahren, und rings herum hatte das Land nichts als Feinde. Diesen Zustand der Schwäche und Hülflosigkeit benutzten zunächst die Idumäer, welche von Amazja geschlagen und gedemüthigt worden waren. Sie unternahmen einen Rachezug gegen das Reich Juda, und Aegypten stand ihnen diesmal eben so zur Seite, wie zur Zeit Rehabeam's (o. S. 7). Sie vergossen viel Blut, machten Gefangene, drangen bis Jerusalem vor, dessen Mauerbreschen noch nicht ausgebessert waren, und führten viele Leute als Gefangene hinweg. Näheres über diesen kriegerischen Einfall der Idumäer ist nicht bekannt geworden. Einige Gebiete scheinen in dieser Zeit von Juda losgetrennt und theils zu Edom, theils zu Aegypten geschlagen worden zu sein. Die rauhen Krieger tauschten judäische Knaben und Mädchen, die sie zu Gefangenen gemacht hatten,

[1]) Da Eusebius' Onomasticon angiebt, daß Lachisch, noch zu seiner Zeit ein Dorf dieses Namens, 7 röm. M. südlich von Eleutheropolis (Beit-G'ibrin) lag, so ist wohl die Identificirung desselben mit dem jetzigen Umm-Lakis, etwa $3\frac{1}{2}$ Stunden südwestlich von Beit-G'ibrin, richtig. Bei Umm-Lakis finden sich noch Ruinen einer alten Stadt. [Vgl. dagegen Buhl, Geographie des alten Palästina, S. 191 fg.]

[2]) Könige das. 14, 19.

um Wein und Buhldirnen um. Die andern Nachbarvölker sahen die Schwächung Juda's mit Schadenfreude, wenn sie nicht thätigen Antheil daran nahmen. Das Zehnstämmereich, das damals von dem dritten Jehuiden Jerobeam II. regiert war, erinnerte sich nur der Feindseligkeit, welche es von Juda erfahren und nicht der Blutsverwandtschaft und der Pflicht, dem bedrängten Bruderstamm beizustehen. Die Philister begingen doppelte Grausamkeit an den Judäern. Die Flüchtlinge, die in ihren Städten Schutz gesucht, lieferten sie an die Idumäer aus und die gefangenen Knaben und Mädchen, die sie den Kriegern um Wein und Buhldirnen abgekauft hatten, verkauften sie weiter an die Jonier, die damals in Wetteifer mit den Phöniciern Sklavenhandel getrieben haben [1]). Nicht freundlicher machten es die Tyrier, uneingedenk des Freundschaftsbündnisses, das sie lange Zeit mit dem davidischen Hause unterhalten hatten. In dieser Zeit (um 815—805) glich das judäische Reich und das davidische Haus einer eingefallenen Hütte. Damals begann zuerst die Zerstreuung der Judäer in ferne Länder, wohin die Jonier sie als Sklaven verkauft haben. Diese judäischen Sklaven mögen Keime einer höheren Anschauung und Gesittung den westländischen Völkern zugetragen haben [2]). Denn unter den Gefangenen befanden sich auch edle Jünglinge und schöne Jungfrauen Jerusalems [3]), welche aus ihrer Umgebung und der reichen Geschichte ihres Volkes eine höhere Erkenntniß besaßen und in der Fremde sie besser schätzen lernten als in der Heimath.

[1]) Vgl. darüber Note 3.

[2]) Vgl. Movers, Phönicier II, 3, S. 7.

[3]) Amos 8, 13.

# Drittes Kapitel.

## Die letzten Jehuiden und die Usianische Zeit.

Elende Lage Juda's, erschreckende Naturereignisse: Erdbeben, Dürre und Heuschreckenverwüstung. Usia's Regierung. Unterwerfung der Nachbarvölkerschaften. Befestigung Jerusalems. Neue Schifffahrt auf dem Rothen Meere. Jerobeam's II. Machtvergrößerung. Reichthum in beiden Reichen. Sittenverderbniß im samaritanischen Reiche. Die Prophetenjünger. Der Prophet Amos; die prophetische Beredsamkeit. Joël und seine prophetische Redekunst und Verheißungen. Der Prophet Hosea, Sohn Beeri's. Die Prophezeihung vom ewigen Frieden. Ein Psalm aus dieser Zeit. Verschwörung gegen den letzten Jehuiden, Zacharia, ermordet durch Schallum. Menahem, Mörder Schallum's, Bürgerkrieg. Usia's letzte Regierungsjahre. Reibung zwischen dem Königthum und dem Hohenpriesterthum. Usia's Anmaßung, als Priester zu fungiren. Seine Aussatzkrankheit und Entfernung von der Regierung.

(Um 805—758.)

Das Reich Juda, oder das Haus Jakob war nach Amazja's gewaltsamem Tode durch Zerrissenheit im Innern und Angriffe von Außen so außerordentlich geschwächt, daß es zur Schmach unter den Völkern geworden war. Ein zeitgenössischer Prophet nannte es daher die „einstürzende Hütte David's" und rief öfter aus: „Wer wird Jakob aufrichten, da es doch so klein ist" [1]? Und aus dieser Schwäche und Niedrigkeit hat es sich wieder aufgerafft und sich zu einer so bedeutenden Macht erhoben, daß es den feindlichen Nachbarn Schrecken einflößte. Zunächst mußte im Innern die Zerrüttung beseitigt werden. Gegen die vornehmen Geschlechter, welche zum zweiten Male einen Königsmord begangen und dadurch Verwirrung erzeugt hatten, stand das ganze Volk Juda's auf und rief den jungen Königssohn Asaria oder Usia zum König aus. Dieser sechzehnjährige König, der ebenfalls wie sein zeitgenössischer König Jerobeam II. lange regierte (um 805—755), besaß Thatkraft, Entschlossenheit und Umsicht, und dadurch ist es ihm gelungen, die zusammenstürzende Hütte David's wieder aufzurichten. Seine erste Sorge war, den Leichnam seines Vaters, welcher in Lachisch beigesetzt war, nach Jerusalem zu bringen und ihn

[1] S. Note 3.

in dem Grabgewölbe der davidischen Könige beizusetzen[1]). Ob er die Mörder seines Vaters bestraft hat, ist nicht überliefert. Dann machte er sich daran, die tiefen Wunden des Landes zu heilen. Schwer war die Aufgabe, denn er hatte nicht nur gegen Feinde im Innern und in der Nachbarschaft, sondern auch gegen die Ungunst der Umstände zu kämpfen. Als hätte sich der Himmel gegen das Land verschworen, brach nämlich eine Reihe von zerstörenden Naturereignissen über dasselbe herein, die geeignet waren, auch den Muthigsten niederzubeugen und sich stumpf und widerstandslos den Zufällen zu überlassen.

Zunächst erzitterte die Erde in Usia's Zeit und erschreckte die Bevölkerung Palästina's durch die Ungewohntheit der Erscheinung. Die leichten Häuser stürzten ein und manche Städte wurden in Trümmerhaufen verwandelt. Die Einwohner rannten unter Jammergeschrei in wilder Flucht auf dem schwankenden Boden hin und her, jeden Augenblick gewärtig, von einem Abgrund verschlungen zu werden. Die begleitenden Erscheinungen des Erdbebens erhöhten noch das Entsetzen. Die Sonne war durch dichte Nebel, die sich plötzlich gebildet hatten, verdunkelt, und diese hüllten Alles in eine Finsterniß ein, die von Zeit zu Zeit durch zuckende Blitze erhellt wurde und das Grausen noch vermehrte. Mond und Sterne schienen ihr Licht eingebüßt zu haben. Das Meer brauste und tobte in Folge des Aufruhrs in seinem Bette und ließ seine betäubende Stimme weithin vernehmen. Der Schrecken des Erdbebens erregte in den Gemüthern um so mehr Entsetzen, als ein Prophet im Zehnstämmereich zwei Jahre vor dem Eintreffen desselben es im Voraus verkündet hatte. Im Namen Gottes sprach der Prophet Amos: „Sieh', ich werde unter euch den Boden knarren lassen, wie der Wagen knarrt, der voller Garben ist. Und Flucht wird den Leichtfüßigen schwinden, und der Held wird sich nicht retten können, der Bogenschütze wird nicht Stand halten, der Reiter sein Leben nicht retten, und der Beherzteste unter den Helden wird an jenem Tage nackt entfliehen“[2]). Das Eintreffen der drohenden Verkündigung erfüllte die Gemüther mit Angst, der Weltuntergang schien nah.

Kaum war dieser Schrecken vorüber, als ein neues Unglück hereinbrach. Die regelmäßigen Regenniederschläge blieben aus, auch der Thau erfrischte nicht die Felder, eine anhaltende Dürre ließ die Gräser vertrocknen, die Wasserbehälter versiegten, die Sonne glühte wie Feuer und verwandelte Trift und Ackerland in Wüste. Nicht bloß die Menschen, sondern auch das Vieh lechzten nach Erquickung und Nahrung.

[1]) Könige II, 14, 20, 22; vgl. I, S. 473 fg.
[2]) Amos 2, 13—16.

und die wilden Thiere des Walddickichts irrten verschmachtend umher[1]. Die Bewohner der Städte, in denen völliger Wassermangel herrschte, wanderten verschmachtet zur nächsten Stadt, wo sie mehr Vorrath zu finden hofften, konnten ihren Durst aber nicht genügend löschen[2]. Diese Trockenheit herrschte über weite Strecken, auch in Gegenden, wo Heuschreckenschwärme regelmäßig hausten, im Nordosten Palästinas, in der Lavagegend des Hauran. Die Heuschrecken, welche in ihrer Heimath keine Nahrung fanden, flogen über den Jordan und nagten im Zehnstämmereich und im Lande Juda Alles ab, was die Dürre nicht vertrocknet hatte. In dichten Haufen, welche die Sonne verfinsterten, schwärmten sie heran, und mit einem Male waren Weinstöcke, Feigen- und Granatbäume, Palmen und Aepfelbäume kahl abgenagt. Diese Heuschreckenverwüstung wiederholte sich mehrere Jahre hinter einander und erzeugte die Noth der Verzweiflung[3].

Im Lande Juda, das durch die Kriegsunfälle an den Rand des Untergangs gebracht war, hatte die Niedergeschlagenheit einen hohen Grad erreicht. Es schien, als hätte Gott sein Erbe, Volk, Land und Tempel aufgegeben und sie der Schmach und dem Elend überlassen. Oeffentliche Trauer und Bittgänge um Abwendung des Unglücks wurden reichlich angestellt. Viel hat wohl der Prophet Joël, Sohn Petuel's, der zur Zeit der Noth öffentlich sprach und bessere Tage verkündete, zur Hebung des gesunkenen Muthes beigetragen. Ohne Eindruck blieb seine markige und tiefeindringliche Rede gewiß nicht, zumal die Dürre und die Heuschreckenverwüstung ein Ende nahmen, der Regen wieder Flur und Gärten zur prangenden Blüthe trieb, Bäche und Cisternen wieder füllte und Wassermangel und Hungersnoth ein Ende nahmen. Der junge König Usia benützte sofort die eingetretene Besserung, um die Feinde Juda's zu züchtigen. Zunächst wendete er sich gegen die Idumäer, welche sein Land verwüstet hatten; er schlug sie, weil sie vielleicht damals nicht mehr von Aegypten aus unterstützt wurden, und brachte Edom wieder in Abhängigkeit. Selbst die Stadt Ailat am Busen des Rothen Meeres brachte er wieder an Juda, und dadurch konnte die einträgliche Schifffahrt nach Arabien und Ophir (Indien) wieder aufgenommen werden[4]. Die Maonäer oder Minaer, welche ein kleines Gebiet innerhalb Idumäa um die Stadt Maon (Maan) inne hatten, unterwarf Usia und machte sie tributpflichtig. Die Philister züchtigte er, weil sie während seiner Minderjährigkeit Feindselig-

[1]) Joël 1, 17—20.
[2]) Amos 4, 6—8.
[3]) Joël 1, 4—12; 2, 4—9; Amos 4, 9, vgl. Note 3.
[4]) S. Note 3.

keiten gegen die Judäer ausgeübt und die Flüchtlinge und Auswanderer an die Idumäer ausgeliefert hatten. Er eroberte die Städte Gath, Asdod und Jabneh (Jamnia), welche dem Lande Juda näher lagen, und ließ deren Mauern schleifen. Theile vom Philisterlande riß er los, vereinigte sie mit seinem Lande und ließ feste Städte darin erbauen[1]).

Ganz besonders ließ er es sich angelegen sein, Jerusalem wieder zu befestigen. Die Nordmauer war in Folge des Krieges seines Vaters gegen Joasch von Israel vierhundert Ellen lang zertrümmert (oben S. 64). Dadurch konnte die Hauptstadt keinem Feinde Widerstand leisten. Diese Nordmauer ließ Usia wieder herstellen, vielleicht noch widerstandsfähiger machen. Wahrscheinlich stellte er sich in ein freundliches Verhältniß zu Jerobeam II., sonst hätte er ohne Krieg die Befestigung nicht durchführen können. An drei Stellen ließ Usia hohe Thürme von hundert und fünfzig Ellen Höhe aufrichten, im Norden am Zinnenthor, im Süden am Thor, das zum Thal Hinnom führt und noch an einem dritten Orte, vielleicht im Nordostwinkel, den Thurm Chananel[2]). Auf den Thürmen und Zinnen der Mauern wurde eine Art Maschinen (Chischbonôt) angebracht, vermittelst welcher schwere Steine weit geschleudert werden konnten[3]). Ueberhaupt hat Usia vielen Eifer für Kriegsrüstungen entwickelt; die Krieger wurden mit Schilden, Panzern und Speeren versehen[4]). Auch Reiterei und Kriegswagen wurden wieder eingeführt und zwar wie zu Salomo's Zeit aus Aegypten[5]). Usia scheint sich überhaupt Salomo's Regierung zum Muster genommen zu haben; die Schifffahrt auf dem Rothen Meere von dem Hafen Ailat, den er den Idumäern entrissen hatte, wurde wieder aufgenommen und dazu wieder große Schiffe (Tarschisch-Schiffe) ausgerüstet[6]). Dadurch kam wieder Reichthum nach Juda und Jerusalem. „Das Land füllte sich mit Silber und Gold und kein Ende war seiner Schätze, und es füllte sich mit Rossen und kein Ende war seiner Kriegswagen"[7]). Usia hob so sehr das Land durch kriegerische Rüstungen und Reichthum, daß es den Nachbarn wieder Schrecken einflößte, selbst in Aegypten war Usia's Namen geachtet[8]).

[1]) Chronik II, 26, 6—8.
[2]) Das. V. 9; vgl. Josephus, Alterth. IX, 10, 3.
[3]) Das. V. 15.
[4]) Das. V. 14.
[5]) Folgt aus Jesaia 2, 7b und aus Micha 5, 9.
[6]) Folgt aus Jesaia 2, 16; s. Note 3.
[7]) Jesaia 2, 7.
[8]) Chronik das. 26, 8.

Das Zehnstämmereich gelangte in derselben Zeit zu noch größerer Machtentfaltung unter Jerobeam II., der eben so kriegerisch wie Usia war. Im weiteren Verlauf seiner langen Regierung führte er stets Fehden mit den Aramäern, eroberte die aramäische Hauptstadt Damaskus und drang erobernd vor bis zur Stadt Hamath, die er ebenfalls einnahm und seinem Reiche unterwarf. Die Völkerschaften, welche vom Libanon bis zum Euphrat wohnten und bis dahin dem Reiche Damaskus unterworfen waren, wurden in Folge dieser Eroberungen dem König von Israel zinsbar. Jerobeam hatte keine nebenbuhlerische Macht mehr in dieser Gegend, welche ihm die Herrschaft hätte streitig machen können. Die Phönicier waren durch innere Aufstände in der Hauptstadt Tyrus gegen die Nachkommen des Königs Ithobal (o. S. 20) in außerordentliche Schwäche gerathen. Während Jerobeam's II. Regierung scheint ein Bürgerkrieg in Tyrus ausgebrochen zu sein, indem eine Partei es mit dem jungen König Pygmalion und eine andere mit dessen Schwester Elissa (Dido?) hielt, welche mit einem Oberpriester des Götzen Melkart verheirathet war. Dieser hatte wohl die Absicht, seinen Schwager zu entthronen und sich die Krone aufzusetzen, wurde aber erschlagen. Die unterlegene Partei entfloh mit der Königstochter Elissa nach Afrika und gründete oder vergrößerte dort die phönicische Colonie Karthago (um 812)[1]. In Folge dieser Auswanderung vornehmer Geschlechter nach dem Nordostrand Afrikas erlangte das bis dahin unterdrückte Volk in Tyrus mehr Macht. Die Städte, welche, seitdem Tyrus die Obmacht an sich gerissen hatte, von ihm abhängig waren, benutzten dessen Schwäche, um sich von ihm unabhängig zu machen. Phönicien, das eine geraume Zeit eine gebietende Stellung hatte, büßte seit der Zeit seinen bedeutenden Einfluß ein. Jerobeam II. konnte daher seine Herrschaft nach dieser Seite ungehemmt ausdehnen. Reichthum war auch in Samaria verbreitet von der Beute, vielleicht auch von erneuerter Handelsblüthe. Nicht bloß der König, auch die Vornehmen und die Wohlhabenden machten großen Aufwand, vielleicht noch mehr als unter Salomo. Der König Jerobeam besaß einen Sommer- und einen Winterpalast; Häuser aus großen Steinquadern mit Elfenbein verziert und Sitze aus Elfenbein waren alltäglich geworden[2]. Man konnte, wenn man den Blick nur auf die Machtvergrößerung beider Reichshälften richtete, sich der Täuschung überlassen, daß die Salomonische Zeit noch fortdauerte und daß keine weitere Veränderung vorgefallen sei, als

[1]) S. Movers, Phönicien II, 1, S. 352 fg.; 2, 150 fg. [u. dagegen Pietschmann a. a. O. S. 133 ff., 299. Meyer, Gesch. des Alterthums I, S. 341.]
[2]) Hosea 2, 10; Amos 3, 15; 5, 11; 6, 4.

daß anstatt eines zwei Könige herrschten, daß der Bruch nicht eingetreten oder die Wunden wieder geheilt seien. Jerobeam und Usia scheinen mit einander Frieden gehalten zu haben, sonst hätten beide nicht solche Erfolge erringen können. Israeliten durften ungehindert nach der geheiligten Stätte in Beerseba wallfahrten[1]). Wahrscheinlich besuchten auch Manche den Tempel in Jerusalem. Es war der letzte Schimmer einer politisch glücklichen Zeit. Denn innere Gebrechen, welche in Folge des Wohlstandes in dem Zehnstämmereich noch mehr als im judäischen Reich zum Vorschein kamen, machten den glücklichen Tagen bald ein Ende und beschleunigten den Verfall.

Im Zehnstämmereich dauerte nicht nur der Stierkultus in Bethel und Dan fort, sondern erhielt eine noch größere Verbreitung. In Samaria und in Gilgal wurden ebenfalls Bildnisse des Stieres aufgestellt[2]). Bethel scheint Jerobeam zur Residenz erhoben zu haben. Hier wurde das Hauptheiligthum errichtet[3]). Hier waltete eine Art Oberpriester, Amazja, der auf sein Amt recht eifersüchtig war. Dieser hatte um Bethel seine Felder, eine reiche Pfründe[4]), ungleich den ahronidischen Priestern in Judäa. Als hätte diese Verirrung noch nicht genügt, oder als hätte sie die Gemüther nicht befriedigt, oder als hätte die in Folge des Reichthums eingerissene Ueppigkeit eine andere Religionsform zum Bedürfniß gemacht, fanden der häßliche Baalkultus und die unzüchtige Astartenverehrung wieder Eingang. Hat der König selbst diese zugleich Körper und Geist aufreibende Afterreligion begünstigt oder sie nur geduldet? Auffallend genug ist es, daß der Kultus, den Jehu mit so vielem Eifer und mit Blut gebannt hatte, unter seinem Enkel wieder in Aufnahme und Aufschwung kam. Das neueingeführte Götzenthum hatte selbstverständlich Sittenlosigkeit, Unzucht und Verderbniß im Gefolge. Um die Lüste zu befriedigen, war der Sinn nur auf Reichthum gerichtet. Die Besitzenden machten Wuchergeschäfte und trieben ihre Schuldforderungen mit solcher Härte ein, daß sie ihre verarmten und zahlungsunfähigen Schuldner oder deren Kinder zu Sklaven machten und sie als solche verkauften. Ganz besonders trieben die Reichen Getreidewucher. In Nothjahren öffneten sie ihre Vorrathskammern, verkauften Lebensmittel — wandten auch dabei falsches Maß und Gewicht an — und wenn die Verarmten außer Stande waren, das Geliehene zurückzuerstatten, so pfändeten sie

[1]) Amos 5, 5; 8, 14
[2]) Das. 8, 14.
[3]) Folgt aus Amos 7, 13.
[4]) Das. 7, 10, 17.

mit herzloser Härte deren Kleider und auch deren Personen[1]). Wenn die Unglücklichen in der Volksversammlung ihre Klagen über Ungerechtigkeit erhoben, fanden sie kein Gehör, die Richter waren Mitschuldige oder bestochen und taub gegen die Stimme des Rechtes[2]). Die angehäuften Schätze verpraßten die Besitzenden in täglich sich wiederholender Schwelgerei. Drastisch schildert der zeitgenössische Prophet Amos dieses üppige Leben der Reichen und Vornehmen unter Jerobeam in den Residenzstädten: „Sie liegen auf Elfenbeinbetten und strecken sich auf ihren Lagern, verzehren Fettschafe und junge Rinder von der Mast, klimpern auf dem Nablium, wie David haben sie Saitenspiel erdacht; sie trinken aus Krügen Wein und salben sich mit den feinsten der Oele“[3]). Die Weiber der Vornehmen ahmten dem schlechten Beispiel ihrer Männer nach oder überboten es noch, stachelten diese zur Hartherzigkeit gegen die Armen auf und riefen ihnen zu: „Bringet, bringet nur, wir wollen trinken!“ [4])

Im israelitischen Volksthum konnte aber die sittliche Unordnung nicht so sehr um sich greifen, daß sie hätte als die Ordnung gelten und gebieten können. Die Sittlichkeit, die Gerechtigkeit und die lautere Gottesverehrung hatten auch ihre Vertreter, die gegen die Verdorbenheit der Großen entschieden und immer entschiedener ihre warnenden und strafenden Stimmen erhoben und, wenn auch in unscheinbarem Gewande, sich doch Gehör zu verschaffen wußten. Ein Jahrhundert war zwar beinah abgelaufen, seitdem der Prophet Eliahu mit wallendem Haar gegen Achab's und Isebel's Frevelthaten aufgetreten war, aber die von ihm zum Leben erweckte Prophetenjüngerschaft bestand noch, um in seinem Geiste und mit seinem Eifer weiter zu wirken. Die Jugend, welche in der Regel für ideale Bestrebungen empfänglicher ist, empfand einen Widerwillen gegen die einreißende Sittenverderbniß und sammelte sich zahlreich um den Kern der Prophetenjünger in Bethel, Gilgal und Jericho. Die Generation, welche Elisa erzogen und belehrt hat[5]), nahm zwar das äußere Abzeichen derselben, die nasiräische, enthaltsame Lebensweise und das wallende Haar an, ließ es aber nicht bei dieser Aeußerlichkeit bewenden, sondern eiferte gegen die religiöse Verkehrtheit, die Ueppigkeit und die Sittenlosigkeit. Die Söhne traten als Sittenrichter gegen die Väter auf.

[1]) Amos, 2, 6—8; 8, 4—6.

[2]) Das. 5, 7. 12.

[3] Das. 6, 4—6.

[4]) Das. 4, 1.

[5]) Zwischen Elisa's Tod um 840 und Amos' Auftreten im Anfange der Regierung Usia's 805—800 liegt nur eine Generation.

Die Jünglinge entsagten dem Weine, während die Männer und die Greise an Gelagen bei großen Weinkrügen schwelgten. Die jugendliche Schaar der Prophetenjünger vertrat das mahnende Gewissen. Vor dem Könige und den Großen eiferten sie laut in Volksversammlungen gegen den Baalkultus, die Herzensverhärtung der Reichen. Hat sie ihre große Zahl vor Verfolgung geschützt? Oder waren unter den Prophetenjüngern Söhne vornehmer Eltern, gegen welche Strenge nicht gut angewendet werden konnte? Oder war der König Jerobeam duldsamer als jene verruchte Isebel, welche die Prophetenjünger zu Hunderten umbringen ließ? Oder schlug er ihre Worte in den Wind? Es ist jedenfalls bemerkenswerth, daß den eifernden Jünglingen nichts zu Leide gethan wurde. Die Zecher zwangen sie nur, Wein zu trinken und verboten ihnen das rügende Wort[1]). Sie haßten zwar diese Sittenrichter, welche ihre Blößen aufdeckten, aber sie verfolgten sie nicht[2]).

Von dieser Redefreiheit im Zehnstämmereich machte ein Prophet Gebrauch, welcher die Reihe der großen, dichterischen, Gedankengehalt mit ebenmäßiger Form verbindenden Propheten eröffnet, die den Königen, den Großen und dem Volke mit schneidenden Worten die Wahrheit sagten. Es war Amos aus der Stadt Thekoa oder Eltheke[3]). Er gehörte nicht zu der Prophetenzunft, war nicht Prophetenjünger, trug wohl nicht ein härenes Gewand wie Eliahu, ließ sich auch wohl nicht das Haar lang wachsen, sondern war ein schlichter Heerdenbesitzer und Pflanzer von Sykomoren[4]), welche in der Ebene (Schephela) zahlreich wuchsen. Während er seine Herden wartete, ergriff ihn einst der prophetische Geist so gewaltig, daß er nicht widerstehen konnte, in die Oeffentlichkeit zu treten. Gott sprach zu ihm, in ihm, wie sollte er nicht prophezeien?[5]) Der prophetische Geist trieb ihn, nach Bethel zu gehen, dort beim königlichen Heiligthum und in der zeitweiligen Residenz des Königs Jerobeam II. die Verkehrtheiten und Laster der Großen zu rügen und ihnen die Folgen ihrer Missethaten vor Augen zu führen. Es muß in Bethel einiges Aufsehen erregt haben, daß ein Mann vom Lande, der an seiner Tracht als Hirte kenntlich war, es wagte, öffentlich zu sprechen. Ein hoher Bildungsgrad muß damals auch im samaritanischen Reiche verbreitet gewesen sein, daß ein Hirte wohlgesetzte Reden im schönsten Ebenmaße halten konnte und vom Volke verstanden wurde, wenigstens vorausgesetzt hat, daß er ver-

[1]) Folgt aus Amos 2, 11—12.

[2]) Das. 5, 10.

[3]) Vgl. darüber B. I. S. 402 fg.

[4]) Das. 7, 14.

[5]) Das. 3, 8b; 7, 15.

standen werden würde. War Amos der erste, welcher diese Beredtsamkeit, eine ganz neue Gattung, eingeführt hat? So weit sich die Reihe der Propheten bis Samuel rückwärts übersehen läßt, sprachen sie ihre mahnenden und rügenden Worte in schlichter Rede, ohne poetischen Schwung, flochten höchstens einmal eine Parabel ein und begleiteten sie mit einer bedeutungsvollen Handlung. Die erhaltene Rede Micha's, des Sohnes Jimla's (o. S. 35) nahm schon einen Ansatz zu dichterischer Gliederung. Amos' Reden und die seiner Nachfolger sind aber doch anderer Art; sie vereinen den Fluß und die Gemeinverständlichkeit der Prosa mit der Gliederung, dem Gleichmaß und Wohllaut der Poesie. Durch Gleichnisse und phantasievolle Lebendigkeit haben sie den dichterischen Schwung noch mehr gehoben. Man ist daher in Verlegenheit, ob man diese Gattung zur Prosa oder zur Poesie zählen soll. Man kann sie nur nothbehülflich als schön geformte dichterische Beredtsamkeit bezeichnen. Amos' Reden ließen zwar seinen Stand nicht verkennen. Er gebrauchte Gleichnisse, die dem Hirtenleben entnommen sind. Man hörte es ihm an, daß er bei seiner Herde öfter das Brüllen des Löwen gehört und daß er in den Nächten die Sternbilder beobachtet haben muß. Aber durch diese Eigenheiten verlieh er seinen Reden nur noch mehr Reiz.

Amos trat in Bethel noch vor dem Erdbeben auf und verkündete es in prophetischer Vorschau mit deutlichen Worten. Er begann einleitend:

„Der Herr wird von Zion aus donnern
„Und von Jerusalem seine Stimme hören lassen.
„Darob werden der Hirten Triften trauern
„Und des Karmels Spitze verdorren."

Die Zuhörer in Bethel mögen nach dieser Einleitung eine Strafpredigt erwartet haben; es folgte auch eine Verkündigung von Unglück, aber nicht eine Androhung gegen das eigene Land, sondern gegen die Nachbarländer, gegen Damaskus, Gaza und das Philisterland, gegen Tyrus, Edom, Ammon und Moab, stets mit den Einleitungsworten: „Wegen dreifacher Sünde und vierfacher werde ich es nicht abwenden." Durch diese Abschweifung lauschten die Zuhörer immer gespannter, da sie scheinbar aus dem Spiele gelassen wurden. Amos rückte ihnen aber immer näher, sprach auch von der dreifachen und vierfachen Sünde Juda's und endlich kam er auf das samaritanische Reich zu sprechen:

„Wegen dreifacher Sünde Israel's
„Und wegen vierfacher
„Werde ich es nicht abwenden.
„Weil sie Unschuldige um Geld
„Und Arme um Schuhe verkauften.

„Weil sie in dem Staube der Erde
„Die Köpfe der Armen zertreten,[1])
„Den Weg der Sanftmüthigen verlegen,
„Sohn und Vater zu Dirnen gehen,
„Um meinen heiligen Namen zu entweihen.
„Auf gepfändeten Gewändern lagern sie neben jedem Altar
„Und trinken Wein von Strafgeldern im Tempel ihres Gottes."

Wegen dieser vielfachen Sünden verkündete Amos als Strafgericht über sie, daß die Erde unter ihnen knarren werde, so daß selbst die Leichtfüßigen, die Reiter und die Helden sich nicht werden retten können.

„Wie der Hirt aus des Löwen Rachen
„Rettet zwei Kniestücke oder ein Ohrlappen,
„So werden die Israeliten in Samaria
„Sich nur retten
„Mit dem Stück einer Lagerstätte
„Und mit eines Bettes Zeug,

. . . . . . . . . . . .

„Am Tage, wenn ich Israels Sünde ahnden werde,
„Werde ich die Altäre in Bethel heimsuchen,
„Des Altars Spitzen werden umgehauen werden
„Und zur Erde fallen.
„Ich werde das Winterhaus sammt dem Sommerhause zertrümmern,
„Untergehen werden die Häuser von Elfenbein
„Und große Häuser werden schwinden.
„Das ist Gottes Spruch."[2])

Das Erdbeben war darauf mit allen Schrecknissen in seiner Begleitung eingetreten und hatte Verwüstungen angerichtet. Von den darauf folgenden Plagen der Dürre, der Unfruchtbarkeit, der Heuschreckenverheerung wurde das Zehnstämmereich eben so heimgesucht wie das Reich Juda. Amos und die Bessergesinnten erwarteten davon eine Umkehr zum Besseren, das Einstellen der Frevelthaten, der Bedrückungen und der gemüthsverhärteten Verfolgungen gegen die Verarmten. Allein es zeigte sich keine Besserung. Gegen diese Unbußfertigkeit sprach Amos später (4, 4 fg.) in noch herberer Weise:

„Geht nur hin nach Bethel und sündigt,
„In Gilgal sündigt nur noch mehr,
„Bringet jeden Morgen eure Opfer,
„Jeden dritten Tag eueren Zehnten,
„Bringet nur vom Raube Dankopfer,
„Rufet freiwillige Gaben laut, recht laut aus,

[1]) Das. 2, 7; 8, 4, השאפים בראש דלים und השאפים אביון kann unmöglich von שאף, schnappen, schnaufen, abgeleitet werden, sondern von שוף, zerreiben, zertreten, wie es die Peschito richtig wiedergiebt דדשין. Dafür spricht ja auch 5, 11 בושסכם על דל gleich השאפים בראש דלים.

[2]) Das. 3, 12—15

„Denn so liebt ihr es doch, Haus Israel!
„Ich habe euch zwar Leere der Zähne gegeben in allen euren Städten,
„Mangel an Brod in allen euren Plätzen,
„Und ihr seid nicht zu mir zurückgekehrt.
„Ich habe euch den Regen versagt drei Monate vor der Ernte,
„Habe auf eine Stadt regnen lassen,
„Auf eine andere nicht.
„Ein Feld wurde beregnet,
„Und ein anderes, nicht beregnet, verdorrte.
„Es wandelten zwei, drei Städte zu einer Stadt und wurden nicht satt.
„Und ihr seid nicht zu mir zurückgekehrt.
„Ich habe euch mit Brand und Unreife geschlagen,
„Den Wuchs eurer Gärten, Weinberge, Feigen und Oliven fraß die Heuschrecke,
„Und ihr seid nicht zu mir zurückgekehrt.
„Ich habe über euch die Seuche geschickt, wie einst über Aegypten,
„Habe durchs Schwert umkommen lassen eure Krieger
„Und noch dazu die Pracht eurer Rosse[1]).
„Ließ den Mißgeruch eures Lagers in eure Nase steigen,
„Und ihr seid nicht zu mir zurückgekehrt.
„Ich habe in eurer Mitte Zerstörung angerichtet
„Wie die Zerstörung von Sodom und Gomorrha,
„Und ihr waret wie ein Scheit dem Feuer entzogen,
„Und ihr seid nicht zu mir zurückgekehrt.
„Das ist der Spruch Gottes:
„„Darum werde ich dir, Israel, das anthun.
„„Weil ich dir das anthun werde,
„„So rüste dich, deinem Gott entgegen, Israel!““

Amos verkündete darauf einen furchtbaren Tag.

„Eine Stadt, die tausend stellt,
„Wird nur hundert behalten,
„Und die hundert stellt
„Wird nur zehn behalten.

. . . . . . . . . . . .

„Weil ihr auf die Armen tretet
„Und selbst geliehenes Getreide[2]) ihm abnehmt,
„Darum die Quaderhäuser, die ihr erbaut,
„Sollt ihr nicht bewohnen,
„Von den Weinbergen, die ihr gepflanzt,
„Sollt ihr nicht den Wein trinken.“

Gegen die starken Geister, welche spöttische Bemerkungen über des Propheten Androhung gemacht hatten oder welche auf ihre Kraft, ihre

[1]) Amos, 4, 4—13. V. 10 kann שבי סוסיכם nicht richtig sein, weil das Wort שבי in der klassischen Sprache nur vor Menschen gebraucht wird (nur der Chronist gebraucht es vor Thieren). Man darf wohl dafür צבי substituiren.

[2]) Das. 5, 11 fg. Statt משאת, das keinen Sinn giebt, muß man wohl lesen משאת von נשא = נשה „leihen“. [Vgl. VM. 24, 10 und Emendationes z. St.]

Frömmigkeit oder ihre Abstammung stolz waren und sich unverletzlich dünkten, sprach er:

„Ihr wünschet den Tag des Herrn herbei!
„Was soll euch der Tag des Herrn?
„Er bedeutet Finsterniß und nicht Licht.
„Wie, wenn man vor dem Löwen flieht,
„Und von dem Bären angefallen wird,
„In's Haus geht, sich an die Wand lehnt,
„Und von der Schlange gebissen wird.
„Wahrlich, Finsterniß ist der Tag des Herrn
„Und nicht Licht,
„Mitternächtiges Dunkel
„Und nicht Sternenhelle.
„Ich hasse, verachte euer Festopfer
„Und mag nicht euer Weihopfer.
. . . . . . . . . . . . . . .
„Entferne von mir deiner Lieder Gebraus
„Und deiner Harfen Spiel mag ich nicht hören."[1]

Je unverbesserlicher sich die Vornehmen zeigten, desto herber und heftiger sprach Amos. Anfangs deutete er die Strafe, welche sie treffen sollte, nur leise an, dann drückte er sich bestimmter aus: daß die Bewohner des Zehnstämmereiches über Damaskus hinaus vertrieben werden würden. Von dem Volke, von welchem der Untergang ausgehen werde, gab er nur eine Andeutung, ohne es zu nennen. Zuletzt rückte Amos mit der Sprache heraus:

„Verödet werden Isaak's Altäre sein,
„Israel's Heiligthümer verwüstet,
„Gegen das Haus Jerobeam werde ich mit dem Schwerte aufsteh'n.
„Israel wird von seinem Boden vertrieben werden."

Dieser kühnen Sprache, selbst gegen das Königshaus, glaubte der Oberpriester von Bethel Einhalt thun zu müssen. Amazja machte dem König Jerobeam Anzeige davon. Dieser scheint bis dahin entweder aus Gleichgültigkeit oder aus Rücksicht auf den Propheten keine Strenge gegen ihn haben walten lassen. Auch dieser Strafandrohung gegenüber blieb Jerobeam, wie es scheint, ruhig und ließ Amos keineswegs verfolgen. Wohl in seinem Namen sagte ihm nur Amazja: „Du Seher, gehe eilends nach Juda, iß dort Brod und prophezeie dort, in Bethel aber sollst du nicht mehr prophezeien, denn es ist das Heiligthum des Königs und die Residenz des Reiches." Amos ließ sich aber dadurch nicht in seiner Rede stören und fuhr fort: „Nicht Prophet bin ich und nicht Prophetenjünger, sondern ein Herdenbesitzer und ein Pflanzer. Aber der Herr sprach zu mir: „„Gehe,

[1]) Das. 5, 18 fg.

prophezeie meinem Volke Israel""[1]). In den stärksten Ausdrücken vollendete er darauf seine Strafandrohung:

„An jenem Tage werde ich die Sonne am Mittag untergehen lassen
„Und die Erde am hellen Tage verdunkeln,
„Werde eure Feste in Trauer verwandeln,
„Eure Jubellieder in Trauergesang.
. . . . . . . . . . . . . .
„Ich werde Hunger [und Durst][2]) in das Land senden,
„Nicht Hunger nach Brod,
„Nicht Durst nach Wasser,
„Sondern den Spruch Gottes zu hören.
„Sie werden wandern von Meer zu Meer,
„Und von Nord nach Süd,
„Und von West nach Ost werden sie streifen,
„Das Wort Gottes zu suchen,
„Und es nicht finden.
. . . . . . . . .
„Ich sah den Herrn stehend auf dem Altar und er sprach:
„Schlage den Knauf,
„Daß die Schwellen erbeben!
„Ich werde die an der Spitze Aller zerschmettern[3])
„Und ihre Nachkommen durch Schwerter umkommen lassen.
„Niemand soll mir entfliehen,
„Keiner sich retten.
„Wenn sie sich in's Grab wühlen,
„Wird sie meine Hand von dort holen,
„Wenn sie in die Höhe steigen,
„Werde ich sie von da hinunterstürzen,
„Wenn sie sich auf des Karmels Spitze verbergen,
„Werde ich sie von dort aufsuchen und holen,
„Und wenn sie sich vor meinem Auge in des Meeres Boden verstecken,
„Werde ich die Schlange entbieten,
„Sie dort zu beißen.
„Wenn sie in Gefangenschaft vor dem Feinde gehen,
„Werde ich von dort das Schwert entbieten,
„Sie zu tödten.
„Ich werde mein Auge auf sie zum Unglück und nicht zum Glück richten."

Es ist bemerkenswerth, daß der prophetische Hirte von Thekoa seine herbe Entrüstung mehr gegen die sittlichen Missethaten, als gegen die religiösen Sünden richtete. Wohl spottet er über den Sündengott

[1]) Das. 7, 9 fg.

[2]) Zu das. 8, 11 muß nach רעב ergänzt werden וצמא, sowie in V. 12 nach מצפון nothwendigerweise ergänzt werden muß: מצפון [ועד נגב ומים] ועד מזרח. [Anders in den Emendationes z. St.]

[3]) Zu 9, 1 muß בבצעם als ואבצעם genommen werden, parallel zu אהרג und den folgenden Verben. בראש absolut „an der Spitze", wie Chronik I. 16, 7 II. 13, 12. אחרית bedeutet die „Nachkommen".

von Samaria, über den Götzen von Dan, über die Altäre von Bethel und Gilgal, über die Wallfahrten nach Beerseba. Aber am meisten entbrannte sein prophetischer Eifer gegen die Ungerechtigkeit und Hartherzigkeit, unter welcher die Verarmten zu leiden hatten. Amos war der erste eifervolle Kämpfer für die Hülflosen. Beachtenswerth ist es auch, daß er die Missethaten in Juda nicht mit demselben Eifer bekämpfte, sondern eine gewisse Schonung gegen das dem davidischen Hause unterworfene Reich an den Tag legte. Er bezeichnete die Sünden, welche hier im Schwange waren, nicht näher, sprach nur im Allgemeinen von ihnen:

„Wegen dreifacher Sünden Juda's
„Und wegen vierfacher werde ich es nicht abwenden.
„Weil sie die Lehre Gottes verachten,
„Und seine Satzungen nicht beachten,
„Ihre Täuschungen sie irre führen,
„Denen ihre Vorfahren nachgingen"[1]).

Dem Reiche Juda verkündete er vielmehr eine glückliche Zukunft. Wenn er von dem Hause Israel sagte:

„Sieh, die Augen Gottes sind auf das sündhafte Reich gerichtet,
„Ich werde es von der Oberfläche der Erde vertilgen,

so fügte er hinzu:

„Aber nicht vertilgen werde ich das Haus Jakob"[2]).

In seiner prophetischen Schau, daß neue Plagen über das Land hereinbrechen sollten, legte er eine Fürbitte für das Reich Juda ein: „Ich sprach: Herr Gott, unterlaß es doch, denn wer könnte Jakob aufrichten, das so klein ist"[3])!

Die Schwäche, in welche Juda nach dem Tode Amazja's gerathen war, und von der es sich in den ersten Regierungsjahren Usia's noch nicht erholt hatte, stimmte den Propheten Amos zum Mitleid für dasselbe. Er wollte Volk und Königshaus, welche sich aufraffen sollten, nicht noch mehr entmuthigen. Amos lebte der Ueberzeugung, daß von Juda aus das Heil für die Zukunft ausgehen würde. Er prophezeite daher die einstige Vereinigung der Bruderstämme unter dem Hause David's:

„An jenem Tage werde ich David's eingestürzte Hütte aufrichten,
„Ihre Mauerrisse wieder ergänzen;
„Ihre Trümmer wieder erheben
„Und sie aufbauen wie in früheren Zeiten.
. . . . . . . . . . . . . . . . .

[1]) Das. 2, V. 4.
[2]) Das. 9, 8.
[3]) Das. 7, 2. 5, vgl. Note 3

„Ich werde auch die Gefangenen Israel's wieder heimführen,
„Sie werden öde Städte aufbauen und bewohnen,
„Weinberge pflanzen und den Wein trinken,
„Gärten anbauen und die Früchte genießen.
„Ich werde sie in ihren Boden einpflanzen,
„Und sie sollen nicht mehr daraus verbannt werden." [1])

Das waren die letzten zukunftsfrohen Worte des großen Propheten von Thekoa. Von seinem Leben und seinem Ende ist nichts bekannt geworden.

Zur selben Zeit trat ein anderer Prophet in Jerusalem auf, von dem noch viel weniger, oder eigentlich gar nichts bekannt ist, Joël, der Sohn Petuël's. Die meisten Propheten traten aus dem Dunkel heraus und kehrten in das Dunkel zurück, ohne eine Spur ihrer Persönlichkeit zu hinterlassen. Diese gingen in ihrem Wirken und in ihren Werken vollständig auf. Joël trat in der Zeit auf, als die Gemüther durch die auf einander folgenden Unglücksfälle durch die Idumäer und Nachbarvölker, durch die andauernden Plagen des Erdbebens, der Dürre und der Heuschreckenverwüstung verzagt und fast bis zur Stumpfheit verzweifelt waren. Die Bevölkerung Jerusalems und des Landes erschöpfte sich in Fasten und Klagen, zerriß die Kleider als Zeichen der Trauer, sammelte sich um den Tempel mit Wehklagen und Thränen, den göttlichen Zorn abzuwenden. Die Priester waren von derselben Verzagtheit ergriffen, da sie nicht einmal im Stande waren, das einfachste Opfer aus Mehl und Wein darzubringen. Joël hatte daher eine andere Aufgabe als Amos; er durfte nicht rügen und eifern, sondern er mußte die Gemüther aufrichten und ermuthigen und der erschlaffenden Verzweiflung steuern. Die Sünden und Verkehrtheiten des Volkes durfte er nicht aufdecken, sondern nur leise darauf hinweisen, nur anspielen auf die Trunkenbolde, denen der Wein fehlte, auf die äußerliche Buße, welche sich im Zerreißen der Kleider äußerte aber das Herz ungebessert ließ, auf die verkehrte Vorstellung, daß ohne Opfer die Gottheit nicht versöhnt werden könnte. Die ganze Kraft seiner Beredtsamkeit mußte Joël anwenden, um im Volke von Juda und Jerusalem die Ueberzeugung zu erwecken, daß Gottes Gnade nicht von ihm gewichen sei, Zion noch sein heiliger Berg bleibe, daß er sein Volk nicht der Schmach preisgeben werde, daß er langmüthig, voller Gnade sei und auch ohne Opfer und Fasten das Unglück abwenden werde.

Joël's Redekunst war vielleicht noch bedeutender als diejenige Amos'. Seine zur Erhöhung des Eindrucks angebrachte Schilderung der Heuschreckenverwüstung und der sie begleitenden Plagen ist von

[1]) Das. 9, 11 fg.

ergreifender Anschaulichkeit. Der Leser glaubt Augenzeuge derselben zu sein. Seine prophetische Beredtsamkeit hält ebenfalls die Mitte zwischen Poesie und Prosa, hat Ebenmaß und Gliederung und fast eine Art Strophenbau. Die einzige Rede, die sich von ihm erhalten hat, zerfällt in zwei Hälften; in der einen schildert er das Unglück, rügt andeutend die verkehrte Vorstellung und giebt zu verstehen, wie die Sinnesänderung beschaffen sein müsse, und in der andern sucht er die Gemüther mit froher Hoffnung für die Zukunft zu erfüllen. Seine Schilderung beginnt:

„Höret das, ihr Greise,
„Vernehmt, alle Bewohner des Landes!
„Ist solches je in euren Tagen gewesen
„Oder in den Tagen eurer Vorfahren?
„Ihr möget davon euren Söhnen erzählen,
„Und diese wieder ihren Söhnen
„Und diese den spätsten Geschlechtern.

. . . . . . . . . . . . . .

„Ein Völkchen zog über mein Land,
„Mächtig und ohne Zahl,
„Seine Zähne sind Löwenzähne,
„Und es hat das Gebiß einer Löwin.

. . . . . . . . . . . . . .

„Vor ihm verzehrte das Feuer,
„Und hinter ihm loderte die Flamme,
„Wie ein Edengarten war das Land vor ihm,
„Und hinter ihm eine vereinsamte Wüste,
„Und keine Rettung vor ihm.
„Rossen gleicht sein Aussehen,
„Und wie Reiter rennen sie,
„Wie das Geräusch von Kriegswagen,
„Wie das Knistern verzehrender Feuerflammen,
„Wie ein mächtiges Volk, zum Krieg gerüstet.
„Die Menschen erschrecken vor ihm.
„Jedes Gesicht verliert den Glanz.
„Wie Helden rennen sie,
„Wie Kriegsleute ersteigen sie die Mauer.
„Ein jedes geht seinen Weg,
„Schlagen keinen krummen Weg ein,
„Eins drängt das Andere nicht,
„Fallen sie durch's [1]) Schwert,
„Werden sie nicht verwundet.
„In der Stadt tummeln sie sich,
„Auf der Mauer rennen sie,

[1]) Joël 2, 8 ובעד השלח יפלו ist unverständlich, da die Präposition בעד nur „hinter" und „zum Schutze" bedeutet. Man muß wohl dafür ביד oder בידי lesen, da man sagt על ידי הרב und מידי חרב. Das Verbum יבצעו muß in Niphal form vokalisirt werden יִבָּצְעוּ von בצע = פצע, verwundet werden.

„Hinter der Fensteröffnung steigen sie wie Diebe ein
„Vor ihm erzitterte die Erde, erbebte der Himmel,
„Sonne und Mond verdunkelten sich.
„Und die Sterne zogen ihren Glanz ein.
„Der Herr hat seine Stimme vor seinen Heeren ertönen lassen;
„Denn zahlreich ist sein Lager,
„Denn gewaltig sind seines Wortes Vollstrecker,
„Denn groß ist der Tag des Herrn und furchtbar,
„Wer könnte ihn ertragen?"

Joël suchte dann seine Zuhörer, die angsterfüllt, jammernd und verzweifelt auf dem Tempelberg versammelt waren, aus der Spannung des Augenblicks und der Enge der gegenwärtigen Leiden zu einer höheren Anschauung zu erheben. Die Plagen habe Gott als Vorläufer einer ernst grausigen Zeit, eines großen und furchtbaren Tages gesendet, welcher läuternd wirken soll, um eine höhere sittliche Ordnung herbeizuführen. Die Leiden des Augenblickes werden bald vorüber und vergessen sein. Dann werde die große Zeit anbrechen:

„Ich werde Zeichen am Himmel und auf Erden geben.
„Blut, Feuer und Rauchsäulen.
„Die Sonne wird in Finsterniß,
„Der Mond in Blut verwandelt werden
„Vor dem Eintreffen des großen und furchtbaren Tages des Herrn.
„Jeder, der Gottes Namen anrufen wird,
„Wird gerettet werden.
„Denn auf dem Berge Zion und in Jerusalem wird Rettung sein
„Unter den Ueberbleibseln, die Gott beruft.
. . . . . . . . . . . . . . . .
„Sonne und Mond verdunkeln sich,
„Die Sterne ziehen ein ihr Licht,
„Und der Herr wird von Zion donnern
„Und von Jerusalem seine Stimme vernehmen lassen,
„Himmel und Erde werden erbeben.
„Der Herr wird seinem Volke Schutz sein
„Und Israel's Söhnen Zuflucht."

Joël prophezeite einen politischen Umschwung. Die Gefangenen Juda's und Jerusalems, welche Philister und Tyrier an die Jonier verkauft und welche diese Menschenhändler weithin zerstreut hatten (o. S. 67), werden wieder zurückkehren. Ueber die Völker, welche Grausamkeiten verübt haben, werde ein strenges Strafgericht hereinbrechen „im Thale der Entscheidung" (Emek Jehoschaphat), wo Gott Gericht über alle Völker halten werde. Aegypten und Idumäa werden zur Einöde werden, sie, welche unschuldiges Blut in Juda vergossen haben (o. S. 66). Juda und Jerusalem aber werden für Geschlecht und Geschlecht bevölkert sein. Dann werde eine höhere, sittliche Ordnung eintreten. Alle Creatur wird des göttlichen, prophetischen Geistes voll sein.

„Ich werde meinen Geist über alle Creatur ausgießen,
„Eure Greise werden prophetische Träume haben,
„Eure Jünglinge werden Gesichte schauen.
„Und auch über Sklaven und Sklavinnen
„Werde ich in jenen Tagen meinen Geist ausgießen."[1])

Der Wunsch, der Mose in den Mund gelegt wird: „Wer wollte, daß das ganze Volk Gottes Propheten wäre, daß Gott seinen Geist auf es gäbe"[2]), wird nach Joël's Prophezeiung sich einst verwirklichen. Und nicht bloß die geborenen Israeliten, sondern auch die Fremden, welche als Sklaven und Sklavinnen in deren Familien lebten und am Gottesreiche Antheil haben, werden des prophetischen Geistes und der sittlichen Lebensgemeinschaft gewürdigt werden. Der prophetische Blick schweifte bereits über die nationale Schranke hinüber. Joël war der erste Prophet, welcher den Segen Abraham's für alle Völker der Erde zum Bewußtsein brachte.

Der dritte Prophet aus der Zeit Jerobeam's und Usia's sprach noch entschiedener gegen das Zehnstämmereich und für das Haus Jakob, Hosea, Sohn Beeri's. Auch aus seinem Leben und Wirken ist nichts bekannt, nicht einmal, in welchem Reiche er gesprochen hat. Doch läßt es sich vermuthen, daß er in Bethel oder Samaria aufgetreten ist. Während Amos lediglich die sittlichen Fehler zum Gegenstand seiner Rüge und seines Spottes machte, eiferte Hosea gegen den religiösen Abfall, als das Zehnstämmereich wieder dem Baal huldigte. Er besaß nicht die Fülle, noch das Ebenmaß und die feine Gliederung seiner beiden Zeitgenossen; seine Beredtsamkeit nähert sich mehr der Prosa. Sie hat mehr Ausführlichkeit und rednerischen Fluß, auch mehr Künstlichkeit; sie flicht sinnbildliche Namen ein, wie es wohl in der Prophetenschule üblich war, aus welcher Hosea hervorgegangen zu sein scheint. Ein Gleichniß führte er nach zwei Seiten hin durch. Die Einführung des Baalkultus im Zehnstämmereich stellte er als Treulosigkeit einer Ehefrau gegen ihren Gatten dar, und die Rückkehr des Volkes zu Ihwh, welche für die Zukunft in Aussicht gestellt wird, verglich er mit der reuigen Rückkehr einer beschämten Ehebrecherin zu ihrem Jugendgeliebten. Dieser Auseinandersetzung schickte Hosea eine

[1]) Die Schilderung Joël's von dem erwarteten, großen Tage, Kap. 3—4, verfolgt nicht eine chronologische Ordnung, wie die meisten prophetischen Improvisationen nicht chronologisch gehalten sind. Das Zusammengehörige wird öfter getrennt, wenn ein anderer Gedanke sich hervordrängt. Vgl. über die Gliederung der Joël'schen Prophetie, Programm des jüdisch-theol. Seminars, Jg. 1873.

[2]) Numeri 11, 29.

Einleitung voran. In einem prophetischen Gesichte sei ihm der göttliche Befehl zugegangen, ein ehebrecherisches Weib heimzuführen und mit ihr Kinder zweifelhafter Vaterschaft zu zeugen[1]). Er sei auch diesem Befehl nachgekommen und habe ein übelberüchtigtes Weib geheirathet, die ihm drei Kinder geboren, zuerst einen Sohn, den er „Jesreel“ genannt, dann eine Tochter, der er den Namen „Nichtgeliebte“ (Lo-Ruchamah) gegeben, und endlich einen zweiten Sohn, den er „Nicht-mein-Volk“ (Lo-Ammi) genannt. Darauf erläuterte der Prophet diese sinnbildlichen Namen. Jesreel bedeute zweierlei, einmal, daß Gott an dem Hause Jehu das in Jesreel von dem Urahnen vergossene Blut ahnden werde, da es sich hinterher als reiner Mord erweise, indem das Haus Jehu in dieselbe Sünde zurückgefallen sei, wie das Haus Omri, und dann bedeute Jesreel noch, daß Gott die Kriegsmacht Israel's im Thale Jesreel zerbrechen werde. Der Name der Tochter bedeute, daß Gott das Haus Israel nicht mehr lieben werde, und endlich der Name des zweiten Sohnes habe die Bedeutung, daß Gott Israel als Volk verwerfe, nicht mehr sein Gott sein wolle[2]). Nach dieser Einleitung und Erläuterung begann der Prophet Hosea seine Anrede.

„Zanket mit eurer Mutter, zanket,
„Denn sie ist nicht mein Weib,
„Und ich bin nicht ihr Gatte mehr,
„Daß sie entferne ihre Untreue von sich
„Und ihre Buhlschaft von ihrem Busen,
„Auf daß ich sie nicht nackt entkleide,
„Sie hinstelle, wie zur Zeit ihrer Geburt,
„Sie in die Wüste versetze,
„Sie in das Land der Einöde verweise
„Und sie in Durst umkommen lasse,
„Ihrer Kinder mich nicht erbarme;
„Denn sie sind Kinder der Untreue.“

Darauf schildert der Prophet den ganzen Umfang der Treulosigkeit des Hauses Israel unter dem Bilde einer Ehebrecherin, wie sie ihrem Buhlen nachlief, im Wahne, daß ihr Reichthum und ihre Fülle ihr von dem Buhlen, dem Baal, zugekommen sei, vergessend, daß Gott

[1]) Vgl. Note 3, wo nachgewiesen ist, daß nur Kap. 1—3 diesem älteren Propheten angehören können, die folgenden Kapitel dagegen nothwendig von einem späteren Propheten stammen. Zu Hosea 1, 2 muß nach וילדי זנונים ergänzt werden תוליד oder תֵלֵד. [Die Einheit des Buches Hosea ist inzwischen von Kuenen, hist.-krit. Einleitung in die Bücher des Alten Testaments II 323 f. u. Ed König, Einl. in das alte Testament, S. 308 fg. mit guten Gründen nachgewiesen worden.]

[2]) Zu Hosea 1, 9 ואנכי לא אהיה לכם muß ergänzt werden לאלהים. [Vgl. dagegen Nowack, der Prophet Hosea (Berlin 1880) z. St.]

ihr Getreide und Wein, Silber und Gold gespendet, das sie für den Götzen Baal verschwendet. Gott werde ihr aber Alles entziehen, ihr auch nicht so viel lassen, ihre Blöße zu bedecken. In der Noth werde sie zur Erkenntniß kommen und sprechen: „Ich will zu meinem ersten Gatten zurückkehren, denn damals ging es mir besser als jetzt.“

Dann schildert der Prophet die Rückkehr. Das reuige Weib werde zur Einsicht ihrer ganzen Schlechtigkeit gelangen und sich wieder ihrem Gatten zuwenden, ihn „meinen Mann“ und nicht „meinen Herrn“ nennen, denn auch schon der Name Herr (Baal) werde ihr verhaßt sein. Gott werde sich mit der Reuigen aussöhnen.

„Ich werde dich mir wieder antrauen auf ewig,
„Werde dich antrauen in Recht und Gerechtigkeit,
„Dich antrauen in Liebe und Erbarmen,
„Dich antrauen in Treue und Gotteserkenntniß“ [1]).

Der ausgesöhnten Gattin, der Nation, werde Gott wieder Gnade erweisen, wie zur Zeit des Auszuges aus Aegypten. Aus der Wüste werde er sie wieder in das Heimathland führen, und sie werde wieder Loblieder anstimmen [2]), wie in der Zeit ihrer Jugend und am Tage als sie aus Aegypten zog. Das Bündniß, das Gott mit ihr von Neuem schließen wird, werde sie gegen wildes Gethier schützen und Bogen, Schwert und Krieg werden aufhören. Jesreel, der verhängnißvolle Name, werde eine gute Bedeutung erhalten (im Lande wieder eingesäet werden), die Nichtgeliebte wird wieder geliebt und das Nicht-mein-Volk wieder Gottes Volk werden und es wird seinen Gott wieder erkennen [3]).

Wenn Hosea eine glänzende Zukunft für die in Gnaden wieder aufgenommenen Zehnstämme aufrollte, wollte er seine Zuhörer nicht in der Täuschung lassen, als stände diese Zeit nahe bevor. In einer zweiten Rede, die sich wahrscheinlich nicht ganz erhalten hat, prophezeite er, daß viele, viele unglückliche Tage vorübergehen werden, ehe diese Umkehr der Zehnstämme und ihre Versöhnung eintreten werde. Auch diese Rede leitete er durch die Erzählung eines Gesichtes ein: Gott habe ihm wieder aufgegeben, er möge ein von ihrem Gatten geliebtes und doch treuloses Weib in sein Haus aufnehmen. Mit ihr

[1]) Hosea 2, 21 muß statt וידעת את ה׳ gelesen werden ודעת את ה׳, da zur Symmetrie ein Substantivum erforderlich ist.

[2]) Wie sehr quält sich Ewald ab, וענתה שמה כימי נעוריה das. 2, 17 zu erklären, während es ganz einfach: „Lied in Wechselgesängen anstimmen“ heißt.

[3]) Das. 2, 25 zu והוא יאמר אלהי muß ergänzt werden: Jhwh, wie in Zacharia 13, 9b, das geradezu Hosea entlehnt ist.

sollte er nicht Kinder zeugen, sondern sich von ihr fern halten[1]) und auch nicht zugeben, daß sie sich andern Männern zuwende. Dieses Gesicht sollte bedeuten, daß, obwohl Gott die israelitische Nation liebte, sie sich doch, ehr- und pflichtvergessen, andern Göttern zuwendete und Astartenbilder und Chammongötzen liebte[2]). Und weiter sollte es bedeuten, daß Israel's Söhne lange sitzen werden ohne König und Fürsten, ohne Altar und Spitzsäule, ohne Ephod und Mumien-Hausgötter (Theraphim)[3]). Dann durch harte Drangsale belehrt, werden sie zu Gott zurückkehren — am Ende der Tage. Dem Königthum des Zehnstämmereiches prophezeite Hosea völligen Untergang. Dagegen betonte er noch mehr als die zeitgenössischen Propheten den Fortbestand des davidischen Hauses und überhaupt des Reiches Juda.

„Dann werden die Söhne Israel's umkehren,
„Aufsuchen Jhwh, ihren Gott,
„Und David, ihren König,
„Und werden zu Gott und seinem Gute eilen,
„Am Ende der Tage."

Nebenher rügte Hosea die Kriegsmittel, auf welche der König Usia so viel Werth legte.

„Das Haus Juda werde ich lieben
„Und durch mich selbst ihnen beistehen,
„Nicht werde ich ihnen beistehen durch Bogen, Schwert und Krieg,
„Nicht durch Rosse und Reiter."

Die Verkehrtheit in dem einen Reiche und das Unglück in dem andern haben aus der Verborgenheit und Tiefe das Edelerz der prophetischen Beredtsamkeit an den Tag gebracht, welche, durch Inhalt und Form ausgezeichnet, eine weitreichende Wirkung erlangen sollte. Achab's und Isebel's Frevelthaten haben Eliahu geweckt, und die Missethaten Jerobeam's II. und seiner Großen haben Amos von der Hirtentrift und Hosea aus dem Stillleben in die Oeffentlichkeit gezogen, die Gedanken, die ihr Inneres durchwühlten, in fesselnder Form mitzutheilen. Ihre Schmerzen und ihre Hoffnungen, ihre Gedanken und ihre Ueberzeugungen wurden fortan Gemeingut eines größeren Kreises und wirkten anregend und veredelnd. Lauschende Prophetenjünger prägten deren Worte ihrem Gedächtnisse ein oder bewahrten

[1]) Das. 3, 3 muß zu וגם אני אליך ergänzt werden: וגם אני [לא אָבוא] אליך.

[2]) Das. 3, 1b אהבי אשישי ענבים giebt durchaus keinen Sinn, wie sehr sich auch die Ausleger seit den ältesten Zeiten damit abgequält haben. [Vgl. jedoch Nowack und Orelli z. St.] Man muß wohl dafür lesen ואהבי אשרים וחמנים wie Jesaia 17, 8 und 27, 9.

[3]) Das. 3, 4. Statt זבח muß man wohl lesen מזבח, LXX und Syr. haben statt מצבה das Wort מזבח.

sie schriftlich auf. Es waren die ersten Blätter der prophetischen Litteratur, welche später die stumpfen Völker der Erde aufrütteln sollte. Indem Amos, Hosea und auch Joël in prophetischer Schau das Bild einer besseren Zukunft in, wenn auch nur schwachen Umrissen gezeichnet haben, haben sie damit dem Volke, dem sie entstammten, die Zukunft gesichert. Denn ein Volk, das einer glücklichen Zukunft entgegensieht, ist gegen Untergang gefeit und läßt sich von der noch so grausigen Gegenwart nicht erdrücken. Einer dieser Propheten, Joël oder Hosea, hat von der Zukunft ein Bild entworfen, woran sich die edelsten Geister festgeklammert haben und noch festklammern.

„Und es wird sein am Ende der Tage
„Wird der Berg Gottes an der Spitze der Berge aufgerichtet
„Und höher als Bergkegel sein,
„Und Völker werden zu ihm strömen,
„Und große Völker werden wallen und sprechen:
„„Wohlan! wir wollen hinaufziehen zum Berge Gottes,
„„Zum Tempel des Gottes Jakob's,
„„Daß er uns über seine Wege belehre,
„„Daß wir in seinen Pfaden wandeln.“‟
„Denn von Zion wird die Lehre ausgehen,
„Und das Wort Gottes von Jerusalem.
„Er wird zwischen Völkern entscheiden
„Und mächtige Nationen in der Ferne zurechtweisen,
„Daß sie zerschlagen ihre Schwerter zu Pflugscharen
„Und ihre Speere zu Winzermessern.
„Ein Volk wird nimmer gegen das andere das Schwert erheben
„Und sie werden nicht mehr den Krieg erlernen [1]).“

Dieses hehre Bild von dem ewigen Frieden, welcher durch die Lehre Israel's, von Zion ausgehend, begründet werden und die Werkzeuge des Krieges in Hülfsmittel fruchtbarer Thätigkeit verwandeln wird, überstrahlt alle Kunstgebilde, welche das Auge und den Sinn der Menschen fesseln. Wer nicht an der Veredlung der Menschen verzweifelt, hält an dieser Hoffnung fest, daß der Tag nicht ausbleiben werde, an dem die blutigen Kriege und die selbstmörderische Zerfleischung der Völker unter einander aufhören und friedlicher Beschäftigung Raum geben werden. Der ewige Friede kann aber nur durch hohe sittliche Gesinnung herbeigeführt werden und Bestand haben; Unsittlichkeit und Gewalt sind die Mütter des Krieges. Die israelitischen Propheten haben verkündet, daß diese sittliche Gehobenheit

[1]) Jesaias 2, 1 fg. Micha 4, 1 fg. Einige Ausleger nehmen an, daß Joël, dieses messianische Bild der Zukunft entworfen hat; wahrscheinlicher ist es aber, daß es von Hosea stammt, der auch sonst vom ewigen Frieden gesprochen und die Wendung באחרית הימים [3, 5] gebraucht hat.

durch die Lehre erzeugt werden werde, welche ihnen von Zion aus gepredigt ward. Der Verlauf der Geschichte hat ihre Weissagungen nicht Lügen gestraft. Für die damalige Gegenwart hat das von den Propheten entworfene Ideal die Wirkung gehabt, daß der ihnen nahe stehende Kreis sein Inneres mit dem Gedanken erfüllt hat, daß die Lehre von Zion zu etwas Außerordentlichem berufen sei und eine Umwandlung bewirken werde. Es war ein schmeichelhafter und zugleich erhebender Gedanke.

Uebrigens waren diese drei Propheten in ihrer Zeit nicht die einzigen Träger einer sittlichen Lebensanschauung und der erhebenden Poesie. Es lebte damals noch ein begabter Dichter, welcher die Schrecknisse in Folge des Erdbebens unter Usia schilderte und sie als Mittel zur Erhebung der Gemüther benutzte. Er hat einen Psalm gedichtet, der in Form und Inhalt diejenigen übertrifft, welche aus der davidischen Zeit erhalten sind. Dieser Psalm sollte zur Zeit des Erdbebens beruhigend und erhebend wirken. Er schildert, wie Gottes Stimme über mächtige Fluthen donnerte, wie sie mit Kraft und Majestät die Cedern des Libanon zerschmetterte, den Libanon wie ein junges Rind und den Hermon wie ein junges Riesenthier hüpfen machte, Feuerflammen schlug, die Wüste Kadesch erzittern machte und Wälder entlaubte. In Gottes Tempel soll aber ihm Ehre und Preis gegeben werden.

„Der Gott, welcher zur Zeit der Sündfluth [auf dem Throne] saß
„Wird ewig als König sitzen.
„Er wird seinem Volke Macht geben
„Und es mit Frieden segnen[1]."

Für den Fortgang der Geschichte blieb das feindliche Auftreten der beiden Propheten aus dem Zehnstämmereich gegen das Haus Jehu nicht ohne Wirkung. Wie Elisa und sein Jünger gegen den letzten Omriden einen Ehrgeizigen bewaffnet haben, so mag auch Amos' und Hosea's Eifer einen Feind gegen den letzten Jehuiden aufgestachelt haben. Jerobeam II. starb in Frieden in hohem Greisenalter nach langer und glücklicher Regierung, aber sowie sein Sohn Zacharia den Thron bestiegen hatte (um 769), wurde eine Verschwörung gegen ihn angezettelt, an deren Spitze Schallum, Sohn Jabesch's, stand. Er tödtete den vierten Nachkommen Jehu's in Jibleam[2]), an der

[1]) Ps. 29, vgl. Frankel-Graetz' Monatsschrift, Jahrg. 1873, S. 290 fg. Psalm 93 scheint zu Psalm 29 zu gehören. Beide behandeln dasselbe Thema, was in diesem durch ה' למבול ישב (nämlich על כסא), ist in jenem durch נכון כסאך מאז ausgedrückt.

[2]) Könige II. 15, 10 heißt es ויכהו....קבל עם, was gewöhnlich übersetzt wird: vor dem Volke. Allein das Wort קבל „vor" ist nicht hebräisch, sondern aramäisch,

Westseite der Ebene Jesreel. Zacharia hat nur sechs Monate regiert. Sein Mörder wüthete eben so gegen die königliche Familie Jerobeam's II., wie einst Jehu gegen das Haus Achab. Selbst Frauen und Kinder wurden zerschmettert[1]). Schallum begab sich sofort nach Samaria, um Thron und Reich in Besitz zu nehmen; aber er konnte sich nur einen Monat behaupten. Denn auch gegen ihn bildete sich eine Verschwörung, welche von einem Bewohner der ehemaligen Residenz Thirza, von Menahem, Sohn Gadi's, ausging. Er zog gegen Samaria, und die Hauptstadt ließ ihn und seine Mit-

und dann müßte es heißen קבל העם. Ewald, mit Recht von dieser Uebersetzung unbefriedigt, macht daraus einen Personennamen und einen neuen Königsmörder; allein dagegen spricht das Folgende, wo lediglich von Schallum die Rede ist. קבל עם kann daher nur Stadtname sein, verschrieben statt יבלעם, also ויכהו ביבלעם Jibleam lag zwischen Jesreel und Megiddo. [Wird bestätigt durch die La. ἐν Ἰεβλαάμ in der Sept., ed. Lagarde, zur Stelle und von Schrader-Winckler, Keilinschrift a. d. A. T., 3. Aufl., S. 263, einfach als Thatsache acceptiert.]

[1]) Auffallend ist es, daß im Buch der Könige nichts von dem Verfahren Schallum's gegen die Jehuiden erwähnt wird. Eine Andeutung ist aber vorhanden, daß dieser nicht hinter der Grausamkeit Jehu's gegen die Omriden zurückgeblieben ist. Für den dunklen Vers, Hosea 10, 14 וכל מבצריך יושד כשד שלמן בית ארבאל ביום מלחמה אם על בנים רטשה hat die griechische Uebersetzung etwas anderes, woraus hervorgeht, daß sie eine andere L.-A. vor sich hatte: ὡς ἄρχων Σαλαμὰν ἐκ τοῦ οἴκου Ἰεροβοάμ. Eine Variante hat Ἰεροβαάλ statt Ἰεροβοάμ, was gewiß ein Fehler ist. Diese L.-A. ist alt, Hieronymus kannte sie schon, wenn er sie auch, als für ihn ungeeignet, verwarf. So viel geht aus dieser Uebersetzung hervor, daß sie weder den Eigennamen שלמן von einem assyrischen König, noch בית ארבאל von einem Ortsnamen verstanden hat. Aehnlich lautet die syrische Uebersetzung: נחבזען איך בזחא דשלמא מן ביתאיל ביומא דקרבא. Auch diese hatte nicht d. L.-A. שלמן vor sich, sondern שלום. Auch die chaldäische Version las שלם. Ohnehin ist es bedenklich anzunehmen, daß Hosea von dem Wüthen eines assyrischen Königs in Arbela in der Tigrisgegend gesprochen haben sollte. Solche Detailnachrichten von Vorgängen in Assyrien sind schwerlich nach Palästina gedrungen, und wenn der Eine oder der Andere auch etwas davon gewußt haben sollte, so konnte der Redner es nicht als bei allen Zuhörern bekannt voraussetzen. Konnte sich ein Zuhörer in Jerusalem oder Samaria getroffen von dem Gleichniß des Propheten fühlen: „In deinen Festungen wird gewüthet werden, wie Salman wüthete gegen das Haus Arbela?" Zudem kommt noch, daß ein König, Namens Salman, in der assyrischen Geschichte gar nicht untergebracht werden kann. Man müßte ihn denn als Abkürzung von Salmanassar nehmen, was durchaus gezwungen ist. Die richtige Erklärung drängt sich auf, wenn man שלום und בית ירבעם liest statt בית ארבאל. „So wie Schallum in dem Hause Jerobeams II. wüthete, Mütter und Kinder wurden zerschmettert". Dieses Gleichniß war verständlich, es spielte auf eine Thatsache an, welche dem Volke noch im Gedächtnisse war. Daß שד auch „wüthen", bedeutet, braucht nicht bewiesen zu werden. [Siehe jedoch Nowack und Orelli (bei Strack-Zöckler) zur Stelle und Schrader, die Keilschriften u. das Alt. Testament, 2. Aufl. S. 440 fg].

verschworenen ohne Widerstand ein; darauf tödtete er Schallum (768). Menahem fand aber mehr Widerstand, als er erwartet haben mag. Wenn ihm auch die Hauptstadt die Thore geöffnet hatte, so mochten sich ihm andere Städte nicht sofort ergeben. Ganz besonders setzte sich die Stadt Tipsach [Tappuch][1]), östlich von Thirza, zur Wehr und verschloß ihm die Thore. Menahem war indeß kühner als sein Vorgänger und verband mit der Kühnheit dessen grausame Herzenshärte. Die ungefügige Stadt belagerte er so lange, bis sie sich ergeben mußte, und dann ließ er die ganze Bevölkerung, Männer, Weiber und Kinder mit der Schärfe des Schwertes erschlagen und schonte nicht einmal die Schwangeren, welche sonst auch dem härtesten Herzen Mitleid oder eine Art Scheu vor dem Unbekannten in deren Schoße einzuflößen pflegen. Auch die Bevölkerung des Grenzgebietes dieser Stadt ließ Menahem ohne Schonung vertilgen. Nach dieser Blutarbeit begab er sich nach Samaria und nahm den Thron der Jehuiden ein. Ein so grausamer König hat wohl schwerlich die Herzen für sich gewinnen können. Den Baalskultus scheint indeß Menahem abgeschafft zu haben, der Stierkultus dagegen blieb fortbestehen. Was er sonst noch geleistet hat, ist nicht bekannt geworden; denn er regierte nur zehn Jahre (768—758). Auch griff während seiner Regierung ein mächtiges Reich in die Geschicke der Zehnstämme ein, das berufen war, dem Hause Israel ein Ende zu machen.

Wenn die Bessern in diesem Hause, angeekelt von dem verkehrten Treiben, und von den Propheten darauf hingewiesen, sich dem Hause Juda oder Jakob zuwendeten, so wurden sie auch hier durch häßliche Vorgänge abgestoßen. In Jerusalem fielen unter Usia innere Kämpfe vor, über welche, wie es scheint, geflissentlich ein Schleier gebreitet

[1]) Das. 15, 16 אז יכה מנחם את תפסח ואת כל אשר בה ואת גבוליה מתרצה כי לא פתח ויך את כל ההרותיה בקע bietet manche Schwierigkeit. Tipsach ist Thapsakus am Euphrat, diese Stadt kann hier nicht gemeint sein. Eine Stadt dieses Namens im Zehnstämmereich gab es nicht. Man muß wohl dafür mit Thenius und Anderen תפוח lesen, das van der Velde in den Ruinen eines Dorfes Atuf, etwa 2 St. östlich von Thirza gefunden zu haben glaubt. Bei Tappuach ging die Grenze zwischen Manasse und Ephraim. Es bildete den Vorort eines Territoriums ארץ תפוח (Josua 16, 8; 17, 7–8). [Vgl. Buhl, a. a. O. S. 178]. מתרצה kann nicht bedeuten: von Thirza aus, das wäre eine schlechte Construktion, sondern es erfordert nachher die Präposition ועד. Der Name der Stadt, bis wohin Menahem verheerend drang, ist ohne Zweifel ausgefallen, wahrscheinlich תפוח. Dann lautete die Konstruktion; אז יכה מנחם את תפוח . . . ואת גבוליה מתרצה ועד תפוח (?) כי לא פתחו. So muß das Verbum lauten. Die Versionen haben statt des Singular den Plural. Hinter ויך haben dieselben אותה, und dann ואת כל ההרותיה בקע. [Aehnlich Klostermann u. Benzinger a. a. O. zur Stelle].

wurde. Usia's Augenmerk war einzig und allein auf kriegerische Kräftigung, auf Bogen, Schild und Schwert gerichtet, geistige Interessen lagen ihm fern oder mögen ihm sogar widerwärtig gewesen sein. Den Ahroniden mag er manchen Anstoß gegeben haben, besonders da seit seinem Großvater Joasch das friedliche Verhältniß zwischen dem Königthum und dem Priesterthum erschüttert worden war. Wollte sich die Gewalt des Königs auf den Tempel erstrecken, so fand sie auf diesem Wege die Hohenpriester, die auch eine Macht waren, ebenso gesalbt, wie die Nachkommen David's. Die Leviten scheinen Veranlassung zu einer Spannung zwischen Usia und dem Hohenpriester gegeben zu haben. Sie scheinen nämlich mit ihrer untergeordneten Stellung am Tempel und mit der dadurch bedingten Verkürzung ihrer Einnahmen unzufrieden gewesen zu sein. Selbst die Sängerklasse, welche den edelsten Theil des Gottesdienstes mit Saitenspiel und Psalmen leitete, hat durch die von Salomo eingeführte Ordnung keine ebenbürtige Stellung eingenommen, sondern stand nur um eine Stufe höher als die Tempelsklaven, die Gibeoniten. Darüber mögen sich die Sänger und sämmtliche Leviten beim König beschwert und dieser mag Partei für sie genommen haben. Was auch die Veranlassung gewesen sein mag, Thatsache ist es, daß in den letzten Regierungsjahren Usia's zwischen ihm und dem damaligen Hohenpriester Asarja Reibungen ausgebrochen sind, wie zwischen Joasch und Zacharia (o. S. 57). Der König mag sich erinnert haben, oder Andere haben ihn darauf aufmerksam gemacht, daß in uralter Zeit die Erstgeborenen, d. h. die Familien- und Stammhäupter, Priesterdienst verrichten durften. Was ehemals Gesetz und Gewohnheit war, das konnte doch wohl aufgefrischt werden. Um den Hohenpriester um sein Ansehen zu bringen, that Usia den kühnen Schritt, die alte Ordnung wieder einzuführen. Er begab sich in das Allerheiligste mit einer Weihrauchschale und begann auf dem goldenen Altar den Weihrauch anzuzünden, gerade diejenige Function, welche dem Hohenpriester allein vorbehalten blieb. Die Entrüstung darüber unter den Ahroniden war gewaltig. Der Hohepriester Asarja, welcher mit achtzig Priestern ihm in's Allerheiligste nacheilte, sprach drohend zum König: „Nicht dir gebührt es, o Usia, Räucherwerk darzubringen, sondern dem geweihten Priester aus Ahron's Familie. Verlasse eilig das Heiligthum, denn du begehst eine Entweihung und es wird dir nicht zum Ruhme gereichen" [1]).

[1]) Chronik II, 26, 16—18. Die Relation ist gewiß historisch, denn der Chronist kann sie unmöglich erfunden haben, und es lag auch kein Grund vor, Usia zu verdächtigen. Sie scheint im Buch der Könige ausgefallen oder geflissentlich weggelassen zu sein.

Was darauf erfolgt ist, ist in Dunkel gehüllt. Da Usia in den letzten Jahren seiner Regierung mit einem unheilbaren Aussatz behaftet war und in einem besondern Hause bis an sein Lebensende untergebracht werden mußte[1], so hat das Volk die häßliche Krankheit als göttliche Strafe für seine Sünde angesehen, weil er sich angemaßt hat, Priesterdienst zu verrichten. Der Hohepriester Asarja hat ohne Zweifel die günstige Gelegenheit benutzt, um das Volk über die besondere Heiligkeit der Priesterschaft zu belehren und darauf hinzuweisen, daß der Vorrang der Ahroniden und die Unterordnung der Leviten von Mose selbst als unverbrüchliches Gesetz eingeschärft worden sei. Die Geschichte von Korach und seiner Rotte ist wohl damals öffentlich vorgelesen worden, welche eine entschiedene Aehnlichkeit mit dem Vorgang unter Usia hat. Korach, aus der edelsten Levitenfamilie, und Abkömmlinge des ersten Stammes, die Rëubeniten, haben sich einst in der Wüste gegen Mose und Ahron aufgelehnt und Gelüste nach der Priesterwürde getragen. Korach hatte die Aeußerung gethan: „Die ganze Gemeinde ist heilig und Jhwh ist in ihrer Mitte, warum erhebt ihr euch über das Volk Gottes?" Und das Ende war, daß die Rotte Korach's, als sie Weihrauch darbringen wollte, von der Erde verschlungen wurde. Die Weihrauchschalen sind daher für den Altar verwendet worden, zum Andenken für die Israeliten, daß ein Laie, der nicht von Ahron's Nachkommen ist, sich nicht dem Heiligthum nähern dürfe, um Weihrauch darzubringen. Als das Volk über den Untergang Korach's und seines Anhangs murrte, brach eine Pest aus, die Ahron allein abzuwenden vermocht hat. Der Vorzug und die Wahl Ahron's hat sich dann auch durch das Blühen des Ahronstabes bewährt. Dieses Alles ist wohl damals dem Volk in Erinnerung gebracht worden und auch die Gesetze, die sich daran knüpften, und die sich in dem Punkte zuspitzen, daß ein Laie, der sich dem Tempel zum Dienste nähern sollte, des Todes sei. Die Ahroniden sind dafür verantwortlich gemacht, daß Niemand diese Schranken übertrete. Die Leviten sollten lediglich den Ahroniden beigegeben sein, ihnen beizustehen, Hilfe zu leisten und das Heiligthum zu bewachen, aber dem Altare sollten auch sie sich nicht nähern. Die Ahroniden sollten Theile von Opfern und Weihegeschenke erhalten, Erstlinge von Oliven, Wein und Getreide, die Erstgeborenen von Menschen und Thieren gehören ihnen, doch sollen die menschlichen Erstgeborenen ausgelöst werden. Dagegen sollen die Ahroniden eben so wenig wie die Leviten Bodenbesitz haben. Die Leviten sollten für ihre Dienstleistungen den Zehnten von Getreide und Wein erhalten, davon

[1] Das. V. 19 fg; Könige II, 15, 5.

sollten sie den zehnten Theil an die Ahroniden abliefern[1]). Aus dem Kampfe zwischen dem Königthum und dem Priesterthum ging dieses siegreich hervor; es hatte das belehrende Wort zu seiner Waffe, und diese bewährte sich besser als das Schwert. Eine andere geistige Macht sollte gegen das Priesterthum in den Kampf treten. Damals waren die Propheten Jesaia, Zacharia I., Micha II. und Hosea II. schon geboren, welche dem selbstischen Priesterthum ebenso, wie dem sich überhebenden Königthum den Krieg erklären sollten.

[1]) Numeri, Kap. 16–18.

# Viertes Kapitel.

## Der Niedergang des Zehnstämmereiches, das Haus David und die Einmischung der Assyrier.

König Menahem. Die Babylonier und Assyrier. Die assyrischen Eroberungen. Die Vasallenschaft des Reiches Samaria. Pekach, Rezin und Elulaï. Jotham folgt seinem Vater Usia nach. Seine Thaten. Die Verworfenheit der Fürsten Juda's. Der Palasthauptmann. Der Prophet Jesaia. Die Kraft und Eigenthümlichkeit seiner prophetischen Beredtsamkeit. Jesaia's Prophetenschule. Die Anawim. Die Psalmdichtung der Leviten. Aegypten, die äthiopische Dynastie, Sabako's Eroberungen. Der Prophet Zacharia I.

(758—740).

Als der König Usia von einem unheilbaren Aussatz befallen war und seine letzten Lebensjahre in der Einsamkeit zubringen mußte, übernahm sein noch junger Sohn Jotham die Verwaltung des Landes. Im Zehnstämmereich regierte der grausame Thronräuber Menahem wahrscheinlich mit eiserner Hand. Beide Reiche gingen in den alten Geleisen fort, ohne zu ahnen, daß sich am fernen Horizont gewitterschwangere Wolken zusammenzogen, die sich verderblich auch auf sie entladen würden. Vom Norden aus, aus den Euphrat- und Tigris-Ländern sollte schwere Prüfung über das Volk beider Reiche kommen. Hier bestanden seit uralten Zeiten, noch vor den hebräischen Erzvätern, zwei Reiche, welche berufen waren, in das Geschick von deren Nachkommen tief einzugreifen. In der Tiefebene von Sinear (Schinear), da wo die zwei aus dem armenischen Hochgebirge strömenden Zwillingsflüsse, Euphrat und Tigris, der eine ruhig und der andere stürmisch und pfeilschnell, sich einander nähern, um in den persischen Meerbusen einzulaufen, entstand nach der Sündfluth das altbabylonische Reich, das sich um die Stadt Babel gruppirte. Die regelmäßigen Ueberschwemmungen des Euphrat, welche Schlammlagen zurückließen, machten die Gegend fruchtbar und bewirkten, daß Getreide und Dattelpalmen in großer Menge wuchsen. Der Fluß beförderte auch die Schifffahrt ins persische Meer. In dieser Tiefebene Sinear wohnte in uralter Zeit eine gemischte Bevölkerung semitischer, chamitischer und arischer Abkunft und gab Veranlassung zu der Vorstellung, daß hier einst nach der Sündfluth der Sammelpunkt der geretteten Menschen gewesen sei und von hier aus die verschiedenen Völkerschaften sich zerstreut haben.

Als der erste Gründer des altbabylonischen Reiches wird **Nimrod** genannt, von dem sich lange Zeit ein Sprichwort erhalten hat: „ein Held der Jagd wie Nimrod.“ Frühzeitig entstanden hier weit ausgedehnte Städte, deren Trümmer noch heutigen Tages vorhanden sind und Staunen erregen. Zunächst **Babel**, das wegen seiner außerordentlichen Ausdehnung (9 oder 12 Meilen), seiner Mauern, seines Belthurmes (600 Fuß hoch), seiner Paläste und seiner Handelsblüthe im Alterthum als ein Wunderwerk galt. Nächst dieser Riesenstadt waren berühmt **Erech** (Orchoi, jetzt Warraka) und **Kalneh** (jetzt Nipur, Niffor)[1]. Nördlich von Babel waren die Städte **Sippara** (Separwaim) am Euphrat, bei welchem die Sage Schriften der Weisheit von Halbgöttern vergraben sein ließ, und **Kutha**, südlich davon gelegen. Die alten Babylonier haben in manchen Kunstfertigkeiten die Aegypter und Phönicier noch übertroffen. Babylonische Teppiche waren weit und breit als Gegenstände der äußersten Pracht gesucht. Ihre vollendete Baukunst erregte um so mehr Erstaunen, als sie nicht, wie die Aegypter, Baumaterial aus Steinbrüchen holen konnten, sondern es aus Backsteinen und Ziegeln anfertigen und mit Erdharz, welches ein Nebenfluß (Js) des Euphrat lieferte, befestigen mußten.

Ein bleibenderes Verdienst haben die Babylonier (später Chaldäer genannt) um die Himmels- und Sternkunde und um die genaue Eintheilung der Zeit. Die weit ausgedehnten Ebenen ihres Landes boten in den, während des größten Theils des Jahres klaren Nächten Gelegenheit zu Beobachtungen der Regelmäßigkeit und der Abweichungen der Himmelslichter. Kein Berg verschließt den Blicken die weite Aussicht. Babylonische Weisen haben zuerst Mond- und Sonnenfinsternisse berechnet und demgemäß auch voraus verkündet, zuerst den Auf- und Niedergang der Sterne und den Rundgang des Thierkreises zuerst beobachtet. Um die Zeit mit aller Genauigkeit bestimmen zu können, mußten sie eine feste Jahresform aufstellen oder den Umlauf der Sonne mit dem des Mondes in Gleichklang setzen. Sie haben daher zuerst die Schaltjahre eingeführt. Sie berechneten einen Cyklus von sechzig Jahren ($12 \times 5$, ein Soss) in welchem die Umlaufszeiten von Sonne und Mond sich einander bis auf drei Tage nähern. Auch diesen

[1]) George Rawlinson, the five great monarchies of the ancient world I, p. 20 Note und p. 29, identificirt nach dem Talmud, Joma p. 10a כלנה זו נפור, Kalneh mit Nipur. Der Name hat sich auf zweisprachigen Tafeln erhalten und entspricht dem jetzigen Niffor. Ktesiphon, mit dem Kalneh von Targumisten und Kirchenvätern identificirt wird, gehörte nicht zu Babylon, da es am Tigris lag [S. jedoch Riehm-Baethgen, Handwörterbuch der bibl. Alterthums I, 254 und Schrader-Winckler a. a. O. S. 55].

Ueberschuß von wenigen Tagen glichen sie wieder in zehnmal sechzig Jahren (Ner) aus und bestimmten dadurch den Monat zu 29 Tagen 12 Stunden und Bruchtheilen [1]). Erst durch die astronomische Berechnung der Monatsdauer war es möglich geworden, ein regelmäßiges Kalenderjahr festzustellen, die Vorgänge der Zeitenflucht festzuhalten und den Erinnerungen einen Anhaltspunkt gegen das Schwanken der Selbsttäuschung zu geben. Die Babylonier befaßten sich aber nicht bloß mit dem ausgedehnten Felde der Sternenwelt, um große Zeiträume zu umspannen, sondern auch mit dem Winzigen und Kleinen, das kaum einen Eindruck auf die Sinne macht. Sie erfanden auch dafür einen Maßstab. Wenn die Berechnung der Umlaufszeiten der Sonne und des Mondes, der Sonnen- und Mondfinsternisse, des Auf- und Niederganges der Sterne astronomisch genau sein sollte, mußten nicht bloß die großen Zeiträume der Cyklen von sechzig und sechshundert Jahren, die Jahre und Monate, sondern auch kleine Zeitabschnitte von Stunden und Bruchtheilen derselben genau bestimmt werden. Auch dafür haben die babylonischen Weisen einen Maßstab erfunden, der auch von der Menge benutzt werden konnte. Sie haben zuerst die Eintheilung der Stunden eingeführt. Für die Tagesstunden haben sie eine S o n n e n- oder S c h a t t e n u h r (γνώμων) und für die Nachtstunden ein Gefäß mit Wasser erfunden, das innerhalb dieses Zeitmaßes aus einer Oeffnung abfloß [2]). Selbst ein Instrument, um die Sonnen- und Erdachse und den Stand der Jahreszeiten astronomisch zu bestimmen, haben sie eingeführt [3]). Hand in Hand mit der Messung der Zeit ging bei ihnen die genaue Regelung des Gewichtes und Maßes. Ein Kubikfuß Regenwasser gab zugleich das Gewicht für ein babylonisches Talent, und dieses wieder gab die Einheit für Gewicht, Flächen-, Hohl- und Flüssigkeitsmaße [4]). Diese Meßkunde und astronomische Wissenschaft gingen von ihnen zu verschiedenen Völkern über, selbst zu den Griechen, welche gelehrige Schüler der Babylonier waren. Zahlen wußten die Babylonier so gewandt zu behandeln, daß sie für höhere Rechnungen (im Quadrat) Täfelchen angelegt haben, die unter Trümmern in Südbabylonien aufgefunden wurden [5]).

[1]) Ueber die chaldäischen Cyklen von Sossen (60 Jahren) Neren (600) und Saren (dem Quadrat von 60 = 3600 Jahre) bei Syncellus p. 17, vgl. die geistvolle und einleuchtende Erklärung und Ausgleichung bei Marcus v. Niebuhr, Geschichte Assur und Babel, S. 239 fg. [Ueber die Chronologie vgl. daselbst S c h r a d e r - W i n c k l e r a. a. O. S. 327 ff.]

[2]) Herodot II, 109, Ideler, Handbuch der Chronologie, I. S. 215.

[3]) Den πόλος haben die chaldäischen Sternkundigen erfunden, Herodot das.

[4]) Vgl. darüber B o e c k h, metrologische Untersuchungen, S. 210 fg. [und S c h r a d e r - W i n c k l e r a. a. O. S. 329.]

[5]) In „Journal of the Asiatic Society XV. p. 218“ und daraus in

Die Babylonier lieferten aber, wie die Aegypter, Phönicier Griechen und andere Völker den Beweis, daß Kunstfertigkeit und Wissenschaft nicht allein im Stande sind, vor Thorheiten und Sittenverderbniß zu schützen. Ihre Sternkunde artete in astrologische Spielerei aus, sie glaubten durch den Stand und das Zusammentreffen der Gestirne die Geschicke der Menschen vorausbestimmen zu können. „Die Himmelstheiler schauten nach den Sternen und verkündeten Monat für Monat, was den Menschen zugetheilt sei"[1]. Ihre Götterlehre war eine noch größere Thorheit. Jede der verschiedenen Völkerschaften, welche sich in dem Thale Sinear angesiedelt hatten, brachten ihre Götter mit, die allmälig von Allen angenommen wurden, und solchergestalt verehrten die Babylonier fünfzehn Obergötter und noch eine große Menge Untergötter, selbstverständlich männlichen und weiblichen Geschlechtes. Die Hauptgottheiten waren indeß **Bel** und seine Genossin **Baaltis** (**Beltis**, **Mylitta**). Dazu kamen noch die **Sonne**, der **Mond**[2] und die fünf dem Auge erkennbaren Planeten: **Merodach** oder **Bel-Merodach** (Jupiter), **Nin** (Saturn), **Nergal** (Mars), **Isthar** (Venus) und **Nebo** (Merkur). Alle diese Götter und Göttinnen wurden in Bildnissen dargestellt, und die Bilder wurden verehrt[3]. Dem Hauptgott **Bel** war der Riesentempel mit dem hohen Thurme in Babel geweiht, in welchem mehrere Bildnisse desselben aus Gold aufgestellt waren, ihnen wurden goldene Tische mit Speisen vorgesetzt (Lectisternia)[4].

Die Beltis wurde durch Unzucht verehrt. Jedes Frauenzimmer mußte sich einmal in deren Tempelraum begeben und dort abwarten, bis ihr der erste beste Mann ein Geldstück in den Schoß warf mit den Worten: „Ich rufe die Göttin Mylitta an," und sie in ein Zelt

G. Rawlinson's „the five great Monarchies of the ancient world I, p. 129" ist ein Täfelchen mitgetheilt, das bei Senikareh-Larza einige Stunden nördlich von der Vereinigung des Euphrat und Tigris gefunden worden. Es enthält die Angabe der Quadrate von 51—60 und zwar anstatt der Dekaden das Sexagesimal-System (Sossen); z. B.: $51^2 = 43\ (S) + 21$
$52^2 = 45\ (S) + 4$.
Die Zahlzeichen sind deutlich, das Quadratzeichen ist durch Pfeile gegeben.

[1]) Jesaia 47, 13. הברי שמים sind **Himmelseintheiler**, von הבר, im Arabischen **theilen**. Später sagte man גזר, **theilen**; davon גזרה, **Geschick**, nach der **Constellation** bestimmt.

[2]) Der Mondgott wurde Sin-Urki genannt. Ist vielleicht der Götze נסרך, Jesaia 37, 38 und an der Parallelstelle in Könige II eine Versetzung von סנרך, also **Mondgott**? [Vgl. die abenteuerliche Gleichung נסרך = מרדך bei **Schrader-Winckler**, S. 85]

[3]) Vgl. über die Mythologie der Babylonier, G. Rawlinson. a. a. O. p. 140 fg., III, p. 459 fg. [u. zuletzt Schrader bei Riehm-Bäthgen I, 140 ff.]

[4]) Herodot I, 183; Jesaia 65, 11.

abführte[1]). Das Geld, viel oder wenig, gehörte dem Tempel oder richtiger den Priestern. In Folge des Mylittenkultus stieg die Unzucht des weiblichen Geschlechtes auf eine unglaubliche Höhe; nicht bloß Jungfrauen, sondern selbst ehrbare Frauen aus den höheren Ständen legten bei Gastmählern fremden Männern gegenüber alle Scham ab[2]).

Von Babel ging ein Eroberer aus, welcher die nördlichen und höher gelegenen Stellen des Zwischenflußlandes (Mesopotamien) unterwarf. Dieser Eroberer wird Aschur genannt, und er gründete die Landschaft Aschur, Assyrien (Athura), das sich um die neugegründete Stadt Ninive zwischen dem Tigris und dem großen Zab-Fluß (Lycus) gruppirte. Auch Ninive erlangte eine erstaunliche Ausdehnung, „einen Umfang von drei Tagereisen," dessen Trümmer noch heute von seiner ehemaligen Größe zeugen. Als sich die Landschaft Assyrien von diesem Mittelpunkte aus nach West, Ost und Nord ausbreitete, machte sie sich, etwa um die Zeit der Richter (1274), von dem Mutterstaat Babel unabhängig. Da das Klima des höher gelegenen ninivitischen Landes rauher ist, als das des Landes Sinear, so waren die Bewohner kräftiger und kriegerischer, verfielen nicht in Weichlichkeit und konnten erobernd vordringen. Je mehr Eroberungen Assyrien machte, desto mächtiger wurde es, indem es kräftige Völkerschaften der nördlichen Gebirgslandschaften, Meder, Armenier, Skythen und auch die Aramäer am oberen Euphrat unterwarf. Selbst das babylonische Mutterland gerieth in Abhängigkeit der assyrischen Könige. Assyrien wurde allmälig ein Großstaat, der zweite nächst Aegypten. Obwohl es durch seinen mächtigen Aufschwung das altbabylonische Reich eine Zeitlang verdunkelt und in Vergessenheit gebracht hat, so nahm es doch Babel zum Muster für alle Lebensbeziehungen. Die herrschende Klasse in beiden Ländern war stammverwandt, redete auch dieselbe Sprache, die eine Mischung von verschiedenen Mundarten war; der Hauptbestandtheil war indeß das Semitische oder Aramäische, das sich dem Hebräischen oder Phönicischen näherte, so weit man nach den Zahl- und Fürwörtern darüber urtheilen kann. Auch die Schrift beider Völker war dieselbe, mit dem Grundcharakter der Pfeilfigur (Keilschrift). Die Götter der Assyrier waren dieselben, wie die babylonischen, nur daß sie noch einen Gott mehr hinzufügten, Aschur, den Begründer ihres Landes und ihrer Macht, den sie daher noch höher als die übrigen Götter stellten[3]). Die Göttin der Ausschweifung und der Fruchtbar-

[1]) Herodot I, 199.
[2]) Curtius Rufus, gesta Alexandri V., 2, 6.
[3]) G. Rawlinson das. II, p 229 fg. [Vgl. Schrader das. S. 128, 132 ff.]

keit, Mylitta, wurde auch von ihnen verehrt[1]). Babel, die Lehrmeisterin für die Assyrier, wurde allmälig in vielen Punkten von den Schülern übertroffen. Ihre Bauten, wozu sie nicht bloß Ziegel und Backsteine, sondern auch Felsstücke aus dem Gebirge verwenden konnten, waren noch riesiger, prächtiger, mit Malereien und ausgehauenen Figuren geschmückt. Wie sie den Helden ihres Stammes und den Gründer ihres Staates über die Götter stellten, so zollten sie auch ihren Königen noch mehr Hochachtung als den Göttern. Gegen die riesigen und reichgeschmückten Paläste der assyrischen Herrscher erscheinen die Tempel der assyrischen Götter klein und ärmlich. Die assyrischen Könige beschäftigten sich abwechselnd mit Krieg, mit Jagd in den Gebirgen, welche voll von Wild waren, und mit leckeren Gelagen. Sie ließen sich auch an den Wänden ihrer Paläste abbilden, meistens mit Köcher und Bogen, wie sie die Gefangenen niedermachten oder Löwen erlegten, oder wie sie, von zahlreichen Dienern umgeben, den Pokal in der Hand hielten. Kriegerisch waren die Assyrer bis zum Uebermaß. Es war ein kräftiger Menschenschlag, der von seinen eroberungssüchtigen Königen zu harten Kämpfen gestählt wurde. Die Assyrer hatten Rosse in Menge aus den armenischen Gebirgen und konnten als gute Reiter leicht über Feinde, welche bloß Fußvolk ihnen entgegenstellten, Siege davon tragen. Ein judäischer Seher schilderte das assyrische Volk mit anschaulicher Treue: „Es kommt leicht und schnell einher. Kein Müder und Schwacher ist unter ihnen. Es schläft und schlummert nicht. Es löst sich nicht der Gurt seiner Lenden, und es reißt nicht der Riemen seiner Schuhe. Seine Pfeile sind geschärft und alle seine Bogen gespannt. Die Hufe seiner Rosse gleichen dem Kiesel und seine Wagen dem Sturmwind. Es brüllt wie die Löwen, ergreift die Beute, trägt sie fort, und niemand kann sie ihm entreißen“[2]). Bei den Assyrern, wie bei allen Völkern des Alterthums — mit Ausnahme der Griechen und Römer — war der König der Inhaber aller Macht, das Volk nur eine Heerde, welche zur Schlachtbank geführt werden durfte. Die assyrischen Herrscher legten sich zuerst den prunkenden Titel „Großkönige“ bei[3]). Konnten sie sich doch rühmen, daß selbst die ihnen untergeordneten Fürsten Könige waren[4])!

Sobald die Assyrer ihr Gebiet nach Nord, Ost und West ausgedehnt hatten, richteten sie ihr Augenmerk auf den Süden. Sie gedachten zunächst die Seegestade der Phönicier in ihre Gewalt zu

[1]) Herodot I, 199, Pausanias I, 14, 6.
[2]) Jesaia 5, 26 fg.
[3]) Das. 36, 4.
[4]) Das. 10, 8.

bringen und damit in den Besitz des Reichthums dieses Handelsvolkes zu gelangen. In zweiter Reihe kam Aegypten in Betracht, dessen Reichthum und Glanz ebenfalls zur Eroberung verlockte. Möglich, daß die Besitznahme von Damaskus und Hamath durch Jerobeam II. (o. S. 65) sie zuerst darauf gebracht hat, sich in die politischen Verhältnisse der Völker an der Westseite des Euphrat und in der Libanon-Gegend einzumischen. Die besiegten Aramäer mögen den Hof von Ninive zu Hilfe gerufen haben. Denn Damaskus und Hamath wurden in dieser Zeit wieder frei und bildeten, wenn auch nicht mehr, wie ehemals, mächtige Staaten, so doch unabhängige Gemeinwesen [1]). So erschien zum ersten Mal ein assyrisches Heer auf israelitischem Boden, ein Volk, das berufen war, mehrere Geschlechter, ein halbes Jahrhundert hindurch beide Reichshälften in Schrecken zu versetzen und dem Zehnstämmereich ein Ende zu machen. Phul [2]) war der erste König, welcher einen Einfall auf israelitisches Gebiet machte. Von Hamath und Damaskus aus bewegte sich das assyrische Heer, das aus viel Reiterei und Kriegswagen bestand, wohl zuerst an der Ostjordanseite, überfiel die gileaditischen Städte, machte die Bewohner zu Gefangenen, welche nicht die Flucht ergriffen hatten, und plünderte deren Habe. Dann setzten die Assyrer über den Jordan und verfuhren auf dieselbe Weise in den Landstrichen Sebulon und Naphtali. Der König Menahem wagte nicht einmal einer so gewaltigen Kriegsmacht den Heerbann entgegen zu stellen. Die inneren Wirren müssen seine Kräfte ohnehin so sehr gelähmt haben, daß er an Gegenwehr nicht denken konnte. Der Fluch des Königsmordes traf ihn, freilich eben so hart und noch härter das Land. Menahem war im Volke verhaßt; die Grausamkeit, mit der er sich in den Besitz der Macht gesetzt hatte, war noch in frischem Andenken. Die Freunde des ermordeten Königs sorgten dafür, daß dieser Haß nicht erkaltete. Als Phul den israelitischen Boden betreten hatte, scheinen die Feinde Menahem's sich zu ihm mit dem Ansuchen begeben zu haben, den König, welcher sich dem Volke aufgedrängt hatte, zu entthronen. Menahem kam ihnen aber zuvor. Auch er begab sich zu dem assyrischen Eroberer und versprach ihm eine außerordentliche Geldsumme, tausend Khikhar Silbers (etwa 7000000 Mark), wenn er die Regierung in seiner Hand befestigen würde. Phul, der aus einem unbekannt gebliebenen Grunde nicht festen Fuß in diesem Gebiet fassen

[1]) Folgt aus Zacharia 9, 1—2; daß Damaskus wieder einen eignen König hatte, folgt aus Jesaia 7, 1 fg.

[2]) S. Frankel-Graetz, Monatsschr. Jahrg. 1874, S. 481 fg. [Vgl. Schrader-Winckler, S. 49 f. 264. Tiele, babyl. assyr. Geschichte, S. 110 f. 226 u. Klostermann zu II Könige 15, 19.]

mochte oder konnte, begnügte sich mit der angebotenen Abfindungssumme und zog vom Reiche Israel ab, die Beute und die gemachten Gefangenen mit sich führend[1]). Das Loskaufsgeld erlegte nicht etwa der König Menahem aus seinem Schatze, sondern erzwang es von den Reichen; jeder derselben mußte die damals bedeutende Summe von 50 Schekel (etwa 126 Mark) dazu beisteuern[2]).

So war denn der Anfang vom Ende eingetroffen und Amos' Prophezeihung, die er ein halbes Jahrhundert vorher deutlich ausgesprochen hatte, ein fernes Volk werde Israeliten in ein entferntes Land weit über Damaskus hinaus vertreiben (o. S. 79), war zum Theil in Erfüllung gegangen. Die ersten Israeliten waren nach der Tigris-Gegend oder in irgend ein Gebiet des großen assyrischen Reiches verpflanzt. Indessen schien das Zehnstämmereich äußerlich noch ungebrochen. Es zählte noch 60,000[3]) Wohlhabende, welche die bedeutende Abfindungssumme leisten konnten. Noch hatte Menahem Reiterei, Kriegsmittel und feste Städte, auf die er sich verlassen zu können vermeinte. Allein ohne es zu merken, war das Greisenalter über das Volk gekommen, wie ein Prophet den Zustand der eingetretenen Zerfahrenheit so treffend bezeichnete[4]). Die Spaltung im Innern löste allmählich den Fugenbau des Staates auf. Als der grausame Menahem gestorben war und sein Sohn Pekachja ihm gefolgt war (757), konnte dieser sich kaum zwei volle Jahre behaupten. Sein eigener Wagenkämpfer Pekach, Sohn Remaljahu's, zettelte eine Verschwörung gegen ihn an, tödtete ihn in seinem eigenen Palaste in Samaria (756) und warf sich zum König auf. Der Vorgang dieses Königsmordes, bereits des siebenten seit der Entstehung des Zehnstämmereiches, ist in Dunkel gehüllt; es scheint, daß Pekach erst noch zwei Nebenbuhler, Argob und Arjeh[5]) hat beseitigen müssen, ehe er den Thron von Samaria besteigen konnte. Drei Könige sind in einem Monat vertilgt worden. Fünfzig Gileaditen spielten dabei eine Rolle; es ist ungewiß, ob als Mitverschworene oder als Gegner Pekach's.

Der Sohn Remaljahu's, der vorletzte König von Israel (755 bis 736) war ein fester, rücksichtsloser, gewaltthätiger Mann, der noch mehr als seine Vorgänger das Volk bedrückte. Er wurde als falscher

[1]) Das.

[2]) Könige II, 15, 19—20 גברי החיל kann hier nur bedeuten die Reichen, oder Reichsten, wie das. 24, 14; Ruth 2, 1; Hiob 21, 7: גם גברו חיל, „sie haben an Reichthum zugenommen". [Ganz anders Klostermann a. a. O. v. 20.]

[3]) 1,000 ככר Silber, das ככר zu 3,000 Sekel = 3,000,000 Sekel, dividirt durch 50 S. auf die Person, giebt 60,000.

[4]) Hosea 7, 9.

[5]) Vgl. Note 3.

Hirt charakterisirt, „der die Herde preisgegeben, die vermißten nicht aufgesucht, die Verwundeten nicht geheilt, die Kranken nicht gepflegt und noch dazu das Fleisch der Gesunden aufgezehrt hat.“ Um sich gegen Angriffe von Seiten der Assyrier zu decken, trat er einem Bündnisse bei, welches die Herrscher der Nachbarvölker unter einander geschlossen hatten, um der ninivitischen Großmacht mit vereinten Kräften besser widerstehen zu können. Von wem die Anregung zu einer Vereinigung ausgegangen sein mag, läßt sich nicht mit Gewißheit ermitteln, wahrscheinlich von Damaskus aus, das wieder einen König hatte Namens Rezin und das dem Ungestüm eines assyrischen Erorberungszuges zuerst ausgesetzt war. Es gehörten dazu die aramäischen Fürstenthümer Hamath und Zoba. Tyrus selbst, der Vorort des phönicischen Staates, trat wohl ebenfalls dem Bunde bei. Möglich, daß der tyrische König Elulai, welcher schon damals regierte[1]), in Voraussicht, daß Phönicien von Assyrien bedroht werden würde, sich an der feindlichen Haltung gegen dasselbe betheiligte. Die Insel Tyrus, welche der Hauptstandort der ein- und auslaufenden Schiffe war, wurde wohl damals durch ein mächtiges Bollwerk mit Mauern und Thürmen befestigt[2]). Zweifelhaft ist es, ob auch das Reich Juda dem Bündnisse gegen Assyrien beigetreten ist.

Nachdem der König dieses Landes, Usia, im Aussatzhause gestorben war, nahm sein Sohn Jotham, welcher mehrere Jahre als Verweser regiert hatte, den Königstitel an. Jotham (754—740) besaß keine hervorragenden Eigenschaften, war weder unternehmend, noch staatsmännisch, sondern verharrte in den von seinem Vater gebahnten Geleisen. Im Innern scheint er den Frieden erhalten zu haben, wenigstens wird kein Zerwürfniß zwischen ihm und dem Hohenpriester gemeldet[3]). Aeußerlich bestanden die Machtverhältnisse fort, welche Usia geschaffen hatte, Reiterabtheilungen, Kriegswagen, Tarschisch-Schiffe, welche die Schifffahrt auf dem Rothen Meere betrieben, Reichthum und Glanz[4]). Jotham ließ Jerusalem noch mehr befestigen und zwar von der Ostseite, wo der Tempel stand, den Moriahügel und seine Fortsetzung. Die Abdachung des Ophel[5]) war zwar durch das daranstoßende Kidron-Thal gesichert und durch eine Umwallung geschützt; aber diese Wehr genügte nur gegen ungeregelte Kriegshaufen, welche

[1]) Nach Menander bei Josephus Alterth. IX, 14, 2; vgl. weiter unten.

[2]) Zacharia 9, 3; vgl. Movers, Phönicier II, 1, S. 221, 382 [u. Pietschmann a. a. O. S. 300 f.]

[3]) Vgl. Chronik II, 27, 2.

[4]) Vgl. Note 3.

[5]) Vgl. B. I, S. 452.

von der Belagerungskunst nichts verstanden. Solche konnten von den Höhen aus durch Pfeile und Steinschleudern von Angriffen abgehalten werden. Aber gegen ein kriegsgeübtes und mit starken Belagerungsmitteln versehenes Heer schien dieser Schutz nicht ausreichend. Jotham ließ daher die Ostmauer widerstandsfähiger machen. Da aber der Eingang zum Tempel an dieser Seite war, so mußte hier ein geräumiges Thor angebracht und dieses Thor selbst widerstandsfähig gemacht werden. Dieses Ostthor erhielt den Namen das „obere Thor", weil der Hügel und die Mauer an dieser Seite eine höhere Lage hatten [1]). Diese Mauer an der Ostseite des Tempels wurde weiter südlich um den Hügel Ophel geführt, wahrscheinlich war dieser Stadttheil mehr bewohnt als früher und durfte nicht mehr ohne Vertheidigung gelassen werden. Auf dem Gebirge Juda ließ Jotham Städte bauen oder vielmehr befestigen, und auf waldigen Höhen ließ er Castelle und Thürme errichten [2]). Mit dem Zehnstämmereich oder mit dessen König Pekach stand er auf friedlichem Fuße, ja es scheint ein innigeres Bundesverhältniß zwischen beiden bestanden zu haben [3]).

Diese Freundschaft zwischen den beiden Reichen auf der einen und das Aufkommen eines anspruchsvollen Adels auf der andern Seite hatten die nachtheiligsten Folgen für die Gesittung in Juda und namentlich in der Hauptstadt. Durch unbekannte innere Vorgänge während Jotham's Verweserschaft hatten nämlich vornehme Familien ihr Haupt so hoch gehoben, daß sie fast den König überragten. Die „Fürsten Juda's" führten das große Wort, entschieden die wichtigsten Staatsangelegenheiten, rissen das Gerichtswesen an sich und verdunkelten allmälig das Haus David's so vollständig, daß es fast zum Schattenkönigthum herabsank [4]). Neben dem König vom Hause David's bestand eine prinzliche Familie, das Haus Nathan, von einem von David's

[1]) Könige II, 15, 35, Chronik das. 27, 3. Der Lage nach, namentlich in Verbindung mit der Befestigung des Ophel, kann unter שער בית ה׳ העליון nur das Ostthor gemeint sein. [Vgl. jedoch Ez. 9, 2.]. In Chronik II, 23, 20 ist zwar angegeben, daß Joasch durch dieses Thor in den Palast geführt worden wäre, allein abgesehen davon, daß diese Benennung damals noch nicht existirt haben kann, so widerspricht dem die Angabe in Könige II, 11, 19, daß Joasch durch das שער הרצים geführt worden ist. Identisch können beide Namen unmöglich sein Dieses Thor scheint vielmehr identisch zu sein mit שער המזרח, Nehemia 3, 29. Jedenfalls ist von diesem obern Tempel-Thore die Rede. Jerem. 20, 2: המהפכת אשר בשער בנימן העליון אשר בבית ה׳. Das Wort Benjamin ist ein lapsus, denn das Benjamin-Thor war ein Stadtthor, hier wird aber von einem Tempel-Thor gesprochen. [S. jedoch Orelli und Duhm zu Jer. 20, 2.]

[2]) Chronik das. 27, 4.

[3]) Vgl. Note 3

[4]) Vgl. Note 4.

jüngeren Söhnen. Da diese Familie ihren Ursprung ebenfalls auf den Gründer des judäischen Königthums zurückführte, so dünkte sie sich der Königsfamilie ebenbürtig. Aus diesem Hause scheint der jedesmalige Palastaufseher ernannt worden zu sein, und dieser Oberbeamte beherrschte den Hof und die Dienerschaft, erlangte allmählich so viel Einfluß und Macht, daß er als der maßgebende Regent angesehen wurde, die Staatsangelegenheiten leitete, Belohnungen und Strafen austheilte, kurz eine solche Machtfülle in Händen hatte, daß der König nur herrschte, aber nicht regierte. Er führte den Titel „Verweser des Hofes" (Sochên). Auch die Häupter der vornehmsten Familien, die „Aeltesten" Juda's maßten sich eine selbstständige Stellung an, regierten in ihrem Kreise nach eignem Gutdünken und kümmerten sich wenig um königliche Befehle. Wenn sie sich mit dem Palasthauptmann oder dem Verweser abgefunden hatten, so konnten sie straflos über das Volk oder die Einsassen ihres Kreises schalten und walten. Da sie das Gerichtswesen in Händen hatten und über Leib und Gut des Einzelnen Entscheidung treffen konnten, so zitterten diese vor ihnen und büßten den Mannesmuth ein. Diese großen Herren, „die Fürsten Juda's," waren der Krebsschaden, welcher an dem judäischen Staatsorganismus fraß. Zerfahrenheit, Laster und Mißstände, welche stets im Gefolge einer Adelsherrschaft zu sein pflegen, rissen auch hier ein. Die Adelskaste ist ihrer Natur nach herrsch- und selbstsüchtig, beutelustig und zu Erpressungen geneigt, um mit größeren Mitteln größere Bedürfnisse befriedigen und ihr Ansehen behaupten zu können. Der judäische Adel, die Fürsten Juda's, waren nicht besser, aber auch nicht schlimmer, als diese bevorzugte oder auf Vorzug pochende Kaste zu allen Zeiten war, wenn ihrer Macht nicht von oben oder unten, von dem festen einzelnen Willen auf dem Throne oder dem Gesammtwillen des geeinigten Volkes Schranken gesetzt wurden.

Unter Jotham hatte das Königthum bereits seine Macht über den Hof und Landadel eingebüßt. Daraus entstanden tiefgehende Uebel. Die Fürsten Juda's trachteten vor Allem darnach sich zu bereichern, die Ackerfelder, Weinberge oder Triften des Landvolkes an sich zu bringen und ihre Besitzungen auszudehnen. Einige mögen bloß durch Härte ihre Güter vergrößert haben. In der Noth liehen sie den kleineren Ackerbesitzern Geld oder Getreide zum Leben oder als Saatkorn, und wenn diese nicht Zahlung leisten konnten, so pfändeten sie die Felder und beraubten sie der Mittel, ihre Existenz zu fristen. Andere scheinen noch schreiendere Ungerechtigkeiten begangen zu haben. Unter nichtigen Vorwänden setzten sie sich gewaltsam in den Besitz der Häuser und Felder ihrer ländlichen Nachbarn. Brachten die Beraubten ihre Klagen vor die Richter, so fanden sie kein Gehör, weil diese Standesgenossen oder Mitschuldige der Räuber waren oder durch Bestechung das Recht beugten. Es entwickelte sich dadurch jener verderbliche Mißstand, daß angehäufter Reichthum auf der einen, verkümmernde Armuth auf der andern Seite einander gegenüberstanden mit allen unheilvollen Folgen, welche dieser Gegensatz zu erzeugen pflegt. Es scheint allmählich dahin gekommen zu sein, daß die Fürsten und Aeltesten ausgedehnte Gütercomplexe besaßen [1]), die sie von Sklaven oder zu Sklaven erniedrigten Armen bebauen ließen. Sie scheuten sich nicht, die Kinder der Verarmten, wenn diese ihre Schulden nicht zahlen konnten, zu Sklaven zu machen und von ihnen die Mühle treten zu lassen [2]).

Diese gewaltthätige Ungerechtigkeit war mit einem andern Laster verbunden. Die überreichen Fürsten Juda's wollten genießen, große Gelage halten, ihr Leben in rauschenden Freuden zubringen. Des Morgens frühe erhoben sie sich vom Lager zum Becher, und bis spät in die Nacht erhitzten sie sich am Wein. Und bei ihren Gelagen hatten sie rauschende Musik von Lauten, Harfen, Handpauken und Flöten. Doch das war noch ein unschuldiges Spiel gegen andere Genüsse. Der Weinrausch betäubt das Schamgefühl und erregt sinnlichen Reiz. Aber die strenge Sitte, welche sich aus der sinaitischen Gesetzgebung entwickelt hat, war eine Feindin der Unzucht. So lange diese bestand, konnte die überreizte Genußsucht nicht unbeschränkt befriedigt werden. Da kam den Fürsten Juda's das freundschaftliche Verhältniß mit dem Zehnstämmereich zu statten. Hier, namentlich in der Hauptstadt Samaria, war der schrankenlose Lebensgenuß nicht verpönt, sondern gewissermaßen geheiligt und bildete einen Theil der Gottesverehrung. Zum Baal- und Astartencultus gehörte dies unzüchtige Leben. Die Könige, welche auf Jerobeam II. gefolgt waren, hatten diesen Cultus nicht abgeschafft, sondern ihm öffentlich gefröhnt. Hier gab es Tempeldirnen in Menge. Im Zehnstämmereich opferte man auf den Spitzen der Berge und räucherte auf den Hügeln, und im Schatten von Eichen und Terebinthen lagerte die Unzucht. Diese hatte so sehr um sich gegriffen, daß Töchter und Schwiegertöchter nicht unbefleckt davon geblieben sind und dem Beispiele der Väter und Schwiegerväter folgten [3]). Hier hatten Wein und Unzucht den Sinn

[1]) Folgt aus Jesaia 5, 8. Das Uebrige folgt aus das. 3, 14; 5, 23.

[2]) Das. 3, 15. Für ופני עניים תטחנו muß gelesen werden ובני עניים, [s. dagegen Marti z. St.] wie Sprüche 27, 23 ידע תדע פני צאנך = בני צאנך; als Sachparallele Könige II, 4, 1 והנשה בא לקחת את שני ילדי לו לעבדים.

[3]) Hosea 4, 13–14.

der Großen so sehr verderbt, daß sie das Holz um Orakel befragten, und der Stock sollte ihnen die Zukunft verkünden[1]). Von diesen Großen des Zehnstämmereiches, von den „Trunkenbolden Ephraims“[2]) lernten die Fürsten Juda's den Genüssen ohne Schranken zu fröhnen. Sie haben die Grenzpfähle aufgehoben und aus beiden Ländern eins gemacht[3]). Sie waren gelehrige Schüler, führten auf ihrem Gebiete den Götzencultus des Baal und der Astarte ein, machten silberne und goldene Götzen — sie waren ja reich — und füllten sich mit Ausgeburten der Fremde[4]). Der Gottesdienst im Tempel zu Jerusalem war zwar amtlich anerkannt, ihm huldigte der König und dienten die Ahroniden und Leviten; aber das hinderte die Adligen nicht, ihren Privatkultus des Baal zu hegen. Das brüderliche Zusammengehen von Israel und Juda hatte die Folge, daß der unfläthige Götzendienst, die geschlechtliche Ausschweifung, die Trunksucht, der Hochmuth und die Verhöhnung des Rechtes beiden gemeinsam wurden.

Indeß so entartet der israelitische und judäische Adel war, so war doch in diesem Kreise dafür gesorgt, daß die Entartung nicht als gesetzlicher Zustand anerkannt wurde, um dadurch größere Verbreitung zu finden. In derselben Zeit wurde Rom gegründet (753); das römische Gemeinwesen war von Anfang an auf Rechtsungleichheit, auf Herrschaft von einigen Adelsfamilien gegründet, welche die Masse des Volkes, die Plebejer und Schützlinge, gesetzlich als niedrige und rechtlose Klasse behandelten. Hier durfte Niemand an diesem Zustande rütteln, wenn er nicht als Staatsverbrecher der schwersten Strafe verfallen wollte. Die Rechtsungleichheit und die schreiende Ungerechtigkeit und Bedrückung erhielt sich daher in Rom Jahrhunderte lang als Staatsgrundgesetz. Und eben so war es in allen Staaten des Alterthums. Im israelitischen Volke dagegen konnte es nie dahin kommen, daß die Ungerechtigkeit öffentlich anerkanntes Recht geworden wäre. Hier gab es Männer, welche die Verhöhnung des Rechts und die Entwürdigung der besitzlosen Menschen mit lauter Stimme verurtheilten, die Schwachen gegenüber den Gewaltigen mit der ganzen Kraft der Ueberzeugung vertheidigten. Gerade in dieser Zeit der Entartung unter dem judäischen König Jotham und dem israelitischen König Pekach traten mehrere Gottesmänner auf, welche mit Feuer-

[1]) Das. V. 10—12.
[2]) Jesaia 28, 1, 3.
[3]) Hosea 6, 10—11: זנות לאפרים נטמא ישראל גם יהודה, wie nach LXX zu lesen ist. Das. 5, 10: היו שרי יהודה כמסגי גבול. Darauf bezieht sich auch Jesaia 28, 7: וגם אלה ביין שגו ובשכר תעו. Dieses אֵלֶּה bezieht sich auf Juda, wie der ganze Zusammenhang an die Hand giebt, besonders V. 14.
[4]) Jesaia 2, 6—8.

zungen gegen die Verderbniß der Großen sprachen. Es war das dritte Geschlecht großer Propheten nach Eliahu, Elisa und Micha, Sohn Jimlah's, und nach Amos, Joël und Hosea.

Der bedeutendste unter ihnen war Jesaia, Sohn Amoz' aus Jerusalem. Mit den Mitpropheten seiner Zeit, Zacharia, Hosea II. und Micha II. theilte er den Freimuth, welche die Sünde, die Verkehrtheit und das Laster beim rechten Namen nennt und sie rücksichtslos brandmarkt. Er übertraf sie aber und alle seine Vorgänger an Fülle der Gedanken, Anmuth der Form, Erhabenheit des poetischen Ausdrucks, Feinheit der bildlichen Gleichnisse und Klarheit der prophetischen Vorschau. Jesaia's prophetische Beredtsamkeit verband schlichte Einfachheit mit Tiefe, Gedrungenheit der Sprache mit Leichtverständlichkeit, treffenden, verwundenden Spott mit erhebendem Schwung. Wenn sein Sprachvermögen ebenso tief eindringend war, wie seine Beredtsamkeit, dann muß sie einen tiefen, nachhaltigen Eindruck auf die Zuhörer gemacht haben. Von Jesaia's Lebensumständen ist indeß wenig bekannt. Er hatte eine Frau, die ebenfalls prophetischer Gesichte gewürdigt war [1]). Er trug auch die allgemeine Prophetentracht, einen Ueberwurf aus Stoff von Ziegenhaar (Sak) [2]). Aus seinem Prophetenberufe machte er, wie Eliahu, eine ernste Lebensaufgabe. Seine ganze Thätigkeit war einzig und allein darauf gerichtet, die Schlechtigkeit zu entblößen, das Volk zu warnen und zu ermahnen und ihm ein glänzendes Ideal der Zukunft vorzuhalten, welches es verwirklichen sollte. Seinen Söhnen gab er symbolische Namen, welche die Begebenheiten, die erst eintreffen sollten, im Voraus anzeigen und zum Zeichen und Vorbild dienen sollten. Den Einen nannte er „Schéar-Jaschub“ (ein Rest wird wieder umkehren), um anzudeuten, daß ein Theil des Volkes aufrichtig zu Gott zurückkehren werde, aber nur ein Rest. Einen andern Sohn nannte er „Maher-Schalal-Chasch-Baz“ (schnell wird zur Beute werden), um vorauszuverkünden, daß zwei gefährliche Gegner des Hauses David den Assyrern bald zur Beute und unschädlich werden würden [3]). Mehr als vierzig Jahre (755—710) [4]) hat er sein prophetisches Amt mit voller Hingebung verwaltet, unermüdlich, standhaft, unerschrocken. In gefahrvollen Lagen, wo Alle, Groß und Klein, König und Fürsten, ver-

[1]) Jesaia 8, 3.

[2]) Das. 20, 2. Nur während der das. angegebenen Zeit sollte er den pr ablegen.

[3]) Das. 7, 3; 10, 21; 8, 3—4.

[4]) Folgt daraus, daß er nach 6, 1 zuerst in Usia's Todesjahre sprach (755), und daß er am eindringlichsten während Sanherib's Belagerung wirkte (710).

zweifelten, trat er mit Siegeszuversicht auf und fachte Hoffnung und Muth an.

Im Todesjahre des Königs Usia (755) trat Jesaia zuerst auf, er mag da ungefähr im dreißigsten Lebensjahre gestanden haben. Er verkündete dem Volke, vielleicht auf dem Tempelberge, das Gesicht, das ihm zum ersten Male geworden ist, und wie er zum Propheten erwählt wurde.

Jesaia's erste Rede war eine einfache, kurze Mittheilung des Gesichtes, das er geschaut, dessen tiefe Bedeutung aber nicht mißverstanden werden kann. Er erzählte, daß er in einem Gesichte Jhwh Zebaoth auf einem hohen und erhabenen Throne gesehen, der von geflügelten Weien, Seraphim, umgeben war. Ein Seraph rief dem Andern: „Heilig, heilig, heilig ist Jhwh Zebaoth" mit so dröhnender Stimme zu, daß die Pfosten der Tempelschwellen davon erzitterten[1]). „Da sprach ich: „„Wehe mir, ich bin vernichtet! denn ich bin ein Mann von unreinen Lippen und wohne inmitten eines Volkes von unreinen Lippen, und meine Augen haben den Gott Zebaoth geschaut""! Da flog zu mir einer der Seraphim und hatte in der Hand einen glühenden Stein, den er vom Altar genommen, berührte damit meinen Mund und sprach: „„So wie dieser deine Lippen berührt hat, so weicht dein Fehl, und deine Sünde ist vergeben."" Ich vernahm die Stimme des Herrn: „„Wen soll ich senden, und wer wird für uns gehen?"". Da sprach ich: „„Ich bin bereit, sende mich"". Er sprach: „„Geh' und sprich zu diesem Volke: „„Vernehmet nur immer und begreifet nicht, sehet nur und merket nicht"". „„Du solltest das Herz dieses Volkes stumpf, seine Ohren taub machen und seine Augen verkleistern, damit es nicht sehe mit seinen Augen, nicht höre mit seinen Ohren und mit seinem Herzen nicht begreife, sonst könnte es umkehren, und ihm würde Heilung werden""! „Ich sprach": „„Wie lange noch, o Herr""? „Er sprach": „Bis die Städte verwüstet sind ohne Bewohner, die Häuser ohne Menschen, und der Boden als eine Einöde übrig bleibe[2]) Jhwh wird die Menschen entfernen, und die Verlassenheit wird im Lande gewaltig sein. Wenn nur noch ein Zehntheil sein wird, so wird auch dieses zur Vernichtung sein, aber wie die Eiche und Terebinthe in der

[1]) Allgemein wird jetzt angenommen, daß Jesaia's sechstes Kapitel seine erste Rede gewesen und daß nur aus didaktischen Gründen die später gehaltene Rede Kap. I vorangesetzt wurde. Das. 6, 4 ist אמות הספים unverständlich, man muß dafür lesen אמנות הספים die „Pfosten, Stützen," wie Könige II, 18, 16.

[2]) Das. V. 11 תשאה ist kein verständliches Wort, man muß dafür lesen תשאר mit LXX καταλειφθήσεται.

Flamme[1]), an denen der Stamm bleibt — heilige Nachkommenschaft (wird des Landes) Stamm sein!""

Welch reicher Inhalt ist in dieser einfachen Erzählung! Der Tempel, Wohnsitz des hocherhabenen, heiligen Gottes, inmitten eines Volkes von unreinen Lippen, eines stumpfen, blinden und tauben Volkes, das nichts hören und verstehen will! Wie wird dieser Gegensatz überwunden werden? Wenn nicht Besserung eintritt, so kann nur die grausige Vernichtung diesen Gegensatz zwischen einem heiligen Gott und einem unheiligen Volke aufheben. Aber diese Vernichtung wird einen heiligen Stamm als Ueberbleibsel verschonen. Doch diese Vernichtung ist nur als Drohung ausgesprochen, noch kann sie abgewendet werden, noch kann Heilung eintreten, wenn das Volk sich entschließt, zu sehen, zu hören und zu verstehen. Diese Heilung soll Jesaia herbeiführen. Er erbot sich zu dieser Sendschaft. Wie will er sie herbeiführen? Zunächst durch seine gewaltige, eindringliche Beredtsamkeit; aber er scheint noch ein anderes Mittel angewendet zu haben.

In der ersten Rede hatte Jesaia die Verkehrtheit der Vornehmen nur obenhin berührt und nur angedeutet, daß sie unzugänglich für bessere Einsicht waren. In einer anderen Rede, die sich erhalten hat, ging er auf Einzelheiten ein und hielt besonders den „Fürsten Juda's" einen Spiegel ihrer Thorheit und Verruchtheit vor. Höhnisch und frech hatten sie auf seine Warnung erwidert: „Möge der Heilige Israels sein Werk beschleunigen, damit wir es sehen, möge sein Rathschluß sich nähern und eintreffen, damit wir ihn erkennen"[2]). Darauf geißelte Jesaia ihre götzendienerische Verblendung, ihre Verhöhnung des Rechts, ihre Räubereien, ihre Genußsucht und besonders den Hochmuth, die Ueppigkeit und Unanständigkeit der adligen Frauen und zeigte die Folgen derselben in der Fernsicht. Er begann diese Rede nicht mit zermalmenden, sondern mit milden, erhebenden Worten. Er hob die ideale Bedeutung des Volkes Israel, der Lehre, die es zu pflegen hatte, und des Tempels, der sie versichtbaren soll, hervor und entlehnte dazu die ewig denkwürdigen Aussprüche eines ältern Propheten:

„Am Ende der Tage
„Wird der Berg des Tempels aufgerichtet sein an der Berge Spitzen

[1]) Das. V. 13 אשר בשלכת ist durchaus unerklärlich. Es ist dreifacher Unsinn, es als Infinitiv von שלך, השלך abzuleiten. [Vgl. jedoch Barth, Nominalbildung in den semit. Sprachen, S. 39]. Ein Eigenname kann es ebensowenig sein, etwa wie שער שלכת. I. Chronik 26, 16. Es ist vielmehr zusammengezogen aus שלהבת.

[2]) Das. 5, 19.

„Und höher sein als die Hügel,
„Und zu ihm werden alle Völker strömen.

. . . . . . . . . . . . . . . . . . . .

„Denn von Zion wird die Lehre ausgehen
„Und das Wort Gottes von Jerusalem.

. . . . . . . . . . . . . . . . . . . .

„Ein Volk wird gegen das andere nicht mehr das Schwert ziehen,
„Und sie werden nicht mehr Krieg lehren[1]).

Nach dieser Einleitung fuhr der Prophet ironisch fort:

„Haus Jakob's, kommet,
„Lasset uns im Lichte Jhwh's wandeln!
„Du hast aber deines Volkes Lehre verlassen,
„Haus Jakob's!
„Denn voll sind sie mit Zaubereien
„Und mit Tagewählern, wie die Philister,
„Und mit Geburten der Fremden bereichern sie sich.
„Es füllte sich sein Land mit Silber und Gold,
„Und kein Ende seinen Schätzen.
„Es füllte sich sein Land mit Rossen,
„Und kein Ende seinen Kriegswagen,
„Da füllte sich sein Land mit nichtigen Götzen,
„Sein eigenes Händewerk betet es an,
„Das, was seine Finger gemacht.
„So sank der Mensch, so erniedrigten sich die Männer!
„Geh' in die Felsen,
„Verbirg dich im Staube
„Vor Jhwh's Schrecken,
„Vor dem Glanz seiner Hoheit!
„Wenn er eintreffen wird,
„Das Land zu erschrecken![2])

[1]) Vgl. o. S. 89.

[2]) Die Kap. 2—5 bilden ein zusammenhängendes Ganzes, wie der Augenschein lehrt. Diese Rede kann nur unter Jotham gehalten worden sein, wie übrigens die meisten Ausleger annehmen. Zwei Momente sprechen entschieden dafür, einmal die Voraussetzung, daß die Macht und der Reichthum aus Usia's Zeit noch fortbestand (2, 12—16), was unter Ahas nicht der Fall war, und dann, daß zum Schluß von dem Einfall der Assyrer so unbestimmt gesprochen wird (5, 26 fg.), als wenn sie in Juda noch wenig bekannt gewesen wären, während sie in Ahas' ersten Regierungsjahren bereits einen ausgedehnten Einfall gemacht hatten und demgemäß allzu bekannt waren. Man vgl. nur damit die Erwähnung der Assyrer unter Ahas 7, 17 fg. Wie ungleich sind die beiden Stellen. Ewald's Beweis für die Abfassungszeit unter Ahas von 3, 12 עַמִּי נֹגְשָׂיו מְעוֹלֵל „meines Volkes Herrscher sind ein Kind", weil dieser mit 20 Jahren zum Thron gelangte, ist an sich absurd und zugleich chronologisch unrichtig, da Ahas 25 Jahre alt beim Regierungsantritt gewesen sein muß. Uebrigens muß man 5, 26 lesen ונשא נס לגוי statt לגוים (das ם vom folgenden מרחק); denn in der ganzen Partie wird von diesem Volke im Sing. gesprochen. Der Eingang in Kap. 2 ist allerdings Joël oder Amos entlehnt, vgl. o. S. 89, wie mehrere Ausleger angenommen haben, aber er ist nicht ein hors d'oeuvre, wie Bleek annimmt

Die Rede fuhr fort: Der Mensch wird noch mehr erniedrigt und sein Stolz wird gedemüthigt werden. Denn es wird ein Tag kommen über alles Stolze und Hohe, und es wird in den Staub sinken:

„Ueber alle hohen Cedern Libanons,
„Ueber alle Eichen Basans,
„Ueber alle hohen Berge,
„Und alle erhabenen Hügel,
„Ueber jeden hohen Thurm
„Und jede hochragende Festungsmauer,
„Ueber alle Tarschisch-Schiffe,
„Ueber alle Kunstgebilde der Lust.
„So wird die Größe der Menschen sinken
„Und der Stolz der Männer erniedrigt sein,
„Gott allein wird stark sein an diesem Tage.

. . . . . . . . . . . . . . . . . . .

„Und die Götzen wie Rauch, der verfliegt.
„An diesem Tage wird der Mensch seine Götzen von Silber und Gold,
„Die er sich zur Anbetung gemacht hat,
„Hinwerfen für die Wühlthiere und Maulwürfe,
„Und eingehn in Felslöcher und Felszacken
„Vor dem Schrecken Gottes und dem Glanz seiner Hoheit [1]).

Das Volk möge sich nur nicht auf die Menschen, seine Führer verlassen, sie seien ebenso unzuverlässig, wie die festen Mauern und die hohen Thürme. Zerbrochen werde jede Stütze werden, der Held, der Kriegsmann, der Landesverweser, der Rathgeber und Kluge, der Wahrsager und Prophet. Knaben werden über den Familienkreis mit Kindereien herrschen, und es werde so weit kommen, daß ein Mann, der auch nur ein anständiges Obergewand besitzen wird, inständigst gebeten werden wird, der Häuptling eines Volkskreises zu werden, um den Verfall (?) in die Hand zu nehmen, und dieser wird die Ehre

(Einl. S 457), sondern gehört streng zum Folgenden. Den Uebergang bildet Vers 5 בית יעקב לכו ונלכה באור ה׳, der sich bei Micha nicht findet; es ist eine ironische Aufforderung. Als Gegensatz gegen diese ideale Perspective wird die Gesunkenheit der Gegenwart geschildert mit dem Eingang Vers 6 כי נטשתה עמך בית יעקב. Uebrigens muß vor עמך ein Wort ergänzt werden, wenn der Vers einen Sinn haben soll. Am füglichsten הורת, denn 5, 24 kommt ebenfalls מאסו את תורת ה׳ צבאות vor, und das Verbum נטש wird auch bei תורה gebraucht, (Spr. 1, 8) — כי נטשתה הורת עמך בית יעקב giebt einen logisch und rhetorisch correcten Sinn und erklärt das Folgende ובילדי נכרים ישפיקו. Die eigene Lehre hat das Haus Jakob's verlassen, vergessen und sich Fremdes angeeignet. Statt מִקֶּדֶם ist bereits von Anderen מקסם vorgeschlagen worden. Zum Schluß V. 10 muß ergänzt werden בכ מו לערץ הארץ wie Vers 21.

[1]) Das. 11—21. Statt שפל muß man lesen עפל, „Erhöhtes", sonst fehlt die Symmetrie; das Wort כליל in V. 18 bedeutet „Rauch", wie Richt. 20, 40. כליל העיר, und כליל Rauchopfer, Brandopfer oder richtiger עלה כליל. [Vgl jedoch S. D. Luzzatto's Comm. zu beiden Stellen].

ablehnen. Darauf machte die Rede den Uebergang auf die gewissenlosen Fürsten Juda's:

„Mein Volk, seine Vögte sind seine Verheerer,
„Und Weiber beherrschen es;
„Mein Volk, Deine Führer leiten Dich irre,
„Und den Weg Deiner Züge haben sie verhüllt.
. . . . . . . . . . . . . . . . . . . . .
Der Herr wird aber in's Gericht gehen
Mit den Aeltesten seines Volkes und seinen Fürsten:
„„Ihr habt den Weinberg abgeweidet,
„„Der Armen Raub ist in Euren Häusern.
„„Warum zertretet Ihr mein Volk
„„Und laßt die Söhne der Armen an der Mühle arbeiten?““ [1])

Jesaia ging in dieser Rede auf den tiefen Ursprung des Uebels ein, welches die religiöse Verkehrtheit und die hartherzige Ungerechtigkeit erzeugt hat. Es war die Genußsucht und Lüsternheit, von den Weibern angefacht, die, um befriedigt zu werden, die Männerwelt, die Fürsten Juda's, immer wieder zu Ausbeutung, zu Beraubung und Knechtung der schwachen Nachbarn reizten. Er führte das Thema weiter aus: „Und Weiber herrschen über mein Volk!“ Wodurch herrschen sie? Durch ihre Gefallsucht, Prachtliebe und Verführungskünste, womit sie die Männer und Jünglinge anlockten.

„Weil die Töchter Zions so stolz sind,
„Einhergehen mit gerecktem Halse
„Und mit lüstern blickenden Augen,
„Mit schleppenden Gewändern gehn
„Und mit ihren Füßen schleifen,
„So wird der Herr den Scheitel der Töchter Zions mit Aussatz belegen,
„Ihr Geheimes entblößen
„Und ihr Flitterwerk beseitigen.“

Mit erstaunlicher Ausführlichkeit schildert der Prophet diese Prachtliebe der Töchter Zions, die Schleifkettchen, die Netzwerke, die Monde, die Ohrgehänge, die Schleier, die Krönchen, die Fußspangen, die Gürtel, die Ringe und Nasenstäbchen, die Ueberwürfe, die Hüllen, die Tücher, die Rollen, die sidonischen Gewänder, die Turbane und die Kopftücher.

[1]) Das. 3, 1—15. In Vers 12 ist מעלל nicht verständlich. Ewald's Uebersetzung „meines Volkes Herrscher sind ein Kind“ (o. S. 112) ist kindisch. Die alten Versionen geben es durch „Verheeren“ wieder, was allerdings auch עולל bedeutet; sie fügen noch ein objektives Pronomen hinzu. Targum בזוזי, Peschito מבערין לה, LXX καλαμῶνται ὑμᾶς. Man muß also lesen נגשיו מעולליו Das ו ist durch das folgende נשים absorbirt. — Das Verbum בלע kann hier nur die Bedeutung „verhüllen“ haben, wie Numeri 4, 20. [Vgl. jedoch Barth, Beiträge zur Erklärung des Jes. zur Stelle]. Ueber פני עניים o. S. 107.

„Statt des Balsams wird Fäulniß sein,
„Statt des Gürtels der Strick,
„Statt des gediegenen Geschmeides die Glatze,
„Statt Pethigil ein härnes Gewand,
„Wundmale statt Schönheit.
„Deine Jünglinge[1]) werden durchs Schwert fallen,
„Deine Mannschaft durch Krieg (o Zion!),
„Und es trauern und sind verdüstert ihre Pforten,
„Und ausgeleert wird sie zur Erde sitzen.
„Dann werden sieben Weiber sich an einen Mann klammern, sprechend:
„„Unser Brod wollen wir essen,
„„Mit unserm Gewande uns kleiden,
„„Gieb uns nur deinen Namen,
„„Tilge unsere Schmach (der Vereinsamung)"".

Um nicht bei diesem traurigen und beklemmenden Bilde zu bleiben, schlägt die Rede vorübergehend einen heiteren, Hoffnung erweckenden Ton an:

„An jenem Tage
„Wird Jhwh's Sproß zur Zier und zur Ehre sein,
„Die Frucht des Landes zum Stolz und zum Ruhme
„Für die Geretteten Israels.
„Wer bleiben wird in Zion,
„Zurückbleiben in Jerusalem,
„Wird heilig genannt werden.
„Alle, die zum Leben aufgezeichnet werden,
„Werden in Jerusalem sein,
„Wenn der Herr der Heerscharen den Unflath der Töchter Zions gereinigt
„Und das Blut der Männer Jerusalems weggespült haben wird,
„Mit dem Geiste der Strenge
„Und mit dem Geiste der Vernichtung."

Dann werden, fährt die Rede fort, die gnadenvollen Tage der Vorzeit wiederkehren. Auf der Höhe Zions und ihren Rusthürmen wird wieder eine Wolkensäule am Tage und eine Feuersäule in der Nacht weilen und schützen gegen Ungemach und Unwetter. Die Rede kehrt indeß wieder zum Hauptthema zurück.

„Ich möchte meinem Liebling das Lied meines Freundes über seinen Weingarten singen. Mein Freund[2]) hatte einen Weinberg an einem fettreichen Felsvorsprung, den er umgrub, von Steinen reinigte und mit Edelreben bepflanzte. Er baute auch einen Thurm in der

[1]) Das. 3, 25 hat מתיך keinen Sinn, denn מתים bedeutet die nicht streitbare, schwache Bevölkerung. Man lese dafür מבחרך parallel zu גבורתך. [In seinen, Emendationes in plerosque sacrae scripturae vet. test. libros I, S. 2 schlägt der Verfasser statt dessen vor יפי בניך].

[2]) 5, 1 muß man statt des zweiten לידידי lesen לדודי, sonst hat der Vers keinen Sinn.

Mitte und eine Kelter höhlte er aus, und er hoffte, daß er Weintrauben tragen werde, und er trug Heerlinge. Und nun, Bewohner Jerusalems und Männer Juda's, richtet doch zwischen mir und meinem Weinberge. Was hätte ich für meinen Berg thun sollen, das ich nicht gethan? Warum, während ich hoffte, daß er Trauben tragen sollte, trug er Heerlinge? Und nun will ich euch künden, was ich meinem Weinberge anthun will. Entfernen sein Gehege, daß er zum Abweiden diene, durchbrechen seine Mauer, daß er zum Zertreten diene. Ich werde ihn zum wüsten Platz machen, er soll nicht beschnitten, nicht umgegraben werden und nur Dornen und Disteln tragen; den Wolken will ich verbieten, auf ihn Regen fallen zu lassen"

„Ja, der Weinberg des Herrn Zebaoth ist das Haus Israel
„Und die Mannschaft Juda's seine Lieblingspflanzung.
„Er hoffte auf Recht und sieh da! Unterwürfigkeit [1],
„Auf Gerechtigkeit und sieh da! laute Klage!
„O ihr, die da reihen Haus an Haus, Feld an Feld, bis kein Raum mehr bleibt,
„Und ihr allein im Lande angesiedelt bleibt.

. . . . . . . . . . . . . . . . . .

„Die früh aufstehn, Rauschtrank zu suchen,
„Und spät in der Dämmerung der Wein entzündet.

. . . . . . . . . . . . . . . . . . .

„Die da das Böse gut und das Gute bös nennen,
„Machen Finsterniß zu Licht und Licht zu Finsterniß,
„Bittres halten für süß und Süßes für bitter,
„Die in ihren Augen sich klug dünken
„Und vor sich selbst einsichtsvoll erscheinen,
„Die Helden — Wein zu trinken,
„Tapfer — Rauschtrank einzugießen,
„Die den Frevler freisprechen durch Bestechung
„Und das Recht des Unschuldigen ihm entziehen.

Das Strafgericht für solche Frevelthaten innerhalb eines Volkes, das berufen ist, als Vorbild zu dienen, und in Zion, von wo aus die Lehre für viele Völker ausgehen sollte, dieses wohlverdiente Strafgericht soll nach Jesaia's Vorschau ein fremdes Volk herbeiführen.

„Er (Gott) wird für ein Volk in der Ferne ein Banner erheben
„Es laut herbeirufen und ihm zupfeifen am Ende der Erde,
„Und sieh da! es trifft schnell, leicht ein.
„Kein Müder und kein Schwacher in seiner Mitte,
„Es schläft nicht und schlummert nicht.

Ob diese gewaltige, durch Inhalt und Form meisterhafte Rede im Augenblick einen Eindruck gemacht hat? Für die Dauer hat sie keine Besserung herbeigeführt. Denn Jesaia und seine zeitgenössischen Propheten haben noch öfter gegen diese Verkehrtheiten und dieselben

[1]) 5, 7 והנה משפח ist abzuleiten von ספח „sich anlehnen", „anschmiegen'

Laster sprechen müssen. Der Adel ist nicht so leicht zu bessern, er spottet mit einem verächtlichen Lächeln der ihm drohend vorgehaltenen Zukunft. Aber vergebens gesprochen waren diese wuchtigen Worte nicht, sie haben in Kreisen gewirkt, an die sie nicht gerichtet waren; sie haben auch in entfernten Ländern unter entfernten Völkern und in späteren Zeiten gewirkt. Sie haben das schlummernde Gewissen wie mit Donnerstimmen aufgerüttelt. Jesaia begnügte sich aber nicht damit, die Frevelthat bloß zu rügen, sondern er stellte sich auch ein sittliches Ideal auf, durch dessen Verwirklichung die Menschen ihr Heil finden und ihre Befriedigung erlangen könnten. Der König soll nach Gerechtigkeit regieren und auch über die Fürsten, daß sie nach Recht herrschen sollten. Der König soll nicht nach dem Augenschein richten und nicht nach dem Gehörten seiner Ohren entscheiden [1]. „Wer in Gerechtigkeit wandelt, aufrichtig spricht, verachtet den Gewinn von Unrecht, seine Hände abschüttelt, um nicht Bestechung zu fassen, sein Ohr verschließt, um nicht von Blutschuld zu hören, sein Auge zudrückt, um das Böse nicht zu sehen, ein solcher wird Höhen bewohnen" [2]. Den Lippengottesdienst, der Gott mit dem Munde preist, während das Herz fern davon ist, „ein angelerntes Gebot von Menschen" behandelte Jesaia mit der größten Verachtung [3] und noch mehr das Opferwesen mit Gesinnungslosigkeit und Schlechtigkeit verbunden. „Wozu soll mir die Fülle eurer Opfer, ist Gottes Spruch? Ich habe die Ganzopfer von Widdern, das Fett von feisten Stieren satt, das Blut von Rindern, Lämmern und Böcken mag ich nicht. Wenn ihr kommt, mich im Tempel aufzusuchen, wer hat solches von euch verlangt, meine Höfe zu betreten? Ihr sollt nicht mehr leere Gaben bringen, Räucherwerk ist mir ein Gräuel, Neumond, Sabbat und Festesverkündigung mag ich nicht ertragen, Fasten [4] und Weihtage. Eure Neumonde und Feiertage hasse ich, sie sind mir zur Last". Wie soll aber die Lebensweise gestaltet sein? Gegenüber der Genußjagd und Ausschweifung, welche der Reichthum erzeugte, stellte Jesaia das einfache Hirtenleben als Muster auf, wie es die Vorfahren oftmals getrieben, und wie es zu seiner Zeit die Rechabiten (o. S. 26) treu und beharrlich festgehalten haben. Jeder soll ein Rind und zwei Schafe ernähren; Milch und Honig wird jeder, der noch im Lande übrig bleiben wird, genießen [5])

[1]) Jesaia 32, 1; 11, 3.

[2]) Das. 33, 15—16.

[3]) Das. 29, 13.

[4]) Das. 1, 11—14. Statt און, das unverständlich ist, hat LXX νηστεία, צום, was besser paßt.

[5]) Das. 7, 21—25; 32, 19—20.

Den Gottesbegriff, als Urgrund der sittlich reinen That und der sittlich hohen Gesinnung, stellte er als gleichbedeutend mit Heiligkeit und Erhabenheit. Er bezeichnete Gott stets als den Heiligen Israels als den hoch erhabenen, dessen Herrlichkeit die ganze Erde füllt[1]).

Jesaia scheint aber auch noch ein anderes Mittel als die entflammende Rede zur Heilung der sittlich-religiösen Gebrechen Juda's angewendet zu haben. Er nahm die von Samuel und Eliahu begonnene Thätigkeit, einen gleichgesinnten Kreis um sich zu sammeln, wieder auf, oder er zog Jünger heran, denen er von seinem Geiste mittheilte. Sollte eine Persönlichkeit von diesem Ideal sittlicher Höhe, von dieser lauteren Frömmigkeit, hinreißenden Beredtsamkeit, von dieser gefestigten Willenskraft, nicht eine mächtige Anziehungskraft ausgeübt haben? Wie das Böse zur Nachahmung reizt, so erweckt auch das Gute, sobald es sich in einer Persönlichkeit verkörpert, Nacheiferung. Unter den Opfern der gewissenlosen Ungerechtigkeit und Unterdrückung von Seiten der Großen Juda's zog er, wie es scheint, die tief Empfindenden und Empfänglichen in seinen Kreis; sie waren zugleich seine Jünger und seine Kinder[2]).

Seine Zeitlage war günstiger für eine Heranbildung von Jüngern, als die früheren Zeiten. Sie war nicht mehr so zerfahren und entgeistigt, wie zur Zeit Samuel's und bot mehr belehrenden Stoff, als zur Zeit Elia's. Der Prophetenorden des Sehers von Rama machte allerdings durch das Saitenspiel einen überwältigenden Eindruck auf die Zuhörer, erweckte aber keine klare Vorstellungen und Gedanken. Die Musik bildete in diesem Orden das Hauptelement, das Wort war untergeordnet oder hatte poetische Bedeutung. Die Prophetenschule des stürmischen Thisbiten in einer götzendienerischen Umgebung mußte sich zusammennehmen, um nicht dem Einflusse ihrer Umgebung zu erliegen, und hatte nur ein Ziel im Auge, das Umsichgreifen des Götzendienstes des Baal und der Astarte abzuwehren. Die Jesaianischen Jünger dagegen konnten im Schatten des dem „Heiligen Israel's" geweihten Tempels leben, waren solchen Versuchen nicht ausgesetzt und konnten sich freier entfalten. Auch hatten Jesaia's „Kinder" nicht die schwere Aufgabe, Gegenkönige zu salben und solchergestalt Antheil an Blutschuld auf sich zu nehmen. Jesaia lehrte sie nicht den heftigen, stürmischen Eifer, sondern die entgegengesetzte Tugend der Sanftmut, der Geduld, der völligen Ergebung in Gott. Der Kreis, der sich um

[1]) Nicht blos in der Theophanie 6, 3, sondern auch sonst 5, 24; 10, 20; 12, 6; 29, 23; 30, 11; 31, 1 hat Jesaia mehr als die übrigen Propheten die Bezeichnung קדש ישראל.

[2]) S. Note 5.

Jesaia schaarte, oder den er um sich bildete, wurden die „Sanftmüthigen“ oder die „Dulder des Landes“ (Anwê-Arez, Anawîm) genannt. Sie waren von Hause aus arm oder durch die Räubereien der Fürsten Juda's verarmt. Sie nannten sich selbst, oder wurden von andern die „Armen“ (Dallim, Ebionim) genannt. In Jesaia's Nähe lernten sie, sich nicht über Verarmung oder Beraubung zu beklagen, sondern Leid und Kränkung im Vertrauen auf Gott und seine Fügung zu ertragen. Diese „Sanftmüthigen“ bilden eine eigene Gemeinde [1]), welche vom Propheten Jesaia und seinen Nachfolgern als Kern und Grundbestand des Volkes angesehen wurde, und der ihr Herz und Sinn lediglich zugewendet war. Von dieser erwarteten sie eine Besserung und Läuterung des ganzen Volkes. Diese armen Sanftmüthigen, Jesaia's Jünger, sollten dem Volke Vorbild sein. Im tiefsten Leid, hervorgerufen durch den Anblick der Schuld und des Frevels im Volke, und in Vorschau des dadurch verhängten Strafgerichtes, war Jesaia getröstet. „Ich hoffe auf Jhwh; obwohl er sein Antlitz vom Hause Jakob's verborgen hat, so hoffe ich doch auf ihn. Sieh', ich und die Kinder (Jünglinge), die mir Gott gegeben, dienen zum Zeichen und Vorbild in Jsrael. Wenn das Haus Jakob sehen wird, daß die Jünglinge in seiner Mitte den heiligen Gott verehren werden, so wird es auch ihn heiligen und verehren“ [2]). Unter den Sanftmüthigen gab es selbstverständlich auch Leviten, wenn diese nicht den Grundstock derselben gebildet haben, welche von den Priestern in untergeordneter, gedrückter Stellung, als Halbsklaven gehalten wurden, und unter ihnen gab es wieder Sangeskundige, welche die in ihrer Brust erweckte Stimmung des felsenfesten Gottvertrauens, der Ergebung und der Verzichtleistung auf Besitz und Genuß, in Lobliedern und Psalmen aushauchten. Es war eine neue Art Psalmen, welche sich besonders durch Gemüthstiefe auszeichneten; wenn sie nicht unmittelbar aus den Reihen der Jünger Jesaia's hervorgegangen sind, so doch aus denjenigen von deren Nachfolgern; sie spiegeln seinen Geist wieder. Diese Psalmenlitteratur, welche aus fremden Tempeln und Domen erklingen sollte, wurde der Trost für Millionen von Menschen zu verschiedenen Zeiten, wenn Gewaltthätigkeit, Frevel und Menschenverachtung wie ein brausender Sturm über die Schwachen und Hilflosen hinfuhren. Die Sänger aus dem Kreise der Leviten, die stets im Tempelraume weilten, kannten keinen höheren Wunsch, als ungestört darin weilen und Gottes Preis lobsingen zu können.

[1]) S. dieselbe Note.
[2]) Jesaia 29, 22 fg.

„Ihwh ist mein Licht und mein Heil,
„Vor wem sollte ich mich fürchten?
„Gott ist meines Lebens Stütze,
„Vor wem sollte ich bangen?
„Wenn ein Kriegslager sich um mich scharte,
„Würde mein Herz nicht erschrecken,
„Wenn Krieg sich gegen mich erhöbe,
„Würde ich darauf vertrauen.
„Eins habe ich von Gott verlangt,
„Und dieses erflehe ich:
„Daß ich weilen könnte in Gottes Tempel
„Alle Tage meines Lebens,
„Gottes Huld zu schauen
„Und in seinem Tempel aufzuwarten.
. . . . . . . . . . . . . . . .
„Ich würde in seinem Zelt Opfer des Jubels darbringen,
„Lobsingen und preisen den Herrn".
„Denn haben mich Vater und Mutter verlassen,
„So hat mich Gott aufgenommen".[1]).

Die Sangeslust hob diese Sanftmüthigen hoch über die Tagesleiden und den Druck der Zeiten hinweg. In den mannichfaltigsten Wendungen drückten sie dieselben Gedanken und Gefühle aus; der Grundton ihrer Sangesweise war Gottvertrauen und Preis der Dulbertugend, der Genügsamkeit.

„Sei mir gnädig, o Gott, sei mir gnädig,
„Denn auf Dich vertraut meine Seele
„Und in Deiner Flügel Schatten berge ich mich,
„Bis das Unheil vorüber ist.
. . . . . . . . . . . . .
„Fest ist mein Herz, o Gott, fest ist es,
„So will ich singen und lobpreisen.
„Erwache, meine Seele, erwache!
„Mit Lauten und Harfen will ich den Morgen wecken,
„Will Dich, o Herr, bekennen unter Völkern,
„Will Dich preisen unter Nationen,
„Denn weit bis zum Himmel ist Deine Gnade,
„Bis zu den Wolken Deine Treue"[2]).

Ein anderer Psalmist aus diesem Kreise sang jenes gefühlvolle Lied der Genügsamkeit, welches wie ein Wiegenlied besänftigend wirkt.

„Gott ist mein Hirt,
„So wird mir nichts mangeln.
„Auf grasreichen Auen wird er mich lagern lassen,
„Zu Gewässern der Ruhe mich leiten,

[1]) Ps. 27; vergl. Ps. 3. 7. 40 84. 91. 92. 94. 108 und noch manche andere, welche denselben Grundton haben.

[2]) Ps. 57 und 108; sie ergänzen einander, da sie vollständige Parallelen sind. הנבל וכנור muß übrigens als Accusat. respectiv. genommen werden: mit Nablium und Harfe will ich den Morgen wecken.

„Wird meine Seele erquicken
„Und mich auf Bahnen der Gerechtigkeit führen
„Um seines Namens willen.
„Sollte ich selbst in das düstere Thal eingehen,
„So fürchte ich nichts Böses;
„Denn Du bist bei mir,
„Dein Stab und Deine Stütze würden mich leiten.
„Du würdest vor mir einen Tisch breiten
„In Gegenwart meiner Feinde,
„Salben mit Oel mein Haupt
„Meinen Becher übervoll (machen).
„Wahrlich, Güte und Gnade würde mir alle meine Lebenstage nachfolgen,
„Und ich könnte im Tempel Gottes weilen für der Tage Dauer"[1]).

Ein anderer Psalm derselben Gattung stellt den Gegensatz der Sanftmüthigen und Frevler gegen einander.

„Angenehm ist's, Gott zu bekennen
„Und Deinen Namen, o Höchster, zu preisen,
„Des Morgens von Deiner Gnade zu künden
„Und in den Nächten von Deiner Treue;
„Auf der Zehnsaite, der Laute und dem Spiel der Harfe.

. . . . . . . . . . . . . . . . . . . . .

„Wie groß sind Deine Thaten
„Und tief Deine Pläne;
„Ein stumpfer Mann achtet's nicht,
„Und ein Thor versteht's nicht.

. . . . . . . . . . . . .

„Die Gerechten blühen auf, gleich der Palme,
„Wachsen gleich der Ceder im Libanon.
„Eingepflanzt sind sie in Jhwh's Tempel,
„Blühen in den Vorhöfen auf,
„Noch im Alter sind sie saftig,
„Markig und frisch bleiben sie"[2]).

Diese gehobene Stimmung, welche aus der neuen Litteraturgattung herausklingt, hat Jesaia durch seine Jünger erweckt. Der Lichtkreis, der von diesem großen Propheten ausging, entsendete erwärmende Strahlen; Gedankenkeime, welche in der Lehre von Sinai verborgen enthalten waren, traten durch ihn an's Licht, und dadurch wurde die geistige Herrschaft des Gottesvolkes gesichert. Eine Wahrheit, welche solche Träger und Pflanzer hat, kann nicht untergehen und muß Siege erringen. Jesaia bildet daher einen scharfen Wendepunkt in der innern Entwickelungsgeschichte des Volkes Israel, wie Samuel, und weit mehr als Eliahu.

Sein Seherblick haftete aber nicht bloß an seinem Volke und Lande, sondern schweifte über die Grenzen hinaus und richtete sich namentlich auf die beiden Großstaaten, welche gleich zwei Wolken-

[1]) Ps. 23. Die Verba müssen durchweg hypothetisch gefaßt werden.
[2]) Ps. 92.

ballen Wetterstrahlen über Israel und Juda entsenden sollten, auf Aegypten und Assyrien. Das Nil-Land, einst mächtig und weltgebietend, gerieth durch die inneren Gebrechen in zunehmende Schwäche. Unter einem unkriegerischen König Bokchoris (Bokenranf) aus der Stadt Sais bildeten sich Parteien, welche gegen einander wütheten, deren Häupter sich in verschiedenen Städten behaupteten und sich unabhängig erklärten. Von dieser Zerrissenheit Aegyptens sprach auch Jesaia, daß ein mächtiger König alle diese Ortskönige demüthigen und das Land zur Knechtschaft unterjochen werde[1]).

„Sieh', der Herr wird auf leichter Wolke einherfahren,
„In Aegypten eintreffen,
„Und es werden vor ihm Aegyptens Götzen erzittern,
„Und sein Herz wird in ihm zergehen.
„Ich werde wappnen Aegypten gegen Aegypten,
„„Kämpfen wird Einer gegen den Anderen,
„„Stadt gegen Stadt, Reich gegen Reich.
„„Ausgeleert wird Aegyptens Muth sein,
„„Seine Rathschläge werde ich verhüllen.
„„Sie werden vergeblich flehen zu den Götzen,
„„Den Schriftkundigen, den Bauchrednern und Zauberern.
„„Ich werde Aegypten in die Hand eines harten Herrn überliefern,
„„Ein unerbittlicher König wird über sie herrschen"",
„Spricht Gott.
„Versiegen wird das Wasser aus dem See,
„Und der Fluß wird austrocknen,
„Die Nebenflüsse werden seicht werden,
„Austrocknen die Kanäle Aegyptens.
„Die Wälder an dem Fluß,
„An dem Rand des Flusses,
„Und die Aussaat am Felde
„Wird vertrocknen, verweht werden, schwinden.
„Seufzen werden die Fischer,
„Trauern alle, die Angeln in den Fluß werfen.
. . . . . . . . . . . . . . . . . . . .
„Wahrlich, thöricht werden Tanis' Fürsten sein,
„Pharao's weiseste Rathgeber verdummt sein.
„Wie möget ihr nur zu Pharao sprechen:
„„Wir sind Söhne von Weisen,"
„„Söhne uralter Könige?"
„Wo sind denn Deine Weisen?
„Mögen sie Dir verkünden,
„Was Gott über Aegypten verhängt hat"[2]).

In der That kam damals ein hartes Geschick über Aegypten Aus dem Lande Aethiopien, das bis dahin einen Bestandtheil Aegyp-

[1]) Jesaia 8; Vergl. darüber Frankel-Graetz, Monatsschrift Jg. 1874, S. 492.
[2]) Jes. 19, 1—15. Nur bis dahin reicht die Jesaianische Prophezeiung. Das folgende gehört einer späteren Zeit. [Vgl. dagegen Dillmann's Commentar

tens ausmachte und von den Königen stets mißhandelt wurde, ging ein König aus, Namens Sabako (Schabaka), welcher die Spaltung und Schwäche benutzte, das Land mit Krieg überzog, den König Bokchoris lebendig gefangen nahm und sich auf den Thron setzte (um 740)[1]. Sabako gründete die äthiopische Dynastie in Aegypten, welche ein halbes Jahrhundert lang das Land beherrschte. Bokchoris' Verwandte und die Nebenkönige verbargen sich in Sumpfgegenden und hatten weder Kraft noch Muth, gegen die äthiopischen Eindringlinge zu Felde zu ziehen. Mit eiserner Faust regierte der äthiopische König das Land der stolzen Pharaonen. Die Erfolge seiner Waffen reizten Sabako, sie über die Grenzen Aegyptens hinauszutragen. Seine Heere drangen durch die philistäische Ebene bis hinauf nach der phönicischen Küste und bis in das Land der Aramäer[2]. Doch war es mehr ein Streifzug, als ein Eroberungszug. Sabako begnügte sich, Beute zu machen und Gefangene nach Aegypten zu schleppen. Auch das Land Judäa litt selbstverständlich durch Sabako's Zug, auch ihm wurden Gefangene entführt. Der König Jotham scheint von dem äthiopisch-ägyptischen Eroberer den Frieden auf dieselbe Weise erkauft zu haben, wie Menahem ein Jahrzehnt vorher von den Assyriern. Er mußte Tribut an Aegypten leisten, die Tributvögte zogen durch's Land, die zugesagte Summe einzutreiben. Beide Reichshälften waren in kurzer Zeit von der Macht gesunken, die sie unter Jerobeam II. und Usia zum Schrecken der Nachbarvölker inne hatten. Beide waren, wenn auch nicht dem Namen nach, doch thatsächlich Vasallen der zwei mächtigen Reiche, welche im Süden und Nordosten wie zwei riesige Zweikämpfer auftraten, um sich auf einander zu stürzen und die zwischen beiden liegenden Länder zum Tummelplatz und Kampfpreis zu machen.

„Die Sichern in Zion und die Vertrauensvollen in Samaria" wurden durch die nahe gerückte Gefahr aus ihrer Sicherheit aufgestört. Viele Familien betrauerten die Gefangenschaft ihrer Angehörigen, welche entweder nach Aegypten oder Assyrien verbannt worden waren. Aber wenn die Leichtsinnigen und Leichtlebigen sich der Sorge um die Zukunft entschlugen, so fühlte sich doch das Volk beunruhigt. Als noch dazu ein Nothjahr durch Regenlosigkeit eingetreten war, bemächtigte sich bange Sorge der Herzen. Bezeichnend ist es aber für den schweren Kampf, den die Wahrheit mit dem Wahnwitz noch immer

zur Stelle]. Vergl. Note 3. — V. 7 muß statt ערות gelesen werden: יְעָרוּת „Wälder" und V. 11 muß statt בן חכמים אני בן מלכי קדם der Plural stehen: בני חכמים אנו בני וגו'. [Vgl. dagegen Luzzatto z. St]

[[1]) Nach Meyer, Gesch. des Alterthums I, S. 428 vielmehr um 728. Vergl. die Darstellung daselbst und S. 454 ff.]

[2]) S. Frankel-Graetz, Monatsschrift, Jg. 1874, S. 484.

zu bestehen hatte, obwohl jene durch den Mund der Propheten eindringlich sprach, daß das Volk sich in der Noth nicht zu dem Gott wandte, dessen Hoheit die Gottesmänner verkündeten, sondern zu Wahngebilder Zuflucht nahmen. Sie befragten ihre mumienhaften Hausgötter (Teraphim) oder ließen sich von Gauklern und Traumverkündern die Zukunft deuten[1]).

Gegen diese unverbesserliche Verkehrtheit trat ein Prophet auf, wie es scheint, ebenfalls ein Jerusalemer, Namens Zacharia, Sohn Jibrechjahu's (oder Zacharia I.[2]). Mit der feurigen und anmuthigen Beredtsamkeit seines Zeitgenossen Jesaia hält die Redeweise dieses Propheten keinen Vergleich aus. Es gebricht ihr an Kraft und Zusammenhang, sie reiht nicht Gedanken an Gedanken, sondern springt ohne rechte Vermittelung von einem Gegenstande zum andern. Zacharia's Sprache ist wohl auch dichterisch gefärbt und bestrebt sich das Gleichmaß einzuhalten, führt aber weder die Gliederung, noch die sonstigen poetischen Formen durch. Seine Bilder und Gleichnisse sind nicht immer gewählt. Häufig wendet Zacharia I. das Gleichniß von Hirten an, das er von den Königen gebraucht, und von der Heerde, das er auf das Volk anwendet. An diesen Propheten kam zuerst der Auftrag, das Volk zu ermuthigen und es aus der Bangigkeit, die sich seiner durch den Streifzug der Aegypter und in Folge des Nothjahres bemächtigt hatte, aufzurichten. Er rollte daher ein glänzendes Bild der Zukunft auf, um es über die bedrückende Gegenwart hinwegzuheben. Er stellte in Aussicht, daß die Nachbarvölker, welche öfter feindlichen Sinnes gegen Israel waren, die Aramäer, Tyrier und selbst die Philister sich einst zum Gott Israels bekennen, und von ihm als gleichberechtigte Kinder aufgenommen werden würden, wenn sie ihre Frevelthat und ihren falschen Stolz abgelegt haben werden:

„Ausspruch des Wortes Gottes:
„Im Lande Hadrach (?) und Damaskus wird (Gottes) Ruheort sein.
„Denn zu Gott ist das Auge der Menschen gerichtet,
„So wie aller Stämme Israels.
„Auch in Hamath, das daran grenzt,
„In Tyrus und Sidon, das sehr weise ist.
. . . . . . . . . . . . . . . . .
„Askalon, Gaza, Ekron werden erzittern.
„Ich entziehe seine Blutthat aus seinem Munde,
„Seinen Gräuel aus seinen Zähnen,
„Und es bleibt für unsern Gott,
„Und es wird sein, wie ein Stamm in Juda,
„Und Ekron, wie Jebusi (Jerusalem).
„Freue Dich sehr, Zions Tochter!

[1]) Zacharia 10, 1—2. Vgl. Note 3. [2]) Vergl. dieselbe Note.

„Juble, Tochter Jerusalem!
„Sieh, Dein König kommt zu Dir,
„Sanftmüthig und reitend auf einem Esel
„Und auf einem Eselsfüllen.
„Ich werde von Ephraim die Kriegswagen vernichten
„Und Rosse von Jerusalem,
„Zerbrochen wird der Kriegswagen,
„Der König wird Frieden zu den Völkern sprechen,
„Und seine Herrschaft wird von Meer zu Meer
„Und vom Euphratstrome bis zu der Erde Grenzen.

. . . . . . . . . . . . . . . . . . . .

„Denn ich spanne Jehuda als Bogen,
„Mit Pfeilen fülle ich Ephraim
„Und werde ermuntern Deine Söhne, Zion,
„Zu Deinen Söhnen, Schomron[1]),
„Und mache Dich gleich einem Heldenschwert".

Der Prophet Zacharia verkündete ferner ermuthigend, daß Gott beide Reiche, das Haus Juda und das Haus Ephraim, einträchtig machen und deren Verbannte heimführen werde. Wenn er sie auch unter die Völker gesäet, so werden sie in der Entfernung sein gedenken und mit ihren Kindern zurückkehren; aus Aegypten und Assyrien wird er sie zurückführen, sammeln und heimführen nach Gilead und dem Lande des Libanon, und es wird für sie nicht ausreichen. Der Hochmuth Assyriens wird gedemüthigt werden und Aegyptens Geißel weichen.

Nachdem Zacharia dem Volke eine hoffnungsreiche Zukunft verheißen, beruhigte er es auch über die Noth der Gegenwart. „Getreide wird die Jünglinge aufrichten und der Wein erfrischen die Jungfrauen." Sie mögen nur von Gott Regen erflehen, von ihm der die Blitze macht, er wird jedem Regen spenden. Denn die Hausgötter sprechen Eitles, die Zauberer Trug, die Träumer verkünden Nichtiges, eitel trösten sie. Und weil das Volk bisher auf diese gehört, irrte es wie eine Heerde und wurde zerstreut[2]), weil es keinen Hirten hatte.

Doch auch diesen milden Tröster übermannte der prophetische Eifer ob der Sündenschuld, auch er mußte Unheil verkünden. In einer zweiten Rede kehrte er sein strafendes Wort hervor und sprach diese Strafandrohung gegen die gewissenlosen Hirten, die Könige, welche das Volk wie ein Schlachtvieh behandelten, welche Schuld daran hatten, daß das Volk der Verkehrtheit huldigte und in Verwirrung und Verirrung gerieth. Diese zweite Rede beginnt mit einem kraftvollen Eingang.

„Oeffne, Libanon, deine Pforten!
„Das Feuer wird deine Cedern verzehren,

[1]) Das. 9, 1 ff., vgl. dies. Note.
[2]) Zacharia 10, 2 fg. Statt [illegible] zu lesen [illegible].

„Klage Cypresse, denn gefallen ist die Ceder,
„Mächtige Tamarisken sind geknickt [1])!
„Klaget Basan's Eichen!
„Denn gesunken ist der Höhe Wald.
„Höret das Klagen der Hirten!
„Denn verwüstet ist ihre Pracht.
„Höret der Löwen Brüllen,
„Denn verwüstet ist des Jordan's Stolz".

Die Rede schloß mit der Aussicht, daß von dem ganzen Volke nur der dritte Theil übrig bleiben werde. Aber auch dieser Ueberrest wird erst durch Prüfung geläutert und zum Volke Gottes erzogen werden müssen:

„Ich werde den dritten Theil ins Feuer bringen,
„Ihn prüfen, wie man Silber prüft,
„Ihn läutern, wie man Gold läutert.
„Er wird meinen Namen anrufen,
„Und ich werde ihn erhören.
„Ich nenne ihn „mein Volk"
„Und er wird sprechen:
„„Ihwh ist mein Gott"" [2]).

Im Verlaufe führte dieser Prophet das Bild von den falschen Hirten aus, welche die Heerde ohne Gewissensbisse tödten und keine Schonung kennen. Ganz besonders machte der Prophet Zacharia deutliche Anspielungen auf den König Pekach von Israel, auf diesen „falschen Hirten", der die Heerde noch schonungsloser, als seine Vorgänger behandelte. Der Prophet war vielleicht gezwungen, verblümt zu sprechen, und gebrauchte daher eine räthselähnliche Wendung: Gott bestellte einen Hirten über das Volk und übergab ihm zwei Stäbe, von denen der eine Huld (Gnade) und der andere Bund (Eintracht) genannt wurde. Aber da das Volk Gott verwarf, so verwarf es auch Gott, zerbrach zuerst den Stab der Gnade und löste das Bündniß, das er mit allen Stämmen Israels geschlossen hatte. Und jetzt will er noch den zweiten Stab, den „Stab der Freundschaft" zwischen Juda und Israel zerbrechen. Gott stellte einen thörichten Hirten auf, welcher die verirrten Lämmer nicht aufsucht, um die zerstreuten sich nicht kümmert, die verwundeten nicht heilt, die kranken nicht pflegt und das Fleisch der gesunden verzehrt. Das Volk verdient zwar keinen bessern Hirten. Nichtsdestoweniger wird diesen Hirten, der die Heerde verläßt, Gottes Strafgericht treffen.

[1]) Zacharias 11, 1 kann unmöglich in אשר אדירים שדדו das Wort אשר Relativ sein, es macht die schönen prophetischen Verse matt. Es muß vielmehr ein Substantiv sein, entweder = האשור oder = אשל, eine Art Ceder oder Cypresse, oder vielleicht gar אשרים Astartenbäume. Es muß also gelesen werden: [אשרים [אשלים] אדירים שדדו. [2]) Das. 13, 9, vergl. Note 3.

# Fünftes Kapitel.

## Das Ende des Zehnstämmereichs und das Haus Davids.

Achas' Regierung und Charakter. Bündniß zwischen Rezin und Pekach. Die Assyrer unter Tiglat-Pileser. Juda und das Haus David bedroht. Jesaia's Standrede an Achas. Achas' Bündniß mit Assyrien. Züchtigung Rezin's und Pekach's. Das Reich Israel unterworfen, Pekach getödtet. Achas führt das assyrische Wesen in Judäa ein. Sonnen- und Planetenkultus in Jerusalem eingeführt. Achas bringt Menschenopfer im Thale Hinnom. Eifer der Propheten dagegen. Micha II. Die Lügenpropheten.

(739—725).

Das Band der Brüderschaft zwischen Juda und Israel, welches unter Usia und Jotham bestanden hatte, wurde in der That mit dem Tode des letzteren zerrissen, wie der Prophet Zacharia verkündet hatte, und die Zwietracht zog in die Gemüther ein. Was war die Veranlassung? Es ist nur eine Vermuthung darüber gestattet. Der neue König von Juda, Achas (739 — 725), der mit dem fünf und zwanzigsten Jahre den Thron bestieg[1]), war ein Schwachkopf, von wirren Vorstellungen beherrscht und gefahrvollen Lagen durchaus nicht gewachsen. Weitgreifende politische Verwickelungen fielen während seiner Regierung vor, in welche er selbst verschlungen werden sollte, ohne daß er sich ihnen zu entwinden vermochte. Kurz nach seiner Thronbesteigung trat an Achas eine Frage von großer Tragweite heran, er sollte eine Entscheidung treffen, ob er einem engen Bündnisse, welches Pekach von Israel, Rezin, König von Damaskus, wahrscheinlich auch noch der König von Tyrus und andere kleine Fürsten und Länder geschlossen hatten, beitreten wollte. Denn diese Länder

[1]) Könige II, 16, 2 und ebenso Chronik II, 28, 1 ist zwar angegeben, daß Achas beim Regierungsantritte erst zwanzig Jahre alt gewesen sei. Allein diese Zahl kann unmöglich richtig sein. Denn da er nur 16 Jahre regiert hat, so wäre er demnach nur 36 Jahre alt geworden, und da sein Sohn Chiskija mit dem 25. Jahre ihm nachfolgte, so müßte ihn Achas im 11. Lebensjahre gezeugt haben, was doch selbst bei orientalischer Frühreife unmöglich erscheint. Daher ist wohl die Zahl richtiger, welche die griechische (Vatikanischer Text) und syrische Version zu Chronik erhalten haben, daß nämlich Achas den Thron im Alter von 25 Jahren bestieg, also 41 Jahre alt wurde und seinen Sohn im Alter von 16 Jahren erzeugte.

waren in die Nothwendigkeit versetzt, sich eng an einander anzuschließen und zu stärken gegen Gefahren von zwei Seiten. Von der einen Seite drohte Aegypten, das unter dem Könige Sabako (o. S. 123) wieder erstarkt war, und von der andern Seite Assyrien, das ebenfalls einen eroberungssüchtigen König hatte, welcher die abgefallenen Vasallenländer mit starker Hand wieder an Assyrien brachte. Nach dem Tode des Königs Phul, welcher der letzte Sproß eines lange regierenden Königshauses, der Derketaden war, scheinen nämlich im assyrischen Reiche Aufstände ausgebrochen zu sein. Die Abwesenheit eines gesetzlichen Thronfolgers hatten mehrere Provinzen, die sich bedrückt fühlten, benutzt, um ihre Freiheit zu erlangen. Eine neue Völkerwanderung aus dem rauhen Norden, jenseits des Kaukasus, des schwarzen Meeres und des Kaspi-Sees, Kimmerier, Taurer, Skythen oder Saken, mag den Anstoß dazu gegeben haben. Zunächst scheint sich ein Theil der Meder in dem Hochlande in der Nähe des Kaspi-Sees dem assyrischen Joch entzogen zu haben[1]).

Darauf erlangte auch Babylon seine Selbstständigkeit. Der babylonische Sieger über die Assyrier, Nabonassar, nahm den Königstitel an. Der Haß dieses Königs gegen die assyrischen Unterdrücker war so groß, daß er die Siegesinschriften der assyrischen Könige in Babylonien vertilgen ließ[2]). Mit ihm begann in Babylonien eine neue Zeitrechnung, nach den Jahren der Könige, welche die des Nabonassar genannt wird (Anfang 747). Auch andere kleine Völkerschaften in der Euphratgegend hatten sich von der assyrischen Gewaltherrschaft frei gemacht. Selbstverständlich benutzten auch die Fürsten und Völkerschaften der Libanon-Gegend, die Aramäer in Damaskus und Pekach,

[1]) Vergl. M. v. Niebuhr: Geschichte Assurs und Babels, S. 64 fg., 154 fg., daß der Abfall der Meder ungefähr gleichzeitig mit dem Babylons fällt, und für diesen ist das Jahr bekannt, nämlich das 1. Jahr Nabonassar's 747 v. chr. Z. Nach Herodot I, 95 sind die Meder zuerst von allen Völkern von den Assyriern abgefallen, vergl. das. 150. Daß die Völkerwanderung der Kimmerier und Skythen in der Zeit der ersten Olympiade 774 stattgefunden hat, ist von Niebuhr überzeugend nachgewiesen. [Vgl. dagegen jetzt Hommel, Gesch. Babyloniens und Assyriens, S. 639 ff., 723 f. und Schrader-Winckler, S. 24 u. 52.]

[2]) Bei Syncellus 207. Mit Recht folgert M. v. Niebuhr daraus (das. S. 168) und aus dem abgerissenen Passus in Eusebius' armenisch erhaltener Chronik (ed. Mai p. 6): ut ipse (Berosus) ait: Nabonassarus erat eo tempore, daß dieser eine feindliche Stellung gegen Assyrien eingenommen und Babylon selbstständig gemacht hat. Das Verzeichniß der babylonischen Königsreihe, welche mit Nabonassar beginnt, ist in Ptolemäus' Kanon der babylonischen oder chaldäischen Könige erhalten. Falsch ist die Annahme G. Rawlinson's und anderer Assyriologen, daß Nabonassar auf dem Friedensfuß mit den Assyriern stand (G. Rawlinson: the five monarchies II, 396; III, 447).

welche tributpflichtig an Assyrien waren, die günstige Zeitlage, sich unabhängig zu machen.

Da trat ein thatkräftiger König in Assyrien auf, welcher das zerrüttete Reich nicht bloß wieder zusammenfügte, sondern ihm noch eine große Festigkeit und Ausdehnung gab. Es war Tiglat-Pileser (Tukultipalêsara II)[1]. Die Sage erzählt von ihm, er sei der Aufseher der königlichen Gärten oder der Sohn eines solchen gewesen, und habe sich des nach dem Tode seines Vorgängers leer gewordenen Thrones bemächtigt[2]. Mit starker Hand eroberte der König Tiglat-Pileser sämmtliche abgefallene Landschaften zurück, bis auf die Stadt Babylon mit einem Umkreise, die ihre Unabhängigkeit zu behaupten wußte. Nachdem er auch feste Städte in Mesopotamien, Gozan, Charan (Carrhae) und andere eingenommen und zerstört hatte[3], wandte er sich gegen die Länder westlich vom Euphrat und in der Libanongegend, um diese durch Phul in Vasallenschaft gebrachten Reiche enger an Assyrien zu knüpfen. Um dem assyrischen Eroberer Widerstand zu leisten, schloß Rezin, König von Aram-Damaskus, mit Pekach von Israel ein enges Bündniß auf Schutz und Trutz und suchte auch Achas dafür zu gewinnen. Dieser versagte ihnen aber den Beistand, und so unternahmen die beiden Könige, und zwar, wie es scheint, im Bündnisse mit den Philistern und andern Nachbarvölkern einen Kriegszug gegen Juda.

Bei der Nachricht davon gerieth das Haus David's in die größte Angst, zumal ihm der Beschluß der Verbündeten kund geworden war, nach der Einnahme von Jerusalem nicht bloß Achas zu entthronen, sondern überhaupt die davidische Königsfamilie zu stürzen und eine mit ihnen verbundene Persönlichkeit, Ben-Tabel, als König einzusetzen. Was die Lage in Jerusalem noch verschlimmerte, war, daß es in der Hauptstadt selbst eine Partei gab, welche es mit den Verbündeten hielt und feindlich gegen Achas gesinnt war. Dieser Partei, wohl ein Theil der Fürsten Juda's, war Achas' schwankendes Benehmen zuwider, sie wünschte durch entschlossene Betheiligung an dem Kampfe gegen Assyrien Gelegenheit zur Vergrößerung und Bereicherung zu finden. Möglich, daß Ben-Tabel an der Spitze dieser Partei in Jerusalem stand.

[1] Oder Tuklâti-pal-ischirra (Hommel, Gesch. Babyl. u. Assyr., S. 648) oder Tikulti-apil-escharra (Schrader-Winckler, Keilinschriften u. d. alte T.[3], S. 38, Anm. 3.]

[2] S. Frankel-Graetz, Monatsschrift, Jg. 1874. S. 490 fg. [Vgl. jetzt Schrader, die Keilinschriften und das alte Testament, 2. Aufl., S. 246 ff., 255 ff. 3. Aufl. S. 49 ff. u. Hommel a. a. O. S. 648 ff.]

[3] Könige II, 19, 12 parallel Jesaia 37, 12.

Aber die Besseren im Volke standen zu Achas, besonders aber die Propheten und Sänger, nicht wegen seiner Würdigkeit, sondern aus Anhänglichkeit an das Haus David's, dessen Andenken mit der Entfernung der Zeiten in noch strahlenderem Glanze erschien. Ein Psalmensänger aus dieser Zeit hat dieser Stimmung ausdrucksvolle Worte geliehen. Er stellte die Verworfenheit des Stammes Ephraim und die Vorzüge des Hauses Juda einander gegenüber und betonte, daß Gott das Haus Joseph's wegen seiner Verworfenheit verworfen, dagegen das Haus Juda und namentlich seinen Knecht David bevorzugt und ihn berufen habe, sein Volk zu führen. Der Psalmist führte die ganze Kläglichkeit und das Elend der vordavidischen Zeit auf die Sündenschuld des Hauses Ephraim zurück, indem es, die Gnadenwaltung Gottes in Aegypten und in der Wüste vergessend, sein Vertrauen auf Götzen gesetzt habe. Deswegen habe Gott sein Volk mit schweren Züchtigungen heimgesucht und selbst den Zelttempel in Schilo, der auf Ephraim's Gebiet stand, preisgegeben, dafür aber den Berg Zion und den Tempel in Jerusalem, als sein Heiligthum auserkoren. Der Psalmist wollte damit warnen, sich nicht wieder Ephraim zuzuwenden, welches Urheber alles Unglücks in alten Zeiten gewesen.

„Die Söhne Ephraim's, die geschickten Bogenschützen,
„Kehrten am Tage des Treffens um,
„Achteten nicht Gottes Bund
„Und sträubten sich, in seiner Lehre zu wandeln,
„Vergaßen seine Thaten und Wunder,
„Die er ihnen erwiesen,
„Daß er Außerordentliches in Aegypten,
„Im Gefild von Zoan gethan,

. . . . . . . . . . . .

„Wie oft waren sie in der Wüste ungehorsam gegen ihn,
„Kränkten ihn in der Einöde!

. . . . . . . . . . . .

„Er brachte sie (doch) in sein heiliges Gebiet,
„Auf diesen Berg, den seine Rechte erworben,
„Vertrieb Völker vor ihnen,
„Gab sie ihnen zu Lostheilen
„Und ließ in deren Zelten Israel's Stämme ansiedeln.
„Da prüften sie ihn doch
„Und waren gegen den höchsten Gott ungehorsam,
„Achteten seine Gebote nicht,
„Wichen ab und waren so treulos, wie ihre Väter,
„Kehrten um, wie ein trügerischer Bogen,
„Höhnten ihn durch Höhenaltäre,
„Ereiferten ihn durch ihre Götzenbilder.
„Da verließ er Schilo's Tempel,
„Das Zelt, das er unter Menschen bewohnte,

„Da verwarf er Joseph's Zelt
„Und zog Ephraim's Stamm nicht vor,
„Erkor sich den Stamm Juda,
„Den Berg Zion, den er liebte,
„Baute er auf Bergen sein Heiligthum,
„Gleich der Erde, die er auf ewig gegründet,
„Wählte seinen Knecht David,
„Führte ihn aus Schafhürden heraus,
„Nahm ihn von jungen Lämmern,
„Sein Volk Jakob und sein Erbe Israel zu weiden,
„Und er weidete sie auch in seines Herzens Einfalt
„Und führte sie nach seiner Hände Geschicklichkeit [1]).

Diese günstige Stimmung für das Haus David kam Achas zu Statten; dadurch waren die Fürsten Juda's, welche Verbindung mit dem Feinde unterhielten, gehemmt, sich gegen ihn zu empören. Indessen rückte die Gefahr immer näher. Die Schaaren Rezin's und Pekach's fielen in Juda ein, besetzten das offene Land und führten Gefangene hinweg. Ein Theil des aramäischen Heeres machte einen Streifzug nach Edom, entriß dieses Land und auch die wichtige Hafenstadt Ailat der judäischen Krone, vertrieb die seit Salomo oder seit Amazia darin wohnenden Judäer aus dieser Stadt und übergab sie den Idumäern [2]). Diese, abermals von Juda's Vasallenschaft befreit, machten Einfälle im Süden, und die Philister verfuhren feindlich im Nord-West und entrissen mehrere Städte, **Bet-Schemesch**, **Ajjalon**, **Gazer**, **Socho**, **Timnah** und **Gimso** (Emmaus [3]). Die beiden

[1]) Ps. 78. Dieser Psalm ist von den Auslegern vollständig verkannt worden, darum setzten sie ihn in sehr späte, etwa gar in die makkabäische Zeit, obwohl die Erinnerung an Ephraim in dieser Zeit völlig erloschen war. Die Pointe liegt in der Antithese von Ephraim=Joseph und Juda und vom Tempel zu Schilo und dem Tempel zu Zion V. 67 fg., darauf wird schon in V. 9 hingewiesen. Das Folgende bezieht sich ebenfalls auf Ephraim, als wenn er allein die Schuld am Abfall und Unglück gehabt hätte. Auf den Stierkultus ist in Vers 58 hingewiesen. Die Sprache dieses Psalms ist edel und zeigt keine Spur nachexilischer Elemente. Das Wort נשקה ist durchaus nicht aramäisch. Statt מהרונן muß man V. 65 lesen מתעורר.

[2]) Könige II, 16, 6. Für וארומים hat die Masora das Keri ואדומים und ebenso LXX, was wohl auch richtiger ist. Dann muß man wohl auch lesen השב . . . את אילת לאדום. Denn auf Aram paßt das Verbum השיב nicht, da es niemals diese Hafenstadt besessen hat. [Vgl. auch **Klostermann** und **Benzinger** z. St.]

[3]) Chronik II, 28, 17 fg. Diese Nachricht ist sicher historisch und mag ursprünglich auch in Könige enthalten gewesen sein. In LXX das. ist noch ein Zusatz hinter dem Stadtnamen *Βαιθσαμές*, welcher die Andeutung giebt, daß ursprünglich auch hier mehr im Texte enthalten war: *καὶ τὰ ἐν οἴκῳ κυρίου κ. τ. λ.* Das ist dasselbe, was in K. II, 16, 8 erwähnt wird; daraus folgt, daß beide Texte Lücken enthalten. Für הגדרות muß man wohl lesen: גזר, und

Hauptverbündeten näherten sich der Hauptstadt und machten Anstalt, sie zu belagern. Achas traf selbstverständlich Gegenvorkehrungen. Die Festungswerke wurden in Vertheidigungszustand gesetzt, ganz besonders aber wurde der nordwestliche Theil der Stadt an dem oberen Teiche, wo der Boden mehr eben ist, befestigt. Die Angst trieb aber Achas zu einem verzweifelten Schritte. Er sandte heimlich Boten zum assyrischen Könige Tiglat-Pileser und erbat sich von ihm Hülfe gegen die ihn bedrängenden Feinde. Dafür bot er sich ihm als Vasallen und sein Land als assyrisches Lehen an. Dieser Schritt konnte ihm für den Augenblick Hülfe bringen, gefährdete aber die ganze Zukunft. Denn die Assyrer pflegten, wie später die Römer, die Länder, die sich ihnen zu Freundschaft und Bundesgenossenschaft antrugen, so fest zu umklammern, daß sie schmählicher Sklaverei verfielen. Zudem drohte eine Gefahr von Seiten des benachbarten Aegyptens. Dieses Reich konnte nicht ruhig mit ansehen, daß die assyrische Macht bis an seine Grenzen reichen sollte; es hätte dem also zuvorkommen müssen, und Juda mußte dadurch zum Zankapfel zweier übermächtiger Reiche und zum Tummelplatz für deren verwüstende Heeressäulen werden. Achas' Kurzsichtigkeit bedachte diese Gefahren nicht, weil sie der Zukunft angehörten; er wollte nur die im Augenblick drohende Gefahr abwenden, und um diesen Preis wollte er sogar auf die Selbstständigkeit seines Landes Verzicht leisten.

Der Prophet Jesaia aber blickte mit seinem Seherauge tief in die Zukunft und warnte den König vor Uebereilung durch die allzugroße Angst. Er begab sich zu Achas auf den Platz am oberen Teiche, wo dieser die Befestigungswerke betrieb, nahm seinen Sohn mit, welcher den bedeutungsvollen Namen Scheâr-Jaschub (o. S. 109) führte und suchte ihm erst die Angst zu benehmen. Mit klaren, deutlichen Worten und doch in schwunghafter Rede enthüllte er ihm die Zukunft:

„Sei vorsichtig und sei ruhig,
„Fürchte nicht, dein Herz mag nicht zagen
„Vor den beiden Stümpfen vor Zorn rauchender Brände,
„Vor Rezin und Aram und Remaljahu's Sohn.
„Obwohl Aram gegen dich Unglück beschlossen,
„Ephraim und Remaljahu's Sohn sprachen:
„„Wir wollen gegen Juda ziehen,
„„Es bedrängen, es für uns erobern,
„„Und einen König darin einsetzen,
„„Den Sohn Tabel!"" „so spricht Gott":

ות ist Dittographie des folgenden ואת. Ueber מוצא und die Identität desselben mit Emmaus, vgl. B. I, S. 423, Note.

„„Es wird nicht bestehen und nicht bleiben,
„„Denn Damaskus bleibt nur das Haupt von Aram,
„„Und das Haupt von Damaskus bleibt Rezin,
„„Und in fünf und sechzig Jahren
„„Wird Aram gesunken sein, ein Volk auszumachen.
„„Das Haupt von Ephraim bleibt Samaria,
„„Und das Haupt von Samaria Remaljahu's Sohn,
„„Wenn ihr kein Vertrauen habet,
„„Werdet ihr allerdings nicht gefestigt werden [1]).

Jesaia merkte es dem König Achas an, daß er zu seinen Worten und zum Verheißen göttlicher Hilfe kein Vertrauen hatte. Darum fuhr er fort:

„Verlange ein Zeichen von Gott,
„Mag es tief im Grabe sein, oder hoch oben".

Ungläubig erwiderte Achas: „Ich will kein Zeichen von Gott verlangen." Darauf fuhr der Prophet fort:

„Hört doch, ihr Leute des Hauses David!
„Ist es noch zu wenig, daß ihr die Menschen ungeduldig macht,
„So wollt ihr noch Gott ungeduldig machen?
„Der Herr wird euch ein Zeichen geben:
„Eine Sklavin, die schwanger ist,
„Wird einen Sohn gebären
„Und ihn Immanuel [mit uns ist Gott] nennen.
„Milch und Honig wird das Kind genießen,
„Sobald es nur unterscheiden wird,
„Das Unangenehme abzuweisen
„Und das Angenehme anzunehmen.
„Denn ehe noch der Knabe dieses unterscheiden wird,
„Wird das Land verlassen sein,
„Vor deren beiden Königen du ein Grauen hast [2])."

Darauf deutete er dem König die Gefahren an, welche ihm von einem Bündnisse mit Assyrien drohen:

„Der Herr wird über dich, dein Volk und dein Vaterhaus Tage bringen,
„Wie sie nicht eingetroffen sind,

[1]) Jesaia 7, 3 fg. Für נקיצנה muß man lesen נציקנה von צוק und Vers 8 statt יחת אפרים muß man lesen ארם wie 19, 31 [17, 3?]. So sind alle Schwierigkeiten gehoben. Die 65 Jahre bedeuten zwei Menschenalter zu 33 Jahren. Jesaia prophezeite also, daß Aram in zwei Menschenaltern aufgehört haben wird. [In den „Emendationes" pp. macht der Vf. einen anderen Vorschlag.] יחת מעם ist gleich מעיר מוסר 17, 1 u. a. St.

[2]) Das. V. 14 העלמה bedeutet nichts anderes, wie עלמות im Hohenlied und הנערה in Amos, nämlich Sklavin; das Zeichen soll sein, daß eine stumpfe Sklavin durch die Namengebung עמנואל — „mit uns ist Gott" — für ihren Sohn das Vertrauen auf Gott kundgeben werde. Alle dogmatische Typik, die man in das Wort gelegt hat, ist Nonsens. עלמה kann allerdings auch Jungfrau bedeuten, wie נערה, aber העלמה mit dem dominierenden Artikel bedeutet nichts anderes als הנערה, eine Sklavin, wie הנער ein Sklave, παῖς, bedeutet.

„Seitdem sich Ephraim von Juda löste:
„Den König von Assyrien.
„Gott wird herbeipfeifen die Fliege,
„Welche am Ende von Aegyptens Fluß ist,
„Und die Biene im Lande Assur,
„Und sie werden kommen und lagern
„In allen Thälern und Felsklüften,
„Unter allen Dorngestrüppen
„Und unter allen Stachelhecken."

Von der nächsten Zukunft schweifte der Blick des Propheten Jesaia in die entferntere. Er sieht das Land von den Heeren der Assyrer in einen Platz von Dornen und Disteln verwandelt, ganz besonders aber die Hügel, welche mit edlen Reben bedeckt sind, die Weinerzeuger, welche zum Rausche und Sinnentaumel Anlaß gegeben, verödet. Aber die Weideplätze werden bleiben und der Mensch wird sich begnügen müssen mit einem jungen Rind und zwei Schafen, die so ergiebig sein werden, daß das Land doch wieder von Milch und Honig träufeln wird — für den Ueberrest des Volkes (Schear-Jaschub[1]).

Jesaia kam dann wieder auf die Gegenwart zurück. Er erzählte, daß ihm die Weisung zugekommen sei, auf eine große Rolle mit großen Buchstaben in der Volksschrift aufzuschreiben: „Schnell Beute — eilig Plünderung" (Maher Schalal Chasch Baz). Zwei glaubwürdige Zeugen sollte er zur Bewährung der Offenbarung nehmen, den Priester Uria und den Propheten Zacharia, Sohn Jibrekhjahu's. Noch mehr. Als seine Frau, die Prophetin, ihm einen Sohn geboren hatte, habe er laut prophetischer Anregung ihm den bedeutungsvollen langen Namen gegeben: „Maher Schalal Chasch Baz". Diese Vorzeichen sollten vergewissern: „Ehe noch der neugeborene Prophetensohn Vater und Mutter rufen wird, wird das Gut von Damaskus und die Beute von Samaria vor dem König von Assyrien einher getragen werden". Dann wandte sich Jesaia an die verrätherische Partei, die es heimlich mit den Verbündeten hielt:

„Weil diese Leute das Wasser des Siloa verachten,
„Das langsam dahin fließt,
„Und sich freuen mit Rezin und Remaljahu's Sohn,
„So wird Gott über sie allerdings die großen und
„Gewaltigen Gewässer des Euphrat bringen,
„Den König von Assur und sein ganzes Heer.

[1]) Das ist der Sinn das. Vers 21—25. Und dazu hat Jesaia seinen Sohn שאר ישוב mitgenommen, damit sein Name diesen Gedanken vergegenwärtigen soll: חמאה ודבש יאכל כל הנותר בקרב הארץ

„Es wird alle Bette übersteigen,
„Ueber alle Ufer treten,
„Es wird auch in Juda streifen,
„Ueberfluthend, bis zum Halse reichend,
„Und die Ausdehnung seiner Flügel
„Wird die ganze Breite deines Landes füllen,
„O, Israel [1])!

Aber trotzdem, verkündete Jesaia zum Schlusse dieser Rede, trotzdem wird Juda nicht untergehen.

„Wisset es, ihr Völker,
„Vernehmet es, ihr Erdenfernen,
„Rüstet euch nur, ihr werdet doch gebrochen,
„Rüstet euch, ihr werdet doch vernichtet.
„Pflegt nur Rath, er wird vereitelt,
„Redet nur ein Wort, es wird nicht bestehen,
„Denn mit uns ist Gott [2])!"

Achas blieb aber gegen alle diese Zeichen verstockt. Er hatte mehr Vertrauen auf Tiglat-Pileser, als auf den Gott Israels, und so vollzog sich das Verhängniß. Sobald der assyrische König Kunde erhalten hatte, daß mehrere Fürsten und Völker ein Bündniß gegen ihn geschlossen hatten, führte er seine Heere in deren Länder. Zuerst stieß er auf das damascenische Aram. In Folge dessen mußte Rezin die Belagerung von Jerusalem aufheben und zum Schutze seines Landes herbeieilen; auch Pekach mußte auf sein eigenes Heil bedacht sein und nach Samaria zurückkehren. Jerusalem war für den Augenblick gerettet. Beide feindlichen Könige, die „Stümpfe rauchender Holzstücke", konnten indeß die Folgen ihrer Schritte nicht mehr abwenden. Tiglat-Pileser belagerte zunächst Damaskus, nahm es ein, machte Rezin zum Gefangenen und tödtete ihn. Die Einwohner von Damaskus, welche ihm hartnäckigen Widerstand entgegengesetzt hatten, führte er in Gefangenschaft weit weg und ließ sie am Flusse Kir (Kyros) an der westlichen Seite des Kaspi-Sees ansiedeln. In dem paradiesischen Damaskus und der Umgegend siedelten sich Assyrer an, und es wurde seit der Zeit eine völlig assyrische Stadt, eine der Residenzstädte der assyrischen Könige. Das ganze ehemalige Aram wurde seit der Zeit Assyrien und abgekürzt Syrien genannt [3]).

[1]) Das. 8, 8 hat das Targum statt מלא רחב . . . . עמנו אל das Wort ישראל. Auch die alte Masora in Massechet Sopherim cpt. V. zählt das Wort עמנואל in dieser Prophezeiung nur zweimal. Sie kennt also nicht noch ein drittes עמנואל. In der That ist das Wort hier unverständlich. [Vgl. jedoch Luzzatto zur Stelle.]

[2]) Das. 8, 9 haben LXX statt רעו γνῶτε = דעו, und das Wort וחתו in diesem Vers ist dittographirt. Dann hat der Vers eine angemessene Symmetrie.

[3]) Könige II, 16. 9. Vgl. Herodot VII, 63. οὗτοι δὲ ὑπὸ Ἑλλήνων

Von Damoskus aus überzog Tiglat-Pileser das Zehnstämmereich mit Krieg, eroberte die festen Städte des Gebirgslandes, der Meeres- und Jordangegend, das Gebiet der Stämme Naphtali, Ascher, Sebulon und den Landstrich, welchen die Daniten an der Jordanquelle und am Fuße des Hermon inne hatten. Pekach scheint nicht einmal den Versuch gemacht zu haben, sich zur Wehr zu setzen, sondern sich feige unterworfen zu haben. Dafür ließ ihn Tiglat-Pileser am Leben, aber die Bewohner der Nordstädte, Ijion, Dan, Abel-Beth-Maacha, Janoach, Kedesch, Chazor und die des jenseitigen Landes führte er in Gefangenschaft (um 738) und verpflanzte sie in verschiedene Gegenden des großen, assyrischen Reiches [1]).

Die Strafandrohung, welche Amos zwei Menschenalter vorher prophezeit hatte, erfüllte sich damals zum Theil. Da der Norden des Zehnstämmereiches äußerst fruchtbar war, so hat ihn Tiglat-Pileser schwerlich öde gelassen, sondern ihn wahrscheinlich mit Assyrern oder Bewohnern anderer eroberten Länder bevölkert. Das Reich Israel war seit der Zeit um die Hälfte seines Gebietes und seiner Bewohner vermindert. Seine Grenze im Norden reichte lediglich bis zum Berge Thabor, und dieser Ueberrest wurde ein Vasallenland des assyrischen Reiches und mußte jährlich Tribut zahlen und Huldigungsgeschenke an die Könige liefern. Gegen Pekach, welcher durch seine Tollkühnheit das Unglück herbeigeführt hatte, gegen „diesen thörichten Hirten, welcher die Heerde preisgegeben hat", herrschte ohne Zweifel eine große Unzufriedenheit. Diese ging in eine Verschwörung gegen ihn über. Hosea, Sohn Ela's, leitete diese Verschwörung und tödtete Pekach um 736 [2]), nachdem dieser zwei Jahrzehnte zum Unheil des Volkes und des Landes regiert hatte.

Auch im Reiche Juda ging um diese Zeit eine tiefgreifende Wandlung vor. Achas hatte sich selbst aus Zaghaftigkeit zum Vasallen des Königs von Assyrien gemacht. Er mußte in Folge dessen sich zu Tiglat-Pileser zur Huldigung begeben, während dieser in Damaskus die unterworfenen Könige und Fürsten zwang, ihm ihre Vasallenschaft zu erkennen zu geben. Anstatt sich durch die Rolle der Knechtschaft gedemüthigt zu fühlen, gerieth er in Bewunderung für das assyrische Wesen und faßte den Plan, eine Nachahmung desselben in sein Land einzuführen oder dies vollständig zu assyrisiren. Ihm gefiel zunächst

ἐκαλοῦντο Σύριοι ὑπὸ δὲ τῶν βαρβάρων Ἀσσύριοι ἐκλήθησαν. Strabo XVI p. 1071. Justin. I, 2. . . . Assyrii, qui postea Syri dicti sunt.

[1]) Könige II, 15, 29 fg. Hinter עיון fehlt דן wie das. I, 15, 20. [Vergl. Klostermann zu II Sam. 24, 6, und Hommel a. a. O. S. 664 f.]

[2]) Vergl. über die Zeit Bd. I, S. 474 fg.

die Form des Altars, den Tiglat-Pileser in Damaskus bauen ließ. Die assyrischen Altäre waren aus Steinplatten, dreiseitig, mit abgerundeten verzierten Oberwänden [1]), verschieden von den Altären der Israeliten, Phönizier und Aramäer. Ehe noch Achas nach Jerusalem zurückkehrte, befahl er dem Hohenpriester Uria nach der Zeichnung, die er einschickte, einen Altar nach diesem Muster zu errichten. Der Hohepriester hatte kein Bedenken, einen solchen Altar errichten zu lassen. Wie mag er aber erstaunt gewesen sein, als Achas bei seiner Rückkehr auf diesem Altar selbst opferte! [2]) Wie die assyrischen Könige wollte auch Achas das Königthum über das Priesterthum gestellt wissen, oder vielmehr wie diese sich als Abkömmlinge eines Gottes ohne priesterliche Vermittelung dem Altar näherten, so wollte auch Achas betrachtet sein. Anstatt sich gedemüthigt zu fühlen, kehrte er mit Hochmuth aus Damaskus zurück. Bei seiner Rückkehr befahl er, den neuen größeren Altar nach assyrischem Muster an die Stelle des aus Salomo's Zeit stammenden ehernen Altars zu setzen und diesen, welcher nur zehn Ellen Höhe und 40 Ellen im Gevierte Umfang hatte, an die entgegengesetzte Seite, nach Norden zu schaffen. Auf dem großen Steinaltar sollte gewöhnlich geopfert werden, der kleinere eherne Altar sollte für den König allein bleiben, wenn es ihm beliebte, Priesterdienst zu verrichten. Der Hohepriester Uria ging auf alles ein, war viel gefügiger, als der Hohepriester zur Zeit Usia's. Er scheint einer jener Priester gewesen zu sein, welche nicht die Lehre, die sie zu vertreten berufen sind, im Auge haben, sondern ihr eigenes Wohlergehen und ihren Nutzen; er mochte nicht als Opfer fallen. Achas ging noch weiter in der Nachahmung assyrischer Bräuche. Er führte auch den Sonnen- und Planetenkultus in Jerusalem ein. Im Eingang des Tempels wurde wahrscheinlich das Bild der Sonne strahlenförmig angebracht, und dem Sonnengott waren Rosse und Wagen geweiht. Die Rosse waren in einer Halle, welche den Namen eines Verschnittenen,

[1]) G. Rawlinson, the five monarchies II, p. 273.

[2]) Es ist von den Auslegern übersehen worden, obwohl deutlich genug Kön. II, 16, 12—13 angegeben ist ויקרב המלך על המזבח ויעל עליו, daß Achas selbst geopfert hat. Auch das war ein assyrischer Gebrauch, daß der Priester nicht als Mittler zwischen Gott und dem König auftrat, sondern daß der König selbst opferte, vgl. Layard Ninive und seine Ueberreste, deutsche Uebersetzung S. 329. G. Rawlinson das. p. 274. Dadurch ist auch die dunkle Stelle Könige das. 15, verständlich, ומזבח הנחשת יהיה לי לבקר וגו', welche den Auslegern so viel Schwierigkeiten gemacht hat. לבקר ist einfach eine Buchstabenversetzung für לקרב und להקריב. „Der eherne Altar soll für mich zum Opfern bleiben." [S. dagegen Klostermann und Benzinger z. St.]

Nathan-Melech, führte, untergebracht[1]). Für die Anbetung der fünf großen, dem Auge sichtbaren Irrsterne (s. o. S. 99), weil diese nur des Nachts wahrgenommen werden können, ließ Achas nach dem Vorgange der Babylonier auf dem Dache seines Palastes Altäre anbringen[2]). Und überall auf Höhen und Hügeln ließ er Altäre errichten. Achas übertraf noch an Götzendienerei die Könige von Israel. Auch sonst begannen unter ihm assyrische Elemente in Juda einzudringen. Die assyrische Sprache, welche mit der aramäischen viele Aehnlichkeit hatte, lernten die Hofleute, um sich mit den gebietenden Herren verständigen zu können[3]). Auch manches Nützliche ist durch die Nachahmung des Assyrischen eingeführt worden. Die Sonnen- oder Schattenuhr, eine Erfindung der Chaldäer, machte Achas in Jerusalem heimisch; sie war in der Nähe des Palastes angebracht. Diese Schattenuhr wurde nach Achas benannt[4]). Auch auf eine genauere Zeitrechnung ist wohl in Jerusalem seit Achas geachtet worden. Von den schönen Künsten, besonders der Zimmermalerei, Anfertigung der Verzierungen, die dem Formensinn wohlthun, worin die Assyrer Außerordentliches geleistet haben und Lehrer der Griechen wurden[5]), haben wohl die Judäer manches angenommen. Die Bauart erhielt in Jerusalem einen andern Styl[6]). Aber die Schattenseiten der Nachahmung des Assyrischen waren bei weitem überwiegend. Das ureigene Wesen, die lautere Gottesverehrung und die höhere

[1]) Könige II, 23, 11. Da hier und V. 12 von מלכי יהודה die Rede ist und nicht bloß von Manasse, wie 12 b, so geht daraus hervor, daß Manasse nicht der erste war, der den Sonnen- und Planetenkultus eingeführt hat. Auffallend ist es, daß man unter den assyrischen Trümmerhaufen noch kein Bild von Sonnenrossen gefunden hat. Bei den Persern gab es solche nach Curtius III, 3, (7): Currum deinde Jovi sacratum albentes vehebant equi: hos eximiae magnitudinis equus, quem Solis appellabant, sequebatur [Vgl. auch Riehm-Bäthgen S. 1533]. Statt מבא בית ה׳ das. V. 11 darf man nicht lesen מבוא, sonst ist das folgende אל לשכת נתן־מלך nicht verständlich, sondern es ist gleich מכבא. Die Rosse waren untergebracht von da, wo man in den Tempel eingeht, bis zur Halle des Nathan-Melech und zwar in dem Winkel פרוים. Ueber פרורים, Singular פרור oder פרבר s. Chronik I, 26, 18.

[2]) K. das. 23, 12. ואת המזבחות אשר על הגג עלית אחז kann nur vom Söller des Palastes verstanden werden, nämlich eine elliptische Genitiv-Construktion statt על הגג גג עליה אחז wie המזבח הנחשת und andere. [Vgl. jedoch Klostermann und Benzinger z. St.] Daß den Planeten auf Dächern von Privathäusern geopfert wurde, folgt aus Zephanja 1, 5, Jerem. 19, 13 [32, 29]

[3]) Folgt aus Könige das. 18, 26 und Parallelst. Jesaia 36, 11.

[4]) Könige das. 20, 11 Parallelst. Jesaia, vergl. dazu Keil, Comment. zu Könige das.

[5]) Vergl. Layard a. a. O. S. 342 fg.

[6]) Vergl. Jerem. 22, 14.

Sittlichkeit, erhielt durch die Nachahmung des Fremden von neuem Einbuße. Achas überschritt in der Nachäffung alle Grenzen. Als ihn einst ein großes Unglück bedrohte, verfiel er darauf, seinen eigenen Sohn zu Ehren eines eingebildeten Gottes Moloch zu opfern. Auch diese entsetzliche Grausamkeit lag im assyrischen Götzenkultus[1]). In dem schönen Thale Hinnom oder Ben-Hinnom (von dem Besitzer so genannt), an der südöstlichen Ausweitung des Kidronthales, wo durch die Siloaquelle und andere rieselnde Gewässer die Fruchtbarkeit einen prächtigen Pflanzenwuchs erzeugte, wurde eine Feuerstätte (Tôphet) errichtet, und dort ließ Achas einen seiner Söhne, taub gegen das herzzerreißende Jammern des unschuldigen Wesens, im Feuer verkohlen[2]).

Welches drohende Unglück mag Achas bewogen haben, sein Vaterherz zu verhärten und eine solche Unthat zu begehen, wie einst Mescha, König von Moab? Es scheint, daß der Schrecken vor dem feindlichen Ueberfall eines assyrischen Königs, entweder des Tiglat-Pileser oder seines Nachfolgers, ihn dahin gebracht hat, ein solches Opfer zu bringen, um den Zorn seiner Götter zu besänftigen. Diese Furcht vor dem assyrischen Großkönig hat ihn auch veranlaßt, Veränderungen im Tempel vorzunehmen. Die Verzierungen an den ehernen Leisten der beweglichen Wasserwagen ließ er abnehmen und die zwölf ehernen Rinder, welche den großen Wasserbehälter oder das eherne Meer trugen, das Kunstwerk aus der Salomonischen Zeit[3]), ließ er entfernen und den Wasserbehälter auf einen Untersatz von Stein bringen. Einen bedeckten Sitz, welcher im Eingang des Tempels war, ließ er in das Innere desselben verlegen. Wollte Achas damit verhindern, daß solche kunstvolle Verzierungen dem assyrischen König nicht in die Augen fallen sollten? Oder wollte er sie beseitigen, weil sie an die Verbindung der Israeliten mit Aegypten oder Phönizien erinnerten?

[1]) Vergl. Movers, Phönizier I, 63, 65, 324, 333 fg.

[2]) Könige II, 16, 3. Die Lage des Ge-Hinnom giebt Hieronymus am genauesten zu Jeremia 7, 31: Toephet, quae est in valle filiorum Enom, illum locum significat, qui Siloë fontibus irrigatur, et est amoenus atque nemorosus, hodieque hortorum praebet delicias. Aus Josua 15, 8 und 18, 16 läßt sich die Lage nicht bestimmen. Da das Südostthal an der Siloa-Quelle in der That noch gegenwärtig am fruchtbarsten von der ganzen Umgebung Jerusalems ist, wie es ehemals war, so ist es ohne Zweifel dieser Punkt, den Achas zum erstenmal für die Kultusstätte des Moloch ausgewählt hat. [Vgl. Buhl a. a. O., S. 94]. Daß Achas Menschenopfer zuerst eingeführt hat, ist nach den Quellen zweifellos. Aber ein solches Opfer wurde lediglich zur Zeit einer Calamität dargebracht.

[3]) S. B. I, S. 315 fg.

Jedenfalls muß er von einer gewaltigen Furcht vor dem assyrischen Großkönig beherrscht gewesen sein. Alle seine sklavische Unterthänigkeit befreite ihn nicht von bangen Sorgen für den Bestand des Landes und für sein eigenes Leben. Umsonst hat er Verkehrtheiten über Verkehrtheiten begangen, hatte sich einem strengen Herrn verkauft, er mußte vor jeder finstern Stirnfalte desselben zittern[1]).

Achas' Verkehrtheiten konnten selbstverständlich nicht ohne Einfluß bleiben. Den Fürsten Juda's, die ohnehin Vorliebe für das Ausländische hatten, das ihren Gelüsten volle Freiheit ließ, mag dieses Anschmiegen an die assyrische Macht hinterher willkommen gewesen sein. Sie durften, von der Ohnmacht des Königs Achas begünstigt, mehr noch als früher ihrem lüsternen Sinne fröhnen und ihre Ungerechtigkeiten gegen das Volk fortsetzen[2]). Die Priester waren ebenfalls von der Verkehrtheit angesteckt. Aus Eigennutz oder Furcht schwiegen sie zu den Unthaten des Königs und der Großen oder redeten ihnen zum Munde. Um Geld lehrten sie nach dem Herzenswunsch der Mächtigen. Von einem der entarteten Priester scheint die Auslegung ausgegangen zu sein, daß das Opfern der Erstgeborenen dem Gott Israels keineswegs zuwider, sondern angenehm sei. Das von Mose offenbarte Gesetz habe befohlen, daß die Erstgeborenen Gott geweiht, d. h. dem Feuer zum Opfer bestimmt werden sollten[3]).

Glücklicher Weise waren damals Vertreter der Urlehre und der lauteren Gesittung vorhanden, welche mit kräftiger Beredtsamkeit und Ueberzeugungsfestigkeit gegen dieses Unwesen, diese Entfremdung und diese äußerste Entartung laut ihre Stimme erhoben. Gewiß hat Jesaia mit seiner Feuersprache dagegen geeifert; seine prophetischen Reden aus dieser Zeit haben sich aber nicht erhalten. Nur ein Bruchstück, eine Rede gegen eine Volksklasse, welche verkehrte Vorstellungen hegte und äußerte, ist noch vorhanden:

„Nennet nicht heilig,
„Was diese Leute heilig nennen,
„Den Gegenstand ihrer Verehrung verehrt nicht,
„Den Herrn Zebaoth sollt ihr heiligen,
„Ihm sei eure Verehrung geweiht.

[1]) S. Frankel-Graetz Monatsschrift, Jahrg. 1874, S. 498.

[2]) Jes. 10, 1 fg. Micha 3, 1 fg. 9—11; 6, 10 fg.

[3]) Aus Ezechiel 20, 26 ואטמא אותם במתנותם בהעביר כל פטר רחם und V. 31 ובשאת מתנותיכם בהעביר בניכם באש אתם נטמאים geht hervor, daß die Vorstellung herrschte: Gott habe befohlen, die Kinder zu verbrennen; dasselbe liegt auch das. 16, 21—22 wo המעט מתזנותיך והשחטי את בני „meine Söhne" im Gegensatz zu „deine Söhne" im vor. Verse die „Erstgeborenen" bedeutet Darum wiederholt Jeremia so oft und mit Nachdruck bei der Erwähnung dieser Kinderopfer: Gott habe sie keineswegs befohlen: 7, 31; 19, 5; 32, 35.

. . . . . . . . . . . .

„Ich hoffe auf den Herrn
„Obwohl er sein Antlitz vor Jakob's Haus verhüllt,
„Ich hoffe auf ihn".

„Sieh', ich und die Jünger, die mir Gott geschenkt hat, sind zum Vorzeichen und zum Vorbilde von dem Herrn Zebaoth, der da weilt auf Zions Berg. Wenn sie zu euch sagen werden: „„Forschet nach zu den Bauchrednern und den Wissenden, die da zirpen und lispeln."" Soll doch ein Volk seinen Gott befragen zum Schutze der Lebenden zu den Todten wegen Belehrung und Warnung — gewiß, sie werden solches sprechen — so" ......[1]).

Ein jüngerer Prophet dieser Zeit legte die Finger in die eiternde Wunde und nannte die Unthat nicht bloß beim rechten Namen, sondern wies auch auf den Keim hin, dem sie entsprossen ist. Micha II. aus Morescha, einem Städtchen in Südwestjudäa, war wahrscheinlich aus Jesaia's Schule hervorgegangen und theilte sich in den schweren Beruf, den Sündern in's Herz zu reden und ihnen die Folgen ihrer Verblendung klar zu machen. Er besaß weder die Anmuth, noch die Tiefe, wohl aber die beißende Ironie der jesaianischen Beredtsamkeit. Micha liebte es, Wortspiele anzuwenden, die Gedanken durch Frageformen zu verdeutlichen und durch Einstreuung der Worte, welche in dem Munde Vieler lebten, das Unsinnige derselben hervorzuheben. Er hatte wohl seinen dauernden Aufenthalt in Jerusalem. Da er aber die Stimmung der Landstädte und Dörfer kannte, nahm er mehr als die übrigen Propheten auch auf diese Rücksicht. Eine Rede, die Micha zur Zeit des Königs Achas hielt, legte die ganze Nacktheit der herrschenden religiösen und sittlichen Verderbniß bloß:

„Hört das Wort, das der Herr spricht,
„„Auf! hadere mit den Bergen,
„„Die Hügel mögen deine Stimme hören""
„So höret denn, ihr Berge, Gottes Streit,
„Ihr Felsen, Grundvesten der Erde!
„Denn eine Streitsache hat Gott mit seinem Volke
„Und will mit Israel rechten.
„„Mein Volk! Was habe ich dir gethan,
„„Und womit dich überbürdet? Zeug' gegen mich!
„„Etwa, daß ich dich aus Aegypten geführt,

[1]) Jes. 8, 12–23 ist jedenfalls ein Bruchstück, das mit der vorangehenden Rede an Achas nicht in Verbindung steht, was schon aus V. 14 hervorgeht, da gegen beide Häuser Israel, also gegen Juda und das Zehnstämmereich, gesprochen wird. Auch Lücken sind wahrzunehmen, so namentlich zwischen V. 20 und 21. In V. 12 muß man statt קשר lesen קדש [So schlägt z. B. auch Lagarde vor], wie auch ein alter Bibelcodex, in Wilna befindlich, noch haben soll. [Vgl. jedoch Luzzatto zur Stelle.]

„„Dich aus dem Sklavenhause erlöst
„„Und vor dir Mose, Ahron und Mirjam gesendet?
„„Mein Volk!
„„Erinnere dich doch, was Balak, Moab's König, beschlossen,
„„Und was ihm Beor's Sohn Bileam geantwortet.
„„[Wie er dich über den Jordan führte]
„„Von Schittim bis Gilgal,
„„Auf daß du Gottes Gnade erkennest!
„„Womit soll ich Gott entgegenkommen?
„„Dem Gott der Höhe vergelten?
„„Soll ich ihm mit Ganzopfern einjähriger Rinder entgegenkommen,
„„Wird Gott freundlich aufnehmen Tausende von Widdern,
„„Zehntausend Ströme von Oel?
„„Soll ich meine Erstgeborenen für meine Sünde,
„„Meines Leibes Frucht als Sühne meiner Seele hingeben?"“
„Er hat dir doch verkündet, o Mensch, was gut ist,
„Und was Gott von dir fordert?
„Nichts weiter, als Recht üben, Menschenliebe
„Und demüthig wandeln vor deinem Gotte!
. . . . . . . . . . . . . .
„Kann sie [Zion] mit falscher Wage
„Und mit dem Beutel trügerischer Steine unschuldig sein?
„Sie, deren Reiche voll sind von Gewalt,
„Deren Bewohner Trug sprechen,
„Und deren Sprache in ihrem Munde Falschheit ist?
„Ich habe dich unheilbar geschlagen,
„Dich verwüstet wegen deiner Sünde.
„Du issest und wirst nicht satt
„Und es macht dich mager in deinem Innern.
„Du erwirbst und behältst nichts,
„Und was du behältst,
„Werde ich dem Schwerte überliefern.
„Du säest und erntest nicht,
„Du trittst Oliven und gießest kein Oel,
„Und Trauben und trinkest keinen Wein.
„Befolgt werden Omri's Gesetze
„Und das ganze Thun des Hauses Achab.
„In ihren Plänen wandelst du;
„Drum gebe ich dich der Verwüstung preis,
„Die Bewohner dem Gespött
„Und die Schmach der Völker sollt ihr tragen [1])."

[1]) Micha, Kap. 6, das ein selbstständiges Ganzes bildet, kann unmöglich zu Chiskija's Zeit gesprochen worden sein. Denn die Pointe ist gegen Kinderopfer gerichtet (V. 7 b), und diese können doch unmöglich zu Chiskija's Zeit vorgekommen sein. Daher muß dieses Kapitel in Achas' Zeit gesetzt werden, der zuerst Kinderopfer eingeführt hat. Ist doch auch in der Ueberschrift angegeben, daß Micha auch zur Zeit Achas' gesprochen hat. — Im Einzelnen ist zu diesem Kap. zu bemerken: כי in Vers 4 ist ironisch zu fassen. Vor מן השטים עד הגלגל muß hinzugedacht werden: der Uebergang über den Jordan, wie es auch

Indessen griff trotzdem die Verderbniß um sich und steckte auch den gesunden Theil an. Es erhoben sich falsche Propheten, welche auch im Namen Jhwh's den Lastern und der Verkehrtheit das Wort redeten, um den Machthabern zu schmeicheln. Diese Lügenpropheten sprachen ebenfalls in begeisterten Worten, gaben ebenfalls vor, Gesichte zu haben, bedienten sich ebenfalls der prophetischen Redeweise und brachten dadurch eine lähmende Begriffsverwirrung hervor. Das Volk wurde irre und wußte nicht mehr, wem es Glauben schenken sollte, ob den Tadlern und Sittenrichtern, oder den Liebedienern und Schönfärbern. Jesaia scheint aus Verachtung diese Afterpropheten keiner besonderen Aufmerksamkeit gewürdigt zu haben. Nur vorübergehend sprach er von ihnen:

„Der Herr wird von Israel vertilgen
„Kopf und Schweif, Palmen und Binse:
„Der Volksälteste und Angesehene ist der Kopf
„Und der Lügenlehrende Prophet der Schweif.
„Die das Volk leiten sollen,
„Führen es irre,
„Und die Geleiteten sind verführt [1]).“

Micha aber hat die Lauge seines Spottes über diese Afterpropheten ausgegossen.

„Wenn ein Mann, der in Wind und Lüge macht, löge,
„Dir prophezeite um Wein und Trank:
„Das wäre ein Prophet für dieses Volk.
. . . . . . . . . . . . . . . .
„So spricht Gott über die Propheten,
„Welche mein Volk irre führen,
„Die, wenn sie mit den Zähnen zu beißen haben,
„Frieden verkünden,
„Gegen den, der ihnen nichts in den Mund giebt,
„Rüsten sie Krieg [2]).“

Krieg mögen die Afterpropheten besonders gegen ihre Genossen verkündet haben, welche die Erbärmlichkeit der Zeit, die Selbstsucht der Großen, die Bestechlichkeit der Richter, den Aberwitz der Götzen-

Targum errathen hat. אכף V. 6 kann nicht richtig sein, vielleicht ist dafür אניף zu setzen. V. 9 und 10 sind räthselhaft und noch nicht genügend erklärt. Statt האזכה V. 11 haben sämmtliche alten Versionen die dritte Person, LXX am richtigsten . . . . . . . ההזכה. Dann kann es sich nur auf Jerusalem beziehen (nämlich auf העיר und ישביה V. 12) — וישחך V. 14 ist unverständlich und nach sämmtlichen Auslegungen gekünstelt. Es kann nur von כחש „abmagern“ stammen, also statt ויכחשך בקרבך. V. 16 muß unter עמי verstanden werden עמים Pl. wie öfter, worauf schon Kimchi aufmerksam gemacht hat.

[1]) Jes. 9, 13—15. Dieses Bruchstück scheint nicht lange nach Tiglat-Pileser's Invasion gesprochen worden zu sein, wie aus V. 8—9 hervorgeht.

[2]) Micha 2, 11; 3, 5 fg.

diener gegeißelt haben. Denn wieder wie zur Zeit der Isebel haben sich die Propheten Ihwh's verbergen müssen, wenn sie nicht dem Tode verfallen wollten. Schlingen wurden ihnen gelegt, um sie zu Falle zu bringen [1]).

In dieser trostlosen Zeit des Königs Achas, die sich kaum mit der sechsjährigen Mißregierung der Athalia vergleichen läßt, in welcher der König die uralte Lehre mit Füßen trat, götzendienerisches Unwesen einführte, damit Unsittlichkeit und Rechtsverhöhnung verband, die Großen schrankenlos ihren Gelüsten fröhnen konnten, die Lügenpropheten diesen Missethaten das Wort redeten und die Propheten der Wahrheit und des Rechts geächtet wurden, scheint eine That von großer Tragweite ausgeführt worden zu sein. Ein Buch ist in die Oeffentlichkeit eingeführt worden, welches das Buch der Bücher genannt zu werden verdient, weil es in ungeschmückter und doch erhabener Rede die Regel für das sittliche und religiöse Leben aufstellt, es nach allen Seiten hin beleuchtet und anpreist und die Laster und Verkehrtheiten als solche kenntlich macht. Ein Prophet sprach gegen den Andern. Was der Eine verdammte, lobte der Andere. Wo ist die Wahrheit? Woran sollten sich diejenigen halten, welche noch nicht vom Strudel der allgemeinen Verderbniß fortgerissen waren? Ist Ihwh Gott oder Baal? Ist der unzüchtige Astartendienst gestattet oder verpönt? Sollen Kinderopfer gebracht werden? Zwei Thatsachen standen aber in der allgemeinen Verwirrung über allem Zweifel fest, auch denen, welche das Fremde so hochstellten und sich darin verloren: die Erlösung des Volkes aus Aegypten und die Mittlerschaft des ersten Propheten bei diesem Erlösungswerke. Die Erinnerungen an diese Vorgänge waren denen, welche überhaupt nicht ganz stumpf waren, lebendig und gegenwärtig. So oft die Propheten sprachen, knüpften sie daran an oder machten Anspielungen darauf. Keiner der großen Ahnen und Führer des Volkes stand in so hohem Ansehen wie Mose. Sein Name lebte in der Erinnerung als der eines geistigen Helden, der in inniger Gemeinschaft mit Gott gestanden und von ihm Offenbarungen, Lehren und Gesetze, Mahnungen und Warnungen empfangen. Das, was Mose, als von Gott stammend dem Volke übermittelt hatte, galt als wahr, recht und heilsam. In das Bewußtsein des Volkes war aber bis dahin wenig von dem durch Mose Geoffenbarten gedrungen. Nur dämmerhafte Ueberlieferungen waren über den Inhalt, Werth und Ursprung der von ihm stammenden

[1]) Vergl. Jes. 29, 21. ולמוכיח בשער יקשון mit Hosea 9, 8. נביא פח יקוש על כל דרכיו. Jes. 30, 20 ולא יכנף עוד מוריך, d. h. „deine Lehrer werden sich nicht mehr zu verhüllen, zu verbergen brauchen“.

Lehre bekannt [1]). Die Lehre, welche Mose als „Erbe für die Gemeinde Jakob's“ verordnet hatte, lebte nur im Kreise der Eingeweihten, der Ahroniden und Leviten. Nur hin und wieder waren gelegentlich einzelne Abschnitte mitgetheilt worden [2]). Die Verderbniß der Zeit führte daher darauf, diese Lehre vollständig zum Gemeingut des Volkes zu machen. Dadurch sollte kund werden, welcher Weg der rechte sei, ob der von den Propheten Jhwh's oder der von den Afterpropheten verzeichnete und empfohlene. Mose's Stimme sollte im Namen Gottes sprechen, die Wahrheit künden und den Verwirrungen ein Ende machen.

Von wem diese zeitgemäße Veröffentlichung des „Buches der Lehre Mose's“ ausgegangen ist, ob aus dem Propheten- oder aus dem Priesterkreise, läßt sich nicht entscheiden. Sicher ist es, daß es zuerst in Achas' Zeit [3]) veröffentlicht und im Reiche Juda oder richtiger in Jerusalem volksbekannt wurde. Die durch Mose vermittelte Lehre sollte einen schneidenden Gegensatz gegen die Afterlehre des Hofes und der volksverführerischen Lügenpropheten bilden.

[1]) Vergl. o. S. 25 fg., 56, 94 fg.
[2]) S. Note 6. Die Thora.
[3]) S. Note 6.

# Sechstes Kapitel.

## Die Thora.

Form, Charakter und Bedeutung der Thora. Gesetze und Geschichte abwechselnd. Die Schöpfungsgeschichte der Thora im Vergleich mit der griechischen und chaldäischen. Bedeutung des Menschen nach dieser Schöpfungsgeschichte. Bedeutung der ersten Sünde der ersten Menschen. Unheilvolle Folgen der ersten Sünde. Der erste Brudermord. Kain's Wanderung. Lemech führt die Zweiweiberei ein. Seine Nachkommen. Erfinder der Werkzeuge des Sinnentaumels und des Krieges. Seth und seine Nachkommen. Die Sündfluth. Noah und seine Nachkommen. Bedeutung des Thurmbaues. Abraham's Urahnen und Nachkommen. Abraham's Tugenden. Isaak und Rebekka's Charakter veranschaulicht. Jakob und Esau. Jakob's Leidensstand. Joseph's Tugenden hervorgehoben. Juda's Stellung angedeutet. Die Erzählung von der Erlösung aus Aegypten. Gesetze, die sich an die Erlösung knüpfen. Die Darstellung der sinaitischen Offenbarung. Die Ordnung der Gesetzesgruppen. Sünde und Sühne. Die Erzählung von der Wüstenwanderung und die daran geknüpften Gesetze. Die ersten Siege. Bileam's Segen.

(730 — 724.)

Das bedeutungsvolle Buch, welches das verirrte Volk wieder mit seinem Gotte und seinem Ursprung in Verbindung bringen, es erheben, läutern und die Urkunde für dessen eigenes Wesen bilden sollte, führt mit Recht den Titel Thora (Belehrung), weil es für das Thun, Denken und Fühlen die rechte Anleitung geben will. Es hat allerdings vorherrschend den Charakter eines Gesetzbuches, ist aber keineswegs eine trockene Aufzählung oder Sammlung von Gesetzen, es enthält vielmehr eindringliche Belehrung; und diese Belehrung ertheilt es nicht auf trockene Weise, sondern in einer anziehenden, fesselnden Form, zugleich allgemein verständlich und doch erhaben. Es ist kindlich und Gedanken anregend zugleich. Seine beiden Bestandtheile, Geschichte und Gesetzesvorschriften, sind in einander verflochten; die Gesetze reihen sich an die Geschichte an. Es wird dadurch eine wohlthuende Abwechselung erzielt. Zuerst ist die Geschichtserzählung vorherrschend bis zu dem Zeitpunkt der Befreiung der Israeliten aus Aegypten und der Offenbarung am Sinaï. An diesem Punkte angelangt, bilden die Gesetze den Hauptinhalt, und die Geschichte tritt zurück oder wird nur angeführt, um die Veranlassung anzugeben, bei welcher gerade diese Reihe von Gesetzen vorgeschrieben wurde. Kein Buch aus alter Zeit kann daher mit diesem, mit der Thora, verglichen werden; sie hat durchweg den Charakter eines Volksbuches, läßt sich nicht zum Volke herab, um mit ihm kindlich zu thun, ihm angenehme Fabeln zu erzählen, sondern sie will zugleich durch die Geschichte solche Gedanken und Gefühle anregen, welche zur Beherzigung der Gesetze Anleitung und Antrieb geben sollen. Die Thora stellt einerseits Persönlichkeiten von erhabenem, religiös sittlichem Lebenswandel auf und läßt auf der anderen Seite Bilder der Verworfenheit vorüberziehen, die einen als Muster zur Nacheiferung, die anderen als Beispiele zur Warnung. Allüberall will sie unmittelbar oder mittelbar belehren; auch in solchen Erzählungen, die sich harmlos ausnehmen und Vorgänge schlicht vorführen, steckt ein tieferer Sinn. Wenn auch nicht das ganze Volk, so hat doch eine Klasse, für welche die Thora zunächst aufgezeichnet wurde, aus der Worthülle und Umkleidung den sinnvollen Gedankenkern herauserkannt. Die Geschichtserzählung ist künstlerisch angelegt, kein Zug zu viel und keiner zu wenig, Licht und Schatten der vorgeführten Personen sind maßvoll vertheilt und die Handlungen und Gespräche von dramatischer Anschaulichkeit. Darum besitzen die Erzählungen einen so hohen Reiz und haben stets so viel Anziehung ausgeübt, nicht bloß auf schlichte Leser, sondern auch auf tiefe Denker.

Die Erzählung der Thora beginnt mit dem Anfang, mit der Weltenschöpfung und der Urgeschichte der Menschen. Sie giebt in kurzen Umrissen die Völkergeschichte, verweilt länger bei der Geschichte der Erzväter, die sie als Muster aufstellt, und bei den Völkern, welche die Ursassen oder Nachbarn des Landes waren, welches die Israeliten eingenommen haben, und schildert am ausführlichsten die Ereignisse der Nachkommen der Patriarchen von dem Zeitpunkte ihrer Gruppirung zum Volke bis zu der Zeit, als sie zum jenseitigen Jordanufer gelangten, um den Einzug in's Land Kanaan zu halten.

Die Entstehung der Welt ist mit so einfacher Kunst, in so anschaulicher und kindlich erhabener Darstellungsweise geschildert, daß die Völker der Erde, denen diese Geschichte mitgetheilt wurde, sie als die thatsächliche Wahrheit sich zu eigen gemacht und fest daran geglaubt haben. Kein Wunder! Die Thora stellt ein einziges Wesen als Herrn der Natur und der Menschen auf und verletzt nicht den einfachen Sinn durch fabelhafte Geschichten von Göttergeburten und Götterkämpfen, welche die angeblich Göttlichen mit einander und mit den Menschen geführt haben sollen. Ein oder zwei Menschenalter vorher hatte ein griechischer Sänger (Hesiod) die Schöpfungsgeschichte nach hellenischer Anschauung zusammengestellt, nach welcher die Götter selbst aus dem Chaos, der Urnacht und dem Uebel entstanden oder geboren wurden. Das erste Wesen sei die Erde gewesen, und diese Allmutter habe den Regenhimmel (Uranos), das Meer (Pontos), aber auch Ungethüme, Titanen, einäugige Cyklopen, hundertarmige Riesen geboren, die der Vater, welcher zugleich der Sohn gewesen, in dem Schooß der Erde verborgen. Um das Toben dieser Wilden los zu werden, läßt die Erde ihren Sohn und Gatten Uranos durch den Titanen Kronos entmannen, und aus dessen in's Meer gefallenem Gliede sei die unzüchtige Liebesgöttin (Aphrodite Urania[1]) entstanden. Kronos verschlingt dann seine eigenen Kinder, bis auch er von einem seiner Söhne **Zeus** unter Aufruhr der ganzen Natur bekämpft wird. Zeus erringt die Oberherrschaft, muß sie aber mit Brüdern theilen. Die Menschen entstehen auch aus der Erde, aber kein Gott nimmt sich ihrer an, ja Zeus ist neidisch auf das Menschengeschlecht und hält das Feuer, das erste Schaffungsmittel, vor ihm verborgen. Ein Titane Prometheus bringt es ihnen verstohlen zu. Zur Strafe für diesen Diebstahl sendet ihm Zeus das Weib (Pandora), mit allen Reizen ausgestattet, zu, und dieses bringt in einem Gefäße Leid und Jammer über die Menschen und läßt ihnen nur die Hoffnung. Der Mensch leidet unverschuldet, nur durch den Neid der Götter. Dieser griechischen Schöpfungssage liegen allerdings sinnige und tiefe Betrachtungen zu Grunde; aber sie enthalten für die Menschen keine belehrende Anleitung, oder richtiger sie bergen eine verderbliche Lehre. Der Mensch steht schuldlos da, schuldig sind nur die Götter, und diese Erkenntniß müßte den Menschen mit Trotz gegen die Himmlischen erfüllen. Das Unglück, das Uebel und die Gebrochenheit stammen nicht aus seinem Innern, sondern von den göttlichen Mächten; in ihnen liegt die Quelle der Sünden, wodurch der Mensch auf Erden leidet. Fühlt sich der Mensch unschuldig und ungerecht verfolgt, so braucht er nicht auf Besserung zu denken, sondern darf sich seinen Trieben und gährenden Leidenschaften überlassen. Ersteht daraus Unglück für ihn, so kann er als Ankläger gegen die Götter, allenfalls auch gegen das Weib auftreten, die ihm dieses gebracht haben.

Eine andere Schöpfungssage, die chaldäische, stellt den Uranfang der Welt durchaus plump dar. Auch nach dieser war zuerst das Chaos, bestehend aus Finsterniß und Wasser, und in ihm wimmelten mißgestaltete Ungethüme und Ungeheuer, zweiköpfige Menschen mit Thierleibern, doppelt geschlechtliche Menschen, Thiere mit hundert Köpfen und Gliedern aus verschiedenen Gattungen, wie sie die wilde

[1]) Mit Recht erklärt Boeckh, daß es falsch sei, die Aphrodite Urania als himmlisch hehre, hohe anzusehen, sondern das Wort habe dieselbe Bedeutung wie κοσμική, „die Erzeugerin", also die fleischliche Aphrodite.

Phantasie in den Palästen der Könige von Babylon darzustellen pflegte. Ueber dieses herrschte ein Weib Thaltha (Maladtha, Mylitta, die Allgebärerin?). Der Gott Bel habe das Weib in zwei gespalten und aus der einen Hälfte die Erde, aus der andern den Himmel gemacht und auch das Licht geschaffen. Dieses Licht hätten die Ungethüme des Chaos nicht vertragen und seien umgekommen. Als der Gott Bel die Erde öde und unfruchtbar gesehen, habe er sich selbst den Kopf abgeschnitten oder einem andern Gotte befohlen, ihm den Kopf abzuschlagen und aus dem ausgeflossenen Blute, gemischt mit Erde, habe dieser zweite Gott Menschen, Hausthiere und Wild geschaffen. Bel habe auch die Sonne, den Mond und die Sterne aufgestellt[1]).

Wie sehr sticht die hebräische Schöpfungsgeschichte gegen die griechische und chaldäische durch Einfachheit und Erhabenheit ab! Als im Anfang Gott Himmel und Erde erschuf, und die Erde öde und unfruchtbar war, Finsterniß auf der Wasserfluth lagerte, und starker Wind auf dem Wasser wehte, da sprach Gott: „es werde Licht“ und es ward Licht, nicht das Licht der Sonne und Sterne, sondern der allgemeine ätherische Lichtstoff[2]).

Und auf dieselbe Weise, durch ein einfaches Wort Gottes oder durch seinen Willen, ist die Erde und ihre Fülle, sind der Himmel und seine Heere geschaffen worden. Sobald das Licht geschaffen war, trat die Ordnung im Weltall ein. Das Wasser wurde getrennt, eine Scheidewand, der Luftraum, bildete sich zwischen dem unteren und oberen Gewässer, dieses wurde zum sichtbaren Himmel gestaltet. Das

[1]) Berosus bei Syncellus. M. v. Niebuhr bemerkt mit Recht, daß in dem Satz: *Βῆλον ἰδόντα τὴν χώραν ἔρημον καὶ καρπόφορον*, statt *χώραν* ursprünglich die Erde gestanden habe; aber dann muß gestanden haben *ἄκαρπον* statt *καρπόφορον*.

[2]) Mit Recht bemerken die beiden taktvollen Exegeten, Raschi und Ibn-Esra, daß בראשית ברא אלהים nicht ein Hauptsatz, sondern ein temporaler Nebensatz zum Folgenden sei. Denn sonst hätte das Wort determinirt sein müssen בָּרֵאשִׁית, dagegen ist בְּרֵאשִׁית die Status-Construktusform zu den folgenden Sätzen. Dieses einfache: „Gott sprach und es ward“ hat von jeher die Bewunderung der feinfühligen Aesthetiker auf sich gezogen. Der Rhetor Dionysius Longinus bemerkt in seiner Abhandlung über die Erhabenheit IX, 9: „Auf dieselbe Weise hat der Gesetzgeber der Juden — kein gewöhnlicher Mensch, der die Allmacht Gottes erfaßt, erkannt und verdeutlicht hat — gleich im Anfang zu den Gesetzen geschrieben: „Es sprach Gott“ nach ihrer Würde. Was? „Es werde Licht, und es ward, es werde Erde, und es ward: *„εἶπεν ὁ Θεός“ φησί τί; γενέσθω φῶς καὶ ἐγένετο, γενέσθω γῆ καὶ ἐγένετο.* Cuvier bemerkte über die ersten Worte der Genesis: „Eine erhabenere Stelle vom ersten bis zum letzten Wort kann und wird nie aus einer menschlichen Feder kommen, als die: „im Anfang schuf Gott Himmel und Erde.“

untere Gewässer sammelte sich in einem großen Bette, es wurde zum Weltmeer. Durch die Ansammlung des Wassers zeigte sich das trockene Land, die Erde. Auf der Erde sproßten mannigfaltige Pflanzen, niedere Gräser und hohe, fruchttragende Bäume hervor, jedes nach seiner Art. Die Lichtträger wurden in den Luftraum des Himmels gesetzt, das große und das kleine Licht und die Sterne. Sie sollen lediglich dazu dienen auf der Erde zu leuchten, Tag und Nacht zu scheiden und die Zeichen zu den Festeszeiten, zu den Jahren und Tagen anzuzeigen, aber nicht göttlich verehrt zu werden[1]). Dann wurden die Wasser- und Luftthiere erschaffen; sie hat Gott zugleich gesegnet, daß sie sich zahlreich vermehren sollen. Später entstanden die Landthiere, die wilden und die zahmen, und auch die niedrigen Kriechthiere. Als Gott den Menschen schaffen wollte, um ihn zugleich zum Herrn über die Erde und alle Thiere zu setzen, gebrauchte er, nach der Darstellung der Thora, eine gewisse feierliche Anrede, um die Wichtigkeit dieses Wesens hervorzuheben. In menschlicher Redeweise, wie wenn ein König eine wichtige That vollbringen will, wird dessen Schöpfung eingeleitet: „Wir wollen den Menschen in unserm Ebenbilde und in unserer Aehnlichkeit schaffen", damit er Einsicht haben soll, die Erde zu beherrschen. Und so hauchte er dem Staubgebornen von seinem Odem ein oder theilte ihm von seinem Geiste mit. Dem Lehrzweck angemessen, gelegentlich noch auf ein Anderes hinzuweisen, betont die Thora die sechs Schöpfungstage und die Ruhe am siebenten, um die Sabbathfeier, eine Ruhepause für die angestrengte Arbeit, auch für den zur Arbeit Geknechteten als höchst wichtig hervorzuheben.

„Wenn ich den Himmel, das Werk Deiner Hände, schaue,
„Sonne, Mond, Sterne, die Du geschaffen,
(Denke ich)
„Was ist der Mensch, daß Du sein gedenkst,
„Was der Adamssohn, daß Du ihn beachtest!
„Du hast ihm nur wenig fehlen lassen,
„Ein göttlich Wesen zu sein;
„Mit Ehre und Glanz umgabst Du ihn,
„Ließest ihn über Dein Händewerk herrschen,
„Alles hast Du ihm zu Füßen gelegt:
„Schafe und Rind insgesammt
„Und auch die wilden Thiere des Feldes,
„Des Himmels Vögel, des Meeres Fische,
„Er durchzieht des Meeres Straßen[2]).

[1]) Es ist nicht zu verkennen, daß in der Häufung und Wiederholung der Bestimmung der Himmelskörper, Genesis 1, 14 fg., die Andeutung liegt, sie nicht für göttliche Wesen zu halten, wie es deutlich Deuteron. 4, 19 ausgesprochen ist.

[2]) Vs. 8. Das hohe Alter dieses Psalms geben sämmtliche Ausleger zu.

Den Menschen stellt die hebräische Lehre nicht als sündenvolle Creatur dar, die nicht zu leben verdiene, sie hebt ihn vielmehr hoch über die Geschöpfe der Erde, weil er des göttlichen Geistes theilhaftig geworden. Gott gegenüber erscheint er allerdings als Staub und Asche, aber der Natur gegenüber, die er sich unterwerfen soll, wird er als ihr Herr und Meister vorgeführt.

Alles, was Gott geschaffen hat, ist gut und zweckentsprechend, auch der Mensch[1]). Wie kommt es aber, daß die Menschen nicht gut und nicht glücklich sind? Diese sich aufdrängende Frage mußte die Thora beantworten, wenn sie ihren Lehrzweck erreichen wollte. Frage und Antwort erfordern aber Denkvertiefung, und doch sollten sie auch dem einfachen Menschen verständlich gemacht werden. Die Beantwortung der Frage konnte daher nur durch eine Geschichte gegeben werden, die wie eine Parabel klingt. Der Mensch ist einst sehr glücklich gewesen, so lautet sie, glücklich in einem paradiesischen Aufenthalte, so lange er unschuldig war. Mit seinem ersten Vergehen und seinem Schuldbewußtsein büßte er sein Glück ein und wurde aus dem Paradiese gewiesen. Worin bestand sein Vergehen? Er hat Gottes Gebot übertreten, übertreten durch Gelüste und Klügelei. Diese beiden Eigenheiten des Menschen, die er unterdrücken kann, wenn er ernstlich will, haben ihn um seine paradiesische Unschuld und um sein paradiesisches Glück gebracht. Die Sünde ist die Mutter des Unglücks. Diese Lehre wird sinnig und anschaulich mit schmuckloser Kunst erzählt. Gott setzte ursprünglich den Menschen in den Garten Eden, der von selbst bewässert wurde, der die schönsten Bäume und schmackhaftesten Früchte trug. Der Mensch brauchte ihn nur wenig zu bearbeiten und zu hüten[2]). Auch ein Baum des Lebens stand darin, von dem der Mensch hätte genießen dürfen, um lange zu leben[3]). Zur Lebensgefährtin erhielt er das Weib, das einen Theil seiner Selbst bildet und mit ihm eins sein sollte. Sie ist ihm nicht zur Strafe als Pandora mit einem Füllhorn von Elend zugeschickt, sondern zur Hülfe und zum Beistand beigesellt worden. Beide kannten im Paradiese nicht das Schamgefühl, weil sie wie die Kinder im Urzustande der

[Vgl. jedoch Keßler (in Strack-Zöckler's kurzgef. Comment., München 1894), S. 18.]

[1]) Genesis 1, 31.

[2]) Es ist wohl zu beachten, daß nach Genesis 2, 15 der Mensch im Paradiese nicht als Faulenzer ein Schlaraffenleben führen, sondern auch arbeiten sollte.

[3]) Layard's Vermuthung, daß der heilige Baum oder eine mit Zweig und Blüthen versehene Verzierung auf assyrischen Monumenten mit dem Lebensbaum identisch sei, hat G. Rawlinson mit Recht in Zweifel gezogen a. a. O. II, p. 238. [Vgl. Schrader bei Riehm-Bäthgen I, S. 143. 145. 344.]

Unschuld waren. So wurde das erste Paar von Gott geleitet und erzogen, um stets im Glücke zu bleiben. Um dieses Glück zu behalten, mußte das noch unerfahrene erste Menschenpaar durch eine höhere Vernunft angeleitet und erzogen werden. Das erste Erziehungsmittel war die eindringliche Warnung: sich nicht auf die eigene Einsicht zu verlassen und nicht selbst zu bestimmen, was gut oder was böse sei, oder in sinniger Erzählungshülle: Gott verbot ihnen vom Baume der Erkenntniß des Guten und Bösen zu genießen[1]. Der Mensch sollte nicht etwa kindisch, unwissend und dumm bleiben — wozu hätte ihm Gott von seinem Geiste mitgetheilt oder ihn in seinem Ebenbilde geschaffen? — sondern er sollte zum sittlichen Wandel nicht den eigenen Verstand als Richtmaß nehmen. Hätte der Mensch dieses Verbot beachtet, so wäre er stets gut und glücklich gewesen. Er übertrat es halb durch eigene Schuld und halb durch Verführung. Die Klügelei — als deren Bild die Schlange mit ihren klugen Augen galt — reizte dazu. Sie wagte sich aber nicht an den ernster denkenden Mann, sondern machte sich an das leichter zu verführende Weib, das ohnehin ein Gelüste nach den schönen Früchten des Baumes der Erkenntniß empfand. Die Schlangenklugheit wußte Eva zu überreden, daß Gott ihnen nur aus Neid den Genuß vom Erkenntnißbaume verboten habe, damit sie nicht ihm gleich würden, das Gute und Böse selbst zu erkennen. Das verführte Weib Eva verführte auch Adam zur Uebertretung und zur ersten Sünde. Die nächste Folge war das Schamgefühl, entstanden aus dem Schuldbewußtsein. Gleich darauf erfolgte die Strafe, als neues Erziehungsmittel. Das Weib sollte im Schmerz gebären und doch stets zum Manne die Neigung haben und ihm untergeordnet sein. Der Mann wurde aus dem Paradiese vertrieben, auf einen anderen Schauplatz der Erde gewiesen, der nicht so ergiebig war, damit er mühseliger arbeiten sollte[2].

Die Thora stellt weiter dar, wie der scheinbar selbstständig gewordene Sinn des Menschen, ohne Anleitung und ohne Erfahrung das Gute vom Bösen unterscheiden zu wollen, oder wie die Frucht vom Baume der Erkenntniß gewirkt hat. Das erste Menschenpaar

[1] Der Sinn von עץ הדעת טוב ורע drückt offenbar diesen Gedanken aus, wie Sprüche 3, 5: „verlaß dich nicht auf deine Einsicht." Aehnlich das. 28, 26 בוטח בלבו הוא כסיל, und als Gegensatz והולך בחכמה הוא ימלט. Dieser Gedanke liegt auch in der Warnung (Numeri 15, 39): ולא תתורו אחרי לבבכם ואחרי עיניכם: Unter לב ist das selbstvertrauende Klügeln und unter עינים das Gelüste zu verstehen.

[2] S. Note 6.

zeugte zwei Söhne, die sich in den Besitz der Erdengüter gesetzt haben. Der ältere, Abel, beschäftigte sich mit der Heerdenzucht und der jüngere, Kaïn, betrieb Ackerbau. Beide opferten, aber mit verschiedenem Sinne; Abel vom Besten seiner Habe, Kaïn dagegen vom Ersten Besten. Als der Ackerbauer bemerkte, daß seine eigene Thätigkeit, den Boden zu bearbeiten, ohne Segen geblieben, während die des Hirten immer mehr gedieh, so erwachte der Neid in seiner Brust, und er blickte finster drein. Gott, der Kaïn's neidischen Sinn und sein finsteres Brüten bemerkte, warnte ihn, sich nicht dem bösen Zuge des Herzens zu überlassen. „Die Sünde liegt an der Thür und hat ihr Verlangen nach dir, aber du kannst sie beherrschen" [1]). Kaïn ließ sich aber nicht warnen, führte seinen finstern Plan aus und beging den ersten Brudermord. Zur Unthat gesellte sich noch die Heuchelei und Lüge. Auf die Frage: „Wo ist Dein Bruder?" antwortete der Mörder: „Bin ich sein Hüter?" So zeigten sich allsogleich die Folgen der vermeintlich selbstständigen Wahlfähigkeit des Menschen, sie führte zum Neid, dann zum Brudermord und endlich zur gemeinen Lüge, seine Unthat nicht eingestehen zu wollen. Den Brudermörder traf der Fluch; der Boden, den er bearbeitet, sollte keinen Ertrag geben; und wenn der Mörder weiter wandern wird, um einen bessern Boden aufzusuchen, so wird ihm auch dieser die Kraft versagen, und so soll er verurtheilt sein, immer zu wandern. Der Besitz, an den er sich angeklammert, soll ihm keinen Segen bringen. Die Thora entwickelt an dieser sinnigen Erzählung eine neue Lehre. Als Kaïn seine Reue über diese Unthat zu erkennen gegeben und gesprochen hatte: „Ist denn meine Sünde so groß, daß sie nicht verziehen werden kann?", gewährte ihm Gott Vergebung und machte ihm ein Zeichen, daß er als unstäter Wanderer ohne Familienanhang von den nachkommenden Geschlechtern aus Blutrache nicht getödtet werden sollte [2]).

Die Folgen der durch dünkelhafte (Ueberhebung erlangten) Erkenntniß des Guten und Bösen greifen indeß immer weiter um sich. Kaïn wandert von der Gegend des Paradieses weit weg nach Osten und besetzt sich im Lande Nod (Hind, Indien?). Er erzeugt einen Sohn Chanoch, der die erste feste Stadt Chanoch erbaute [3]). Der

[1]) Genesis 4, 3 fg. hat unstreitig diesen Sinn, der V. 7 הלא אם הטיב שאת וגו' ist noch immer dunkel.

[2]) Das. V. 13 fg. kann nicht anders gefaßt werden, als daß Kaïn Reue zu erkennen gegeben hat, wie es die alten Versionen und andere Ausleger gefaßt haben: הגדול עוני מנשא?.

[3]) Am wahrscheinlichsten ist v. Bohlen's Annahme, daß unter ארץ נוד verstanden werden muß ארץ הנד = הנדו = Indien und daß unter עיר חנוך die indische Stadt Kanudsch arabisch (קנוג), Kanjakubdschah zu verstehen sei. Dann

fünfte Nachkomme Kaïn's Lamech (Lemech) begnügte sich nicht mehr mit dem Besitze einer einzigen Frau, sondern nahm deren zwei und wurde dadurch der Urheber der Vielweiberei[1]). Von diesen zwei Frauen Adah und Zillah hatte er vier Kinder, von denen drei der Sünde die Wege geebnet haben. Jubal (Apollo[2]) hat die Laute und Liebesschalmei, welche zur Begleitung schlüpfriger Liebeslieder bei Gelagen den Sinnentaumel erzeugt haben; erfunden und heimisch gemacht. Tubal-Kaïn (Telchin) hat das Schmieden und Schleifen von Erz und Eisen erfunden, das Schwert und die Lanze, die Werkzeuge des blutigen Krieges, eingeführt[3]). Seine Schwester war Naamah, die Liebreizende, jene Liebesgöttin, welche weite Länderstrecken durchwandelte und überall die Liebesbrunst entzündete[4]). Lamech selbst hat viel Blut vergossen, er hat Männer erschlagen für seine Wunden und Kinder für seine Beulen[5]). So entwickelte sich aus kleinen Anfängen die immer größere Ausdehnung des Uebels auf Erden. Kaïn's Geschlecht war der Träger der Verworfenheit. Es gab zwar ein anderes Geschlecht, das einen guten Wandel einzuhalten schien. Das erste Menschenpaar hatte nämlich nach Abel's Tod einen Ersatzsohn, Seth, erzeugt, und dessen Sohn Enosch siedelte sich ebenfalls fest an und baute einen Altar mit Benennung des Namens des einzigen Gottes[6]). Aber seine Nachkommen haben sich ebenso wenig durch Tugenden ausgezeichnet. Nur ein einziger derselben, Chanoch, der Sethite, „wandelt mit Gott"; aber er wurde noch jung, kaum 400 Jahr alt, dem Leben gewaltsam entrissen[7]), während seine Vorfahren es bis zum Alter von

paßt קדמת עדן sehr gut, das Land der Wanderung lag östlich von Eden. Die Genesis versetzt die Nachkommen Kaïns nach Indien. [Die meisten Neueren folgen der Annahme, daß die Namen עדן, נוד als חנוך in erster Linie eine symbolische Bedeutung haben und darum geographisch nicht näher bestimmbar seien.]

[1]) Delitzsch (im Comment. zu Genesis), hat den Gedanken daß in dieser Erzählung der Tadel der Bigamie liege, richtig erfaßt.

[2]) S. Note 6.

[3]) Dieselbe Note.

[4]) Daselbst.

[5]) Dieselbe Note.

[6]) Es ist sonderbar, wie Genesis 4, 26 אז הוחל לקרא בשם ה׳ so verkannt werden konnte. Es kann nichts anderes bedeuten, als einen Altar bauen und ihn Jhwh weihen. Vergl. Genesis 12, 9; 13, 4; 21, 33; 26, 25. קרא בשם ה׳ bedeutet also: Gott einen Altar weihen. Folglich kann הוחל nur „angefangen werden" bedeuten. Richtig hat Aquila diesen Halbvers wiedergegeben: *τότε ἤρχθη τοῦ καλεῖσθαι ἐν ὀνόματι Κυρίου.*

[7]) Dies ist die Bedeutung von לקח אתו אלהים Genes. 5, 24 (vgl. Ezech. 24, 16) vor der Zeit hinwegraffen. Darauf hat bereits der Polemiker R'Abbahu hingewiesen gegen die christologische Erklärung, welche die Himmelfahrt damit belegen wollte; die syrische Version hat das Verbum לקח auch richtig durch דנכבה

mehr denn 700 Jahren brachten, einige sogar mehr als 900 Jahre lebten. Auch die Sethiten verfielen der Entartung, „der Sinn der Menschen war nur auf Böses gerichtet"[1]), und ihr ihnen von Gott verliehener Verstand und ihre lange Lebensdauer unterstützte sie nur in ihrem bösen Thun. Je mehr die Menschen auf Erden sich vervielfältigten und über weite Länderstrecken ausbreiteten, desto schlimmer wurden sie. Es kam so weit, daß diejenigen, welche sich vornehm dünkten und sich „Söhne der Götter"[2]) nannten, so oft sie unter den geringen Menschenklassen schöne Töchter bemerkten, diese, ohne sie oder ihre Väter zu befragen, gewaltsam raubten. Zu den alten Frevelthaten kam noch Frauenraub hinzu. Es entstanden auch Riesen (Giganten), welche „Schrecken im Lande der Lebenden" verbreiteten und einen Kampf gegen den Himmel unternahmen. Diese mußten wegen ihrer Frevel in die Unterwelt, noch tiefer, als das Meer und seine Bewohner, gestürzt werden[3]). Das frevelhafte Geschlecht, Sethiten wie Kainiten, verdiente nicht mehr auf Erden zu leben und ihren Ertrag zu genießen. Es hatte den von Gott ihm verliehenen Geist nur zum Bösen angewendet; darum sollte es von der Erde vertilgt werden, der Geist Gottes im Menschen sollte nicht mehr schwanken und sinken. Nur ein einziger Nachkomme Adam's von der Linie Seth, Noah, sollte gerettet werden, weil er zugleich gerecht, harmlos, gut und fromm war. Durch ihn sollte das Menschengeschlecht neu erstehen und zum Guten erzogen werden. Eine entsetzliche Wasserfluth (Mabbul-Majjim) aus den Wolken und der Meerestiefe zugleich machte die Erde wieder zu einer wasserbedeckten Fläche, überfluthete und vernichtete alle Erdenwesen, und nur Noah, seine Familie und die Thiere, die er in das große Schiff, die Arche, aufgenommen hatte, wurden gerettet. Die von allen alten Völkern überlieferten Erinnerungen einer Sündfluth (oder Sintfluth) werden in der Thora in belehrender, versittlichender Weise als Strafgericht für Frevelthaten und unverbesserliche Sündhaftigkeit dargestellt.

Mit Noah hat Gott ein Bündniß geschlossen; und damit beginnt die unmittelbare Erziehung des Menschengeschlechts. Bis dahin war es sich selbst überlassen; es sollte an sich selbst erfahren, wie weit es mit seiner vom Baume der Erkenntniß erhaschten Einsicht und Klügelei kommen würde. Da aber Noah die Eitelkeit dieser menschlichen Er-

wiedergegeben. Die griechische Uebersetzung der LXX durch μετέθηκεν stammt wohl von christlicher Hand.

[1]) Genesis 6, 5; 8, 21.

[2]) S. Note 6.

[3]) Dies. Note.

kenntniß eingesehen hatte und nicht mehr auf sich selbst gestützt hinlebte, sondern mit Gott wandelte, so ist ihm der göttliche Wille als Gesetz kund geworden. Dieses Gesetz nahm er feierlich durch ein Bündniß an. Das Bündniß enthält auf der göttlichen Seite die Verheißung, daß das Strafgericht der Fluth sich nicht mehr wiederholen werde, und auf Seite Noah's die Verpflichtung für seine Nachkommen zunächst, daß das Leben der Menschen unter einander geschützt sein soll. „Wer Blut vergießt, dessen Blut soll durch Menschen vergossen werden.“ Durch den Dünkel der Menschen entstand Brudermord und Krieg Aller gegen Alle. Diese Frevelthaten sollen durch die Erziehung vermöge des Gesetzes verhindert werden. Die ganze menschliche Gesellschaft selbst, nicht bloß die Familie, soll über die Unverletzlichkeit jedes seiner Glieder wachen, weil „der Mensch im Ebenbilde geschaffen ist“. Damit ist die Grundlage für den Staat gelegt und unter göttliche Obhut gestellt. Denn Gott selbst will des vergossenen Blutes der Menschen Rächer sein, wenn die Menschen es ungeahndet lassen sollten. Dann wurde Noah noch für seine Nachkommen eingeschärft, nicht Thierblut zu genießen, auch nicht das Fleisch mit dem Blute, „denn das Blut ist das Seelenelement“ [1]). Sollten die Menschen dadurch vor Rohheit geschützt werden, weil der Genuß des Thierblutes den Menschen für thierische Verwilderung und Blutdurst geneigt macht? [2]).

Nach der Sündfluth wiederholten sich die Frevelthaten der Söhne Adam's nicht mehr, oder es wird nicht von solchen erzählt, als wenn der Schrecken des grausigen Strafgerichts die nachsündfluthlichen Menschen davon zurückgehalten hätte. Die drei Söhne Noah's, Sem, Japhet und Ham (Cham) bevölkerten wieder die verödete Erde. Ihre Nachkommen bildeten drei verschieden geartete Menschengruppen, von ihrem verschiedenen Entwickelungsgang oder von den Landstrichen, in denen sie sich ausbreiteten. In der Mitte, so erzählt die Thora, wohnten die Semiten von Assyrien am Tigris im Osten und Elam im Südosten bis nach Lydien im Westen (in Kleinasien); zu ihnen gehörten auch die Aramäer, die Bewohner des karduchischen Gebirges (Arpachschad, Ἀῤῥαπαχῖτις), die Kasdim (Chaldäer [3]) und die Stämme auf der arabischen Halbinsel. Nördlich und westlich von den

[1]) Genesis 9, 4 fg.; dazu Leviticus 17, 11 fg.

[2]) Der Moleschott-Feuerbach'sche Satz: „Der Mensch ist, was er ißt“ klingt in dieser Allgemeinheit allerdings übertrieben, aber die Nahrungsmittel, wenn zur Gewohnheit geworden, mögen in langen Geschlechtsreihen Einfluß auf das moralische Verhalten haben. Wenigstens scheint das Gesetz der Thora vom Verbot des Thierblutes davon auszugehen.

[3]) Ueber die Kasdim oder Chaldäer, s. Note 6.

Semiten breiteten sich die Japhetiten aus, von den Kimmeriern (Gomer) am schwarzen Meere und am Kaspi-See im Norden, den Medern im Norden und Osten, den Assyrern bis zu den Söhnen Jawan's (Jonien) in Kleinasien und auf den Inseln, wozu auch die Bewohner der großen Insel Cypern (Khittim) und der Insel Rhodus (Rodanim, Dodanim), gehörten. Die Chamiten endlich nahmen den Süden der Erde ein; die Aethiopier, Aegypter und Lybier bildeten die Hauptbevölkerung derselben, und zu ihnen gehörten auch die Kanaaniter und Philister. Im Ganzen stammten von Noah siebenzig Völkerschaften ab. Die Thora zählt sie alle auf, um die Belehrung anzudeuten, daß alle diese verschiedenen Gruppen und Völkerschaften doch von einem einzigen Stammvater entstanden sind, daß sie sich demnach als Brüder betrachten müßten und nicht Bruderkrieg gegen einander führen und nicht einander knechten sollten. Nur eine einzige Völkerschaft sei zur Sklaverei verurtheilt, die Kanaaniter, weil ihr Stammvater Ham die Ehrerbietung gegen seinen Vater verletzt, die Blöße desselben nicht verhüllt, ja noch mit Spott seinen Brüdern davon Mittheilung gemacht. Wer die Ehrerbietung gegen den Erzeuger verleugnet, legt alles Schamgefühl ab und scheut sich auch nicht, Blutschande mit den nächsten Verwandten zu begehen. Das hat sich bei den Kanaanitern gezeigt, welche thierische Unzucht getrieben haben. Darum verdienten sie nicht die Freiheit, sondern sollten als Sklaven unter der Zuchtruthe stehen [1]). Ham's oder Kanaan's Nachkommen wurden dem Fluche geweiht, auf die Nachkommen Sem's und Japhet's dagegen welche zartfühlend die Blöße ihres Vaters verhüllt haben, wurde Segen gelegt: Gott möge Sem's Zelte segnen und Kanaan ihm Sklave sein, und Japhet möge Gott ausbreiten, und er soll in Sem's Zelten weilen, soll mit ihm Brudergemeinschaft haben, weil Beide auf verschiedenen Wegen zu Großem berufen seien [2]).

Indeß sind doch Noah's Nachkommen ebensowenig im Wege Gottes geblieben. Sie begingen zwar nicht Gewaltthätigkeit, Mord und geschlechtliche Verirrungen, wie die vorsündfluthlichen Geschlechter, aber sie waren von Hochmuth besessen, der den Keim zur Selbstvergötterung der Menschen, zu Lastern und Freveln mit sich führt. Als

[1]) In der Erzählung Genesis 9, 21 fg. ist zu beachten, daß dabei das Wort ערות gebraucht wird, welches meistens pudenda bedeutet, während Nacktheit durch מער ausgedrückt wird. Cham hat sich also über das Membrum seines Vaters lustig gemacht. Es weist also auf Leviticus 18, 3. 24 hin, daß die Kanaaniter scheußlichen Incest getrieben haben. Erst dadurch ist das Herbe des Fluchs verständlich. Sem und Japhet dagegen haben die Scham des Vaters verhüllt, sind daher nicht geschlechtlich gesunken.

[2]) S. Note 6.

die Noachiden noch vereint waren und eine Sprache redeten, kamen sie auf einen Plan, in der Thalebene **Sinear** die Stadt Babel zu bauen und einen Thurm aufzurichten, der sich bis in die Wolken erheben sollte, um sich ein Denkmal zu errichten. Von Babel ging dieser kühne Trotz aus, welcher sprach: „Ich will mich zum Himmel erheben, will über den Sternen Gottes meinen Thron aufrichten, will bis in die Wolken steigen und mich dem Höchsten gleichstellen“ [1]). Mit einem solchen hochmüthigen gottvergessenen Trotze, kann der harmlose Wandel des Urahnen Noah und das Bündniß mit Gott nicht bestehen; er muß zuletzt in Zerstörungswuth ausarten. Darum sollte diese hochmüthige Ueberhebung nicht ausgeführt werden, es gehörte zur vorbeugenden Erziehung. Durch ein einfaches Mittel vereitelte es Gott er verwirrte die Sprache der Menschen, und sie verstanden einander nicht mehr, gaben den Plan auf und entfernten sich im Raum und im Denken immer mehr von einander [2]).

Die Erzählung der Thora verläßt, nachdem sie die Völkertafel im Ueberblick gegeben, die von Noah abstammenden Geschlechter und Völker, um sich ausschließlich mit der Geschichte Abraham's und seiner Nachkommen zu beschäftigen. Sie deutet aus alten geschichtlichen Erinnerungen das Stammland an, aus dem des ersten Erzvaters Urahnen ausgezogen sind. Der erste Urahn war **Arpachschad**, d. h. er stammte aus dem Gebirge **Arrapachitis**, das einst die Grenze von Assyrien, Armenien und Medien bildete [3]). Von hier aus war diese semitische Familie nach **Ur-Chasdim** im karduchischen Gebirge gezogen. Hier ward auch **Abraham** von **Therach** erzeugt. Therach verließ diese Gegend, um nach dem Lande Kanaan auszuwandern. Als er aber mit seiner Familie in **Charan** (Hara, Carrhae) in Mesopotamien, dem Kreuzungspunkte der Karavanenstraßen, angelangt war, beschloß er sich da dauernd anzusiedeln. An Abraham erging aber der göttliche Ruf, dieses Land, Familie und Vaterhaus zu verlassen, um in ein Land zu ziehen, dessen Namen ihm erst später genannt werden sollte.

Abraham liebte Gott [4]) so sehr, daß er sich nicht einen Augenblick bedachte, nicht über das ihm auferlegte Opfer klügelte, sich vielmehr mit schwerem Herzen von Stamm- und Familiengenossen losriß [5]) und,

[1]) Zu Genesis 11, 4 muß man heranziehen Jesaia 14, 13 fg.

[2]) S. Note 6.

[[3]) S. jedoch **Schrader**, KAT², S. 112 u. **Kautzsch** bei Riehm-Baethgen I, S. 116b.]

[4]) Jesaia 41, 8 wird Abraham **ausnahmsweise** אהבי genannt.

[5]) Man hat den Verstheil Genesis 12, 1 אל הארץ אשר אראך nicht genug beachtet, obwohl darin der Schwerpunkt der Erzählung liegt. Die Parallele

obwohl bereits fünf und siebzig Jahre alt, auswanderte. Der Stammvater der Abrahamiden oder der Israeliten handelte also ganz anders, als der Stammvater des Menschengeschlechts. Adam übertrat das erste von Gott ausgegangene Gebot, um mit seiner unzulänglichen Einsicht entscheiden zu wollen, was gut und was böse sei, oder hatte nicht Kraft genug, der Verführung zu widerstehen. Abraham dagegen folgte nicht der Eingebung seines Verstandes und Herzens, sondern der Stimme Gottes, um sich von ihm leiten, und von ihm über das Gute und Böse belehren zu lassen. Der Fluch, welcher durch Adam's Vergehen über die Menschen gekommen war, sollte daher durch Abraham getilgt werden. Er und seine Nachkommen sollten daher Segensspender werden[1]). Erst als er die weite Länderstrecke von dem Flachland des Zwischenflußlandes über das Hochland des Libanon und seiner Ausläufer zurückgelegt und bei Sichem im Lande Kanaan eingetroffen war, offenbarte ihm Gott, daß dieses Land für ihn und seine Nachkommen bestimmt sei. Dort erbaute er einen Altar dem Gott, der ihm erschienen war, den er erkannt hatte. Da indeß die Kanaaniter in dieser äußerst fruchtbaren und wasserreichen Gegend bereits angesiedelt waren, so mochte Abraham hier nicht festen Besitz nehmen, um nicht in Streit zu gerathen, sondern wanderte südöstlich, ließ sich in einer steinigen und wenig fruchtbaren Gegend zwischen Bethel und Ai nieder und baute dort wieder einen Altar. Abraham begann seine Laufbahn als Stammvater eines ihm verheißenen Volkes mit Friedfertigkeit[2]).

Von dieser weidearmen Gegend aus zog Abraham mit seinen Herden südlich immer hin und zurück; nur zur Zeit einer Hungersnoth wanderte er nach Aegypten, der Kornkammer. Gott segnete ihn auch mit Glücksgütern. Wodurch hatte er diese Bevorzugung verdient? Warum hat Gott ihn aus den „weiten Enden der Erde" berufen, ihm Segen verheißen und Segen gespendet? Die Erzählung der Thora beantwortet diese Frage nicht in Worten, sondern in lebensvollen Charakterzeichnungen. Sie führt Abraham's Tugenden anschaulich vor.

dazu ist 22, 2 אל אחד ההרים אשר אמר אליך. In Beiden ist der Name nicht genannt. Abraham sollte sich des eignen Urtheils entschlagen, um der göttlichen Weisung zu folgen. Er vertraute auf Gott, und das war sein Verdienst, das. 15, 6: והאמין בה׳ ויחשבה לו צדקה. Erst als Abraham in Sichem angekommen war, bedeutet ihm Gott, daß er dieses Land, das Land Kanaan, gemeint habe, worin er dauernd weilen solle. Bei der Auswanderung wußte es Abraham noch nicht, welches Land ihm zum Aufenthalte zugewiesen werden sollte, und dennoch folgte er unbedingt. [1]) Genesis 12, 2.

[2]) S. darüber Frankel-Graetz, Monatsschrift, Jg. 1874, S. 116 fg.

Zuerst stellt sie Abraham's Selbstlosigkeit und Friedfertigkeit dar. Mit Abraham zugleich war sein Brudersohn Lot ausgezogen, und dieser mit den Seinigen bildeten Glieder der Familie. Auch Lot wurde durch Abraham's Genossenschaft gesegnet und hatte ebenfalls zahlreiche Heerden. Zwischen Lot's und Abraham's Hirten entstanden Streitigkeiten wegen der Weideplätze, die für Beider Herden nicht mehr ausreichten, zumal inzwischen ein anderer Stamm, die Pherisiter, in das Land Kanaan eingewandert war und Weidestriche in Anspruch genommen hatte [1]). Um den Streitigkeiten ein Ende zu machen, überließ Abraham seinem Brudersohn die Wahl der besseren Weideplätze, obwohl er das Familienhaupt und ihm das Land verheißen war. In selbstloser Bescheidenheit sprach er: „Trenne dich von mir, wenn du links ziehst, so ziehe ich rechts, wenn du rechts ziehst, so ziehe ich links." Hader und Streit wegen irdischer Besitzthümer waren Abraham zuwider. Lot wählte die fruchtbare Gegend des südlichen Jordankessels bis Sodom, welches damals noch einem Paradiese glich. Abraham dagegen begnügte sich mit der weit weniger fruchtbaren Gegend von Hebron. Hier siedelte er sich an, baute einen Altar für seinen Gott und trat in ein Freundschaftsbündniß mit drei Herdenbesitzern dieser Gegend. Seinem Brudersohn Lot bewahrte er indessen dieselbe Anhänglichkeit, wie ehemals. Als Eroberer aus weiter Ferne herangezogen waren, diesseits und jenseits Gefangene gemacht und Beute weggeschleppt hatten, wobei auch die Städte des fruchtbaren Jordankessels gelitten, und auch Lot in Gefangenschaft gerathen war, eilte Abraham zu dessen Rettung herbei, ohne die Gefahr zu achten, der er sich dabei aussetzte. Mit seinen dreihundert achtzehn Sklaven und seinen Bundesgenossen zog er den Eroberern nach, schlug sie und nahm ihnen die Beute und die Gefangenen ab. Durch Abraham's Eifer wurden nicht bloß Lot und seine Leute gerettet, sondern auch die Personen und die Beute sämmtlicher Städte des Jordankessels. Der König von Sodom will sich Abraham dankbar zeigen und ihm die abgejagte Beute überlassen und verlangt nur die Personen zurück. Abraham mag aber nicht ein Trumm oder einen Schuhriemen davon für sich annehmen; nur für seine Bundesgenossen bedingt er den gebührenden Antheil. So zeigte sich Abraham in allen Lebenslagen friedfertig mit seiner Umgebung, selbstlos und aufopferungsfähig.

Abraham bekundete auch ein felsenfestes Vertrauen zu seinem Gotte. Ihm und seinen Nachkommen war reicher Lohn verheißen, und er hatte im Alter von achtzig Jahren noch keinen Leibeserben.

[1]) S. das.

In einer Art prophetischen Gesichtes wurde ihm bedeutet, daß seine Nachkommen so zahlreich wie die Sterne des Himmels sein würden, und er traute dieser Verheißung, obwohl in Wirklichkeit keine Aussicht zur Erfüllung derselben vorhanden war. In diesem Gesichte wurde ihm auch zu erkennen gegeben, daß seine Nachkommen erst durch gehäufte Leiden in einem fremden Lande in das Land der Verheißung einziehen würden. Drei Geschlechter werden aller Kraft und aller Selbstständigkeit beraubt werden, das vierte Geschlecht werde so geschwächt sein, wie zarte kleine Tauben und werde dem Tode nah sein. Und gerade dieses so geschwächte[1]) vierte Geschlecht werde in das Land Kanaan einziehen und es in Besitz nehmen von dem Schichor (Wady El-Arisch) bis zum Euphrat. Als sich Abraham im Gottvertrauen und in selbstloser Friedfertigkeit bewährt hatte, schloß Gott ein förmliches Bündniß zu gegenseitiger Verpflichtung mit ihm. Gott verhieß, ihn zum Stammvater zahlreicher Völker zu machen, seinen Nachkommen das Land Kanaan zu geben und ihnen ein schützender Gott zu sein. Als Gegenleistung sollte Abraham für sein Geschlecht die Verpflichtung übernehmen, vor den Augen Gottes zu wandeln, geraden Herzens, wahrhaftig und ohne Klügelei zu handeln und als äußeres Zeichen die Beschneidung für sich und seine Nachkommen einzuführen. Die Beschneidung sollte das äußere Zeichen für die innere Gesinnung sein, die Verstocktheit des Herzens abzuthun[2]). Das Bundeszeichen vollzog Abraham sofort an sich, obwohl er beinahe hundert Jahre zählte, an seinem dreizehnjährigen Sohn und an seinen Sklaven. Auch diese sollten der Bundes-Verheißung theilhaftig werden.

Noch zwei andere Tugenden erzählt die Thora von Abraham. Kaum sah er drei Reisende von Ferne, lief er ihnen entgegen, bat sie in sein Zelt einzukehren und leistete ihnen mehr, als er versprochen hatte. Als Gegensatz zu Abrahams eifriger Gastfreundschaft veranschaulicht die Thora die Engherzigkeit und Lieblosigkeit der Einwohner von Sodom, Gomorrha und der andern Städte in dem paradiesischen Jordankessel; sie waren äußerst engherzig[3]), obwohl sie in Fülle lebten. Alle Fremden, die in ihre Nähe zogen, wurden von ihnen mißhandelt oder getödtet[4]), so daß das Wehklagen der Schlachtopfer zum Himmel stieg[5]). Diese Städte zu zerstören hatte Gott beschlossen und theilte

[1]) S. Note 6.
[2]) S. Note 6.
[3]) Ezechiel 16, 49–50.
[4]) Genesis 19, 5 fg.
[5]) Das. 18, 20–21.

seinen Beschluß Abraham mit, damit deren Untergang den Nachkommen Abraham's zur Warnung dienen sollte, und damit er ihnen einprägen sollte, stets den Weg Gottes zu wandeln und Gerechtigkeit und Milde zu üben [1]). Abraham flehte indeß um Vergebung für Sodom und Gomorrha: Gott möge um der Unschuldigen willen die Schuldigen verschonen. Sollte der Richter der ganzen Erde nicht Gerechtigkeit üben? [2]) Aber auch nicht zehn Unschuldige befanden sich im Bereich der Sodomitischen Städte. Darum beschloß Gott über diese eine schreckliche Zerstörung zu bringen. Nur Lot, Abraham's Neffe, sollte verschont werden, weil er die Hartherzigkeit seiner Mitbewohner nicht theilte [3]). Zwei Boten kamen nach Sodom, um ihn zur Flucht zu bewegen. Er nahm sie gastfreundlich auf, aber die Sodomiter beschlossen, die Fremden zu tödten und hätten beinahe Lot's Haus zerstört, worin dieser sie geschützt hatte. So ereilte die Vierstädte das wohlverdiente schreckliche Strafgericht. Schwefel und Feuer regneten auf die Bewohner, vernichteten allen Pflanzenwuchs und verwandelten den schönen Thalkessel in das grausige Salzmeer. Ein Dampf stieg daraus auf, wie der Dampf eines Kalkofens. So erging es den herzensverhärteten, verderbten Sündern des Thalkessels von Sodom. Die Thora deutet zum Schlusse dieser Erzählung an, daß Lot's Familie von der Berührung mit den Sodomitern nicht frei geblieben ist. Seine beiden Töchter machten den Vater berauscht und gebaren in Blutschande jede einen Sohn, welche die Stammväter der Moabiter und Ammoniter geworden sind, die wegen ihrer blutschänderischen Geburt von der Lebensgemeinschaft mit den Abrahamiden ausgeschlossen werden sollten.

In ihrer lehrhaften Weise deutet die Thora ferner an, wie schwer es Abraham wurde, seine Ehe rein von Befleckung zu erhalten, da in seiner Umgebung Gewaltthätigkeit herrschte, schöne Frauen den Männern geraubt und diese getödtet wurden. So erging es Abraham einmal in Aegypten, als er wegen einer Hungersnoth dort Zuflucht nehmen mußte. Er lebte daher stets so sehr in Furcht, seiner schönen Frau Sara beraubt und ihretwegen erschlagen zu werden, daß er mit ihr verabredete, sie als seine Schwester auszugeben; sie war auch thatsächlich seine Halbschwester [4]). Abimelech, der König von Gerar im Lande der Philister, ließ sie ihm in der That gewaltsam rauben und in sein Haus führen, um sie zu beflecken. Und von Sara sollte ihm doch,

[1]) Das. 18, 19.
[2]) Das. 18, 25 fg.
[3]) Das. 19, 2 fg.
[4]) Genesis 20, 11—13. Damit deutet die Thora an, daß Abraham sich nicht einmal einer Nothlüge bedient habe.

laut der Verheißung, ein Leibeserbe geboren werden, welcher der Stammvater einer reinen Nachkommenschaft werden sollte. Indessen schützte sie Gott vor ehebrecherischer Befleckung; Abimelech wurde durch ein schreckliches Traumgesicht und durch Strafen gewarnt, sie zu berühren und gab sie ihrem Gatten mit reichen Geschenken zurück[1]). So gebar Sara in aller Reinheit in hohem Alter einen Sohn, Isaak. Dieser sollte allein Erbe der Verheißung werden; darum mußte Abraham, obwohl mit blutendem Herzen, seinen Sohn Ismaël von der ägyptischen Sklavin Hagar aus seinem Hause verstoßen. Dieser wurde Kriegsmann, heirathete eine Aegypterin und wurde Stammvater der räuberischen Ismaëliten oder Amalekiter.

Die eine Seite der Verheißung war also erfüllt, Abraham hatte einen Leibeserben von der Sara aus unbefleckter Ehe. Auch die andere Seite trat allmählich in Erfüllung. Abimelech gestattete nicht bloß Abraham in seinem Lande zu weilen, sondern auch Cisternen zu graben — was als ein Zeichen von Besitzberechtigung galt — und schloß mit ihm ein förmliches Freundesbündniß wie mit einem Erbgesessenen. Dauernd schlug daher Abraham seinen Sitz in Beerseba auf, wo er eine Cisterne grub und einen Altar für seinen Gott erbaute[2]).

Abraham hatte sich bisher in allen Lebenslagen in Gottesverehrung und Sittlichkeit außerordentlich bewährt. Gott wollte ihm indessen die schwerste Prüfung auferlegen, ob sein Gottvertrauen sich unerschütterlich erweisen würde. Er sollte seinen einzigen, geliebten Sohn Isaak, den Erben der Verheißung, zum Opfer bringen. Sobald ihm Gott seinen Willen kund gegeben hatte, zauderte Abraham nicht einen Augenblick, sein Liebstes zu opfern und führte seinen Sohn zum Berge Moria, baute dort einen Altar, errichtete einen Holzstoß zum Scheiterhaufen und war schon nahe daran, seinen Sohn zu schlachten, als ihm eine Stimme „Halt" zurief und ihn bedeutete, daß es lediglich eine Prüfung sein sollte, und daß er auch diese mit Ergebung und Eifer bestanden habe. Mit dieser Erzählung will die Thora zugleich andeuten, daß Gott kein Menschenopfer verlangt. — Abraham hatte in den letzten Jahren dauernd seinen Wohnsitz in Beerseba, im Lande der Philister, genommen; im eigentlichen Lande Kanaan dagegen konnte er sich nicht ansiedeln; denn die Kanaaniter, auch in der Gegend von Hebron, seinem früheren Aufenthalte, die Söhne Cheth's, gestatteten ihm nicht, festen Besitz zu ergreifen. Als Sara in Hebron

[1]) Das. 20, 16 ist noch immer ein dunkler Vers

[2]) Genesis 21, 22 Fg. kann nur diesen Hintergedanken haben

während einer Wanderung Abraham's gestorben war, wollte er wenigstens ein festes Erbbegräbniß im Lande der Verheißung erwerben und trat in Unterhandlung darüber mit den Söhnen Cheth's oder mit ihrem Obern, **Ephron**. Dieser aber, obwohl voll Hochachtung für den friedfertigen, untadelhaften und reichen Herdenbesitzer, machte allerlei Ausflüchte, um ihm ein solches Erbbegräbniß zu verweigern. Endlich gelang es Abraham, sie zum Entschlusse zu bringen, ihm das Feld der **Machpela** mit einer Höhle und allen Bäumen in förmlichem Kauf für sich und seine Nachkommen zu überlassen. Dadurch gelangte er zu Grundbesitz im eigentlichen Lande Kanaan[1]. Zuletzt beschäftigte sich noch Abraham mit der Verheirathung seines Sohnes, und es gelang ihm, dem Isaak eine würdige Gattin zuzuführen. In seiner Nähe fand er keine solche, wie die Erzählung der Thora andeutet; die kanaanitischen Töchter waren religiös und sittlich verdorben. Er sandte daher seinen Hausverwalter, **Eliëser**, eigens in die weite Ferne, nach Haran, um aus seiner eigenen noch unverdorbenen Familie eine Lebensgefährtin für Isaak in sein Zelt zu führen. Dieser fand ein für Abraham's Haus würdiges junges Mädchen in **Rebekka**, der Enkelin seines Bruders. Ihre Würdigkeit bekundete sie durch eifrige Liebesthätigkeit. Eliëser hatte von ihr nur ein wenig Wasser zum Trinken verlangt, und sie war voll Eifer, nicht bloß für ihn, sondern auch für seine Sklaven und Kameele zu schöpfen und ihn in ihres Vaters Haus einzuladen. Nicht gezwungen wurde Rebekka zur Ehe, sondern sie wurde befragt und folgte gern in Abraham's Zelt[2]. Als sie Isaak zugeführt wurde, liebte er sie und fand Trost in ihr für den Verlust seiner Mutter, die er so lange beweint hatte[3]. Abraham war nach der Schilderung des Schöpfungsbuches der vollkommenste Erzvater, es war kein Fehl an ihm, er befolgte treu Gottes Aufträge, Gebote, Satzungen und Lehren[4].

Das zweite Ehepaar, welches die Thora vorführt, ist dem Charakter nach verschieden von dem ersten. Von Isaak's Tugenden erzählt sie gar nichts und giebt nicht undeutlich zu verstehen, daß er

[1]) Die Ausführlichkeit, mit der der Ankauf der Machpela erzählt und öfter wiederholt wird, Genesis, Kap. 23; 25, 9 fg.; 50, 13 will offenbar die Thatsache hervorheben, daß Abraham rechtmäßigen Besitz von einem Theile des Landes Kanaan ergriffen hat.

[2]) Genesis 24, 57. 58.

[3]) Das. V. 63 לשוח בשדה kann nichts anderes bedeuten, als: „**zu klagen** über den Verlust der Mutter", שוח gleich שיח **klagen**, wie es einzig und allein Knobel richtig erklärt hat. Alle anderen Erklärungen sind falsch oder gezwungen. V. 67 וינחם אחרי אמו ergiebt diese Andeutung.

[4]) Das. 26, 5.

keine eigenen Verdienste hatte, sondern lediglich die seines Vaters genossen hat[1]). Während Abraham bei seiner Gottergebenheit und Menschenliebe auch Thatkraft zeigte und zur Rettung seines Verwandten die räuberischen Feinde mit dem Schwert verfolgte, zeigte Isaak keine Mannhaftigkeit, sondern durchaus Leidentlichkeit und unsicheres Tasten. An ihm erfüllten sich lediglich die Segnungen Abraham's. Er wird sehr reich, sein Feld liefert ihm hundertfach die Aussaat; diejenigen, welche ihm stille Feindseligkeit gezeigt und die Cisternen zugeschüttet hatten, die sein Vater und seine Sklaven im Lande Gerar gegraben hatten, sind zuletzt genöthigt, ihn aufzusuchen und ein Bündniß mit ihm zu schließen, alles um der Verdienste seines Vaters willen. Wegen der Unselbstständigkeit seines Charakters legte ihm Gott keinerlei Prüfungen auf. Er sollte nicht nach Aegypten ziehen, wo er Gefahren ausgesetzt gewesen wäre[2]). Er wohnte auch nicht inmitten der kanaanitischen Bevölkerung, sondern in der wenig bevölkerten Gegend der Trift bei Beer-Lachai-Roï, im Thale Gerar und in Beerseba[3]). Dagegen zeigte seine Frau Rebekka festen Willen, Entschlossenheit und ruhiges Urtheil. Sie allein greift in die Vorkommnisse des Familienlebens ein, ertheilt gute Rathschläge und trifft Entscheidungen, während Isaak kaum ein richtiges Verständniß für die Vorgänge hat. Sie wird unter den Erzmüttern als Ideal aufgestellt, und ihr wird ein Blick in die ferne Zukunft zugeschrieben[4]). Als sie nach langer Unfruchtbarkeit sich gesegnet fühlt und eine Unruhe in ihrem Schoß empfindet, als wenn ein Kampf in ihrem Innern vorginge, wird ihr eröffnet: daß sie eine Zwillingsgeburt zur Welt bringen werde, und die Zwillinge, die sich von ihr lösen würden, feindliche Brüder werden, und die Feindschaft auf ihre Nachkommen, auf die zwei Völker, übergehen werde, die von ihnen stammen würden, aber der Aeltere werde dem Jüngeren unterthänig sein. Der Kampf der Zwillinge setzte sich bei der Geburt fort, der Schwächere, Jakob, hielt mit der Hand die Ferse des zuerst heraustretenden Stärkeren fest, als wollte er ihn zurückhalten und sich zuerst ans Licht ringen, als gebührte ihm der Vortritt[5]). Der scheinbar Aeltere, Esau oder Edom, war von Ge-

[1]) Das. V. 3–5. 24.

[2]) Das. 26, 2.

[3]) Das. 25, 11; 26, 17. 23. 33; 28, 10.

[4]) Das. 25, 23. Geflissentlich wird hier hervorgehoben, daß Gott nur ihr die Zukunft ihrer Zwillingskinder geoffenbart.

[5]) Genesis 25, 26 וידו אחזת בעקב עשו ist kein etymologisches Spiel, sondern will Jakob das intendirte Erstgeburtsrecht vindiciren, wie 38, 28–30 bei Perez und Serach. Darauf spielt auch Hosea 12, 4 an, keineswegs in tadelndem Sinne.

burt an ausgebildet, stark, roth und voll mit Haaren und entwickelte sich zum wilden Jäger, der im Zelte keine Ruhe hatte, sondern stets in's Feld hinaus stürmte, um mit dem Wilde zu ringen. Der scheinbar jüngere, Jakob, dagegen war harmlos und zog das Zeltenleben vor. Die Neigung der Eltern für das Zwillingspaar war verschieden. Der schwächliche Isaak bevorzugte den starken, wilden Esau, die Mutter aber wandte ihre Vorliebe dem schwächeren, sinnigen Jakob zu. Sollte der Wilde etwa Erbe der Verheißung werden? Er selbst hatte keinen Sinn dafür und verkaufte in einem Augenblick der Ermattung von der Jagd um ein Gericht Linsen die ihm scheinbar anhaftende Erstgeburt: er verachtete sie. Esau hatte so wenig Sinn für die Verheißung an Abraham und für die Reinheit der Familie, daß er kein Bedenken trug, aus kanaanitischen Familien und sogar im Anfang zwei chittitische Frauen zu heirathen. Und doch wollte Isaak diesem weltlichen, wilden Sohn wegen seiner scheinbaren Erstgeburt die Segnungen zuwenden und ihn zum Herrn über den Jüngeren machen! Diese Verblendung schmerzte Rebekka, und sie war darauf bedacht, durch eine List des Vaters Segen Jakob zuzuwenden. Sie überredete ihn, Esau's Gewänder anzulegen, seine glatten Hände und seinen Hals mit einem Ziegenfelle rauh zu machen, sich als Esau vor den Vater zu stellen, dessen trübe Augen ihm nur noch gestatteten, durch Tasten mit den Fingern zu unterscheiden, und so den Segen des Vaters zu empfangen. Jakob sträubte sich gegen diese List und gab zuletzt nur dem Drängen der Mutter nach. So empfing er den Segen, daß er Fülle der Fruchtbarkeit haben, Herr über seine Brüder werden und Völker ihm unterthänig werden sollten. Als Esau später vor den Vater mit Wildpret trat, um den ihm zugedachten Segen zu empfangen, merkte Isaak, daß er ihn, von oberflächlichen Zeichen getäuscht, dem Jüngern zugewendet; er erschrak zwar darüber, konnte ihn aber nicht mehr zurücknehmen und gab nur Esau den Trost, daß er vom Schwerte oder Kriege leben werde, aber der friedliebende Bruder solle über ihn herrschen. Von diesem Augenblick an haßte Esau seinen Bruder und sann darauf, Rache an ihm zu nehmen, machte auch kein Hehl aus seinem Hasse. Die bedächtige Rebekka sann daher darauf, Esau die Gelegenheit zu nehmen, Brudermörder zu werden. Sie will Jakob aus dessen Nähe entfernen und überredet ihn zu fliehen und sich nach Haran zu ihren Verwandten zu begeben. Dabei hatte sie noch eine andere Absicht. Sie empfand Ekel vor der Verdorbenheit der kanaanitischen Weiber, da sie mehr Gelegenheit hatte, deren Thun und Treiben zu beobachten und überhaupt schärfer blickte als der halberblindete und nur wenig mit der Welt verkehrende Isaak. Zwei Kanaaniterinnen waren ihre Schwiegertöchter; ihre reine, keusche Seele schauderte daher vor der Unsittlichkeit der Töchter Kanaan's und sie sprach zu ihrem Gatten: „Wenn Jakob von den Töchtern Cheth's wie diese heirathen sollte, wozu soll mir das Leben [1])!" Ihr Lieblingssohn Jakob, der Erbe der Verheißung, sollte also nur aus ihrer rein gebliebenen Familie eine Frau heimführen. Als sie Isaak diesen Plan mittheilte, kam er zu der Einsicht, daß sein Lieblingssohn, der kanaanitische Weiber geehelicht hatte, nicht sein und seines Vaters Fortsetzer und Träger des Heils werden könne, und ertheilte Jakob freiwillig den Segen, den er ihm früher in Täuschung gegeben hatte [2]). Esau selbst, dadurch zur Einsicht gelangt, bereute seine Vermischung mit Kanaaniterinnen und nahm aus Rücksicht auf seinen Vater noch eine dritte Frau hinzu aus der Familie Ismaël's. Aber er konnte das Geschehene nicht mehr ungeschehen machen. Er war reich gesegnet an Kindern und Enkeln, auch reich gesegnet an Gütern, zwölf idumäische Stämme gingen aus seinen Nachkommen hervor, die sich im Gebirge Seïr ansiedelten. Sie gelangten noch lange vor den Nachkommen Jakob's zu ruhigem Besitz und wurden von Königen regiert [3]). Aber der geistige Segen fehlte Esau. Diesen sollte Jakob erringen, aber erst durch einen Leidensstand.

Jakob's Lebensgang wird in der Thora unter Leiden und Prüfungen dargestellt; er ist durchweg verschieden von dem glücklichen Lebenslaufe seines Vaters. Im Alter bemerkte er seufzend: „Meine Lebensjahre waren wenig und unglücklich und erreichten nicht die meiner Vorfahren" [4]). Der Leidensstand, den Abraham für seine Nachkommen in einem Gesichte geschaut hatte (o. S. 161), begann bereits mit Jakob, er sollte Vorbild für das von ihm stammende Volk werden. Kaum hatte er eine Prüfung verschmerzt, so kam schon eine andere über ihn. Sein Leidensstand begann mit seiner Auswanderung; er mußte das Vaterhaus und die ihn zärtlich bewachende Mutter verlassen und die lieblose Fremde aufsuchen, um dem Hasse seines Bruders auszuweichen, dem er nichts Böses gethan und nur etwas entzogen hatte, was diesem werthlos schien. Ehe Jakob indessen das Land der Verheißung verläßt, erscheint ihm Gott in einem bedeutungsvollen Traumgesichte und versichert ihm, daß der Segen Abraham's auf ihn und seine Nachkommen übergehen, daß er der Erbe desselben werden

[1]) Das. 27, 46; 26, 34—35; 28, 8.

[2]) Das. 28, 1 fg. In V. 3 ist angegeben, daß Isaak freiwillig den früher ertheilten Segen für Jakob wiederholt hat.

[3]) Das. 33, 9; 36, 31 fg.

[4]) Das. 47, 9.

solle[1]). Viele Tagereisen mußte er zurücklegen, ging mit seinem bloßen Stabe über den Jordan und den Euphrat, ehe er Haran, den Wohnort seiner aramäischen Verwandten erreichen konnte. Als er in die Nähe desselben gekommen war, erblickte er seines Oheims Laban jüngere, schöne Tochter, Rahel, und sofort überkam ihn das überwältigende Gefühl inniger Liebe. Diese Liebe war so gewaltig in ihm, daß er, der schwache Jüngling, einen mächtigen Stein von der Oeffnung der Cisterne wälzen konnte, den nur die vereinte Kraft vieler Hirten zu bewegen im Stande war[2]). Er fühlte, daß Rahel die für ihn bestimmte Lebensgefährtin sei. Die Erzväter empfanden die zärtlichste Liebe für die Erzmütter, die sie in's Zelt führten. Die Gattenliebe war der Grundzug ihres Charakters, auch das deutet die Thora lehrhaft an. Laban nahm Jakob freundlich auf, dieser weidete für ihn die Herde, und als Lohn bedang er sich die Hand der Rahel aus. Sieben Jahre diente er um sie und wartete auf sie; aber diese langen Jahre kamen ihm wie wenige Tage vor, die Hoffnung verkürzte sie ihm[3]). Als er endlich, endlich in ihren Besitz gelangen sollte, spielte ihm Laban einen Streich, indem er ihm seine ältere Tochter, Lea, zuführte. Wider seinen Willen mußte er diese, die er nicht liebte, als Frau behalten, und Rahel wurde ihm nur unter der Bedingung gegeben, daß er abermals sieben Jahre um sie dienen sollte. So kam Jakob ohne Wahl und Verschuldung zu einer Doppelehe[4]). Von diesen zwei Frauen und noch zwei Kebsen, welche ihm die Frauen aufgezwungen hatten, erzeugte Jakob zuerst elf Söhne und eine Tochter.

Mit seinen Frauen und Kindern wollte Jakob nach vierzehnjähriger Entfernung in die Heimath zurückkehren; aber Laban hielt ihn zurück, weil er durch ihn reich gesegnet wurde; die geringe Herde Laban's hatte sich durch Jakob's treue Waltung und segenspendende Persönlichkeit vervielfältigt[5]). Auf das Drängen seines Schwiegervaters blieb er und sollte scheckig geborene Lämmer als Lohn erhalten. Aber sowie Laban die außerordentliche Vermehrung solcher Lämmer gewahrte, änderte er den Vertrag mit Jakob und stellte ihm andere Bedingungen[6]), und zuletzt wurden er und seine Söhne neidisch auf

[1]) Das. 28, 12 fg.

[2]) Das. 29, 1 fg.

[3]) Das. V. 20.

[4]) Offenbar will die Genesis vergegenwärtigen, daß Jakob's Bigamie nur aus Noth entstanden war, daß er, ohne Laban's Betrug, wie Isaak, monogam geblieben wäre.

[5]) Das. 30, 29—30.

[6]) Das. 31, 7 fg.

den Herdenreichthum, den Jakob erlangt hatte. Daher beschloß Jakob, durch ein Traumgesicht dazu ermuthigt, sich von seinem Schwiegervater zu trennen, zog aber seine beiden Frauen zu Rathe, um nicht gegen ihren Willen zu handeln. Da auch sie zustimmten und sich beklagten, daß ihr Vater sie verkauft habe, sie wie Fremde behandle und sie um ihr Vermögen für ihre Kinder bringen möchte, verließ Jakob heimlich Laban's Haus und führte seine Weiber und Kinder, Sklaven und Herden mit sich. Drei Tage später erfährt es Laban, setzt ihm nach und hegt die schlimmsten Absichten gegen Jakob's Leben; aber durch ein Traumbild wird er gewarnt, Jakob Böses zuzufügen. Die Unterredung zwischen Beiden bei ihrem Zusammentreffen am Berge Gilead ist ein Muster eindrucksvoller Beredtsamkeit. Jakob erscheint darin in der ganzen Größe seiner Ehrenhaftigkeit, Pflichttreue und Gewissenhaftigkeit. Zuletzt ist Laban genöthigt, ein Freundschaftsbündniß und einen Vertrag mit ihm zu schließen, daß sie einander nicht mit Krieg überziehen sollten. Ein Denkmal am Gebirge Gilead sollte die Grenze zwischen Jakob und den Aramäern bilden.

Jakob war von der drohenden Gefahr befreit und konnte weiterziehen, um über den Jordan zu setzen und das Land Kanaan wiederzusehen. Ehe er aber diese kurze Strecke zurücklegen konnte, erfüllte eine Sorge sein Gemüth. Friedliebend, wie er war, gedachte er sich mit seinem Bruder Esau auszusöhnen, ehe er in die Heimath einzog; es fiel ihm nicht einmal schwer, ihm als Familienhaupt zu huldigen[1]), um den Zwist aus ihrer Jugendzeit vergessen zu machen. Da brachten ihm die Boten, die er an Esau vorausgeschickt hatte, die erschreckende Nachricht, daß dieser mit vierhundert Mann ihm entgegenzöge. Jakob war auf das Schlimmste gefaßt und fand nur im Gebete Trost. Jedenfalls aber sandte er Huldigungsgeschenke von seinen Herden und Sklaven voraus, um auch thatsächlich seine Unterordnung unter Esau zu erkennen zu geben. Er zog indessen weiter, führte seine Weiber und Kinder durch die seichte und nicht tiefe Stelle des in seinem Oberlauf in einer Schlucht fließenden Jabbok und als er allein zurückgeblieben war, überfiel ihn ein Mann und rang mit ihm bis zum Morgengrauen, um ihm das Leben zu nehmen. Jakob unterlag aber nicht, nur eine Hüfte wurde ihm verrenkt, und er hinkte seitdem. Es sollte ein Merkzeichen für ihn sein, daß er im Kampf mit Mächten und Menschen stets siegen werde und sollte ihm Muth bei seiner Begegnung mit Esau einflößen[2]). Von diesem Kampfe erhielt Jakob einen höheren

[1]) Das. 32, 4 fg.
[2]) S. Note 6.

Namen, Israel (der Machtbesieger); Jakob und Israel sind eine und dieselbe Person nach der Erzählung der Thora.

Ermuthigt durch diesen Vorgang, ging er dem herannahenden Esau ohne Zagen entgegen, unterwürfig zwar und mit der aufrichtigsten Absicht, ihm als ältestem Bruder zu huldigen, aber auch ohne Bangen über den Ausgang. Es folgte ein überraschend rührender Auftritt. Esau, der feindliche Bruder, eilte Jakob mit offenen Armen entgegen, umarmte und küßte ihn. Beide weinten Freudenthränen. Von dem Erstgeburtsrecht war keine Rede mehr; Esau hatte also darauf Verzicht geleistet. Er weigerte sich sogar, die Huldigungsgeschenke anzunehmen, und bot seinem Bruder noch Hilfe an. Jakob's Erstgeburt und die damit verbundene Hinterlassenschaft der Verheißung und des geistigen Segens gehörten ihm also rechtlich an, sie wurden ihm nicht mehr streitig gemacht. Im diesseitigen Jordanland angekommen, wollte Jakob sich der ruhigen Beschäftigung mit seinen Herden hingeben, und, um nicht mit den Nachbarn in Streit zu gerathen, kaufte er bei Salem oder Silo[1]) ein Stück Land, um sich da anzusiedeln. Allein er sollte keine Ruhe finden. Seine schöne Tochter Dinah wurde von dem Sohn des Herrn der Landschaft Sichem gewaltsam geraubt und geschwächt. Jakob empfand tiefen Schmerz darüber, aber er hegte keine Rachegedanken. Desto mehr waren seine Söhne über diese Frechheit empört. Obwohl darauf der Besitzer des Landes für seinen Sohn Genugthuung anbot und sogar auf die Bedingung einging, daß dieser nicht bloß die geschändete Dinah heirathen sollte, sondern daß auch sein Volk das Bundeszeichen der Abrahamiden annehmen und sich mit der Familie Jakob's vollständig verschmelzen sollte, daß sie zusammen ein einziges Volk bilden sollten, mochten ihre Brüder dennoch die Ehrverletzung, daß ihre Schwester wie eine Buhlerin behandelt wurde, nicht verschmerzen. Zwei derselben, Simeon und Levi, überfielen mit dem Schwerte die von der Beschneidung geschwächten Sichemiten, tödteten die Männer und erbeuteten Frauen, Kinder und Güter. Jakob war über diesen Wortbruch und die Gewaltthat seiner Söhne auf's tiefste empört und sprach eine Verwünschung gegen ihren aufwallenden Zorn und Rachedurst aus, die über ihre Nachkommen verhängt werden sollte, daß sie keinen einheitlichen Stammverband bilden, sondern unter den übrigen Stämmen zerstreut und in Abhängigkeit leben sollten[2]). Jede Gewalt und das Zücken des Schwertes auch für eine gerechte Sache waren Jakob zuwider. In diesem Lichte will die Thora den dritten Erzvater zeigen. In Folge der Blutthat an den Sichemiten

[1]) S. B. I, S. 70, Note.
[2]) Gen. 49, 5 fg.

konnte Jakob nicht mehr in der Nähe von Sichem, in Silo, verweilen und zog zunächst nach **Bethel**. Hier sollte er einen Altar für den Gott bauen, der ihn bis dahin aus Nöthen errettet hatte. Aber mit den Götterbildern der Fremde, welche die Seinigen in Sichem erbeutet hatten, sollten sie nicht den Ort betreten, der zum Hause Gottes (Bet-El) bestimmt war. Auf des Vaters Ermahnen legten sie dieselben ab. In Bethel bestätigte ihm Gott den Namen **Israel** (Machtbesieger), den er fortan statt Jakob führen sollte.

Ehe er indeß den Aufenthalt seines Vaters erreichte, wurde er von zwei Vorgängen schmerzlich berührt. Seine Lieblingsfrau starb in **Ramah** in Kindesnöthen bei der Geburt ihres zweiten Sohnes, **Benjamin**, auf dem Wege nach Bethlehem, und sein ältester Sohn Rëuben schändete sein Beilager durch Unzucht mit seiner Kebsin Bilhâ. Diese Frevelthat schmerzte Jakob tief [1]). In Folge dessen büßte Rëuben das Erstgeburtsrecht ein. Die Thora erzählt, daß der Vater auf dem Todtenbette in Versen ihm diesen Vorzug entzogen hat:

„Rëuben, Du bist mein Erstgeborener und Erstling meiner Mannheit,
„Bevorzugt an Würde, bevorzugt an Macht.
„Aufschäumend wie Wasser, sollst Du nicht bevorzugt sein,
„Denn Du hast Deines Vaters Beilager bestiegen,
„Damals hast Du mein Bett entweiht [2]).

Doch das war nicht der einzige Schmerz, dem ihm seine Söhne bereitet haben. Die üblen Folgen der Vielweiberei kamen durch die Abneigung der Brüder von den verschiedenen Frauen gegen einander zum Vorschein. Die Erzählung verschweigt diese Folgen nicht, um das **Verderbliche der Vielweiberei** darzulegen. **Joseph**, der Sohn der geliebten Rahel, war der Liebling seines Vaters, und dieser zeichnete ihn vor allen seinen Söhnen aus. Diese Vorliebe erregte den Neid und Haß seiner Brüder, der sich noch mehr steigerte, als Joseph die bösen Reden, die ihnen entschlüpft waren, dem Vater hinterbrachte und ihnen zu erkennen gab, daß er von dem Gedanken erfüllt war, die Herrschaft über sie zu erlangen. Deßwegen trachteten diese gar nach seinem Leben und hätten den Mordplan ausgeführt, wenn nicht der älteste Bruder, Rëuben, welcher dem Vater gegenüber die Verantwortlichkeit hatte, gerathen hätte, ihn in eine Cisterne zu werfen. Diesen Rath führten sie Anfangs aus, dann verkauften sie ihn in Rëubens Abwesenheit auf Juda's Rath an eine vorüberziehende Karawane,

[1]) Der hebräische Text Gen. 35, 22 deutet hier eine Lücke an: פסקא באמצע פסוק (vergl. I, S. 104). Den Inhalt dieser Lücke haben LXX erhalten: *καὶ πονηρὸν ἐφάνη ἐναντίον αὐτοῦ*, d. h. וירע בעיניו.

[2]) Das. 49, 3 fg. Vgl. Chronik I, 5, 1. Der Satz יצועי עלה ist dunkel; LXX geben es durch *οὗ ἀνέβης* wieder.

tauchten sein Prachtgewand, mit dem der Vater ihn frühzeitig bekleidet hatte, in Blut ein und gaben vor, ein wildes Thier habe Joseph zerrissen. Jakob's Schmerz über den Verlust seines Lieblingssohnes war herb. Von der Karawane wurde Joseph nach Aegypten gebracht und dort als Sklave an einen der hohen Beamten des Königs von Aegypten verkauft.

Keinen von Jakob's Söhnen von der Lea stellt die Thora als Muster auf[1]), hebt vielmehr ihre Vergehungen hervor. Rëuben hatte sich durch Schändung seiner Stiefmutter vergangen, Simeon und Levi hatten sich Gewaltthätigkeit und Wortbruch an den Sichemiten zu Schulden kommen lassen. Der vierte Sohn von Lea, Jehuda, heirathete eine Kanaaniterin. Die Folge war, daß seine beiden ältesten Söhne aus dieser Ehe, Er und Onan, Sträfliches sich zu Schulden kommen ließen und jung starben. Von der hinterlassenen Wittwe Thamar erzeugte Jehuda in einer nicht sehr keuschen Umarmung zwei Söhne Perez und Serach. Dagegen wird Joseph's Lebensgang ausführlich erzählt und sein sittliches Betragen in der Sklaverei und in der Fremde als nachahmungswürdig empfohlen. Seinem ägyptischen Herrn brachte er Segen ins Haus, wie Jakob in Laban's Haus, und dadurch vertraute ihm jener sein ganzes Hauswesen an. Seine Frau warf indeß lüsterne Blicke auf den schönen hebräischen Sklaven und wollte ihn zur Unzucht verlocken. Heldenhaft widerstand dieser aber der Verführung und wurde von ihr bei ihrem Gatten verleumdet, als hätte er ihrer Keuschheit zu nahe treten wollen. In den Kerker geworfen, erlangte Joseph die Gunst des Kerkermeisters, wie die seines ersten Herrn und erlangte im Kerker Freiheit der Bewegung. Durch richtige Traumauslegung für zwei höhere Diener Pharao's, seine Kerkergenossen, wurde er an den Hof desselben empfohlen, um dessen wirre Träume zu deuten, was die Hofweisen nicht vermocht hatten. Joseph's Vorausverkündigung, daß sieben Hungerjahre auf sieben fruchtbare Jahre folgen würden, traf ein, und dadurch erlangte er eine hohe Stellung am Hofe Pharao's und wurde der nächste zum Throne. In Folge der Hungersnoth war auch Jakob wie alle Einwohner Kanaans genöthigt, Getreide in Aegypten ankaufen zu lassen. Er sandte seine zehn Söhne zu diesem Zwecke nach Aegypten und zuletzt nothgedrungen auch den jüngsten, Benjamin, seinen Liebling von der Rahel. Mit welcher Zärtlichkeit begegnet ihnen der ihnen unkenntlich gewordene Bruder, der zweite im Reiche der Pharaonen! Vergessen ist sein Leid

[1]) Der sogenannte Segen Jakob's enthält geradezu Tadelworte gegen einige Söhne oder Stämme, so nicht bloß gegen Rëuben, Simeon und Levi, sondern auch gegen Isachar und Dan.; vergl. B. 1, S. 410.

während seiner Knechtschaft, vergessen der Groll gegen seine Brüder, die ihn als Sklaven verkauft hatten. Wie er sich ihnen zu erkennen giebt, bittet er sie, des Vergangenen zu vergessen und nur daran zu denken, daß Alles ein Werk der Vorsehung gewesen. Er mußte nach Aegypten kommen, damit ein großes Volk und seine eigene Familie in den Nothjahren erhalten würde[1]). Unübertrefflich ist die einfach künstlerische Erzählung des Zusammentreffens Joseph's mit seinen Brüdern und der Wiedererkennungsscene geschildert, wie Joseph, aller Unbilden vergessend, sich den Brüdern mit Herzlichkeit hingiebt: „Ihr habt es böse gemeint, Gott aber hat es gut gemeint." Er läßt selbstverständlich seinen Vater und sein ganzes Haus mit Pharao's Bewilligung nach Aegypten kommen, um sich dort während der Hungesnoth aufzuhalten. Das Weideland Gosen wurde ihnen zum Wohnplatz angewiesen. In einer Nachterscheinung billigte auch Gott diesen Zug nach Aegypten. So kamen Jakob-Israel's Söhne und Enkel, siebzig an der Zahl, die Stammväter von siebzig Familien, nach Aegypten. Jakob starb im Nillande, beschwor aber vor seinem Tode seine Söhne, seine Leiche in dem Grabmal seiner Väter beizusetzen, und dann lüftete er halb den Schleier der Zukunft für seine Söhne. Joseph's zwei in Aegypten geborene Söhne, Manasse und Ephraim, sollten zwei Stämme bilden und der jüngere den Vorzug genießen vor dem älteren. Joseph würde ein fruchtbares Loos im Lande haben:

„Segnungen des Himmels von oben,
„Segnungen des Meeres, des tiefliegenden.

Aber die Herrschaft soll nicht ihm zu Theil werden, auch nicht dem ältesten, Rëuben, wegen seiner Schandthat, auch nicht den nächstfolgenden ältesten, Simeon und Levi, sie sollten vielmehr wegen ihrer Gewaltthätigkeit zerstreut sein, sondern Jehuda; ihm werden seine Brüder huldigen.

„Er wird einem jungen Löwen gleichen,
„Nimmer wird das Scepter von Juda weichen
„Und der Herrscherstab von seinen Nachkommen.
„Denn kommen wird der Friedliche[2]),
„Und ihm wird die Unterthänigkeit der Stämme.

[1]) Das. 45, 7; 50, 20 fg.

[2]) Der V. Genesis 49, 10: לא יסור שבט מיהודה . . . עד כי יבא שילה, der für äußerst dunkel gehalten wird und in absurder Weise christologisch gedeutet wurde, ist am richtigsten von Salomo Ibn Adret (13. Jahrhundert) erklärt worden. (Responsa IV, No. 187): Das עד gehöre nicht zum Nachsatze, sondern zum Vordersatze: לא יסור שבט מיהודה . . עד. Ibn Adret erklärt das עד gleich עדי. Besser ist es, gleich עד zu erklären. לא יסור . . . עד. Was das Wort שילה betrifft, ist wohl ein Subst. von שלי und gleich שלה: „der Friedensbringer" = שלמה.

„Binden wird er an den Weinstock sein Füllen
„An die Edelrebe die Jungen der Eselin,
„Waschen in Wein sein Gewand, in Traubenblut seine Hülle.
„Röthe der Augen von Wein,
„Weiße der Zähne von Milch.

Die Geschichte der übrigen Söhne und Stämme, welche wenig Bedeutung haben, wird nur kurz und flüchtig berührt und ihrer Thaten theils lobend, theils tadelnd erwähnt, Joseph dagegen wird bis zu seinem Lebensende als edelmüthig geschildert. Nach dem Tode Jakob's, als die Brüder Rachenahme von ihm fürchteten, wiederholte er, daß er völlig ihre unbrüderliche Handlung an ihm vergessen habe. Vor seinem Tode legte er ihnen an's Herz, ihren Nachkommen zu befehlen, seine einbalsamirten Gebeine bei ihrer zuverlässig eintretenden Rückkehr in's Land Kanaan mitzunehmen und sie dort beizusetzen. Obwohl hochgestellt in Aegypten, liebte er doch das Land der Väter und wollte dort begraben sein.

Das zweite Buch der Thora „der Auszug", erzählt den Leidensstand der zahlreich gewordenen Nachkommen Jakob's in Aegypten durch einen König, der, uneingedenk der Wohlthaten, die Joseph dem Lande geleistet, seine und seiner Brüder Nachkommen zur Sklaverei erniedrigt hat. Es erzählt auch mit anschaulicher Lebendigkeit die Erlösung aus dem Sklavenhause. Im Vordergrunde der Geschichte der Erlösung steht Mose. Aber seine hohe Bedeutung und Größe wird auch nicht mit einem Worte hervorgehoben, als wenn er, der Erzähler der Geschichte, es für unbescheiden hielte, sich selbst das Lob zu reden. Nur seine wunderähnliche Rettung aus den Fluthen des Nil, worin er wie andere hebräische Knaben ausgesetzt war, wird schlicht ohne Wunder vorgeführt. Die Königstochter selbst rettet das zu Großem berufene Kind vor Untergang. Mit leisem Tadel wird hervorgehoben, daß Mose sich Anfangs gesträubt hat, die Sendschaft der Erlösung zu übernehmen. Um diese Erlösung durchzuführen, mußten Plagen über das Land, die Bewohner und den König von Aegypten verhängt werden, weil dieser sein Herz verhärtet und die frei eingewanderten Israeliten in ewiger Sklaverei behalten wollte. Die Plagen, Zeichen und Wunder, welche im Lande geschehen, sollten auch einen erziehenden Zweck haben; das Volk Israel, Aegypten und alle Welt soll dadurch erfahren, daß Jhwh allein mächtig ist, daß ihm die Erde gehört, daß sie seinen Worten und Winken gehorcht[1]). Auch die Götter der Aegypter, die von ihnen verehrten Thiere, hat das Strafgericht ereilt, damit ihre Nichtigkeit offenbar werde[2]). Von diesen Plagen wurden

[1]) Exodus 7, 5 fg; 8, 6; 9, 14, 29; 10, 2.
[2]) Das. 11, 8; 12, 12; Numeri 33, 4; 29, 13 [?]

die in Gosen wohnenden Israeliten verschont. Während die Aegypter im Dunkeln tasteten oder vielmehr in der Finsterniß nicht von ihren Plätzen sich erheben konnten, war für die Israeliten Licht in ihren Wohnungen [1]. Erst in Folge der zehnten Plage, des plötzlichen Sterbens der Erstgebornen durch eine Seuche unter Menschen und Thieren, entließ Pharao die geknechteten Israeliten, ja er drängte sie so sehr, daß sie nicht einmal Zeit hatten, den angerührten Teig des Morgens gähren zu lassen, sie mußten ungegohrenes Brod schnell backen.

Zum Andenken an diese Erlösung aus Aegypten, damit sie den folgenden Geschlechtern stets überliefert werden soll, wurden mehrere Gesetzesbestimmungen eingeführt. Der Frühlingsmonat, der Monat des Auszuges, soll als der erste gezählt werden. Am vierzehnten desselben soll ein Paschalamm geopfert und Abends mit ungesäuertem Brode verzehrt werden. Ueberhaupt soll an dem darauf folgenden siebentägigen Feste Gesäuertes weder genossen, noch aufbewahrt werden. Selbst die aufgenommenen Fremdlinge sollen dieses Gesetz befolgen. Zur Gemeinschaft am Paschamahle sind auch Fremdlinge zugelassen, insofern sie und die zu ihnen gehörenden Familienglieder das Bundeszeichen angenommen haben; wie denn überhaupt das gleiche Gesetz für Fremdlinge und eingeborene Israeliten gelten soll. Dagegen sollen Unbeschnittene vom Paschalamm ausgeschlossen werden. Die Erstgeborenen sollen Gott geweiht werden, die der reinen Thiere geopfert, die der Esel umgetauscht und die der Menschen ausgelöst und nicht geopfert werden. Endlich soll an Hand und Stirn ein Erinnerungszeichen sein, daß Israel mit starker Hand aus Aegypten erlöst wurde. Darauf legte die Thora bei vielen Gesetzesvorschriften ein besonderes Gewicht, daß sie einen belehrenden und erziehenden Zweck haben. Sie sollen dazu dienen, die Aufmerksamkeit des jüngeren Geschlechtes zu erregen und dem älteren Gelegenheit zu geben, die außerordentlichen geschichtlichen Vorgänge zu erzählen [2]. Die Fülle der großen Erinnerungen im Lebensgang des israelitischen Volkes soll nicht verwischt, sondern gelegentlich von neuem aufgefrischt und zum Bewußtsein gebracht werden. Die Gesetze, die nicht Selbstzweck haben, sollen als Lehrmittel (Oth, Sikkaron) dienen.

Weiter erzählt „das Buch des Auszuges“ die Vorgänge, welche dem Auszuge folgten bis zum Durchzug durch das Schilfmeer, die Gefahren und die Errettungen. Diese Ereignisse waren so gewaltig, daß ein außerhalb der Gemeinde stehender Mann Jethro

[1] Das. 10, 23; 8, 18—19; 6; 11, 7.
[2] Das. 12, 26 fg.; 13, 8 fg.; 14 fg.

zur Erkenntniß und Bekenntniß gelangte: „Jhwh, der Gott Israels, ist größer denn alle Götter“ [1]).

In den schönsten Farben und dramatischer Anschaulichkeit erzählt die Thora die Gesetzesoffenbarung am Sinai. Sie stellt diesen Vorgang in den Vordergrund. Der Darstellung sieht man es an, daß sie mit der Sprache zu kämpfen hatte, um das Erhabene und Unbegreifliche begreiflich und verständlich zu machen. Das ganze Volk hat die Worte der Offenbarung vernommen, und doch hat das göttliche Wesen, von dem sie ausgegangen, keinerlei sichtbare Gestalt. Von einem Raume aus sind diese Worte ertönt; scheinbar erschien Gott auf dem Berge Sinai in Glanz und Hoheit; aber Gott kann doch nicht in einem Raum gedacht werden! [2])

Als Einleitung wird das Wort vorausgeschickt: „Ihr habt gesehen, was ich an Aegypten gethan, wie ich euch auf Adlers Flügeln getragen und zu mir gebracht. Wenn ihr mein Bündniß bewahret, so sollt ihr mir ein kostbarer Schatz unter allen Völkern sein, obwohl die ganze Erde mir gehört. Ihr sollt mir ein Reich von Priestern und ein heiliges Volk sein“. Den Hauptinhalt des Bündnisses sollen die heiligen Zehnworte bilden, welche das Volk selbst am Fuße des Sinai unter außerordentlichen Erscheinungen vernommen hat. Gewicht legt die Thora auf die Thatsache, daß das Volk nur eine Stimme vernommen, aber keine Gestalt gesehen, und daraus leitet sie die Nutzanwendung, daß kein Bildniß Gottes von Silber oder Gold gemacht werden soll. Zur Gottesverehrung genügt ein Altar aus Erde, aber nur an dem Orte, auf den Gott seinen Namen rufen wird [3]). Zu einem Altar aus Stein soll nicht das Eisen verwendet werden, weil es an den Krieg erinnert; auch soll der Altar nicht hoch angelegt und nicht mit Stufen versehen sein, weil dadurch beim Hinaufsteigen die Blöße zum Vorschein kommen müßte. Werkzeuge des Mordes und das Zeichen des Thierischen sollen vom Heiligthume fern bleiben.

[1]) Das. 18, 11 fg.

[2]) Das liegt in dem Worte Exodus 20, 22; 24, 10.

[3]) Das. 20, 24. בכל המקום אשר אזכיר את שמי אבא וגו' kann nichts anderes bedeuten, als: an irgend einem Orte, wo ich meinen Namen werde nennen lassen“, d. h. den ich als Heiligthum bestimmen werde. אזכיר את שמי ist gleich נקרא שמי על oder שכן את שמי oder אשים את שמי. Sämmtliche alte Versionen haben hierbei die erste Person. Es ist daher eine Uebereilung von Merx, wenn er die zweite Person dafür emendirt, um eine mögliche Hypothese zu beweisen. (Tuchs, Comment. über die Genesis, 2. Auflage 1871, Nachwort S. CXVI. Anmerk.: „es muß heißen אשר תזכיר d. h. „wo du meinen Namen verkündest, einen Zikr machst)“. Merx beruft sich auf Ibn-G'anach als Vorgänger dieser Emendation; das ist nicht richtig; vergl. Rikmah p. 191, Note. Aber selbst Ibn-G'anach's Autorität genügte nicht, um einen so deutlichen Sinn zu ändern.

Daran sind in der Thora bürgerliche Gesetze angereiht, welche den Inhalt des „Bundesbuches“ ausmachen [1]). Sie sind sämmtlich in verschiedene Gruppen getheilt, und jede Gruppe enthält, dem Zehnwort gemäß, je zehn einzelne Gesetze [2]). Diese Eintheilung ist behaltlich angelegt, damit sie dem Gedächtnisse eingeprägt werden könne. Diese vielfachen Gesetze werden nicht etwa trocken aufgezählt, sondern stets ist eine Ermahnung und die Aussicht auf nationale Belohnung daran geknüpft. Erzählt wird, daß Mose diese grundlegenden Gesetze, als Auslegung zu den Zehnworten, dem Volke vorgelesen und das Volk sie einstimmig angenommen und durch ein Bündniß besiegelt habe [3]). Während Mose noch einmal auf den wolkenumhüllten Sinaï stieg und dort vierzig Tage weilte, um die steinernen Bundestafeln der Hauptgesetze in Empfang zu nehmen und Anordnungen zu holen, um für dieselben einen Zelttempel zu erbauen, verfiel das Volk in die Verirrung, sich Gott unter einem Stierbild aus Gold zu versinnlichen. Diesen Vorgang erzählt die Thora zur Warnung mit vieler Ausführlichkeit. Sie verschweigt nicht, daß Ahron, der Stammvater der Priester, aus Furcht die Hand zum Götzenthum geboten. Auf Mose's inbrünstiges Flehen offenbarte Gott seine „Wege“, daß er voll von Barmherzigkeit, Gnade und Langmuth ist. In Folge des Abfalls mußten die wichtigen Gesetze über die Gottesverehrung noch einmal eingeschärft werden [4]); die Thora wiederholt sie. Daran reiht sich die Erzählung von der Anfertigung und Einweihung des Zelttempels durch Opfer an [5]). Die Vorschrift für die Opfer und ihre Weise ging von Mose oder vom Gesetze aus. Daß Ahron, der Priester, diese zur Richtschnur nahm, ohne im Geringsten davon abzuweichen, wird hervorgehoben. Der Weihe des Stiftzeltes von Seiten der Menschen mußte aber erst von oben das Siegel aufgedrückt werden. Die Weiheopfer waren vorbereitet, Ahron hatte nichts mehr hinzuzufügen, er hatte bereits dem Volke mit erhobenen Händen den Segen ertheilt, und noch erfolgte kein Zeichen. Erst als Mose mit ihm zugleich in den Zelttempel gegangen war und noch einmal das Volk gesegnet hatte, zeigte sich die „Herrlichkeit Gottes“ in einem plötzlichen Blitzstrahl, der die Opfertheile verzehrte. Beim Anblick dieses Vorgangs fiel das Volk auf das Angesicht und stieß einen lauten Ruf aus, wie zur Zeit, als der Prophet Elia das Volk von der Nichtigkeit des

[1]) S. B. I, S. 44.

[2]) Vgl. Bertheau, die sieben Gruppen des Pentateuchs S. 21 fg.

[3]) Exodus 24, 7 fg.

[4]) Das. 34, 12 fg.

[5]) Das. c. 35—40; Leviticus 8, 10.

Baal überzeugt hatte [1]). Das erste Feuer, welches dem Altar die Weihe geben sollte, kam von oben, und dieses sollte durch Priesterhand stets unterhalten werden [2]). Die zwei Söhne Ahron's, Nadab und Abihu, welche menschliches Feuer zum Altar gebracht und damit die Opfer verdampfen lassen wollten, wurden von demselben Blitzstrahl getroffen. Es sollte zur Warnung dienen, daß die Priester vor allem sich davon fernhalten müßten, eine willkürliche Opferhandlung vorzunehmen. Gerade weil sie dem Heiligthum näher stehen, tragen sie eine größere Verantwortlichkeit, und sie sollten zu Neuerungen nicht die Hand bieten [3]).

An diesen Vorgang, den plötzlichen Tod der beiden Ahrons-Söhne bei der Einweihung der Stiftshütte, reiht die Thora wieder einige darauf bezügliche Gesetze an. Zunächst sollten die Priester, die Nachkommen Ahron's, sich beim Altardienste vom Trunke fern halten; ihr Beruf ist, das Volk darüber zu belehren, was heilig und unheilig und was rein und unrein sei [4]). Ganz besonders sollten sie sich, im Gegensatz zu den Bräuchen der Völker, von Todtenopfern fernhalten; nicht einmal die Todtenklage und Todtenbräuche um den Verlust ihrer Verwandten sollten sie anstellen [5]). Das Abgestorbene sei unheilig und unrein und solle vom Tempel und den Priestern ferngehalten werden. Auch das Gesetz vom Sühntage (Jom ha-Kippurim) reiht sich an diesen Vorfall an, weil Nadab und Abihu nach eigenem Ermessen das Allerheiligste betraten. Selbst Ahron, der Hohepriester, soll das Heiligthum hochhalten und nicht zu jeder Zeit in dasselbe eingehen, sondern nur einmal des Jahres, um für sich, das Priestergeschlecht und das Volk durch Opfer und Sündenbekenntniß Versöhnung mit Gott zu erlangen. Der Sühnetag soll durch Ruhe von Arbeit und Enthaltung von Speisen begangen werden. Auch der Fremdling soll an der Aussöhnung und dem Ingemeinschafttreten mit Gott Theil haben. Das Heiligthum selbst, welches inmitten der Sündhaftigkeit des Volkes steht, bedarf ebenso der Sühne und soll an diesem Tage, gewissermaßen jedes Jahr von neuem, geweiht werden.

Was ist aber die Sünde, welche die Menschen, die Gemeinde Israels von Gottes Gemeinschaft entfernt, sie als unrein erscheinen läßt und versöhnungsbedürftig macht? Durch eine lange Reihe von Ver-

[1]) o. S. 30; vgl. Leviticus 9, 24 mit Könige I, 18, 39.

[2]) Levit. 6, 2. 5—6.

[3]) Das ist offenbar der Sinn von Leviticus 10, 1—3.

[4]) Das. V. 8—11. Die kurzgehaltene Ermahnung das. V. 10 muß durch Deuteron. 33, 10 und Ezechiel 44, 23 ergänzt werden.

[5]) Das. 10, 6. 16—19.

warnungen bezeichnet die Thora die Natur der Sünde, welche Gott ein Gräuel ist, um derentwillen das Land Kanaan seine Urbewohner, denen sie zur Lebensgewohnheit geworden, ausgespieen hat. Die Söhne Israels sollten sich von solcher Sünde und von solchen Gräuelthaten fern halten, nicht die Unthaten der Aegypter, unter denen sie so lange gelebt, und der Kanaaniter, in deren Land sie einziehen sollten, nachahmen. Zwei Gruppen von je zehn Gesetzen behandeln die Keuschheitsgesetze. In dem (dritten) Buche, welches überhaupt den Gesetzen gewidmet ist, ist durch dieses Keuschheitsgesetz die Natur der schweren Sünde, die zugleich Unreinheit ist, gekennzeichnet. Zunächst Verbot der Blutschande mit den Erzeugern, mit der Stiefmutter, mit den Geschwistern in allen Abstufungen, mit den Erzeugten, mit den Geschwistern der Eltern, der Schwiegertochter und der Schwägerin; Verbot der Ehe mit einer Frau und deren Tochter oder Enkelin, mit zwei Schwestern zugleich; Verbot des ehelichen Verkehrs mit der eigenen Ehefrau zu gewissen Zeiten; Verbot des Ehebruchs, der Preisgebung der Tochter zur Unzucht zu Ehren des Moloch[1]); Verbot der Männerliebe und der thierischen Unzucht. Warnend fügt die Thora dabei hinzu: „Ihr sollt euch durch alles dieses nicht verunreinigen; weil die Völker diese Gräuel geübt, vertreibe ich sie vor euch. Das Land würde auch euch ausspeien, wenn ihr in dieselbe Verunreinigung verfallen solltet" — eine beherzigenswerthe Warnung, welche durch den Gang der Völkergeschichte, ihren Auf- und Niedergang, bestätigt wurde. An diese Gesetze reiht die Thora andere von hoher Sittlichkeit, welche gewissermaßen das Zehnwort erläutern und näher ausführen. Sie tragen an der Spitze die Ermahnung: „Ihr sollt heilig sein, denn ich euer Gott bin heilig." Auch diese Gesetze sind wohl nach der Zehnzahl geordnet Mutter und Vater in gleicher Weise zu ehren, die Ruhetage zu beobachten, dem Armen und Fremdling ein Theil der Feldfrüchte zu überlassen, nicht zu stehlen, nicht zu lügen und nicht einem Andern etwas abzuleugnen, nicht falsch zu schwören, den Stammesgenossen nicht zu bedrücken, nicht zu rauben, den Lohn des Miethärbeiters nicht einmal über Nacht zurückzubehalten. Den Tauben darf man nicht schmähen, dem Blinden nicht einen Anstoß legen, nicht Verrath beim Gericht üben, den Angesehenen nicht berücksichtigen, nicht verläumdend und zutragend umhergehen. Den Bruder darf man nicht im Herzen hassen, man soll ihn vielmehr, wo es nöthig ist, offen zurechtweisen, nicht Rachegedanken darf man nachhängen, man soll überhaupt den Nächsten wie sich selbst lieben.

[1]) Vgl. Note 6.

Es folgen dann Gesetze, welche Saat und Frucht betreffen, daß die Gattungen nicht vermischt werden sollen, weder bei der Viehzucht, noch bei der Kleidung. Von einem jungen Baume sollen die ersten drei Jahre die Früchte nicht genossen werden, die des vierten Jahrganges sollen geweiht sein. Dann noch andere Satzungen, welche götzendienerische Bräuche und Unsitten verpönen[1]). Am Schlusse dieser Gesetzesgruppe wird noch einmal zarte Rücksichtnahme auf die Fremdlinge empfohlen, daß man sie wie Eingeborene behandele, sie nicht bedrücke, ihnen nicht Unrecht thue im Gerichte, bei Maß und Gewicht: „Du sollst den Fremdling wie dich selbst lieben“ [2]).

An einen Vorfall knüpft die Thora abermals mehrere Gesetzesreihen. Ein Israelite hatte im Lager einen heftigen Streit mit einem Halbisraeliten von einem ägyptischen Vater. Der Letztere hatte dabei Gott gelästert. Mose selbst wußte nicht, was dem Lästerer geschehen sollte. Da wurde ihm das Gesetz geoffenbart: ein Gotteslästerer soll mit dem Tode bestraft werden, gleichviel ob ein Einheimischer oder ein Fremdling[3]). Daran reiht die Thora Strafgesetze bei muthwilligem Todschlag und bei Verwundung an, und daran schließen sich die Strafgesetze überhaupt[4]) und besonders die für Unzucht, Blutschande und Götzendienst an, mit dem die Unkeuschheit in engster Verbindung stand. Besonders eingeschärft wird die strenge Bestrafung eines Vaters, welcher seine Tochter buhlerischer Preisgebung zu Ehren des Moloch weiht[5]). Wie beim Eingang, so wird auch beim Abschluß dieser Gesetze hervorgehoben, daß die Israeliten zur Heiligkeit berufen seien und daher die Gräuelthaten der Götzendiener nicht nachahmen sollen, sonst wären sie nicht besser als die Kanaaniter, und das Land würde auch sie ausspeien. Israel ist deswegen aus den Völkern ausgewählt worden, um durch besondere Gesetze, durch Vermeidung von Unkeuschheit und Unreinheit, die Heiligkeit zu erstreben[6]).

Da das Geschlecht Ahron's berufen war, mit dem Beispiel der Heiligkeit den übrigen Israeliten voranzugehen, so werden an diese Gesetze andere geknüpft, die lediglich für die Priester Geltung haben sollen[7]). An die Priestergesetze reihen sich Opfergesetze an[8]). Be-

[1]) Leviticus Kap. 18, 1—19, 1—22.
[2]) Das. 19, 33 fg.
[3]) Das. 24, 10 fg.
[4]) Das. 24, 17 fg.; vgl. 20,9 ff.; s. Note 6.
[5]) Das. 18, 21; 20, 2 fg.; s. dieselbe Note.
[6]) Das. 20, 22 fg.
[7]) Das. 21, 1 fg.; s. dieselbe Note.
[8]) Das. 22, 1 fg.

sonders wird hervorgehoben, daß nicht außerhalb des Lagers und nicht außerhalb des Heiligthums geopfert werden dürfe[1]). Mit den Opfergesetzen stehen die Festzeiten in engster Verbindung. Die Thora zählt diese Zeiten der Reihe nach auf und bestimmt kurz die Opfer, welche an denselben gebracht werden sollen. Zunächst wird der Sabbat erwähnt; dann eröffnet das Frühlingsfest die Reihe, die Paschafeier mit dem darauffolgenden siebentägigen Feste der ungesäuerten Brode; fünfzig Tage später das Erntefest oder Wochenfest. Im Anfang des siebenten Monats ein Posaunenfest, im ersten Drittel desselben der Sühnetag und am Schlusse das Ernte- oder Hütten-Fest [2]).

An die Bestimmungen für Sabbat und Feiertage reiht die Thora die Gesetze für die Feier des Bodens, des Ackersabbats. In jedem siebenten Jahr soll der Boden nicht angebaut und sollen die Gärten nicht gepflegt werden. Was von selbst wächst, soll für sämmtliche Bewohner des Landes frei sein, für Sklaven, Fremdlinge, Miethlinge und selbst für die Thiere des Landes. Jedes fünfzigste Jahr soll ebenso ein Brachjahr und noch dazu ein Freijahr, Jobeljahr (Jobel, Deror) sein. Jeder als Sklave Verkaufte soll zu seiner Familie, jedes veräußerte Grundstück zu seinem Urbesitzer zurückkehren. Ueberhaupt sollen Ackerfelder, Gärten und Häuser in offenen Städten nicht für die Dauer verfallen, sondern nur zeitweise bis zum Jobeljahr verkauft werden; denn der Boden des Landes gehört nicht den Besitzern, sondern Gott [3]). Auch innerhalb eines Jobelzeitraums darf der Eigenthümer oder seine Blutsverwandten die veräußerten Grundstücke auslösen. Nur ein Haus innerhalb einer befestigten Stadt kann bloß innerhalb eines Jahres ausgelöst werden; denn die festen Städte gehören nicht den Bewohnern derselben, sondern Allen gemeinschaftlich, d. h. der ganzen Nation, an; es ist also gleichgültig, in wessen Besitz die Häuser augenblicklich sind. An die Sabbatjahr- und Jobel-Gesetze reihen sich die verwandten Gesetze an, um derentwillen die ersteren gegeben sind. Ein Verarmter soll kräftig unterstützt werden; wer ihm Geld vorschießt, soll nicht Zins von ihm nehmen. Wenn ein Verarmter sich als Sklave verkauft, sollen die Blutsverwandten ihn auslösen, und der Käufer darf ihn nicht zurückbehalten. Ein Solcher soll auch als Sklave nicht mit Härte behandelt werden; denn die Israeliten sollen lediglich Gottes Knechte sein und nicht als Sklaven dienen[4]). Den Abschluß dieser Gesetzesgruppen macht die Thora mit einer allgemeinen Ermahnung. Der Lohn für

[1]) Das. 17, 1 fg.; s. dieselbe Note.
[2]) Das. 23, 1 fg.
[3]) Das. 25, 1 fg.
[4]) Das. 25, 35 fg.

die Erfüllung derselben wird anhaltende Fruchtbarkeit, Fülle und nationale Selbstständigkeit, die Strafe für die Uebertretung wird gesteigertes Unglück, Mißwachs, Unfruchtbarkeit, Krieg, Unterjochung und zuletzt das entsetzliche Strafgericht der Zerstreuung unter die Völker sein[1]). Alle diese Gesetze, Bestimmungen und Belehrungen (Toroth) sind Mose durch Gott als Bündniß zwischen ihm und dem Volke auf dem Berge Sinaï offenbart worden[2]).

Nun sollten die Israeliten vom Sinaï ihrer Bestimmung entgegen weiter ziehen; die Züge, die sie vom Sinaï bis zu ihrer Rast am Jordan zurückgelegt haben, erzählt das vierte Buch der Thora. Vor dem Aufbruche, im Anfange des zweiten Jahres seit dem Auszuge, nahm Mose im Verein mit den Aeltesten der Stämme eine Volkszählung der Jünglinge und Männer, vom zwanzigsten Jahre an, vor; die Zählung hatte 603,556 Personen ohne Frauen, Kinder und Knaben und ohne die Leviten ergeben. Die Leviten wurden nicht mitgezählt, weil sie nicht kriegspflichtig und nicht besitzfähig, sondern als Ersatz für die Erstgeborenen für den Dienst des Heiligthums bestellt waren. Ihre Zahl betrug, die jungen männlichen Kinder von einem Monat an mitgerechnet, 22,000. Ihre Dienstzeit sollte indeß erst mit dem dreißigsten Jahre beginnen und mit dem fünfzigsten aufhören. Die Gesammtzahl der Leviten innerhalb des Alters zwischen dreißig und fünfzig Jahren (8,580) war von Anfang an in drei Klassen getheilt. Die vornehmsten waren die Kehathiten, darauf folgten die Gersoniden und die letzte Stelle nahmen die Merariden ein. Nur in der Umgebung des Heiligthums sollten sie sich halten und die Zugänge bewachen, in das Innere dagegen nicht eindringen. Der Zugang zu demselben sollte nur den Ahroniden vorbehalten sein[3]). Ehe die Leviten in den Dienst des Heiligthums traten, wurde eine Weihe mit ihnen vorgenommen[4]). Auch hier haben diese Erzählungen der Thora einen lehrhaften Charakter, und auch daran sind Gesetze angereiht, die eigentlich Nachtrags-Gesetze sind. Aus dem Lager sollte jeder mit Aussatz oder mit Fluß Behaftete gewiesen werden; da, wo die heilige Bundeslade weilt, soll sich keine Unreinheit befinden[5]). Mit der Vollstreckung dieser Maßregel wurden wahrscheinlich die Leviten betraut, sie sollten die Tempelpolizei üben. Das Heiligthum sollte auch vor Entweihung geschützt werden, und das Gesetz bestimmt die Sühne, welche bei etwaiger Veruntreuung

[1]) Das. 26, 3 fg.
[2]) Das. 26, 46 fg.
[3]) Numeri Kap. 1—4. Zu 4, 2. 22. 30 vergl. das. 8, 24 fg.
[4]) Das. 8, 6—22.
[5]) Das. 5, 2—4; vergl. Deuteronom. 23, 10 fg.

des Heiligen dem Priester geleistet werden soll[1]). Daran schließen sich Gesetze, welche die Bedeutung des Priesterthums hervorheben sollen. Bei einer im Verdacht des Ehebruchs stehenden oder von der Eifersucht des Mannes geplagten Frau soll der ahronidische Priester durch Wort und Handlung die Wahrheit an den Tag bringen[2]). Die Priester sollen ferner über das Volk den Segen sprechen oder beten, daß Gott ihm Segen gewähren möge[3]). Neben dem Priester kann es zwar noch andere Geweihte geben, Nasiräer, welche ein außerordentliches Gelübde gethan, keinen Wein zu trinken und das Haar nicht abzuscheeren. Aber diese sich selbst Weihenden kommen den Priestern nicht gleich; ihre Weihe dauert nur einige Zeit; nach Ablauf derselben hört sie auf, und dann soll der Nasiräer den Priester in Anspruch nehmen, daß er für ihn Opfer darbringe[4]).

Nachträglich wird noch erzählt, daß bei der Einweihung des Zelttempels die Stammesfürsten, dieselben, welche bei der Volkszählung mitgewirkt hatten, nicht bloß Opfer, sondern auch Geschenke dargebracht haben, und als der erste derselben, gewissermaßen als Anreger, Nachschon, der Fürst des Stammes Juda. Uebrigens haben sämmtliche zwölf Vorsteher gleich viel gespendet, keiner mehr und keiner weniger[5]).

Ehe indessen das Volk vom Sinaï aufbrach, rückte, wie die Thora weiter erzählt, die Zeit zum Pascha-Opfer heran, und die Söhne Israels wurden ermahnt, dasselbe zum erstenmal zur bestimmten Zeit darzubringen. Es gab aber unter ihnen einige, die mit Leichen in Berührung gekommen und als solche verunreinigt waren. Diese, welche von diesem Opfer der Gemeinschaft ausgeschlossen werden sollten, beklagten sich darüber bei Mose. Aus eigener Beurtheilung wußte der Führer keinen Bescheid darüber zu geben; das Verhalten in solchen Fällen ist ihm erst offenbart worden: daß Unreine und solche, welche an dem Tage vom Heiligthum entfernt waren, in Zukunft das Pascha-Opfer einen Monat später darbringen dürften[6]). Endlich kam die Zeit zum Aufbruch heran, der zwanzigste des zweiten Monats im zweiten Jahr des Auszuges. Das Verschwinden der Wolke, welche den Zelttempel zu decken und sich bei Nacht in eine Feuererscheinung zu verwandeln pflegte, gab das Zeichen zum Aufbruche. Die Stämme wanderten stets in geord-

[1]) Das. 5, 6 fg.
[2]) Das. 5, 12 fg.
[3]) Das. 6, 23 fg.
[4]) Numeri das. 6, 2 fg.; vergl. o. S. 30.
[5]) Das. 7, 10 fg.
[6]) Das. 9, 1—14.

neten Zügen, in fünf Gruppen (Chamuschim[1]), immer Juda an der Spitze mit zwei beigesellten Stämmen, dann erst Rëuben, ferner Ephraim und zuletzt Dan, ebenfalls mit genossenschaftlichen Stämmen; als fünfte Gruppe der Stamm Levi mit der Bundeslade[2]). Die Hauptzüge und die Begebenheiten, welche von der ersten Station des Berges Sinaï bis zur letzten am Jordan vorgefallen, erzählt die Thora mit größerer oder geringerer Ausführlichkeit. In der ersten Zeit ist die Bundeslade vorangezogen, um einen Ruhepunkt auszusuchen. Nichts desto weniger hat Mose seinen Verwandten Chobab — von Seiten seiner midianitischen Frau — ersucht, mit seiner Stammgruppe die Israeliten zu begleiten, um die weidereichen Lagerplätze in der Wüste, mit welchen sie vertraut waren, auszusuchen und anzugeben. Diese midianitische Stammgruppe, die Keniter und Jithrither, haben sich dem Volke Israel angeschlossen und haben Antheil an dem Lande erhalten[3]). Die Thora erzählt ferner, welche Widerwärtigkeit Mose durch die Unzufriedenheit und Kleingläubigkeit des Volkes zu erdulden hatte, und wie die Strafe stets auf dem Fuße gefolgt sei. Bei einer der ersten Stationen (Kibroth ha-Taawah) habe das Mischvolk, das sich von Aegypten aus den Stämmen angeschlossen, über Mangel an Fleisch geklagt und habe damit die Israeliten angesteckt, obwohl sie Manna in Fülle hatten. In Folge dieser wiederholten Unzufriedenheit sei Mose selbst müde geworden und habe gewünscht, daß ihm die Last der Führung abgenommen werde, da sie ihm allein zu schwer sei. Darum habe ihm Gott siebzig Aelteste als Mitführer bestimmt, die Vertreter der siebzig Familien; ein Theil des Geistes von Mose sei auf diese abgesondert worden, so daß auch sie die prophetische Schauhelle empfingen. Bei dieser Gelegenheit zeigt die Thora Mose's Selbstlosigkeit, wie seine Persönlichkeit vollständig in seinem Beruf für das Volk aufging. Zwei Aelteste, welche nicht zu Mitführern berufen waren, Eldad und Medad, prophezeiten im Lager. Josua, Moses Jünger, wünschte, daß ihnen dieses als unberechtigte Anmaßung verboten werde. Mose aber sprach: „Bist du etwa für mich eifersüchtig? O wäre doch das ganze Volk prophetisch und würdig, daß Gott seinen Geist auf es gäbe!" — Die Fleisch-Lüsternen erhielten solches durch Wachtelschwärme in solcher Fülle, daß es ihnen zum Ekel wurde, aber

[1]) Das Wort חמושים, das „in geordneten Zügen" bedeutet, kann nur aus dem Umstande gebildet sein, daß das Lager in fünf Theile getheilt war, die Mannschaft der Stämme in vier Gruppen und die Bundeslade mit den Leviten in der Mitte. Einmal steht חשים für חמשים Numeri 32, 17.

[2]) Numeri 2, 2 fg.; 10, 11 fg.

[3]) Das. 10, 29 fg.

ihre Strafe wegen ihres Gelüstes war Tod durch Pest. Bei der Erwähnung der dritten Station, in der wasserreichen und fruchtbaren Oase Chazerot[1]), wo die Israeliten sich länger aufhielten, erzählt die Thora in kurzen Zügen einen Vorgang innerhalb des Kreises von Mose's Familie, um dessen prophetische Bedeutsamkeit und Ueberlegenheit hervorzuheben. Sie führt die Gottheit selbstredend ein, wie sie die geringschätzigen Aeußerungen Ahron's und Mirjam's über ihren großen Bruder rügt: „Wenn es unter euch einen Propheten geben wird, so werde ich in einem Gesichte mit ihm verkehren, im Traume mit ihm sprechen; nicht so ist mein Knecht Mose; in meinem ganzem Hause ist er bewährt, von Mund zu Mund spreche ich zu ihm und in Sichtbarkeit und nicht in Räthselsprüchen, und die Herrlichkeit[2]) Jhwh's schaut er. Warum habt ihr euch nicht gescheut, gegen meinen Knecht Mose zu sprechen?" Mirjam, die Anregerin der tadelnden Aeußerung gegen Mose, wurde durch einen vorübergehenden Aussatz bestraft. Mit dieser Erzählung hat die Thora ihren Lehrinhalt besiegelt: Mose überragte alle übrigen Propheten, und die von ihm offenbarten Gesetze, Bestimmungen und Lehren halten daher keinen Vergleich mit denjenigen anderer Seher aus.

Mit Uebergehung der vielen Stationen, welche die Israeliten von der Wüstenwanderung von der Oase Chazerot bis zum längeren Aufenthalte in Kadesch berührt hatten, erzählt die Thora nur die Vorgänge auf dieser letzten Station in der Wüste Zin oder Paran: Das Aussenden der Kundschafter, um das Land der Verheißung kennen zu lernen, ihre Rückkehr und das Bösreden über das Land, die Unzufriedenheit des Volkes, Mose's Fürbitte für die Erhaltung desselben, die über dasselbe verhängte Strafe vierzigjähriger Wanderung, entsprechend den vierzig Tagen der Auskundschaftung, bis zum Aussterben des unverbesserlichen Geschlechts und dem Heranwachsen einer neuen, empfänglicheren Generation. Ein Theil des Volkes, welches trotzdem ohne Mose's Führung und ohne Begleitung der Bundeslade vorzudringen wagte, wurde geschlagen. — Aus der Zeit des Rückganges, den die Stämme antreten mußten, der beinahe neununddreißigjährigen Hin- und Herzüge in der Wüste, erzählt die Thora nur wenige Vorfälle, und auch an diese knüpft sie belehrende Gesetze. Ein Mann hatte den Sabbat entweiht, er hatte Holzreiser abgebrochen. Darüber waren diejenigen, welche ihn dabei betroffen hatten, entrüstet und führten ihn mit einer Anklage wegen Gesetzesübertretung vor Mose's Richterstuhl.

[1]) S. B. I, S. 394.

[2]) Numeri 12, 1 fg. V 8 das. haben sämmtliche Versionen statt תמונת ה׳ δόξα oder יקרא, d h. כבוד ד׳. [Die Targumim haben דמות יקרא bezw. דמו דבחר שכינתי].

Aber dieser wußte selbst nicht, welche Strafe über ihn verhängt werden sollte, bis ihm offenbart wurde, daß der Tod durch Steinigung auf muthwillige Sabbatentweihung erfolgen sollte. An diesen Vorgang reiht sich die Vorschrift, daß die Israeliten an den Zipfeln ihres Obergewandes Quasten mit himmelblauen Purpurschnüren machen sollten, damit sie durch den Anblick derselben an ihren priesterlichen Beruf der Heiligkeit gemahnt werden sollten, ähnlich wie der Hohepriester ein ganz himmelblaues Oberkleid tragen sollte, in der Farbe, welche Heiligkeit bedeutet. Durch den Anblick der Quasten sollten sie stets erinnert werden, daß sie nicht eigener Einsicht und eigenem Gelüste nachhängen, sondern lediglich der Vorschrift des Gesetzes folgen sollten [1]).

Der zweite Vorfall aus dem letzten Jahre der Wüstenwanderung, den die Thora erzählt, ist die Geschichte des Kora (Korach), wie dieser aus der vornehmen Levitenfamilie, ferner Dathan und Abiram aus dem ältesten Stamme Rëuben und noch zweihundertfünfzig vornehme Männer sich gegen Mose und Ahron aufgelehnt haben, als wenn diese sich Vorzug, Herrschaft und Heiligkeit angemaßt hätten. Es folgte darauf die Strafe wegen angemaßter Priesterlichkeit und die Auszeichnung Ahron's durch das Erblühen des Stabes. Daran sind Gesetze gereiht, welche Bezug haben auf die Ordnung der Ahroniden, der Leviten und Laien im Verhalten zum Tempel [2]). Die Thora erzählt ferner, daß Mose und Ahron selbst der Strafe nicht entgingen und das Land der Verheißung nicht betreten durften, weil sie vom Befehl Gottes, wenn auch nur um ein Geringes, abgewichen sind [3]). Dann werden die letzten

[1]) Numeri 15, 37 fg. Auffallend ist es, daß an die Geschichte von der Sabbatentweihung das Gesetz von den Quasten mit der himmelblauen Schnur פתיל תכלת angereiht ist. Daß dieses Gesetz eine symbolisch-belehrende Bedeutung hat, ist dabei selbst angegeben, V. 39 וראיתם אתו (פתיל תכלת) . . ולא תתורו אחרי לבבכם ואחרי עיניכם . . . והייתם קדושים. Offenbar soll die blaue Farbe an Heiligkeit mahnen. Nun war diese Farbe bei den priesterlichen Gewändern vorhanden, der Hohepriester sollte ein Gewand von dieser Farbe tragen (Exodus 28, 31). Folglich soll die Quaste an den priesterlichen Beruf Israel's erinnern, ganz besonders aber daran, nicht eigener Einsicht zu folgen, vgl. o. S. 152, sondern dem göttlichen Gesetze. Der Mann, der das Sabbatgesetz übertreten, hatte sich, von seiner eigenen Einsicht verleitet, darüber hinweggesetzt. Diesen Gedankengang scheint die Erzählung mit dem Gesetze zu verbinden. Uebrigens kann מקשש עצים V. 32 nicht gleich sein, wie מקשש קש Exodus 5, 7 fg. Denn dieses Verbum stammt von קש und kann schwerlich auf „Holz sammeln" übertragen sein. Es scheint vielmehr dialektisch verwandt mit קסס Ezechiel 17, 9 und dieses ist gleich קצץ, also „Holz abschneiden" ebenso Könige I, 17, 10 fg.

[2]) S. o. S. 94.

[3]) Numeri 20, 1 fg.

Wanderungen der Israeliten in der Wüste aufgezählt. Das Land Edom haben sie umgangen, um nicht mit dem Brudervolke Krieg zu führen, da dieses den freiwilligen Durchzug nicht gestatten mochte. Auf dem Umwege starb Ahron nahe dem Berge Hor, ohne das Land zu sehen, und die Thora fügt hinzu, daß er, trotz der Unzufriedenheit der Rotte Kora's mit ihm, so beliebt war, daß die ganze Gemeinde um seinen Tod einen ganzen Monat weinte[1]). Müde des Umherwanderns, wurde das Volk abermals unzufrieden und wurde durch den Biß giftiger Schlangen gestraft. Indessen hatte es sich schon so viel gegen früher gebessert, daß es seine Unzufriedenheit bereute. Zur Abwendung des Todes durch Schlangenbisse hat Mose, wie die Thora erzählt, eine eherne Schlange, wahrscheinlich in der erzreichen Gegend von Phunon anfertigen lassen; durch den Aufblick zu derselben seien die Gebissenen geheilt worden[2]).

Ausführlicher als die letzte Wanderung, die Kriege mit Sichon und Og und die Besitznahme des jenseitigen Landes, erzählt die Thora die Geschichte von Bileam, wie er, berufen, dem Volke zu fluchen, es gegen seinen Willen segnen mußte. Der heidnische Zauberer mußte selbst die Größe und die Unvertilgbarkeit des israelitischen Volkes anerkennen. Ueberwältigt von einer höheren Macht, zur Erde liegend, sprach Bileam in wohlgesetzten Versen diese Gedanken in verschiedenen Wendungen aus und verkündete, wie Israel seine feindlichen Nachbarn unterwerfen werde. Noch weiter die Zukunft enthüllend, sah er, wie Aschur siegreich vordringen, aber von einem andern Volke gedemüthigt werden werde, und auch dieses Volk werde dem Untergange geweiht sein[3]). Weiter erzählt die Thora, wie die Israeliten in Baal-Peor durch ihre Theilnahme an den götzendienerischen Festen zur Unzucht verleitet wurden, und wie dadurch 24,000 durch eine Pest umgekommen sind. Die weitere Verheerung der Pest hat Pinehas, Sohn Eleasars des Sohnes Ahrons, abgewandt, indem er über die offen betriebene Schamlosigkeit eines simeonitischen Stammesfürsten mit seiner Buhlerin die gebührende Strafe verhängte. Wegen seines Muthes und seines Eifers ist Pinehas' Nachkommen (dem Hause Eleasar) die ewige Priester-

[1]) Das. V. 22 fg.

[2]) Das. 21, 4 fg. Der Vorfall von den Schlangenbissen und der ehernen Schlange scheint nach פונן gesetzt zu sein. Denn V. 10 heißt ויסעו .... ויחנו באבות, das. 33, 43 wird die Station אבת nach פונן verzeichnet. In Phunon waren Metallminen B. I, S. 51 Anm.

[3]) Die letzten Verse in der Rede Bileam's 24, 21 fg. sind höchst dunkel, der Sinn ist aber unverkennbar, daß die erobernden Völker nach und nach dem Untergange verfallen werden.

würde zugesichert worden[1]). Wegen der Verführung zum Götzendienst und zur Unzucht wurden die Midianiter mit Krieg überzogen, die Männer, Frauen und reifen Mädchen getödtet und nur die unschuldigen Töchter verschont. Ehe aber der Kriegszug angetreten, wurde von neuem eine Volkszählung vorgenommen, sie ergab 601,730 waffenfähige Männer. Bei dieser Gelegenheit nennt die Thora die siebzig Familien Israels, knüpft daran die Vorschrift über das Verfahren bei der zukünftigen Vertheilung unter die Stämme, das Gesetz über die Erbfolge und die Stellung des weiblichen Geschlechts[2]). Sie erzählt ferner, wie Mose bedeutet wurde, vor dem Einzug in's Land sich auf den Tod vorzubereiten, da er wegen seines Vergehens das Land nicht sehen sollte, wie er seinen Jünger Josua zum Nachfolger bestellt hat, im Verein mit dem Hohenpriester Eleasar das Land zu unterwerfen. Als die Zeit endlich heranrückte, über den Jordan zu setzen, stellten zwei Stämme, Gad und Rëuben, das Verlangen an den Führer und Gesetzgeber, sie im jenseitigen Lande sich ansiedeln zu lassen, weil da reiche Weideplätze für ihre zahlreichen Herden wären. Mose war über diese beabsichtigte Trennung unzufrieden und gestattete die Ansiedelung erst, als sie ihre Bereitwilligkeit versicherten, den übrigen Stämmen voranzuziehen, um ihnen das Land der Verheißung erobern zu helfen. Dann zählt die Thora die Städte auf, welche diese Stämme jenseits in Besitz genommen und befestigt haben. Sie giebt ferner ein übersichtliches Verzeichniß der Stationen, welche die Israeliten auf ihren Wanderungen berührt haben, von dem Sammelpunkt in Raamses in Aegypten bis zu ihrem Lagerplatz am jenseitigen Jordan[3]). Vor dem erfolgten Einzug in's Land schärfte Mose ihnen zum letzten Male ein, ehe er Abschied von dem Geschlechte nahm, das er erzogen, die Götzendiener nicht im Lande zu dulden und die götzendienerischen Zeichen, besonders die Prachtbilder von Mosaïkarbeit[4]), die Bildnisse und die Altarhöhen zu zerstören, um sich von der Verführung fern zu halten, damit sie den Israeliten nicht „zur Spitze in den Augen und zu Stacheln an der Seite“ werden. Zuletzt bestimmt die Thora die Grenzen des Landes, wobei sie die Südgrenze, welche die Mark Juda's nach Edom zu war, ausführlicher beschreibt, führt die Männer auf, welche zugleich mit Josua und Eleasar die Vertheilung

[1]) Das. 25, 12 fg.

[2]) S. Note 6.

[3]) Das. 33, 1 fg.

[4]) Ueber den Ausdruck משכית das. 33, 52 und an anderen Stellen (auch unter der Form שכיה, Plural. שכיות) vergl. Redslob über den Ausdruck Mosaïk in Zeitschr. d. D. Morgenl. Ges. Jg. 1860, S. 663 fg., wo sprachlich und archäologisch nachgewiesen ist, daß das Wort Mosaïk von dem phönicisch-hebräischen Worte משכית stammt.

des Landes vornehmen sollten, bestimmt die Wohnsitze, welche den Leviten eingeräumt werden sollten, und zum Schlusse behandelt sie ausführlich das Gesetz der Freistädte für unfreiwillige Mörder [1]).

So ist dieses eigenartige Buch aus einem Gusse geformt, Geschichte, Lehre und Gesetze greifen ineinander, und ein Grundgedanke durchzieht es von Anfang bis zu Ende: Gott ist Schöpfer und Herr des Himmels und der Erde, auch des Menschen, dem er seine Ebenbildlichkeit, seine geistigen Kräfte mitgetheilt und die Erde unterworfen hat. Alles, was Gott geschaffen, ist gut, wenn es der Mensch nur nicht verderbt. Der Mensch soll darum nicht dem Gelüste seines Herzens und eigener Einsicht folgen. Das erste Menschenpaar hat darin gefehlt, hat ohne Erfahrung wie ein Kind augenblickliche Befriedigung gesucht, darum büßte es das Paradies ein, und seine Nachkommen entarteten immer mehr in Uebermuth, Gewaltthätigkeit und Unzucht. Die Erde selbst litt unter der Sünde Last. Endlich wurde Abraham wegen seiner hohen Tugenden auserkoren. Durch ihn und seine Nachkommen sollten alle Geschlechter der Erde, welche unter dem Fluche der Selbstsucht, der Selbstzerfleischung und thierischen Selbstschwächung standen, gesegnet werden, damit Recht und Gerechtigkeit zur Herrschaft auf Erden gelangen sollten. Um Muster dafür zu werden, mußte das Geschlecht Abraham's erst durch die Leidensschule und eine überwältigende Lehroffenbarung erzogen werden. Drei Lehren bilden den Kern dieser Offenbarung. Nach der einen Seite: Abscheu vor aller Vergötterung der vergänglichen Creatur, Abscheu vor geschlechtlicher Unzucht, die zum Wesen des Götzenthums gehörte, und Abscheu vor jeder Gewaltthätigkeit, vor Mord und Blutvergießen. Nach der andern Seite: Verehrung des unsichtbaren Gottes, der sich in der Geschichte Israels als Erlöser und Erretter bewährt hat; Streben nach Heiligkeit und Fürsorge für die Schwachen und Hilflosen. Diese Grundlehren sind in Gesetze formulirt, welche sie entweder unmittelbar bethätigen oder sie stets in Erneuerung bringen. Die Gesetze sollen das Leben des Einzelnen und der Gesammtheit regeln, damit Abraham's Nachkommen in Wahrheit ein heiliges Volk und zum Segen für alle Geschlechter der Erde werden können. Welche Tiefe, welcher Reichthum und welche Mannigfaltigkeit in diesem nicht sehr umfangreichen Buche! Es kann darum kein Schriftwerk mit der Thora verglichen werden.

[1]) Das. Kap. 34—35.

## Siebentes Kapitel.

### Der Untergang des Reiches Samaria und das davidische Haus.

Das samaritanische Reich nach Pekach's Tode. Anarchie, Räubereien und Mord. Schaukelsystem zwischen Assyrien und Aegypten. Prophetenverfolgung. Der Prophet Hosea II. Der König Hosea. Salmanassar's Zug gegen Phönicien und Samaria. Hosea's Vasallenschaft und Abfall. Krieg gegen ihn. Belagerung und Untergang Samaria's. Die zehn Stämme. König Chiskija Prophezeihung über ihn. Sein Regierungsmanifest. Der Palastaufseher Schebna. Chiskija's Reformen. Die Kalenderordnung. Chiskija's Charakter und schwankende Regierung. Verhalten gegen Assyrien. Jesaia's Thätigkeit. Diplomatische Unterhandlung mit Aegypten.

(736 — 711).

Dieses eigenartige, unvergleichliche Gesetzbuch, welches nicht bloß die kurze Spanne der Gegenwart und nicht bloß den engen Kreis des von der Selbstsucht überwachten Besitzstandes regeln will, sondern weit ausgedehntere, idealere Ziele ins Auge faßt, konnte weder augenblicklich, noch auf die große Menge überhaupt eine umwandelnde Wirkung hervorbringen. Es verging eine geraume Zeit, ehe das Volk, dessen Herz durch Wahn und Verkehrtheit stumpf geworden, dessen Ohr taub für die Wahrheit und dessen Auge blind für die Geisteswunder war, der Thora Aufmerksamkeit zuwendete. Wie sollten die im samaritanischen Reiche, welche die Gottheit in Stiergestalt anbeteten, oder die im judäischen Reiche, welche der König Achas an Wahngebilde und Kinderopfer gewöhnt hatte, wie sollten sie für ein Schriftdenkmal, welches die lauterste Lehre von Gott, die Lebensheiligkeit und Berufshoheit den Nachkommen Abraham's verkündet, Verständniß haben? Es ist daher nicht erstaunlich, daß das Volk im Ganzen, als ihm die Thora vor Augen gelegt wurde, sie als etwas Neues, Fremdes betrachtete[1]), weil sie seinen Gewohnheiten und Vorstellungen stracks entgegengesetzt war. Nichtsdestoweniger war die Veröffentlichung der Thora von weittragender Bedeutung. Sie hat eine bessere Zukunft angebahnt. Für den Augenblick hatte sie die Bedeutung, daß der prophetische und levitische Kreis bei seinen Belehrungen und Ermahnungen darauf verweisen konnte: das ist Gottes Wille und Gesetz, nicht was die Könige in ihrer sklavischen Nach-

[1]) S. Note 6.

ahmungssucht des Fremden, und was die Afterpropheten in ihrer Liebedienerei dafür ausgaben. Die Propheten konnten den Verblendeten zurufen: „Was Gott von dir verlangt, ist weiter nichts, als Gerechtigkeit üben, Milde lieben und demüthig wandeln mit deinem Gotte [1]). Die Aussprüche der Propheten erschienen nicht mehr als Eingebung ihres eigenen Sinnes, sondern als Auslegung und Erläuterung des Wortes, welches Mose, der große Führer, verkündet hatte. Die Prophetenjünger oder diejenigen, welche auf das Wort der Gottesmänner lauschten, konnten sich an der Thora belehren, stärken und aufrichten.

Indeß gingen die politischen Ereignisse ihren Weg, und es schürzten sich neue Knoten. Im samaritanischen Reiche, welches durch Lostrennung des Ost- und Nordgebietes nicht mehr das Zehnstämmereich genannt werden konnte, wucherte die alte Lasterhaftigkeit und Kurzsichtigkeit verderblich fort. Die Wunden, welche die Assyrer ihm geschlagen hatten, waren nicht im Stande, den Hochmuth zu demüthigen und die Selbstsucht der Machthaber zu vermindern. Trotzig sprachen sie, der kläglichen Wirklichkeit spottend: „Ziegelbauten sind eingestürzt, nun, so wollen wir Quaderbauten aufführen. Sykomoren sind umgehauen worden, nun, so wollen wir dafür Cedern einpflanzen" [2]). Die Trunksucht ließ den ephraimitischen Adel nicht zu der Erkenntniß kommen, daß die bisherigen Niederlagen ohne mannhaftes Aufraffen nur ein Vorspiel zum völligen Untergang bildeten. Zu dieser Verblendung gesellte sich noch die Anarchie oder war eine Folge derselben. Nachdem Pekach durch die Hand des Hauptes der Verschworenen, Hosea's, des Sohnes Ela's (o. S. 136), gefallen war, vergingen neun Jahre, in denen sich kein König behaupten konnte [3]). Hosea scheint Anfangs die Dornenkrone von Samaria abgelehnt zu haben; einen Andern, der sich königliches Ansehen hätte verschaffen können, gab es nicht. Die Fürsten Israels waren eifersüchtig auf einander und mochten sich einem ihres Gleichen nicht unterordnen. Indessen scheinen im Laufe der neun Jahre einige Große dennoch die Macht an sich gerissen und sich zu Königen aufgeworfen zu haben; aber sie wurden eben so rasch wieder von adeligen Verschworenen gestürzt. Königsmord folgte daher in der kurzen Zeit auf Königsmord [4]). In dieser Zeit der Auflösung aller Bande nahmen Laster und Ver-

[1]) Micha 6, 8.

[2]) Jes. 9, 8—9. Aus dem folgenden Verse geht hervor, daß Jesaia dies nach Tiglat-Pileser's Invasion gesprochen hat.

[3]) Vergl. B. I, S. 475.

[4]) Vergl. Note 3.

brechen noch mehr überhand, jedes Schamgefühl war erstickt. Meineid und Lug, Mord und Diebstahl und Ehebruch waren im Lande verbreitet, und das Blut unschuldig Ermordeter floß zusammen [1]). Die vornehmen Geschlechter verbanden sich zu einem Raubritterthum, lauerten den Wanderern und Karavanen auf, nahmen ihnen die Baarschaft und das Leben dazu. Die hochragenden Berge, der Garizim bei Sichem in der Mitte, der Thabor im Norden und der Mizpah jenseits auf dem Gileadgebirge, dienten diesen Raubrittern als Lauerstätten, von wo aus sie ihre Nachstellungen, Räubereien und Mordanschläge vorbereiteten und ausführten [2]). Diese um sich greifenden inneren Schäden haben die von außen drohende Gefahr nur noch vergrößert. Seitdem Phul sich in die Libanonhändel eingemischt und Tiglat-Pileser dem aramäischen Reich ein Ende gemacht hatte, war ein blutiger Kampf zwischen den beiden Großstaaten am Tigris und Nil unvermeidlich. Assyrien und Aegypten beobachteten einander argwöhnisch und suchten, ehe das Waffenspiel begann, sich durch Züge und Gegenzüge dazu vorzubereiten, durch Anziehung von Bundesgenossen sich zu stärken und den Feind zu schwächen. Das Reich Israel war Vasallenstaat von Assyrien geworden und mußte jährlich Tribut zahlen und sich noch andere Demüthigungen gefallen lassen. Assyrien verfuhr nicht schonend mit den unterjochten Völkern [3]). Offen dieses Joch abzuschütteln, wäre Tollkühnheit gewesen. Aber die, welche an der Spitze der Regierung in Samaria standen, unterhielten heimliche Unterhandlungen mit Aegypten, sei es aus eigenem Antrieb oder von dem äthiopischen König gelockt, das Unterthänigkeitsverhältniß gegen Assyrien aufzulösen. Um die Annäherung an Aegypten zu verdecken, schmeichelten die israelitischen Machthaber dem assyrischen Könige, überboten sich an Huldigungen und Unterwürfigkeit und buhlten um seine Gunst durch reiche Geschenke. Die Nothlage und die Furcht, zwischen den beiden Großstaaten zermalmt zu werden, machte Israel doppelgängig und falsch. Ein zeitgenössischer Prophet ironisirte diese falsche Rolle, welche Samaria spielte:

„Ephraim läuft Wind nach
„Und verfolgt den Sturm.
„Den ganzen Tag mehrt es Lug und Trug.

[1]) Hosea 4, 2. LXX haben den Zusatz ἐπὶ τῆς γῆς.

[2]) Das. 5, 1. כי פח הייתם למצפה ורשת פרושה על תבור; das. 6, 8. 9 גלעד קרית פעלי און עקבה מדם: וכחכי איש גדודים חבר כהנים דרך ירצחו שכמה. das. 12, 7. Unter גלעד ist מצפה גלעד oder רמות גלעד zu verstehen. Vergl. I, S. 445 fg. Da Sichem deutlich als Raubnest genannt wird, so muß man wohl auch das. 5, 2 statt ושחטה שטים העמיקו lesen וְשַׁכְמָה, da das Wort ושחטה durchaus keinen Sinn giebt.

[3]) Vergl. Jesaia 10, 5 fg.; Nahum 3, 19.

„Ein Bündniß schließt es mit Assyrien
„Und Oel wird nach Aegypten geschickt"[1]).

. . . . . . . . . . . . . . . . . .

„Ephraim sah seine Schwäche,
„Da ging es nach Assyrien
„Und sandte (Geschenke) zu König Jareb,
„Aber dieser vermag nicht zu heilen
„Und kann eure Wunde nicht schließen"[2]).

. . . . . . . . . . . . . . . . . .

„Ephraim wurde wie eine thörichte Taube:
„Aegypten haben sie gerufen,
„Und nach Assyrien sind sie gewandert"[3]).

Dieser erbärmliche und zugleich grauenhafte Zustand der sittlichen Verwilderung und der politischen Schwäche war selbstverständlich mit der religiösen Verkehrtheit gepaart. Man führte zwar auch in Samaria noch immer das Wort: „So wahr Ihwh lebt" im Munde, aber man opferte nicht bloß den Stierbildern in Bethel, Dan, Samaria und Gilgal[4]), sondern baute viele Altäre für die Baal-Götzen, opferte und räucherte auf Bergesspitzen und Hügeln, unter Eichen und Tamarisken, machte kunstvolle Bilder und trieb die damit verbundene Unzucht[5]). Wie in Ninive und Babel Frauen und Mädchen sich zu Ehren der Göttin der Wollust dem ersten besten Manne preisgaben, um Gaben für deren Tempel zu sammeln, so auch in Samaria; auch hier wurden aus dem Lohn der Buhlerinnen Bildnisse und Altäre besorgt[6]). Dieser doppelten und dreifachen Verwilderung gegenüber traten wieder mehrere Gottesmänner entgegen, welche dem Volke seine Laster und die Folgen derselben vorhielten[7]). Die Machthaber verboten ihnen zwar das Reden. Niemand sollte rügen; niemand zurechtweisen[8]). Aber die Propheten ließen sich nicht zum Schweigen bringen. Gegenüber der überhandnehmenden Verderbniß sprachen sie vielmehr mit noch größerem Eifer und Ungestüm in wilder, stürmischer Weise gleich Eliahu. Die verpestete Luft zu reinigen, dafür bedurfte es rauher Stürme. Dieser Ungestüm der Propheten reizte wieder zu noch härteren Verfolgungen. Man stellte ihnen nach, legte ihnen Fallen und tödtete sie im Tempelraum, da wo sie gesprochen hatten. Um wie viel hatten sich die Zeiten gegen die Jerobeam's II.

[1]) Hosea 12, 2. Statt יובל haben LXX μάταια, d. h. שוא.
[2]) Das. 5, 13.
[3]) Das. 7, 11.
[4]) Das. 4, 15. 8, 5—6. 10, 5.
[5]) Das. 4, 13 fg. 17; 8, 4. 11. 14. 10, 1. 13, 2.
[6]) Micha 1, 7 כי מאתנן זונה קבצה. Vergl. Note 6.
[7]) Hosea 12, 11.
[8]) Das. 4, 4.

verschlimmert, welcher den Propheten Redefreiheit gelassen hatte (o. S. 75). Aber der drohende Tod war nicht im Stande, der Propheten Zunge zu lähmen.

Die Reden eines dieser Propheten aus der letzten Zeit des Reiches Israel haben sich unter dem Namen Hosea's[1]) erhalten, und sie geben ein treues Bild von der Verwilderung der Zeit. Seine Worte brausen wie der Sturm, grollen wie der Donner, zucken wie der Blitz. Schonungslos und seines Lebens wenig achtend, deckte dieser Prophet — nennen wir ihn Hosea II. — die Lasterhaftigkeit, die Verkehrtheit, die Fäulniß der Großen und des Volkes auf. Man merkt es seinen Reden an, daß ihm nicht Ueberlegung blieb, seine Worte abzuwägen und sie mit dichterischem Ebenmaß zu gestalten. Um die lange Reihe der Laster und Gebrechen zu berühren, war er in Verlegenheit, wo er anfangen und wo er enden sollte. Seine Reden springen daher von einem Gegenstande zum andern. Bittere Wehmuth über den Verfall mischt sich mit herbem Spott, Drohungen wechseln mit Verwünschungen ab, Verwünschungen mit sanfter Rührung. Die Reden dieses stürmischen Propheten stellen auch ein Ideal auf, nach dem Israel leben und handeln sollte, aber nur um die Entartung der Gegenwart um so greller hervortreten zu lassen. Seiner Beredtsamkeit fehlt es zwar nicht an dichterischen Wendungen und Gleichnissen, aber Maß und Ruhe fehlen ihr. Wie sollte er auch die Besonnenheit behalten haben, seine Worte und Uebergänge künstlerisch zu wählen und zu vertheilen beim Anblick so vieler Verbrechen, so großer Verblendung, so trotzigen Uebermuthes? Er sieht das Volk am Rande eines jähen Abgrundes, sollte er da nach schönrednerischen Mitteln suchen, um es vom Sturze zurückzuhalten? Er stößt daher einen drohenden Weckruf aus, wie es ihm der Geist auf die Zunge legte. Er charakterisirt sich selbst, sein Auftreten und das seiner Genossen mit den Worten:

„Wahnsinnig ist der Prophet,
„Rasend der Mann des Geistes,
„Wegen der Fülle deiner Sünde,
„Wegen der Größe der Nachstellungen.
„Ephraim lauert dem Volke Gottes auf,
„Legt dem Propheten Fallen auf alle seine Wege,
„Feindselige Verfolgung, selbst im Hause seines Gottes“[2]).

[1]) Vergl. Note 3.

[2]) Hosea 9, 7—9. Statt עם אלהי muß man lesen עַם אלהי, und darunter ist der Prophetenkreis zu verstehen. 6, 5 על כן חצבתי בנביאים הרגתים באמרי פי kann vielleicht buchstäblich bedeuten „ich habe durch das Aussenden der Propheten ihren Tod veranlaßt, sie sind durch meine Aufträge erschlagen worden.“

Dieser letzte Prophet des Zehnstämmereichs gab sich aber keiner Täuschung hin, als wenn seine Reden das Volk und besonders die Fürsten auf den rechten Weg zurückführen würden. Mit Wehmuth sprach er aus, daß diese Unverbesserlichen nur durch ein grausiges Strafgericht, durch Elend und Verbannung gebessert werden können; aber schweigen durfte er doch nicht, und so sprudelte er seine mahnenden und strafenden Worte hervor:

„Hört Gottes Wort, ihr Israeliten,
„Denn eine Rüge hat Gott gegen des Landes Einwohner.
„Denn es ist keine Treue, keine Liebe,
„Keine Gotteserkenntniß im Lande.
„Meineid, Lug, Mord, Diebstahl, Ehebruch
„Sind im Lande verbreitet,
„Und Mordblut reiht sich an Mordblut.
„Darob wird das Land trauern,
„Und alle seine Bewohner vernichtet werden,
„Des Feldes Thiere und des Himmels Vögel,
„Und selbst die Fische des Meeres werden hingerafft.
„Doch soll Niemand rügen, Niemand zurechtweisen“ [1]).

Allen Ständen sagte daher Hosea die ungeschminkte Wahrheit und verschonte noch weniger die Priester.

„Meines Volkes Sündopfer verzehren sie
„Und ziehen es zu ihren Lastern hinüber:
„So werden Volk und Priester gleich“ [2]).

Seine Strafreden galten zumeist dem israelitischen Reiche. Von Juda spricht er nur wie von einem Verführten, weil dessen Fürsten es Israel nachthaten.

„Israels Hochmuth zeugt gegen ihn in's Gesicht,
„Israel und Ephraim werden durch ihre Schuld straucheln,
„Juda strauchelt auch mit ihnen.
„Mit ihren Schafen und Rindern gehen sie,
„Den Herrn zu suchen,
„Sie finden ihn nicht.
„Er hat sich von ihnen losgelöst“ [3]).

. . . . . . . . . . . . . . .

„Was soll ich dir thun, Ephraim,
„Was dir thun, Juda?
„Eure Liebe ist wie eine Morgenwolke,
„Wie Thau, der schon früh schwindet“ [4]).

[1]) Das. 4, 1—4.
[2]) Das. V. 8.
[3]) Das. 5, 5 fg.
[4]) Das. 6, 4.

Das gedankenlose Opferwesen, das mit Schlechtigkeit sich vertrug, bekämpfte dieser Prophet mit beißendem Spott:

„Denn Liebe verlange ich und nicht Opfer,
„Und Gotterkenntniß ist mehr denn Ganzopfer.

. . . . . . . . . . . . . . . . . . .

„Die Opfer meiner Gaben
„Mögen sie als Fleisch schlachten
„Und verzehren,
„Gott mag sie nicht. —
„Sie mögen nach Aegypten zurückwandern"[1]).

Spöttisch erinnert er das Volk an ihr Verlangen in Samuel's Zeit, das Königthum einzuführen, das als ein besonderes Heilmittel angepriesen wurde.

„Wo ist wohl dein König,
„Daß er dir beistehe gegen alle deine Feinde?
„Wo sind deine Richter, von denen du einst gesprochen:
„Gieb uns einen König und Richter""?
„Ich gab dir Könige in meinem Zorne
„Und nehme sie in meinem Unwillen"[2]).

Indessen wenn dieser Prophet deutlicher und bestimmter den Untergang des samaritanischen Reiches prophezeite, so verkündete er doch den Fortbestand des Volkes, wenn es seinen Wandel aufgegeben haben und reuig zu Gott zurückgekehrt sein werde.

„Verwüstet wird Samaria werden,
„Weil es abgefallen von seinem Gotte,
„Durch Schwert werden sie fallen,
„Ihre Kinder werden zerschmettert,
„Ihre Schwangern aufgeschlitzt werden.
„So wende dich zu deinem Gott, o Israel,
„Denn du bist ja gestrauchelt durch deine Schuld.
„Nehmet mit euch Worte,
„Und kehret zu Gott zurück, sprechet:

. . . . . . . . . . . . . .

„„Wir wollen die Opferthiere mit unsern Lippen ersetzen,
„„Aschur soll uns nicht helfen,
„„Auf Rossen wollen wir nicht reiten
„„Und nicht mehr wollen wir unser Händewerk Gott nennen,
„„(Nur dich), von dem die Waise geliebt wird".
„Ihre Rückfälle will ich heilen,
„Sie überströmend lieben,
„Denn mein Unwille weicht von mir.
„Ich werde für Israel gleich Thau sein,
„Aufblühen wird es, wie die Lilie,
„Und Wurzel schlagen wie der Libanon".

[1]) Das. 6, 6; 8, 13.
[2]) Das. 13, 10.

Wie trostlos auch die Gegenwart war, so hat doch jeder Prophet seine Drohreden mit einem Hinweis auf eine lichte Zukunft für Israel geschlossen.

Indessen vollzog sich das Verhängniß über das Reich Samaria. Jeder Schritt, den die Machthaber zur Rettung thaten, führte nur zum Verderben. War es die Einsicht in die Zerfahrenheit und Schwäche, oder war es eine gedankenlose Laune, daß sie doch Hosea, Sohn Ela's, den Mörder des Königs Pekach, als König anerkannt haben? Dieser letzte König von Samaria (um 727—719) war besser als seine Vorgänger, oder vielmehr nicht so schlecht wie sie, er war auch kriegerisch. Aber auch er vermochte nicht den Untergang abzuwenden. Wie es scheint, näherte er sich heimlich Aegypten, das stets falsche Hoffnungen vorspiegelte. Gerade um diese Zeit zog ein kriegerischer König von Assyrien, Salmanassar, gegen Elulaï, König von Thyrus und ganz Phönicien und brachte sie in Unterthänigkeit. Der tyrische König vermochte nicht Widerstand zu leisten[1]). Bei dieser Gelegenheit richtete sich Salmanassar auch gegen Samaria, um es mit einem Einfall zu überziehen. Hosea wartete nicht lange, sondern ging dem Großkönig entgegen, unterwarf sich ihm und versprach Huldigungsgeschenke. Aber kaum war der assyrische Großkönig abgezogen, so wurde gegen ihn gewühlt. Von der einen Seite sann Elulaï darauf, seine Unabhängigkeit wieder zu erlangen und warb um Bundesgenossen, und von der andern Seite lockte Sevichos (Sȝô), Herrscher von Aegypten, der zweite von der äthiopischen Dynastie, zum Abfall von Assyrien, weil die immer wachsende Machtausdehnung dieses Reiches ihn mit Schrecken erfüllte. Hosea traute dieser Lockstimme, sandte Boten an Sevichos, um mit ihm ein Schutzbündniß zu schließen und zugleich Hilfstruppen, oder wenigstens Rosse zu verlangen. Zu gleicher Zeit kündete auch Tyrus den Gehorsam gegen Salmanassar auf und rüstete sich zum Kriege. Es war eine allgemeine Erhebung der Nachbarvölker gegen das Völker-knechtende, übermüthige Assyrien. Die Philister nahmen auch Stellung gegen diesen Großstaat. Nach Ahas' Tode sandten die Verbündeten Boten nach Jerusalem, um seinen Nachfolger Chiskija zur Parteinahme gegen Assyrien und zum Eintritt in den Bund zu bewegen[2]). Hosea begann den Abfall damit, daß er die jährlichen

[1]) S. darüber Frankel-Graetz, Monatsschr. Jg. 1874, S. 532 fg.

[2]) Folgt aus Jesaia 14, 28 fg. Daselbst ist angegeben, daß die Prophezeihung nach Achas' Tod gehalten wurde. Zu Schluß heißt es ומה יענה מלאכי גוי, oder, wie LXX und Peschito haben, ἐθνῶν, bezw. למלאכא דעממיא, d. h. מלאכי גוים. Der Sinn kann nur der sein: „Was soll man den Botschaftern der Völker antworten?" nämlich כי ה' יסד ציון וגו', d. h. daß Gott, der Zion gegründet, es auch beschützen werde, ein Bündniß mit den Völkern also überflüssig sei. Es müssen

Huldigungsgeschenke nicht mehr leistete. Auch Phönicien hörte auf, Tribut zu senden. Da sammelte Salmanassar seine Heeresgefolge und zog über den Euphrat und den Libanon zuerst gegen Phönicien. Bei dieser Annäherung verflog die Hoffnung der Völkerschaften auf Freiheit. Die phönicischen Städte ergaben sich wahrscheinlich ohne Kampf, Sidon, Akko und sogar die Hauptstadt Alt-Tyrus. Der König Elulaï zog sich auf die Insel Tyrus oder Neu-Tyrus zurück und verschanzte sich, um von hier aus mit Hilfe der Colonien den Widerstand fortzusetzen. Die zu Salmanassar übergetretenen Phönicier lieferten ihm indeß sechzig Schiffe und achthundert Ruderer, mit denen er Neu-Tyrus belagern konnte [1]).

Von Akko aus näherte sich Salmanassar dem samaritanischen Reiche durch die Ebene Jesreel. Auch die israelitischen Städte unterwarfen sich dem mächtigen Großkönig, oder die Einwohner flohen nach der Hauptstadt. Hosea's Muth sank nicht, er setzte den Widerstand fort, obwohl, wie es scheint, die erwartete oder verheißene Hilfe von Aegypten ausblieb. Die Hauptstadt Samaria, welche auf einem Bergkegel lag, konnte, wenn in Vertheidigungszustand gesetzt, sich einige Zeit halten; inzwischen — so mochten Hosea und die Bevölkerung Samaria's hoffen — könnte ein unvorhergesehenes Ereigniß eintreten, welches Salmanassar zum Abzug zwingen würde. Die Mauern, Thürme und Zinnen Samaria's wurden daher befestigt und widerstandsfähig gemacht; auch mit Mund- und Wasservorrath war es wohl versehen, und alle Vorkehrungen getroffen, welche zur Vertheidigung einer belagerten Stadt nöthig waren. Die Assyrer hatten es indessen in der Kunst, feste Städte zu belagern und zu nehmen, schon zur Meisterschaft gebracht. Sie warfen Erdwälle auf, um die Angreifer und di Maschinen auf gleiche Höhe mit der Mauer zu bringen, errichteten be wegliche Thürme und arbeiteten mit Sturmböcken gegen die Mauer [2]). Angriff und Vertheidigung muß mit großer Erbitterung und Ausdauer geführt worden sein; denn die Belagerung Samaria's dauerte beinahe drei Jahre (vom Sommer 721 bis Sommer 719). Allein die Anstrengung,

also damals Gesandte nach Jerusalem gekommen sein, und zwar nach Achas' Tode an Chiskija. Zum Theil faßte diese Stelle zuletzt auch Movers so auf (Phönicier II, 1, S. 391 Note), nur daß er die Boten lediglich von Philistäa gesandt sein läßt. Er bemerkt auch mit Recht, daß V. 29 das. שבט סכך . . . משרש נחש יצא צפע sich auf Assyrien bezieht und nicht etwa auf Achas.

[1]) Diese Thatsachen stammen aus einer phönicischen Quelle, bei Josephus Alterth. IX, 14, 2. Nach Ruffinus' Uebersetzung ist der Name des assyrischen Königs in der Quelle ausdrücklich genannt. *Ἐπὶ τούτους πέμψας Σαλμανασάρης ὁ τῶν Ἀσσυρίων βασιλεὺς, κ. τ. λ.*

[2]) Vergl. Layard, Ninive, deutsche Uebersetzung, S. 377 fg.

der Muth und die Ausdauer der Belagerten blieben ohne Erfolg. Die Hauptstadt des Zehnstämmereichs wurde nach zweihundertjährigem Bestand wahrscheinlich im Sturm erobert. Der letzte König dieses Reiches, Hosea, der wahrscheinlich in Gefangenschaft gerathen war, wurde aber vom Sieger noch schonend genug behandelt. Er wurde seiner Würde entkleidet und in einem Kerker, wahrscheinlich in Ninive, bis an sein Lebensende gehalten[1]). Wie viel Tausende in diesem letzten Kampfe des Reiches Israel umgekommen sind, und wie viele in Gefangenschaft geführt wurden, hat kein Griffel aufgezeichnet. So entfremdet war dieses Reich denen, welche die Erinnerungen des Volkes aufzuzeichnen pflegten, den Leviten und Propheten, daß sie den Untergang desselben nur mit wenigen Worten berichtet haben. Kein Klagelied ertönte auf den Trümmern dieses Reiches, als wenn sein trauriges Geschick den Dichtern gleichgültig gewesen wäre. Erfüllt hatte sich die Verkündigung der Propheten: Ephraim hatte aufgehört; die Götzenbilder von Dan, Samaria und anderen Städten wanderten nach Ninive, und die Gefangenen wurden zu Tausenden weggeführt und zerstreut. Sie wurden gruppenweise angesiedelt in dünn bevölkerten Landstrichen, deren Lage nicht genau ermittelt werden kann, in Chalach, Chabor, am Fluß Gozan und in den Städten des gebirgigen Mediens[2]). Zwei und ein halbes Jahrhundert (260 Jahre) hat das Zehnstämmereich oder das Haus Israel bestanden, zwanzig Könige haben darüber geherrscht, und an einem Tage ist es spurlos untergegangen, weil es sich durch Ephraim's Trotz von seinem Ursprunge entfremdet hat, von dessen versittlichender, befreiender und stärkender Lehre nichts wissen mochte und darum dem Götzenthum und den damit verbundenen entnervenden Lastern verfiel. Das Land hat die Zehnstämme ausgespieen, wie es die kanaanitischen Stämme ausgespieen hatte. Wo sind sie geblieben? Man hat sie im fernen Osten und im fernen Westen gesucht und zu finden geglaubt. Betrüger und Phantasten

[1]) Könige II. 17, 1 fg. 18, 4. 9 fg.

[2]) Da zur Vergleichung der Namen der Exilslandstriche außer Medien weiter nichts vorliegt, als klangähnliche Namen bei griechischen und arabischen Schriftstellern, so läßt sich über deren Lage nichts bestimmtes angeben, ob sie in Mesopotamien oder östlich vom Tigris gelegen haben. Die Ausleger gehen daher über die Fixirung derselben auseinander; was Schrader angeblich aus assyrischen Inschriften dafür vorgebracht hat (Keilinschrift und alt. Testam. S. 161 [vgl. 2. Aufl. S. 275. 614.]), ist auch weit entfernt, überzeugend zu sein. חבור kann im Leben nicht der Fluß Chaboras sein, sonst hätte dabei נהר stehen müssen, und wiederum kann נהר גוזן schwerlich sich mit Γαυζανῖτις decken, da es nur einen Fluß bedeutet. חלח, im Neuhebräischen כלך, könnte eher noch Kolchis bedeuten, dessen Einwohner noch im 5. Jahrhundert die Beschneidung hatten.

gaben vor, von ihren Nachkommen abzustammen. Die zehn Stämme sind indessen ohne Zweifel unter den Völkern untergegangen und verschollen. Wenige von ihnen, Ackersleute, Winzer und Hirten sind wohl im Lande zurückgeblieben, und Andere aus adligen Familien, namentlich die an der Grenze Juda's haben sich wahrscheinlich in dieses Land geflüchtet.

So war denn das faule Glied, welches den ganzen Volkskörper angesteckt und gelähmt hatte, abgeschnitten und unschädlich gemacht. Der Stamm Ephraim, der bei der Besitznahme des Landes durch seine Selbstsucht die Zersplitterung der Volkseinheit und später durch Selbstsucht und Hochmuth die Spaltung und Schwächung des zur Bedeutung einer Großmacht erhobenen Reiches herbeigeführt hatte, Ephraim jammerte in der Fremde: „Ich bin gezüchtigt worden, wie ein ungelehriges junges Rind, ich bin beschämt und erröthe, denn ich trage die Schmach meiner Jugend" [1]). Nach der Beseitigung dieses Gliedes schien der Volkskörper sich behaglich zu fühlen und gesünder zu werden. Die Stämme Juda und Benjamin mit den beiden Anhangsstämmen Simeon und Levi, welche seit dem Untergang des Zehnstämmereichs das Volk Israel oder den „Rest Israels" bildeten, erhoben sich zu neuer Kraft und entfalteten eine anmuthige Blüthenpracht. Der Untergang Samaria's hatte betäubend, aber auch, wenigstens für den Augenblick, mahnend und belehrend gewirkt, die Thorheiten und Verkehrtheiten abzulegen, welche auch hier die Entartung, die Schwäche und den Verfall herbeigeführt hatten. Das Volk und die Großen waren in der ersten Zeit wenigstens nicht mehr so taub gegen die Mahnungen der Propheten. Jesaia, dessen Verkündigung gegen das sündhafte Samaria eingetroffen war, daß „die Prachtkrone auf dem Haupte des Oelthales der Trunkenen Ephraim's wie eine Frühfeige sein werde, die rasch verzehrt wird" [2]), fand jetzt mehr Gehör.

Der Spott der Spötter, welche ruhmredig gesprochen hatten: „Wir haben mit dem Tode ein Bündniß geschlossen und mit dem Grabe einen Vertrag gemacht, die überfluthende Verheerung wird uns nicht treffen, denn wir haben die Täuschung zu unserm Schutze gemacht und bergen uns in Lüge" [3]), dieser Spott und dieses Selbstvertrauen hörten in Jerusalem auf, sobald der Jammerschrei der gefallenen Krieger und der an Ketten geschmiedeten Gefangenen von dem Echo der Berge hierher getragen wurde. Wie viel hat denn gefehlt, daß Jerusalem Samaria's Geschick getheilt hätte? Nur die Anwandelung einer Laune

[1]) Jerem. 31, 17 fg.
[2]) Jesaia 28, 4.
[3]) Das. V. 14 fg.

des assyrischen Eroberers. In Jerusalem stellte sich mit der Furcht auch die Demuth und Gefügigkeit ein, auf die Worte derer zu lauschen, welche den rechten Weg zeigten.

Glücklicherweise saß auf dem Throne ein König, wie ihn das Haus Juda seit David nicht gekannt hat. Chiskija (724 — 696), Ahas' Sohn, war das gerade Gegenstück seines Vaters. Seine weiche, dichterisch besaitete Seele war nur dem Idealen zugewendet, und dieses Ideale erblickte er in der eigenen Lehre, in den Gesetzen und der Ueberlieferung aus der Vorzeit. Mit demselben Eifer, mit dem sein Vater dem Fremden huldigte und dem Ureigenen den Krieg erklärte, war Chiskija auf die Wiederherstellung der altjudäischen Sitten und Läuterung der religiösen Vorstellungen und Institutionen bedacht. Die Thora, die ihm bereits bekannt war, nahm er zu seinem Leitstern, um sein Leben und das seines Volkes danach zu regeln. Wenn je ein König ein leuchtendes Vorbild für sein Volk war, so war es Chiskija. Ihn zierten nicht nur die Tugenden der Gerechtigkeit, des Edelmuths und der Hochherzigkeit, sondern auch diejenigen Tugenden, welche sich in der Regel von der Krone abgestoßen fühlen und sie fliehen, Sanftmuth, Bescheidenheit und Demuth. Er besaß jene innige Frömmigkeit und reine Gottesfurcht, welche eben so selten angetroffen werden, wie Kunstvollendung und Feldherrnbegabung. Haben die Propheten schon in dem jungen Fürstensohn diesen Seelen- und Herzensadel frühzeitig erkannt? Oder hat sie ihr Seherblick einen König auf dem Throne David's schauen lassen, welcher denselben zieren sollte? Oder haben ihn die Propheten zeitlich belehrt, geleitet und zu einem Ideal-König herangebildet? Thatsache ist es, daß zwei Propheten von Chiskija Großes und Hoffnungsreiches verkündet haben, als er noch sehr jung war. Zacharia I prophezeite:

„Freue dich sehr, Tochter Zions!
„Juble, Tochter Jerusalems!
„Sieh! Dein König wird zu dir kommen,
„Gerecht und siegreich.
„Sanftmüthig ist er,
„Und reitet auf einem Esel und einem Eselsfüllen.
„Ich werde Kriegswagen von Ephraim vertilgen
„Und Rosse von Jerusalem.
„Er wird Frieden den Völkern künden,
„Seine Herrschaft wird reichen von Meer zu Meer
„Und vom Euphrat bis an der Erden Grenzen"[1]).

[1]) Zacharia 9, 9—10. Der Zug ist nur auf Chiskija passend. Das Wort נושע nehmen die alten Versionen aktiv: σώζων, פרוקא. Das Pron. הוא gehört zum Folgenden; עני ist gleich ענו. „Reiten auf Eseln" ist Bild der Einfachheit im Gegensatz zu Rossen, und Eselsfüllen werden nur von Niedrigen und Knaben gebraucht. — מים עד ים bedeutet מים סוף עד ים פלשתים. Ueber diesen Zacharia, vergl. Note 3

Als Juda von Feinden bedrängt war (o. S. 129), verkündete Jesaia die frohe Aussicht:

„Ein Kind ist uns geboren,
„Ein Sohn ist uns geschenkt,
„Auf dessen Schultern die Herrschaft sein wird,
„Und sein Name wird genannt werden:
„„Wunderbarer Rathpfleger des mächtigen Gottes,
„„Vater der Beute, Fürst des Friedens“"
„Groß wird die Herrschaft und unendlich der Friede
„Auf dem Throne David's und in seiner Regierung sein,
„Ihn aufzurichten und zu stützen in Recht und Gerechtigkeit"[1].

Während Ahas' Mißregierung, welche einen Wechsel von Schwäche und Thorheit bildete, hofften die Propheten und jener Kreis der Sanftmüthigen, welche Kern und Herz des Volkes Israel waren, auf den jungen Königsohn und erwarteten von ihm die Wiederherstellung der davidischen Glanzregierung, des goldenen Zeitalters. Chiskija, welcher die Verkehrtheiten seines Vaters mit Schmerz hatte mit ansehen müssen, gab gleich nach dessen Tode Widerwillen dagegen zu erkennen. Er ließ den Leichnam seines Vaters nicht in dem Erbbegräbniß der davidischen Könige beisetzen, sondern in einer eigens angelegten Grabkammer[2]). Er soll ihn auch nicht nach Brauch in einem Prachtsarkophag zur Ruhestätte gebracht haben, sondern auf einem Bette mit Stricken[3]). Seine Gesinnung that Chiskija in einem Psalm kund, den er wahrscheinlich gleich nach seiner Thronbesteigung dichtete, der sich wie ein Manifest ausnimmt.

„Wandeln will ich in meines Herzens Einfalt in meinem Hause,
„Nicht will ich die Gemeinheit vor meinem Auge dulden;
„Ränke schmieden haße ich,
„Es soll mir nicht anhaften,
„Ränkevoller Sinn soll von mir weichen,

[1]) Jesaia 9, 5—6. Es ist nicht zu verkennen, daß sich dieser Zug auf Chiskija bezieht. Statt וַתְּהִי muß man lesen וְתִהְיֶה futur., wie statt וַיִּקְרָא שמו nach LXX καλεῖται: וְיִקָּרֵא. Es ist eine Prophezeihung. פלא ist in diesem V. Adverbium zu יועץ und steht wegen des folgenden Status constr. voran. עד bedeutet nicht „ewig", sondern „Beute" und אבי עד bildet eine Antithese zu שר שלום. Das Wort לםרבה nach der Massora kann nicht Infinitiv, überhaupt gar keine Wortform sein, sondern לם ist dittographirt vom vorangehenden שלום. Es bleibt also רַבָּה vom Worte übrig, das LXX mit μεγάλη als Adjektiv zu משרה wiedergeben.

[2]) Chronik II, 28, 27, Könige II, 16, 20 heißt es zwar von Achas ויקבר עם אבתיו בעיר דוד, allein der Vatican. Text der LXX hat nicht die Worte עם אבתיו; was בעיר דוד betrifft, so mag im Texte der Passus fehlen, den die Chronik das. 21, 20 beim Tode Joram's von Juda hat: ויקברוהו בעיר דוד ולא בקברות המלכים.

[3]) Talmud Traktat Pessachim 56a als Boraitha citirt, soll aber auch eine Mischnah sein, Sanhedrin 47a, jerus. Sanh. I, p. 18d, es ist jedenfalls eine historische Tradition.

„Das Böse mag ich nicht kennen.
„Den Verläumder seines Freundes im Geheimen
„Werde ich bannen,
„Den Hochmüthigen und Herzensgeblähten mag ich nicht ertragen.
„Meine Augen sind auf die Treuen im Lande gerichtet,
„Daß sie bei mir weilen.
„Wer geraden Weges wandelt,
„Ein solcher soll mir dienen.
„Nicht weilen soll in meinem Hause der Falsche,
„Der Lugredner soll vor mir nicht bestehen.
„Morgendlich will ich alle Frevler im Lande bannen,
„Zu vertilgen aus der Gottesstadt alle Uebelthäter"[1].

Welch ein herrliches Königsprogramm! Wenn alle Herrscher, welche doch Pfleger und Wächter des Rechts und der edlen Gesinnung sein wollen, solche Vorsätze gefaßt und ausgeführt hätten, so hätte das Böse nicht so sehr überhand nehmen können. Der judäische Thron, den Achas eingenommen hatte, war von Uebelthätern aller Art, von Gleisnern, Lug- und Trugrednern, Verläumdern, Hochmüthigen und Gierigen belagert. Alle diese Creaturen wollte Chiskija von seinem Throne und seinem Palaste fernhalten, dagegen die Treuen im Lande, jene zur Armuth und Niedrigkeit verdammten sanftmüthigen Dulder (Anawim), um sich schaaren. Diese sollten die Beamten und Hochgestellten seines Hofes sein.

Die Verarmten und Dulder, welche, weil voll heiliger Gefühle und lauterer Gesinnung, unter Achas in den Staub erniedrigt waren, konnten den Augenblick nicht erwarten, wann der vielverheißene junge König sie von ihrem Elende befreien würde. Einer aus ihrer Genossenschaft gab ihren Wünschen durch einen schönen Hymnus Ausdruck:

„Jhwh!
„Deinen Rechtsspruch gieb dem Könige
„Und Deine Gerechtigkeit dem Königssohn,
„Daß er richte Dein Volk mit Recht
„Und Deine Dulder mit Rechtsspruch.
„Die Berge werden dem Volke Frieden tragen
„Und die Hügel in Folge der Gerechtigkeit.
„Annehmen möge er sich der Dulder des Volkes,
„Retten die Söhne des Armen
„Und unterdrücken den Bedrücker.
„Damit sie Dich (o Gott) verehren mit der Sonne (Aufgang)
„Und vor dem Monde von Geschlecht zu Geschlecht.
„Es träufle wie Regen auf Wiesenschur,
„Wie Regenschauer die Erde befruchtet.
„Es blühe in seinen Tagen das Recht
„Und des Friedens Fülle bis zum Verlöschen des Monds.
„Er möge herrschen von Meer zu Meer,

[1]) Ps. 101. S. Note 7.

„Vom Euphrat bis zur Erden Grenze.
„Vor ihm werden seine Feinde knien,
„Und sein Widersacher den Staub lecken,
„Selbst Tarschisch' Könige und der Inseln ihm Huldigung bringen
„Die Könige von Schebâ und Sabäa Geschenke reichen.
„Beugen werden sich vor ihm alle Könige,
„Alle Fürsten ihm unterthan sein,
„Weil er rettet der Flehenden Leiden,
„Der Dulder ohne Annehmer,
„Achtet auf die Armen und Leidenden
„Und befreiet der Dulder Leute,
„Von List und Gewalt erlöst er ihr Leben,
„Und kostbar ist ihr Blut in seinen Augen" [1]).

Diese Dulder im Staube erwarteten von Chiskija den Eintritt einer edlen Gerechtigkeit und ihre Erhebung aus der Niedrigkeit. In Folge der Gerechtigkeit werde ewiger Friede herrschen, wie ihn die Propheten geschaut, und die Unterwerfung aller Machthaber. Die Könige des fernen Karthago und der Inselwelt, die Könige des glücklichen Arabien und des Oasenstaats Meroë bei Aegypten werden dem gerechten Könige Chiskija huldigen.

Chiskija's Regierungszeit, die reich an Tugenden, reich an gewaltigen Ereignissen und reich an dichterischen Schöpfungen war, wäre ein goldenes Zeitalter gewesen, wenn seinem Wünschen und Wollen nicht eine Schranke gezogen gewesen wäre, die er nicht durchbrechen konnte. Das Königthum in Juda war lange nicht mehr allmächtig, die Fürsten Juda's hatten schon lange die königliche Machtvollkommenheit beschränkt. Wenn sie vereint auftraten, war der König ihrem Widerstand gegenüber machtlos. Sie hatten die Richterstellen inne, und mit dem Richteramt war auch die Regierungsgewalt verbunden, welche durch beigegebene Schreiber oder Büttel (Schotêr) ausgeübt wurde. Der einzelne Mann, der Kleinstädter, der Ackerbauer und der Hirte kannte nur den ihm zunächst vorgesetzten Fürsten oder Richter und zitterte vor ihm. Die Klagen der Unterdrückten drangen selten zu den Ohren des Königs. Es frommte dem Volke wenig, daß Chiskija gerecht, edel, gottesfürchtig, ein Freund der Armen und Unterdrückten war, er hatte keine Organe, seinen guten Willen und seine edlen Vorsätze durchzusetzen. Selbst in der Hauptstadt war seine Macht gebrochen. Neben ihm herrschte der Palastaufseher oder Verweser (Sochên [2]), dem das Heer und die Beamten des Hofes unterstanden, und der den König wie einen Gefangenen in den Gemächern eingeschlossen hielt. Die Anschauung, daß es eine Entwürdigung der

[1]) Ps. 72. S. Note 7.
[2]) S. Note 4.

Majestät sei, wenn der König sich in die kleinlichen Angelegenheiten der Regierung mischte, verurtheilte ihn zu einer leidenden Rolle. Er erfuhr wenig oder in entstellter Gestalt von den Vorgängen außerhalb seines Palastes, und seine Verordnungen wurden gar nicht oder im entgegengesetzten Sinne ausgeführt. Zu Chiskija's Zeit war ein solcher Palastaufseher, Namens Schebna, vielleicht schon von Achas zu diesem Amte erhoben, welcher sich geberdete, als wäre er der Inhaber des Thrones und der Staatsmacht. Obwohl nicht aus dem davidischen Stamme entsprossen, hatte Schebna sich, wie wahrscheinlich die früheren Verweser, alle Machtmittel anzueignen gewußt, so daß sein Wille allein im Lande Gesetz war. Er war der Pflock, eingerammt in einen festen Platz, an dem das Zelt David's befestigt war [1]). Wenn Schebna, wie es scheint, mit den Fürsten Juda's verbunden war, ihre Willkür begünstigte, in ihrem Kreise zu schalten und zu walten, und dafür von ihnen in seiner Machtstellung unterstützt wurde, so war Chiskija ihnen gegenüber ohnmächtig.

In der ersten Zeit seiner Regierung ließen ihm die Hofleute die Inhaber der Aemter und Richterstellen, die Selbstständigkeit, wie jedem jungen Könige, dessen Charakter und Willensrichtung noch nicht erforscht ist. Während dieser Zeit konnte Chiskija gute Vorsätze fassen und zum Theil ausführen, die Neuerungen einführen, das Götzenthum beseitigen, die Einheit des Kultus befehlen, allzufreche und frevelhafte Diener aus dem Palaste entfernen und würdige an ihre Stelle setzen.

Selbstverständlich trug der König Chiskija Sorge dafür, daß die Leviten, welche den Grundstock der Sänger und der Dichter, der Sanftmüthigen und Dulder bildeten, nicht mehr durch so große Noth und Verarmung leiden sollten. Er erließ eine Verordnung, daß der Zehnte, worauf sie angewiesen waren, von nun an regelmäßig abgesondert und ihnen zugetheilt werde. Ungewiß ist es, ob schon von diesem König die Einrichtung getroffen wurde, daß der gesammte Zehnte zum Tempel in Jerusalem abgeliefert, hier aufgespeichert und von hier aus an die Leviten gleichmäßig, an Bemittelte und Unbemittelte, vertheilt werden sollte [2]).

[1]) Jesaia 22, 15. 25. Vgl. Note 4.

[2]) Chronik II, 31, 4 fg. In V. 11 das. ist von לשכות, großen Hallen oder Speichern, in welchen der gespendete Zehnte angesammelt wurde, und in V. 15 von der gleichmäßigen Vertheilung die Rede. Aus Nehemia, 10, 38—40; 13, 12 f. scheint indessen hervorzugehen, daß erst damals in Nehemia's Zeit diese Einrichtung der Aufspeicherung und gleichmäßigen Vertheilung des Zehnten getroffen wurde. Indessen ist es möglich, daß Nehemia nur die alte Ordnung erneuern ließ.

Wie viel hatte indessen Chiskija aufzuräumen, um das Land und die Köpfe von dem angehäuften Schmutz des Götzenthums und der Unsittlichkeit zu säubern! Der Tempel war verödet, dagegen war das Land gefüllt mit Götzen und Altären. Das Heiligthum öffnete Chiskija wieder und stellte es in seiner Würde wieder her. Sämmtliche Abbildungen der Götzen ließ er zerstören, auch die Schlange aus Erz, das Symbol des Heilgottes, ließ er beseitigen. Um aber gründlich den Unfug der wüsten Götzendienerei ein für alle Mal abzuthun, erließ er einen Befehl, daß auf den Anhöhen und Bergen nicht mehr Altäre errichtet und geopfert werden dürfte, nicht einmal für Ihwh, sondern jeder, welcher das Bedürfniß fühlte, Gott zu verehren, sollte sich zum Tempel nach Jerusalem begeben [1]). Diese Maßregel erschien gewiß Vielen als eine Härte: denn die Kultusfreiheit war eine hergebrachte Sitte aus uralter Zeit. Mehrere Stätten genossen einen heiligen Ruf, so besonders Beerseba und wohl auch Hebron, der ehemalige Hauptort des Stammes Juda. Den tief im Süden wohnenden jehudäischen und simeonitischen Hirten war es unbequem, ihre Triften zu verlassen, um sich mit ihren Opfern nach Jerusalem zu begeben. Indessen Chiskija durfte diese Freiheit oder Zügellosigkeit nicht schonen, wollte er mit der Läuterung des Volkes von seinen gedankenlosen Gewohnheiten Ernst machen. Als das Frühlingsfest herannahte, befahl er, daß das Paschalamm, welches bis dahin auf Privataltären dargebracht worden war, nur im Heiligthum zu Jerusalem geopfert werden sollte. Er verlegte indeß das Fest vom ersten Monat auf den folgenden, ohne Zweifel, weil die Frühlingszeit noch nicht eingetreten, die Gerstenreife, welche nach dem Gesetze den Monat für die Feier dieses Festes anzeigen sollte, noch nicht vollendet war, kurz die Jahreszeit nicht gleichen Schritt mit der Berechnung des Jahres nach Mondmonaten gehalten hatte. Diese Wahrnehmung, daß die kurzen Mondjahre von Zeit zu Zeit nicht mit den Jahreszeiten nach dem Stand der Sonne übereinstimmten, führte darauf, nach je zwei oder drei Jahren einen Mondmonat einzuschalten, einem Jahr dreizehn Mondmonate zu geben und solchergestalt die Berechnung nach der Sonne und dem Monde auszugleichen. Seit Chiskija ist wahrscheinlich das Einschaltungsverfahren eingeführt worden [2]). In Babel und Ninive, mit denen Judäa seit Achas' Regierung im Verkehr stand, waren diese gebundenen Mondjahresformen und Schaltjahre längst im Gebrauch. Chiskija hat wohl diese Kalenderordnung für Juda eingeführt.

[1]) Könige II. 18, 4. 22.
[2]) S. B. I, S. 476 fg. 481.

Indessen allzulange ließen die Hofleute dem König nicht die Selbstständigkeit der Regierung, um im Sinne der alten Lehre zu reorganisiren oder in ihren Augen Neuerungen einzuführen. Nach und nach scheint sie ihm der Palastaufseher Schebna aus den Händen gewunden zu haben. Chiskija war ein Dichter, eine ideale Natur, weich und nachgiebig, von geringer Willensfestigkeit. Menschen von solcher Gemüthsrichtung sind leicht lenksam, und selbst Könige pflegen sich einem Willensstarken unterzuordnen. Salmanassor's Feldzug gegen Tyrus und Samaria (o. S. 197), welcher in die ersten Regierungsjahre Chiskija's fiel, erregte selbstverständlich Besorgniß und Furcht in Jerusalem und am Hofe. Es galt, einen festen Entschluß zu fassen und Partei zu nehmen, entweder sich den Verbündeten anzuschließen oder dem assyrischen Großkönig Bürgschaft der Vasallentreue zu geben. Chiskija mag vermöge seines Charakters und seiner Gesinnung schwankend gewesen sein. Sollte er den Bruderstamm, welcher sich während der dreijährigen Belagerung Samaria's verblutete und, wenn besiegt, einem düstern Geschicke entgegensah, sollte er ihn verlassen, oder ihm beistehen? Und auf der andern Seite, sollte er den Zorn des mächtigen Großkönigs erregen? Chiskija war vielleicht froh, daß Schebna und seine Minister ihm die Wahl und Entscheidung abnahmen. In Folge dieser Zwiespältigkeit in der höchsten Spitze des Landes — hier ein König mit den trefflichsten Gesinnungen ohne Thatkraft und Macht, und dort der höchste Beamte mit der Fülle der Macht bekleidet, ohne Sinn für geistige Interessen und sie vielleicht gar als Luftschlösser verspottend — in Folge dieser Zwiespältigkeit erscheint die chiskijanische Regierungszeit voller Widersprüche. Gehobenheit und Niedrigkeit, sittlicher Aufschwung und sittliche Verderbniß, reines Gottvertrauen und Buhlerei um fremde Hilfe, der König ein Abbild der Gerechtigkeit und seine Hauptstadt voller Mörder [1]). Selbst mit der Verbannung des Götzendienstes drang Chiskija nicht durch. Die Großen behielten noch ihre silbernen und goldenen Götzen und verehrten das Händewerk von Menschen. In ihren Gärten behielten sie ihre Astarten-Bildsäulen unter dickbelaubten Terebinthen, die sie eigens dazu eingepflanzt hatten [2]).

Diese Zwiespältigkeit, entstanden durch die Ohnmacht des Königs und den starken Eigenwillen des Palastaufsehers und der Fürsten, wirkte zum Nachtheil der öffentlichen Angelegenheiten nach Außen. Der politische Zustand aller Völkerschaften, welche zwischen Assyrien und Aegypten mitten inne lagen, war eine Nothlage; Gefahren drohten

[1]) Jesaia 1, 21.
[2]) Das. 1, 28—29; 31, 7; Micha 5, 12—13.

ihnen bald von der einen, bald von der andern Seite, von ihren Verbündeten nicht minder, als von ihren Gegnern. Gleich nach Achas' Tode, als auch in Assyrien ein Regentenwechsel eingetreten war, sandten die Philister eine Botschaft nach Jerusalem, um den jungen König in ein Bündniß gegen Assyrien hineinzuziehen. Sie standen zwar mit Juda nicht auf freundschaftlichem Fuße und hatten unter Achas mehrere Städte davon losgerissen [1]); nichts desto weniger knüpften sie eine diplomatische Unterhandlung an, um sich mit seiner Hilfe der Nothlage zu entziehen. Das Land Juda hatte unter Achas zu Assyrien gehalten, und nun sollte es verlockt werden, sich zu Aegypten zu schlagen. Damals, in den Flitterwochen oder -Monaten der Regierung des Königs Chiskija, durfte noch der Prophet Jesaia sich herausnehmen, die Antwort einzugeben, welche den philistäischen Gesandten ertheilt werden sollte.

„Was man den Boten der Völker antworten soll?
„„Daß Gott Zion gegründet hat,
„„Und in ihm werden die Dulder seines Volkes geborgen sein"".

Die philistäischen Boten und die der obigen Völker, welche ein Bündniß gegen Assyrien geschlossen hatten, zogen unverrichteter Sache wieder ab [2]). Juda blieb im Vasallenverhältniß zu Assyrien, selbst als das Zehnstämmereich sich im letzten Kampf gegen dasselbe aufrieb. Man kann aus der Zeiten Ferne nicht beurtheilen, ob die Theilnahmlosigkeit Juda's an dem Untergang der Bruderstämme ein Fehler, ein Verbrechen oder eine Klugheit war. Chiskija war jedenfalls unschuldig dabei. Seine Stimme galt wenig im Rathe, wenn es sich um Krieg oder Frieden handelte. Unerwartet und außerordentlich befremdend verfolgten die judäischen Staatsmänner nach Samaria's Fall eine Politik, welche vorher klüger und jedenfalls edler gewesen wäre. Sie verfolgten den Plan, mit Assyrien zu brechen und sich Aegypten anzuschließen. Haben sie die Theilnahmlosigkeit an dem Untergang der Bruderstämme, als es schon zu spät war, bereut? Oder hatte der assyrische Eroberer ihnen für die Neutralität Juda's Versprechungen von Besitzvergrößerung gemacht und nicht Wort gehalten? Oder hat sich Juda durch die Besitznahme des Gebiets von Ephraim von Seiten der Assyrer eingeengt gefühlt und von ihnen Unbilden und Verachtung erfahren, die es zur Verzweiflung trieben, das Joch der Vasallenschaft abzuschütteln? Oder endlich war in Ninive eine Veränderung vorgegangen, welche den judäischen Staatsmännern Hoffnung machte, das tollkühne Unternehmen zu einem glücklichen Ende zu führen? Was

[1]) Chronik II. 28, 18.
[2]) Vergl. o. S. 197.

auch der letzte Grund gewesen sein mag, welcher die Räthe des Königs Chiskija, die sich sehr weise dünkten[1]), bewog, eine feindliche Haltung gegen Assyrien anzunehmen, sie erwies sich hinterher als eine unbegreifliche Verblendung. Sie schlugen ganz genau denselben Weg ein, welcher ein Jahrzehnt vorher in Samaria verfolgt wurde. Sie buhlten um die Unterstützung Aegyptens, um von hier aus, wenn nicht ein zahlreiches Heer, so doch Rosse in Menge zum Kampf gegen Assyrien zu erlangen. Selbstverständlich wurde der Plan zum Abfall von der assyrischen Großmacht heimlich betrieben; denn die Kunde von Rüstungen, ehe sie vollendet waren, hätte Unheil herbeiführen können. Die weisen Staatsmänner Juda's trieben daher ihr Werk im Dunkeln, und verhüllten tief ihre Entschlüsse[2]).

Aber wie tief verborgen auch der Plan gehalten wurde, er wurde von den Propheten und ganz besonders von Jesaia durchschaut. Mit Chiskija's Regierungsantritt entwickelte dieser gedanken- und poesiereiche Prophet eine unermüdliche Thätigkeit, obwohl er das sechzigste Lebensjahr bereits überschritten hatte, um die von ihm geschaute bessere Zukunft anzubahnen. Nun sah er das Reich Juda durch die Verblendung der sich weise dünkenden Räthe auf dieselbe schiefe Ebene gerathen, welche den Sturz Ephraims herbeigeführt hatte. Er wollte seine gewaltige Stimme dagegen erheben, aber er durfte nicht. Die Machthaber verschlossen dem Propheten den Mund[3]); sie unterdrückten die Redefreiheit, weil sonst der König und das Volk auf die Verkehrtheit der Räthe und die Gefahren, die sie heraufbeschwören könnten, aufmerksam gemacht worden wäre. Jesaia's Scharfblick durchschaute deutlich, daß die Hoffnung auf Aegyptens Hilfe sich als eitel erweisen würde, und daß das winzige Juda von der Großmacht Assyrien erdrückt werden müßte; aber er mußte schweigen. Er wandte daher ein anderes Mittel an. Die Assyrer hatten einen Kriegszug gegen das Philisterland unternommen, das sich ebenfalls von ihnen befreien wollte. Das Binnenland war bereits erobert, nur die Seestadt Aschdod (Azotus) behauptete sich noch. Um diese zu bezwingen, hatte sie der assyrische König Sargon durch einen seiner Feldherrn, Tartan, mit Truppen belagern lassen, weil deren Eroberung einen Zug nach Aegypten erleichtert hätte. Drei Jahre dauerte die Belagerung Aschdods. In Jerusalem folgte man dem Ausgang derselben mit gespannter Aufmerksamkeit. Da zog Jesaia seinen härenen Prophetenmantel aus, legte seine Schuhe ab und wanderte barfuß und ohne Obergewand in den

[1]) Jesaia 29, 14.
[2]) Jesaia 29, 15. 30, 1 fg. 12.
[3]) Das. 30, 10. 20 b. Das ist der Sinn von: ולא יכנף עוד את מוריך.

Straßen Jerusalems umher. Dieser Aufzug sollte ein Vorzeichen sein, daß Aschdod fallen und Aegyptens Bewohner nackt und barfuß in Gefangenschaft geschleppt werden würden. Als es endlich nach dreijähriger Belagerung gefallen war, da brach Jesaia das Schweigen. Er gab von seinem Betragen während dieser Zeit die Deutung:

„So wird der König von Assyrien die Gefangenen Aegyptens und die Verbannten Aethiopiens nackt und barfuß und mit entblößter Scham wegführen. Und die Bewohner dieses Landes werden sprechen: „„Sieh', so geht es dem Lande unseres Vertrauens, wohin wir wegen Hilfe liefen, um uns vor dem Könige von Assyrien zu retten, wie werden wir uns retten können?““[1]).

Aschdod's Fall und die Gefangenschaft der Philister übten indeß keine abschreckende Wirkung auf die judäischen Staatsmänner aus; sie setzten vielmehr das Spiel ihrer Politik fort. Ohne Zweifel wurden sie dazu von dem dritten König der äthiopisch-ägyptischen Dynastie, von Tirhaka (Tahalka[2]) aufgestachelt, indem dieser einen Krieg gegen das immer mehr nach seinen Grenzen vordringende Assyrien ernstlich in's Auge fassen mußte. Heimlich zogen judäische Gesandte an den ägyptischen Hof, suchten den König auf und schlossen mit ihm ein feierliches Bündniß, dessen Bedingungen gewesen zu sein scheinen, daß im Kriegsfalle eine berittene Schaar Aegypter Juda zu Hilfe kommen sollte[3]). Ein Zug von Kameelen und Maulthieren trug reiche Schätze von Jerusalem nach Aegypten[4]), weil dieses selbstsüchtige Land, obwohl eines Bündnisses bedürftig, nicht umsonst Hilfe leisten mochte. Das Bündniß wurde abgeschlossen und die Loslösung Judas von Assyrien sollte erfolgen.

So geheim auch die Unterhandlung betrieben und so sehr die Schritte der öffentlichen Aufmerksamkeit entzogen worden waren, Jesaia's prophetischem Blicke waren sie nicht entgangen, und er bot die ganze Kraft seiner Beredtsamkeit auf, dieses thörichte Beginnen womöglich noch zu vereiteln; seine glänzendsten, ergreifendsten Reden stammen aus der Zeit der äußersten Spannung. Alle Mittel der prophetischen Redekunst, Schilderung des hereinbrechenden Unglücks, Spott über die Verblendung, milde Ermahnung und frohe Aussicht in die Ferne, wendete er an, um die Starrsinnigen von ihrem Vorhaben abzubringen. Die schönsten Wendungen und die treffendsten Gleichnisse strömten über seine Lippen, ungekünstelt, Eingebungen des Augenblicks, gewaltig und

[1]) Kap. 20, 1 fg.
[2]) S. Frankel-Graetz, Monatsschr. Jg. 1874, S. 489 fg.
[3]) Jesaia 36, 6. 8; 30, 16; 31, 1.
[4]) Das. 30, 6

hinreißend. Jesaia's Rath war, daß sich Juda in dem heißen Kampf, der zwischen Assyrien und Aegypten ausbrechen sollte, parteilos verhalten, gar nichts thun und ruhig bleiben sollte [1]). Es war ein kluger, staatsmännischer Rath, und es ist erstaunlich, daß er so wenig Anklang gefunden hat, und daß Jesaia's Reden in dieser Zeit überhaupt keinen Eindruck gemacht haben, noch erstaunlicher, daß der König Chiskija in dieser aufgeregten Zeit kein Lebenszeichen von sich gab, als ob das Alles, was die Gemüther tief bewegte, ihn nichts anginge. Jesaia ließ auch in den Reden aus dieser Zeit den König aus dem Spiele, nur ein einziges Mal deutet er auf ihn, aber in einem rühmenden Sinne. Die Spitze seiner Beredtsamkeit war gegen die verblendeten Hofleute und Fürsten Juda's gekehrt.

„O unbändige Söhne (ist Gottes Wort),
„Rath auszuführen, nicht von mir,
„Bund zu schließen ohne meinen Geist
„Und Sünde auf Sünde zu häufen.
„Sie wandern nach Aegypten hinab,
„Ohne mich zu fragen,
„Um sich in Pharao's Macht zu erstärken
„Und sich in Aegyptens Schatten zu bergen.
„Pharao's Macht wird euch zur Schande gereichen
„Und das Bergen in Aegyptens Schatten zu Schmach.
„Denn es waren (wirklich) in Tanis seine Fürsten,
„Und seine Boten haben Daphnaï erreicht.
„Sie alle blicken auf ein Volk, das ihnen nichts nützen wird;
„Nicht zur Hülfe und nicht zum Nutzen,
„Sondern zur Schande und zum Hohne.
„Eine Last für die Thiere der Wüste —
„Durch das Land der Not und der Entbehrung, (wo)
„Löwin und Löwen brüllen,
„Otter und fliegende Drachen —
„Laden sie auf die Schulter der Esel ihr Gut
„Und auf der Kameele Höcker ihre Schätze,
„Für ein Volk, das ihnen nichts nützen wird.
„Aegypten wird eitel und nicht helfen,
„Darum nenne ich dieses „Woge der Zerstörung".
„Nun geh! schreib's auf eine Tafel, für sie,
„Und in eine Rolle zeichne es ein,
„Daß es für einen spätern Tag zum Zeugniß diene.
„Denn ein Volk des Widerspruches ist es,
„Söhne der Verlogenheit,
„Söhne, die Gottes Belehrung nicht hören wollen,
„Die da zu den Sehern sprechen:
„„Ihr sollt nicht sehen" "
„Und zu den Propheten:

[1]) Jes. 30, 15.

„„Ihr sollt uns nichts Wahres prophezeien,
„„Sprechet für uns Schmeichelndes,
„„Prophezeit Täuschungen““

. . . . . . . . . . . . . . .

„(So hat Gott gesprochen:)
„In Stille und Ruhe werdet ihr gerettet werden,
„In Frieden und Vertrauen ist eure Kraft.
„Ihr aber sprachet: „„Nein!
„„Zu Rosse wollen wir eilen;““
„Darum werdet ihr eilig fliehen,
„„Und auf einem leichten Renner wollen wir reiten;““
„Darum werden eure Verfolger leicht sein.
„Ein Tausend vor dem Drohen eines Einzigen,
„Vor dem Drohen von fünf werdet ihr sämmtlich fliehen,
„Bis ihr bleiben werdet wie eine Stange auf Bergesspitzen
„Und wie ein Bannerzeichen auf einem Hügel.

. . . . . . . . . . . . . . . . . . . . .

„O, die nach Aegypten hinabziehen um Hilfe
„Und auf Rosse sich stützen,
„Vertrauen auf Streitwagen, die ihrer viel,
„Und auf Reiter, die ihrer zahlreich sind,
„Wenden sich nicht zum Heiligen Israels,
„Den Herrn befragen sie nicht.
„Aber auch er ist weise
„Und führt Unglück herbei,
„Hat sein Wort nicht geändert,
„Er erhebt sich wider den Schutz von Frevlern
„Und wider die Hülfe von Uebelthätern.
„Die Aegypter sind Menschen
„Und nicht Gott,
„Ihre Rosse Fleisch und nicht Geist.
„Der Herr wird seine Hand wenden,
„Da strauchelt der Helfer,
„Und es fällt der Hilfsbedürftige
„Und zusammen gehen beide unter [1]).

Zwei Thatsachen schwebten Jesaia's prophetischem Blicke als selbstgewiß vor, daß Juda durch den Abfall von Assyrien großes, unsägliches Elend erdulden, daß es aber doch nicht untergehen, sondern geläutert und gehoben aus dieser Prüfung hervorgehen, und daß ein assyrisches Heer das Land zwar hart bedrängen, aber untergehen und nicht durch Menschenhand untergehen werde. Diese Ueberzeugung sprach Jesaia noch vor dem Eintreffen des assyrischen Heeres mit aller Bestimmtheit aus:

„O Ariël, Ariël (Gottesberg) Burg, die David erbaut,
„Thuet ein Jahr zum Jahr hinzu, Feste werden umlaufen,

[1]) 30, 1 fg. 31, 1 fg. In 30, V. 6 muß man statt des unverständlichen מהם lesen הַכְּפִ״ם, auf Löwen bezogen. [Vgl. jedoch Luzzatto z. St.]

„Dann werde ich Ariël belagern,
„Es wird Klage und Jammer sein,
„Dann wird sie mir wie ein Gottesberg werden,
„Ich werde wie einen Kreis um dich lagern lassen,
„Lasse dich mit einem Wall einschließen,
„Niedrig von der Erde wirst du sprechen
„Aus dem Staube dein Wort wimmern,
„Deine Stimme wird wie die eines Gespenstes aus der Erde kommen,
„Und aus dem Staube wirst du Worte lispeln.
„Aber wie feiner Staub wird die Menge deiner Eroberer sein,
„Und wie verfliegende Spreu der Gewaltigen Troß.
„Und das wird plötzlich, urplötzlich geschehen.
„Vom Herrn wirst du heimgesucht werden mit Donner, Erdbeben und Geräusch,
„Mit Sturm und Wetter und Flammen verzehrenden Feuers.
„Aber dann wird wie der Traum eines nächtlichen Gesichtes
„Die Menge aller Völker sein,
„Die Ariël bekriegen werden.

. . . . . . . . . . . .

„Wie, wenn der Hungrige träumt, daß er äße,
„Und er erwacht, und leer ist sein Leib,
„Wenn der Durstige träumt, daß er tränke,
„Und er erwacht und ist erschöpft und lechzend,
„So wird die Menge aller Völker sein, die den Zionsberg bekriegen werden [1]).

. . . . . . . . . . . . .

„Wie Vögel die Jungen,
„So wird Ihwh Zebaoth Jerusalem beschützen,
„Beschützen und beschirmen,
„Verschonen und erretten.
„Dann kehren zurück zu dem,
„Von dem sie so tief abgefallen sind,
„Die Söhne Israels.
„Denn an jenem Tage wird ein jeder seine Götzen von Gold und Silber verachten, die ihr selbst in Sünde verfertigt habt."
„Aschur wird fallen nicht durch eines Mannes Schwert,
„Nicht eines Menschen Schwert wird es aufreiben,
„Es wird fliehen, wie vor dem Schwert,
„Seine Auserwählten werden zum Frohndienst sein.
„Seinem Schutzfels wird es aus Furcht vorüberziehen,
„Seine Fürsten werden in der Flucht gebrochen werden [2]).

[1]) Das. 29, 1 fg. אריאל wird V. 8 durch הר ציון erklärt. Folglich kann ארי nur gleich הָרִי sein, Parallele Ezechiel 43, 15—16 הַהַרְאֵל = הָאֲרִיאֵל. — Statt חנה דוד muß man wohl lesen בָּנָה.

[2]) Das. 31, 5 fg. V. 6 muß statt des Imperativ שובו wohl das Futurum gesetzt werden u. V. 8 כמפני statt מפני.

# Achtes Kapitel.

Abfall von Assyrien. Sancherib's Zug. Rührigkeit in Jerusalem. Schebna's Sturz und Eljakim's Erhebung. Jesaia's Eifer während der Belagerung. Der Prophet Micha II. Sancherib's Hochmuth. Rabschake vor Jerusalem. Fastenversammlung, Jesaia's Rede. Chiskija's Krankheit und Genesung. Untergang des assyrischen Heeres und Sancherib's Flucht. Psalmistische Siegeslieder. Merodach-Baladan's Gesandtschaft an Chiskija. Erhebung der Dulder und ihre poetischen Ergüße. Hochzeitslied für den König Chiskija. Die Spruchlitteratur (Mischlè). Sprüche aus der Chiskijanischen Zeit. Warum die Fabel-Litteratur nicht angebaut worden ist. Sancherib's und Chiskija's Ende.

(724 — 696).

Indessen nahmen die Dinge ohne Rücksicht auf Jesaias' Reden und Rathschläge ihren Verlauf. Der König Chiskija — denn in seinem Namen wurde gehandelt und gesprochen — sagte sich von Assyrien los, daß heißt, er sandte nicht mehr Huldigungsgeschenke nach Ninive. So vollzog sich denn das Unvermeidliche. Der König Sancherib (Sanacherib), der vielleicht damals erst den Thron bestiegen und Babylon wieder unterworfen und mit Assyrien verbunden hatte, sammelte ein zahlreiches Heer, um nicht bloß gegen Juda, sondern gegen Aegypten einen gewaltigen Stoß zu führen. Durch die vorangegangene Unterwerfung der Zwischenländer, Aram, Phönicien, Samaria und Philistäa, wurde Aegypten zugänglicher, indem die Hindernisse zu einem Angriff auf dasselbe beseitigt waren. Sancherib zog, wie es scheint, mit seinem Heere, oder wenigstens mit einem Theil desselben östlich vom Hermon durch das jenseitige Jordanland, unterwarf alle Völkerschaften, die noch nicht durch die assyrischen Waffen unterjocht worden waren, die Kedarener, die Moabiter und Ammoniter, welche mit dem umfassenden Namen Araber benannt wurden[1]), und zwang sie zur

[1]) Herodot nennt diesen König Σαναχέριβος βασιλεὺς Ἀραβίων τε καὶ Ἀσσυρίων, II, 141. Von dem Unglück Kedars sprach Jesaia 21, 16 fg. und von Moab, wozu auch Ammon gehörte, 16, 13 fg. Ob dieser Kriegszug in Verbindung steht mit dem Sancheribs gegen die Griechen, von dem Berosus und Abydenus erzählen (in Eusebius Chronik), wobei er diese an der Küste von Cilicien geschlagen, die Stadt Tarson (Tarsus) erbaut, auch den Tempel der Athenienser (Anchialenser? Athene, Anait?) erbaut und seine Großthaten in Schrift verewigen ließ, läßt sich nach den dürftigen Quellen nicht entscheiden. Was die Assyriologen über Sancherib zusammenstellen, ist voller Zweifel. [S. jedoch Meyer a. a. O. I, S. 464 ff.]

Heeresfolge, oder sie brauchten nicht gezwungen zu werden, da sie sich gern an einem Kriege betheiligten, welcher große Beute versprach. So zogen denn mit dem assyrischen Großkönig viele Könige, und er konnte sich rühmen, daß seine Fürsten sämmtlich Könige waren [1]). In Juda rüstete man sich zur Gegenwehr. Zur offenen Feldschlacht fühlten sich die Kriegsführer allerdings zu schwach, sie dachten daher durch die Bergfestungen, welche in Vertheidigungszustand gesetzt waren, das assyrische Heer so lange aufzuhalten, bis ägyptische Hülfstruppen eintreffen würden. Mit besonderem Eifer wurde Jerusalem befestigt, die schwachen Stellen der Mauer wurden ausgebessert, diese selbst erhöht und die Häuser, welche in Folge der Ausdehnung der Stadt bis an die Mauer stießen, niedergerissen [2]). Um die alte Befestigungslinie der Davidstadt (Zion) und der Unterstadt (Millô) wurde eine neue, äußere Mauer gezogen [3]), auf der Mauer wurden die Thürme errichtet. Der obere Teich, welcher von einer Quelle (Gihon) gespeist wurde und mit Wasser gefüllt war, wurde zugemauert und das Wasser vermittelst eines Kanals unterirdisch in die Stadt geleitet [4]); die Wasserleitung, welche von der Quelle Etam südlich von Jerusalem von Salomo angelegt war, wurde ebenfalls verschüttet, um dem Feinde das Trinkwasser abzuschneiden und eine längere Belagerung zu vereiteln [5]). Das Waffenhaus, „das Haus des Libanonwaldes", wurde mit Kriegswerkzeugen versehen.

Die Seele aller dieser Arbeiten an der Befestigung Jerusalem's scheint Schebna, der Palastaufseher und Verweser, gewesen zu sein (o. S. 205). Er, die Fürsten Juda's und ihr Anhang waren frohen Muthes und ohne Furcht vor dem Anrücken der Assyrer. Ja, es herrschte eine übermüthige Ausgelassenheit in Jerusalem, die Abende wurden bei fröhlichen Gelagen zugebracht; man aß und trank und war guter Dinge. Als könnte man die Ankunft des Feindes nicht erwarten, stieg man auf die Dächer hoher Häuser, um nach ihm auszublicken [6]). Schebna faßte aber auch, als kluger Mann, den schlimmsten Fall in's Auge, den Fall, daß er in diesem Kriege umkommen sollte. Dann sollte seine Leiche nicht, wie die anderer Personen irgendwo beigesetzt werden, sondern ein königliches Grabmal finden; er dünkte

[1]) Jesaia 10, 8.

[2]) Vergl. weiter unten.

[3]) Chronik II, 32, 5, wo aber gelesen werden muß a: ויעל עליה מגדלות und b: אח המלא (ואת) עיר דוד [Vgl. auch Oettli z. St.]

[4]) Das. V. 30. למטה bedeutet nach unten hin, unterirdisch, מערבה heißt westlich.

[5]) Das. V. 3—4.

[6]) Jesaia 22, 1. 13.

sich dem König gleich. Zu diesem Zwecke ließ er für sich, vielleicht gar in der Davidsstadt, eine Grabstätte in einem Felsen aushauen und verzieren [1]). Eine solche Verblendung und Ueberhebung sollte Jesaia ungerügt lassen? In einer Rede, in welcher jedes Wort eine zermalmende Kraft hat, hielt er dem Volke, oder viemehr den Großen, ihr leichtsinniges Selbstvertrauen vor:

„Was ist dir denn, daß du insgesammt auf die Dächer steigest, geräuschvolle, lärmende, lustige Stadt? Deine Leichname werden nicht durch's Schwert erschlagene Kriesgefallene sein. Deine Häuptlinge fliehen allesammt vor dem Bogen, alle deine Vornehmen werden allesammt gefesselt in die Ferne enteilen. Darum spreche ich: „„wendet euch ab von mir, laßt mich bitterlich weinen, drängt euch nicht heran, mich über das Unglück meines armen Volkes zu trösten! Denn ein Tag der Bestürzung, der Zertretung, der Verwirrung vom Herrn Zebaoth kommt über Ge-Chisajon ....... Deine schönsten Thäler sind voll von Kriegswagen, und die Reiter stürmen an's Thor .... Ihr habt gesehen, daß der Risse der Davidsstadt viele sind ..... da habt ihr das Wasser des unteren Teiches eingezogen, die Familien Jerusalems habt ihr gezählt, die Häuser eingerissen, um die Mauer zu befestigen, einen Wasserbehälter habt ihr zwischen der Doppelmauer gemacht für das Wasser des alten Teiches. Aber auf den, der es herbeigeführt, und der es vor langer Zeit angelegt, blicket ihr nicht. Der Herr Zebaoth hat diesen Tag verkündet zum Weinen, zur Trauer, zum Jammer und zur Buße, da ist aber Wonne und Freude, Rinder schlagen, Kleinvieh schlachten, Fleisch essen und Wein trinken! Ja essen und trinken wir, denn morgen werden wir sterben““ [2]). Dann wandte sich Jesaia gegen den aufgeblasenen, übermüthigen Schebna:

[1]) Das. V. 15—16. S. Note 4.

[2]) Jes. 22, 1—14. גיא חזיון oder ג׳ ח׳, das sich allegorisch nicht erklären läßt, da Zion eine Höhe und nicht ein Thal war, kann nur einen Stadttheil Jerusalems bedeuten. Die Verkündigung des Strafgerichtes 2 b; 5 b—7 kann nur prophetisches Präteritum sein, zu ergänzen ראיתי, wie öfter. Daß dieses Kapitel zur Zeit der Kriegsrüstung gegen Sancherib und noch vor der Belagerung gesprochen wurde, geht aus demselben deutlich genug hervor und auch daraus, daß zur Zeit der Belagerung Schebna bereits durch Eljakim ersetzt war. Da von Jerusalem aus damals nicht gekämpft, sondern lediglich unterhandelt wurde, so können nicht Krieger gefallen sein, sondern die Verse sind als prophetische Drohung anzusehen. V. 2 כל נמצאיך ist zweifelhaft, denn es würde voraussetzen, daß Jerusalem eingenommen werden sollte, was Jesaia öfter verneint hat; LXX haben ἰσχύοντες, d. h.: גבריך. — V. 5, קיר und שוע sind Völkerschaften, wie עילם. — V. 10 kann בתי ירושלים ספרתם nicht bedeuten „Häuser“ weil es keinen Zweck hat, Häuser zu zählen, wohl aber Familien zum Behufe des Krieges; בתים hat auch diese Bedeutung „Familie“, Genesis 42, 19. 33. Josua 7, 14, wahrscheinlich auch Exodus 1, 21.

„Was hast du hier,
„Und wen hast du hier,
„Das du dir hier ein Grab aushauest?
„Hoch haut er sich sein Grabmal aus,
„Höhlt sich in einem Felsen eine Wohnung.
„Der Herr wird dich schleudern wie einen Ball
„In ein weites Land, dort wirst du umkommen,
„Dort deine Prachtwagen,
„Du Schmach des Hauses deines Herrn.

So ernst war es Jesaia mit seiner Strafrede gegen Schebna, daß er seinen baldigen Sturz prophezeite und ihn wohl auch herbeiführte. Er verkündete nämlich, daß ein Glied des davidischen Hauses, Eljakim, Sohn Chilkijahu's, dessen hohe Stellung und Herrschaft einnehmen werde.

. . . . . . „Er wird zum Vater für Jerusalems Bewohner und Juda's Haus sein.
„Ich werde die Schlüssel des Hauses David auf seine Schulter legen;
„Wird er öffnen, wird Niemand verschließen,
„Wird er verschließen, wird Niemand öffnen.
„Er wird zum Ehrenthron für seines Vaters Haus sein [1]).

Diese jesaianische Standrede gegen den mächtigsten Mann in Jerusalem muß außerordentliches Aufsehen gemacht haben. Sie scheint auch den König Chiskija aus seinen beschaulichen Leben und seiner leidenden Rolle aufgerüttelt zu haben. Denn bald darauf nahm Eljakim, Sohn Chilkijahu's, denselben Posten ein, den Schebna so lange behauptet hatte. Dieser neue Palastaufseher handelte wohl in Jesaia's Sinne. Chiskija scheint selbst durch ihn zur Theilnahme an den öffentlichen Vorgängen herangezogen worden zu sein. Schebna's Sturz war eine Wendung zum Besseren.

Das Geschehene ließ sich zwar nicht mehr rückgängig machen. Der assyrische Großkönig Sancherib, voller Ingrimm über den Abfall Chiskija's, war bereits auf dem Zuge nach Juda, um es zu verwüsten. Ein Theil des Heeres, welches den Jordan überschritten hatte, zog gegen die Mitte des Landes [2]). Alle festen Städte, die auf seinem Wege lagen, wurden mit Sturm genommen und zerstört; wehklagend flohen die Einwohner der Hauptstadt zu. Denn die Assyrer schonten kein Geschlecht, kein Alter. Die Straßen waren verödet, kein Wanderer zog durch das Land, der Feind achtete keinen Menschen [3]). Schon schwang Sancherib seine Hand drohend gegen Jerusalem [4]). Auch den Tapfersten entsank der Muth, als der Feind der Hauptstadt immer

[1]) S. Note 4.
[2]) Das. 10, 28 fg.
[3]) Das. 33, 7—8; 36, 1.
[4]) Das. 10, 32.

näher rückte, der Uebermuth war in Verzagtheit umgeschlagen. An Widerstand wurde nicht gedacht. Aber während Alle verzweifelten, blieb der Prophet Jesaia ungebeugt und richtete durch sein Wort die Entmuthigten auf. Auf einem der weiten Plätze Jerusalems hielt er wieder eine jener begeisterten und formvollendeten Reden, wie sie nur ihm allein entströmen konnten [1]):

„O Aschur, Zuchtruthe meines Zornes,
„In dessen Hand mein Unwille ein Stab ist,
„Ich sandte ihn gegen ein schlechtes Volk,
„Gegen das Volk meines Zornes,
„Beute zu machen und es wie Straßenkoth zu zertreten.
„Er aber meint nicht so.
„Sein Herz plant nicht so,
„Sondern zu vertilgen und zu vernichten nicht wenige Völker.
„Denn er spricht: „„Sind nicht alle meine Fürsten Könige?
„„Ist nicht wie Kharkhemisch, so Kalneh,
„„Nicht wie Arpad, so Chamath, wie Damaskus, so Samaria?
„„Wie ich mit Samaria und ihren Göttern verfahren,
„„So werde ich an Jerusalem und ihren Göttern handeln."

. . . . . . . . . . . . . . . . . . . . .

„Darf sich das Beil rühmen über den Hauer,
„Die Säge groß thun über den Schwinger?
„Als wollte der Stab den Heber schwingen,
„Als wollte der Stock das Nicht-Holz heben!

. . . . . . . . . . . . . . . . .

„So spricht Gott:
„Fürchte nicht, mein Volk, Bewohner Zions vor Aschur!
„Mit der Ruthe wird er dich schlagen,
„Seinen Stab über dich erheben, auf die Weise Aegyptens.
„Denn noch ein wenig, ein klein wenig,
„So wird mein Unwille ruhen
„Und mein Zorn über das Land aufhören.

. . . . . . . . . . . . . . . . .

„An dem Tage wird seine Last von deiner Schulter,
„Sein Joch von deinem Halse weichen.

. . . . . . . . . . . . . . .

„Heute soll er noch in Nob eintreffen,

. . . . . . . . . . . . . .

„Wird seine Hand gegen den Zionsberg schwingen.
„Sieh', der Herr Zebaoth enthauptet die Krone mit Schrecken,
„Die Hochstämmigen werden umgehauen,
„Die Stolzen erniedrigt.
„Und ein Reis sprießt auf aus Isai's Stamme,
„Und ein Schößling blüht auf aus seiner Wurzel,
„Und auf ihm wird ruhen der Geist des Rathes und der Tapferkeit,
„Der Geist der Erkenntniß und der Gottesfurcht.
„Sein Empfinden in Gottesfurcht,

[1]) Jesaia 10, 5 fg.

„Nicht nach Augenschein wird er richten,
„Nicht nach Gerücht entscheiden,
„In Gerechtigkeit wird er sich der Armen annehmen,
„Und mit Unparteilichkeit für des Landes Sanftmüthige entscheiden.
„Und schlagen den Gewaltigen mit seines Mundes Geißel,
„Und mit seiner Lippen Hauch tödten den Frevler.

. . . . . . . . . . . . . . . . .

„Dann wird der Wolf bei dem Lamme weilen,
„Der Panther bei der Ziege lagern,
„Rind, Löwe und Maststier zusammen,
„Ein kleiner Knabe wird sie leiten,
„Kuh und Löwin werden weiden,
„Ihre Jungen werden zusammen lagern,
„Und der Löwe wie das Rind Stroh verzehren,
„Der Säugling spielt an der Otter Loch.
„Zur Höhle des Basilisken wird der Säugling seine Hand ausstrecken.
„Nicht werden sie verderben, nicht zerstören auf meinem heiligen Berge.
„Denn voll wird das Land sein von Gotteserkenntniß,
„Wie das Wasser die Meerestiefe bedeckt.
„An diesem Tage
„Werden Isai's Wurzel,
„Die als Fahne für die Stämme dient,
„Die Völker aufsuchen, und seine Ruhestätte wird Ehre sein.

Eine glänzende Zukunft entrollte Jesaia für Israel in Folge der Rettung von Assyrien. Die Verbannten aller Länder werden heimkehren, die Verbannten des Zehnstämmereichs werden sich mit Juda verbinden, Eifersucht und Feindschaft werde nicht mehr unter ihnen vorkommen, die Wunder beim Auszuge aus Aegypten werden sich wiederholen [1]); das Volk werde wieder ein begeistertes Loblied anstimmen:

„Jauchze und triumphire, Bewohnerin Zions;
„Denn groß ist in deiner Mitte der heilige Israel's [2]).

Bewunderungswürdige Geisteskraft, überwältigendes Vertrauen auf Gott, den endlichen Sieg der Gerechtigkeit und auf den ewigen Frieden, inmitten des Grauens, der Verwüstung und Verzweiflung, in der todesdüstern Gegenwart das Bild einer glücklichen Zukunft festzuhalten! Das Land war verwüstet, die Städte in Feuer verbrannt, der Boden nährte die Eroberer, die ihn zertraten, der Fall der Hauptstadt schien unaufhaltsam. Sancherib hatte seine Heereshaufen, die zunächst gegen Aegypten gerichtet waren, nicht vor Jerusalem Halt machen, sondern durch die philistäische Niederung südlich vordringen lassen, und er selbst nahm sein Hauptquartier in Lachisch [3]) (etwa 10 Stunden südwestlich von Jerusalem), welches damals eine der angesehensten

[1]) Das. 11, 15 fg.
[2]) Das. 12, 1—6.
[3]) Folgt aus Könige 18, 14. 17; 19, 8.

Landstädte Juda's war [1]). Wozu brauchte er eine Belagerung gegen das von Natur und durch Kunst stark befestigte Jerusalem zu unternehmen? Sobald das Land Juda nach allen Richtungen eingenommen war, mußte die Hauptstadt sich von selbst ergeben. Dann wäre es Jerusalem wie Samaria ergangen, und die drei oder vier Stämme wären in Gefangenschaft geschleppt und zersplittert worden und wären unter den Völkerschaften verschiedener Zungen untergegangen. Und bei dieser trostlosen Aussicht hielt Jesaia an der ihm gewordenen Verkündigung fest, daß Juda nicht untergehen werde. Leiden wird es allerdings durch Sancherib's Eroberung erdulden; aber diese Leiden werden heilsam zur Besserung, wenn auch nicht des ganzen Volkes, so doch eines Theiles sein. Mit Anknüpfung an den Namen seines Sohnes Schear-Jaschub (ein Rest wird umkehren o. S. 109) verkündete Jesaia: „Ein Rest wird umkehren, ein Rest Jakob's zum mächtigen Gotte; denn wenn dein Volk Israel auch wie Sand am Meere sein wird, so wird doch nur ein Rest umkehren. Die Vernichtung ist fest beschlossen, aber herbeifluthend Gerechtigkeit [2])".

Jesaia war nicht der einzige Prophet, welcher in dieser Zeit der Drangsale und des drohenden Unterganges nicht bloß die Fahne der Hoffnung hochgehalten, sondern eine glänzende Zukunft für Israel verheißen hat, an welcher alle Völker der Erde theilnehmen würden. Auch Micha hat in demselben Sinne wie Jesaia gesprochen, wenn auch nicht so künstlerisch und treffend. Er hat aber noch bestimmter inmitten des Kriegsgeräusches den ewigen Frieden unter sämmtlichen Völkern für die Zukunft in Aussicht gestellt und dadurch die gesunkene Hoffnung in Jerusalem zu heben versucht. Ausgehend von der Prophezeiung jenes alten Propheten, daß von Zion die Lehre ausgehen, und daß die Völker ihre Schwerter zu Werkzeugen des Ackerbaues verwandeln und nicht mehr die Kriegskunst erlernen würden [3]), fuhr Micha fort:

......„Dann wird ein Jeder weilen unter seinem Feigenbaum und unter seinem Weinstock. Dann mögen alle Völker wandeln nach ihren Göttern, wir aber wollen wandeln im Namen unseres Gottes. An diesem Tage werde ich das Kranke aufnehmen und das Verstoßene sammeln ...... und der Herr wird über sie in Zion von jetzt an bis in Ewigkeit regieren.

„Du Heerdenthurm, Höhe des Berges Zion,
„Zu dir wird die alte Herrschaft wiederkehren,

[1]) Folgt aus Micha 1, 13.
[2]) Jes. 10, 21—22.
[3]) S. oben S. 89.

„Die Regierung zur Tochter Jerusalems.
„Warum verzweifelst du so sehr?
„Ist kein König in deiner Mitte?
„Ist dein Rathgeber untergegangen,
„Daß dich Wehen wie eine Mutter ergreifen?
„Ja, kreiße und seufze, Tochter Zions,
„Denn bald wirst du aus der Stadt ziehen
„Und wohnen auf dem Felde
„Und bis Babel kommen.
„Dort aber wirst du gerettet werden,
„Dort wird der Herr dich aus Feindeshand erlösen
„Jetzt sind viele Völker gegen dich versammelt,
„Sie sprechen: „Sie ist gesunken,
„So mögen sich unsere Augen an Zion weiden!"
„Aber diese kennen nicht Gottes Pläne,
„Verstehen nicht seinen Rathschluß
„Das er sie sammelt wie Garben in der Tenne.
. . . . . . . . . . . . .

„Jetzt magst du trauern,
„Tochter, von feindlichen Heeren umgeben!
„Belagerung hat er uns aufgelegt,
„Mit der Geisel schlugen sie Israel's Richter.
„Aber du, Bethlehem-Ephrata,
„Gering unter Juda's Familien,
„Von dir ging mir aus Einer,
„Um Herrscher in Israel zu werden.
„Und sein Ursprung ist von Alters her,
„Aus den Tagen der Vorzeit.
„In Wahrheit, er wird sie preisgeben
„Bis zur Zeit, wenn eine Mutter gebiert,
„Aber seine übrigen Brüder werden zurückkehren
„Sammt den Söhnen Israels.
„Er wird auftreten und sie weiden in Gottes Macht,
„In der Hoheit des Namens Jhwhs, seines Gottes.
. . . . . . . . . . . . . . . . . . . . .

„Denn bald wird er angesehen sein bis an der Erde Grenzen.
„Und dieser wird friedlich sein.
„Sollte Aschur wieder in unser Land kommen,
„Unsere Burgen betreten,
„So werden wir nur sieben Hirten aufstellen
„Und acht Ackerbesitzer;
„Diese zerschmettern Assyrien mit dem Schwerte
„Und das Land Nimrod mit seinen eigenen Waffen,
„Und werden von Aschur retten,
„Wenn er in unser Land kommen
„Und unser Gebiet betreten sollte.
„Der Rest Jakobs wird sein in der Mitte vieler Völker.
„Wie Thau vom Herrn,
„Wie Regenfülle auf Gras,

„Die nicht hoffen auf Menschen
„Und nicht harren auf Adamssöhne [1]).

Wie sehr stach aber die wirkliche Gegenwart gegen Jesaia's und Micha's hochfliegende Verkündigungen von einer glänzenden und edleren Zukunft ab! Der König Chiskija, welcher in Folge der Einnahme und Verwüstung des Landes Jerusalem in Bedrängniß sah, war verzagt und sandte Boten an Sancherib nach Lachisch, um seine Reue über den Abfall und seine Unterwürfigkeit kund zu geben. Der assyrische König verlangte zuerst die bedeutende Summe von dreihundert Khikhar Silbers (2,250,000 Mark) und dreißig Khikhar Goldes (zusammen 7,875,000 Mk.). Mit schwerem Herzen brachte Chiskija diese Summe zusammen; dazu mußte er die goldenen Verzierungen des Tempels abbrechen. Als Sancherib diese Summe empfangen hatte, verlangte er noch mehr, unbedingte Unterwerfung auf Gnade und Ungnade. Um dieser Forderung Nachdruck zu geben, sandte er eine Heeresabtheilung vor Jerusalem und an ihrer Spitze drei hohe Beamte, Tartan, den Sieger über Aschdod (o. S. 209), den Aeltesten der Verschnittenen und einen Sprachkundigen, Namens Rabschake. Das assyrische Heer lagerte sich im Nordosten Jerusalems auf der Straße in der Nähe des oberen Teiches und traf Anstalten zur Belagerung. Ehe es aber diese in Angriff nahm, forderten die assyrischen Beamten den König Chiskija auf, sich zu ihnen zu einer Unterredung zu begeben. Statt seiner sandte er die drei Hauptwürdenträger, den Palasthauptmann Eljakim, welcher Schebna's Stelle eingenommen hatte, ferner einen andern Schebna, den Listenführer, und den Kanzler Joach, einen Assaphiden [2]). Rabschake führte

[1]) Micha Kap. 4—5 kann nur während der Noth Jerusalems unter Sancherib gesprochen worden sein, wie viele Ausleger annehmen. Es spricht dafür 4, 11 ועתה נאספו עליך גוים רבים; was durchaus kategorisch zu nehmen ist, ferner מצור שם עלינו und בשבט יכו על הלחי את שפט ישראל (V. 14); statt שפט haben LXX φυλαὶ d. h.: שבטי, was allerdings unrichtig ist, aber der Plur. ist hier erforderlich. Micha 5, 1 ist להיות dittographirt vom zweiten Halbvers. Statt יֵצֵא muß man lesen יָצָא, Perfect. Wegen der messianischen Deutung ist es als Imperf. vokalisirt worden. Unter מֹשֵׁל ist David zu verstehen und V. 2 ויתר אחיו ist schwierig. V. 3—4 ועמד ורעה oder richtig יְרַעֶם und das Prädikat יגדל, so wie das Pronomen זה beziehen sich auf Chiskija (4, 9). Statt נסיכי אדם, 5, 4, das keinen Sinn hat, muß man wohl lesen אדמה .... Parallele zu רֹעִים -- V. 5 stammt ורעו von dem Radix רעע. Im Wort בפתחיה, welches Einige richtig gleich בחרבות „Schwerter" erklären, bezieht sich das Suffix auf ארץ נמרוד: mit Aschurs eigenen Schwertern werden die Hirten Aschur besiegen, denn in Juda wird es kein Schwert geben, was in V. 4 והיה זה שלום und 4, 3 verkündet ist.

[2]) Könige II, 18, 14 fg. in Parall. Jesaia gekürzt. יואח בן אסף V. 18 ist wohl gleich מבני אסף, ein Assaphide, als Kanzler.

diesen gegenüber im Namen Sancherib's das Wort mit einem Hochmuthe, als wenn die Eroberung Jerusalems dem assyrischen Heere ebenso leicht wäre, wie das Ausheben eines Vogelnestes. Auf der äußeren Mauer befanden sich die judäischen Krieger, welche den Ausgang der Unterredung mit Spannung erwarteten. Um diesen den Muth zu benehmen, sprach Rabschake seine frech herausfordernden Worte in hebräischer oder judäischer Sprache, damit sie von den Zuhörern verstanden werden könnten: „Saget dem Chiskija: auf was verlässest du dich denn? Zum Kriege gehören mehr als Worte, es gehört dazu guter Rath und Tapferkeit". Aegyptens Hilfe sei eitel: Aegypten gleiche einem geknickten Rohre, das, wenn man sich darauf stützen wollte, in die Hand fahre und sie verwunde. Aber selbst, wenn Aegypten Rosse liefern sollte, so gäbe es unter der judäischen Kriegsmannschaft nicht zwei Tausend, welche als Reiter kämpfen könnten. Auf Gottes Schutz dürfte Chiskija um so weniger rechnen, als er doch Neuerungen eingeführt und die alte Ordnung der Gottesverehrung umgestoßen habe. — Als Chiskija's Beamte Rabschake baten, doch lieber in aramäischer Sprache zu sprechen, erwiderte er, er spräche mit Absicht in der Sprache, welche die Krieger auf der Mauer verständen, damit diese sich nicht von Chiskija's Verblendung bethören lassen möchten. Um diese zu gewinnen, rief Rabschake ihnen laut zu: sie möchten sich nicht von Chiskija beschwichtigen lassen, daß Gott sie retten werde. „Haben denn die Götter der Länder, welche die Assyrer unterworfen haben, diese retten können?" Der Gott Israels habe nicht einmal Samaria vor Assyriens König retten können [1]). Rabschake forderte die judäischen Krieger geradezu auf, ihren König im Stiche zu lassen, Sancherib zu huldigen [2]), zu ihm überzugehen, dann werde er sie in ein Land führen, das ebenso fruchtbar wie Judäa sei. Das Volk oder die Krieger schwiegen beim Anhören dieser Worte. Aber als sie in Jerusalem kund wurden, verbreiteten sie Schrecken und Entmuthigung unter alle Klassen der Bevölkerung. Chiskija veranstaltete daher einen allgemeinen Fasttag und einen Bittgang im Tempel. Er selbst begab sich in einem Trauergewande in das Heiligthum.

Diese Gelegenheit benutzte Jesaia, um den verstockten Fürsten Juda's, welche trotz der Drangsale ihre Frevel nicht abgestellt hatten,

[1]) Das ist der Sinn von Kön. II. 18, 35; besser ausgedrückt Jesaia 36, 20: וכי הצילו את שמרון מידי.

[2]) Das. עשו אתי ברכה (V. 31) kann nicht bedeuten: „machet mit mir Frieden"; das Wort ברכה hat niemals diese Bedeutung, sondern neben „Segen" auch die „Huldigungsgeschenke" Genesis 33, 11. [Einleuchtender ist Klostermann's Deutung des Wortes ברכה = Abschied.]

zu Herzen zu reden und zugleich äußerliche Frömmigkeit, die sich in Opfern und Fasten kund giebt, als eitel und nichtig bloßzustellen:

„Höret, Himmel, und vernimm es, Erde! . . .
„Söhne habe ich groß gezogen und gehoben,
„Und sie sind von mir abgefallen . . . . . . . .
„Worauf könntet ihr noch geschlagen werden,
„So fern ihr noch mehr sündiget?
„Das ganze Haupt ist der Krankheit preis,
„Das ganze Herz siech,
„Von Fußsohle bis zum Scheitel nichts heil:
„Schwör, Geschwulst und eiternde Wunde,
„Nicht ausgedrückt, nicht verbunden
„Und nicht mit Oel erweicht.
„Euer Land öde,
„Eure Städte in Feuer verbrannt,
„Euren Boden verzehren vor euren Augen Fremde,
„Eine Verwüstung, wie Sodoms Zerstörung.
„Uebrig geblieben ist die Tochter Zion,
„Wie eine Hütte im Weinberge,
„Wie ein Lager im Melonenfelde,
„Wie die Stadt Gomorrha!
„Hätte Jhwh nicht ein Ueberbleibsel gelassen,
„Beinah wären wir wie Sodom,
„Glichen Gomorrha.
„Höret Jhwh's Wort, Häuptlinge von Sodom,
„Vernehmet unseres Gottes Belehrung, Gomorrha's Volk!
„„Wozu mir die Menge eurer Opfer? . . . . .
„„Satt bin ich der Widderopfer,
„„Das Blut von Rindern, Lämmern und Böcken mag ich nicht.
„„Wenn ihr mich aufsucht,
„„Wer hat's denn von euch verlangt,
„„Meine Vorhöfe zu betreten?
„„So sollt ihr nicht mehr eitle Gaben bringen.
. . . . . . . . . . . . . . . . . .
„„Ich mag nicht Fasten und Weihen,
„„Eure Neumonde und eure Feste hasse ich,
„„Sie sind mir zur Last,
„„Ich kann sie nicht ertragen
„Wenn ihr die Hände ringet,
„Werde ich meine Augen verhüllen;
„„Wenn ihr auch noch so viel flehet,
„„Ich höre es nicht.
„„Eure Hände sind voll Blutschuld!
„„Badet, läutert euch,
„„Entfernt eurer Thaten Schlechtigkeit von meinen Augen,
„„Lasset ab, Böses zu thun.
„„Lernet Gutes thun,
„„Suchet das Recht,
„„Gleichet Gewaltthätigkeit aus,

„„Nehmet euch der Waise an,
„„Vertretet die Wittwe!
„„Auf, dann wollen wir rechten,
„„Wenn eure Sünden gleich Purpur seien,
„„Werden sie wie Schnee weiß,
„„Wenn roth wie Scharlach,
„„Werden sie wie Wolle sein.
„„Wenn ihr zustimmet und höret,
„„Werdet ihr des Landes Fruchtbarkeit verzehren;
„„Wenn ihr versaget und mißhorchet,
„„Werdet ihr vom Schwerte verzehrt werden. —
„Wie ist zur Buhlerin die treue Stadt geworden!
„Einst von Recht erfüllt,
„„Jetzt voll von Mördern!
„„Dein Silber ist zu Schlacken geworden,
„„Dein Wein mit Wasser durchtränkt,
„„Deine Fürsten Wildlinge, Diebesgenossen;
„„Alles liebt Bestechung,
„„Hascht nach Bezahlung;
„„Der Waise nehmen sie sich nicht an,
„„Der Wittwe Klage kommt nicht zu ihnen.
. . . . . . . . . . . . .
„„Ich werde mit Scheidemittel deine Schlacken läutern,
„„Entfernen deine gemeine Beimischung,
„„Deine Richter, wie früher, einsetzen,
„„Deine Räthe wie im Ursprung.
„„Dann wirst du wieder Stadt der Gerechtigkeit,
„„Treue Burg genannt werden.
„Zion kann nur durch Recht erlöst werden
„Und ihre Bewohner durch Gerechtigkeit.
„Frevler und Sünder werden gebrochen werden,
„Und die Gott Verlassenden vergehen.
„Dann werdet ihr euch schämen der Terebinthen,
„Die ihr so liebt,
„Und erröthen ob der Gärten,
„Die ihr vorzieht.
„Ihr werdet wie eine Terebinthe sein,
„Deren Blätter abfallen.
„Wie ein Garten, der kein Wasser hat.
„Die Speicher werden zum Werg werden,
„Und der sie anlegt, zum Funken.
„Beide werden zusammen verbrennen,
„Niemand wird löschen"" [1]).

Die Fastenrede muß zermalmend gewirkt haben. Das Heil und die Errettung können nur durch eine gründliche sittliche Besserung und

[1]) Es braucht kein Wort darüber verloren zu werden, daß Jesaia Kap. 1 in die Zeit der Belagerung Sancherib's fällt und zwar nach V. 12—15 während einer Fastenversammlung. Diese fand nach Rabschake's Aufforderung statt, vgl. Könige II, 19, 1.

lautere Gesinnung einkehren; aber wie sollen diese so schnell herbeigeführt werden? Rabschake drängte auf eine Entscheidung; die Krieger und das Volk waren entmuthigt. Wie, wenn diese, um ihr Leben zu retten, die Thore öffneten und den Feind einließen? Aller Augen waren daher auf den Propheten Jesaia gerichtet. Der König sandte die höchsten Würdenträger und die Priesterältesten zu ihm, daß er für das unwürdige Volk, für den in Jerusalem zusammengedrängten Rest beten und ein beruhigendes Wort sprechen möge[1]. Wahrscheinlich in Folge eines inbrünstigen Gebetes kam der prophetische Geist über Jesaia, und das, was er ihm offenbart hatte, theilte er in kurzen Worten mit. Der König möge die Furcht vor dem höhnenden Sieger fahren lassen, Sancherib werde, von einer Nachricht erschreckt, die Belagerung aufheben und in sein Land zurückkehren[2]. Diese Verkündigung hat nicht bloß den König, sondern, wie es scheint, auch das zitternde Volk beruhigt. Chiskija ließ hierauf Rabschake eine für diesen unerwartete Antwort zugehen, daß er nicht Willens sei, die Stadt zu überliefern, weil er das feste Vertrauen habe, daß Gott sie gegen ein noch so zahlreiches Heer schützen werde[3].

Ehe noch Rabschake mit dem erhaltenen Bescheide zu Sancherib zurückkehrte, war schon eine Wandlung eingetreten. Tirhaka, der äthiopische König von Aegypten, welcher das Vordringen der Assyrer verhindern wollte, war ihm mit einem starken Heere entgegengezogen. Bei der Nachricht von dem Anrücken eines ägyptischen und äthiopischen Heeres, verließ Sancherib sein Standquartier von Lachisch, sammelte seine an mehreren Punkten zerstreuten Heereshaufen und zog weiter südlich bis zur ägyptischen Grenzstadt Pelusium, das er belagerte[4]. Als Rabschake ihm Chiskija's Entschluß mittheilte, mag der Großkönig in nicht geringe Wuth gerathen sein, daß der Fürst eines so kleinen Ländchens, dem nur die Hauptstadt geblieben war, gewagt hatte ihm zu trotzen. Sofort sandte er einen Brief durch Boten an Chiskija, worin er seine ganze Geringschätzung gegen das Ländchen und gegen den Gott, auf den sich Chiskija verließ, kund gab. Er zählte darin die mächtigen Städte auf, welche die Assyrer bereits erobert hatten. „Haben sie ihre Götter schützen können? Und du glaubst im Vertrauen auf deinen Gott gerettet zu werden[5]?"

[1]) Der Hauptzweck der Sendung des Königs an Jesaia liegt in den Worten Könige 19, 4 ונשאת תפלה בעד וגו'. So hat es auch Josephus richtig aufgefaßt, Alterth. X, 1, 3. [2]) Das. V. 6 und die Parallelstelle Jesaia 37, 6.

[3]) Diese Antwort Chiskija's ergiebt sich aus V. 10 das.

[4]) Nach Herodots Angabe II, 141, stand Sancherib's Heer vor Pelusium.

[5]) Könige das. V. 9 fg. Hier richtig: וישב וישלח מלאכים, dagegen in Jesaia 37, 9 unpassend וישמע וישלח.

Die Erwiderung auf dieses lästerliche Schreiben dictirte Jesaia. „Es verachtet dich, es spottet deiner die jungfräuliche Tochter Zions, hinter dir schüttelt das Haupt die Tochter Jerusalems. Wen hast du gelästert und geschmäht, gegen wen deine Stimme erhoben und deine Augen hoch aufgeschlagen? Gegen den Heiligen Israels! Durch deine Diener hast du Ihwh gelästert und meinst: „„Mit der Menge meiner Kriegswagen habe ich bestiegen die Höhe der Berge, die höchste Spitze des Libanon und abgehauen die hohen Cedern, die schönsten Cypressen. Ich habe gegraben und zum Flusse gebracht die Gewässer, und so werde ich auch mit meiner Fußsohle trocken machen alle Kanäle Aegyptens““. „Hast du es nicht gehört? Vor langer Zeit veranstaltet, aus uralten Tagen habe ich's geschaffen, jetzt habe ich es herbeigeführt, daß es feste Städte in Trümmerhaufen verwüste. Ihre ohnmächtigen Bewohner erschraken und wurden beschämt. Dein Ruhen und Ausziehen kenne ich (spricht Gott), auch dein Aufbrausen gegen mich. Da dein Aufbrausen und Toben mir zu Ohren gekommen, so werde ich einen Dorn in deine Nase bringen und ein Gebiß in deine Lippen und werde dich zurückführen den Weg, auf welchem du gekommen bist“ [1]).

Chiskija's Unmuth in Folge des lästerlichen Schreibens Sancherib's besänftigte Jesaia durch die bestimmte Versicherung, daß nur noch im laufenden Jahre und im folgenden die Noth bestehen werde, dann werde wieder Fruchtbarkeit im Lande einkehren. Ja, der kleine Rest Juda's werde noch zunehmen an Wurzeln unten und an Frucht oben, und dieser werde von Jerusalem ausgehen. Sancherib aber werde nicht einmal einen Pfeil gegen Jerusalem abdrücken, sondern auf seinem Wege zurückkehren, denn Gott werde die Stadt um seinetwillen beschützen [2]).

Während der König und die Großen, welche Jesaia's Prophezeiungen Glauben schenkten, sich der Hoffnung hingaben und in dem Abzug der vor Jerusalem lagernden Scharen den Beginn der Verwirklichung sahen, trat ein Ereigniß ein, welches wieder neuen Schrecken in Jerusalem hervorbrachte. Chiskija erkrankte an einem brandigen

[1]) Die Anrede an den König Sancherib in der zweiten Person das. V. 21—28 ist nur verständlich, wenn sie in einem Schreiben an denselben gerichtet worden. Man muß sie demnach als Antwort ansehen, welche Chiskija auf Sancherib's Schreiben durch Boten (Könige das. 19, 14) ertheilt hat; Jesaia hat sie dictirt.

[2]) Das. 29 fg. ist Jesaia's Anrede und zwar an den König gerichtet. Vor וזה לך האות scheint ein Vers zu fehlen, denn das folgende soll kein Zeichen sein, sondern das, was erst durch ein Zeichen bewahrheitet werden sollte. Es ist damit ausgedrückt, daß die Leiden höchstens zwei Jahre dauern würden. [Anders Klostermann zur Stelle.]

Geschwür so schwer, daß Jesaia selbst ihm rieth, Haus und Regierung zu bestellen, weil er nicht mehr von seinem Siechbette aufstehen werde. Der Tod des Königs in der drangsalsvollen Zeit, der, wie es scheint, damals noch keinen Sohn hatte, hätte das Zeichen zu Spaltungen unter den Fürsten Juda's gegeben und innerhalb der bedrängten Stadt den Bürgerkrieg entzündet. Das Volk hing mit ganzer Seele an diesem sanften und edeln König, er war der Odem für dessen eigenes Leben, und der drohende Verlust machte ihn den Bewohnern Jerusalem's nur um so theurer. Ganz besonders waren die Leviten und Sänger von Trauer über seinen möglichen Tod erfüllt. Ihre Gebete für seine Genesung hallten im Tempel wieder.

„Tage zu den Tagen des Königs mehre,
„Seine Jahre mögen wie Geschlecht und Geschlecht dauern,
„Er throne lange vor Gottes Antlitz . . . . .
„Gnade und Treue bestelle, ihn zu behüten.
„So will ich deinen Namen lobsingen für und für,
„Zu bezahlen mein Gelübde Tag für Tag"[1]).

Chiskija selbst wandte sich auf seinem Bette, mit dem Gesicht zur Wand gekehrt, unter Thränen im Gebet zu Gott. Darauf verkündete ihm Jesaia, daß sein Gebet erhört sei, Gott werde ihm Heilung senden, daß er am dritten Tage den Tempel werde besuchen können. Er soll ihm ein Zeichen dafür gegeben haben, daß der Schatten an der Sonnenuhr, die Achas eingeführt hat (o. S. 138), um zehn Grade wieder weichen werde. Durch Auflegen einer weichen Feigenmasse schwand das Geschwür, und er wurde wieder gesund. Als Chiskija genesen war, dichtete er einen tiefempfundenen Dankpsalm, der wohl ebenfalls im Tempel gesungen wurde:

„Ich wähnte:
„In der Mitte meiner Tage werde ich in des Grabes Pforte eingehen,
„Werde des Restes meines Lebens verkürzt werden,
„Ich wähnte, ich werde Gott nicht schauen,
„Nicht sehen Gottes Rettung im Lande der Lebenden.
. . . . . . . . . . . . .
„ . . . für sie, daß sie leben,
„Für jeden von ihnen ist der Odem meines Lebens,
„Lasse mich genesen und heile mich.
„Sieh' da! In Glück ist mir das Unglück verwandelt.
„Du hast meine Seele des Grabes Verwesung entzogen,
„Hast hinter dich all' meine Sünder geworfen.
„Denn das Grab rühmt dich nicht,
„Der Tod preist dich nicht.
„Ein Lebender gleich mir preist dich,

[1]) Ps. 61, vgl. Note 7.

„Der Vater giebt den Söhnen Kunde
„Von deiner Treue.
„Gott versprach mir zu helfen,
„So wollen wir seine Lieder singen
„Alle Tage unseres Lebens,
„So oft wir zum Tempel des Herrn hinaufziehen[1]).

Ueber die wiedererlangte Gesundheit des Königs herrschte große Freude in Jerusalem; aber sie war nicht rein, sondern mit beängstigenden Sorgen untermischt wegen der noch immer drohenden Feindseligkeit Sancherib's. Diese gedämpfte Freude tönt noch aus einem Liede aus jener Zeit heraus:

„Ihwh, deiner Macht wird sich der König freuen,
„Und deiner Hilfe, wie wird er frohlocken!
„Seines Herzens Wunsch hast du ihm gewährt,
„Und seiner Lippen Verlangen nicht versagt.
„Du wirst ihm mit Gaben des Guten entgegen kommen,
„Wirst auf sein Haupt die goldene Krone setzen.
„Um Leben hat er dich angefleht,
„Du hast es ihm gewährt,
„Dauer der Tage für und für.
„Groß wird seine Ehre durch deine Hilfe,
„Glanz und Herrlichkeit wirst du ihm auflegen.
„Ja, du wirst ihn zu Segnungen für immer einsetzen,
„Wirst ihn deines Blickes sich erfreuen lassen,
„Denn der König vertraut auf Ihwh
„Und auf des Höchsten Gnade,
„So wird er nicht wanken.
„Deine Hand wird deine Feinde erreichen,
„Deine Rechte erreichen deine Widersacher[2]).

Die Spannung und Bekümmerniß dauerten indeß in der Hauptstadt fort, so lange der Kampf Sancherib's gegen Aegypten nicht beendet war. Fiele der Sieg zu seinen Gunsten aus, so wären Juda und David's Thron verloren. Wie lange dieser Krieg und die Belagerung von Pelusium gedauert hat, läßt sich nicht bestimmen. Mit einem Male erscholl die freudige Nachricht in Jerusalem, die Assyrer und Sancherib selbst kehren in fluchtähnlicher Eile in ihre Heimath zurück (711). Was war geschehen, was aus dem zahlreichen Heer geworden? Genaues wußte man später nicht darüber, da der Schauplatz des Krieges weit ab lag. In Jerusalem erzählte man sich, eine verheerende Pest, ein Würgeengel, hätte in einer Nacht das ganze assyrische Heer, 185000 Mann, aufgerieben[3]). In Aegypten erzählten

[1]) Jes. 38, 7 fg.; vgl. Note 7.
[2]) Ps. 21, s. dieselbe Note.
[3]) Könige das. 19, 35 fg. und Parallelstelle.

die Priester: eine unzählige Menge von Feldmäusen hätte in einer Nacht im assyrischen Feldlager die Köcher, die Bogen und das Riemenzeug des Heeres bis zur Unbrauchbarkeit zernagt, wodurch die Assyrer und ihre Hülfstruppen, der Waffen beraubt, eilig die Flucht ergriffen hätten[1]).

Auf welche Weise auch der Untergang des zahlreichen Heeres Sancherib's erfolgt sein mag, den Zeitgenossen erschien er als ein Wunder, als ein von Gott verhängtes Strafgericht über des assyrischen Königs prahlerische Ueberhebung und Gotteslästerung. In Jerusalem war die auf die Beklommenheit folgende Freude um so stärker, als der Prophet wiederholentlich und vom Beginn des Einfalles an verkündet hatte, die Assyrer werden keinen Pfeil gegen Jerusalem abdrücken, und Sancherib werde auf dem Wege, auf welchem er gekommen war, unverrichteter Sache in seine Heimath zurückkehren.

Das Vollgefühl der Erlösung äußerte sich in Jerusalem in Jubelhymnen, welche von den levitischen *Korachiden* gedichtet und gesungen, im Tempel wiederhallten, herrliche Lieder, wahr in ihrem Inhalt und schön gegliedert in der Form.

„Gott ist uns Schutz und Macht,
„Als Hilfe in Nöthen bewährt gar sehr.
„Darum fürchten wir nicht, wenn die Erde sich wandle,
„Wenn Berge wanken in's Herz des Meeres.
„Mögen toben und schäumen seine Gewässer,
„Die Berge erzittern in seinem Gebrause,
„*Ihwh Zebaoth ist mit uns*
„*Zuversicht uns Jakob's Gott!*
„Strom und seine Kanäle werden die Gottesstadt erfreuen,
„Die heilige Stadt des Höchsten,
„Gott ist in ihrer Mitte,
„Sie wird nicht wanken.
„Es hilft ihr Gott bei der Wende des Morgens.
„Es tobten die Völker,
„Es schäumten die Reiche,
„Er erhob seine Stimme
„Da zerschmolz die Erde.
„*Ihwh Zebaoth ist mit uns*
„*Zuversicht uns Jakob's Gott.*
„Wohlan, schauet Ihwh's Thaten,
„Was er Erstaunliches gethan im Lande!
„Er machte aufhören den Krieg bis zu der Erden Grenzen,
„Zerbrach die Bogen, zerstörte die Lanzen.
„Wagen verbrannte er im Feuer.
„„Lasset ab und erkennet:

[1]) Herodot das.

„„Daß ich Gott bin,
„„Hoch unter Völkern, hoch auf Erden"".
„Jhwh Zebaoth ist mit uns
„Zuversicht uns Jakob's Gott" [1])."

Ein anderer Sänger, vielleicht ein Assaphide, verherrlichte diese außerordentlichen Vorgänge in Chiskija's Regierung durch einen ebenso schönen Psalm, welcher die Hoffnung aussprach, daß in Folge derselben alle Völker der Erde dem Gott Israel's Anerkennung zollen werden.

„Kund that sich Gott in Juda,
„In Israel [Jerusalem] ist groß sein Name,
„In Salem [Schilo] war sein Zelt,
„Sein Tempel aber in Zion.
„Da zerbrach er des Bogens Pfeile,
„Schild und Schwert und Krieg.
„Verehrungswürdig bist du,
„Mächtiger als Berge des Wildes.
„Waffenberaubt wurden die Starkherzigen,
„Entschlummerten in ihrem Schlaf,
„Und alle Tapferen fanden nicht ihre Hände,
„Von deinem Drohen, Gott Jakob's, versanken in tiefen Schlaf
„So Reiter, wie Roß.
„Ja, du bist furchtbar!
„Wer kann vor deines Zornes Macht bestehen?
„Vom Himmel ließest du Gericht vernehmen,
„Da erschrak die Erde und ward still,
„Als Gott sich erhob zu richten,
„Den Duldern des Landes beizustehen.
. . . . . . . . . . . . .
„Gelobet und haltet Eurem Gott,
„Alle seine Umgebung werden Geschenke der Ehrfurcht bringen
„Er hemmt den Uebermuth der Großen,
„Ist furchtbar den Königen der Erde" [2]).

[1]) Ps. 46. Ewald bezieht mit Recht diesen Psalm auf die Befreiung von der Invasion durch Sancherib, und Hupfeld hält ebenfalls diesen Hintergrund für wahrscheinlich. [So auch jüngst Keßler in Strack-Zöcklers kurzgef. Com., z. St.] In V. 10 sind einige Einzelheiten des Unterganges des assyrischen Heeres angedeutet, welche weder die biblische Erzählung überliefert, noch die ägyptischen Priester gekannt haben, die Herodot von der Flucht des Heeres Sancherib's erzählt haben. In V. 4 nimmt Hupfeld mit Recht den ausgefallenen Refrain ה' צבאות עמנו an, worauf auch das סלה hinweist. Dann besteht dieser schön gegliederte Ps. aus 3 Strophen. V. 7 kann מטו ממלכות nicht richtig sein, denn der Parallelismus zu המו גוים würde fehlen; diese Glieder in der zweiten Strophe entsprechen den Worten in der ersten Strophe יהמו יחמרו. Man muß daher auch hier lesen חמרו ממלכות oder ein anderes synonymes Verbum zu הכו:.

[2]) Psalm 76 beziehen fast alle Ausleger auf Sancherib's Zeit. Der Alexandr. Text hat sogar schon als Ueberschrift ᾠδὴ πρὸς τὸν Ἀσσύριον. In der Auslegung ist noch Manches zu verbessern, was hier auseinanderzusetzen zu weit-

So war denn Jerusalem von der Furcht vor den Assyrern befreit. Was Jesaia so nachdrücklich prophezeit hatte: Assur's Joch werde von Juda's Schultern weichen, hatte sich buchstäblich erfüllt. Die Landbewohner, welche theils in der Hauptstadt eingeschlossen, theils in der Nachbargegend Schutz gesucht oder, in Höhlen und Klüfte geflüchtet, verborgen waren, kehrten an ihren Herd zurück und bebauten in gesicherter Ruhe das Land. Es scheint, daß Chiskija das südliche Gebiet des Zehnstämmereichs, welches nach Auflösung desselben zu Assyrien geschlagen worden war, sich nach dem Abzug der Assyrer angeeignet hat[1]).

Da die Furcht vor einem finstern Blick des Königs von Assyrien geschwunden war, konnten sich die Judäer, deren Gebiet zu enge war, andere Wohnplätze aufsuchen, sich dort ansiedeln und ausbreiten. Die gesteigerte Zuversicht in Folge der außerordentlichen Rettung flößte ihnen kriegerischen Muth ein, nicht um ungerechte Angriffe zu machen, sondern um das Eigene zu retten. Die Philister hatten unter Achas ein ganzes Gebiet mit Städten an sich gerissen (o. S. 131). Chiskija mochte sie von ihnen auf friedlichem Wege zurückverlangt und sie ihm die Herausgabe verweigert haben. Er überzog nämlich ihr Land mit Krieg und nahm es bis zur südwestlichsten Stadt desselben, bis Gaza[2]), ein. Doch scheint er das Philisterland nicht Judäa einverleibt, sondern lediglich die judäischen Städte wieder davon losgetrennt zu haben. In dieser Zeit wanderten simeonitische Familien aus ihrem Stammgebiete, wo sie von den Stammesgenossen Juda's eingeengt waren, aus und drangen bis zum Südwesten des Philisterlandes vor bis in die Gegend von Gerar, verdrängten dort die Hirtenstämme chamitischer Abkunft und eigneten sich deren Weideplätze an[3]). Chiskija's Sinn

läufig wäre. Der kundige Hebraist wird die passenden Emendationen aus der Uebersetzung erkennen.

[1]) Folgt daraus, daß Chiskija's Urenkel Josia die Götzenaltäre in Bethel [II. Könige 23, 15] und anderen Städten Samaria's zerstört hat. Diese Gebiete müssen also zu dem davidischen Reiche gehört haben. Da nirgends angegeben ist, daß erst Josia sie wieder annectirt hätte, so müssen sie schon vorher im Besitz von Juda gewesen sein. Josia's zweite Frau war aus רומה oder ארומה, und diese Stadt, östlich von Sichem, gehörte zum Zehnstämmereich, Richter 9, 41, identisch mit תרמה das. 31. Wenn die Nachricht in Chronik II, 34, 9 sicher ist, so haben sich Manassiten, Ephraimiten und andere Israeliten von den Ueberbleibseln der Zehnstämme ebenso an den Gaben für die Restauration des Tempels unter Josia betheiligt, wie Jehudäer und Benjaminiten. Sie müssen also auch zu Juda geschlagen worden sein, und zwar nachdem die Macht Assyrien's gebrochen war.

[2]) Könige II, 18, 8.

[3]) S. Note 7.

war indessen nicht auf Krieg gerichtet. Sollte er doch das Vorbild eines Friedensfürsten sein! Es scheint, daß die benachbarten Völkerschaften in der That ihn als Schiedsrichter angerufen und Flüchtlinge und Verfolgte bei ihm Schutz gesucht haben. Als die Moabiter von Feinden bedrängt wurden, forderten sie einander auf, sich nach Zion zu wenden und den für Gerechtigkeit eifrigen König um Schutz anzuflehen.

„Sendet doch Geschenke, ihr Fürsten des Landes!
„Vom Felsen der Wüste zum Berge der Tochter Zions!
[Sprechet:] „„Bringe Rath, übe Schiedsgericht,
„„Mache der Nacht gleich deinen Schatten am hellen Mittag,
„„Verbirg die Verbannten, verrathe die Flüchtigen nicht.
„„Mögen in deiner Mitte Moab's Verbannte weilen,
„„Sei ihnen Schutz vor dem Zerstörer.
. . . . . . . . . . . . . . . .
„Gegründet ist [dort] der Thron durch Gnade.
„Es sitzt darauf im Zelte David's
„Ein Richter, das Recht eifrig suchend,
„Und eifrig in Gerechtigkeit [1]).

Hat Chiskija dennoch Eroberungen in Moab gemacht? Oder hat sich das Land ihm freiwillig unterworfen? Etwas dergleichen muß vorgekommen sein, denn unter Chiskija scheint es einen judäischen Statthalter von Moab (Pachat-Moab) gegeben zu haben. Dieses Amt hat einer judäischen Familie, wie es scheint, den Nachkommen des Feldherrn Joab, deren Oberhaupt es verwaltet hatte, den Namen „Pachat-Moab" verliehen [2]).

Obwohl keineswegs durch Kriegsthaten hervorragend, nahm Juda unter Chiskija doch nach Sancherib's Niederlage eine gebietende Stellung unter den Ländern ein, welche zwischen dem Euphrat und Aegypten lagen, die sich wohl zur selben Zeit von Assyrien losgelöst hatten. Ein König aus fernem Lande bestrebte sich ein Bündniß mit

[1]) Jesaia 16, 1. 3—5. So dunkel auch diese Prophezeiung, so räthselhaft namentlich der Zusammenhang und so ungewiß auch der Hintergrund ist, so ist sie doch in so weit durchsichtig, daß V. 5 sich nur auf Chiskija beziehen kann, wie es die Ausleger geahnt haben. V. 1 שלחו כר, was keinen Sinn giebt, muß in שלחו אשכר emendirt werden. Das Wort bedeutet = שַׁי Huldigungsgeschenk. Der Imperativ setzt voraus, daß die Moabiter in ihrer Noth einander auffordern, Huldigungsgeschenke nach Zion zu senden, damit diese Stadt die Flüchtlinge gut aufnehmen und beschützen möge. Die Aufforderung ergeht an die Häuptlinge. Man muß demnach statt מֹשֵׁל ארץ lesen מֹשְׁלֵי ארץ, dann ist dieser Passus vollständig verständlich. Nur muß man, was bereits einige Exegeten vorgeschlagen haben, V. 2 ausscheiden und V. 1 mit 3 und den folgenden verbinden [Vgl. jedoch Luzzatto zur Stelle].

[2]) S. Note 7.

ihm zu schließen. Babylonien, welches sich ein Menschenalter vorher von Assyrien freigemacht hatte, scheint durch den Aufschwung der assyrischen Macht unter Tiglat-Pileser, Salmanassar und zuletzt unter Sancherib ihr wieder erlegen zu sein. Babylonien hatte zwar eigene Könige, zwei nach dem Tode des Neugründers Nabonassar (o. S. 128), aber diese waren entweder Vasallen der assyrischen Könige oder deren Statthalter. Der fünfte König von Babylonien, Namens Merodach-Baladan (Mardokempad), Sohn Baladan's (721—710) bestand vielfache Kämpfe mit Assyrien [1]). Sobald die Niederlage Sancherib's in Babel bekannt geworden war, sandte Merodach-Baladan eine Gesandtschaft mit Briefen und Geschenken an Chiskija, unter dem Vorwande ihm zu seiner Genesung Glück zu wünschen, ohne Zweifel aber, um ein Bündniß mit ihm gegen den gemeinschaftlichen Feind zu schließen. Ueber diese Huldigung, die ihm aus einem entfernten Lande zukam, empfand Chiskija selbstverständlich große Freude, nahm die babylonischen Gesandten mit gebührenden Ehren auf und zeigte ihnen seine Schätze, namentlich die Vorräthe an Wohlgerüchen und besonders an Balsam, welcher eine Seltenheit war und weit und breit gesucht wurde. Diese Freude und diese Schaustellung Chiskija's gefielen Jesaia nicht. Er prophezeite für Juda Feindseligkeiten von Seiten des Landes, das mit ihm gesandtschaftliche Verbindung anknüpfen wollte. Der König nahm indeß die Rüge des Propheten in Demuth hin [2]).

Die fünfzehn Jahre, welche Chiskija nach dem Untergange des assyrischen Reiches (710—696) noch regierte, waren ein goldenes Zeitalter für die innere Entwickelung des „Restes von Israel", wie diejenigen Stämme und Stammüberbleibsel fortan genannt wurden, welche nach dem Untergange des Reiches Samaria zurückgeblieben waren. Ungestört konnte jeder unter seinem Weinstock und seinem Feigenbaume sitzen. Wie unter David und Salomo wanderten Fremdlinge in das glückliche Juda ein, wurden freundlich aufgenommen und schlossen sich dem Volke Israel an [3]). Die Verarmten und Gebeugten, die verachteten Dulder wurden von Chiskija aufgerichtet, um ihren geistigen Bestrebungen leben zu können. Jetzt erst konnte er nach seines Herzens Wunsch seinen Vorsatz ausführen, daß nur die Treuen des Landes, die Gottergebenen und Harmlosen, in seinem Palaste

[1]) Nach Berosus und Abydenus in Eusebius' Chronik. [Vgl. Schrader, K. A. T.$^{2}$ 338 ff. 343. 350 und desselben Artikel Merodach-Baladan bei Riehm-Bäthgen II u. die daselbst angeführte Litteratur.]

[2]) Jesaia 39, 1 fg. und die Parallelstelle Könige [II, 20, 12 ff.]

[3]) Die nach-chiskijanische Litteratur setzt das Vorhandensein von גרים in Juda und zwar von Idumäern, Aegyptern, Ammonitern und Moabitern voraus.

wohnen sollten (o. S. 203). Er war auch erlöst von den Fesseln, welche ihm der Palastaufseher Schebna und die Fürsten Juda's auferlegt hatten. In Folge der sichtbaren Hilfe von oben befreite er sich von der Vormundschaft und Abhängigkeit, in welcher diese ihn bis dahin gehalten hatten. Er zog die Dulder (Anawim) an seinen Hof, übertrug ihnen Verwaltungsämter und wohl auch Richterstellen. Die Jünger Jesaia's, welche dieser mit seinem Geiste getränkt hatte, wurden Chiskija's Vertraute. Sie wurden „Chiskija's Leute“ genannt[1]. Die Bösen, Frevler und Sünder, die Genußmenschen, die dem Alltagsleben fröhnten, schwanden zwar nicht aus dem Lande, aber sie hatten ihre Stellung und Macht eingebüßt. Kein Wunder, daß die Sänger diesen glücklichen Umschwung für sich und ihre Genossen, die Erhebung der Niedrigen und den Sturz der Hohen und Hochmüthigen, mit Triumphliedern feierten.

„Es jauchzet mein Herz in Jhwh,
„Erhaben ist meine Kraft in ihm,
„Mein Mund öffnet sich weit gegen meine Feinde.
„Denn ich freue mich Deiner Errettung.
„Niemand ist heilig gleich Jhwh,
„Denn Keiner ist Gott außer Dir,
„Und kein Hort gleich unserem Gotte.
„Sprecht nicht mehr Stolzes, Stolzes,
„Trotz weiche aus eurem Munde,
„Denn ein Gott des Wissens ist Jhwh,
„Und ihm sind die Thaten zugezählt.
„Mit dem Bogen sind die Starken gebrochen,
„Und die Schwachen gürten sich mit Kraft,
„Die Satten vermiethen sich um Brod,
„Und die Hungrigen sind voll.
. . . . . . . . . . . .
„Jhwh tödtet und belebt
„Stürzt in die Tiefe und zieht wieder herauf.
„Jhwh macht arm und reich,
„Erniedrigt und erhöht,
„Richtet die Armen aus dem Staub,
„Aus dem Schutthaufen erhebt er die Leidenden,
„Um sie neben die Vornehmen zu setzen,
„Und sie einen Ehrenthron einnehmen zu lassen.
„Denn des Herrn sind der Erde Pfeiler,
„Auf sie hat er den Erdkreis gegründet.
„Seiner Frommen Schritte bewacht er.
„Die Frevler aber werden im Dunkel untergehen;
„Denn nicht durch eigene Kraft siegt der Mensch.
„Jhwh's Widersacher werden gebrochen,

[1]) Sprüche 28, 1. S. Note 8.

„Auf sie donnert er aus der Höhe
„Und wird seinem König den Sieg gewähren
„Und erheben die Kraft seines Gesalbten [1]).

Ein ähnliches Lied eines assaphidischen Sängers wendet sich an die Gewalthaber und führt ihnen den erfahrenen Glückswechsel zu Gemüthe:

„Wir danken Dir, o Gott,
„Wir danken Dir,
„Die Deinen Namen anrufen, rühmen Deine Wunder.

. . . . . . . . . . . . . . . .

„Ich sprach zu den Wahnbethörten:
„„Seid nicht rasend““
„Und zu den Frevlern:
„„Traget nicht hoch euer Horn““.
„„Redet nicht mit stolzem Halse““
„„Denn nicht von Morgen und nicht von Westen,
„„Nicht aus der Wüste, nicht von den Bergen,
„„Sondern Gott richtet,
„„Diesen erniedrigt er, jenen erhöht er.
„„Denn ein Becher ist in der Hand Gottes
„„Und schäumenden Weines voll ein Gefäß,
„„Er gießt von diesem in jenen;
„„Aber die Hefe trinken, schlürfen alle Frevler des Landes.
„Ich aber werde auf immer preisen,
„Lobsingen Jakob's Gott““ [2]).

Ein anderer Psalmist knüpfte an dieses Dankgefühl eine allgemeine Betrachtung über die Gerechtigkeit Gottes an, die sich den Duldern so augenscheinlich geoffenbart hatte.

„Angenehm ist's dem Herrn zu danken,
„Zu lobsingen Deinen Namen, Hoher;
„Zu künden am Morgen Deine Gnade
„Und in den Nächten Deine Treue
„Zur Zehnsaite, zur Laute
„Und zum Spiel mit der Harfe.
„Denn Du hast mich erfreut mit Deiner That,
„Die Werke Deiner Gnade will ich singen.
„Wie groß sind Deine Werke, o Herr,
„Sehr tief Deine Pläne.
„Der verdummte Mann erkennt es nicht,
„Der Thor versteht Solches nicht.
„Wenn aufsproßten die Frevler wie Gras
„Und alle Uebelthäler blühten —
„Um vertilgt zu werden.

. . . . . . . . . .

„Denn sieh' da, Deine Feinde, o Herr,

[1]) Samuel I, 2, 1 fg. S. Note 7.
[2]) Ps. 75. S. Note 7 [Vgl. auch Keßler zur Stelle].

„Deine Feinde gingen unter,
„Es wurden zerstreut alle Uebelthäter.
„Mein Horn erhebt sich, wie das des Riesenthiers,
„Mein Alter ist wie frisches Oel.
„Mein Auge sah an meinen Widersachern,
„Mein Ohr vernahm an den frevlerischen Gegnern.
„„Der Gerechte wird wie die Palme aufsprießen
„„Gleich der Ceder des Libanon hochragen,
„„Gepflanzt im Tempel des Herrn,
„„Blühen in den Höfen unseres Gottes.
„„Noch im Alter sind sie saftig,
„„Markig und frisch werden sie sein,
„„Um verkünden zu können,
„„Daß gerade ist Gott, mein Hort
„„Und kein Fehl an ihm““[1]).

Wahrscheinlich stammt auch der Prachtpsalm, die höchste Vollendung dieser Dichtungsart, aus Chiskija's Zeit, jener Naturpsalm und schwungvolle Hymnus, welcher die Weltenschöpfung und die Vorsehung in lebendigen, naturtreuen und greifbaren Zügen vorführt. Der Jubel über den augenblicklichen Sieg der Guten über die Bösen flößte dem Sänger die Hoffnung ein, daß die Sünder überhaupt von der Erde schwinden werden, die Gott so wunderbar geschaffen und ebenso wunderbar erhält. Der Sänger faßt zum Schlusse die Bewunderung für die Thaten Gottes im Kleinen und Großen in wenigen Worten zusammen:

„Wie groß sind Deine Werke, o Gott!
„Sie alle hast Du in Weisheit geschaffen,
„Voll ist die Erde Deiner Geschöpfe.“

Und diese Bewunderung legte ihm den Wunsch nah, daß diese herrlich geschaffene und erhaltene Erde für immer ein weiter und würdiger Schauplatz, ein ewiges Zeugniß für die Güte Gottes bleibe, und nicht von den Frevlern in ein Jammerthal verderbt werden möge:

„Möge Gottes Herrlichkeit auf immer sein.
„Es freue sich Gott seiner Werke.“

Die sittliche Lauterkeit der Menschen möge über die Sünde siegen:

„Lobsingen will ich dem Herrn mein Lebenlang,
„Preisen meinen Gott in meinem Dasein,
„Angenehm sei ihm mein Lied,
„Ich freue mich des Herrn.

[1]) Ps. 92, V. 5. 8. 11—12 sprechen unzweideutig von bereits eingetroffenen Ereignissen, von dem Sturz der Uebelthäter einerseits und der Erhebung der Frommen andererseits. Folglich sind die Verba in V. 10 ebenfalls als Aoriste zu verstehen, und nur von der glücklichen Lage der Frommen oder Anawim unter Chiskija, erklärlich. [Mit den meisten Neueren hält der Verf. in seinem Comm. den Psalm für nachexilisch.]

„Es möge schwinden Sünder vom Lande,
„Und die Frevler nicht mehr sein.
„Preise meine Seele den Herrn![1])

Ueberhaupt war Chiskija's Regierung in der zweiten Hälfte derselben eine Zeit fröhlichen, begeisterten Sanges. Die schönsten Blüthen der Psalmenlitteratur stammen aus dieser Zeit. Nicht bloß Danklieder und heilige Hymnen entströmten den Seelen der levitischen Sänger, die wahrscheinlich für den Tempel verwendet wurden, sondern auch halbweltliche Lieder erklangen, allerdings auf den König Chiskija, den Gegenstand der Liebe und Verehrung für dieselben, gedichtet. Bei Gelegenheit seiner Hochzeitsfeier mit einer schönen Jungfrau, deren Reize des Königs Herz gerührt hatten, dichtete ein Korachide ein Lied der Liebe.

„Sprudele hervor, mein Herz, ein schönes Wort,
Sprechen will ich mein Gedicht dem König,
„Meine Zunge sei der Griffel eines gewandten Schreibers.

„Schön bist Du vor den Menschensöhnen,
„Ausgegossen ist Anmuth auf Deine Lippen,
„Darum hat Dich Gott gesegnet auf immer.

„Gürte dein Schwert, Held, Deine Zier, Dein Glanz,
„Siege, throne für das Wort der Wahrheit,
„Der Milde und der Gerechtigkeit,
„Dann wird Deine Hand Dich Wunderbares lehren.
„Deine Pfeile gespitzt —
„Völker fallen unter Dir —
„Gegen das Herz der Feinde des Königs.

„Deinen Thron hat Gott für immer gegründet,
„Ein Scepter des Gradsinns ist Deines Reiches Scepter.
„Du liebst das Recht, hassest das Unrecht,
„Drum salbte Dich Dein Gott
„Mit Freudöl und erkor Dich."

Der Sänger schildert dann die Wohlgerüche, von welchen des Königs Gewänder duften, das Saitenspiel, das ihn aus dem Palast von Elfenbein ergötzt, schildert die Jungfrau im goldenen Kranze, mit Perlen besetzt, in der Pracht einer Königstochter und redet sie an:

„Höre, Tochter, schaue und neige Dein Ohr,
„Vergiß Deine Familie und Dein Vaterhaus,
„Der König verlangte nach Deiner Schönheit,
„Er ist Dein Herr, so huldige ihm,
„Die Tochter Tyrus wird Dir mit Geschenken entgegenkommen,
„Anflehen werden Dich die Reichsten der Völker.

[1]) Ps. 104. Vergl. B. I, S. 82. Dieser Psalm kann nur aus Chiskija's Zeit stammen. Den Nachweis gedenke ich an einem andern Orte zu führen.

Das Liebes-Lied schließt mit dem Lob des Königs:

„Rühmen will ich Deinen Namen für Geschlecht und Geschlecht,
„Daß Völker Dich preisen für und für[1]).“

Die beiden Dichtungsarten, welche das hebräische Volksthum überhaupt als ureigenes, mit keinem anderen vergleichbares Erzeugniß geschaffen hat, die dichterisch gegliederte prophetische Beredtsamkeit und der Psalm, haben unter Chiskija ihre Gipfelhöhe erreicht. Beredter, gedankenvoller und formgewandter als Jesaia war keiner seiner prophetischen Vorgänger. An Innigkeit, Erhabenheit und künstlerischer Abrundung kommt kein Psalm aus der chiskijanischen Zeit der Drangsale und der Befreiung denen gleich. — Auch die dritte hebräische Dichtungsart, welche zwar nicht ausschließlich das eigenste Wesen des jüdischen Volksthums offenbart, aber doch von ihm tiefer und reicher ausgebaut wurde, als von den stammverwandten Völkern, fand in dieser Zeit eifrige Pflege. Die Spruchdichtung wurde von den Dichtern unter Chiskija nicht bloß gesammelt, sondern auch bereichert. Dieser Zweig, welcher bereits von Alters her gepflegt worden war, wurde in der nachsalomonischen Zeit noch weiter entwickelt. Man unterschied drei Gattungen: das einfache Gleichniß (Maschal), den zugespitzten Räthselspruch (Chiddah), welcher errathen werden mußte und zu denken gab, und endlich die auf Eindruck berechnete, mehr beredte Sentenz (Melizah). Das Gleichniß sprach entweder harmlos oder drückte Hohn aus und wurde zum Spottlied ausgebildet (Scheninah). Indessen sind diese drei Gattungen selten rein gebraucht worden, sondern gingen in einander über und entlehnten die Formen von einander.

Die Sprüche in ihrer Urform sind kurz gefaßt und bestehen größtentheils aus zwei Gliedern, die den Grundgedanken durch Wiederholung und Abwechselung scharf hervorheben und einprägen, oder die Kehrseite erkennen lassen. Solche Kernsprüche sind mehr als ein halbes Tausend überliefert und aufgezeichnet worden. Sie stammen zwar nicht sämmtlich aus einer Zeit, haben aber dasselbe Gepräge und einen gleichartigen Charakter. Ihre größtentheils kunstvolle Anlage bezeugt, daß sie nicht etwa Volkssprüchwörter oder geflügelte Worte waren, sondern daß sie aus einem Kreise stammen, welcher auf die schöne Form, auf Kunst und Geschmack Werth legt und sie zu handhaben verstand. Es waren Weise (Chachamim), welche diese verschiedenartigen Kernsprüche geformt haben[2]). Wahrscheinlich gehörten auch diese Weisen, wie die Psalmisten, den Prophetenschulen an und hatten Belehrung im Auge.

[1]) [Ps 45.] Vgl. darüber Note 8.
[2]) S. Note 6 über die Sprüche.

Aeltere Glieder dieser Schulen mögen wohl eingetretene Jünger und überhaupt Solche, welche Belehrung suchten[1]), durch Spruchweisheit zur richtigen Würdigung des Lebens und seiner verschiedenen Seiten angeleitet haben. Daher sind die Sprüche öfter in Form der Anrede gehalten, als wenn sie sich an einen einzelnen Zuhörer wendeten mit dem Eingange: „Höre, mein Sohn", oder: „hast du gesehen?" Die Weisen theilten auf diese Weise ihre Lebens-Erfahrungen mit. Die Sprüche geben daher ein hellbeleuchtetes Spiegelbild der Sitten und Anschauungen:

„Mancher stellt sich reich und hat gar nichts,
„Mancher stellt sich arm und hat viel Gut"[2]).
„Ein holder Stein (Zauberedelstein) scheint Bestechung dem Eigenthümer,
„Wohin er sich auch wendet, gelingt's ihm"[3]),
„Hingezogene Hoffnung macht das Herz krank,
„Lebensbaum ist ein eingetroffener Wunsch"[4]),
„Wer Korn zurückhält, den verfluchen die Leute,
„Segen für das Haupt des Verkäufers"[5]).

Das Königthum gab den Spruchdichtern Gelegenheit genug zu Sentenzen, die je nach dem Verfahren des Throninhabers lobend oder rügend zugespitzt wurden. Wahrscheinlich noch aus Salomo's Zeit, in welcher Gerechtigkeit und Billigkeit vom Throne gefördert wurden, stammt eine Reihe von Sprüchen, welche dem Könige eine hohe Bedeutung beilegen:

„Ein Zauberspruch ist auf des Königs Lippen,
„Im Rechtsspruch ist sein Mund unfehlbar.
„Gerecht Gewicht und Wage ist des Königs,
„Sein Werk (die Bestimmung) der Steine im Beutel.
„Ein Gräuel des Königs ist Frevel üben;
„Denn durch Gerechtigkeit wird der Thron gefestigt.
„Wohlwollen des Königs für aufrichtige Sprache,
„Wer Wahrhaftes spricht, den liebt er.
„Des Königs Zorn ist Todesbote,
„Ein weiser Mann kann ihn beschwichtigen.
„In des Königs freundlichem Blicke liegt Leben,
„Sein Wohlwollen gleicht Spätregengewölke[6]).
„Huld und Treue beschützen den König,
„Und er stützt seinen Thron durch Gnade,"
„Es schleudert hin die Frevler ein weiser König
„Und vergilt ihnen ihre Schuld"[7]).

1) Vgl. Sprüche 15, 12. 2) Das. 13, 7.
3) Das. 17, 8. 4) Das. 13, 12. 5) Das. 11, 26.
6) Sprüche 16, 10—15. V. 11 gehört entschieden ebenfalls zu diesen „Königssentenzen"; nur muß man statt לה' lesen לַמֶּלֶךְ; nur so paßt das Wort מַעֲשֵׂהוּ im zweiten Halbv. — V. 12—13 haben LXX für den Pl. מלכים den Singul.
7) Das. 20, 28. V. 8. wiederholt V. 26

Auf Salomo folgten andere Könige, meist böse, welche von Launen beherrscht waren und ihrem Zorne keine Schranken setzten. Auch ihr Verhalten hat die Spruchsammlung erhalten.

„Wie des jungen Löwen Brüllen, so des Königs Schreck,
„Wer ihn reizt, fehlt gegen sein eigen Leben[1].
„Ein brüllender Löwe und ein gieriger Bär
„Ist ein frevelhafter Herrscher über ein armes Volk"[2].

Eine Reihe von Sprüchen ist auf das Verhalten der Frauen geprägt. Die Frau hatte im israelitischen Alterthum keineswegs eine untergeordnete Stellung, sie war vielmehr dem Gatten ebenbürtig, sie war seine Gehülfin und die Erhalterin des Hauses, wenn sie ihren Beruf erkannte. Sie beherrschte auch den Gatten, verleidete ihm das Leben und führte hin und wieder den Untergang des Hauses herbei, wenn sie von Eigensinn, Laune, Rechthaberei beherrscht war oder sich ihren Gelüsten zügellos überließ. Die Spruchdichtung läßt überall erkennen, daß jeder Gatte nur eine einzige Frau besaß, und diese wird, je nach ihrem Charakter, gelobt oder verspottet.

„Ein wackres Weib ist des Mannes Krone,
„Und wie Fäulniß in seinem Gebein eine Verworfene.
„Die Weiseste unter den Frauen erbaut ihr Haus,
„Und die Thörin zerstört es mit eigenen Händen.
„Eine wackere Frau stützt die Ehre,
„Wie Fleißige stützen den Reichthum.
„Haus und Gut ist das Erbe von Vätern,
„Von Gott verliehen ist eine verständige Frau.
„Wer ein gutes Weib gefunden,
„Hat ein Gut gefunden
„Und Wohlwollen erworben vor Gott.
„Ein Nasenstäbchen von Gold in eines Schweines Nase,
„So eine schöne Frau, der Klugheit baar.
„Besser zu wohnen auf des Daches Zinne,
„Als mit einem zänkischen Weibe in einem weiten Hause
„Besser zu wohnen im Lande der Wüste,
„Als mit einem Weibe des Zankes in Unmuth.
„Eine verscheuchende Traufe am Tage des Regenschauers (?)
„Ist eine Frau des Zankes und des lärmenden Tobens:
„Sie zu beschränken, hieße Wind beschränken
„Und auf Oel würde seine Rechte treffen[3].

[1]) Das. 20, 2; vergl. 19, 12.

[2]) Das. 28, 15.

[3]) Das. 12, 4; 14, 1. 11, 16. Statt חן muß man wohl lesen חיל und, statt עריצים haben schon LXX ἀνδρεῖοι = חרוצים; 19, 14. 18, 22, der Zusatz טובה hinter אשה ist nothwendig LXX. 11, 22, טעם kann hier nur bedeuten wie טעם זקנים, Klugheit, Verstand, einsichtsvoller Sinn. 21, 9 (auch 25, 24); 21, 19. 27, 15—16; in diesem V. ist נשתוה schwerlich ein Verbum, vergl. Lagarde

Am schärfsten betonten die Spruchdichter das religiöse und sittliche Leben, sie stellten es als das höchste Ideal dar und faßten die Gedanken zugleich so gedrungen und einfach, daß sie auch für Denkträge verständlich wurden. Der Geist der Propheten sprach aus ihnen, und was diese, vom Augenblick ergriffen, in längeren Reden nur so hingeworfen haben, haben die Spruchdichter in kernigen Gnomen allgemein verständlich gemacht. Die Vorstellungen von Gott und seinem Wesen sind die lautersten und erhabensten, die je von einem menschlichen Geist gedacht wurden:

„An allen Orten sind Gottes Augen,
„Spähen Böse und Gute.
„Grabestiefe und Hölle sind Gott gegenwärtig,
„Um wie viel mehr der Menschen Herzen.
„Jedem Menschen scheint sein Weg lauter zu sein,
„Aber Gott bestimmt die Geister.
„Des Menschen Herz plant seinen Weg,
„Gott aber richtet ihm den Schritt.
„Durch Liebe und Treue kann die Sünde gesühnt werden,
„Und durch Gottesfurcht kann man das Böse meiden.
„Gerechtigkeit und Recht üben,
„Ist Gott lieber als Opfer.
„Ein Gräuel ist Gott das Opfer der Frevler,
„Das Gebet der Redlichen hat sein Wohlwollen.
„Ein Gräuel ist Gott der Weg des Frevlers,
„Den, der Gerechtigkeit erstrebt, liebt er.
„Trügerische Wage ist Gott ein Gräuel,
„Volles Gewicht hat sein Wohlwollen.
„Doppelgewicht und Doppelmaß,
„Beides ist Gott verhaßt.
„Wer vermag zu sprechen,
„Ich habe mein Herz geläutert,
„Bin rein von meinen Sünden?"[1]).

Am zahlreichsten sind in der Sammlung Sentenzen über das sittliche Leben enthalten, goldene Sprüche, desgleichen kein Volk des Alterthums aufzuweisen hat. Der Grundgedanke aller dieser Sprüche ist:

„Wer in Harmlosigkeit wandelt, geht sicher"[2]).

Aus diesen folgen von selbst die Verhaltungsregeln für's Leben und für die Mäßigung der selbstischen Regungen und Leidenschaften.

zur griech. Uebersetzung der Prov. S. 86; es ist wohl eine Subst.-Form wie חשואר. Das Wort סגריר ist wohl auch nicht heil. צפניה bedeutet: wer die lärmend-zänkische Frau einsperren wollte, könnte ebenso gut Wind einsperren. יִקְרָא, Ewald richtig = יִקָּרֵה, aber ימינו ist Subjekt und שֶׁמֶן Objekt.

[1]) Das. 15, 3. 11; 16, 2 (21, 2); 16, 9; 16, 6; 21, 3; [15, 8. 9.] 11, 1 20, 10; 20, 9.

[2]) Das. 10 9.

„Besser ein Langmüthiger als ein Held,
„Und wer seinen Ungestüm beherrscht,
„Besser als ein Städtebezwinger.
„Eine Zier des Menschen ist es, langmüthig zu sein,
„Und sein Ruhm, über den Fehl hinwegzugehen.
„Eine durchbrochene Stadt ohne Mauer ist ein Mann,
„Der seinen Ungestüm nicht hemmt.
„Besser ein wenig in Gerechtigkeit,
„Als Fülle von Ertrag ohne Recht.
„Besser ein Stück trocknes Brot und Frieden dabei,
„Als ein Haus voll von Opfern des Streites“[1]).

Das thätige Leben, Emsigkeit und Fleiß, ward ganz besonders empfohlen und die Trägheit aufs schärfste gegeißelt.

„Wer seinen Acker bestellt, wird des Brodes satt,
„Wer Windbeuteleien nachläuft, ist sinnlos,
„Ein schnell errafftes Vermögen vermindert sich,
„Wer sammelt auf die Hand, mehrt es.
„Auch einer, der in seiner Arbeit erschlafft,
„Ist der Genosse des Zerstörers.
„Hat der Träge seine Hand in den Schoß verborgen,
„So ist er müde, sie zum Mund zu bewegen.
„Vor Kälte pflügt der Träge nicht,
„Wird in der Erntezeit betteln — vergebens.

„An dem Felde eines trägen Mannes ging ich vorüber und an dem Weinberg eines Unverständigen und siehe da, er war ganz in Unkraut aufgeschlossen, die Oberfläche war mit Kreuzdorn bedeckt, und der Steinzaun war eingefallen. Als ich das sah, nahm ich es mir zu Herzen: ein wenig Schlaf, ein wenig Träumerei, ein wenig Händefalten, um zu liegen, da trifft wie ein Trabant deine Armuth ein und dein Mangel wie ein Schildträger[2])“.

Eine Reihe zusammenhängender Kernsprüche, deren Ursprung aus Chiskija's Zeit bezeugt ist, charakterisieren Vorgänge im Innern und setzten Gewissenskämpfe voraus. Dieser edle König suchte seinen Vorsatz, die Bösen aus seiner Nähe zu bannen und sich mit Guten zu umgeben, zu verwirklichen. Aber allein ist auch ein König nicht im Stande, eine solche Säuberung durchzuführen, sein Auge reicht nicht weit genug und kann nicht immer die Aufrichtigkeit von der Heuchelei, die Wirklichkeit von dem Schein unterscheiden. Chiskija bedurfte daher der Vertrauten,

[1]) Das. 16, 32; 19, 11; 25, 28; 16, 8 (15, 16); 17, 1 (15, 17).

[2]) 12, 11 (28, 19); 13, 11 (20, 21); 18, 9; 19, 24 (26, 15); 20, 4; 24, 30—34, der Schluß auch 6, 10—11 fg.; an der ersten Stelle offenbar ursprünglicher, weil ausführlicher. Der Spruch ist also älter als der Prolog zu Mischle. Auch hier muß gelesen werden במהלך, wie dort כמהלך steht. Beide Wörter bedeuten — nach מהלך כרגל — „einen Trabanten“ gleich רָץ.

welche ihm bei der Ausscheidung und Auswahl behülflich sein konnten. Waren diese edel, gottesfürchtig und seines Vertrauens würdig, so mußten sie um so mehr Gewissensregung empfinden, auf den bloßen Schein hin diesen und jenen dem König zu empfehlen. Sollten sie sich aber von ihrer Gewissenhaftigkeit hindern lassen, dem König unwürdige Diener in seiner Umgebung als solche zu bezeichnen und sie zu entlarven? Schweigen und Sprechen, Enthaltung und Eifer, beides war oft bedenklich für die Gewissenhaften. Und auf der anderen Seite: Sollten sich diejenigen, welche vom aufrichtigen Eifer erglüht waren, dem König bei der Säuberung behülflich zu sein, zu den Stufen des Thrones drängen, um ihre Erfahrungen und Rathschläge über den Charakter von Personen anzubringen, ohne dazu berufen zu sein? Und wenn berufen, sollen sie stets sein Ohr belagern? Für solche Gewissenskämpfe scheint einer der Weisen aus der Umgebung des Königs in Spruchform seine Rathschläge ertheilt zu haben, um die schmale Grenzlinie zwischen zu viel und zu wenig Eifer zu bezeichnen: dem König sollte man allerdings Gelegenheit geben, die Schlechtigkeit zu ahnden, aber nicht auf Hörensagen hin Anklagen gegen Personen anbringen und besonders nicht zudringlich sein.

„Gottes Ehre ist es, etwas zu verhüllen,
„Des Königs Ehre ist es aber, zu untersuchen.
„Wie der Himmel an Höhe, die Erde an Tiefe,
„So ist des Königs Herz unergründlich
„Entfernt man Schlacken aus Silber,
„So gelingt dem Schmelzer ein Geräth;
„Entfernt man einen Frevler aus des Königs Gegenwart,
„So wird sein Thron durch Gerechtigkeit gefestigt.
„Brüste dich aber nicht vor dem König,
„Und vor Großen bleib nicht stehen.
„Denn besser ist's, man sagt dir: „Komm' herauf"!
„Als daß man Dich erniedrigt vor einem Vornehmen.
„Was deine Augen selbst gesehen haben, sage aus.
„Ziehe nicht eilig zur Anklage aus,
„Sonst könnte . . . . . . .
„Und was würdest du am Ende beginnen,
„Wenn dein Nächster dich beschämt?
„Deine eigene Klage mache gegen deinen Nächsten geltend,
„Eines andern Geheimniß decke nicht auf,
„Sonst könnte dich der Hörer beschuldigen,
„Und deine Bösrede kann nicht rückgängig werden
„Goldene Aepfel in silbernen Kunstgefäßen
„So ist ein Wort in passender Weise gesprochen.
„Ein golden Nasenstäbchen und ein edles Geschmeide,
„So ist ein Warner für ein gelehrig Ohr.
„Wie Schneekälte am Tage der Ernte,

„So ein treuer Sendbote für seinen Sender,
„Er labet seines Herrn Gemüth.
„Wolken und Wind ohne Regen,
„So ein Mann, der sich trügerischer Gabe rühmt.
„Durch Langmuth wird ein Häuptling überzeugt,
„Dagegen zerbricht ein Knochen die weiche Zunge.
„Hast du Honig gefunden, so iß' nur zur Genüge,
„Damit du seiner nicht übersatt werdest und ihn ausspeiest.
„Setze deinen Fuß selten in deines Nächsten Haus,
„Damit er deiner nicht übersatt werde und dich hasse.
„Keule, Schwert und gespitzter Pfeil,
„Wer falsches Zeugniß gegen seinen Nächsten spricht.
„Ein wackliger Zahn, ein wankender Fuß,
„So die Zuversicht auf einen Ungetreuen am Tage der Noth.
„Essig auf eine Ritzwunde,
„So wer Lieder singt für ein unglückliches Herz.
„Hungert dein Feind, so gieb ihm Brod,
„Dürstet er, so reiche ihm Wasser;
„Denn Kohlen schürest du auf sein Haupt,
„Und Gott wird es dir vergelten"[1]).

War diese Dichtungsart einmal ausgeprägt, so war es leicht, sie fortzubilden. Für die tieferen Beobachter des Lebens der Einzelnen und der Völker im Geiste der großen Propheten, wenn sie nur dichterische Begabung besaßen, gestaltete sich von selbst jede Erfahrung zu einem allgemeinredenden Kernspruche. So lange dieser prophetische Geist im Kreise der Auserwählten thätig war, wurde diese Spruchdichtung fortgesetzt, selbst noch über die Zeit des nationalen Unterganges hinaus. Die Propheten bedienten sich ebenfalls der gnomischen Redeweise und der Räthselsprüche. Dagegen wurde die Fabel- und Parabeldichtung nicht ausgebaut, obwohl ein Ansatz dazu gemacht worden war und leicht hätte fortgesetzt werden können. Da die Poesie im israelitischen Volke niemals Selbstzweck lediglich zur Befriedigung des Formensinnes war, sondern einem höheren Zweck diente und daher durchweg einen lehrhaften und erziehenden Charakter hatte, so war die Fabeldichtung, welche doch denselben Dienst leisten sollte, überflüssig geworden.

Wozu brauchten die Dichter dem Volke und den Großen auf Umwegen, durch Thiergespräche und Einkleidungen das, was ihnen frommt, mitzutheilen, wenn diese es auf geradem Wege durch den Mund der Propheten erfuhren? Diese waren doch die unermüdlichen Wächter, standen auf ihrer Warte, berufen, Heil und Unheil ohne Mummerei und Fiction zu verkünden. Selbst in gefahrvollen Tagen,

[1]) [Spr. c. 25, 2 ff.] S. darüber Note 8.

wenn die Mächtigen das freie Wort unterdrückten, scheuten es die Gottesmänner nicht, der Wahrheit die Ehre zu geben und mit Gefahr ihres Lebens ihre warnende Stimme zu erheben. In der Heimath der prophetischen Beredtsamkeit konnte die Fabeldichtung nicht gedeihen. Wenn es nöthig und ersprießlich schien, verblümt zu sprechen, so wurde eine andere Form dafür gewählt. Nicht Thieren legten diese Weisen und Dichter warnende Winke in den Mund, sondern der Geschichte, dem Alterthum. Die Wahrheiten, welche das Geschlecht von heute beherzigen sollte, wurden aus dem Munde der verehrten Vorfahren oder der Weisen aus alter Zeit verkündet. Indessen bis zu Chiskija's Zeit war dieser Litteraturzweig, die dichterische Veranschaulichung der Vergangenheit im Lichte der Gegenwart zur Beherzigung für das jüngere Geschlecht, noch wenig angebaut. Die Wahrheit brauchte noch nicht ein erborgtes Gewand umzuhängen; sie durfte sich in ihrer Natürlichkeit und Einfachheit zeigen. Die Poesie fand daher nur in diesen drei Formen ihren Ausdruck: in der prophetischen Beredtsamkeit, in dem psalmistischen Erguß und in der Spruchdichtung. Die höchste Blüthe desselben fällt, wie schon erwähnt, in die chiskijanische oder jesajanische Zeit.

Bis an sein Lebensende konnte Chiskija ruhig und ungestört regieren. Sancherib's Niederlage war so gewaltig, daß er einen neuen Feldzug gegen Juda nicht unternehmen konnte. Es scheint, daß er in Babylonien harte Kämpfe zu bestehen hatte, als er es zur Vergrößerung seiner Macht wieder erobern wollte [1]). In Juda waren selbstverständlich die Augen stets auf Assyrien mit Spannung gerichtet, weil immer noch ein Einfall von dort aus befürchtet wurde. Mit Freuden vernahm man daher die Nachricht, daß Sancherib, der so hochmüthige und lästerliche Worte gegen Israel's Gott und sein Volk ausgestoßen hatte, von seinen eigenen zwei Söhnen Adrammelech und Nergal-Scharezer im Tempel eines der assyrischen Götter ermordet worden war [2]). Chiskija erlebte wahrscheinlich noch den, die strafende Hand Gottes bekundenden Tod des assyrischen Großkönigs, vor dem er gezittert und sich gedemüthigt hatte. Die in Ninive ausgebrochene Zwietracht gab der Hoffnung Raum, daß von dort aus keine Eroberungspläne mehr ausgehen würden. Von Chiskija's Lebensende (696) ist gar nichts bekannt. Er war der letzte König, dessen Leiche in der Königsgruft beigesetzt wurde. Das Volk, welches ihm mit Liebe

[1]) Berosus bei Eusebius.

[2]) Jesaia 37, 38. Vgl. Monatsschr. Jg. 1872, S. 537 fg.

zugethan war, veranstaltete für ihn eine glänzende Bestattung[1]). Er hinterließ, wie es scheint, nur einen einzigen Sohn Manasse, welchen seine Gemahlin Chephzi-bah wenige Jahre nach dem Ende des assyrischen Krieges geboren hatte[2]).

[1]) Chronik II, 32, 33.

[2]) Folgt daraus, daß Manasse bei seinem Regierungsantritt erst 12 Jahre alt war. Aus Jesaia 39, 7 scheint hervorzugehen, daß Chiskija zur Zeit der Bedrängniß noch keinen Sohn hatte. V. 38, 19 spricht nicht dagegen.

## Neuntes Kapitel.

### Die vorletzten davidischen Könige.

Manasse's Regierung. Fanatischer Haß gegen Chiskija's Ordnung. Das scheußliche und unzüchtige Götzenthum wird eingeführt. Verhalten der Ahroniden dazu. Prophetenmord. Psalm aus dieser Zeit. Assar-Haddons Kriegszug gegen Aegypten. Die Chuthäer. Manasse's Gefangenschaft, Rückkehr und Tod. Die Könige Amon und Josia. Der Prophet Zephanja. Die Assyrer und Meder. Einfall der Skythen. Josia's Sinnesänderung. Ansatz zur Ausbesserung des Tempels. Der Prophet Jeremia. Seine eigenthümliche Beredtsamkeit. Die Bekehrung der Familie Schaphan. Das Gesetzbuch wird im Tempel gefunden.

(695 — 621).

Es war dem judäischen Volke nicht beschieden, auch nur einige Menschenalter hindurch glückliche Tage zu genießen, als sollte sich seine Kraft durch den raschen Wechsel von Gunst und Ungunst erproben. Auf die gedrungene Kraft und Einheit der zweiten Hälfte der chiskijanischen Regierung folgte rasch Zerfahrenheit und Schwäche, auf die behagliche Ruhe wildstürmende Unruhe, auf die Blüthenpracht geistiger Erzeugnisse ermattende Dürre. Unfälle politischer Natur sind zwar in den Tagen von Chiskija's Nachfolger nicht eingetreten; sie bedrohten das Land nur von Ferne, und die Gefahr ging schnell vorüber. Aber im Innern entstanden widerwärtige Zustände, welche eine Zerklüftung zu Wege brachten und dadurch eine dauernde Schwächung herbeiführten. Was kann es Schlimmeres für ein staatliches Gemeinwesen geben, als wenn die Glieder desselben in Eifersucht und Haß gegen einander entbrannt sind, und die Landbevölkerung eine tiefe Abneigung gegen die Hauptstadt desselben empfindet? Solche Zustände entwickelten sich unter Chiskija's Sohne, der zum Unheil für das Land über ein halbes Jahrhundert regierte (695—641). Einige Schuld an den eingetretenen Mißständen trug Manasse's Jugend. Unter einem Fürstenknaben von zwölf Jahren, der auf dem Throne sitzt, dessen Regierung aber in den Händen seiner Diener liegt, ist für den Ehrgeiz, die Habsucht und noch häßlichere Leidenschaften Thür und Thor geöffnet, wenn die Regierenden nicht sittlich hochstehen oder die Liebe zum Vaterlande über die Selbstsucht setzen. So hoch standen aber die Fürsten Juda's, welche den davidischen Thron umgaben, nicht. Sie waren vielmehr durch die Zurücksetzung, welche sie unter Chiskija erfahren hatten, von Ingrimm beherrscht und von dem Bestreben beseelt, ihre alte Stellung wieder einzunehmen, die Eindringlinge daraus zu verdrängen und womöglich ihre Rachegelüste an ihnen zu kühlen. Wahrscheinlich hatte Chiskija vor seinem Tode einen Palasthauptmann oder Verweser nach seinem Sinne eingesetzt, welcher während der Minderjährigkeit des jungen Königs den Staat leiten sollte. Aber sei es, daß dieser durch die Ränke der Großen gestürzt wurde oder aus Rücksichten sich mit ihnen verbunden hatte, genug es kamen Hofdiener und Beamte an's Staatsruder, welche nichts Eiligeres zu thun hatten, als alles das umzustoßen, was Chiskija eingeführt hatte. Die von diesem König, man weiß nicht recht, ob man sagen soll, wiederhergestellte alte oder durchgeführte neue Ordnung wurzelte in der altisraelitischen Lehre von der Einzigkeit und Bildlosigkeit Gottes, von dem Abscheu gegen alles götzendienerische Wesen und von der Einheit des Cultus. Diese Ordnung wieder umzustürzen, war der Fanatismus derjenigen, welche unmittelbar oder mittelbar an der Spitze der Regierung standen. Es bildete sich eine götzendienerische Partei, welche nicht bloß aus Gewohnheit, Nachahmungssucht oder verkehrter religiöser Vorstellung, sondern aus leidenschaftlichem Hasse das Ur-Israelitische verfolgten und Fremdes bevorzugten. Es waren Diejenigen, welche schon unter Chiskija heimlich dem Götzenthum zugethan waren; durch Ueberredung suchten sie auch die Lauen dafür zu gewinnen [1]).

An der Spitze dieser Partei standen die Prinzen, entweder jüngere Söhne oder Vettern des Königs Achas, welche Chiskija's Werk als Neuerung oder gewissermaßen als Auflehnung des Sohnes gegen die Bestimmungen des Vaters verabscheut und mit Ingrimm ertragen hatten. Ihrem Einflusse und ihrer Leitung war der junge Manasse preisgegeben, aus ihrer Mitte war wohl der neue regierende Palasthauptmann. Den Kern der dem Götzendienste huldigenden Partei bildeten die Fürsten Juda's, theils auch Rachegefühl wegen der erfahrenen Zurücksetzung und theils aus Hang zum zügellosen Leben, welches das Götzenthum so sehr förderte [2]). Gewiß nicht lange nach Manasse's Thronbesteigung schritten die Großen, welche im Namen des Königs handelten, zur Ausführung der von ihnen entworfenen Systemänderung. Zuerst wurde bekannt gegeben, daß die Höhenaltäre, welche Chiskija

[1]) Vergl. Deuteron. 13, 7 fg.

[2]) Daß die Königssöhne, d. h. die Prinzen und die Fürsten, Anhänger des eingeführten Götzencultus waren, folgt aus Zephanja 1, 5—9 ופקדתי על השרים ועל בני המלך. Zephanja hat zwar erst zur Zeit Josia's prophezeit; allein da der Götzendienst von Manasse an bis zum 18. Regierungsjahr Josia's gedauert hat, so gilt das, was Zephanja von der Josianischen Zeit vor der Reform schildert, auch von Manasse's Zeit. Dazu gehört noch das. 3, 3—4.

so streng verdammt hatte, wieder gestattet seien. Dadurch war das Volk im Großen für die Aenderung gewonnen, weil es Chiskija's Gebot für eine Beschränkung der Freiheit betrachtet hatte, die geheiligte Cultusstätte nicht missen mochte, und es überhaupt unbequem fand, mit den Opfern stets nach Jerusalem wandern zu müssen. In Jerusalem und im Tempel selbst vervielfältigten die Staatslenker die Gräuel des wüsten Götzendienstes. Nicht bloß der altkanaanitische Cultus, den Achab und Isebel im Zehnstämmereiche und Athalia in Jerusalem unter harten Kämpfen eingeschleppt hatten, und der unter Kämpfen wieder abgeschafft worden war, sondern auch die assyrisch-babylonische Götterverehrung wurde wie zum Hohne des Gottes Israels, dem der Tempel geweiht war, wieder eingebürgert. Altäre in den beiden Tempelvorhöfen für Baal und Astarte, kleine Altäre auf Dächern zur Verehrung der fünf Irrsterne wurden wieder eingeführt. Ueberhaupt wurden Achas' Werke wieder aufgefrischt, ein Sonnenwagen wurde dem Tagesgestirn geweiht und dazu Rosse unterhalten, um an gewissen Festen in Procession auszufahren. Im Tempelvorhofe wurde ein großes Bildniß (Ssêmel), wahrscheinlich das der assyrischen Göttin Mylitta (auch Aschera genannt), aufgerichtet, gewissermaßen um dem Gott Israels Kränkung zu bereiten[1]). Verderblicher noch als diese äußeren Abzeichen des gemischten wüsten Götzenthums waren die sittlichen Folgen. Für die Astarte oder Mylitta wurden Tempelbuhlen und Buhlerinnen (Kedeschot) unterhalten und Zellen für deren unzüchtiges, die Keuschheit höhnendes Wesen eingerichtet[2]). Auch die Scheiter-

[1]) Was Könige II, 21, 7 פסל האשרה und 23, 6 האשרה genannt wird, heißt Chronik II, 33, 7 bestimmter פסל הסמל. Es ist wohl identisch mit dem, was Ezechiel 8, 5 סמל הקנאה und V. 3, סמל הקנאה המקנה genannt wird, nämlich המקנה gleich המקנא, das Eifersucht erregen sollte. Das Wort סמל kommt nur noch Deuteron. 4, 16 vor und ist wahrscheinlich assyrischen Ursprungs als Bezeichnung für Mylitta; daher wird es auch mit אשרה identificirt.

[2]) Könige das. 23, 7: הנשים ארגות שם בתים לאשרה ist unverständlich. Für בתים zu lesen בגדים, etwa nach Peschito, macht es nicht verständlicher. LXX haben dafür *Χεττιείμ* und das Targum מְכִילָן. Dieses Wort erinnert an כילא und כילתא, ursprünglich ein „Brautgemach“ und dann „ein Bett mit Vorhängen“. Das Wort קבה Numeri 25, 8 giebt die P. durch קילתא wieder, was von *κέλλα* cella herkommt. Kurz בתים bedeutet hier höchst wahrscheinlich Zellen, vielleicht für קבתים. Es erinnert an die Relation Herodot's (I, 199), daß die babylonischen Weiber einmal im Jahre sich für die Mylitta dem ersten besten preisgaben, der ihnen zurief: „*ἐπικαλέω τοὶ τὴν θεὸν Μύλιτταν*“, und ihnen ein Silberstück in den Schoß warf. Diese religiöse Unzucht wurde getrieben nach Herodot *ἔξω τοῦ ἱεροῦ* „außerhalb des Tempels“, also gewiß in abgesonderten Zellen in der Nähe des Tempels, auf geweihtem Raume: *ἐν τεμένει*. Derselbe unzüchtige Gebrauch herrschte wohl auch bei den Assyrern: denn Herodot bemerkt das., daß Aphrodite von den Assyrern Mylitta genannt wurde.

hausen (Tôpheth) im schönen Thale Ben-Hinnom wurden wieder eröffnet, um bei Unglücksfällen zarte Kinder für den Moloch dem Feuer zu übergeben. Solche kaum glaubliche Scheußlichkeiten, welche das Zehnstämmereich unter den Omriden weit übertrafen, kamen unter Manasse wieder in Schwung; dieser König muß wohl sein Gefallen daran gefunden haben, da er sie im reifen Alter nicht abgestellt hat. Man legte es darauf an, den Gott Israels ganz und gar in Vergessenheit zu bringen. Die Partei der Götzendiener überredete sich und Andere, eben dieser Gott sei ohnmächtig, er könne weder Glück noch Unglück bringen[1]). Die Nachahmungssucht hatte ebenfalls Antheil an dieser religiösen und sittlichen Verkehrtheit. Die Führer des judäischen Gemeinwesens wollten durchaus den übrigen Völkern gleich sein und die Scheidewand hinwegräumen, welche sie von ihnen trennte, und ihre Vergangenheit auslöschen[2]). Durch Gewohnheit und durch Zwang, welcher auf die Widerstrebenden ausgeübt worden sein mag, verbreitete sich dieses Unwesen, von dem Hofe und den Fürsten ausgehend, über das Land. Die Priester aus ahronidischem Stamm mochten sich Anfangs dagegen gesträubt haben, zu diesem Abfall vom Gott Israels die Hand zu bieten. Es wurden daher Götzenpriester (Khemarim) in's Land gezogen, wie zur Zeit Isebel's und Athalia's; diese wurden selbst im Tempel zum Dienste zugelassen[3]). Im Verlaufe, als die Ahroniden mit dem Verluste ihrer Stellung auch ihrer Subsistenzmittel beraubt wurden, fanden sich nicht wenige unter ihnen, besonders die Nachkommen Abjathars, welche ohnehin eine gedrückte Stellung hatten, ein, um vielleicht unter Gewissensbissen, bei dem Götzendienste Priesterämter zu versehen[4]). Lügenpropheten fehlten auch nicht, dieser Scheußlichkeit das Wort zu reden. Welche noch so schlechte Sache, wenn sie die Gunst der Großen genießt, hat nicht beredte Zungen gefunden, die sie nicht bloß beschönigen, sondern auch rechtfertigen und als das einzig Wahre und Heilsame empfehlen? Dieser Zustand, der lange dauerte, hätte nichts weniger zur Folge gehabt, als das völlige Vergessen der ganzen Vergangenheit, den Untergang des Volkes als des Trägers der Segnungen, welche dem ganzen Menschengeschlecht zu Gute kommen sollten. — Denn was bedeutete Juda und Israel ohne diese Träger-

[1]) Zephanja 1, 12 b.

[2]) Ezechiel 20, 32; Deuteron. 12, 30 fg.

[3]) Ezechiel 44, 7. 9; Zacharia 14, 21: ולא יהיה כנעני עוד בבית ה' צבאות; vergl. folgende Note.

[4]) Könige das. 23, 5. 8. 9; Zephanja 1, 4 werden הכמרים עם הכהנים genannt, als Götzendienst treibend. Vergl. Ez. 44, 15; 48, 11, daß nur Nachkommen des Hauses Zadok sich davon frei gehalten haben.

schaft? Sie wären zu den winzigen götzendienerischen Völkerschaften herabgesunken, welche ohne Juda's Geschichtsurkunden dem Gedächtnisse der Menschen unbekannt geblieben wären.

Glücklicherweise gab es bereits in Jerusalem wenigstens eine erstarkte Partei, welche die von der Hofpartei so verachtete und verhöhnte Lehre von einem geistigen Gotte und von sittlich-keuschem Wandel, und die alten Erinnerungen an die wunderbare Leitung des Volkes durch tausendfache Widerwärtigkeiten hoch hielt, einen schroffen Gegensatz gegen die Vertreter des Götzenthums bildete und entschlossen war, ihre Ueberzeugung mit dem Blute zu besiegeln. Jene „Gottesschüler", welche der Prophet Jesaia wie seine Kinder belehrt und herangebildet hatte, jene Psalmisten, welche unter Chiskija Jubellieder über die Errettung des Volkes in schönen Weisen ertönen ließen, jene sanftmüthigen Dulder (Anawim), welche durch denselben König zu Ehren erhoben worden waren, und ganz besonders die Propheten, welche Jesaia's goldene Beredtsamkeit zu glühender Begeisterung für das ewige Erbe Jhwh's erweckt hatte, sie bildeten eine, wenn auch der Zahl und der Lebensstellung nach winzige, so doch durch ihre Festigkeit starke Partei. Man kann sie die Propheten- oder Anawiten-Partei nennen; sie selbst nannte sich „Gemeinde der Geradewandelnden" (Sod Iescharim w' Edah [1]).

In dieser Gemeinde war die Ueberzeugung lebendig: daß das Götzenthum aller Völker, auch der weisesten, eitel und nichtig, eine Thorheit und Verblendung sei, daß Gott nicht mit den Mächtigen und Starken, sondern mit den Schwachen sei, daß er sich der Wittwen und Waisen annehme und auch den Fremdling liebe [2]). Wenn in der früheren Zeit noch die dunkle Vorstellung vorhanden war, daß die Götter der Völker, allerdings dem höchsten Gotte untergeordnet, doch eine gewisse Bedeutung und Wesenhaftigkeit besäßen, so drang in dieser Zeit die Ueberzeugung von der völligen Hohlheit und Nichtigkeit der Götter in diesem Kreise durch. Sobald diese Wahrheit, wenn auch nur in einer kleinen Gemeinde Wurzel geschlagen hatte, war ihr endlicher Sieg gewiß.

An diesen Kreis traten durch die neue Wendung unter Manasse schwere Prüfungen heran. Das Geringste war, daß diejenigen aus demselben, welche Chiskija in Richter- und Staatsämter eingesetzt hatte, von der Hofpartei aus ihrer Stellung verdrängt wurden, daß Ahroniden aus der hohenpriesterlichen Familie Zadok, welche sich an

[1]) S. Note 5.
[2]) Jeremia Kap. 10; Deuteron. 10, 17—18.

dem Götzendienste nicht betheiligen mochten, aus dem Tempel gewiesen und ihrer Einnahmen von den Opfern und Gaben verlustig gingen. Die Leviten, welche bei dem Opferdienst Hand anlegen mußten und den Priestern untergeordnet waren, wurden wohl gleich den Tempelsklaven (Nethinim, Gibeoniten) zum Götzendienst gezwungen. Es traf aber die Treuen noch Härteres. Durften sie schweigen zu dieser Umkehr aller Ordnung, durften sie die Entweihung des die Heiligkeit vertretenden Tempels durch unzüchtige Bildnisse und unfläthiges Treiben mit ansehen, ohne im innersten Herzen von Schmerz ergriffen und von Eifer hingerissen zu werden? Sie schwiegen keineswegs. Die Propheten dieser Zeit erhoben laut ihre Stimme dagegen, und andere Glieder dieses Kreises haben wohl auf andere Weise ihren Abscheu vor der Frechheit der Hofpartei und ihre Erbitterung zu erkennen gegeben. Aber die Fürsten Juda's und der König Manasse schreckten vor keinem Frevel zurück. Sie erstickten die Prophetenstimmen in Blut. Wie die verruchte Isebel ließen auch sie die Propheten durch's Schwert umkommen [1]). Die Namen dieser Märtyrer für die lautere Gottes- und Sittenlehre sind nicht bekannt geworden. Eine Sage erzählt, Manasse habe den großen, bereits in hohem Alter stehenden Jesaia zersägen lassen.

Jesaia hat indessen schwerlich die schändliche Regierung erlebt, aber seine Jünger sind ihr wohl zum Opfer gefallen. Manasse oder seine Diener oder Herren vergossen so viel unschuldiges Blut, daß (wie die Quelle es bezeichnet), Jerusalem bis über den Rand davon voll war [2]). Denn nicht bloß diejenigen, welche ihren Unwillen gegen die Frevel laut werden ließen, fielen durch's Schwert, sondern auch ihre Kinder. Auch die, welche stumm nur durch Mienen oder irgendwie durch ihre Gesinnung Unzufriedenheit mit dem neuen Regierungssysteme verriethen, entgingen der Strafe nicht. Wie leicht wird es parteiischen und entsittlichten Richtern die Unschuldigsten zu schweren Verbrechern zu stempeln?

Ein Klagepsalm aus dem Munde eines duldenden Sängers der ohne Zweifel in dieser Zeit zu Gott emporgeschrieen hat, verlebendigt

[1]) Könige II, 21; 10—16 ist eine lange Periode, welche durch וידבר ה׳ ביד עבדיו הנביאים eingeleitet und mit וגם דם נקי שפך מנשה הרבה מאד abgeschlossen wird. Offenbar bezieht sich das „vergossene unschuldige Blut" auf die Propheten in der Einleitung. Darauf weist auch Jeremia 2, 30: אכלה חרבכם נביאיכם כאריה משחית, d. h. sie haben Propheten-Mord begangen. Vgl. Nehem. 9, 26. Die Nachricht im Talmud und Origenes, daß Manasse den Propheten Jesaia habe zersägen lassen, ist wohl nur eine Sage; vgl. o. S. 109, Note 2 über Jesaia's Lebensdauer.

[2]) Könige das. 21, 16.

die Unthaten dieser Zeit und die Stimmung, welche in dem Kreise der Dulderpartei herrschte:

„O, Gott des Eifers, Ihwh,
„Gott des Eifers, erscheine,
„Zeig' Dich hoch, Richter der Erde,
„Gieb Vergeltung den Stolzen!
„Wie lange sollen Frevler, Ihwh,
„Wie lange sollen sie jauchzen?
„Hervorsprudelnd reden Trotziges,
„Sich brüsten Uebelthäter?
„Dein Volk, Ihwh, zertreten sie,
„Dein Erbe peinigen sie,
„Wittwen und Fremdlinge tödten sie,
„Und Waisenkinder morden sie,
„Und sprechen: „„Ihwh sieht es nicht,
„„Jakob's Gott achtet es nicht"".
„Begreift es doch, ihr Dummen im Volke,
„Ihr Thoren, wann werdet ihr einsichtig werden?
„Wie, der das Ohr eingepflanzt,
„Sollte nicht hören?
„Der das Auge gebildet,
„Sollte nicht sehen?
„Der Völker züchtigt, sollte nicht rügen?
„Der den Menschen Erkenntniß lehrt,
[sollte nicht wissen?]
„Ihwh kennt der Menschen Pläne.
„Denn sie gehören ihm an.
„Glücklich der Mensch, den Du, Ihwh, züchtigst
„Und durch Deine Strafen belehrst.
„Um die Gewässer des Unglücks für ihn zu beruhigen,
„Während für die Frevler die Grube gehöhlt wird.
„Denn Ihwh verstößt sein Volk nicht,
„Und sein Erbe verläßt er nicht.
„Zum Gerechten wird das Recht zurückkehren,
„Und ihm anhangen werden alle Herzensgraden.
„Wer stände für mich auf gegen Frevler?
„Wer erhöbe sich für mich gegen Uebelthäter?
„Wenn nicht Ihwh mir zur Hilfe wäre,
„Um ein Kleines bewahrte das stille Grab meine Seele.
„Wenn ich meinte, es wankte schon mein Fuß,
„So unterstützte mich Deine Gnade.
„Bei der Menge meiner Sorgen in meinem Innern
„Erquicken Deine Tröstungen meine Seele
„Kann Dir angenehm sein der Thron des Verderbens,
„Der Unheil bildet zum Gesetze?
„Mögen sie sich zusammenrotten gegen das Leben des Gerechten,
„Mögen sie das Blut des Unschuldigen verurtheilen,
„Ihwh wird mir zur Zuversicht sein,
„Gott zum Felsen meines Schutzes,

„Er wird ihnen ihre Gewalt vergelten,
„Und in ihrer Bosheit sie beschränken,
„Beschränken wird sie Jhwh, unser Gott [1]).

Solche Klagepsalmen, welche dem Schmerz der Treuen und Dulder über die Entfremdung der Lehre, den Abfall zum unfläthigen Götzenthum, die Verruchtheit der Richter und die Verfolgung der Unschuldigen Ausdruck gegeben haben — deren es viele in der Sammlung giebt — mögen wohl in derselben Zeit entstanden sein.

Die bis zur Grausamkeit gegen Unschuldige gesteigerte Parteilichkeit der Richter, denen die Frommen preisgegeben waren, forderte auch den Spott der Sänger heraus, und es ist nicht zu verwundern, wenn auch Flüche gegen diese Rechtsverdreher in Psalmen aus dieser Zeit eingemischt wurden.

„In Wahrheit, ihr Mächtigen, ihr solltet Recht sprechen,
„In Unparteilichkeit die Menschen richten.
„Indeß ihr alle übet Frevel im Lande,
„Mit der Gewaltthat eurer Hände verdreht ihr.
„Es freveln die Bösen vom Mutterschoße an,
„Sind verwirrt vom Mutterleibe,
„Gift ist ihnen, gleich dem Gift einer Schlange,
„Gleich einer tauben Otter, die ihr Ohr verschließt,
„Nicht hört auf die Stimme des Beschwörers,
„Des erfahrensten Schlangenbanners.
„Gott zertrümmere ihre Zähne in ihrem Munde,
„Das Gebiß der jungen Löwen zerschmettre [Jhwh],
„Zerfließen mögen sie wie Wasser und zergehen.
. . . . . . . . . . . . . . . . .
. . . . . . . . . . . . . . . . .
„Freuen wird sich der Gerechte.
„Wenn er Rache wahrnehmen wird,
„Seine Füße wird er in der Frevler Blut waten lassen.
„Und die Menschen werden sprechen:
„„In Wahrheit, Frucht (?) wird dem Gerechten,
„„In Wahrheit, Gott ist noch Richter im Lande [2]).““

[1]) Ps. 94. Man ist weit eher berechtigt, diesen Ps. als — mit Ewald — Ps. 10 u. 140—142 auf Manasse's Zeit zu beziehen. V 21 ודם נקי ירשיעו entspricht ganz וגם דם נקי שפך (o. S. 253), V. 7 ויאמרו לא יראה יה ולא יבין אלהי יעקב hat die Parallele an Zephanja 1, 12 b לא ייטיב ה׳ ולא ירע. Kann Manasse's Mißregierung drastischer bezeichnet werden, als durch כסא הוות V. 20: „Thron des Unheils“ und durch יצר עמל עלי חק „der Elend zum Gesetze bildet, stempelt“, das. h.? So erklären diesen Halbvers richtig Raschi und andere Komment. עלי חק = לחק oder אל חק. Ueber das Exegetische dieses Ps. an einem andern Orte, [jetzt im Ps.-Comm. S. 524 f.].

[2]) Ps. 58. Die Correctheit der Sprache und der poetische Gang weisen ihn in die ältere Zeit und die Erbitterung gegen die ungerechten und schamlosen Richter weisen ihn in Manasse's Zeit. Ueber das Exegetische d. Ps. s. Frankel-Graetz, Monatsschr. Jg. 1872, S. 386 fg.

Solche Psalmen mit der Verbitterung gegen die Ruchlosigkeit der Machthaber wurden wohl geheim gehalten und dienten nur dazu, die Verfolgten unter einander zu trösten und zu stärken. Prophetische Reden haben sich aber aus dieser unglücklichen Zeit nicht erhalten. Den eifervollen Gottesmännern wurde nicht Zeit gelassen, ihre Reden aufzuzeichnen. Der gewaltsame Tod machte ihre Hand erstarren, ehe sie noch zum Griffel greifen konnte, oder sie mußten ihre Gedanken zweideutig verschleiern [1]). Als sollte die traurige Zeit der Vergessenheit anheimfallen, haben auch die Geschichtsschreiber sehr wenig von den öffentlichen Vorgängen aufgezeichnet. Eine Judäa tiefberührende Begebenheit fiel in Manasse's Regierung vor, und die Geschichtsbücher haben sie gar nicht oder nur andeutungsweise erwähnt.

Einer der Söhne Sancherib's, welche diesen hochmüthigen Eroberer im Tempel mit vatermörderischer Hand beseitigt hatten, Nergal-Scharezer, hatte sich auf den bereits wankend gewordenen Thron von Ninive gesetzt. Auch er starb eines plötzlichen Todes durch die Hand seines Bruders Assarhaddon [2]), (um 680 bis 668). Dieser benutzte die Verwirrung und den Bürgerkrieg, welcher in Babylonien ausgebrochen war und mehrere Jahre dauerte, das assyrische Mutterland wieder seinem Scepter zu unterwerfen. Dadurch gekräftigt, nahm Assarhaddon wieder den Kriegszug nach Aegypten auf, dessen Eroberung sein Vater hatte aufgeben müssen. Er scheint aber seine Heere nicht zu Lande durch das halbverödete Nordpalästina und durch Juda, dessen Unterwerfung ihm Zeit geraubt hätte, geführt, sondern auf Schiffen befördert zu haben, welche ihm die in derselben Zeit bezwungenen Phönicier hatten stellen müssen. Einige seiner Feldherren scheinen indeß an der judäischen Meeresküste gelandet zu sein, um durch Drohungen Manasse zur Unterwerfung zu bewegen. Dieser begab sich wohl persönlich zu ihnen, um einen erträglichen Frieden zu erlangen, wurde aber, wie erzählt wird, lebend zum Gefangenen gemacht und in Ketten geschlagen nach Babel abgeführt [3]). Es war ein schlimmes Vorzeichen für das Haus David's, welches seinem Ursprung untreu geworden war und in verblendeter Vorliebe Fremdes gehegt hat. Der Sohn Sancherib's soll in derselben Zeit Gefangene der Länder, die er unterjocht hatte, aus den Städten Babel, Chutha, Sefarwajim beide zum

[1]) Der Prophet Nahum האלקשי hat wohl in Manasse's Zeit gesprochen, vgl. dies. Monatsschr. Jg. 1874, S. 542. 546, man findet aber in seiner Rede keine Anspielung auf die Mißstände der Zeit.

[2]) Vergl. das. S. 536 fg. [Die neuere Litteratur in Schraders Artikel „Asarhaddon" bei Riehm-Baethgen.]

[3]) Chronik II, 33, 11; s. Monatsschr. das. S. 539 fg., 545 fg.

babylonischen Gebiete gehörig — und aus Chamath in Syrien, nach dem Gebiete von Samaria verpflanzt haben. Dieses Ereigniß, das für den Augenblick für Juda bedeutungslos war, sollte in der Zukunft folgenreich werden. Diese Exulanten, welche von der Hauptbevölkerung „Chuthäer" und von ihrem Aufenthalte „Samaritaner" genannt wurden, nahmen allmählich israelitische Gebräuche an, vermuthlich von dem kleinen Rest der Israeliten, welcher nach dem Untergange des Zehnstämmereiches noch zurückgeblieben war. Die Chuthäer wallfahrteten nach der geheiligten Stätte von Bethel, wo noch israelitische Priester den Dienst verrichteten. Man erzählte sich später, die Fremden im Samaritanischen, von Löwen angefallen, die sich während der Verödung des Landes angesammelt, hätten von einem assyrischen König sich einen israelitischen Oberpriester ausgebeten, weil sie den Anfall der wilden Thiere dem Zorne des Landesgottes zugeschrieben hätten. Der König hätte ihren Wunsch befriedigt und ihnen einen Oberpriester gesandt, der seinen Sitz in Bethel beim alten Tempel Jerobeam's eingenommen habe. Die Chuthäer fuhren aber dabei fort, ihre Götzen zu verehren, einige unter ihnen Menschen zu opfern, und wurden solchergestalt Halbisraeliten [1]. — Assarhaddon unterwarf darauf ganz Aegypten, setzte eigene Befehlshaber über das Nilland und brachte Siegeszeichen, darunter auch steinerne Ungethüme der Sphinxe, nach Assyrien. Auf dem Rückzuge des assyrischen Königs, während er schlimme Pläne für Juda ausgedacht zu haben scheint, scheiterten die Schiffe in Folge eines heftigen Sturmwindes in der Nähe der judäischen Küste, und das Volk entging dadurch der Gefahr, der Heimat entrissen und nach den assyrischen Ländern verbannt zu werden. Die frommen Sänger erkannten in dieser Errettung ein neues Zeichen der göttlichen Fürsorge für seine heilige Stadt und seinen heiligen Berg und besangen sie in einem schwungvollen Psalm [2]. Manasse selbst wurde, wie erzählt wird, aus der Gefangenschaft entlassen und nach seiner Heimath zurückgesendet von Assarhaddon oder seinem Nachfolger. Gebessert kehrte er wohl nicht zurück. Der Götzendienst und die durch Unsittlichkeit und grausame Verfolgungssucht herbeigeführten Zustände dauerten bis an sein Lebensende [3]. Als er starb (641), wurde er nicht wie seine Vorgänger in der Davidsstadt, sondern in dem Garten bei dem Königspalaste, in der Unterstadt Millo, im Garten Uzza begraben [4],

[1]) Könige II, 17, 24 fg. Esra 4, 1—2. Vgl. Monatsschr. das. 540 fg.; aus Könige das. 23, 19—20 folgt übrigens, daß noch in Josia's Zeit israelitische Priester in Bethel waren.

[2]) Monatsschr. das. 540 fg. 546 fg.

[3]) Das. 540 fg. [4]) Könige II, 21, 18 fg., auch für das Folgende.

wahrscheinlich unter dem Schutz eines daselbst aufgestellten Götzenbildes. Er hat wohl selbst den Ort für seine Bestattung ausgewählt und damit zu erkennen gegeben, daß er unwürdig sei, in dem Grabmal seines Urahnen David beigesetzt zu werden.

Auf ihn folgte sein Sohn Amon (640—639), der zwar bei seiner Thronbesteigung älter als sein Vater war (zwei und zwanzig Jahre), aber auch nicht mehr Einsicht als sein Vater bei seinem Regierungsantritt gehabt zu haben scheint. Das götzendienerische Unwesen mit allen seinen sittenverderbenden Folgen bestand unter ihm fort, er scheint aber nicht, gleich seinem Vater, die Prophetenpartei verfolgt zu haben. Indessen er regierte eine so kurze Zeit, daß wenig von ihm, seinen Thaten und Gesinnungen kund geworden ist.

Aus welchem Grunde waren die Großen seines Palastes unzufrieden mit ihm? War Amon vielleicht nicht eifrig genug in der Verfolgung der Andersgesinnten? Oder hat er sonst ihre Wünsche und Erwartungen durchkreuzt? Oder wollten sie während der Minderjährigkeit seines Nachfolgers die Zügel der Regierung ganz allein in die Hand nehmen? Seine Diener, d. h. der Palasthauptmann und die übrigen ihm nahestehenden Hofbeamten, verschworen sich gegen Amon und tödteten ihn in seinem Palaste (639). Beim Volke scheint aber Amon beliebt gewesen zu sein; denn es rottete sich zusammen, warf sich auf die Verschworenen, tödtete sie und setzte dessen achtjährigen Sohn Josia zum König ein (638—608). Dieser Thronwechsel hat Anfangs keine Veränderung herbeigeführt. Im Namen des unmündigen Königs herrschten wieder die Fürsten Juda's und die Königssöhne, und diese verharrten in den unter Manasse angebahnten Verkehrtheiten und suchten sie zu verewigen. Als genügte der unzüchtige Baal- Astartencultus, die babylonische Sternenanbetung und der scheußliche Dienst des Moloch durch Kinderopfer noch nicht, führten sie götzendienerische Bräuche von anderen Völkern ein, um die unersättliche Nachahmungssucht zu befriedigen. Sie sprangen beim Eintritt in den Tempel über die Schwelle, wie die Anbeter des philistäischen Dagon, kleideten sich in fremde Trachten, die ebenfalls ihren Ursprung im götzendienerischen Wesen hatten[1]),

[1]) Außer der Nachricht Könige II, 23, 4 fg. über die Vertilgung des Götzendienstes durch Josia, der also bis dahin bestanden hat, dient noch als Quelle für diese Zeit Zephanja 1, 4—9. In V. 5 הנשבעים במלכם ist מלכם gleich מִלְכֹּם und מֹלֶךְ, wie es das Targum richtig wiedergiebt. In V. 8 הלבשים מלבוש נכרי und V. 9 דולג על־המפתן sind durchaus götzendienerische Bräuche genannt. Es ist wichtig für die historischen Verhältnisse, Zephanja's Reden chronologisch zu präcisiren. Die Erste (1—2) läßt sich ziemlich genau fixiren, nicht bloß im Allgemeinen als Josia's Reformation vorhergehend, sondern auch speciell und chronologisch dahin, daß sie den ersten Regierungsjahren Josia's angehört. 2, 4 wird Askalons

und, seitdem die Macht der Aegypter zunahm, begannen sie auch das ägyptische Wesen und Unwesen nachzuäffen. Nach Assarhaddon's Abzug von Aegypten erhoben sich nämlich Aufstände gegen die assyrischen Statthalter, die er zurückgelassen hatte. Die Sieger über die Assyrer warfen sich zu Königen auf, und es sollen zu gleicher Zeit zwölf Könige über einzelne Theile Aegyptens geherrscht haben. Einer derselben, Psammetich, besiegte sie sämmtlich, stellte das einheitliche Königthum über Unter- und Oberägypten wieder her und machte überhaupt das geschwächte Land wieder mächtig. Er schlug seine Residenz in Saïs auf, und die von ihm gegründete saïtische Dynastie hat bis zum vorletzten König von Aegypten geherrscht. Da Psammetich darauf ausging, die ägyptische Macht namentlich über die Küstenländer der Philiste rund Phönicier auszudehnen, mehrere philistäische Städte eroberte und die sich hartnäckig vertheidigende Stadt Azotus (Aschdod) lange belagerte, so buhlten die judäischen Fürsten um Psammetich's Gunst und glaubten diese durch Annahme des ägyptischen Wesens gewinnen zu können. Selbst der ägyptische Thiercultus fand in Jerusalem Eingang. Im Eingange der Stadt waren Altäre für Böcke aufgerichtet [1]). Gewaltthätigkeit und Ungerechtigkeit dauerten während Josia's Minderjährigkeit fort. Die Königssöhne, die Fürsten und die schamlosen Richter glichen brüllenden Löwen und Wüstenwölfen, unterdrückten die Schwachen, beugten das Recht, verhöhnten die Unschuld und, was sie nicht durch Gewalt erreichen konnten, erhaschten sie durch List. Aber die blutige Verfolgungswuth gegen die Prophetenpartei, wie sie sich unter Manasse geäußert hatte, scheint sich gemindert zu haben. Die

und Aschdods (Azotus) blühender Bestand vorausgesetzt אשקלון לשממה אשדוד בצהרים יגרשוה. Nun wurde Azotus von Psammetich erst nach 29 jähriger Belagerung eingenommen, wie Herodot mit dem Zusatz berichtet, daß, so viel er sich erinnere, keine Stadt eine so lange Belagerung ausgehalten habe (II, 157): τῶν τὰ ἑνὸς δέοντα τριήκοντα Ἄζωτον τῆς Συρίης μεγάλην πόλιν προςκαθήμενος ἐπολιόρκεε [ὁ Ψαμμήτιχος] ἐς ὃ ἐξεῖλε. Nun hat Psammetich nach Herodot und nach Manetho's Dynastieenliste 54 Jahre regiert und zwar nach der Annahme der meisten Aegyptologen 665–611 v. Chr. Selbst wenn man annähme, daß er Azotus im letzten Jahre seiner Regierung erobert hätte, so muß die Belagerung um 640 begonnen haben, d. h. in Josia's ersten Regierungsjahren. Folglich sprach Zephanja noch vor Azotus' Belagerung. Es folgt auch aus Zephanja's Aeußerung 1, 9 הממלאים בית אדניהם חמס ומרמה, daß der König Josia noch unselbstständig war, und nur die Fürsten den Palast durch Gewalt und List mit Schätzen gefüllt haben. [Vgl. Meyer a. a. O. I, S. 552 f. 562.]

[1]. Könige 23, 8 b: במות השערים oder nach LXX οἶκος τῶν πυλῶν hat keinen Sinn. Es scheint השעירים gelesen werden zu müssen. [Ebenso Klostermann, z. St.]

Zahl der sanftmüthigen Dulder, welche sich an den Gott Israels anklammerten und seine Gebote befolgten, hatte zugenommen [1]).

Aus diesem Kreise gingen unter Josia eine Reihe von Propheten hervor, welche der verhöhnten reinen Gotteslehre und dem geschmälerten Rechte ihren Mund und ihren Feuereifer liehen und eine günstige Wendung herbeiführten; es war das vierte Geschlecht der Propheten. Auch eine Prophetin erstand in dieser Zeit, deren Aussprüche, wie die Debora's, gesucht wurden. Der älteste unter dem späten Nachwuchs der Propheten war Zephanja. Er stammte aus Jerusalem aus einer angesehenen Familie, deren Ahnen bis zum vierten Geschlecht bekannt waren [2]). Freimüthig geißelte er die Gebrechen seiner Zeitgenossen, ihre sittliche Verderbniß und ihre götzendienerische Verkehrtheit, ganz besonders die der Großen und Königssöhne, welche in die Nachäffung des Ausländischen ihren Ruhm gesetzt hatten. Wie die alten Propheten Amos und Joël verkündete er das Hereinbrechen eines „furchtbaren Tages des Herrn", „eines Tages der Düsterheit und des mitternächtlichen Dunkels, eines Tages des Gewölks und des dichten Nebels, eines Tages des Zornes und der Kriegsdrommete über die festen Städte und die hohen Zinnen":

„Ich werde die Menschen einengen,
„Daß sie wie Blinde wandeln.
. . . . . . . . .
„Ihr Silber und Gold wird sie nicht retten können
„Am Tage des entbrennenden Zornes,
„Und an seinem Feuereifer wird das Land entzündet werden [3]).

Auch über die andern Völker verkündete Zephanja Unheil, über das Philisterland, das von Phöniciern bevölkert war, über Ammon und Moab, welche stolz auf das Volk Gottes schmähten. Besonders aber dem stolzen Ninive prophezeite er einen schmählichen Untergang [4]).

Zur selben Zeit begann in der That das allmähliche Sinken Assyriens von seiner Höhe. Die Völker, die nicht schon früher abgefallen waren, lösten sich unter dem vorletzten assyrischen Könige (Samuges?) los, oder wurden von den Medern zum Abfall gezwungen, um von ihnen unterjocht zu werden. Der zweite medische König Phraortes (Frawartsch) unterwarf Volk auf Volk, zuletzt auch die Perser und mit diesen vereint unternahm er einen Feldzug gegen Ninive. Indessen waren die Assyrer, obwohl von Bundesgenossen verlassen, noch stark und kriegerisch genug, dem medischen Heere eine Niederlage beizubringen (635), wobei Phra-

[1]) Zephania 2, 3.
[2]) Das. 1, 1.
[3]) Das. 1, 14 fg.
[4]) Das. 2, 9 fg.

ortes das Leben verlor. Aber sein Sohn Kyaxares, der noch unternehmender und kühner als sein Vater war, beeilte sich den Tod des Vaters zu rächen, sammelte ein zahlreiches Heer, das er nach den verschiedenen Waffengattungen eintheilte, fiel in Assyrien ein, schlug das feindliche Heer und rückte vor Ninive (634). Während er aber die assyrische Hauptstadt belagerte, ereilte ihn die Kunde, daß rauhe, wilde, häßliche Horden ohne Zahl aus den Steppen am Don, der Wolga, aus dem Kaukasus und der Nähe des Kaspisees, die wilden Scythen oder Saken slawischen Stammes, mit einem Gefolge unterjochter Völkerschaften, in Medien eingefallen waren und weit und breit zu Roß umherschweiften, raubend und plündernd, sengend und brennend und kein Menschenleben schonend. Kyaxares war dadurch gezwungen, die Belagerung von Ninive aufzuheben und sein Heer zur Sicherung seines eigenen Landes zurückzuführen. Er war aber nicht im Stande die Horden zu besiegen, sondern mußte sich ihnen unterwerfen und Tribut zahlen. Dies Wandervolk der Scythen, das auf Raub und Anhäufung von Schätzen ausging, begnügte sich aber nicht mit der Unterwerfung Mediens, sondern überzog auch Assyrien mit Verheerung. Auch der assyrische König mußte sein Reich mit den zahlreichen Schätzen seiner Paläste loskaufen. Von Assyrien aus wendeten sie sich wohl westwärts zu den reichen Städten Phöniciens, zogen dann die Meeresküste entlang in's Philisterland (um 632), in der Absicht auch Aegypten zu überschwemmen, dessen Reichthümer sie angezogen hatten. Der König Psammetich brachte ihnen reiche Schätze entgegen und bewog sie, durch flehentliche Bitten von seinem Lande abzustehen. Darauf verließ ein großer Theil der Scythen diese Gegend und zog wieder nach Norden; ein Theil derselben warf sich wohl auf Kleinasien. Ein anderer Haufen blieb noch im Philisterlande, richtete da Verwüstungen an und verbrannte den Tempel der assyrischen Göttin der Unzucht, der Mylitta. Von Philistäa aus schwärmten die Scythen auch in das benachbarte Judäa, richteten auch da Verheerungen an, schleppten die Herden der Hirten weg und verbrannten Städte und Dörfer [1]). Jerusalem scheinen sie aber nicht betreten zu haben, wahrscheinlich ging ihnen der junge König Josia mit seinem Palastaufseher entgegen und bewog sie durch Ueberreichung von Schätzen, die Hauptstadt zu verschonen.

Diese Schreckenszeit, in welcher stets schauerliche Gerüchte von verbrannten Städten und grausam getödteten Menschen die Völker weit und breit mit Entsetzen erfüllten, machte in Judäa einen gewaltigen

[1]) Das. Kap. 2, 10 fg. [Vgl. Meyer a. a. O. S. 555 ff.]
[2]) S. Note 8.

Eindruck. Wenn nicht die Vorausverkündigungen der Propheten, so haben doch die Thatsachen selbst die Verkehrtheit des Götzenthums augenfällig als Thorheit erkennen lassen. Haben die Götter der Assyrer, Babylonier, Phönicier, der Philister diese Völker vor dem Anprall der wilden Scythen retten können? Eine Sinnesänderung trat in Folge dessen wenigstens unter der Bevölkerung Jerusalems ein und am tiefsten im Gemüthe des Königs Josia. Er war von Natur mild, fromm und empfänglich; nur aus Gewohnheit hatte er den götzendienerischen Unfug bestehen lassen, ohne davon mit ganzer Seele eingenommen zu sein. Die gewaltigen Ereignisse machten ihn aufmerksam, daß er und sein Volk auf verkehrten Wegen wandelten. Er wagte indeß, zu einer besseren Ueberzeugung gelangt, nicht das Götzenthum aus der Hauptstadt und dem Lande, welches länger als ein halbes Jahrhundert seit der Regierung seines Großvaters eingeführt war, zu beseitigen. Die Fürsten Juda's, welche die Macht in Händen hatten und mit ihrem ganzen Wesen dem Götzenthum anhingen, mochte er nicht gegen sich reizen. Es gehörte dazu ein heldenhafter Entschluß, und dazu konnte sich Josia nicht aufraffen. Es galt also, ihn zur That, zur Geltendmachung seines königlichen Ansehens über seine Umgebung, die ihn umstrickte, aufzurütteln. Die Prophetenpartei arbeitete auf dieses Ziel hin, Josia zu bewegen, die Verehrungsweise des ureigenen Gottes und die Beseitigung der fremden Culte durchzusetzen. Indessen nur nach einer Seite that er einen Schritt; er unternahm es, den Jhwh geweihten Tempel seiner Vereinsamung und seiner Baufälligkeit zu entreißen. In Folge der Einführung der fremden Culte war der Haupttempel, wenn auch nicht ganz vernachlässigt, so doch weniger beachtet. Gab es doch so viele Stätten der Verehrung, die sämmtlich in höherem Ansehen standen, so viele Götter wie Städte. Die Mauern, Hallen und Gebäude des Tempels bekamen Risse und drohten einzustürzen, die Verzierungen waren verunstaltet [1]). Wer sollte sich darum kümmern? Die Ahroniden, denen die Obhut des Tempels anvertraut war, hatten sich für die fremden Culte verkauft, und die Treugebliebenen waren in Ungnade gefallen und aus dem Tempelumkreise verbannt. Diesem äußerlichen Verfall suchte Josia zunächst zu steuern. Er berief wieder die verbannten Ahroniden und Leviten zum Tempeldienste und trug ihnen auf (um 627) für die Sammlung der Spenden zur Ausbesserung des Tempels Sorge zu tragen. An die Spitze derselben stellte er den Hohenpriester Chilkija [2]), Sohn des Meschullam (oder Schallum), dessen Haus

[1]) Folgt aus Könige II, 22, 5—6.

[2]) Dieser Hohepriester und seine Nachkommen sind historisch. An 4 Stellen

vom Götzendienst unbefleckt geblieben war. Wie sollten aber die Kosten für die Ausbesserung zusammengebracht werden? So erkaltet war die Liebe der Reichen zum Tempel, oder so verarmt war die Bevölkerung durch die Räubereien der Scythen kurz vorher geworden, daß auf freiwillige Spenden, wie zur Zeit des Königs Joasch ungefähr zwei Jahrhunderte vorher (o. S. 55), nicht gerechnet werden konnte. So mußte förmlich um Gaben und Spenden für die Ausbesserung des Heiligthums gebettelt werden. Levitische Thorwärter gingen durch Stadt und Land von Haus zu Haus und baten um Beiträge dafür [1]).

Indessen so eifrig sich auch der König Josia um den Tempel kümmerte, so fehlte ihm doch die Entschlossenheit, gegen die Verkehrtheit

kommt der Name der Ascendenz von mehreren Gliedern und der Descendenz bis zu dem Hohenpriester des Exils vor, Chronik I, 5, 39—40 שלום חלקיה; 9, 11 חלקיה בן משלם; Esra 7, 2 חלקיה בן שלום; Nehemia 11, 10 חלקיה בן משלם. Daß diese Familie sich rein erhalten hat, folgt aus der Angabe bei Ezechiel (o. S. 251). Chilkija muß also bei der ersten Unternehmung zur Ausbesserung des Tempels von Josia eingesetzt worden sein. Könige das. 22, 4: עלה אל חלקיהו הכהן הגדול ויתם את הכסף muß übrigens gelesen werden ויתך, wie das. V. 9 [Vgl. jedoch Klostermann z. St.]. Daraus folgt, daß Chilkija schon früher den Anfang gemacht hatte, Silberspenden zu sammeln. Wenn die Sammlung ausgiebig werden sollte, erforderte sie mehrere Jahre (vergl. Könige das. 12, 5—7). So muß Josia diesen Auftrag an Chilkija mehrere Jahre vor dem achtzehnten Regierungsjahr ertheilt haben. Wenn Chronik II, 34, 3—7 den Anfang der Reinigung des Tempels und des Landes vom Götzenthume im zwölften Jahre beginnen läßt, so scheint das Datum richtig zu sein. Auf der einen Seite heißt es, daß Josia noch vor dem achtzehnten Jahre Eifer für die Ausbesserung des Tempels gezeigt habe, was seinen Eifer für Jhwh voraussetzt, und auf der andern Seite, daß die Reform erst mit dem achtzehnten Jahre begonnen habe. Wie ist dieser Widerspruch auszugleichen? Die Chronik löst ihn durch die Annahme, daß die Reform bereits im zwölften Jahre begonnen habe: ובשתים עשרה שנה החל לטהר. Der Chronist muß jedenfalls das Datum 12 irgendwo gefunden haben — für den Beginn der Interessenahme Josia's am Tempel, und unter dieses Datum hat er das Faktum der Reform subsumirt.

[1]) Vergleicht man die Erzählung von der Ausbesserung des Tempels Könige II, 12, 5—6; 10 fg. unter Joasch mit der das. 22, 4 fg. unter Josia, so bemerkt man einen bedeutenden Unterschied, welcher den Auslegern entgangen ist. Hier nämlich heißt es: הכסף המובא בית ה׳ אשר אספו שמרי הסף מאת העם, die Schwellenhüter haben das Geld erst sammeln müssen, d. h. die Spenden sind nicht freiwillig eingegangen, sondern wurden erst durch eine Collecte zusammengebracht. Richtig hat die Chronik diesen Zug wiedergegeben, II, 34, 9 אשר אספו הלוים שמרי הסף מיד מנשה אפרים ומכל שארית ישראל ומכל יהודה ובנימן. Gleichviel ob man zum Schluß daselbst liest וישבי ירושלם nach dem Khetib, oder וישבו ירושלם, nach dem Keri, so will die Stelle jedenfalls sagen, daß die Beiträge von Stadt zu Stadt gesammelt waren. Denn שמרי הסף waren die Leviten von der Abtheilung der Pförtner, der שערים. Wenn König. das. 12, 10 angegeben ist הכהנים שמרי הסף, so muß dafür gelesen werden הכהנים ושמרי הסף.

des Götzenthums vorzugehen, obwohl bereits eine geringe Rückkehr eines Theiles der Großen bemerkbar war, die bereits bei Jhwh schworen, wenn sie auch dem Götzenthume huldigten [1]). Es mußten erst andere Ereignisse auf Josia eindringen, ehe er sich dazu ein Herz faßte. Von zwei Seiten kam der Anstoß, der den König bewog, diesen letzten Schritt zu thun. Der Anstoß kam von der einen Seite von einem Propheten, welcher im zarten Jugendalter eine kräftige und überwältigende Sprache führte, und von der anderen Seite von einem Buche, welches dem König seine Halbheit augenscheinlich machte. Beide haben mit siegreicher Gewalt in einem größeren Kreise eine bessere Gesinnung herbeigeführt und der alten Lehre Jugendlichkeit und den Schmelz der Poesie verliehen. Der Jüngling war der Prophet Jeremia und das Buch eine neue Offenbarung oder vielmehr die neue Auslegung zur alten Offenbarung. Wie fruchtreich der alte Stamm Juda's trotz der mehr als ein halbes Jahrhundert dauernden Verkümmerungen unter Manasse, Amon und auch unter Josia's ersten Regierungsjahren noch immer war, beweist nichts augenscheinlicher, als die zwei duftenden Blüthen, welche sich daraus zum Lichte ringen konnten.

Jeremijahu (abgekürzt Jirmija, Jeremia), Sohn des Ahroniden Chilkijahu (geb. 645—640 st. 580—570) stammte aus der kleinen Stadt Anatoth ($1^1/_2$ Stunden nordöstlich von Jerusalem) im Stamme Benjamin. Er war von Hause aus, wenn auch nicht mit Gütern gesegnet, so doch nicht arm. Sein Oheim Schallum und dessen Sohn Chanamel mütterlicherseits besaßen ein erbliches Grundstück in Anatoth [2]).

Reich und voll war aber Jeremia's Seele, klar gleich einem hellen Spiegel oder einer grundtiefen sprudelnden Quelle. Von Gemüth weich und zur Traurigkeit geneigt, machte der sittlich-religiöse Zustand seiner Umgebung schon in zarter Jugend einen wehmüthigen Eindruck auf ihn. Das Falsche, Verkehrte, Unwürdige war seiner Seele zuwider und erfüllte ihn, wo er es bemerkte, mit Trauer. Wie viel Antheil die Erziehung an seiner Seelenstimmung hatte, läßt sich nicht bestimmen. Sein Vater Chilkija und seine Verwandten zeichneten sich durch nichts aus, waren Priester gewöhnlichen Schlages. Seine Landsleute, die Priester aus Anatoth, haben ihn, seitdem er zu wirken begann, mit so glühendem Haß verfolgt, daß sie unmöglich die Richtung seines Geistes vorgezeichnet haben können. Wohl aber haben die hinterlassenen

[1]) Zephanja 1, 5; Jeremia 5, 2; 4, 2 vergl. 12, 16.

[2]) Jeremia 32, 7. Die Bezeichnung נער אנכי 1, 6 bei der Berufung braucht nicht gerade das Knabenalter anzudeuten. Jünglinge unter zwanzig Jahren wurden auch als נער bezeichnet; vergl. B. I, S. 491.

Schriften der älteren Propheten Einfluß auf seine Stimmung und Gesinnung geübt. Er vertiefte seine Seele so sehr in sie, daß er ihre Gedanken, Wendungen und Worte wie eigene gebrauchte [1]). Diese Beschäftigung mit der schriftlichen prophetischen Hinterlassenschaft gab seinem Geiste die Richtung, erfüllte ihn mit erhabenen Vorstellungen von Gott und der sittlichen Weltordnung, von Israels großer Vergangenheit und seiner Bedeutung für die Zukunft und lehrte ihn, das Niedrige und Unsittliche zu hassen, so wie das Thörichte und Nichtige des Götzenthums zu verachten.

Mit dieser erhabenen Anschauung erfüllt, fühlte er sich in seiner Umgebung, in der kleinen Stadt Anatoth wie fremd. Denn die dortigen Ahroniden huldigten ebenfalls der Tagesthorheit und, so oft er die kurze Strecke von seiner Geburtsstadt nach Jerusalem zurücklegte, erblickte er diese Thorheit in größerem Maßstabe und noch dazu Laster und Verbrechen. Dagegen anzukämpfen fiel ihm wegen seiner Jugend und seiner angeborenen Schüchternheit nicht ein. Mit einem Male kam der prophetische Geist über ihn. Deutlich vernahm er eine Stimme, wie einst Samuel im Zelttempel zu Schilo, die ihm zurief: „Ehe ich dich im Mutterleib gebildet, habe ich dich erkannt, und ehe du den Mutterschoß verlassen, habe ich dich geweiht, zum Propheten für die Völker habe ich dich bestimmt". Schüchtern erwiederte er darauf: „O, weh, Herr, Ihwh! Ich verstehe ja nicht zu sprechen, denn ich bin jung". Darauf die Stimme: „Sprich nicht, ich bin jung, sondern gehen sollst du, wohin ich dich senden und sprechen sollst du, was ich dir auftragen werde". Zugleich fühlte er seinen Mund wie von einer Hand berührt und es sprach: „Ich habe meine Worte dir in den Mund gelegt. Sieh'! ich setze dich heute über Völker und Reiche, Zerstörung, Zertrümmerung, Vernichtung und Einsturz zu verkünden, aber auch Wiederaufbau und Anpflanzung". Dann erblickte er einen Zweig mit Mandelblüthen und einen brodelnden Topf beim Feuer nach Norden gewendet. Das Eine bedeutete für ihn: „wachsam zu sein, das Wort auszuführen" und das andere, „daß das Unglück von Norden über die Bewohner des Landes kommen werde". Zum Schluß wurde er ermahnt, stark zu sein, sich nicht zu fürchten, zu sprechen gegen die Könige, Fürsten, Priester und das Volk. Sie würden ihn zwar anfeinden, aber ihm so wenig beikommen können, wie einer Säule von Eisen oder einer Mauer von Erz.

[1]) Entlehnungen aus älteren Propheten kommen bekanntlich sehr zahlreich bei Jeremia vor, mehr als bei andern Propheten, was eben voraussetzt, daß er deren Schriften fleißig gelesen und seinem Gedächtnisse eingeprägt haben muß.

Solchergestalt war Jeremia's Weihe zum Propheten, und er theilte sie Andern mit, entweder in Anatoth oder in Jerusalem. Die Darstellung dieser seiner Berufung hält zwar keinen Vergleich aus mit der einfachen Erhabenheit und Tiefe, mit der sich Jesaia zuerst als Prophet bewährte (o. S. 110), und seine rednerische Begabung überhaupt nicht mit der künstlerischen Beredtsamkeit des Sohnes Amoz'. Aber was ihr an Schönheit und Schwung abgeht, das ersetzt sie durch Gemeinverständlichkeit und Bestimmtheit. Die Zeit erforderte eine andere Art Beredtsamkeit, als früher. Die sittlichen Schäden waren tief in das Volksleben eingedrungen, und es war Gefahr im Verzuge, wenn nicht schnelle Heilung versucht wurde. Jeremia sprach auch nicht mehr wie die früheren Propheten zu einem gebildeten, kleinen Kreise, sondern zu einer großen Volksmenge, zu den Fürsten, zu den Bewohnern Jerusalems und dem Volke Juda. Für solche waren künstlerische Feinheiten der Rede übel angebracht, deutlich und faßlich mußte gesprochen werden, damit die Rede wirken sollte, und so sprach Jeremia meistens in schlichter Prosa, nur hin und wieder flocht er rednerische Blumen ein. Noch eine andere Eigenthümlichkeit zeichnete Jeremia's prophetische Reden aus. Die meisten Propheten der früheren Zeit verkündeten im Halbdunkel von einer entfernten Zukunft, prophezeiten einen „fürchterlichen Tag des Herrn", welcher eine völlige Umwälzung herbeiführen werde, und darauf werde eine ideale Zeit für Israel anbrechen. Die Strafandrohungen und die Heilsverkündigungen der alten Propheten mit alleiniger Ausnahme Jesaia's waren zumeist unbestimmt gehalten. Dadurch hatte die zu Spott geneigte Bevölkerung Jerusalems die prophetische Unheilsverkündigung in den Wind geschlagen. „Die Tage werden sich hinziehen und die Prophezeiungen werden sich nicht erfüllen" sprach sie, oder „sie prophezeien für entlegene Tage und entfernte Zeiten" [1]). Dieser spöttischen Gleichgültigkeit gegen die prophetische Verkündigung sollte Jeremia entgegenarbeiten. Er sollte das Strafgericht über Juda und Jerusalem für die nächste Zukunft vor Augen führen, es sollte sich noch zu seiner Zeit vollziehen. Mehr als seine sämmtlichen Vorgänger, selbst als Jesaia, war Jeremia mit einer unwiderlegbar wunderbaren prophetischen Vorschau begabt. Er verkündete zuerst von Jahr zu Jahr, später, als das tragische Verhängniß näher rückte, von Monat zu Monat die Ereignisse im Voraus, und seine Vorschau erfüllte sich mit staunenswerther Bewährung. Nicht in zweideutigen Traumgesichtern erblickte er die Zukunft, sondern am lichten Tage, mit wachen Sinnen und im Verkehr mit der Außenwelt. Darum sprach

[1]) Vergl. Ezechiel 12, 22. 25. 27—28.

er nicht in Räthseln, deutete nicht künstliche Anspielungen an, sondern nannte die Dinge beim rechten Namen.

Diese sonnenhafte Prophetenseele hatte von der ersten empfangenen Anregung an in Josia's dreizehntem Regierungsjahr (626), ein Jahr nachdem sich dieser König ein wenig aus der trägen Gewohnheit aufgerafft hatte, die schwere Aufgabe, fast ein halbes Jahrhundert hindurch das verirrte Volk auf den rechten Weg zurückzuführen. Sobald der Auftrag an Jeremia herangetreten war, ohne Menschenfurcht zu sprechen, schwand auch seine Schüchternheit und Weichheit. Er schilderte selbst die Empfindungen, welche der prophetische Geist in ihm hervorgerufen hatte. Es glühte in ihm wie Feuer und hämmerte in ihm wie mit einer eisernen Keule, welche Felsen zerschmettert[1]). „Es war aber in meinem Innern wie loderndes Feuer eingeschlossen, ich strengte mich an, es zu ertragen, vermochte es aber nicht" [2]). Seine erste Rede gegen den Abfall des Volkes von seinem eigenen Ursprung, gegen das götzendienerische Unwesen und gegen die unsittlichen Gräuelthaten ist von hinreißender Kraft: „Höret Ihwh's Wort, Haus Jakob's und alle Geschlechter des Hauses Israel! So spricht Gott: „„Was für Unrecht haben eure Vorfahren an mir gefunden, daß sie mich von mir hinweg entfernten und dem Nichtigen nachwandelten und selbst nichtig wurden? Sie sprachen nicht: „wo ist Gott, der uns aus Aegypten befreit, uns durch die Wüste geführt, durch ein Land der Steppe und Oede, durch ein Land der Dürre und Düsterheit, durch ein Land, welches Niemand durchwanderte und kein Mensch bewohnte?" Ich brachte euch in ein Land von Fruchtgefilden, um dessen Fett und Gut zu zehren, da kommt ihr hinein und verunreiniget mein Land, und mein Erbe macht ihr zum Abscheu. Die Priester sprachen nicht: „wo bleibt Ihwh", und die Inhaber der Belehrung kennen mich nicht, die Hirten weichen von mir, die Propheten prophezeiten durch Baal und gehen den nichtsnutzigen (Götzen) nach ..... Zieht zu den Eilanden der Cyprier und sehet euch um, sendet nach Kedar und merkt wohl auf und sehet zu: Ist je so Etwas geschehen? Hat ein Volk seine Götter vertauscht? Und sie sind doch Ungötter! Mein Volk hat aber meine Hoheit durch Nichtsnutziges vertauscht .... Zwei Uebel hat mein Volk gethan, mich, die Quelle lebendigen Wassers, haben sie verlassen, sich zerbröckelnde Cisternen zu graben, die das Wasser nicht halten. Ist Israel ein Knecht oder ein hausgeborener Sklave? Warum ist es zur Verachtung geworden, daß junge Löwen es anbrüllen und sein Land zur Wüste

[1]) Jeremia 23, 29.
[2]) Das. 20, 9.

gemacht, seine Städte verbrannt haben? .... Auch die Söhne von Memphis und Taphnai[1]) werden dir den Wirbel zerschmettern .... Was hast du von der Reise nach Aegypten? Wasser vom Schichor zu trinken? Und was hast du von der Reise nach Assyrien? Wasser vom Euphrat zu trinken? Denn vor Alters habe ich dein Joch zerbrochen, deine Bande zerrissen, da sprachst du: „„ihm will ich dienen"". Aber auf jedem hohen Hügel und unter jedem frischen Baume bist du als Buhlerin gebettet. Ich habe dich als Edelrebe eingepflanzt, ganz echter Samen, und wie bist du verwandelt worden in Gifttrauben des fremden Weinstocks! Selbst wenn du dich mit Lauge wüschest und Reinigungsmittel kauftest, bleibt geröthet deine Schuld vor mir. Wie wagst du nur zu sprechen: „Ich habe mich nicht verunreinigt, bin dem Baal nicht nachgegangen! Siehe, das Treiben im Thale (Hinnom), erkenne, was du gethan, ein leichtfüßiges junges Kameel, das geschlängelte Pfade rennt .... (Ich sprach): „Schone deinen Fuß, unbeschuht zu werden und deine Kehle zu dürsten'" Da erwiderst du: „aufgegeben! Nein, ich liebe Fremde, und ihnen will ich nachgehen!" Wie der Dieb erröthet, wenn er ertappt wird, so sollte das Haus Israel erröthen, seine Könige, Fürsten, Priester und Propheten, die da zum Holze sprechen: „„du bist mein Vater"" und zum Stein: „„du hast mich geboren"". Denn sie haben den Rücken und nicht das Gesicht mir zugewendet; aber zur Zeit ihrer Noth werden sie sprechen: „„Erhebe dich und hilf uns!"" Wo sind aber deine Götter, die du dir gemacht hast? Mögen sie sich erheben, ob

[1]) Es wird allgemein angenommen, daß das zweite ebenso wie das dritte Kapitel in Josia's Zeit gesprochen wurde. Die Nennung von Assyrien 2, 18. 36—37 spricht dafür, daß jene Stellen den Bestand Assyriens voraussetzen, was nur für Josia's Zeit gelten kann. V. 16 בני נוף ותחפנחס ירעוך קדקוד weisen darauf hin, daß in dieser Zeit Juda mit Aegypten diplomatische Verbindungen angeknüpft haben muß. In Daphne (תחפנחס) war unter Psammetich eine Garnison aegyptischer Truppen gegen die Araber und Syrer (Herodot II, 30). Auf diese φυλακη ist hier angespielt, daß sie, statt Juda beizustehen, es mißhandeln werde. Uebrigens ist für ירעוך zu lesen ירועך, sowie V. 6 für שוחה zu emendiren שואה (lächerlich Ewald: „Höhlen".) V. 14 für לבו לבז. Vor V. 16 muß Einiges ausgefallen sein, da von hier ab Juda in weiblicher Form angeredet wird. V. 20 giebt nur das Khetib אעבור einen Sinn, das Keri אעבור dagegen läßt sich gar nicht erklären. LXX haben dafür οὐ δουλεύσω σοι. Diese Uebersetzung scheint aus zwei Versionen zusammengeflossen. Man ist also berechtigt zu lesen לו אעבור [S. jedoch v. Orelli (bei Strack-Zöckler) zur Stelle]. — V. 21 b. כורי ist ohne Analogie; LXX haben εἰς πικρίαν, d. h. also מרורי Nun ist מרורים Gift (Thren. 3, 15) auch מרורה (Hiob 20, 14), אשכלות מרורת sind Gifttrauben (Deuteron. 32, 32).

sie dir helfen können in deiner Noth. Denn so viel deine Städte, so viel sind deine Götter, o Juda!""

Nicht bloß gegen die verkehrte Götterverehrung sprach der junge Jeremia zermalmende Worte, sondern auch gegen die häufige Blutschuld: „Vergeblich habe ich eure Söhne gezüchtigt, sie nahmen keine Zucht an. Euer Schwert vertilgte eure Propheten wie ein reißender Löwe .... Vergißt eine Jungfrau ihren Schmuck, die Braut ihren Gürtel? Mein Volk aber vergaß mich Tage ohne Zahl. Wie machst du deinen Gang schön, Liebe zu suchen! Auch an Schlechtigkeit hast du deinen Gang gewöhnt. Auch an deinen Zipfeln findet sich das Blut von den Leichen unschuldiger Dulder. Nicht beim Einbruch hast du sie ertappt. Trotz alledem sprichst du: „Ja, ich bin unschuldig, möge sein Zorn nur von mir weichen." So werde ich mit dir in's Gericht gehen, weil du sprichst: „Ich habe nicht gesündigt." Wie sehr erniedrigst du dich, in deinem Weg wandelbar zu sein! Auch von Aegypten wirst du beschämt sein, wie du von Assyrien beschämt warst; auch von diesem wirst du gehen, die Hände über den Kopf zusammengeschlagen; denn Gott verwirft deine Stützen, und du wirst an ihnen kein Glück haben" [1]). In diesem Sinne und in dieser Art sprach Jeremia wahrscheinlich öfter unter Josia.

Solche Worte aus einem jungen Munde können ihren Eindruck nicht verfehlt haben. Einige edle Familien wendeten sich von dem wüsten Treiben ab und bekehrten sich zu dem von Jeremia und andern Propheten bekannten Gott. Die Familie Schaphan [2]), welche eine hohe Stelle einnahm, schloß sich der Prophetenpartei an und vertheidigte sie mit Nachdruck. Der König Josia selbst, als ihm die Kunde von dem Worte des jungen Propheten zu Ohren gekommen war, mag in seinem Vorhaben, die Ihwhverehrung durchzusetzen, bestärkt worden sein. Die Wiederherstellung des baufälligen Tempels betrieb er mit Ernst. Er gab (621) dreien seiner hohen Beamten, dem Listenführer Schaphan, Sohn Azaljahu's, dem Stadthauptmann Maaßejah und dem Kanzler Joach, Sohn Joachas' [3]) den Auftrag, den Hohepriester Chilkija zu bestimmen, die gesammelten Beiträge endlich zu ihrem Zwecke

[1]) Jeremia 2, 30—37.

[2]) Folgt aus Jeremia 26, 24, daß Achikam b. Schaphan Jeremia gegen die Wuth der Priester und falschen Propheten schützte. Sein Sohn, der berühmt gewordene Gedalja, gehörte der frommen Partei an.

[3]) Die zwei letzten Beamtennamen fehlen in K. II, 22, 3, finden sich nur Chronik II. 34, 8, scheinen aber in der ersten Stelle ausgefallen zu sein, da Schaphan in dem Bericht an den König von mehreren Beamten spricht, V 9 התיכו עבדיך, was sich nur auf ihn selbst und seine Genossen beziehen kann.

zu verwenden, das Silber den höheren Beamten zu übergeben, welche dafür theils Baustoffe ankaufen und theils die Baumeister bezahlen sollten. Als Chilkija die Beiträge ablieferte, übergab er Schaphan zugleich eine große Rolle, mit den Worten: „Das Gesetzbuch habe ich im Tempel gefunden.“ Schaphan las die ihm eingehändigte Rolle und war von dem Inhalte derselben so betroffen, daß er dem König bei der Berichterstattung über die gesammelten Beiträge zugleich von dem Fund desselben Mittheilung machte[1]). Dieses Buch hat eine außerordentliche Wirkung hervorgebracht. Was war der Inhalt dieses Buches?

[1]) Könige das. V. 8—10.

## Zehntes Kapitel.

### König Josia und die neue Ordnung.

Charakter des aufgefundenen deuteronomischen Gesetzbuches. Die historischen Partien. Die Liebe zu Gott zum ersten Mal ausgesprochen. Verpönung jedes fremden Kultus. Das Opferwesen. Die Abgabe an die Ahroniden. Das Zehntengesetz. Neben dem Opfer das Gebet. Die Feste. Das Gerichtswesen, das Strafrecht, das Zeugenverhör. Das Königsgesetz und das Kriegsgesetz. Rücksicht auf die Besitzlosen. Das Erlaßjahr und Verfall der Schuld. Unterschied von Priestern und Laien aufgehoben. Stellung der Propheten zu den Priestern. Auswahl der Stämme für Segen und Fluch. Das Lied des Geschickes. Strafandrohung. König Josia, betroffen von der Strafandrohung dieses Buches, sendet zur Prophetin Hulda. Das Bündniß zur Befolgung der Gesetze. Beseitigung des Götzendienstes. Das feierliche Pascha-Fest und der Pascha-Psalm. Kriegsunternehmungen von Kyaxares, Nabopolassar und Necho. Josia's Kriegszug gegen Necho und Tod.

(621 — 608).

Die Rolle oder das Gesetzbuch, welches der Hohepriester Chilkija durch Schaphan dem Könige überbringen ließ, giebt sich als ein letztes Vermächtniß des gesetzgebenden Propheten Mose aus, das er dem von ihm erzogenen Volke vor seinem Scheiden an's Herz gelegt hat. Es hat eine geschichtliche Einleitung und einen geschichtlichen Nachtrag; es führt nämlich die Geschichte bis zu Mose's Tode und noch darüber hinaus. Es nennt sich selbst die zweite Lehre oder das zweite Gesetzbuch Mischneh-Thora, Deuteronomium [1]). Ist das Buch uralt? Oder ist es erst kurz vor seinem Auffinden geschrieben worden? Müßige Fragen! Wenn auch nicht uralt, so kommt ihm kein Gesetzbuch der schriftkundigen Völker an Alter gleich, wie es auch alle Gesetzsammlungen an Erhabenheit und Schönheit übertrifft. Ein Gesetzbuch mit gewinnender Herzlichkeit und milder Innigkeit ist gewiß eine seltene Erscheinung. Die Gesetze pflegen sonst kalt, strenge und barsch zu sprechen und zu-

[1]) Deuteronomium 17, 18. Josua 8, 32. [Aus den angeführten beiden Stellen ist die Behauptung des Textes nicht zu erweisen.] S. Note 6.

gleich einen drohenden Finger zu zeigen, „du sollst oder sollst nicht, oder du unterliegst einer strengen Strafe“. So spricht die unter Josia aufgefundene Gesetzgebung — man nennt sie die deuteronomische — nicht [1]). Sie ermahnt, warnt und bittet förmlich, dieses zu thun und jenes zu lassen, sie droht nicht, sondern weist auf die unheilvollen Folgen der Uebertretung hin. Sie redet die Sprache eines liebevollen Vaters, welcher seinem Sohne große Ziele steckt und ihn warnt, nicht durch eigene Schuld seine große Zukunft zu verscherzen und dadurch in Verachtung und Schmach zu gerathen. Ein angenehm fächelnder Hauch weht aus dem deuteronomischen Gesetzbuche. Die Gebote (Mizwot), Satzungen (Chukkim), und Bestimmungen (Mischpatim) sind mit geschichtlichen Erinnerungen und herzlichen Ermahnungen in erhebender poetischer Sprache wie mit Blumengewinden umschlossen.

Bei der Vergegenwärtigung der älteren Geschichte führt das deuteronomische Gesetzbuch den Faden der Geschichte nicht der Zeitreihe nach vor, sondern wählt außer der Ordnung solche Begebenheiten heraus, welche zur Bekräftigung wichtiger Lehren als thatsächliche Beweismittel dienen sollen. An die Erinnerung an solche wichtige Vorgänge in dem Leben des israelitischen Volkes knüpft es Ermahnung oder Warnung an; die Geschichte der Vorzeit soll die Lehrerin des spätgeborenen Geschlechtes sein. Vier Gedanken will das deuteronomische Gesetzbuch ganz besonders eingeprägt wissen: die Erhabenheit Gottes, die Berufsgröße des israelitischen Volkes, den tiefen Stand des lebenden Geschlechtes unter seinem Berufe und endlich die Vergegenwärtigung der Folgen dieses ungelösten Gegensatzes. Den Gott Israels stellt es dar als hocherhaben über alle Wesen, der mit den von den Völkern als Gottheit verehrten Wesen keinen Vergleich zulasse: „Dir ist augenscheinlich gezeigt worden, daß Jhwh allein Gott ist im Himmel oben und auf Erden unten, es giebt sonst keinen“ [2]). Auf die Einzigkeit und Ausschließlichkeit dieses Gottes legt das deuteronomische Buch ein besonderes Gewicht. „Höre Israel, Jhwh ist unser Gott, Jhwh ist einzig“ [3]). Dieser Gott hat Israel mit besonderer Fürsorge in vergangenen Zeiten geleitet, „wie ein Vater seinen Sohn trägt“ [4]).

„Wie ein Adler überwacht sein Nest,
„Schwebt über seine Jungen,

[1]) [Daß unter Josia nur das Deuteronomium aufgefunden worden sei, ist weder erwiesen, noch erweisbar, vgl. Th. A. Fischer, Lex Mosaica (Gütersloh, 1898) S. 399 ff., Schall, Ed., Die Staatsverfassung der Juden auf Grund des Alten Testamentes (Leipzig 1896, 8) S. 47 ff.]

[2]) Deuteronomium 4, 35. 39; 3, 24.

[3]) Das. 6, 4.

[4]) Das. 1, 31.

„Seine Flügel ausbreitet,
„Sie nimmt und auf seinen Schwingen trägt,
„So hat Gott allein es geleitet,
„Und bei ihm war nicht ein Gott der Fremde“[1]).

Zweck dieser Auserwählung und fürsorglichen Leitung sei gewesen, daß Israel ein heiliges Volk sein solle[2]). — Das deuteronomische Buch will ferner dem lebenden Geschlecht zum Bewußtsein bringen, daß das Volk bisher weit hinter den von ihm gehegten Erwartungen zurückgeblieben sei, und daß es die gnadenvolle Rettung Gottes nicht im Geringsten verdiene. Widerspenstig, widersprechend und hartnäckig sei es von seinen Anfängen an gewesen bis auf den heutigen Tag, habe immer noch kein Auge zu sehen, kein Ohr zu hören, kein Herz zu merken[3]). Endlich solle auch den unverbesserlichen Geschlechtern durch seinen Geschichtsgang vor Augen geführt werden, daß auf den Abfall von seinem Gotte stets Strafe gefolgt sei. Denn Gott sei zwar ein Gott der Treue, der sein Wort und seine Gnade für die ihn Liebenden und seine Gesetze Befolgenden bis in's tausendste Geschlecht bewahre, aber seinen Feinden vergelte, in's Angesicht vergelte[4]).

Wie eine neue Offenbarung oder wie eine neue Erkenntniß klingt es aus dem ermahnenden Bestandtheile des deuteronomischen Gesetzbuches heraus. Es giebt sich selbst als Etwas Neues, als ein neues Bündniß aus, das Gott kurz vor Mose's Tode und vor dem Einzuge in's gelobte Land im Lande Moab am Jordan geschlossen, verschieden von dem ersten Bündniß am Horeb[5]). Als wenn das erste Geschlecht, das in ägyptischer Sklaverei aufgewachsen war, nicht fähig gewesen wäre, die höhere Lehre zu begreifen, ist sie erst dem von Mose erzogenen nachfolgenden Geschlechte offenbart worden. Das sinaïtische Zehnwort ist so einfach und gemeinverständlich, daß auch Sklavenseelen, wenn sie nicht thierisch abgestumpft sind, es verstehen können. Aber die Vertiefung in den höheren Begriff von Gott und von der Verehrung desselben, wie er sich im Geschichtsgang des Volkes Israels kund gegeben, konnte den gestern noch an die Sklavenkette Geschmiedeten nicht zugemuthet werden. Dazu wurden erst ihre Söhne und Enkel für reif gehalten. Diesen prägte Mose kurz vor seinem Hingange in der deuteronomischen Schrift den Begriff der Liebe zu Gott ein: „Ihwh ist einzig, und du sollst Ihwh, deinen Gott, mit deinem ganzen Herzen, mit

[1]) Deut. 32, 11—12.
[2]) Das. 14, 2; 26, 19.
[3]) Das. 9, 24; 29, 3.
[4]) Das. 7, 9 fg.
[5]) Das. 1, 5; 28, 69.

deinem ganzen Wesen und mit deiner ganzen Kraft lieben"[1]). „Was verlangt, o Israel, dein Gott von dir? Nichts weiter als ihn zu verehren, in seinen Wegen zu wandeln, ihn zu lieben, ihn anzubeten mit ganzem Herzen und ganzem Wesen"[2]). Bei allen Völkern der Erde war die Frömmigkeit eine Tochter der Furcht; der Schauer vor dem Unsichtbar-Gewaltigen, dem räthselhaften Wesen in den Wolken oder in den schauerlichen Plätzen hat die Kniee sinken gemacht, und die Mittel der Gottesverehrung: Altäre, Tempel, Opfer, Riten dienten nur dazu, die Uebermächtigen versöhnlich und freundlich zu stimmen. Der Abstand zwischen dem Göttlichen und dem Menschen wurde nach Himmelsfernen gedacht. Das deuteronomische Gesetzbuch offenbarte zuerst die Liebe zu Gott, als Beweggrund zur Frömmigkeit und Sittlichkeit, und es brachte dadurch den Menschen der Gottheit näher, viel näher. Es machte das Menschenherz zum Tempel, in dem das göttliche Wesen verehrt sein will, und gestaltete sein Verhältniß zu ihm zu einem innigen, wie das des Sohnes zum Vater. Der Mensch braucht nicht mehr vor der Gottheit wie der Sklave vor seinem finstern Herrn zu zittern, sondern er darf sich ihm in kindlicher Freudigkeit nahen. Diese hehre Erkenntniß von der Liebe zu Gott ist eine stetige Wiederholung in der deuteronomischen Schrift[3]). Das Gesetz ermahnt, diese Erkenntniß von der ausschließlichen Einheit, Größe, Erhabenheit und Vorsehung Gottes sich in's Herz zu prägen, sie sich stets gegenwärtig zu halten, sie den Kindern lehrend einzuschärfen, auch sie äußerlich kenntlich zu machen, sie als Zeichen an die Hand zu binden, als Stirnbinde am Kopf zu tragen und endlich sie an die Pfosten des Hauses und an die Eingänge der Städte aufzuzeichnen[4]). Beherzigt das Volk diese hehre Erkenntniß von seinem Gotte, so wird es ihn zum Vorbilde nehmen, Gerechtigkeit und Erbarmen üben, sich gleich ihm der Verlassenen, der Waisen und Wittwen annehmen und auch den Fremdling lieben. Die höhere Tugend, die liebevolle Behandlung der Schwachen und der Fremden, ist ebenfalls eine stetige Ermahnung dieser unvergleichlichen Gesetzgebung[5]). Die Selbstsucht, die Herzensverhärtung, die Verstocktheit werden aus Liebe zu Gott von selbst schwinden, das Volk werde dadurch die Vorhaut seines Herzens beschneiden und seinen harten Nacken beugen[6]).

[1]) Deut. 6, 4—5. [2]) Das. 10, 12.
[3]) Das. 11, 1. 13 22; 13, 4; 19. 9; 30, 6. 16. 20; vergl. Josua 22, 5; 23, 11.
[4]) Das. 6, 4—8; 11, 18 fg.
[5]) Das. 10, 17—19; 16, 11. 24, 19. 21—22.
[6]) Das. 10, 16; 30, 6.

Diese hohe Erkenntniß und diese gehobene Gesinnung sollen sich durch Bethätigung von Gesetzesvorschriften verwirklichen. Die Gesetze bilden den Mittelpunkt des deuteronomischen Buches. Vor Allem dringt es auf Beseitigung und vollständige Vertilgung des Götzenthums und alles dessen, was damit zusammenhängt; es führt zum Bewußtsein, daß dieses nicht bloß verwerflich, sondern auch albern und kindisch sei. Es schickt daher die Lehre von der Erhabenheit Gottes voraus, daß er keine Gestalt haben könne, und daß er, selbst als er sich am Horeb dem ganzen Volke offenbart hat, in keinerlei Gestalt sich versichtbart habe, sondern nur eine Stimme habe vernehmen lassen [1]). Wie ungereimt erscheint es daher, von Gott sich ein Bild zu machen, eine männliche oder weibliche Gestalt — nach Art der Phönicier — oder gar sich die Gottheit unter einer Thiergestalt vorzustellen — nach Art der Aegypter — und selbst die Gestirne des Himmels als göttliche Wesen anzubeten — nach Art der Assyrer und Babylonier? [2]) Diese falsche Vorstellung von Aftergottheiten führe zu den empörendsten Frevelthaten; die Verehrer dieser Götzen verbrennen sogar ihre Söhne und Töchter zu Ehren und zur Versöhnung derselben [3]). Das deuteronomische Gesetz warnt nachdrücklich vor dieser gräulichen Verirrung, hebt hervor, daß sie Gott ein Gräuel sei, und daß es eine Fälschung sei, Kinderopfer als gesetzliche Vorschrift anzudichten: „Ihr sollt zum Gesetze nichts hinzuthun und nichts davon abnehmen" [4]). Da das Götzenthum jeder Art ein Hohn auf den Gott Israels ist, so prägt das Gesetz ein, alle Stätten für Götzencultus zu beseitigen, Altäre, Spitzsäulen, heilige Bäume, Bildnisse von Holz und Silber zu zerstören [5]). Weiter verfügt das Gesetz, daß ein Prophet oder Träumer, welcher die Menge zum Götzendienst verführen sollte, selbst wenn er ein Zeichen gäbe und Etwas voraus verkündete, das eingetroffen ist, mit dem Tode bestraft werden sollte, „weil er von dem Gott Israels abwendig machen wollte". Dieselbe Strafe sollte auch die nächsten Verwandten oder Herzensfreunde treffen, welche zur Betheiligung am Dienste fremder Götter näherer oder fernerer Völker überreden sollten. Ohne Schonung sollten solche Verführer dem Tode durch Steinigung überliefert werden [6]). Eine Stadt, deren Bevölkerung

[1]) Deut. 4, 12—15.

[2]) Das. V. 16—19.

[3]) Das. 12, 31.

[4]) Das. 13, 1. Dieses bezieht sich entschieden auf den vorhergehenden Vers von Kinderopfern, ebenso 4, 2 mit dem Nachsatze von der Geschichte bei Baal-Peor.

[5]) Damit beginnt diese Gesetzessammlung 12, 1 fg. Es ist aber auch an andern Stellen darauf Bezug genommen 7, 5. 25.

[6]) Das. 13, 2 fg.

sich zum Götzendienste verleiten ließe, solle sammt ihrem Gute verbrannt werden [1]). — Mit den kanaanitischen Völkerschaften sollen die Israeliten kein Ehebündniß eingehen und überhaupt kein Bündniß schließen, weil diese es darauf anlegen, zu ihrem Götzendienste zu verleiten [2]). Dagegen dürfen Idumäer und Aegypter in die Gottesgemeinde wenigstens im dritten Geschlechte aufgenommen werden, jene als Stammverwandte und diese aus Dankbarkeit, weil die Israeliten Fremdlinge in deren Landen waren. Eingewanderte Ammoniter und Moabiter sollten nicht einmal im zehnten Geschlechte zugelassen werden, weil sie sich lieblos gegen Israel gezeigt hatten [3]).

Mit derselben Wichtigkeit, wie die Beseitigung des falschen Götterthums wird die Weise des Gottesdienstes, besonders die Verehrung des ureigenen Gottes, in dieser Gesetzgebung behandelt. Hierbei fällt der verhältnißmäßig geringe Werth, welcher auf die Opfer gelegt wird, auf. Allerdings bestimmt die deuteronomische Gesetzgebung, daß nur an einem bestimmten Orte, den Gott auserwählen werde, geopfert werden dürfe, erkennt also den Opferdienst als berechtigt und gottgefällig an. Allein sie will ihn außerordentlich beschränkt wissen. Außerhalb der den Mittelpunkt bildenden Stätte soll gar nicht geopfert werden. Fleisch braucht außerhalb derselben nicht nach hergebrachter Sitte opfermäßig geweiht oder in Weihe genossen zu werden, sondern darf schlechthin, von Reinen mit Unreinen vermischt, verzehrt werden [4]). Dadurch würde den Privatcultusstätten und Höhen der Boden entzogen werden. Denn nur darum, weil das Herkommen bestimmt hatte, daß Fleisch von zahmen Thieren nur opfermäßig zubereitet werden müßte, und weil es zu unbequem war, mit jedem Lamm oder Rind zum Haupttempel zu wallen, waren die Privataltäre ein unentbehrliches Bedürfniß geworden und zu einem Ansehen gelangt, von dem sich das Volk nicht lossagen konnte. Die Strenge des Königs Chiskija gegen die „Anhöhen" vermochte sie nicht zu beseitigen. Diese Höhen mit Altären waren aber zugleich der fruchtbare Boden für das Wuchern des Götzenthumes. Das deuteronomische Gesetz wollte also das Volk von den Cultusstätten entwöhnen. Auch das Opferwesen im Central-Tempel wollte diese Gesetzgebung beschränkt wissen. Nur der Zehnte, die erstgeborenen Thiere und die Gelübdeopfer sollten in dessen Räumen opfermäßig genossen werden. „Wenn du unterlässest, Opfer zu geloben, so wird keine Sünde an dir sein.

[1]) Deut. 13, 13 fg.
[2]) Das. 7, 3.
[3]) Das. 23, 5 fg.
[4]) Das. 12, 15. 21 fg. 15, 22.

Nur den Ausspruch deiner Lippen sollst du erfüllen" [1]). In diesem Punkte geht die deuteronomische Gesetzgebung weit über die frühere hinaus. Der Zehnte, die Erstgeborenen und die Erstlinge brauchten nicht den Ahroniden übergeben zu werden, sondern der Eigenthümer sollte sie selbst im Mittelorte verzehren dürfen. Nur darauf wird Gewicht gelegt, daß die Leviten und auch die Waisen, Wittwen und Fremdlinge, welche keinen Bodenbesitz haben, und besonders die Sklaven und Sklavinnen zu den Opfermahlen zugezogen werden sollen; sie sollen dadurch als Glieder der opfernden Familie betrachtet werden [2]). Die Abgaben an die Nachkommen Ahron's sind in dieser Gesetzgebung überhaupt verringert. Nur ein winziger Theil von der Getreide-, Wein- und Oel-Ernte, ferner Etwas von der Wollschur und endlich einige Stücke von den Opfern werden ihnen zugedacht [3]). Der Getreide-Zehnte dagegen oder der Zehnte vom Zehnten ist ihnen entzogen und den Eigenthümern überlassen, sie, wie schon angegeben, im Mittelorte mit Hinzuziehung der Besitzlosen zu verzehren. Nur je das dritte Jahr, also zweimal in jeder Jahreswoche, soll der Zehnte nicht vom Eigenthümer zu eigenem Gebrauche verwendet, sondern auch Andern zugewandt werden, nicht bloß den Leviten, sondern auch Allen, welche des Bodenbesitzes entbehrten, auch dem Fremdling, der Waise und der Wittwe [4]).

Beim Tempelbesuch wird Gewicht auf das lebendige Wort gelegt. Es soll Dank und Gebet an den Spender des Segens ausgesprochen werden. So oft ein Bodeneigenthümer mit den Erstlingsfrüchten zum Tempel wallt, soll er vor dem Altar eine Art Bekenntniß aussprechen und, in Rückerinnerung an die Befreiung aus Aegypten und an die Besitzergreifung des Landes, Dank dafür aussprechen [5]). Und je das dritte Jahr, das Jahr der Zehntenlieferung an die Leviten, Fremdlinge und Waisen, soll ein solcher vor dem Altar bekennen, daß er seine Pflichten mit dem, was ihm Gott gespendet, gewissenhaft erfüllt und von seinem Eigenthum den Bedürftigen gespendet habe, und soll nicht bloß für sich, sondern für das Allgemeine ein Gebet aussprechen: „Blicke

[1]) Deut. 23, 22—24 [Vom „Geloben von Opfern" ist im Text nicht die Rede, vgl. auch Oettli z. St.].

[2]) Das. 12, 12. 18; 14, 27; 16, 11. 14. In Bezug auf den Zehnten vom Vieh, vergl. Leviticus 27, 33 mit Deuteron. 12, 17—18; von Getreide Numeri 18, 21 fg., 26 mit Deuteron. 14, 22 fg. In Bezug auf Erstgeborene Numeri das. 17 fg. mit Deuteron. 15, 19 fg. In Bezug auf Erstlinge Numeri das. 12—13 mit Deuteron. 26, 2. 11.

[3]) Deut. 18. 3—5.

[4]) Das. 14, 28—29; 26, 1—15.

[5]) Das. 26, 2—11.

aus deiner heiligen Stätte vom Himmel und segne Israel und das Land, das du uns geschenkt, wie Du unseren Vorfahren zugeschworen ein Land überfließend von Milch und Honig"[1]).

Die drei Wallfahrten zum Tempel erklärt das deuteronomische Gesetz als Freudenfeste, das Fest der ungesäuerten Brode, das Wochenfest und das Hüttenfest. An denselben sollen die Gelübde-Opfer dargebracht und deren Fleisch verzehrt werden. An den Freuden des Mahles sollen wiederum die Besitzlosen theilnehmen: „Du sollst eingedenk sein, daß du einst Sklave in Aegypten warst", darum sollen die Unglücklichen zur Freude zugezogen werden. Für das dem Feste der ungesäuerten Brode vorangehende Pascha wird eingeschärft, daß es ja nicht anderswo als in dem erwählten Orte gefeiert werden solle[2]). Zwei Abweichungen von früheren Gesetzen enthält das Gesetz über das Pascha, daß das Opfer nicht bloß von Kleinvieh, sondern auch von Rindern genommen, und daß es nicht bloß gebraten, sondern auch gekocht gegessen werden dürfe[3]).

Das Gerichtswesen wird in der deuteronomischen Gesetzgebung mit großer Wichtigkeit behandelt. In allen Städten sollen Richter und auch Schreiber (Schoterim) eingesetzt werden, die Einen zum Aussprechen und die Andern zur Vollstreckung des Urtheils. Die Richter sollen das Recht und nichts als das Recht im Auge haben, keine Rücksicht nehmen und sich vor Bestechung hüten[4]). Es wird vorausgeschickt, daß Mose selbst weise, einsichtsvolle und ausgezeichnete Männer als Richter ausgewählt und ihnen eingeschärft hat: „Ihr sollt den Streit zwischen Einem und dem Andern, auch zwischen einem Stammesgenossen und Fremden, richten, den Geringsten wie den Angesehensten anhören, vor Niemandem Scheu haben; denn das Recht ist Gottes; das Schwierige soll mir vorgelegt werden"[5]). Wenn die Richter in den Städten in der Entscheidung einer Streitsache über Todschlag, Eigenthumssache oder Verletzung zweifelhaft sein sollten, so sollen sie sie vor das Obergericht, das aus levitischen Priestern oder andern Richtern besteht, in dem auserwählten Mittelorte, bringen. Die Entscheidung dieses Gerichtshofes soll unwiderruflich sein: „Du sollst von dem, was sie entschieden haben, weder rechts noch links abgehen". Wer gegen den Ausspruch des Priesters oder Richters an der Spitze desselben sich auflehnt, soll mit dem Tode bestraft werden[6]). Ein Todesurtheil soll aber nur

[1]) Deut. 26, 12—15.
[2]) Das. 16, 1—17.
[3]) Das. V. 2. 7.
[4]) Das. 16, 18—20.
[5]) Das. 1, 15—17. [6]) Das. 17, 8—13.

durch übereinstimmendes Zeugniß zweier oder dreier Zeugen gefällt werden. Die Aussage eines einzigen Zeugen soll kein Gewicht haben[1]). Die Zeugen sollen gründlich und umständlich ausgeforscht werden, ob die Anklage gegen einen Angeschuldigten auch wahr und begründet ist[2]). Die Richter sollen darauf halten, daß nicht unschuldiges Blut vergossen werde und die Schuld nicht ungeahndet bleibe. Sechs Zufluchtsstätten sollen zum Schutze für fahrlässige Mörder bestimmt werden; Mose selbst, die Wichtigkeit derselben erkennend, habe im jenseitigen Lande drei ausgewählt; „wenn die Grenzen deines Landes sich ausdehnen werden, so sollen noch drei Asylstätten zu den sechs hinzugefügt werden"[3]). Der absichtliche Mörder soll aber schonungslos selbst aus der Zufluchtsstadt gezogen und dem Tode überliefert werden[4]). Todesstrafe setzt das deuteronomische Gesetz außer auf Mord, Götzendienst und Menschenhandel, auch auf Ehebruch und erwiesene Unzucht einer Braut im Hause des Vaters: „Denn sie hat eine Verworfenheit begangen, Unzucht im Hause ihres Vaters zu treiben, und du sollst das Böse aus deiner Mitte hinweg räumen"[5]). Todesstrafe ist ferner verhängt über einen ungehorsamen, widerspenstigen Sohn, welcher trotz der Erziehung seiner Eltern auf ihre Stimme nicht hört und sich der Völlerei und der Ausschweifung ergiebt[6]). Eine große Strenge schreibt diese Gesetzgebung noch gegen einen überführten falschen Zeugen vor: „Ihm soll gethan werden, was er Böses gegen seinen Nächsten ausgesonnen hat" ohne Schonung, Leben um Leben, Auge um Auge, Fuß um Fuß, Hand um Hand[7]). Die Gesetzgebung will auch im Verbrecher das Menschliche nicht entwürdigt wissen. Der Leichnam eines zum Tode Verurtheilten, der an einem Baume aufgehängt wurde, soll nicht über Nacht an demselben bleiben, sondern noch an demselben Tage abgenommen und begraben werden[8]). Hat der Richter Jemanden zur Geißelstrafe verurtheilt, so soll ihm nur eine gewisse Anzahl Streiche: „vierzig" zugewendet werden, nicht mehr, „damit dein Bruder nicht (durch zu viele Streiche und Wunden) vor deinen Augen entwürdigt werde"[9]). Züchtigung durch Geißelhiebe soll über einen Verläumder verhängt werden, wenn er zum Beispiel seine heimgeführte Frau fälschlich der

[1]) Deut. 17, 6; 19, 15.
[2]) Das. 13, 15; 17, 4; 19, 18.
[3]) Das. 4, 41 fg.; 19, 1 fg.; Josua 20, 2 fg.
[4]) Deut. 19, 11 fg.
[5]) Das. 22, 21.
[6]) Das. 21, 18—21.
[7]) Das. 19, 16 fg.
[8]) Das. 21, 22—23.
[9]) Das. 25, 1—3.

Unzucht beschuldigt und einen bösen Leumund gegen eine Tochter Israels verbreitet hat[1]).

Die deuteronomische Gesetzgebung spricht auch vom Königthum und will es durch Beschränkungen unschädlich machen: „Du darfst dir einen König einsetzen, wie alle Völker rings um dich her; einem solchen sollst du gehorchen". Aber er muß von Gott erwählt, d. h. von einem Propheten bestätigt sein. „Du sollst über dich nicht einen Fremden setzen, der nicht dein Stammverwandter ist". Der König soll nicht viele Rosse halten und nicht mit Aegypten in Verbindung treten, um von dort Rosse einzuführen. Er soll ferner nicht viele Weiber halten, damit sein Herz nicht ihnen nachhange und von Gott weiche. Er soll sich endlich nicht Silber und Gold anhäufen. Sein Herz soll sich überhaupt nicht hochmüthig über seine Brüder erheben, und er soll stets das Gesetz zur Richtschnur nehmen. Er soll nicht über dem Gesetze stehen, sondern ihm, wie jeder seiner Unterthanen gehorchen. Dann wird seine Regierung von Dauer sein[2]). Auch ein eigenes Kriegsgesetz enthält dieses Grundbuch. Bei der Bekämpfung der eingeborenen kanaanitischen Völkerschaften soll keine Seele am Leben gelassen werden, „damit sie euch nicht lehren, ihre Gräuel nachzuahmen". Dagegen sollen bei der Belagerung von Städten außerhalb des Landes den Bewohnern erst Friedensbedingungen gestellt werden. Wenn sie darauf eingehen, so sollen sie nur tributpflichtig gemacht, sonst aber verschont werden. Wenn sie aber den angebotenen Frieden ausschlagen, und die Stadt erobert wird, so sollen alle erwachsene Mannschaft, die Krieger, dem Schwerte überliefert, Weiber und Unmündige dagegen verschont werden[3]). Bei Belagerung einer Stadt sollen die Fruchtbäume verschont und nicht einmal zur Benutzung für das Einschließen zerstört werden[4]). Vom Kriegsdienst und überhaupt von jeder persönlichen Staatsleistung soll jeder Jüngstverheirathete ein Jahr frei sein, „damit er seine Frau erfreuen könne"[5]). Dem versammelten kriegsbereiten Heere sollen die Herolde zurufen: „Wer ein neues Haus gebaut oder einen neuen Weinberg gepflanzt oder sich mit einer Braut verlobt hat, soll das Heer verlassen, damit nicht, wenn ein solcher im Kriege fiele, ein anderer dessen liebgewordenen frischen Besitz antrete. Auch den Furchtsamen und Feiglingen soll es freistehen aus dem Heere zu scheiden, damit sie nicht durch ihre Feigheit die Krieger anstecken[6]). Das Kriegs-

[1]) Deut. 22, 18—19.
[2]) Das. 17, 14—20.
[3]) Das. 20, 10—18.
[4]) Das. 20, 19—20.
[5]) Das. 24, 5. [6]) Das. 20, 5—9.

lager soll reinlich gehalten und nicht durch Unflath besudelt werden. „Denn Gott (die Bundeslade) zieht mit in dein Lager, darum soll es heilig sein und nicht etwas Schandbares darin gesehen werden“ [1]).

Vor Allem ist die deuteronomische Gesetzgebung auf das Wohl der Hilflosen bedacht und will die milde Gesinnung der Brüderlichkeit für sie den Gemüthern einflößen, ihnen ist ihre besondere Sorgfalt zugewendet. Nicht nur der Zehnte sollte ihnen zugewiesen werden, sondern auch ein Theil der Ernte. Die Früchte des Oelbaumes und des Weinstockes sollen nicht vollständig abgenommen werden, sondern ein Rest soll für Fremdlinge, Waisen und Wittwen bleiben. Ist eine Garbe im Felde vergessen worden, so soll sie nicht wieder aufgehoben werden, sondern denselben gehören: „Du sollst eingedenk sein, daß du ein hilfloser Sklave in Aegypten warst; darum befehle ich dir, solches zu thun“ [2]). Vermiethet sich ein Armer, sei es ein Stammesgenosse oder ein Fremdling, zu Tagelohn, so soll ihm der Lohn nicht vorenthalten, sondern noch vor Sonnenuntergang ausgezahlt werden: „Denn er ist arm und sehnt sich darnach“ [3]). Das Erlaßjahrgesetz ist in dieser Gesetzgebung erweitert. Im siebenten Jahre soll jede Schuld erlöschen und der Gläubiger nicht berechtigt sein, sie von dem armen Bundesgenossen einzuziehen. Nur auf den Ausländer, der nicht im Lande angesiedelt ist, soll das Gesetz nicht angewendet werden [4]). Darum soll aber der Wohlhabende beim Herannahen des siebenten Jahres nicht engherzig sein, dem Verarmten nicht unter die Arme greifen zu wollen, um das Darlehn nicht einzubüßen. „Du sollst dein Herz nicht verhärten und deine Hand nicht verschließen vor deinem dürftigen Bruder, sondern leihen sollst du ihm nach Maßgabe seines Bedürfnisses“ [5]). Von dem Darlehen soll der Gläubiger keinen Zins nehmen [6]). Wenn innerhalb der sieben Jahre die Schuld nicht gezahlt wird, so soll der Gläubiger nicht in dessen Haus eindringen zu pfänden, sondern der Schuldner soll es — auf Entscheid des Richters — ihm im Freien

[1]) Deut. 23, 10—15. Die Identificirung der Bundeslade mit Gott folgt auch aus Numeri 10, 35—36.

[2]) Deuteron 24, 19—22.

[3]) Das. 24, 14—15.

[4]) Das. 15, 1—3. נכרי ist hier und 23, 20 der Ausländer, verschieden von גר, dem Eingewanderten oder Fremdling, der sich im Lande angesiedelt hat. Dieser wird durchgängig gleich dem אח, dem Stammesgenossen, behandelt und auch für ihn gilt das Schuldenerlaßgesetz. Der נכרי hingegen ist z. B. der Phönicier, der sich nur vorübergehend im Lande aufhält; vergl. das. 14, 21 לגר תתננה או מכר לנכרי.

[5]) Das. 15, 7—11.

[6]) Das. 23, 20.

selbst übergeben. Ist das Pfand ein Kleidungsstück, so soll der Gläubiger es dem armen Schuldner bei Sonnenuntergang zurückerstatten[1]). Eine Mühle oder ein Mühlstein darf gar nicht gepfändet werden, denn das hieße das Leben pfänden[2]). Einer Wittwe soll der Anzug nicht gepfändet werden[3]). Wenn der hebräische Sklave im siebenten Jahr zur Freiheit entlassen wird, soll er nicht leer ausziehen, sondern der bisherige Herr soll ihm mitgeben von seiner Herde, seiner Tenne und seiner Kelter: „Du sollst eingedenk sein, daß du selbst Sklave in Aegypten warst"[4]). Auch sonst schärft diese Gesetzgebung Milde, Menschlichkeit und Mitleid ein. Ein Sklave, der vom Nachbarlande Zuflucht im Lande Israel genommen und sich vor seinem Herrn gerettet hat, soll nicht ausgeliefert werden. „Er soll bei dir bleiben und sich eine Stadt zum Aufenthalte auswählen, und du sollst ihn nicht bedrücken"[5]). Selbst gegen den Feind soll Mitleid geübt werden. „Wenn Jemand eine schöne Kriegsgefangene heimbringt, um sie zu ehelichen, muß er ihr einen Monat Frist gestatten, um die Ihrigen zu betrauern, und erst nach Beendigung ihrer Trauerzeit soll sie geehelicht werden. Falls der Herr kein Gefallen mehr an ihr findet, darf er sie nicht als Sklavin verkaufen, sondern soll ihr die Freiheit geben[6]). Der Besitzer soll nicht starr und engherzig auf seinem Eigenthum bestehen. Einem Wanderer soll es gestattet sein, von dem Weinstock einige Trauben und vom Felde einige Aehren zum augenblicklichen Genusse abzupflücken. Nur soll er weder Trauben in seiner Tasche mitnehmen, noch die Sichel für das Abmähen von Getreide eines Fremden gebrauchen[7]). Beim Ausheben eines Vogelnestes soll der Vogelsteller nicht Mutter sammt Küchlein und Eiern nehmen, sondern soll selbst im Thiere das Muttergefühl schonen[8]).

1) Deut. 24, 10 fg.
2) Das. 24, 6.
3) Das. V. 17.
4) Das. 15, 12 fg. Man hat es auffallend gefunden, daß das deuteronomische Gesetz nicht auch vom Unterlassen der Feldarbeit im siebenten Jahre spricht und hat aus dem Verschweigen falsche Schlüsse gezogen. Allein es handelt bloß von der Milde gegen Personen, aber nicht von Sachen. So spricht es auch nicht bei der Aufzählung der Feste von dem des siebenten Neumondes und vom Versöhnungstag, weil diese nicht Wallfeste sein sollen und nicht freudig begangen werden. Die drei Feste werden nur deswegen herausgehoben, um daran die Mahnung zu knüpfen, daß die Leviten, Fremdlinge ꝛc. an der Freude Theil haben sollen. Aus dem Verschweigen mancher Bestimmungen der älteren Gesetzgebung folgt nicht das Ignoriren derselben im Deuteronomium.
5) Das. 23, 16—17.
6) Das. 21, 10—14.
7) Das. 23, 25—26. 8) Das. 22, 6—7.

Bemerkenswerth ist noch, daß diese Gesetzgebung manche Bestimmung, welche in der älteren lediglich für die ahronidischen Priester vorgeschrieben ist, auf das ganze Volk ausdehnt und sie auch für die Laien verbindlich macht. Einleitend wird dabei vorausgeschickt, daß das ganze Volk heilig sein soll, daß demnach der Unterschied zwischen Priester und Volk wegfallen soll. Wenn früher lediglich den Ahroniden untersagt war, beim Schmerze um den Tod eines nahen Verwandten sich Einschnitte am Körper oder eine Glatze am Haupte zu machen, so soll nach dem deuteronomischen Gesetz das ganze Volk diese heidnischen Trauerzeichen der Verzweiflung unterlassen: „Ihr seid (alle) Kinder eures Gottes, ihr sollt euch nicht verwunden und keine Kahle an der Stirn machen um einen Todten. Denn ein heiliges Volk bist du deinem Gotte und dich hat er auserwählt, ihm ein Eigenthumsvolk zu sein von allen Völkern auf Erden“ [1]).

Nach den alten Bestimmungen war es lediglich den Ahroniden verboten, Fleisch von einem gefallenen oder zerrissenen Thiere zu genießen, den Laien dagegen war dessen Genuß nicht an sich untersagt, sondern nur insofern dadurch die für das Opfern erforderliche Reinheit getrübt würde. Das deuteronomische Gesetz dagegen verbietet auch den Laien den Genuß solchen Fleisches, weil auch sie eine höhere Heiligkeit erstreben und sich an Aas, sowie an unreinen Thieren und Vögeln nicht verunreinigen sollen [2]). Das deuteronomische Gesetz geht darauf aus,

[1]) Deut. 14, 1—2. Leviticus 21, 5—6 ist dieses Verbot ausdrücklich nur für die Ahroniden vorgeschrieben und zwar mit dem Motiv, weil sie heilig sein und sich dem Schmerze nicht hingeben und namentlich nicht ihre Körper verstümmeln sollen. Wenn das Gesetz das. 19, 27—28 scheinbar eine allgemeine Fassung hat, so kann es dennoch nur unter dieser Beschränkung gemeint sein [Der unbefangene Leser merkt davon nichts. Vgl. Strack zur Stelle]. Im Deuteronomium dagegen wird die unbeschränkte Geltung für Alle durch das Motiv ausdrücklich hervorgehoben. Bertheau konnte sich mit der Gruppierung der Gesetze Lev. Kap. 19 nicht zurecht finden, mußte mehrere Bestimmungen V. 5—8 zusammenziehen und dann wieder Gleichartiges V. 13 fg. trennen, um die Zehnzahl herauszubringen. Scheidet man Vv. 27—28 aus, so geben 2—22 eine Gruppe, und 23—36 eine andere Gruppe mit der Zehnzahl.

[2]) Wenn man nicht einen zu grellen Widerspruch zwischen Ezechiel's gesetzlicher Bestimmung (44, 31) כל נבלה וטרפה . . . לא יאכלו הכהנים und dem uralten Gesetze (Exod. 22, 30) ואנשי קדש תהיון לי ובשר בשדה טרפה לא תאכלו annehmen will, so muß man sich schon zu der Ausgleichung bequemen, daß auch dieses Gesetz lediglich für die Ahroniden gelten sollte. [Vgl. dagegen Ibn Esra zu Lev. 22, 8 und Strack zu Ex. 22, 30.] אנשי קדש ist hier gleich שרי קדש Jes. 43, 28 oder מקדשים Ezechiel 9, 6. Daß der Genuß von Aas reiner Thiere für Laien nach dem uralten Gesetz erlaubt war, ist deutlich Levit. 22, 8 angegeben und geht auch aus Levit. 11, 39—40 hervor, wenn man es mit der Formulirung des Gesetzes das. V. 41 fg. vergleicht. Hier wird der Genuß schlechthin verboten,

den Unterschied zwischen Priestern und Laien aufzuheben. Beachtenswerther ist das Gesetz, das von den Propheten handelt, es legt diesen eine höhere Wichtigkeit bei und stellt sie fast über die Priester. Alles, was ein Prophet im Namen Gottes verkündet, soll befolgt werden. Ein falscher Prophet dagegen, welcher Etwas verkündet, was ihm Gott nicht eingegeben, oder wenn er im Namen fremder Götter spricht, soll dem Tode verfallen. „Wenn du aber denken wirst: Wie können wir wissen, wenn ein Prophet nicht Gottes Eingebung verkündet? Wenn der Prophet im Namen Gottes spricht und dasselbe trifft nicht ein, dann hat derselbe in Frechheit aus eigenem Antrieb gesprochen, du sollst keine Scheu vor ihm haben" [1]).

Die Beachtung und sorgsame Befolgung aller dieser Gesetze und Vorschriften wird von Mose dem Volke mit besonderem Nachdruck empfohlen. Denn sie bilden „den Ruhm Israels, seine Weisheit und Einsicht in den Augen der Völker". Diese werden sprechen, wenn sie davon hören werden: „gewiß, das Volk ist weise und einsichtsvoll. Denn giebt es noch irgendwo ein Volk, das solche gerechte Satzungen und Vorschriften hätte, wie diese Lehre"? [2]). Die Befolgung oder Uebertretung dieser Lehre sei nicht etwas Gleichgültiges, vielmehr hänge der Bestand des Volkes auf seinem Boden davon ab [3]). Glück und Unglück, Segen und Fluch, Leben und Tod der ganzen Nation sei auf's engste mit der Beachtung oder Vernachlässigung dieser Gesetze verknüpft [4]). Es sei auch so leicht, die Gesetze zu befolgen und dadurch das Leben zu gewinnen. Es ist nicht außerordentlich und liegt nicht fern. „Es ist nicht im Himmel, daß du sprächst, „„wer stiege für uns zum Himmel und brächte es uns, damit wir es hören und befolgen"". Und nicht jenseit des Meeres ist es, daß du sprächest: „„wer führe uns über's Meer, es uns zu holen"", sondern es ist dir nah, in deinem Mund und in deinem Herzen, es zu befolgen" [5]). Mose selbst habe diese Gesetze niedergeschrieben und sie den Ahroniden für Israel übergeben [6]). Er habe zugleich angeordnet, daß eine beglaubigte Abschrift davon in das Heiligthum neben die Bundeslade niedergelegt werde.

dort aber ist nur angegeben, daß der Genuß von Aas levitisch verunreinige und untauglich für das Opfern an dem Tage mache. Erst das Deuteron. 14, 21 verallgemeinert dieses Gesetz לא תאכלו כל נבלה und motiviert es durch כי עם קדש אתה.

[1]) Deut. 18, 18 fg.

[2]) Das. 4, 6—8.

[3]) Das. 32, 46—47.

[4]) Das. 11, 26—28; 30, 15 fg.

[5]) Das. 30, 11—14.

[6]) Das. 31, 9.

Die Leviten sollen besonders darüber wachen[1]). Beim Uebergang über den Jordan sollen diese Gesetze auf überkalkte Steine geschrieben und diese am Berge Ebal bei Sichem aufgestellt werden[2]). In jedem siebenten Jahre, beim Ausgang des Erlaßjahres soll dieses Gesetz dem ganzen zum Hüttenfeste versammelten Volke, den Männern, Frauen, Kindern und Fremdlingen vorgelesen werden, damit sie sämmtlich lernen sollen, den Herrn zu verehren und zu lieben und diese Gesetze zu befolgen[3]). Jeder König in Israel soll bei seiner Thronbesteigung sich eine Abschrift dieses Gesetzes anfertigen lassen, es soll stets in seiner Nähe bleiben, und er soll stets darin lesen[4]).

Mit Recht wird dieses aufgefundene Gesetzbuch, der letzte Ausfluß der sinaitischen Lehre, als etwas Hohes und Seltenes gerühmt. Die Veröffentlichung desselben bildet einen Wendepunkt nicht bloß in der Geschichte des israelitischen Volkes, sondern auch in der aller Culturvölker. Der Inhalt dieser Gesetze, die Form, in die sie gekleidet sind, die herzliche, väterliche Sprache, die darin herrscht, die Vorschrift, daß sie zu gewissen Zeiten vorgelesen und dem ganzen Volke, auch den Frauen und Fremdlingen, bekannt gemacht werden sollten, Alles das wurde von tief eingreifender Bedeutung. Giebt es noch eine solche Lehre, welche von hocherhabener und lauterer Gotteserkenntniß und von idealer Sittlichkeit erfüllt wäre? Und diese Lehre sollte nicht in einem engen Kreise verbleiben, sondern Gemeingut des ganzen Volkes und auch der ihm zugeneigten Fremdlinge werden. Wiewohl sie auch manche Bestimmungen enthält, welche sich auf Tempel, Opfer, öffentliche Reinheit und Riten beziehen, so legt sie doch auf Gerechtigkeit, Milde, Sittlichkeit und Keuschheit und ganz besonders auf innerliche Frömmigkeit das größte Gewicht. Beim Einzug in das Land sollten die Priester

[1]) Deut. 31, 25—26.

[2]) Das. 27, 2—8. Josua 8, 32.

[3]) Das. 31, 10—13.

[4]) Es ist nicht zu verkennen, daß der Auswahl der Stämme für Segen und Fluch Deuteron. 27, 12—13 eine Absicht zu Grunde liegt. Für den Fluch sind aufgezeichnet die jenseitigen zwei Stämme Rëuben und Gad und die allernördlichsten Stämme Ascher, Sebulon, Naphtali und auch Dan, worunter die nördlichen Daniten am Fuße des Hermon in der Stadt Dan und Umgegend zu verstehen sind. Diese wohnten inmitten der heidnischen Völker, nahmen ihre götzendienerischen und unsittlichen Gebräuche an und verloren sich unter den benachbarten Moabitern, Ammonitern oder Kanaanitern. Als Stämme des Segens werden bezeichnet: Simon, Levi, Juda, Isaschar, Joseph (nämlich Ephraim und Manasse) und endlich Benjamin. Es sind die diesseitigen Stämme, welche die Mitte und den Süden bewohnten und nicht Nachbarn der heidnischen Völker waren. Ueber die Stellung, welche die Stämme einnehmen sollten, vergl. Josua 8, 33.

und Leviten bei Sichem Segen und Glück über diejenigen verkünden, welche diese Lehre befolgen, und Flüche und Unglück über diejenigen herabbeschwören, welche sie übertreten würden. Der Segen soll vom Berge Gerisim und der Fluch vom Berge Ebal aus gesprochen werden. Die zwölf Stämme sollen sich derart theilen, daß sechs für den Segen dem Berg Gerisim und die übrigen sechs für den Fluch dem Ebal zugewendet sein sollten [1]). Flüche sollen über zwölferlei Uebertretungen ausgesprochen werden, und diese betreffen lediglich die Verkennung der reinen Gotteslehre und Nichtachtung der Gesetze der Gerechtigkeit, der Milde und der Keuschheit.

„Verflucht der Mann, welcher heimlich ein Bildniß, den Gräuel Ihwh's, das Werk eines Künstlers machen und im Geheimen aufstellen wird. Verflucht, wer Vater und Mutter geringschätzt, wer die Grenze seines Nachbars verrückt, wer einen Blinden auf dem Wege irre leitet, wer Unzucht mit seiner Schwester, Stiefmutter oder thierische Geilheit treibt, wer seinen Nächsten heimlich erschlägt, verflucht der Richter, der das Recht des Fremdlings, der Wittwe und der Waise beugt, der heimlich Bestechung nimmt, um einen Unschuldigen zu verurtheilen, verflucht, wer nicht die Bestimmung dieser Lehre erfüllt."

Mose habe vorausgesehen, erzählt das Buch ferner, daß trotz seiner Warnungen und Ermahnungen das Volk die Lehre dennoch übertreten werde, und in Folge dessen werde „am Ende der Tage" großes Unglück über dasselbe hereinbrechen. Das Volk werde aber die Wirkung des Ungehorsams verkennen und die Schuld seinem Gotte aufbürden. In dieser Voraussicht habe er ein Lied vorgetragen und befohlen, es auswendig zu lernen. In diesem Liede ist ausgesprochen, daß das Volk in Folge glücklicher Tage ausschreiten und sich Ungöttern, welche seine Vorfahren nicht gekannt, zuwenden, und daß ein verworfenes Volk, ein Unvolk, es züchtigen werde. Dann werde es zur Einsicht gelangen, da seine selbstgewählten Götter ihm nicht helfen werden, daß Gott allein, der es so wunderbar geleitet und mit Glück überhäuft habe, tödte und lebendig mache, verwunde und heile, und daß er es rächen und den befleckten Boden seines Landes sühnen werde [2]).

Erschütternd ist die in dieser Rolle enthaltene Strafandrohung [3]), für Nichtbeachtung der Gesetze. Sie reißt den Schleier von der verhüllenden Zukunft weg, und zeigt die grauenhaften Schrecknisse, welche das Volk und seinen König erwarten, wenn sie auf dem bisherigen

[1]) Ibn Esra bemerkt richtig, daß diese 12 Flüche (Das. 27, 15 fg.) gegen heimliche, nicht zur Cognition gelangende Uebertretungen ausgesprochen sind

[2]) Deut, 31, 14—22, 29—30; 32, 1—44.

[3]) Das. 28 15 fg.

Wege verharren sollten. Alle Plagen, welche das Menschenleben zur Verzweiflung bringen können, sind in diesem düsteren Bilde in ergreifender Leibhaftigkeit geschildert, Mißwachs, Hungersnoth, Wassermangel und Pest auf der einen, Demüthigung, Erniedrigung, drückende Sklaverei und Schmach auf der anderen Seite und durch die körperlichen und seelischen Leiden Gebrochenheit des Herzens, Wahnsinn und Stumpfsinn. „Gott wird über dich ein Volk aus der Ferne, von der Erden Ende bringen, das rasch wie der Adler fliegt, ein Volk, dessen Sprache du nicht verstehst, ein freches, herzverhärtetes Volk, das dir alles rauben und deine festen und hohen Städte — auf die du vertraust — belagern wird. In der Noth der Belagerung, wirst du das Fleisch deiner eigenen Kinder verzehren. Die zarteste und weichste Frau, die nicht gewohnt ist, vor Verzärtelung den Fuß auf die Erde zu setzen, wird sich an dem Fleisch ihres Neugeborenen sättigen und es ihren übrigen Kindern mißgönnen. Gott wird dich unter allen Völkern von einem Ende zum andern zerstreuen; dort wirst du Götter von Holz und Stein anbeten, und unter den Völkern keine Ruhe haben, sondern stets ein zitterndes Herz, Seelenschmerz und Verzweiflung haben. Des Morgens wirst du vor Angst sprechen: „„o wäre es doch schon Abend!" und des Abends: „„wäre es doch schon Morgen!" Auch dein König, den du dir aufstellen wirst, wird mit dir in Gefangenschaft zu einem dir unbekannten Volke geführt werden."

Dieses eigenartige Gesetzbuch mit seinen herzgewinnenden Ermahnungen und seinem düstern Fernblick, welches der Hohepriester Chilkija gefunden und dem Listenführer Schaphan vorgelesen und übergeben hatte (o. S. 270), brachte dieser eilig zum König Josia und las ihm Stellen daraus vor. Betroffen und erschüttert von der Strafandrohung, niedergeschmettert von dem Schuldbewußtsein, daß er solche Uebertretungen, wie sie in der aufgefundenen Rolle deutlich angegeben sind, bisher geduldet hatte, zerriß der König vor Schmerz sein Gewand. Bangigkeit bemächtigte sich seines Herzens, daß die Strafen in Erfüllung gehen könnten, welche darin über Bundesbruch verhängt werden. Selbst rathlos, ließ Josia den Hohenpriester Chilkija kommen, um mit ihm Raths zu pflegen. Auf dessen Empfehlung sandte der König ihn selbst und einige seiner Beamten und auch Achikam, Sohn Schaphans, einen Anhänger der Prophetenpartei, zu einer Frau, welche wegen ihrer prophetischen Begabung berühmt war, um sie wegen der Zukunft zu befragen [1]). Jeremia wurde wahrscheinlich wegen seiner

[1]) Könige II, 22, 10 fg. Es ist zwar das. nicht angegeben, daß Hulda zur Beseitigung des Götzendienstes ermahnt habe, aber es ist selbstverständlich.

Jugend und noch nicht anerkannten Bewährtheit übergangen, aber auch der Prophet Zephanja wurde aus unbekannten Gründen nicht befragt. Diese Frau, an die sich der König gewendet hatte, war die Prophetin Hulda, Gattin eines königlichen Beamten, des Gewänderaufsehers Schallum, aus einer alten Familie. Sie ließ den König durch seine Abgesandten beruhigen, daß das verkündete Unglück über Volk und König nicht in seinen Tagen hereinbrechen werde, weil er den Schmerz der Reue empfunden. Nur dürfe es nicht bei der Reue bleiben, sondern er solle zur That schreiten und alle Gräuel des Götzendienstes und alle Laster und Ungerechtigkeiten aufhören machen.

Beruhigt über das Geschick des Volkes während seiner Regierung betrieb der König Josia die Verbesserung der Sitten und Zustände mit außerordentlichem Eifer. Dabei nahm er das aufgefundene Gesetzbuch zur Richtschnur und verfuhr noch viel strenger und gründlicher als Chiskija mit der Aufräumung des Götzenthums. Er berief zunächst in den Tempel die Aeltesten des Volkes aus der Hauptstadt und vom Lande und auch das ganze Volk der Hauptstadt, Priester und Propheten, selbst die niedriggestellten Holzhauer und Wasserschöpfer des Tempels, und ließ vor Allem den Inhalt des aufgefundenen Gesetzbuches vorlesen. Er selbst stand während der Vorlesung auf einer Säulenkanzel, welche im Tempel für die Könige angebracht war. Zum ersten Male wurde das ganze Volk Juda mit seinen Verbindlichkeiten, seinen Erwartungen und Aussichten bei Befolgung oder Mißachtung seiner Gesetze bekannt gemacht. Der König schlug vor, ein förmliches Bündniß zu schließen, daß sämmtliche Anwesende sich verpflichten mögen, alle diese vernommenen Gesetze und Vorschriften mit ganzem Herzen und ganzer Seele zu erfüllen[1]). Die Förmlichkeit des Bündnisses bestand wohl darin, daß ein junges Rind in Stücke zerlegt wurde, durch welche der König, die Großen und Priester hindurchschritten. Dabei wurden die Worte laut gerufen: „Verflucht derjenige, welcher die Worte dieses Bündnisses übertreten sollte." Sämmtliche Anwesende riefen dabei: „Amen"![2]). Der König beauftragte darauf den Hohenpriester Chilkija, den Priester zweiten Ranges, welcher die Ordnung im Tempel zu überwachen hatte[3]), und die levitischen Thorwärter des Tempels, ihn

[1]) Könige. II, 23, 1 fg. [2]) Folgt aus Jeremia 34, 18 fg. und das. 11, 2—5.

[3]) Kön. das. 23. 4. Statt כהני המשנה muß wohl gelesen werden כהן המשנה wie Könige II 25, 18, Jerem. 52, 24 [So auch Benzinger zu II Kön. 23, 4.]. Der das. erwähnte צפניה כהן המשנה ist ohne Zweifel derselbe, welcher Jeremia 29, 26. 29 genannt wird צפניה בן מעשיה הכהן. Dieser war an die Stelle seines Vorgängers Jojada eingesetzt להיות פקיד בבית ה׳ (LXX Sing. ἐπιστάτης), also hatte der כהן משנה die Aufsicht über den Tempel wie später der איש הר הבית oder στρατηγὸς τοῦ ἱεροῦ.

von dem Unflath der verschiedenen Götzenculte zu säubern. So wurde das schandbare Astartenbild, welches Manasse in den Tempel gestellt hatte, die Altäre und die Zellen für die Unzucht der Tempeldirnen, die dazu gehörten, ferner alle Geräthschaften zum Cultus des Baal und der Astarte, die Sonnenrosse am Eingang zum Tempel, endlich die Altäre für den Gestirndienst, Alles wurde beseitigt, zerstört, im Thale Kidron verbrannt und die Asche auf die Gräber der niederen Volksklasse gestreut. Die Stätte im Thale Hinnom, wo die Kinder geopfert wurden, ließ Josia verunreinigen. Die seit Salomo bestehenden Cultusstätten auf dem Oelberg, die Chiskija noch für die Ausländer bestehen ließ, wurden durch Menschengebeine und Unrath verunreinigt, ebenso die Altäre im Eingange der Stadt für den Cultus der Böcke[1]). Dann wurden sämmtliche Höhenaltäre im Lande aufgehoben. Diese Säuberung erstreckte sich bis Bethel, wo die eingewanderten Chuthäer und der Rest der Israeliten ihr Heiligthum hatten, und auch bis zu den Städten, die einst zu Samaria gehörten[2]). Die Priester der Götzen und der Höhenaltäre wurden abgesetzt; die von levitischer Abstammung mußten in Jerusalem weilen, um überwacht werden zu können, durften aber nicht opfern, erhielten indessen ihren Antheil von den Abgaben an die Ahroniden. Die fremdländischen Priester, welche bei den fremden Culten fungirt hatten, wurden ganz und gar entfernt und wahrscheinlich des Landes verwiesen[3]). Eine grausame Ausnahme machte Josia mit den israelitischen Priestern in Bethel, welche noch den von Jerobeam eingeführten Cultus des Stierbildes fortgesetzt und zur Verirrung der Israeliten Anlaß gegeben hatten. Diese Priester ließ er auf den dort befindlichen Altären tödten und die Altäre selbst durch Menschengebeine entweihen[4]). Weil von Bethel aus die Verkennung und Verkümmerung der uralten Gotteserkenntniß ausgegangen

[1]) Könige das. 23, 4—8 (vgl. o. S. 259), 1, 10—14.

[2]) Könige das. 23, 15—19.

[3]) Das. V. 5 heißt es והשבית את הכמרים, darunter sind selbstverständlich die fremden Priester zu verstehen. והשבית will entschieden nur aussagen, daß Josia sie aufhören gemacht, gestört hat, zu fungiren. Daß sie getödtet worden wären, liegt in dem Verbum keineswegs. Das Targum giebt es richtig durch בטיל. Die syr. Version hat zwar dafür auch קטלו, es ist aber augenscheinlich ein Fehler für בטלו. Auch in LXX ist ein Corruptel. Statt κατέκαυσε τοὺς Χωμαρὶμ muß gelesen werden κατέπαυσε.

[4]) Das. V. 20 auch Könige I, 13, 2. Unter כהני במות בית אל können nur Priester von israelitischer Abstammung verstanden sein, wenn man bedenkt, daß nach der Deportation der Zehnstämme nur solche in Bethel fungirten, welche ein assyrischer König für die fremden Colonisten aus der Verbannung hatte kommen lassen, s. o. S. 257. Josia verfuhr also strenger gegen diese als gegen die ausländischen כמרים.

war, gab der König hier ein abschreckendes Beispiel. Die weniger schuldigen Enkel mußten, wie so oft, für die schuldvollen Vorfahren büßen. Das war das Ende des Stiercultus von Bethel. Der König selbst leitete die Entweihung der Afterheiligthümer von Bethel[1]). So räumte er mit den verschiedenen Götzenthümern, welche in verschiedenen Zeiten auf israelitischem Boden eingeführt worden waren und fortgewuchert hatten, vollständig auf, ganz nach der Vorschrift des deuteronomischen Gesetzes. Auch die Bauchredner, Orakelverkündiger und falschen Wahrsager vertrieb Josia[2]).

Im Frühlingsmonate desselben Jahres (621) rief Josia das ganze Volk zusammen, das Paschafest nach Vorschrift des Gesetzes in Jerusalem gemeinschaftlich zu begehen. Es stellte sich jetzt, nicht wie zu Chiskija's Zeit, gezwungener Weise dazu ein, sondern betheiligte sich freiwillig dabei. Hatte es ja feierlich gelobt und sich durch ein Bündniß verpflichtet, fortan nach dem Gesetze zu handeln. Auch die gemischte Bevölkerung, welche in Sichem, Schilo und Samaria angesiedelt war scheint sich an diesem Feste betheiligt und seit der Zeit den Tempel von Jerusalem von Zeit zu Zeit aufgesucht zu haben, da ihre Heiligthümer zerstört waren[3]). Erhebende Psalmen mit Begleitung von Saitenspiel und Gesang aus dem Munde der Leviten machten dieses zum ersten Male in Zahl und Gemeinschaft des Volkes und mit willigem Sinne begangene Fest ganz besonders feierlich[4]). Ein Psalm, welcher dabei gesungen wurde, scheint sich noch erhalten zu haben. Der Chor der levitischen Sänger forderte die Ahroniden auf, an diesem Feste den Gott Jakob's zu preisen, erinnerte an die Bedrückung und die Befreiung aus Aegypten und an die Offenbarung am Sinai, knüpfte daran die Mahnung, von den fremden Göttern endlich ganz und gar abzustehen, spielte auf die Verbannung eines Volkstheiles an und verhieß glückliche Tage für die Nachachtung des sinaitischen Gesetzes.

„Preiset Gott, unsere Macht,
„Jauchzet dem Gott Jakob's,
„Erhebet Gesang und lasset tönen die Pauke,
„Die liebliche Harfe sammt der Laute!
„Stoßet in diesem Monat in die Posaune,
„Am Vollmond für den Tag unseres Festes.
„Denn ein Gesetz ist es für Israel,
„Eine Satzung von Jakob's Gott,
„Als Mahnung hat er es eingesetzt in [Juda und] Joseph,
„Als er gegen das Land Aegypten auszog.

1) Folgt aus den Schlußworten das. 23, 20 וישב ירושלם.
2) Könige das. 23, 24.
3) Folgt aus Jeremia 41, 5 und Esra 4, 2.
4) Könige das. 23, 22—23; Chronik II, 35, 15. 17—19.

„Damals hörte ich eine Sprache,
„Die ich nicht kannte.
„„Ich habe von der Last seine Schulter entzogen,
„„Seine Hände sollten von dem Tragkorb (?) lassen.
„„In der Noth riefst du, und ich erlöste dich,
„„Ich erhörte dich in der Donnerwolke,
„„Ich prüfte dich am Haderwasser.
„„Höre mein Volk, ich will dich warnen.
„„Israel, wenn du auf mich hören wolltest —
„„Es sei nicht in deiner Mitte ein anderer Gott,
„„Du sollst nicht anbeten einen Götzen der Fremde,
„„Ich, Jhwh, bin dein Gott,
„„Der dich aus dem Lande Aegypten geführt —
„„Dann möge dein Mund noch so viel wünschen,
„„Ich will es erfüllen.
„Mein Volk hörte aber nicht auf meine Stimme,
„Israel stimmte mir nicht zu,
„Da vertrieb ich es in seiner Herzenshärtigkeit,
„Mögen sie nach ihren Anschlägen gehen.
„„Wenn mein Volk auf mich hören,
„„Wenn Israel in meinen Wegen wandeln wollte,
„„Um ein weniges würde ich seine Feinde demüthigen
„„Und gegen seine Dränger meine Hand kehren.
„Gottes Feinde würden ihm huldigen,
„Und er würde ihm Hülfe für immer sein;
„Würde es vom Fett des Weizens genießen lassen,
„Und vom Seim des Honigs es sättigen" [1]).

[1]) Psalm 81. Daß es ein Festpsalm, und zwar zur Erinnerung an den Auszug aus Aegypten ist, haben die Ausleger erkannt. Sie haben aber übersehen, daß auch die Erinnerung an die Gesetzgebung am Sinai darin vorkommt. Die ersten zwei Worte des Dekalogs sind V. 11—12a unzweideutig wiederholt, wenn auch in anderer Ordnung. Darauf weist schon im Eingang V. 6b hin שפת לא ידעתי אשמע. An die Beachtung dieser Worte ist das Wohlergehen Israels geknüpft. V. 9b ישראל אם תשמע לי ist als Einleitung zu V. 11b הרחב פיך ואמלאהו zu verstehen. So hat der Ps. einen unverkennbaren Zusammenhang, und es ist unbegreiflich, wie Olshausen ihn als aus zwei heterogenen Partien zusammengesetzt ansehen konnte. In diesem Festpsalm ist der didaktische Zweck nicht zu verkennen. Dieser ist in V. 12 — 17 deutlich gegeben. Da die Befreiung aus Aegypten ganz besonders betont wird, so kann unter dem „Fest" nur das Paschafest gemeint sein, das in späterer Zeit ebenso wie das Hüttenfest חג genannt wird. בכסה bedeutet hier wie Sprüche 7, 20 ליום כסא nach dem Syrischen „Vollmond" wie auch Aquila zu Sprüche übersetzt: ἡμέρα πανσελήνου. Die Ausleger haben sich nur an dem Worte בחדש gestoßen und einen Widerspruch darin gefunden, allein החדש ist wie דלילה, דשנה Demonstrativ. הוא V. 5 bezieht sich auf das vorhergehende חג: das Fest ist zum Gesetz eingesetzt für Jakob vom Gotte Jakobs und zugleich als Warnung und Belehrung. Es spricht also alles dafür, daß dieser Psalm ein Festlied für das Pascha sein sollte. Die Abfassungszeit ist nicht so unbestimmbar gehalten, wie die Ausleger angeben. V. 13 ואשלחהו בשרירות לבם deutet das Exil eines Theils des Volkes an, und das Wort שרירות erinnert

So wichtig erschien dem treuen Theil des Volkes Josia's thatkräftiges Einschreiten gegen das Götzenthum, daß die Prophetenpartei von dieser Zeit an eine neue Zeitrechnung zu zählen anfing[1]). Gewiß war zu diesem Feste in Jerusalem eine gehobene Stimmung. Die Anhänger der uralten Lehre, die Prophetenpartei, die treugebliebenen Leviten und Dulder sahen ihre Wünsche, wie sie kaum zu hoffen wagten, denn doch verwirklicht. Das entsetzliche Götzenthum mit seinen gräuelhaften Folgen, das sieben Jahrzehnte verwirrend und entsittlichend bestanden hatte, war mit einem Male verschwunden. Der König war dafür mit Thatkraft eingetreten. Auch die gesellschaftlichen Verhältnisse haben sich wohl gebessert. Auf Freilassung der hebräischen Sklaven, welche sechs Jahre im Dienstverhältnisse waren, hat wohl Josia bestanden, da auch dieses Gesetz in der Lehre, die er sich zur Richtschnur genommen hatte, eingeschärft wird[2]). Auch unparteiische Richter hat er wohl eingesetzt, welche den Armen und Hilflosen gegen die Gewaltigen Recht verschaffen sollten[3]). Auch einen obersten Gerichtshof scheint er in Jerusalem geschaffen zu haben, zu dessen Mitgliedern er wohl die treugebliebenen Priester und Leviten und die eifrigen Beförderer seiner Reform berufen hat, da ein solcher einer späteren Zeit als Muster vorgeschwebt hat[4]). Er mag auch kundige Leviten mit dem aufgefundenen Gesetzbuch in Städte und Dörfer ausgesendet haben, das unwissende Volk zu belehren[5]). Eine wichtige Neuerung soll Josia eingeführt haben. Die Bundeslade, welche bis dahin stets als Schutzmittel in den Krieg mitgeführt und von den Leviten getragen worden war, sollte nicht mehr dazu gebraucht werden, sondern ihrem Zwecke dienen. Mittelpunkt

an Parallelen aus Jeremia und Deuteronomium; kurz der Psalm ist nach allen Seiten erklärt, wenn man zum Hintergrund desselben an das **feierliche Pascha zu Josia's Zeit denkt**. Er ist ein Widerhall der damaligen Stimmung, als das Götzenthum officiell abgethan war, aber noch manche stille Anhänger hatte. Im Einzelnen ist zu bemerken עדות u. העיד bedeutet nicht bloß Zeugniß, sondern auch „**Warnung**", „**Belehrung**". יהוסף, V. 6, ist eine abstruse Form, sie läßt das ursprüngliche ביהו[דה ו]יוסף ahnen. V. 13 ויהי עתם ist trotz aller künstlichen Erklärung der Ausleger unverständlich. Man muß sich wohl entschließen zu lesen ויהי [ישו]עתם.

[1]) Folgt aus Ezechiel 1, 1 der mit einer eigenen Jahresberechnung anfängt, ויהי בשלשים שנה, die dem fünften Jahre seit Jojachins Exil entspricht. Dieses Jahr ist nun gerade das **dreißigste seit Josia's Reform**. Mit Recht nehmen daher das Targum und Hieronymus an, daß die 30 Jahre nach diesem Faktum gezählt seien (vergl. Frankel-Graetz, Monatsschrift, Jg. 1874. S. 517. [Vgl. was **Bertholet** zu Ezech. 1, 1 dagegen vorbringt.]

[2]) Vgl. das Beispiel Zedekija's, Jeremia 34, 8 ff.

[3]) Folgt aus Jeremia 22, 15—16.

[4]) Vgl. Chronik II, 19, 8 fg.

[5]) Vgl. das. 17, 7 fg.

des Tempels zu sein um im Allerheiligsten zu bleiben[1]). An die Seite der Bundeslade mag er nach Vorschrift das deuteronomische Gesetzbuch, das der König zur Richtschnur genommen, gelegt haben. Die Geschichtsquelle giebt Josia das Zeugniß, daß kein König vor ihm gleich ihm so aufrichtig zu Jhwh zurückgekehrt sei, um die Lehre Mose's zu erfüllen[2]). Auch die Großen, welche bis dahin Anhänger der fremden Unsitte waren, mögen sich in die Reform gefunden haben, in der Hoffnung, daß dadurch die politische Schwäche, in der sich Juda gegenüber dem mächtig auftretenden Aegypten befand, sich bessern werde. In der That scheint sich Josia auch politisch zur Thatkraft aufgerafft zu haben; er faßte Muth, Aegypten gegenüber Selbstständigkeit zu zeigen.

Jeremia hatte bei seinem ersten prophetischen Auftreten eine Zeit allgemeiner Zerstörung und Verwüstung verkündet, und daß auf diese ein Neubau folgen werde. Diese Wendung begann in Josia's letzten Jahren. Das Weltreich Assyrien, das so viele Völker und Länder unterjocht hatte, sollte dem völligen Untergange entgegengehen und an dessen Stelle sollten neue Großstaaten entstehen. Medien und Babylonien, die nächsten Vasallenländer Ninive's, vergalten ihm die Unthaten, die es an seinen Untergebenen mit Uebermuth verübt hatte. Nachdem der medische König Kyaxares die sein Land überfluthenden Scythen (o. S. 261) durch Gewalt und List theils vermindert, theils zu seinen Söldnern gemacht hatte, gerieth er in Krieg mit dem Nachbarlande im Westen, mit Lydien, welches vermöge seines Reichthums und seiner Küstenlage ebenfalls den Traum hegte, eine Großmacht zu werden. Fünf Jahre führte Kyaxares Krieg mit Alyattes, König von Lydien (614—610). Assyrien war bereits so geschwächt, daß es das selbstständige Auftreten seiner ehemaligen Vasallen ruhig ansehen mußte. Auch Nabopolassar von Babylonien (regierte 625—605), ein unternehmender König, hatte das letzte Band, das sein Land noch mit Assyrien verknüpfte, zerrissen und es ebenfalls unabhängig gemacht. Cilicien, das früher von Ninive aus beherrscht wurde, war ebenfalls ein selbstständiges Land geworden und hatte einen eigenen König Syennesis. Die zunehmende Schwäche des assyrischen Reiches wollte auch Aegypten benutzen, um zunächst an ihm Rache für die ihm so oft zugefügten Unbilden zu nehmen. Hier gelangte ein kühner König zur Regierung, Necho (Nekos, Nekaü), Sohn Psammetich's, welcher die ehemalige Macht Aegyptens wiederherstellen wollte. Zu gleicher Zeit traten also damals mehrere hochstrebende Fürsten auf, die ernstlich

[1]) Das. 35, 3. Vgl. Monatsschr. Jg. 1874, S. 437.
[2]) Könige II, 23, 25.

daran gingen, Assyriens Weltherrschaft an sich zu bringen. Necho, noch kriegerischer und unternehmender als sein Vater, der den verschütteten Verbindungskanal zwischen dem Mittelmeer, dem Nil und dem rothen Meer wieder schiffbar machen ließ — wobei 120000 Arbeiter in der Sandwüste umgekommen sein sollen — der zuerst Afrika umschiffen ließ durch eine phönicische Flotte, welche vom rothen Meere auslief und durch die Säulen des Herkules (zwischen Spanien und Afrika) durch das Mittelmeer im dritten Jahre zurückkehrte — Necho rüstete ein zahlreiches Heer zu einem großen Kriege aus, um die Libanongegend bis zum Euphrat zu erobern und auch Assyrien zu demüthigen. Da seine Nebenbuhler Kyaxares und Alyattes in einem langwierigen Kriege einander erschöpft hatten, gedachte Necho mit Leichtigkeit die syrischen Länder und vielleicht auch Assyrien mit Aegypten vereinigen zu können. Indessen hatten die beiden Könige Frieden mit einander geschlossen. Eine Sonnenfinsterniß, welche den Tag (30. Sept. 610) gerade während der Schlacht zwischen den medischen und lydischen Heeren verdunkelte, hatte Beide in hohem Grade erschreckt; dadurch waren beide Könige zum Friedensschlusse geneigt; die Vermittelung desselben hatten Nabopolassar und Syennesis übernommen. Nach Beendigung dieses Krieges schloß Kyaxares mit Alyattes und Nabopolassar ein enges dreifaches Bündniß, das durch die Verehelichung von des lydischen Königs Tochter mit Kyaxares' Sohn und der Tochter des medischen Königs mit Nabopolassar's Sohn, Nebukadnezar, befestigt wurde. Dieses Bündniß war gegen Assyrien gerichtet, das damals von einem den Lüsten ergebenen und verwerflichen König Sardanapal (Sarakus?) beherrscht wurde. Zu gleicher Zeit zogen die drei mächtigsten Könige der damaligen Zeit (608) zu ausgedehnten Eroberungen aus, Kyaxares und Nabopolassar gemeinschaftlich gegen Ninive, und Necho gegen die Euphratländer.

Nachdem der Letztere die befestigte philistäische Stadt Gaza mit Sturm genommen hatte[1]), zog er längs der Niederung an der Küste des Mittelmeeres entlang und gedachte durch die Ebene Jesreel zum Jordan zu gelangen, diesen zu überschreiten und dann über Damaskus auf dem kürzesten Wege zum Euphrat zu kommen. Diesem Durchzuge durch das ehemalige israelitische Gebiet stellte sich Josia hindernd entgegen. Sei es, daß er eine Machtvergrößerung Aegyptens für den Bestand seines Königreiches fürchtete, oder daß ihn Nabopolassar für sich gewonnen hatte, eine feindliche Haltung gegen Necho anzunehmen, genug er sammelte eine Schaar und zog Necho entgegen. Er vertraute

[1]) Herodot II, 159; Jeremia 47, 1; Kadytis bei dem Ersteren ist Gaza.

wohl auf die Hilfe Gottes, dessen Gesetz er mit so vielem Eifer in Juda eingeführt hatte. Kaum hatte Necho mit seinem Heere die Mitte der Ebene Jesreel erreicht, als er bei Megiddo auf ein judäisches Heer stieß, welches ihm den Weg verlegen wollte. Der ägyptische König soll ihm zwar versichert haben, daß sein Kriegszug nicht dem judäischen Lande, sondern entfernten Landstrichen gelten solle. Nichts desto weniger bestand Josia auf einer Entscheidung durch die Waffen. Diese fiel höchst unglücklich für ihn aus. Sein Heer wurde geschlagen und er selbst tödtlich verwundet (608). In Eile brachten die Diener den vielgeliebten sterbenden König nach Jerusalem. Hier angekommen, hauchte er seinen Geist aus. Laute Trauer erhob sich in der Hauptstadt beim Anblick seiner Leiche. Als man sie im Garten Uzza, in dem neuen Grabgewölbe der letzten judäischen Könige beisetzte, riefen Männer und Frauen um die Wette weinend und klagend: „O Herr, o Glanz!" — Alljährlich wurde an dem Tage, an dem der letzte vortreffliche König aus dem Hause David's von Pfeilen durchbohrt zusammengebrochen war, ein Klagelied wiederholt, welches Jeremia bei dieser Gelegenheit gedichtet hatte[1]). Aufrichtiger ist kein gefallener König beweint worden als Josia. Die unglückliche Schlacht bei Megiddo in der Ebene Jesreel war ein Wendepunkt für Juda's Geschichtsgang[2]).

[1]) Könige II, 23, 29—30 a. Chronik II, 35, 20—26. Nach Ezra Apocryphus wurde Josia noch lebend nach Jerusalem gebracht (1, 28—29). Der Anfang eines Klageliedes auf einen König begann mit הוי אדון והוי הדה Jeremia 22, 18. Daß um Josia lange getrauert wurde, folgt aus Jeremia das. V. 10.

[2]) Nach Könige das. עלה פרעה נכה על מלך אשור על נהר פרת geht mit Entschiedenheit hervor, daß Necho gegen Assyrien zu Felde zu ziehen gedachte. Dasselbe sagt auch der Text Chronik das. V. 21, wenn man die ursprüngliche L.-A. wiederherstellt, statt des unverständlichen: לא עליך אתה היום כי אם אל בית מלחמתי. Statt אתה haben LXX ἥκω und Peschito אנא אתא, לא הוא עליך, also אבא, Das Uebrige giebt Ezra Apocryphus durch *ἐπὶ γὰρ Εὐφράτου ὁ πόλεμός μου* d. h. לא עליך אבא כי אם אל פרת מלחמתי [Anders Schrader-Winckler, S. 277]. Die Localität Megiddo ist durchaus die bekannte Stadt in der Ebene Jesreel (gegen Movers Annahme), höchst wahrscheinlich meinte auch Herodot diese Schlacht II, 159): *Καὶ Συρίοισι πεζῇ ὁ Νεκῶς συμβαλὼν ἐν Μαγδόλῳ ἐνίκησε* [Vgl. jedoch Schrader-Winckler, S. 105].

# Elftes Kapitel.

## Juda's Niedergang.

Schallum-Joachas zum Könige ausgerufen, von Necho entsetzt und in Fesseln nach Aegypten gebracht. Eljakim-Jojakim zum Könige aufgezwungen. Necho legt Strafgelder auf. Rückfall zum Götzenthume und zur Lasterhaftigkeit. Die Priester von Anatoth. Die Propheten. Tragischer Tod des Propheten Urija. Ein namenloser Prophet in Jojakim's Zeit. Jeremia wegen einer Rede verfolgt, angeklagt und freigesprochen. Untergang Assyriens. Veränderte politische Stellung. Schlacht bei Kharkhemisch und Niederlage Necho's. Jojakim's Verhalten. Jeremia's Verkündigung von Nebukadnezar. Habakuk's Rede von den Chaldäern. Verfolgung gegen Jeremia. Seine Klagepsalmen. Die Chaldäer im Anzug gegen die Libanonländer. Jeremia's geschriebene Rede von Jojakim verbrannt. Juda Vasallenland Nebukadnezar's. Abfall von Chaldäa. Jojakim's Tod und Nachfolge seines Sohnes Jojachin. Jerusalem von den Chaldäern belagert und eingenommen. Jojachin in die babylonische Gefangenschaft geführt.

(608—596).

Menschliche Vorsicht, wie weit reicht sie! Kaum über die Spanne der Gegenwart hinaus. Josia gedachte, um Juda's Selbstständigkeit zu sichern, der Einmischung Aegyptens in auswärtige Länder Halt zuzurufen, und hat gerade dadurch die Knechtung seines Volkes durch eben dieses Land herbeigeführt. Die verlorene Schlacht bei Meggido muß das streitbare judäische Heer aufgerieben haben; denn es wurde nicht einmal der Versuch gemacht, im Rücken des weiterziehenden Necho einen Aufstand zu versuchen. In dem, um den Tod des gefallenen Königs trauernden Jerusalem wurde weiter nichts gethan, als daß rasch zur Wahl eines Nachfolgers geschritten wurde. Josia hatte von zwei Frauen drei Söhne hinterlassen, den Erstgeborenen, Eljakim von Sebuda, aus einer Stadt Ruma (Aruma[1]), die er, obwohl sie seine erste Frau war, nicht geliebt zu haben scheint, und zwei später geborene Söhne, Schallum und Matthanja von seiner Lieblingsfrau Chamutal aus Libnah[2]). Der Vater scheint dem zweitältesten Sohn von seiner Lieblingsfrau die Nachfolge zugedacht zu haben, obwohl das Gesetz bestimmte, daß der von einer geliebten Frau geborene jüngere Sohn seinem von einer mißliebigen Frau geborenen älteren Bruder nicht

[1]) Könige II, 23, 36. Vergl. o. S. 232, Anmerk. 1.
[2]) Könige II, 23, 31. 36; 24, 17—18.

vorgezogen werden sollte[1]). Um die Absicht des vielbeweinten Königs zu ehren, rief das Volk Schallum zum Könige aus, der zwei Jahre jünger als Eljakim war. Um dessen Königswürde gegen Thronstreitigkeiten zu sichern, wurde er ausnahmsweise gesalbt[2]). Dieser nahm der Sitte gemäß bei seiner Thronbesteigung einen anderen Namen an, den Namen Jehoachas (Joachas[3]).

Allein es war bereits soweit gekommen, daß weder der Volkswille einen König einsetzen, noch das heilige Salböl ihn unverletzlich machen konnte; bei einer anderen Macht lag die Entscheidung. Der König von Aegypten, dem durch den Sieg bei Megiddo die Oberhoheit über das Land zugefallen war, hatte anders beschlossen. Scheinbar ohne sich viel um Juda zu kümmern, hatte sich Necho in Eilmärschen der Euphratgegend genähert, hatte die zu Assyrien gehörenden Länderstrecken von Aram oder Syrien in Besitz genommen und seine augenblickliche Residenz in Ribla, unweit der ehemaligen Stadt Chamath (am Orontes), aufgeschlagen. Dorthin begab sich Schallum-Jehoachas zu Necho, um seine Wahl von ihm bestätigen zu lassen und zugleich das Land Juda von ihm als Lehen zu empfangen. Aber der ägyptische Sieger fand an dem neugewählten König keinen Gefallen. Vielleicht war das nur eine launenhafte Anwandlung. Möglich aber ist es auch, daß der bei der Thronbesteigung übergangene Eljakim den ägyptischen König für sich und gegen seinen Bruder eingenommen hatte. Genug, Necho entsetzte Jehoachas seiner Würde, ließ ihn in Fesseln schlagen und nach Aegypten bringen und ernannte Eljakim zum König von Juda[4]). Jehoachas war nur drei Monate König genannt worden.

Eljakim oder, wie er sich nach der Thronbesteigung nannte, Jojakim (607—596), hatte gleich im Beginne seiner Regierung ein mißliches Geschäft zu vollziehen. Necho hatte zur Strafe dafür, daß Josia seinen

[1]) Deuteron. 21, 15 fg.

[2]) Könige das. 23, 30. Mit Recht bemerkt der Talmud (Traktat Kheritot p 5 b), daß in der nachdavidischen Zeit nur bei unregelmäßiger Nachfolge und bei drohender Thronstreitigkeit die Salbung eines Königs vorgenommen wurde. Vergl. Oehler, Theologie d. A. T., II, S. 26.

[3]) Folgt aus Jerem. 22, 11; Könige das. fehlt der Passus ויכב את שמו, was übrigens bedeutet, er selbst änderte seinen Namen, nicht etwa ein fremder Herrscher habe ihm einen anderen Namen beigelegt. Chronik I, 3, 15 ist ein doppelter Irrthum, daß Josia vier Söhne hinterlassen hätte und zwar Schallum, verschieden von Joachas, und daß יהואחז (statt יוחנן zu lesen) der Erstgeborene gewesen sei [S. jedoch Oettli z. St.].

[4]) Könige das. V. 33. Hier heißt es ויאסרהו . . . נכה, in Chronik dagegen II, 36, 3 ויסירהו. Auch in Könige lesen LXX ויסירהו. Indessen ist die erste L.-A. doch richtig: denn auch Ezechiel 19, 2—4 deutet an, daß Joachas in Fesseln nach Aegypten gebracht worden war ויביאהו בחחים אל ארץ מצרים.

Durchzug verhindern wollte, dem Lande eine hohe Buße an Gold und Silber aufgelegt (100 Khikhar Silber und 1 Khikhar Gold, beinahe 1,000,000 Mark). Im Palast und Tempel gab es damals keinen Schatz. So legte Jojakim jedem Vermögenden einen Beitrag dazu nach Maßgabe seines Vermögens auf und ließ die Beitrage durch seine Diener gewaltsam eintreiben[1]). Diese Geldstrafe war um so demüthigender, als sie für ein Zeichen der Unterthänigkeit gelten mußte. Jojakim und das Volk mußten sich diese Demüthigung gefallen lassen. Zu dieser Demüthigung, Verzagtheit, Schwäche und Schmiegsamkeit gegen den Sieger kam noch ein neues Uebel hinzu. Von der religiösen und sittlichen Besserung, die durch Josia eingeführt worden war, hatte das Volk laut Verheißung des aufgefundenen und vorgelesenen Gesetzbuches glückliche Tage erwartet und hatte gehofft, daß Juda wieder, wie zur Zeit David's und Salomo's, eine hohe Stellung unter den Völkern einnehmen werde. Nun folgte das gerade Gegentheil. Der Ihwh ergebene König war auf dem Schlachtfelde gefallen und sterbend nach der Hauptstadt zurückgebracht worden, aus welcher er mit Siegeszuversicht ausgezogen war, die Blüthe des israelitischen Heeres war geknickt. Ein Königssohn lag in Fesseln, und das Land war in schmachvolle Knechtschaft gerathen. Welche Enttäuschung! Diese Wendung brachte eine Sinnesänderung hervor, welche einen Rückfall zur Folge hatte. Das Volk und auch die Einsichtigen im Volke begannen an der Macht ihres Gottes zu zweifeln, der gewissermaßen seine zugesagte Verheißung nicht erfüllt habe oder nicht erfüllen könne. Sie hegten den Wahn, daß der Götzencultus der Völker, der zu Manasse's Zeit sich so lange behauptet hatte, eher im Stande sein würde, sie glücklich zu machen[2]). Sie kehrten daher zu den alten Sünden zurück, achteten nicht das feierlich eingegangene Bündniß, vom Götzenthum zu lassen, errichteten wieder Altäre auf jedem hohen Hügel und Anhöhen unter jedem grünen Baume. Wiederum gab es in Juda so viele Götter, als es Städte gab[3]). Ganz besonders begannen sie der ägyptischen Gottheit Neïth, der Himmelskönigin[4]) zu huldigen, welche am eifrigsten in Saïs,

[1]) Könige das. 23, 33. 35.

[2]) Folgt aus Jerem. 44, 17—18, daß der Wahn bestand, der Götzendienst mache glücklich, der Cultus Ihwh's aber unglücklich. Dasselbe ist auch ausgedrückt in dem scheinbar schwierigen Halbverse, Deuteronom. 29, 18 ללכת לעבד את אלהי הגוים . . . . . לאמר שלום יהיה לי . . . . למען ספות הרוה את הצמאה. „Damit die Wasserfülle (Glück) tilge den Durst (Mangel)“; ספות Infinitiv von ספה (nicht von יסף); Vergl. Ezechiel 8, 12.

[3]) Jerem. 2, 28. 11, 13.

[4]) Vgl. Frankel-Graetz, Monatsschrift, Jahrg 1874. S. 349 fg. Aegyptisch wurde die Neïth bezeichnet als: Net ur ntr mut nb pe t, d. h. die große

der Residenz des Königs Necho, verehrt wurde. Hat diese Göttin nicht dem ägyptischen Könige zum Siege verholfen? Sie, die Mächtige, konnte auch den unglücklichen Besiegten Macht verleihen. In den Straßen Jerusalems und in den Städten Juda's wurden daher dieser sogenannten Herrin des Himmels Opfer gebracht. Die Kinder sammelten Holz, die Väter zündeten Feuer an, und die Weiber kneteten Teig ein, um Kuchen für die Aftergottheit zu backen und ihr Wein zu spenden [1]). Götterbildnisse von Gold und Silber, Holz und Stein wurden wiederum in den Häusern aufgestellt, auch solche mit schamverletzenden Körpertheilen und in unzüchtiger Stellung [2]). Der Tempel selbst wurde abermals, wie zu Manasse's Zeit, durch scheußliche Götzenbildnisse entweiht. An einem der Eingänge zum Heiligthum und auch an anderen Stellen wurde ein Götzenbild errichtet [3]). Das empörendste aber war, daß Kinderopfer wieder in Aufnahme kamen, wie zur Zeit des Achas und Manasse.

In dem schönen Thale Hinnom wurde abermals eine Feuerstätte errichtet, um dort winselnde Kinder erbarmungslos für den Moloch zu verbrennen. Ganz besonders wurden Erstgeborene dem Feuer übergeben [4]). Das Götzenthum hatte wiederum bedeutende Fortschritte gemacht. Was früher in Harmlosigkeit und Unwissenheit oder aus bloßer Nachahmungssucht eingeschleppt worden war, wurde unter Jojakim wie unter Manasse mit Leidenschaftlichkeit vergöttert.

Hand in Hand mit dem götzendienerischen Wahn, dem unzüchtigen und kindesmörderischen Kultus, gingen Lasterhaftigkeit und sittliche Unthaten, Unzucht, Ehebruch, Bedrückung der Fremdlinge, der Wittwen und Waisen, Bestechlichkeit der Richter, Verlogenheit, Unredlichkeit, übermäßiger Wucher und Härte gegen die zahlungsunfähigen Schuldner und Mordthaten [5]). Die Hochgestellten und dem Throne Nahestehenden glichen brüllenden Löwen, Besitz und Werthvolles an sich zu reißen, Hinrichtungen zu begehen, zahlreiche Weiber zu Wittwen zu machen.

Net, die göttliche Mutter, die Herrin des Himmels (Brugsch, geogr. Inschr. altägyptischer Denkmäler I, S. 245).

[1]) Jeremia 7, 18.

[2]) Ezechiel 16, 17. ותעשי לך צלמי זכר. Dasselbe sagt Jes. 57, 8 ואחר הדלת והמזוזה שמת זכרונך, זכרונך kann hier nur das membrum des Phallus bedeuten. Die Verse Jes. 56, 9 bis 57, 13a sind nicht jesaianisch [So auch Luzzatto z. St.], auch nicht deuterojesaianisch, sondern erinnern zu deutlich an Jeremia's Ausdrucksweise.

[3]) Ezech. 8, 17 שלחים את הזמורה אל אפי, so zu lesen statt אפם als תקון סופרים, das Wort זמורה bedeutet ebenfalls membrum erectum, auch das. 23, 20; Jerem. 7, 30 [?]

[4]) Jeremia das. 7, 31; 19, 5. Das Stück stammt aus der Zeit Jojakim's. Vgl. weiter. Jesaias 57, 5 שחטי הילדים בנחלים תחת סעפי הסלעים.

[5]) Jeremia 5, 7—8; 6 9 9, 1—7 Ezechiel 16, 8 fg.

Die Fürsten und Großen glichen hungrigen Wölfen, um Gewinnes halber Blut zu vergießen[1]). Das Verbesserungswerk, das Josia mit so viel Eifer eingeführt hatte, war wenige Jahre nach seinem unglücklichen Tode aus dem öffentlichen Leben verschwunden; die Ermahnungen des Gesetzbuches, dessen Auffinden einen so ergreifenden Eindruck gemacht hatte, wurden von der großen Menge mißachtet. Selbst das natürliche Gefühl der Kinder gegen die Eltern wurde betäubt[2]). Die Bande, welche das gegenwärtige Geschlecht mit seiner Vergangenheit verknüpfte, wurden zerrissen. Wohl gab es bereits eine Klasse, welche das Gesetz hochhielt und über die Gräuel und Unthaten seufzte[3]). Aber bei der großen Menge derer, welche täglich mehr in den Unflath des Götzendienstes und der sittlichen Entartung versanken, konnten die Bessergesinnten nichts anderes thun als seufzen. Die Priester aus dem Hause Ahron stellten sich freiwillig diesem zuchtlosen Wesen zur Verfügung und gaben ihm durch ihr Amt und ihr Ansehen die erforderliche Weihe. Es brauchten nicht mehr dazu, wie in Manasse's Zeit, ausländische Priester verwendet zu werden. Ganz besonders scheinen die Ahroniden aus Anatoth, die Verwandten und Genossen des Propheten Jeremia, dem Götzenthum und dem damit verbundenen Unwesen Vorschub geleistet zu haben[4]). Propheten redeten nicht bloß dem Wahnwitz und der Zuchtlosigkeit, wie früher aus Eigennutz und als Broderwerb, das Wort, sondern mit einer gewissen Ueberzeugung und Leidenschaftlichkeit[5]). Und der König Jojakim? Er hat zwar nicht, wie Manasse, diesen Rückfall zum Götzenthum anbefohlen oder gefordert, aber er duldete ihn, ließ ihn gewähren, machte ihn wohl selbst mit, steuerte auch nicht dem sittlichen Verfall. War es Schwäche, oder hatte er Freude an der Schlechtigkeit? Sein Charakter läßt sich wegen Mangelhaftigkeit der Quellen nicht beurtheilen. Nur so viel ist zu erkennen, daß Jojakim strenge Warnungen der Propheten nicht dulden konnte, die Warner vielmehr blutig verfolgte und ebenfalls Prophetenmord beging.

Die Propheten Jhwh's, welche für die uralte Lehre, die lautere Frömmigkeit und die Sittlichkeit eintraten, hatten selbstverständlich in

[1]) Ezechiel 22, 25, wo statt נביאיה gelesen werden muß נשיאיה nach LXX und Peschito [So auch Bertholet z. St.]; Jeremia 5, 6 ff.

[2]) Ezechiel 22, 7.

[3]) Ezechiel 9, 4.

[4]) In Jeremia ist oft von den כהנים, als Betheiligten des Götzendienstes, die Rede 5, 31; 8, 1. Die אנשי ענתות das. 11, 21—23, welche Jeremia nach dem Leben trachteten, waren also Beförderer des von Jeremia bekämpften Systems. Sie waren seine nahen Verwandten, das. 12, 6 אחיך ובית אביך. Dieser Vers gehört nicht zum Zusammenhange mit dem Vorangehenden und Folgenden.

[5]) Das. 23, 11—16. 25 fg.

dieser entarteten Zeit einen schweren Stand und waren dem Hasse, der Verfolgung und Mißhandlung ausgesetzt. Sie achteten aber die Gefahren gering, es drängte sie unwiderstehlich, dem sittlichen und religiösen Verfall unerschrocken entgegenzutreten. Zu keiner Zeit gab es so viele Propheten, wie in den letzten zwei Jahrzehnten vor dem Untergang des judäischen Staates. Sie erblickten das Heil des Vaterlandes einzig und allein in der Anhänglichkeit an Israel's Gott, in der Befolgung der von ihm entstammten Lehre, in der Fernhaltung von dem götzendienerischen Unflath und in der lauteren Gesinnung in Wort und That mit ganzem Herzen und ganzem Wesen. Die Propheten sprachen fast täglich bei jeder Gelegenheit zum Volke, zu den Fürsten, zum König, mahnten, weckten, drohten und prophezeiten den Untergang, falls die Verkehrtheiten jeder Art fortdauern sollten[1]. Nur vier derselben sind bekannt geworden: Jeremia, Urija, Chabakkuk und Ezechiel; aber es haben sich auch Prophezeiungen von Solchen erhalten, deren Namen verschollen sind. Sie alle kämpften gegen das Götzenthum und die sittlichen Gebrechen, stellten indessen die Gestaltung der Zukunft verschieden dar, die einen hoffnungsvoll, die anderen in düsterer Farbe. Von dem Propheten Urija, Sohn Schemaja's, aus der Waldstadt (Kirjat-Jearim) ist bloß sein tragischer Tod bekannt geworden. Er hatte im Anfang der Regierung des Königs Jojakim (zwischen 607—604) der Stadt Jerusalem und dem ganzen Lande Unheil und Untergang verkündet, wenn das Volk, der König und die Großen nicht ihre verkehrten Wege verlassen und zu Gott zurückkehren würden. Als Jojakim die Nachricht von dieser Unheilsprophezeiung vernahm, sandte er Boten aus, um ihn zu ergreifen und zu tödten. Indessen wurde Urija durch Gesinnungsgenossen von der ihm drohenden Lebensgefahr heimlich unterrichtet und entfloh nach Aegypten. Jojakim war aber so erbittert gegen ihn, daß er einen seiner Fürsten, Elnathan, Sohn Achbar's, mit Begleitung nach Aegypten sandte, um dessen Auslieferung zu verlangen. Elnathan brachte ihn auch wirklich nach Jerusalem zurück, und Jojakim ließ ihn durch das Schwert enthaupten und seine Leiche auf den Begräbnißplatz des niederen Volkes werfen[2].

Milder sprach über die Schäden der Zeit ein namenloser Prophet, von dem nur eine längere Rede geblieben ist. Er sah einen heftigen Ansturm vieler Völker gegen Jerusalem, ganz besonders von Seiten

[1]) Jeremia 6, 17; 25, 4; 32, 33; 44, 4.

[2]) Jeremia 26, 20—23. Dieser Passus ist ein Zusatz zu dem das. erzählten Inhalt und gehört nicht dazu. Die Zeit läßt sich dadurch bestimmen, daß Jojakim damals noch in Vasallenschaft zu Aegypten gestanden haben muß, also noch vor der Schlacht bei Karkhemisch 604.

Aegyptens. Es wurde ihm aber kund, daß darauf eine erschreckende Erscheinung eintreten werde, welche das gedankenlose Jerusalem von seines Gottes Allmacht überzeugen werde. Eine Quelle der Reinigung werde für das Haus David's und die Bewohner Jerusalems geöffnet werden. Dann werde Gott als König über die Erde anerkannt werden: „Jhwh wird einer sein und sein Name einer". Die Götzen werden bis auf ihre Namen aus dem Lande verschwinden, auch die Propheten sammt dem Geist der Unreinheit. Wenn Jemand noch ferner prophezeien sollte, werden seine eigenen Eltern ihn mit dem Tode bedrohen, weil er Falsches im Namen Jhwh's gesprochen. Die Propheten selbst werden sich ihrer Gesichter schämen und nicht mehr den dunkeln Mantel von Haarzeug anlegen, um zu täuschen. Sie werden vielmehr sprechen: „Nicht Prophet bin ich, sondern ein Bearbeiter des Bodens, und der Boden ist mein Besitz von Jugend auf". Werde man ihn fragen, was hast du für Wunden an deinen Händen, so werde er antworten: „Ich bin im Hause meiner Eltern verwundet worden". In Folge der großen Erscheinungen werden nicht bloß Jerusalem und die Landbewohner von Juda, sondern alle Völker, welche feindselig gegen diese verführen, sich zu Gott wenden und nach Jerusalem zur großen Festversammlung am Hüttenfeste wallfahrten. Auch Aegypten, wenn es gedemüthigt sein werde, werde an dem Feste in Jerusalem Theil nehmen und Jhwh anerkennen; denn er werde es schlagen und heilen. Dann werde eine Straße von Aegypten nach Assyrien gehen, auf der sie friedlich zusammenkommen werden. Israel werde ein Bindeglied für beide Länder bilden zum Segen auf Erden, so daß man sprechen werde: „Gesegnet mein Volk Aegypten, mein Händewerk Assyrien und mein Erbe Israel"[1]).

Nicht so milde und nicht so leicht und so rasch sich vollziehend kündete Jeremia die Gestaltung der Zukunft für das verdorbene Geschlecht an. Er, der zum Propheten für die Völker eingesetzt war, erblickte in der nächsten Zeit nur Zerstörung, Verwüstung und Untergang. Mit dem Regierungsantritt Jojakim's und mit dem beginnenden Rückfall in die frühere Ruchlosigkeit begann er erst recht seine prophetische Thätigkeit, welche während Josia's letzten Regierungsjahren geruht hatte. Jeremia verstand erst jetzt, welche Bedeutung die Worte hatten, die er in der ersten Weihestunde seiner prophetischen Berufung als Jüngling vernommen hatte: „Ich mache dich zur festen Stadt, zur eisernen Säule und zur ehernen Mauer gegenüber den Königen Juda's, den Fürsten, den Priestern und dem Volke". Es sollte fest und unerschütterlich bleiben und der drohenden Verfolgung furchtlos in's

[1]) Vergl. Note 3.

Auge schauen. So schickte er sich denn an, mit Festigkeit der einreißenden Verderbniß entgegenzutreten und den unvermeidlichen Untergang zu verkünden, obwohl sein weiches Herz dabei blutete, und er sich öfter selbst Muth zusprechen mußte, um den auf ihn eindringenden Unheilsverkündigungen nicht zu erliegen. Jeremia war inzwischen zum Manne herangereift. Er führte indessen keine Frau in sein Haus; er mochte sich nicht an häuslichen Freuden weiden, während er den vorausgeworfenen Schatten einer schweren Zeit mit banger Seele sich immer mehr verdichten sah[1]). Einsam und düster ging er einher, nahm an Geselligkeit keinen Antheil, weil der Schmerz in seinem Herzen über die Selbstverschuldung des Volkes ihm jede heitere Stimmung raubte[2]). Er wünschte sich weit weg, in der schauerlichen Wüste zu wohnen, sein Volk verlassen zu können, die Schlechtigkeit nicht mehr mit ansehen zu müssen. Aber er konnte nicht fort, es hielt ihn mit eisernen Banden fest, es brannte in seinem Innern, zu sprechen, warnen, zu ermahnen, damit das Volk nicht ungewarnt dem Untergang entgegen gehen sollte. Welch ein brennendes Gefühl für den Propheten von Anathoth, sprechen zu müssen und sich erbitterte Feinde zu machen vom König bis herab zum niedrigsten Volksgenossen und besonders bei seinen Standesgenossen, den Priestern und Propheten, und das Bewußtsein zu haben, daß das Wort ein leerer Schall bleiben, keine Sinnesänderung herbeiführen und den Untergang nicht aufhalten werde! Oefter ergoß sich seine traurige Seele im Tempel in stillem Gebet, daß Gott das drohende Unheil doch von seinem Volke abwenden möge, und eben so oft vernahm er in seinem prophetischen Geiste, daß sein Gebet vergeblich sei[3]).

Durch eine seiner ersten Reden in Jojakim's Regierungszeit zog er sich den Haß der Partei der leidenschaftlichen Götzendiener und namentlich der Priester und falschen Propheten zu. Als eine große Volksversammlung zur Zeit eines Festes sich mit Opfern zum Tempel einfand, rief er ihr zu: „So spricht Gott: „„Bessert eure Wege und Thaten, so werde ich euch an diesem Orte wohnen lassen. Verlasset euch aber nicht auf die Lügenworte zu sprechen: „Tempel Gottes, Tempel Gottes" ... Wenn ihr Recht sprechen werdet zwischen Einem und dem Andern, Fremdlinge, Waisen und Wittwen nicht bedrücken, nicht unschuldiges Blut vergießen und nicht fremden Göttern zu euerm Unheil nachgehen, so werde ich euch hier wohnen lassen. Wie, ihr wollt stehlen, morden, unkeusch leben, fremden Göttern Räucherwerk

[1]) Jeremia 16, 2 fg.
[2]) Das. 8, 21; 13, 17—18.
[3]) Das. 7, 16; 11, 14; 14, 11.

darbringen und dann kommen in meinen Tempel und sprechen „„Wir sind gerettet!““ um alle Gräuel weiter zu üben? Ist denn dieser Tempel eine Höhle für Einbrecher geworden? . . . Gehet nur nach meiner einstigen Stätte in Schilo und sehet, was ich ihm wegen Israels Schlechtigkeit gethan habe! . . . Ich werde auch diesem Tempel, über den mein Name genannt wird, auf den ihr vertraut, und dem Orte, den ich euch gegeben, dasselbe anthun, was ich Schilo angethan habe. Ich werde euch von meinem Antlitz verwerfen, wie ich eure Stammesgenossen, alle Kinder Ephraim's, verworfen habe““. Ganz besonders eiferte Jeremia gegen den eingeführten Cultus der ägyptischen Neïth, der sogenannten Himmelskönigin[1]). Er fuhr dann fort: So spricht Gott (ferner): „Eure Ganzopfer thut zu euern Schlachtopfern hinzu und esset Fleisch. Denn ich habe eure Vorfahren, als ich sie aus Aegypten geführt, nicht auf Opfer verpflichtet, sondern daß sie den Weg wandeln mögen, den ich ihnen befehlen werde . . . Du wirst zu ihnen alle diese Worte sprechen, sie werden aber nicht auf dich hören . . . Dann sprich zu ihnen: „„Dieses Volk, das nicht gehorcht, nicht Belehrung annimmt, in dessen Mitte die Treue geschwunden und aus dessen Munde sie gewichen, dieses Geschlecht seines Zornes hat Gott verworfen und verstoßen. Denn die Jehudäer haben das Schlimmste in meinen Augen gethan, haben ihre Gräuelbilder in den Tempel gebracht, ihn zu verunreinigen, haben Altäre des Scheiterhaufens (Tôphet) gebaut im Thale Ben-Hinnom, um ihre Söhne und Töchter zu verbrennen, was ich nicht befohlen, was mir nicht in den Sinn gekommen ist. Deswegen werden Tage kommen, da wird man nicht nennen Tôphet und Thal Ben-Hinnom, sondern Thal des Gemetzels, und aus Mangel an Platz wird man in Tôphet begraben. Die Leichen dieses Volkes werden zum Fraß dienen den Vögeln des Himmels und den Thieren des Feldes, Niemand wird sie verscheuchen. Ich werde aufhören lassen aus den Städten Juda's und aus den Straßen Jerusalem's Stimme der Freude und der Fröhlichkeit, Stimme des Bräutigams und der Braut, denn zur Einöde wird das Land werden““.

Kaum hatte Jeremia diese Rede vollendet, so packten ihn die Priester und falschen Propheten und sprachen: „Du sollst sterben, weil du geweissagt hast, dieser Tempel werde wie der in Schilo werden!“ Es entstand in Folge dessen ein Auflauf auf dem Tempelplatze. Einige Anwesende standen Jeremia bei. Dieser Auflauf veranlaßte einige Fürsten, sich vom Palaste zum Tempel zu begeben. Unter diesen

[1]) Jeremia 7, 17 fg. Aus dem Ausdruck: האינך ראה מה המה עשים . . . לעשות כונים למלכת השמים geht hervor, daß dieser Cultus kurz vorher eingeführt worden war. Vergl. Frankel-Graetz, Monatsschrift Jg. 1874, S. 349 fg.

war Achikam, Sohn Schaphan's, und andere, welche zur Prophetenpartei gehörten. Diese Fürsten veranstalteten sofort eine Gerichtssitzung an einer Tempelpforte und vernahmen Anklage und Vertheidigung. Die Priester und falschen Propheten sprachen: „Dieser Mann verdient den Tod, denn er hat über diese Stadt und diesen Tempel Unheil verkündet". Jeremia betheuerte, daß er im Namen Gottes gesprochen: „Wisset, wenn ihr mich tödtet, so würdet ihr unschuldiges Blut vergießen, bessert eure Wege und Thaten, so wird Gott das Unglück von euch abwenden". Einige Aelteste (Richter) sprachen zu Jeremia's Gunsten. Sie erinnerten daran, daß zur zeit Chiskija's der Prophet Micha ein eben solches Strafgericht über Zion und den Tempel prophezeit hatte, ohne daß ihm dafür Leides widerfahren wäre. Vielmehr hat die Androhung zur Besserung geführt. „Wir aber werden über uns Unglück bringen, wenn wir Jeremia verurtheilen sollten". Darauf sprachen die Fürsten zu den wüthenden Priestern und Afterpropheten: „Diesem Manne gebührt nicht der Tod, denn er hat im Namen unseres Gottes zu uns gesprochen" [1]). Durch die Bemühung seiner Freunde, besonders des Achikam, wurde Jeremia dieses Mal freigesprochen. Aber um so glühender verfolgten ihn die Priester und die falschen Propheten mit ihrem Hasse und lauerten auf jede Gelegenheit ihm beikommen zu können [2]).

Inzwischen hatte sich das Strafgericht an dem assyrischen Reiche vollzogen. Dieser erste Großstaat, welcher über sechs Jahrhunderte den Völkern Gesetze vorgeschrieben und vom Fuße des Kaukasus und dem Strande des Kaspi-Sees bis zum persischen Meere und von dem östlichen Medien bis Kleinasien und bis Aegypten geherrscht, der mit unerhörter Grausamkeit alle diese unterjochten Völker behandelt hatte, dessen Großkönige sich Götter dünkten, dieser Großstaat fiel schmählich durch die vereinte Anstrengung von Kyaxares von Medien und Nabopolassar von Babylonien. Ninive, die Riesenstadt, fiel nach langer Belagerung (um 605). Der letzte König von Assyrien, Sardanpal (Sarakus?) verbrannte sich in seiner Burg. Dieses Strafgericht über die assyrische Hauptstadt und das Volk hatten zwei judäische Propheten, Nachum und Zephanja, vorher verkündet. Nachum hatte mindestens zwei Menschenalter vorher den Untergang Ninives mit düstern Farben geschildert: „O Blutstadt, voller Lug und Raub! . . Alle die dich sehen werden, werden von dir weichen und sprechen: Ge-

[1]) Jeremia 7, 1 fg. Kap. 26 ist nur ein Resumé dieser Rede, um die daraus entstandenen Folgen für Jeremia zu referiren. Das Datum ist 26, 1 angegeben, im Anfang der Regierung Jojakim's.

[2]) 11, 19 fg.; 20, 10 fg.

plündert ist Ninive; wer soll sie bemitleiden? — Alle deine Festungen gleichen Frühfeigen, die beim Schütteln in den Mund fallen. Dein Volk gleicht Weibern, geöffnet werden deinem Feinde die Städte deines Landes. Es schlummern deine Fürsten, o König von Assyrien, es liegen deine Tapferen, zerstreut ist dein Volk auf Bergen, und Niemand sammelt es. Keine Heilung giebt es für deine Wunden; alle, die dein Unglück vernehmen, schlagen in die Hände; denn über wen ist deine Schlechtigkeit nicht gekommen"?[1]). Zephanja hatte ein Menschenalter vorher verkündet: „Gott wird Assur vernichten, Ninive zur Einöde machen, Wüstenthiere werden in ihren Säulenknäufen hausen, so daß man fragen wird: „Ist dies die lustige Stadt, die sich sicher dünkte, die da sprach: außer mir giebt's Nichts?" "[2]). Diese Worte erfüllten sich buchstäblich; die spätere Zeit fand nicht einmal die Stätte, wo einst Ninive gestanden. — Die den Vorgängen der Völkergeschichte aufmerksam folgenden Propheten erblickten in dem Untergang Assyriens die Bestätigung ihrer Ueberzeugung von einer sittlichen Weltordnung, welche sich im Völkerleben kund gebe. Assyrien fiel, weil es lasterhaft und hochmüthig war, und so werden auch die festesten Weltreiche zusammenstürzen, wenn sie in dieselbe Verworfenheit verfallen sollten[3]). In Folge des Unterganges Assyriens entstanden bedeutende Veränderungen auf dem damaligen Hauptschauplatz der Geschichte. Medien wurde der Haupterbe der ehemaligen assyrischen Besitzungen, Kyaxares nahm den Löwenantheil und ließ seinem Verbündeten Nabopolassar nur Babylonien, Elymais und allenfalls die Anwartschaft auf die Länder an der westlichen Seite des Euphrat[4]). Die Länder und Völker an der westlichen Seite des Euphrat, wozu die Aramäer bis zum Libanon — die Syrer oder Kitthäer zwischen dem Euphrat und dem Mittelmeere, die Phönicier, die assyrischen Kolonien im ehemaligen Gebiet des Zehnstämmereiches, ferner Juda, das Philisterland, die Idumäer und die Völker jenseits des Jordan — gehörten, alle diese Völker und Länder vom Euphrat bis zum Grenzstrome Aegyptens hatte der auf Eroberungen ausgezogene ägyptische König Necho während der Belagerung von Ninive in Besitz genommen[5]). Necho verfolgte den Plan, seine Eroberungen auch auf der östlichen Seite des Euphrat auszudehnen.

[1]) Nahum Kap. 3.

[2]) Zephanja 2, 13—15.

[3]) Ezechiel 31, 14 ff. Dieser Prophet stand wenigstens schon dem Mannesalter nahe, als Ninive fiel.

[4]) Treffend bezeichnet Herodot die ungleiche Theilung des assyrischen Gebietes zwischen Kyaxares und seinem Verbündeten, daß der Erstere ganz Assyrien in Besitz genommen πλὴν τῆς Βαβυλωνίης μοίρας I, 106.

[5]) Folgt aus Könige II, 27, 7.

Der König Nabopolassar, der Mitsieger über Ninive, war gestorben. Darum glaubte Necho, gegen dessen jungen Nachfolger einen leichten Sieg erringen zu können. Aber dieser junge Fürst, **Nebukadnezar** (Nebuchadrezar, Nabokolassar[1]), welcher seinem Vater auf dem babylonischen Throne folgte (604—561), war ein kriegerischer Held, der die politischen Verhältnisse der Völker zwischen dem Euphrat und Aegypten vollständig umgestalten sollte. Sobald Necho mit seinem aus Aegypten mitgebrachten und aus den eroberten Ländern verstärkten Heere über den Euphrat gesetzt war, rückte ihm ein babylonisches Heer entgegen. Bei **Kharkhemisch** (Circesium), einer Stadt an der Mündung des Chaboras in den Euphrat, kam es zur Schlacht. In Juda und Jerusalem war man auf den Ausgang des Zusammenstoßes zwischen Aegypten und Babylonien gespannt. Das Volk wünschte Necho eine Niederlage, weil er es bis zu halber Knechtschaft gedemüthigt hatte. Diese Spannung steigerte Jeremia noch durch eine Rede, in welcher er den Untergang des ägyptischen Heeres vorausverkündet hatte, eine Rede, welche auch einen künstlerischen Werth hat:

„Richtet Schild und Speer und tretet heran zum Kriege!
„Sattelt die Rosse und steiget auf, ihr Reiter,
„Waffnet euch mit den Helmen, glättet die Schwerter,
„Legt an die Panzer!
„Was sehe ich? Sie sind verzagt, weichen zurück,
„Ihre Helden werden zermalmt,
„Sie weichen, fliehen und wenden sich nicht um?
„Schrecken rings umher, spricht Gott.
„Nicht entkommen wird der Leichteste,
„Nicht sich retten der Held,
„Im Norden an des Euphrats Ufer straucheln sie und fallen.
„Wer ist's, der wie ein Fluß anschwillt,
„Wie Ströme, deren Fluthen aufbrausen?
„Aegypten schwoll an wie ein Fluß,
„Wie Ströme mit brausender Fluth,
„Es sprach: „„Ich will hinaufziehen, die Erde bedecken,
„„Vernichten Stadt und Bewohner““!
„Besteiget nur die Rosse, mögen die Streitwagen rasen,
„Mögen die Krieger ausziehen,
„Aethiopier und Puntier, die Schildhalter,
„Die Lybier, die Bogenspanner!
„Ein Tag ist für den Herrn Zebaoth, ein Tag der Rache
„An seinen Feinden.
„Das Schwert zehrt, sättigt sich,

[1]) In Jeremia wird dieser babylonische König stets נבוכדראצר genannt, im Buche der Könige und in anderen Büchern lautet der Name נבוכדנאצר. Im Ptolemäischen Kanon ist er aufgeführt als *Ναβοκολάσσαρος* und bei Strabo (XV. p 687) als *Ναβοκοδρόσορος*.

„Und labt sich voll an ihrem Blute!

. . . . . . . . . . . . . . .

„Zieh' nach Gilead und hole dir Balsam,
„Jungfrau Aegypten!
„Vergeblich habe ich Heilmittel wachsen lassen,
„Für dich giebt's keinen Verband.
„Die Völker vernehmen deine Schmach,
„Dein Wehklagen erfüllt die Erde,
„Denn Streiter an Streiter strauchelt,
„Zusammen fallen sie beide"[1]).

Necho's Heer erlitt in der That bei Karkhemisch am Euphrat (604[2]) eine niederschmetternde Niederlage. Der ägyptische Eroberer mußte seinen Plan, Babylonien zu erobern, aufgeben. Kaum konnte er seine bisherigen Eroberungen behaupten. Er hat wohl die besetzten Länder vom Euphrat bis zu den Grenzen Aegyptens wieder aufgegeben[3]). An dem geschlagenen Heere, welches nach Aegypten zurückkehrte, erkannten die Judäer, daß Jeremia's Prophezeiung sich erfüllt hatte. Auch Juda wurde wahrscheinlich durch die Niederlage bei Kharkhemisch für den Augenblick von der ägyptischen Oberherrschaft frei. Noch von einer andern Angst wurde das Volk und besonders die Großen befreit, von der drohenden Aussicht auf den Untergang des Staatswesens. Jeremia hatte öfter eine düstere Zukunft für das lebende Geschlecht angedroht, wenn es von seinen Thorheiten und Lasterhaftigkeiten nicht lassen werde. Wenn der König und die Hofleute sich auch nicht von diesen Unheilsverkündigungen bestimmen ließen, so fühlten sie sich doch von einer geheimen Angst bedrückt. Nun war Aegypten, der nahe Feind, geschlagen und geschwächt, und Assyrien, welches über ein Jahrhundert lang Geißel und Joch für Juda gewesen, war aus der Reihe der Völker geschwunden Die Nachbarvölker waren nicht mächtig genug, den Untergang Juda's herbeizuführen. Ein neuer, erobernder Großstaat hatte sich noch nicht herausgebildet. Medien, Haupterbe der assyrischen Reiches und dadurch Großmacht geworden, war von Juda zu weit entfernt, um in sein Geschick einzugreifen; Babylonien war nicht zu fürchten, weil es mit sich zu thun hatte, sich zu stärken und zu organisiren.

[1]) Jeremia 46, 1—12. An der ganzen Haltung dieses Stücks erkennt man, daß es eine Prophezeiung ist. Es ist lächerlich, anzunehmen, daß der Prophet diese Rede später überarbeitet oder gefeilt hat. Es war nicht Sache der Propheten stenographisch aufgeschriebene Reden zu corrigiren und zu verschönern.

[2]) Vergl. über die Zeit Monatsschrift a. a. O. S. 289 fg. [Vgl. Schrader-Winckler, S. 106. 278. 321].

[3]) Folgt wohl aus Könige II. 24, 7; Jeremia 49, 23—27, was sich wohl auf die Niederlage Necho's und die voraussichtliche Besitznahme der Länder durch Nebukadnezar bezieht.

War es doch selbst erst aus der gedrückten Stellung, welche es sich lange von Assyrien hatte gefallen lassen müssen, befreit. Es schien dem oberflächlichen Blicke ungefährlich. Der König Jojakim und die Fürsten konnten daher, ihrer Sorgen um die Zukunft entledigt, sich ihren Lüsten und Thorheiten ungestört überlassen.

Jojakim war von einer großen Baulust besessen, als wollte er die Stadt Jerusalem, deren Untergang er durch seine Verkehrtheit beschleunigte, als geschmücktes Opfer überliefern. Er ließ sich einen weit angelegten Palast mit luftigen Söllern und mit vielen Fenstern bauen, ließ ihn mit Farben bestreichen und mit Cedergetäfel überdachen. Auch andere Gebäude der Stadt ließ er mit Pracht aufführen. Zu dem Bau ließ er ebenfalls Cedern vom Libanon kommen[1]). Er wollte den Salomo spielen. Aber er beschäftigte nicht, wie dieser, die Kanaaniter beim Bau, sondern zwang die freien Bürger zur Frohnarbeit, und diejenigen, welche sich der Sklavenarbeit entziehen wollten, ließ Jojakim bis zum Tode züchtigen. „Er baute die Stadt mit Gewaltthätigkeit und seine Burg mit Blutschuld", wie die Propheten der Zeit, Jeremia und Habakuk, seinen Verschönerungstrieb bezeichneten. Von augenblicklicher Sorge befreit, überließ sich Jojakim auch den Schwelgereien, dem Schmausen und den Trinkgelagen[2]).

Aus dieser Sorglosigkeit, welcher sich der König und die Großen überließen, weckte sie Jeremia unsanft. Seinem Seherblicke wurde es klar, daß mit dem Untergang Assyriens die Einmischung der Völker am Euphrat und Tigris in die diesseitigen Länder und damit blutige Kriege, Verheerungen, Jammer und Verpflanzung der Bewohner nicht aufhören, sondern in erhöhtem Maße fortdauern würden. In dem chaldäischen Volke, das bis dahin nur dem Namen nach bekannt war, und in seinem aus dem Dunkel hervorgetretenen König Nebukadnezar sah er ein neues Weltreich entstehen, welches Assyrien an Gewalt noch übertreffen und die Welt in Erstaunen setzen werde. Von dem ersten Auftreten des babylonischen Königs, nicht lange nach dessen Siege über Necho (604) hat Jeremia dessen siegreiches Uebergewicht über die Völker und namentlich dessen niederschmetternde Gewalt über Juda verkündet. Bei einer Gelegenheit, als die Bewohner der Hauptstadt und das Landvolk versammelt waren, setzte der Prophet von Anatoth furchtlos das Gesicht auseinander, daß sich ihm offenbart hatte, und verdeutlichte

[1]) Jeremia 22, 13 fg. Habakuk 2, 12 fg.; vergl. Monatsschrift, Jg. 1874, S. 339 fg.

[2]) Folgt aus Jeremia 22, 15. אביך הלא אכל (ושתה ועשה משפט) was nach LXX gelesen werden muß לא אכל ושתה, und dieses bezieht sich auf Jojakim's Vater, auf Josia [Duhm zur Stelle hält die Emendation für überflüssig].

mit ungeschminkten Worten das Geschick, welches dem Volke Juda und den Nachbarvölkern bevorstand. Nach den einleitenden Worten, daß er selbst bereits drei und zwanzig Jahre zur Umkehr ermahnt und daß noch andere Propheten fast täglich und jeden Morgen in demselben Sinne vergebens gesprochen, verkündete er, das längst angedrohte Verhängniß werde durch die Völker des Nordens und Nebukadnezar, welcher von Gott dazu berufen sei, vollzogen werden. „Ich werde sie", sprach Gott, „über dieses Land und die Völker ringsumher führen und diese zur Einöde, zu ewigen Trümmern und zum Gespötte machen und werde aufhören lassen die Stimme der Freude und Fröhlichkeit, die Stimme des Bräutigams und der Braut, das Geräusch der Mühle und das Licht der Lampe". Zur Bekräftigung seiner Verkündigung erzählte Jeremia, ihm sei im prophetischen Gesichte ein Giftbecher gereicht worden, den er allen Völkern zum Trinken reichen sollte, Jerusalem, den Städten Juda's, ferner dem König von Aegypten, seinen Großen und seinen Völkern, den Königen und Städten der Philister, Edom, Moab und Ammon, kurz allen den Völkern, welche durch den Sturz Ninive's und den Abzug des ägyptischen Königs Necho frei geworden waren. Er sollte zu ihnen sprechen: „Trinket, berauscht euch und speiet, ihr sollt fallen und nicht mehr entfliehen vor dem Schwerte, das ich über euch sende". Und wenn sie sich weigern sollten zu trinken, sollte er sprechen: „Trinket nur, denn mit der Stadt, über die mein Name genannt ist, beginne ich, ihr Unglück zu bringen, und ihr solltet frei ausgehen? Das sollt ihr nicht! Denn Krieg rufe ich herbei über alle Bewohner der Erde" [1]). Aber auch diese prophetische Standrede prallte wirkungslos an der Taubheit, Herzenshärtigkeit und dem Leichtsinn des Königs und der Großen ab. Nichts desto weniger war Jeremia unermüdlich, in den mannigfachsten ergreifenden Wendungen von der drohenden Vergewaltigung durch die Chaldäer und Nebukadnezar zu sprechen.

Neben Jeremia prophezeite der Prophet **Habakuk** ein drohendes Strafgericht über Juda und Jerusalem und verkündete, daß dessen Vollstrecker die Chaldäer sein würden. Habakuk hatte viel Aehnlichkeit mit Jeremia. Er war ebenso weichen, empfindungsregen Gemüthes wie dieser. Von dem Uebermaß der Verruchtheit und der Verkehrtheit unter Jojakim war er in tiefer Seele niedergebeugt, äußerte wie Jeremia seinen Schmerz über den Verfall nicht bloß in prophetischen Reden, sondern auch in Klagen. Er war wie Chilkija's Sohn nicht bloß Prophet, sondern auch Psalmist, und auch seine Psalmdichtung haucht

[1]) Jeremia 25, 15 fg. Vgl. Frankel-Graetz, Monatsschrift, Jahrg. 1874 S. 297 fg.

düstere Trauer aus. Habakuk's prophetische Reden tragen überhaupt das Gepräge von Trauerpsalmen. Er besaß zwar nicht die Kraftfülle und die Mannigfaltigkeit der jeremianischen Beredtsamkeit, aber seine Redeweise verband mit Gemeinverständlichkeit und Eindringlichkeit auch poetischen Schwung und beißende Ironie. Auch legte sie mehr Gewicht auf die Form und Kunst, auf die Doppelgliederung der Gedankenreihe und auf strophischen Bau. Als Nebukadnezar mit seinem kriegerischen Kernvolke, den Chaldäern, bereits über den Euphrat gesetzt war, um die Länder zwischen diesem Flusse und dem Mittelmeer, welche Necho einige Jahre in Besitz hatte, zu unterwerfen, verkündete Habakuk in Form einer Klage, daß er Juda erreichen, ein Strafgericht über dasselbe bringen und die unerträgliche Sündenschuld des Königs und des Volkes rächen werde. Aber er sprach halb verhüllt gegen den König:

„Wie lange noch, o Gott, rufe ich, und du vernimmst nicht,
„Klage ich dir über Gewalt, und du stehst nicht bei?
„Warum lässest du mich Unrecht schauen und Mühsal erblicken,
„Zerstörung und Gewalt vor mir,
„Und es entstand Streit und Hader?
„Darum hört Belehrung auf, und das Recht wird niemals vollstreckt.
„Weil der Frevler umringt den Gerechten,
„Darum wird das Recht verdreht.
„Sehet euch unter den Völkern um und staunet,
„Denn eine That vollbringt er in euren Tagen,
„Ihr würdet's nicht glauben, wenn 's erzählt würde.
„Denn ich stelle die Chaldäer auf,
„Das barsche und rasche Volk,
„Das in der Erde weite Räume zieht,
„Um sich Städte zu erobern, die nicht sein.
„Schrecklich und furchtbar ist es,
„Von ihm selbst kommt sein Recht und seine Hoheit.
„Schneller als Parder seine Rosse
„Und schärfer als Wüstenwölfe.
„Es breiten sich aus seine Reiter,
„Seine Reiter kommen von Ferne,
„Fliegen wie der Adler rasch zum Fraß.
„Sie alle kommen zur Gewaltthat
. . . . . . . . . . .
„Und es sammelt Gefangene wie Sand.
„Es spottet der Könige,
„Fürsten sind ihm ein Spiel,
„Es spottet jeder Festung,
„Häuft Erde auf und nimmt sie ein.
„Dann wechselt sein Wollen,
„Und es zieht vorüber
„Und macht seine Kraft zu seinem Gotte"[1]).

[1]) Habakuk 1, 1—11. Ueber die Zeit dieses Propheten vergl. Monatsschrift das. S. 338 fg. V. 3 ויהי ריב ומדון ישא ist dunkel, eben so schwierig ist V. 9

Von dieser prophetischen Kunde, daß Unheil das Volk treffen sollte, war Habakuk selbst schmerzlich bewegt. Allerdings ist das zu erobernde Volk zum Vollstrecker des verdienten Strafgerichtes bestimmt; aber soll es fort und fort die Menschen „wie Fische des Meeres behandeln, wie Kriechthiere, die keinen Herrscher haben?" Soll es seine Netze stets nach den Völkern auswerfen und seinem Netze wie einem Gotte opfern? Sollen die Eroberer auch Unschuldige vernichten und das Volk Gottes, das doch noch besser als das erobernde Volk ist, verschlingen? Kann Gott, der zu lautern Auges ist, um Böses zu schauen, der das Unglück nicht schauen mag, dieses allgemeine Unheil schweigend mit ansehen?[1]) Solche Fragen richtete er im Gebete an Gott. Darauf empfing der Prophet die Vervollständigung des offenbarten Gesichtes mit der Weisung, es deutlich auf Tafeln für jeden Leser verständlich zu schreiben, daß der Gerechte durch seine Treue leben werde, daß dagegen der übermüthige Eroberer, der wie der Tod unersättlich die Völker hinrafft, einer Züchtigung nicht entgehen werde. Habakuk hat zuerst den Gedanken der sittlichen Gerechtigkeit in der Völkergeschichte deutlich ausgesprochen, daß die gewaltthätigen Eroberer dem Strafgericht von Seiten anderer Eroberer verfallen, „daß sich die Völker nur für das Feuer und die Nationen sich nur für das Nichtige abmühen". Einst wird aber die Erde so voll von Gotteserkenntniß sein, wie die Wasser das Meeresbette bedeckten. Von dieser Betrachtung machte Habakuk einen Uebergang zu den unerträglichen Zuständen in Juda, welche ihm die ersten Klagen ausgepreßt hatten, um die Bedrückung, Rechtlosigkeit, Blutschuld und den Götzendienst hier in ihrem wahren Lichte zu

מגמת פניהם קדימה. V. 11 ist aber einfach zu verstehen. Statt רוח hat Peschito רוחו und zwar im Sinne von θυμός. Das Städtebezwingende Volk bleibt nicht bei einem Lande stehen, sondern geht immer, von seinem Geiste getrieben, weiter. [In den Emendationes schlägt der Vf. vor או יחליף כח ויעבור.] ואשם ist unhaltbar. Liest man dafür וישם, so ist der Vers in Ordnung.

[1]) Das ist offenbar der Gedankengang Hab. 1, 12—17. — Es ist eine Art Gebet, daß der Prophet inmitten seines Gesichtes an Gott gerichtet hat, als ihm die Offenbarung von der Zerstörung der Chaldäer geworden, und daß diese die Gewalt als Gott verehren. Solche Zwischengebete kommen bei Jeremia häufig vor, 4, 10; 14, 7 fg. besonders V. 11; 19 fg; 32, 16 fg. u. a. St. Bei Habakuk fehlt nur die Einleitung. Angedeutet ist aber das Zwischengebet in 2, 1—2. Freilich muß statt ומה אשיב על תוכחתי gelesen werden nach Peschito ומה ישיב, nämlich „was Gott erwidern wird auf meine Entgegnung". Die angeführten Verse waren also eine תוכחה, eine Art Entgegnung. Der Kern derselben liegt in dem V. למה תביט בוגדים תחריש בבלע רשע צדיק ממנו. Die בוגדים sind „die chaldäischen Eroberer", wie 2, 5: „sie sollen verschlingen und vernichten einen Gerechteren, das Volk Juda's, von denen früher gesagt ist וישם זו כחו לאלהו u. V. 16 על כן יזבח לחרמו ויקטר למכמרתו, d. h. die Gewalt ist ihr Gott. Sie sind also schlimmer als das zu züchtigende Volk.

zeigen und auf den Urheber aller dieser Gräuel, den König Jojakim, hinzuweisen.

„O, der Gewinn sucht für sein Haus,
„Um hoch sein Nest zu machen,
„Um sich zu retten von des Unglücks Hand!
„Du hast Schande für dein Haus beschlossen.
. . . . . . . . . . . . . . . . .
„Denn der Stein aus der Mauer wird klagen,
„Und der Sparren aus dem Holzwerk wird gegenklagen.
„O, der du eine Stadt mit Blutschuld erbaut,
„Und die Burg mit Ungerechtigkeit aufgerichtet!
. . . . . . . . . . . . . . . . . .
„O, der seinen Genossen zu trinken giebt
„Von des Giftes Schale und sie auch berauscht,
„Um auf ihre Blöße zu schauen.
„Du hast dich lieber an Schmach, denn an Ehre gesättigt.
„So trink' auch du und vergifte dich!
„Dir zuwenden wird sich der Becher aus Gottes Rechter
„Und Doppelschmach auf deine Ehre!
. . . . . . . . . . . . .
„Was nützt das Götzenbild,
„Das der Bildner gehauen,
„Und das Gußbild der Lügenlehrer,
„Daß der Bildner auf sein Gebilde vertraut,
„Stumme Götter zu machen!
„O, der zum Holze spricht: „Erwache!"
„„Ermuntere dich!"" zum stummen Stein.
„Soll dieser Regen bringen?
„Er ist ja in Gold und Silber gefaßt,
„Und kein Geist in seinem Innern!"[1]).

Die Ermahnungen, Prophezeiungen und Strafreden Jeremia's, Habakuk's und anderer Propheten, so beredt und eindringlich sie auch waren, haben indeß keinen Eindruck auf die Machthaber und die Volksmasse gemacht. Sie prallten an der Herzenshärtigkeit ab. Gerade weil die Propheten ihre Strafandrohungen so oft wiederholten, weil sie jeden Morgen sprachen, gewöhnte sich das Ohr daran und wurde stumpf und unempfindlich. Man lebte sorglos weiter, auf den glücklichen Zufall vertrauend, Nebukadnezar's Macht geringschätzend, und verhöhnte

[1]) Habakuk K. 2. Es ist eine Antwort auf die Klage und Frage in Kap. 1. Der Kerngedanke ist in V. 4 ausgedrückt und zwar antithetisch. Leider versteht man nur den 2. Halbvers: וצדיק באמונתו יחיה; im ersten dagegen erschwert das Wort עפלה das Verständniß. Die erste Strophe dieser Partie bezieht sich noch auf den Eroberer, das chaldäische Volk und dessen Führer, die בוגדים und גבר יהיר. Von V. 9 an ist die Rüge gegen Juda's König, also gegen Jojakim, gerichtet, zumal gegen seine ungerechten Bauten und seine Blutschuld. V. 13—14 scheinen an unrechter Stelle zu stehen. קצות V. 9 steht vielleicht für צקות wie Jes. 7, 5 ונקיצנה statt ונציקנה.

die Propheten, weil das von ihnen verkündete Strafgericht nicht allsogleich eintraf. „Wo bleibt das Wort Gottes?“ sprachen sie, „möge es doch eintreffen“![1]) Oder man leugnete die Wahrheit der Prophezeiung: „Unglück wird nicht über uns kommen, Krieg und Hungersnoth werden wir nicht sehen, die Propheten werden zu Wind werden, Gottes Wort spricht nicht aus ihnen, so müßte ihnen geschehen“![2]). — Auch diejenigen, welche den Propheten Glauben schenkten, trösteten sich damit, daß das angedrohte Unglück nicht sie treffen werde, die Prophezeiung beziehe sich auf eine spätere, entferntere Zeit: „Die Tage werden sich hinziehen und alle Prophezeiungen vergehen“[3]). Die trügerischen Reden der falschen Propheten lähmten vollends die Wirkung der Ermahnungen Jeremia's und seiner Genossen. Sie beruhigten das Volk und sprachen stets: „Frieden, Frieden!“, das Land werde von Kriege verschont bleiben. Von solchen falschen Propheten und den falschen Priestern hatte Jeremia, weil er rücksichtslos und scharf einschneidend sprach und die Finger in die Wunden legte, am meisten zu leiden. Seine eigenen Freunde sannen auf verderbliche Pläne gegen ihn und stellten ihm nach[4]). Durch das Uebermaß der gegen ihn gerichteten Bosheit wurde sein Vertrauen auf Gottes Beistand hin und wieder erschüttert, und er ließ sich von seinem Unmuthe öfter zu herben Aeußerungen und zu Verwünschungen gegen seine Verfolger hinreißen. Er mußte oft klagen: „Ich werde alle Tage zum Gespötte, alle höhnen mich. So oft ich spreche, muß ich klagen, über Gewalt und Wuth rufen, denn Gottes Wort wurde mir zur Schmach und zum Hohne“[5]).

Ein Klagepsalm, welcher aller Wahrscheinlichkeit nach von ihm gedichtet wurde, veranschaulicht den tiefen Schmerz, den er über die Leiden von den feindlich gesinnten Genossen und über das frevelhafte Treiben in Jerusalem empfunden hat:

„Vernimm, Gott, mein Gebet und entzieh dich nicht meinem Flehn,
. . . . . . . . . . . . . . . . . . . . . . .
„Mein Herz zittert in meinem Innern,
„Und Todesangst überfällt mich.
. . . . . . . . . . . .
„Ich sprach: Wer gäbe mir Flügel gleich der Taube,
„Fortfliegen wollte ich und weilen,
„Ja selbst entfernt wandern und in der Wüste wohnen,

1) Jeremia 17, 15.

2) Das. 5, 13 והַדִּבֵּר אין בהם ist schwierig. דבר kann keine Nominalform sein. LXX haben dafür *λόγος κυρίου*.

3) Ezechiel 12, 22 fg.

4) Jeremia 18, 18 fg. 20, 10 fg.

5) Das. 20, 7—8.

„Würde mir eine Zuflucht eilig aufsuchen
„Vor dem Sturmwind und Unwetter.
„Verhülle Gott (ihr Auge), theile ihre Zunge;
„Denn ich sehe Gewalt und Streit in der Stadt.
„Tag und Nacht umgeben sie auf ihren Mauern,
„Unheil und Mühsal in ihrem Innern,
„Verderben in ihrer Mitte,
„Und es weicht nicht aus ihren Straßen Bedrückung und Trug.
„Denn schmähte mein Feind mich, ich würde es ertragen,
„Spräche mein Gegner Hohn gegen mich,
„Würde ich mich vor ihm verbergen.
„Du bist aber ein Mensch meines Standes,
„Mein Genosse und mein Bekannter,
„Zusammen haben wir süßen Rath gepflogen,
„In Gottes Tempel wandeln wir mit Zittern [1]).

In dem Unmuthe der Verfolgung, wenn er, der Einzelne, einer Schaar von Feinden, den Fürsten, Priestern, falschen Propheten und dem irregeleiteten Volk gegenüberstand, verwünschte Jeremia manchmal sein eigenes Dasein: „Verflucht der Tag, an dem ich geboren wurde, .... daß man mich nicht im Mutterleibe schon getödtet, daß mir die Mutter zum Grabe geworden wäre und ihr Schoß eine ewige Schwangerschaft. Warum habe ich den Mutterschoß verlassen, um Mühsal und Trauer zu sehen, daß meine Tage in Schmach vergehen" [2])? Sein treuer Jünger Baruch, Sohn Nerijas, der ihm anhänglich nachfolgte wie Elisa dem thischbitischen Propheten, wurde in die Verfolgung gegen seinen Meister hineingezogen. Auch er klagte über Sorgen und Schmerzen [3]).

Endlich wurden die wahren Propheten gerechtfertigt, ihre Prophezeiung sollte sich bewähren: das von ihnen verkündete Unheil durch die Chaldäer rückte näher. Nachdem Nebukadnezar die Kräftigung seines vergrößerten Reiches im Innern und riesige Bauten angebahnt, auch für die Schifffahrt im Innern durch Anlegung von Kanälen gesorgt hatte, unternahm er einen weiteren Eroberungszug. Das aramäische Assyrien oder Syrien, das in kleine Gebiete zersplittert war, unterwarf sich wohl ohne Widerstand; dann kam Phönicien an die Reihe, dessen

[1]) Ps. 55. Hitzig hat mit Recht diesen Psalm Jeremia vindicirt. Man kann ihn aber nur verstehen, wenn man die Klage nach zwei Seiten hin auffaßt, gegen das eigene Leid und gegen das sittenlose Treiben in der Stadt. Zu V. 7 vergl. Jeremia 9, 1 f., und zu פלג לשונם. V. 9 Jeremia das. V. 2 לשונם קשתם שקר. V. 12 לא für לו = לוא wie öfter, dann giebt es einen eleganten Sinn. Sachlich ist zu diesem V. die Parallele Jeremia 20, 10: כל אנוש שלמי שמרי צלעי.

[2]) Jeremia 20, 14 fg.

[3]) Folgt aus Jeremia 45, 3 fg. Wenn שריה בן נריה das. 51, 59 Bruder Baruch's war, so gehörte dieser einer vornehmen Familie an.

König Ithobal II. ebenfalls Vasall Nebukadnezar's wurde. Die bedeutende chaldäische Unternehmung war aber eigentlich gegen Aegypten gerichtet. Zu dieser schwierigen und langwierigen Eroberung war die Unterwerfung der Länder, welche zwischen Syrien und Aegypten lagen, Judäas, des Philisterlandes und Edoms, unerläßlich. So winzig sie auch im Verhältniß zu dem Weltreiche waren, so konnte doch ihre feindliche Haltung Nebukadnezar Hindernisse in den Weg legen, dagegen ihre Unterwerfung ihm Vorschub leisten. So rückte das chaldäische Heer immer weiter vor, um sich Aegyptens Grenzen zu nähern. Von Dan, der lieblichen Stadt am Fuße des Hermon, hörte man schon das Wiehern der Kriegsrosse, von dem Jauchzen der Helden erbebte das ganze Land [1]). An Jojakim erging wohl die Aufforderung des mächtigen Eroberers, sich und sein Land zu unterwerfen oder der Zermalmung gewärtig zu sein. Von der anderen Seite ermuthigte Aegypten zu festem Widerstand, verhieß Hilfe und täuschte mit verheißenden Versprechungen. Juda kam in dieselbe schwankende Lage, wie einst zur Zeit Chiskija's, als Wahlplatz für den Kampf zweier Großmächte gegen einander zu dienen. Eine Entscheidung mußte getroffen werden; aber in Erwartung ägyptischer Hilfe oder eines Wunders schoben Jojakim und seine Räthe sie von Tag zu Tag auf.

In der Angst wurde ein Fasttag für den neunten Monat (Winter 600) ausgerufen, das ganze Land aufgefordert in Jerusalem zu erscheinen und hier Gott anzuflehen, das drohende Unheil abzuwenden. Bei aller götzendienerischen Verkehrtheit setzte das Volk doch sein Vertrauen auf den Ihwl geweihten Tempel, daß dieser ihm Schutz auch gegen den mächtigsten Feind gewähren würde [2]). Vermittelst zahlreicher Opfer und Trauerzeichen, in Haargewänder gehüllt und das Haupt mit Asche bestreut, sollte die Gefahr beschworen werden. Das Volk war in der größten Aufregung und in Bangigkeit für seine Zukunft und strömte zum Tempelplatz, als wenn es da eine sichere Zuflucht finden sollte. Jeremia aber befahl seinem treuen Jünger Baruch, die prophetische Rede niederzuschreiben welche er mehrere Jahre vorher über die unwiderstehliche Gewalt des eben aufgetauchten Chaldäerreiches gehalten, daß alle Völker rings um Juda und dieses selbst von ihm unterjocht werden würde, wie ihm früher bedeutet worden war. Nachdem Baruch diese Verkündigung in eine Rolle eingetragen hatte, befahl ihm Jeremia, den Inhalt derselben vor dem Tempel in Gegenwart des versammelten Volkes der Hauptstadt und des Landes öffentlich vor-

[1]) Jeremia 8, 16.
[2]) Jeremia 7, 4 fg.

zulesen. Es sollte dadurch erfahren, daß er die jetzt so nahe Gefahr lange vorher vorausgeschaut und vorausverkündet hatte; vielleicht würde es dadurch in sich gehen, seine verkehrten Wege aufgeben und sich Gott mit ganzem Herzen zuwenden. Der Prophet selbst war durch irgend etwas verhindert, aufzutreten; darum sollte ihn Baruch ersetzen. Dieser aber sträubte sich anfangs gegen die Uebernahme eines so gefährlichen Auftrages. Er sollte mit dem Inhalte der Rede das versammelte Volk zur Unterwürfigkeit unter Nebukadnezar ermahnen, während dieses gerade eine Fastenversammlung beging, um der Knechtung von dieser Seite zu entgehen. Baruch rief aus: „Wehe mir, daß Gott mir zu den alten Schmerzen neue auflegt! Ich bin schon erschöpft vor Seufzen und kann keine Ruhe finden." Jeremia erwiderte ihm darauf halb vorwurfsvoll, halb milde: „So spricht Gott: „„Sieh, das was ich erbaut, will ich eben zerstören, was ich gepflanzt, will ich ausreißen, und du verlangst für dich Außerordentliches? du solltest es nicht verlangen"" [1]). Der Einzelne soll in einer Zeit schmerzlicher Kämpfe und Wandlungen sich willig opfern. Baruch fügte sich und übernahm darauf den Auftrag. In einer offenen Halle des Gemarja, Sohns Schaphan's, im oberen (östlichen) Vorhofe des Tempels las er den Inhalt der Rolle dem ganzen Volke vor. Mehrere unter den Anwesenden mögen bereits früher diese Warnungsrede gehört haben, aber sie hatten sie nicht beachtet oder vergessen. Jetzt aber, in Gegenwart des drohenden Unheils, als Nebukadnezar's Heer nicht weit von Jerusalem stand, machte ihr Inhalt einen gewaltigen Eindruck. Das Ereigniß, das jetzt drohend über dem Lande schwebte, war also vom Propheten mehrere Jahre vorher verkündet: daß der König von Babel gewiß in's Land kommen und es zerstören werde, wenn nicht Besserung eintrete, und auch gegen die Völker, auf deren Beistand Juda hoffte, ward bereits Knechtung vorausgesagt. Die Versammlung war davon betroffen und erschüttert. Ein junger Mann, Micha, Sohn des Gemarja, eilte sofort von diesem Schauplatze zu den Fürsten, welche in einer Halle des Palastes versammelt waren, und machte ihnen, von dem Eindruck überwältigt, Mittheilung von dem Vernommenen. Auch die Fürsten wurden davon erschüttert. Es waren ihrer viele anwesend, darunter Elischama, der Listenführer des Heeres, in dessen Halle die Großen versammelt waren, Gemarja selbst, Micha's Vater, und Elnathan, Sohn Achbor's, welcher auf Jojakim's Geheiß den Propheten Urija aus Aegypten nach Jerusalem zum Richtplatz geschleppt hatte (o. S. 301).

[1]) Das. 45, 4—5; vgl. Frankel-Graetz, Monatsschr. Jg. 1874, S. 298 fg.; 341 fg.

Diese luden Baruch ein, in ihrer Gegenwart den die Wahrheit der Prophezeiung Jeremia's bestätigenden Inhalt der Rolle nochmals vorzulesen. Jedes Wort derselben traf schwer auf ihr Herz, sie wurden von Angst ergriffen. Sie beschlossen daher, dem König Kunde davon zu geben, in der Hoffnung, daß auch er davon erschüttert und bewegt werden würde, jeden Widerstand gegen Nebukadnezar aufzugeben, um vielleicht gleich seinem Vater Josia beim Anhören des deuteronomischen Gesetzbuches eine Umkehr und Besserung durchzuführen. Die Fürsten begaben sich darauf zum Könige und machten die Meldung von dem Vorgange. Im ersten Augenblicke schöpften sie Hoffnung; denn Jojakim befahl, die Rolle zu holen, um sie sich vorlesen zu lassen. Der König saß, weil es kühl war, vor einem in der Mitte des Zimmers aufgestellten, mit brennenden Kohlen gefüllten Wärmegefäß (Ach, jetzt Mangan genannt), und die Prinzen und Großen standen um ihn her. Mit gespannter Erwartung vernahmen sie die Worte der Jeremianischen Rolle, welche ein des Lesens kundiger Großer, Jehudi, Sohn Nethanja's vorlas. Jojakim ließ sich indeß ruhig jedes einzelne Blatt, sobald es verlesen war, reichen und warf es auf das Kohlengefäß. Mit Schrecken sahen es die Großen, welche eine günstige Wirkung davon erwartet hatten, und baten den König, nicht das Verhängniß herauszufordern. Er aber kehrte sich nicht daran und fuhr fort, die Blätter in's Feuer zu werfen, bis die ganze Rolle verbrannt war. Auch die dem König nahestehenden Personen, die Königssöhne und seine Vertrauten, theilten die Gleichgültigkeit gegen das Vernommene und schlugen die Warnung in den Wind. Ihnen ertheilte Jojakim noch dazu den Befehl, den Unheil verkündenden Propheten und seinen Jünger aufzusuchen, um ihnen das Leben zu nehmen, wie er es mit dem Propheten Urija gemacht hatte. Glücklicher Weise hatten die geängstigten Großen vorher Vorkehrung getroffen, Jeremia und Baruch an einem Orte zu verbergen, wo sie Niemand finden konnte. So wurden sie gerettet[1]).

Es war gewiß ein Tag tiefer Aufregung in Jerusalem, die große Fastenversammlung ging wohl zwecklos auseinander. Die Vorlesung der Rolle hatte dennoch eine Wirkung gehabt; sie brachte eine Spaltung unter den Fürsten hervor. Diejenigen, welche von Jeremia's Prophezeiung überzeugt waren und für seine Rettung Sorge getragen hatten, waren wohl entschieden für die Unterwerfung unter Nebukadnezar, und unter ihnen befand sich auch der Listenführer (Sophér) Elischama, welcher dem Kriegswesen vorstand. Wenn dieser und noch viele andere angesehene Männer des Rathes gegen den Krieg waren, so durfte ihn

[1]) Jeremia 36. S. Frankel-Graetz, Monatsschrift a. a. O.

Jojakim nicht unternehmen, zumal der Bestand des Thrones auf dem Spiele stand. Er machte daher seinen Frieden mit Nebukadnezar, leistete ihm den auferlegten Tribut, versprach wohl auch Heeresfolge und übernahm alle die Verpflichtungen, welche ein Vasall damals zu leisten hatte. Das war der Anfang der chaldäischen Vasallenschaft Juda's (600). Jeremia durfte wohl seinen Versteck verlassen; so aufgebracht auch der König gegen ihn war, so durfte er ihm doch kein Haar krümmen. Die Fürsten, welche auf seiner Seite waren, schützten ihn wohl, und auch der chaldäische Eroberer, dem es wohl nicht verschwiegen geblieben ist, daß der Prophet ihm eine glänzende Laufbahn verheißen und zur Anerkennung seiner Macht gerathen hatte, mag schon damals, wie später, ihm Schutz verliehen haben. — Der Götzendienst wurde zwar nicht abgestellt, wie manche von diesem Ereigniß erwartet haben mögen; nur eine Thorheit wurde aufgegeben, freilich um eine andere wieder einzutauschen. Der Cultus der sogenannten Himmelskönigin, der ägyptischen Neïth, wurde abgeschafft[1]). Vor den Augen des chaldäischen Herrn durfte das äußere Zeichen der Zugethanheit Juda's zu Aegypten nicht geduldet werden. Dafür kam aber der babylonische Cultus der Gestirne wieder in Aufnahme und wurde eifrig gehegt.

Jojakim ertrug aber mit Unmuth das chaldäische Joch, er konnte nicht mehr die Zügel seiner Leidenschaft schießen lassen. Die chaldäische Vasallenschaft war wahrscheinlich ohne Schonung. Der ägyptische König hat es gewiß auch nicht an Wühlereien fehlen lassen, um Jojakim zum Abfall von Nebukadnezar zu bewegen. Als nun der phönicische König Ithobal II. diesem den Gehorsam aufkündigte (598), die Stadt Tyrus so befestigte, daß sie lange Widerstand leisten konnte, fiel auch Jojakim in unbegreiflicher Verblendung ab[2]), versagte den Tribut und verband sich mit Aegypten und wohl auch mit Phönicien. Nebukadnezar mußte in Folge dessen seine kriegerischen Kräfte gegen das letzte Land zusammenhalten, er begann die Belagerung von Tyrus, welche dreizehn Jahr dauerte. Er war daher für den Augenblick verhindert, den rebellischen König von Juda zu züchtigen, und Jojakim konnte sich dem Wahne überlassen, seine Unabhängigkeit für die Dauer erlangt zu haben. Aber erfreuen konnte er sich ihrer nicht. Wenn Nebukadnezar auch nicht ein großes Heer gegen ihn senden konnte, so ließ er doch sein Land durch chaldäische Streifschaaren beunruhigen. Auch idumäische, moabitische und ammonitische Raubschaaren drangen in's

[1]) Folgt aus Jeremia 14, 18. Vgl. Monatsschrift das. S. 351.

[2]) Könige II, 24, 1 Vgl. über das Datum Monatsschrift das. S. 305 fg.

Land und verwüsteten es hier und da[1]. Es war das Vorspiel für die noch unheilvollere Zeit. In dieser Unsicherheit der Lage starb Jojakim (597) und wurde im Grabmal, das Manasse für die Könige Juda's angelegt hatte, beigesetzt, der letzte König aus dem davidischen Hause, welcher in der heimathlichen Erde begraben wurde. An seiner Stelle regierte sein achtzehnjähriger Sohn Jojachin (auch Jechonja und abgekürzt Khonjahu genannt), oder eigentlich seine Mutter Nechuschtha[2], Tochter eines Jerusalemers, welche die Zügel der Regierung in Händen hatte. Jojachin beharrte in dem Wahne, Nebukadnezar widerstehen zu können und huldigte ihm nicht. Er beharrte auch in allen sittlichen und götzendienerischen Gräueln seines Vaters. Aber nur kurze Zeit dauerte Jojachin's und seiner Mutter Verblendung. Nebukadnezar war endlich im Stande, ein großes Heer von Tyrus Belagerung loszulösen, um es gegen Aegypten zu führen, welches Feindseligkeit gegen ihn begann. Dieses chaldäische Heer unterwarf mit Leichtigkeit das ganze Land bis zum Strom Aegyptens (Rhinokolura). Auch ganz Juda wurde eingenommen bis auf einige Städte im Süden, welche sich in Vertheidigungsstand gesetzt hatten. Diejenigen, welche dem Feinde in die Hände fielen, wurden in die Gefangenschaft geführt[3]. Nichts desto weniger setzte Jojachin den Widerstand fort, er glaubte hinter Jerusalems starken Mauern sicher zu sein und rechnete bei einer etwaigen Belagerung auf Entsatz von Seiten Aegyptens. Nebukadnezar sandte daher einige seiner Feldherrn, Jerusalem zu belagern.

Jeremia, welcher vielleicht während Jojakim's letzten Regierungsjahren geschwiegen hatte, sprach während dieser Belagerung mit einem Freimuth, der nur begreiflich ist, wenn er dabei auf den Beistand einiger Fürsten und eines Theils des Volkes zählen konnte. Um seiner Rede Nachdruck zu geben, bediente er sich eines bedeutsamen Zeichens. Er hatte einen Leinengürtel, den er lange am Leibe getragen, in eine Felsenspalte in Ephrat (Betlehem) vergraben und nach einiger Zeit wieder von dort geholt, als dieser bereits verwest war. Mit diesem zersetzten Gürtel in der Hand trat er unter das Volk und sprach: „So werde ich den Stolz Juda's und Jerusalem's zerstören" (spricht

[1]) Könige das. 24, 2. Vgl. darüber Monatsschr. a. a. O. S. 303. Uebrigens muß statt ארם wohl gelesen werden אדום [So auch Klostermann z. St.]. Vgl. Band I, S. 413.

[2]) Könige das. V. 5—8. Im Widerspruch mit der Relation hat Chronik II 36, 6 die Nachricht, daß Nebukadnezar Jojakim in Gefangenschaft nach Babylon geführt habe. Da aber Ezechiel nur von Jojachin's Gefangenschaft spricht, so ist diese Nachricht wohl nur als Tendenz anzusehen.

[3]) Jeremia 13, 19; vgl. weiter unten.

Gott). „Dieses Volk, das ich fest an mich gezogen, wie man den Gürtel an sich zieht, wird diesem Gürtel gleich werden." — „Jeder Schlauch wird mit Wein gefüllt." Sprecht ihr, „wissen wir denn das nicht?" so sage ihnen: ich werde alle Bewohner dieses Landes, die Könige, die auf David's Thron sitzen, die Fürsten, die Propheten, die Bewohner Jerusalems mit Rausch anfüllen und werde sie einen gegen den andern, Vater und Sohn, ohne Erbarmen schleudern.... Sprechet zum König und zur Gebieterin: „setzt euch niedrig, denn es ist gesunken von eurem Haupt eurer Pracht Krone. Die Städte des Südens sind eingeschlossen, und Niemand entsetzt sie. Verbannt wird Juda, ganz verbannt, vollständig. Erhebe deine Augen und sieh', Jerusalem, die da vom Norden kommen. Wo ist die Heerde, die dir gegeben wurde, deine Prachtheerde? ... Und wenn du fragest in deinem Herzen: „„Warum hat mich dieses Alles betroffen?"" In Folge deiner Sündenfülle ist deine Schleppe aufgedeckt, deine Ferse entblößt. Kann wohl der Mohr seine Hautfarbe verwandeln, oder der Panther seine Flecken? So wenig könnt ihr besser werden, an's Böse gewöhnt. So werde ich sie wie fliegende Stoppel mit dem Winde der Wüste zerstreuen[1]).

„Besteige den Libanon und klage,
„In Basan laß deine Stimme vernehmen,
„Und rufe laut vom Abarim-Gebirge,
„Denn alle deine Buhlen sind zerschmettert.
„Ich sprach zu dir während deines Glücks,
„Da antwortest du: ich mag nicht hören!
„Das ist deine Weise von Jugend an,
„Daß du auf meine Stimme nicht hörest.
„Alle deine Freunde wird der Wind treiben,
„Deine Buhlen werden in Gefangenschaft gehen.
„Dann wirst du dich schämen und ob deiner Schlechtigkeit erröthen.
„Auf dem Libanon sitzend, in Cedern genistet,
„Wie wirst du seufzen,
„Wenn dir Wehen, wie einer Kreisenden, kommen werden!"

„So wahr ich lebe, spricht Gott, wenn Khonjahu, Sohn Jojakim's, König von Juda, ein Siegelring an meiner rechten Hand wäre, so werde ich dich von da reißen, dich überliefern in die Hand deiner Feinde, in die Hand Nebukadnezar's. Und werde dich und deine Mutter

[1]) Jeremia 13, 1 fg. Aus V. 18 אמר למלך ולגבירה geht hervor, daß hier von Jojachin's Mutter die Rede ist, wie das. 29, 2, und folglich, daß diese Rede in die Zeit dieses Königs fällt; dann ist auch V. 19 verständlich; er spricht von der Einschließung der Städte des Südens, wie Lachisch, Libnah und anderer. — Unter פרת V. 4 fg. kann unmöglich der Euphrat verstanden sein, weil Jeremia schwerlich diese weite Reise zweimal gemacht haben kann, und weil am Euphrat in der Nähe Babels keine Felsen sind. Es ist darunter אפרת, Bethlehem zu verstehen [Vgl. v. Orelli z. St. u. Buhl a. a. O. S. 99].

in ein fremdes Land schleudern, wo ihr nicht geboren seid, und dort werdet ihr sterben" [1]).

Es blieb Jojachin nicht einmal Zeit, auf eine Besserung zu sinnen, denn die Noth der Belagerung nahm überhand. Es scheint, daß Regenmangel diese Noth noch vermehrte [2]). Jojachin unterhandelte mit den belagernden Heerführern wegen Uebergabe, da kam Nebukadnezar selbst in's Lager, und zu ihm verfügten sich der König, die Königin-Mutter und ihr Gefolge, um ihn um Gnade anzuflehen. Der Sieger übte aber keine Gnade, sondern stellte harte Bedingungen. Jojachin mußte den Thron verlassen und mit seiner Mutter, die ihn geleitet, seinen Frauen, Geschwistern und Verschnittenen in's Exil nach Babel wandern; er hatte nur hundert Tage den Thron David's eingenommen. Es war milde genug, daß Nebukadnezar sie am Leben ließ und überhaupt kein Blut vergossen hat. Er verbannte nur zehntausend Jerusalemer und verpflanzte sie nach Babylonien, darunter 7000 Krieger, 2000 Personen aus allen Geschlechtern, darunter Ahroniden, Leviten und Benjaminiten, welche meistens die Hauptstadt bewohnten, und 1000 Werkmeister, welche das Waffenschmieden und den Festungsbau verstanden [3]). Von den Judäern vom Lande führte er zur selben Zeit 3023 nach Babylon in Gefangenschaft [4]). Daß Nebukadnezar die Schätze des Palastes und des Tempels gebrandschatzt hat, war kein Akt besonderer Gewaltthätigkeit, sondern war dem damaligen Kriegsrecht gemäß. Doch ließ er das Gemeinwesen bestehen, verschonte auch die Stadt und die Mauern und ließ auch den Tempel unangetastet. Der erste auswärtige Eroberer Jerusalems nach fast fünfhundertjährigem Bestande verfuhr viel milder mit ihm, als viele Eroberer in den folgenden Zeiten.

[1]) Das. 22, 24 fg. Nur dieses Stück gehört in Jojachin's Zeit; das vorangehende bezieht sich auf Jojakim.

[2]) Das. 14, 1—15 bezieht sich wohl auf die Belagerung unter Jojachin.

[3]) Das. 24, 1; 29, 1 fg. Könige II, 24, 11 fg

[4]) Vgl. Note 10.

# Zwölftes Kapitel.

## Untergang des judäischen Reiches.

Zedekia wird zum König eingesetzt. Sein Charakter. Nebukadnezar's Absicht. Die chaldäische Partei in Jerusalem. Lage des Landes Juda vor der Zerstörung. Jerusalem, eine schöne, volkreiche Stadt. Land- und Gartenbau und Bewässerung durch Kanäle. Handel in Jerusalem. Kunstfertigkeiten, Bauten, Volksschrift, Bildung. Stellung der Frauen. Das Loblied auf eine vollendet tugendhafte Frau. Verkehr der Geschlechter. Jerusalem, eine fröhliche Stadt. Spiel mit Hebesteinen. Die Spottsucht. Die Zersetzung. Land- und Stadtbevölkerung. Die Lebensweise der Könige von Juda. Die Adelsgeschlechter. Pläne zum Abfall von Nebukadnezar. Aegypten's Vorspiegelungen. Psammis, König von Aegypten. Aegyptische Partei in Jerusalem. Ithobal von Tyrus. Die verbannten Judäer in Babylonien. Die falschen Propheten in Jerusalem und Babylonien. Die Gesandten mehrerer Völkerschaften bei Zedekia. Nebukadnezar in Krieg verwickelt. Jeremia's Warnung, sich nicht in Umsturz einzulassen. Gesteigerter Haß gegen ihn. Abfall Zedekia's von Nebukadnezar. Zuversicht auf den Schutz der heiligen Stadt und des Tempels. Der Prophet Ezechiel. Der Krieg und die Belagerung Jerusalems. Sklavenbefreiung. Entsatz durch Aegypten. Jeremia's Leiden. Hungersnoth und Pest in Jerusalem. Die Eroberung desselben. Verfahren der chaldäischen Krieger und der Hilfsvölker. Die Gefangenen in Rama. Zerstörung Jerusalems und des Tempels. Die Klagelieder.

(596 — 586).

Den Thron David's ließ Nebukadnezar ebenfalls bestehen und setzte darauf Josia's jüngsten einundzwanzigjährigen Sohn Matthanja, der sich Zidkija (Zedekia) nannte [1]. Er war von mildem, unkriegerischem, lenksamem Charakter. Der babylonische Eroberer glaubte in dieser Eigenschaft die Bürgschaft zu haben, daß dieser ihm keine Schwierigkeiten machen würde. Um aber seiner Vasallentreue recht sicher zu sein, schloß Nebukadnezar mit ihm ein feierliches Bündniß und ließ ihn den Eid der Treue leisten [2]. Das Land Juda hatte für ihn eine besondere Bedeutung als Vormauer gegen Aegypten, dessen Eroberung ihn fort und fort beschäftigte. Er hatte auch deswegen die edlen Geschlechter und die Fürsten Juda's in die Verbannung geschickt, damit diese, trotzig und tollkühn, den König nicht zu kriegerischen Unternehmungen und zu einem Abfall von ihm hinreißen sollten. Juda

[1] Könige II, 24, 17 fg.; Jeremia 37, 1.
[2] Ezechiel 17, 13

sollte einen kleinen, schwachen Staat bilden, der sich nur an ihn anlehnen und von ihm Kraft ziehen sollte [1]). Zurückgelassen hat Nebukadnezar von den Edlen nur diejenigen, von deren Anhänglichkeit er überzeugt war oder zu sein glaubte. Diese bildeten den Kern einer chaldäischen Partei, welche ebenfalls Bürgschaft für die Treue bot. An der Spitze derselben stand das Haus Schaphan, dessen Enkel Gedalja ein ausdauernder Parteigänger Nebukadnezar's wurde. Der Prophet Jeremia, wenn er auch nicht gerade chaldäischer Parteimann war, bot noch mehr Bürgschaft für das gute Einvernehmen mit Babylonien, da er wiederholentlich dessen Herrschaft über die Völker als eine göttliche Bestimmung verkündet hatte. Es war vorauszusehen, daß er in diesem Sinne noch weiter zum Volke sprechen werde. Nebukadnezar wünschte daher nicht bloß den Fortbestand, sondern auch das Gedeihen und die innere Erstarkung des judäischen Gemeinwesens. Er hatte infolgedessen die Festungswerke Jerusalems unangetastet gelassen und auch die festen Städte Lachisch, Aseka und andere bestehen lassen [2]). Nur sollte Juda sich nicht überheben, selbstständig sein zu wollen, sondern sich an ihn anlehnen. Es sollte, wie ein Prophet es bildlich bezeichnet, einem Weinstocke mit niederhängenden Ranken gleichen, der zwar wachsen, aber in geringer Höhe seine Zweige ihm zuwenden und seine Wurzeln unter dessen Boden haben sollte [3]).

Juda hätte in der That in bescheidener Haltung vielleicht noch auf längere Zeit fortbestehen können. Von den harten Schlägen hätte es sich schnell erholen können. So schmerzlich auch die Verbannung so vieler edler Familien, des Kernes der kriegerischen Macht und der Blüthe des Volkes für die Zurückgebliebenen war, so sehr auch die Hauptstadt und das Land in Folge der Unterjochung mit Trauer erfüllt waren, so rafften sie sich doch wunderbar rasch wieder auf und brachten es wieder zum Wohlstande. Sollte man es glauben, daß kurze Zeit, nachdem der Eroberer die Schätze des Tempels und des Palastes, und nachdem die nach Babel Verbannten ihre Habe in das Land des Exils mitgenommen hatten, ein solcher Reichthum in Jerusalem herrschte, daß Kinder in Purpur gekleidet und gegen Gold abgewogen wurden? [4]). Jerusalem galt bis zuletzt als eine volkreiche und schöne Stadt, und ihre Einwohner rühmten sie als „Krone der Schönheit", die „Freude

[1]) Das. V. 6. Die syrische Version verbindet passend V. 13 und 14 das. ואה א־לי הארץ לקח לחיות ממלכה שפלה, er führte die Großen des Landes hinweg, damit es ein niedriges Reich sei.

[2]) Folgt aus Jeremia 34, 7. Klagelieder 2, 2. 5 u. a St

[3]) Ezechiel 17, 5—6.

[4]) Klaglieder 4, 2. 5.

des ganzen Landes, als Fürstin unter den Ländern" [1]). Ihre Lage auf mehreren Anhöhen, umgeben von schönen Thälern und von Bergkränzen [2]), war durch Prachtgebäude gehoben. Neben dem Palaste, welcher von Salomo erbaut und zuletzt noch von Jojakim erweitert und verschönert worden war (o. S. 309), gab es noch stattliche Gebäude der Großen, aus Cedern- oder Cypressen-Stämmen und aus großen Quadern erbaut [3]). Der Tempel, zu verschiedenen Zeiten ausgebessert und durch Vorhöfe erweitert, gewährte von seiner ringsum abgeschlossenen Höhe auf dem Hügel Morija einen erhebenden Anblick.

Woher hat das winzige Ländchen, das kaum vom Jordan bis zum Mittelmeer reichte, im Norden an der Stadt Geba und im Süden an Berseba seine Grenze hat, woher hat es so reiche Einnahmequellen bezogen, um dieses stattliche Ansehen zu behaupten? Oft genug hat es bedeutende Summen an den mit Zerstörung drohenden Feind liefern müssen. Denn wenn auch Jerusalems Mauern seit ihrer Aufrichtung nur ein einzigesmal von dem israelitischen König Joasch geschwächt wurden, so hat das Land doch durch fremde Eroberer, durch die assyrische, ägyptische und zuletzt noch durch die chaldäische Vasallenschaft, bedeutende Verluste erlitten, mußte öfter die angesammelten Schätze dem Feinde ausliefern. Es muß sich also stets wieder erholt und die Verluste ersetzt und verschmerzt haben. Der Boden war's, er enthielt solche unerschöpfliche Quellen des Reichthums. Die Phönicier, welche in allen Ländern Handelsverbindungen unterhielten, und die besten Erzeugnisse derselben um Tauschwaaren oder Geld an sich brachten, um sie in andere Länder zu befördern, sie bezogen Jahr aus Jahr ein von Juda eine große Menge vortrefflichen Weizens (Minnit-Weizen genannt), ferner Dattelhonig, Oel, Balsam und noch ein anderes werthvolles Produkt, Pannag, das die Sprachforschung noch nicht enträthselt hat [4]). Die Gärten, welche den kostbaren Balsam erzeugten, das Südende von Gilead jenseits des Jordan, waren zwar seit langer Zeit dem Könige von Juda entrissen, und die bedeutende Einnahmequelle davon war in andere Kanäle geleitet. Aber die sorgsame Pflege, welche die judäischen Ackerbauer den Getreidefeldern und die Gärtner den Fruchtbäumen zuwendeten, glich diesen Verlust wieder aus. Oel gab es in Menge, und das vortrefflichste hatte einen besonderen Namen.

[1]) Das. 1. 1; 4, 12 und Ps. 48, 3.

[2]) Ps. 125, 2.

[3]) Jesaia 5, 9; 32, 13. K. II, 25, 9

[4]) Ezechiel 27, 17. Richtig erklärt Movers Phönicier II, 3, S. 209 den Namen חטי מנית, als guten Weizen, wie er in der ammonitischen Stadt Minnit angebaut zu werden pflegte.

Die Hügel vom Oelberge Jerusalems bis Hebron waren besonders für das Gedeihen von Oliven geeignet und erzeugten auch so viel Wein, daß davon an das Ausland abgegeben werden konnte. Die Berge waren noch bis an ihre Spitzen mit fruchtbarem Erdreich bedeckt und in Getreidefelder verwandelt. Es gab geübte Kunstgärtner (Khormim), welche die Zucht der Fruchtbäume, besonders der Olivenbäume und der Weinstöcke mit Sorgfalt betrieben. Auch Getreidefelder wurden mit Aufmerksamkeit, um einen größeren Ertrag zu erzielen, gepflegt [1]). Was dem Lande an Ausdehnung gebrach, ersetzten die Höhen. In wüsten Gegenden, welche der Regen nicht genug befruchtete, waren Wasserkanäle gezogen [2]). Diese Betriebsamkeit, welche dem Boden die Schätze ablockte, gewährte dem Volke immer neue Quellen des Reichthums. Auch eine Handelsblüthe im Großen scheint in Jerusalem eine Stätte gefunden zu haben. Die kleinen Völkerschaften im Süden und Osten Jerusalems bezogen ihren Bedarf an Natur- und Kunsterzeugnissen die ihr Land ihnen versagte, aus der judäischen Hauptstadt. Dieser Handel muß so bedeutend gewesen sein, daß Tyrus, dessen Geschäftsumfang durch die Lostrennung der großen Kolonie Karthago und anderer kleinerer Kolonien und durch die assyrische, ägyptische und babylonische Vasallenschaft gelitten hatte, auf Jerusalems Nebenbuhlerschaft eifersüchtig war [3]). Wahrscheinlich haben die dort angesiedelten Phönicier mit „ihren Silberbarren" den Anstoß zum Aufschwunge des Waarenumsatzes gegeben.

Gewisse Fertigkeiten und Künste waren in Juda bis in seine letzten Tage heimisch geworden. Der Festungsbau hatte eine nach damaliger Zeit erhöhte Vollkommenheit erreicht. Es gab eine Zunft der Mauerarbeiter (Masger), welche Befestigungswerke kunstgerecht und fachmännisch anzulegen verstanden. Sie errichteten die Mauern wagrecht zur Dauerhaftigkeit vermittelst des Bleiloths und der Meßschnur und bedienten sich dazu des Zirkels und des Winkelmaßes [4]). — Die

[1]) Vergl. Jesaia 28, 24 fg.; 5, 1 fg.; 25, 6. Kunstgärtner hießen כרמים Könige II, 25, 12 und Parallele. Folglich waren יגבים das. geübte Getreidebauer, verschieden von אִכָּרִים, den einfachen Bauern.

[2]) Jesaia 30, 25. Ps. 1, 3; 65, 10. Klagelieder 3, 48. Sprüche 5, 16 21, 1 פלגי מים; Ezechiel 31, 4 תעלות.

[3]) Folgt aus Ezechiel 26, 2

[4]) Könige II, 24, 14 und Parallele. חרש ומסגר waren Waffenschmiede und Festungsbauer. Jesaia 33, 18 ist vielleicht statt איה סֹפֵר, was keinen rechten Sinn giebt: איה סֹגֵר, „wo ist der Festungsbauer?" zu lesen [In den Emendationes ist dieser Vorschlag zurückgezogen]. — קו Meßschnur und משקלת Bleiloth kommt oft vor; Amos 6, 7. אנך bedeutet ebenfalls Bleiloth, מקצועה Winkelmaaß, nicht Hobel (Jesaia 44, 13).

Bildhauerkunst hat in Juda, wie früher im Zehnstämmereich, aus Assyrien Eingang gefunden. Israelitische Metallgießer verfertigten, zum Hohn ihrer eigenen Lehre, Bildnisse in kunstgerechter Form in Lebensgröße oder in noch größerer Ausdehnung aus Silber oder Gold [1]). Die Häuser der Vornehmen waren mit Farben bemalt und der Estrich der Zimmer durch Mosaikarbeit (Maskhit) [2]) verschönert, durch Figuren aus bunten Steinen zusammengesetzt. Ein hoher Grad der Bildung war, wenn auch nicht in ganz Juda, so doch entschieden in der Hauptstadt verbreitet. Schreiben und Lesen verstanden die höheren und die niederen Klassen. Man schrieb in der Regel auf Rollen von zubereitetem Bast; war der Inhalt wichtig, so grub man ihn in Tafeln von Holz oder stichelte ihn in Stein. Es hatte sich bereits eine geläufige Volksschrift ausgebildet, neben einer andern, welche nur von besonders Kundigen verstanden wurde [3]).

Die hohe Bildung, welche in Jerusalem verbreitet war, prägte sich in ernsten und lustigen Gesängen, in Klageliedern und in Spruchweisheit aus. Die Propheten mit ihrer schwungvollen Beredtsamkeit, die Psalmisten mit ihren Hymnen und die Weisen mit ihren Kernsprüchen (o. S. 239), waren eine Bildungsschule für das Volk. Es war gewissermaßen von einer poetischen und rednerischen Atmosphäre umgeben. Die zugespitzten Wendungen und Feinheiten der Propheten waren für eine Zuhörerschaft berechnet, welche Verständniß dafür hatte. Die Stachelworte und höhnischen Reden [4]), deren sich die Propheten zu erwehren hatten, zeugen nicht minder für den hohen Werth, der in Jerusalem auf wohlgesetzte Rede gelegt wurde. Selbst Frauen verstanden es, aus dem Stegreife zu dichten. Zu Leichenbegängnissen vornehmer Personen wurden dichtende Frauen berufen, um Klagelieder anzustimmen [5]).

Die Frauen nahmen überhaupt an dem gesellschaftlichen Leben, an den guten und bösen Thaten Antheil. Sie waren es, welche zu

[1]) Hosea 13, 2: ויעשו להם מסכה כתבונם עצבים מעשה חרשים, wo das Wort כתבונם entweder gleich כתבונתם (Ps. 78, 72) bedeuten kann: „nach ihrer Kunstfertigkeit" oder wie die alten Versionen es wiedergeben, gleich כתמונתם, „nach ihrer Gestalt" in Menschengröße. עצבים, Sing. עצב, bedeutet kunstgerecht und mit Sorgfalt verfertigte Bildnisse. Davon ist ein Verbum gebildet עִצֵּב, kunstvoll bilden (Hiob, 10, 8) und העציב „vergöttern" (Jeremia 44, 19).

[2]) Vgl. o. S. 188.

[3]) Vgl. Jesaia 29, 11: יודע ספר; Hab. 2, 2: כתוב חזון ובאר על הלחות למען ירוץ קרא בו. Jesaia 8, 1: חרט אנוש. Ezechiel 9, 2. 3: קסת הספר. Vergl. Hiob 19, 23—24 u. 31, 35.

[4]) Jesaia 9, 9; 28, 14—15; Jeremia 31, 28. Ezechiel 18, 2 אבות אכלו בסר ושני בנים תקהינה.

[5]) Jeremia 9, 16.

Zeiten die Männer beherrschten, um einem üppigen Leben zu fröhnen, die Männer der vornehmen Geschlechter zu Gewaltthätigkeit aufstachelten und zum Götzenthum anreizten[1], und eine edle Frau bot dem Propheten Elisa behagliche Gastlichkeit in ihrem Hause an[2]. Das unter Josia aufgefundene Gesetzbuch enthält daher die Vorschrift, daß auch das weibliche Geschlecht der Vorlesung aus demselben beiwohnen und an der Belehrung Theil nehmen solle[3]. Die Spruchweisheit, welche den treuesten Abdruck des gesellschaftlichen Lebens des Volkes bildet, enthält so manche Sprüche von dem Glücke des Mannes, das ihm eine gute Frau, und von dessen Qual, die ihm eine böse Frau bereitet[4]. Diese Sprüche setzen sämmtlich voraus, daß jeder Mann nur eine einzige Frau im Hause hatte; daher genoß die Frau die Freiheit, sich an den gesellschaftlichen Vorgängen zu betheiligen.

Ein Dichter verherrlicht das Ideal einer vortrefflichen Frau, wie sie zugleich für den Gatten, die Kinder und das Haus sorgt, die Armen bedenkt, kunstvolle Gewebe anfertigt und anmuthsvolle Sprüche der Weisheit ihren Lippen entströmen läßt:

„Wer ein würdiges Weib fände,
„Ihr Werth ist theurer denn Perlen.
„Es vertraut auf sie des Gatten Herz,
„Daß ihm Gewinn nicht fehle.
„Sie vergilt ihm Gutes und nicht Böses
„Alle Tage ihres Lebens.
„Sie wirkt Wolle und Flachs
„Und arbeitet Nützliches mit ihren Händen.
„Sie stand vor Tagesgrauen auf,
„Gab Speise ihrem Hause
„Und Tagwerk ihren Sklavinnen.
— — — — — — — — — — —
— — — — — — — — — — —
„Ihre Hand streckt sie zum Spinnrocken
„Und ihr Gelenke hielt die Spindel,
„Ihre Rechte streckte sie dem Armen entgegen
„Und ihre Linke dem Dulder.
— — — — — — — — — —
— — — — — — — — — —
„Teppiche machte sie für sich,
„Byssus und Purpur ihr Gewand.
„Wohlbekannt ist im Rath ihr Mann,
„Wenn er saß mit des Landes Alten.
„Feines Gewebe hat sie bereitet und verkauft,
„Und Gürtel gab sie dem Phönicier.
„Kraft und Würde war ihr Gewand,

[1] Amos 4, 1. Jesaia 3, 12. 16 fg. Jeremia 44, 15 fg.
[2] O. S. 54. [3] D. S. 314. [4] Das. S. 241.

„Und sie lachte dem künftigen Tag entgegen.
„Ihren Mund that sie mit Weisheit auf
„Und anmuthige Lehre auf ihrer Zunge.
„Sie überwachte die Dienerinnen ihres Hauses,
„Daß sie Brod der Trägheit nicht essen.
„Ihre Söhne traten auf, sie zu preisen,
„Ihr Gatte, sie zu rühmen.
„„Viele Töchter haben Tugend geübt,
„„Aber Du hast sie alle übertroffen.
„„Trügerisch die Anmuth, eitel die Schönheit,
„„Eine gottesfürchtige Frau soll gerühmt werden.
„Gebet ihr von ihrer Hände Frucht,
„Und preisen sollen sie in der Stadt ihre Thaten"[1]).

Es ist wohl das erste Frauenlob aus dem Munde eines Dichters. Mag das von diesem entworfene Bild auch nur ein erdichtetes Ideal gewesen sein, so kann doch die Stellung der Frauen in dem judäischen Volke nicht niedrig gewesen sein, wenn ein solches Ideal weiblicher Vollkommenheit auch nur ausgedacht werden konnte.

Der Verkehr der beiden Geschlechter mit einander war überhaupt in Juda nicht verpönt. Jünglinge und Mädchen bewegten sich in lustigen Tänzen, begleitet von der Handpauke, besonders bei Hochzeiten und zur Zeit der Weinlese, wobei helles Lachen und fröhliche Gesänge nicht fehlten[2]). Jerusalem war überhaupt eine lustige, lebensheitere Stadt[3]). Jünglinge kamen im Weinhause zusammen, bildeten eine Art Becherzunft, sangen zur Harfe helle Lieder und spotteten des Tages[4]).

Unter den judäischen Jünglingen gab es eine Art Spiel, um ihre Kraft im Heben schwerer, runder Steine zu erproben. Es herrschte ein Wetteifer unter ihnen, wer solche Hebesteine am höchsten aufheben könnte[5]). Die „Rathsversammlung" lustiger, spöttischer Jünglinge verbreitete spitzige Stachelreden gegen die Propheten und deren düstere Verkündigung. Solche scheinbar treffende Sprüche und Stachelreden flogen von Mund zu Mund, machten dann die Runde durch die Bevölkerung

[1]) Sprüche 31. 10 fg.

[2]) Jeremia 30, 19; 31, 3—4. 12; 16, 9; 25, 10.

[3]) Jesaia 22, 2; 32, 13.

[4]) Das. 24, 8—9. Jeremia 6, 11: סוד בחורים; 15, 17: סוד משחקים ואעלז; Klagelieder 5, 14: בחורים מנגינתם; Ps. 1, 1: מושב לצים.

[5]) Zacharia 12, 3 אבן מעמסה. Dazu bemerkt Hieronymus, welcher in Palästina lebte, folgendes: Mos est in urbibus Palaestinae et usque hodie per omnem Judaeam vetus servatur, ut in viculis, oppidis et castellis rotundi lapides gravissimi ponderis, ad quos juvenes exercere se soleant et eos pro varietate virium sublevare, alii ad genua, alii ad umbilicum, alii ad humeros et caput, nonnulli junctisque manibus magnitudinem virium demonstrantes pondus extollant.

und reizten die Propheten zur Entgegnung. Trotz seiner räumlichen Winzigkeit und seiner politischen Abhängigkeit hätte sich also das judäische Gemeinwesen vermöge seiner inneren Kraft behaupten und Bestand haben können, wenn nicht in seiner Bevölkerung eine Zersetzung vor sich gegangen wäre, die bevorzugte Klasse nicht zu anspruchsvoll und unruhig gewesen wäre und die Kraft des Ländchens nicht überschätzt hätte.

Sobald ein Volk zur Stufe gelangt ist, die Dinge und Vorgänge nicht mehr mit unsicherem Tastgefühl, sondern mit geschärften Sinnen zu beurtheilen, und sobald die bereicherte Erfahrung und die höhere Erkenntniß seinen Blick über die Spanne der Gegenwart hinaus erweitert haben, geht innerhalb desselben eine Scheidung vor sich, in einen gebildeten Stand und eine rohe Volksmasse. Diese haben nur Sprache und Gewohnheiten gemeinsam, allenfalls auch das Nationalitätsgefühl gemeinsamer Abstammung, Zusammengehörigkeit und Erinnerungen, wenn dieses auch in der Masse nur nebelhaft und dunkel dämmert. In Gedankengang, Anschauung und Willensrichtung dagegen gehen die zwei Klassen so auseinander, als wenn sie verschiedenen Volksstämmen angehörten. So war es auch im judäischen Reiche. Die gebildete Volksklasse, welche in der Hauptstadt vertreten war, war durch die politischen und geistigen Vorgänge geweckt und gewitzigt und der Bevölkerung weit überlegen, welche zumeist in den Dörfern und kleineren Städten ihr Leben zubrachte, sich Jahr aus, Jahr ein mit Ackerbau und Viehzucht beschäftigte und daher unwissend und einfältig blieb[1]). Die hauptstädtische gebildete Volksklasse litt aber an Ueberfeinerung und Vorwitz[2]). Mit einem stolzen Hochgefühl pochte sie auf ihre Weisheit und glaubte der Belehrung entrathen zu können. „Wir sind selbst weise", sprachen sie, „und Gottes Lehre ist bei uns"[3]). Diesen mußte der Prophet Jeremia zurufen, um das Pochen auf ihre Unfehlbarkeit zu dämpfen: „Es rühme sich der Weise nicht seiner Weisheit, der Tapfere nicht seiner Tapferkeit, der Reiche nicht seines Reichthums"[4]). Es scheint selbst in Folge des Abstandes eine Art Feindseligkeit der Landbevölkerung gegen die Bewohner der Hauptstadt geherrscht zu haben[5]), weil diese mit Stolz auf jene herabblickten und sie ihre Ueberlegenheit empfinden ließ. Die alte Antipathie zwischen Juda und Benjamin regte sich wieder unter einer andern Form.

[1]) Jeremia 5, 4—5.
[2]) Das. 4, 22; 8, 8—9.
[3]) Das. 8, 8 fg.
[4]) Das. 9, 22.
[5]) Folgt aus Zacharia 12, 2. 7; 14, 12.

Denn die Benjaminiten waren meistens Städter, die Judäer dagegen größtentheils Landbewohner. Die Fürsten Jerusalems waren meistens Benjaminiten [1]). Die Hauptstädter, welche durch Vermögen und Adelsabkunft einen hervorragenden Rang einnahmen, besaßen eine gewisse Glätte der Sprache und Feinheit der Bewegung. Sie verstanden es, durch Redegewandtheit, Ueberredung und gewinnende Manieren ebensoviel durchzusetzen wie durch Gewalt; sie verstanden es, die Menge auf ihre Seite zu ziehen, sich Anhang zu verschaffen und ihre Pläne durchzuführen. Diese Redegewandtheit gab ihnen eine Ueberlegenheit und vermehrte ihr Ansehen und ihre Macht. Sie konnten sich rühmen: „Mit unserer Zunge sind wir mächtig, unsere Sprache ist bei uns: wer ist uns Herr?“ [2]). Diese Sprachglätte und Ueberredungskunst erschien selbstverständlich der ländlichen Einfalt und Biederkeit als Heuchelei, Gleißnerei und Verlogenheit. Daher die gegenseitige Abneigung trotz der Stammesverwandtschaft und staatlichen Zusammengehörigkeit.

Die hauptstädtischen Adelsgeschlechter beherrschten nicht nur das Volk sondern auch den Hof. Die Könige galten wenig, seitdem sie, in Nachahmung der Sitten der Sardanapale in ihren Palästen unter ihre Weiber zurückgezogen, die Zeit mit Nichtigkeiten zubrachten. Hier waren sie unnahbar. Nur die nächsten Verwandten und die vertrauten Günstlinge genossen das Vorrecht, den König besuchen zu dürfen [3]).

Die Könige umgaben sich mit Verschnittenen und mit schwarzen Aethiopiern, welche den Zugang zum Palaste überwachten [4]). Während die Männer des Volkes in Gesittung vorangeschritten waren und nur mit einer einzigen Frau in der Ehe leben, unterhielten die Könige einen Harem mit vielen Weibern [5]). Je mehr sie sich mit Pomp und Ceremoniell umgaben und an Befriedigung ihrer Laune in kleinen Dingen Genüge fanden, desto weniger waren sie im Stande, ihren Willen in wichtigen Staatsangelegenheiten geltend zu machen. Die judäischen Könige scheinen in der letzten Zeit sogar auf das Hoheitsrecht der Gerichtsbarkeit verzichtet und sie dem Hofe oder den Prinzen

[1]) Daher werden Jerem. 34, 19 die שרי יהודה von den שרי ירושלם unterschieden.

[2]) Ps. 12 scheint dem Inhalt und der Sprachfärbung nach der Zeit kurz vor dem Exile anzugehören. Parallele dazu bietet Jeremia 9, 2: וידרכו את לשונם קשתם שקר ולא לאמונה גברו בארץ; ferner 5, 1.

[3]) Könige II, 25, 19; Jeremia 52, 25: מראי פני המלך. Die Zahl schwankt zwischen 5 und 7 solcher Bevorzugten.

[4]) Könige II, 23, 11; 24, 15; Jeremia 34, 19; 41, 16; 38, 7 fg.

[5]) Könige II, 21, 15; Jeremia 38, 22.

überlassen zu haben[1]). Aber auch die Prinzen waren verweichlicht, und pflegten ihre Person, um ihre Schönheit zu erhalten[2]). Auch legten sie mehr Werth auf Prunk und Schaustellung als auf die Leitung des Gemeinwesens und noch weniger auf Kräftigung des Volkes und Landes.

So waren es denn einzig und allein die judäischen und benjaminitischen Adelsgeschlechter Jerusalems, welche in Wirklichkeit die Macht in Händen hatten. Genannt werden aus der letzten Zeit des judäischen Reiches Sephatja, Sohn Matthan's, ferner Gedalja, Sohn Paschhur's, Jehukhal, Sohn Schelemja's und endlich Paschchur, Sohn Malkija's[3]). Zwei andere Fürsten Jaasanjah, Sohn Azur's und Pelatja, Sohn Benajahu's, welche sich offen von der ureigenen Gottesverehrung losgesagt, dem Tempel den Rücken gekehrt und ihre Anbetung nach assyrisch-babylonischer Weise der Sonne zugewendet hatten, gehörten ebenfalls zu den einflußreichen Rathgebern und hatten einen starken Anhang[4]).

Diese und Andere gaben in wichtigen Angelegenheiten Anregung und Anstoß. Sie konnten ihr Uebergewicht um so eher geltend machen, als der König Zedekia von einer unköniglichen Schwäche und Mattherzigkeit beherrscht war und nicht einmal wagte, ihnen zu widersprechen[5]). Er hatte guten Willen, scheint das Götzenthum nicht besonders bevorzugt, die sittliche Verwilderung, wenn er Kunde davon hatte, beklagt und den Propheten Gehör geschenkt zu haben. Aber er besaß nicht die Kraft, dem Adel und seinem Treiben entgegenzutreten. Zedekia mag die Absicht gehabt haben, das seinem Lehnsherrn Nebukadnezar gegebene und beschworene Versprechen der Treue zu halten; allein er besaß nicht Willensstärke genug, seinen Entschluß zu behaupten. Hinter seinem Rücken sind Verschwörungspläne geschmiedet worden, die

[1]) Folgt aus Jer. 21, 12 fg, 22, 2 fg; 26, 10 fg. Dabei wird stets בית המלך genannt, oder der Plural מלכי יהודה gebraucht, ebenso das. 17, 20; 19, 3. 13, trotzdem nur ein König war, darunter sind ohne Zweifel die Prinzen zu verstehen. Als solche werden genannt ירחמאל בן המלך, Jeremia 36, 26, unter Jojakim, מלכיהו בן המלך unte: Zedekia, das. 38, 6. Es scheinen mehrere Gerichtsthrone zugleich aufgestellt gewesen zu sein, Ps. 122, 5: כי שמה ישבו כסאות למשפט כסאות לבית דוד.

[2]) Klagelieder 4, 7: נזיריה kann sich dem Zusammenhange nach nur auf Prinzen beziehen, vgl. נזיר אחיו.

[3]) Jeremia 38, 1; 21, 1, wo יוכל בן שלמיה fehlt, welcher 37, 3 genannt wird, hier ist aber wieder פשחור בן מלכיה ausgelassen.

[4]) Ezechiel 11, 1. Die das. erwähnten 25 Mann החשבים און והיעצים עצת רע und deren zwei Führer Jaasanjah und Pelatja, welche שרי העם genannt weeden, sind dieselben 25 Mann, welche das. 8, 16 als Sonnenanbeter bezeichnet werden.

[5]) Jeremia 38, 5.

er in der Abgeschiedenheit seines Palastes weder rechtzeitig erkannte, noch, wenn er sie erkannte, zu hintertreiben vermochte. Diese Schwäche auf Seiten des Königs und die Tollkühnheit auf Seiten des Adels führten das judäische Gemeinwesen dem Untergange entgegen. In der ersten Zeit nach der Verbannung des Königs Jojachin und der Tausende alter Geschlechter haben wohl der Schrecken und die Furcht vor der Gewalt der Chaldäer, die Juda erfahren hatte, einen ernsten Gedanken an Auflehnung gegen die Vasallenschaft nicht aufkommen lassen. Man schickte sich in das Unvermeidliche. War man ja seit Josia's Tode gewöhnt, das Joch der Fremdherrschaft zu ertragen. Es ist daher in den ersten drei oder vier Jahren der Regierung Zedekia's nichts an der alten Ordnung oder Unordnung geändert worden. Das Götzenthum, die Ungerechtigkeit, der Druck der Reichen auf die Armen, alles blieb bestehen, wie unter Jojakim. Nur die Verfolgung gegen die Partei der Propheten hatte aufgehört, weil Zedekia milder als sein Halbbruder Jojakim keine Gewaltthat anwenden ließ und im tiefsten Innern Vertrauen zu Jeremia's Prophezeiungen hatte. Dieser aber hörte nicht auf zu ermahnen, daß man sich mit der chaldäischen Vasallenschaft aussöhne und, um fortbestehen zu können, keine Aufstandspläne mache.

Aber die Machthaber zogen die Unruhe vor, ließen sich in thörichte Verschwörungen ein und rissen allmählich den König und das Volk in den Abgrund. Sie waren von einem rasenden Taumel ergriffen. Von mehreren Seiten suchte man durch falsche Vorspiegelungen zur Auflehnung gegen Nebukadnezar zu bewegen. Zunächst war es Aegypten, das, falsch und trügerisch, immer aufstachelte, immer glänzende Versprechungen der Bundesgenossenschaft machte, aber selten Wort hielt. Es war für Juda, wie ein Prophet es so treffend bezeichnete, ein zerbrochenes Rohr, das, wenn man es in die Hand faßt, geknickt wird und mit dem Splitter die Hand verwundet, und wenn man sich darauf stützt, zusammenbricht und zum Falle bringt [1]). Damals regierte in Aegypten Psammis (oder Psammetich II.), Necho's Sohn (595—590). Da er Siege über die Aethiopier errungen und die Grenze Aegyptens nach Süden ausgedehnt hatte [2]), so mag er sich mit dem kühnen Plan getragen haben, die Herrschaft seines Vaters über die Euphratländer fortsetzen zu können. Dazu brauchte er die Mithülfe der Nachbarländer und auch Juda's. Er stellte daher Zedekia Rosse für die Reiterei und ein Hülfsheer in Aussicht, wenn er sich von Nebukadnezar lossagen

[1]) Ezechiel 29, 7, vgl. V. 16.

[2]) Brugsch, histoire d'Égypte, p. 255 fg [Meyer, Gesch. d. Alterth. I., 562 f. 593. 601]. Vgl. Ezechiel das. V. 10.

würde[1]). In Folge dessen bildete sich in Jerusalem unter dem Adel eine ägyptische Partei, welche auf Abfall von Babylonien lossteuerte. Freilich offen durfte sie ihre Hinneigung zu Aegypten nicht bethätigen. So bekundete sie sie durch Annahme des ägyptischen Thierkultus. Heimlich ließ Jaasanjahu, Sohn Schaphan's, mit siebzig Mann in einem Vorhofe des Tempels in einigen mit Mosaik ausgelegten Prachtgemächern an die Wände Bildnisse von in Aegypten verehrten Thieren eingraben und brachte ihnen Weihrauch dar. Auch Ahroniden waren unter diesen entarteten und ränkeschmiedenden Parteigängern[2]).

Von der andern Seite drängte auch der König Ithobal von Thrus Juda und die Nachbarländer zu einem Kriege gegen Nebukadnezar. Dieser Großkönig belagerte noch immer Insel-Tyrus, wohin sich der König und die Blüthe des Volkes mit ihren Schätzen aus aller Welt Enden geflüchtet hatten. Er bedrängte es so sehr, daß es, von der Landseite völlig abgeschnitten, von Cypern aus mit Mundvorrath und Waffen versorgt werden mußte. Eine kriegerische Verwickelung gegen Nebukadnezar wäre daher Ithobal sehr erwünscht gewesen; sie würde jenen gezwungen haben, das Belagerungsheer von Insel-Tyrus abzuziehen oder doch zu vermindern. Daher entwickelte er den größten Eifer, Juda zum Abfall von Babel zu bewegen. Die Könige von Edom, Moab und Ammon waren bereits für den Plan gewonnen. Es galt also, auch den König Zedekia zu einem gegenbabylonischen Bündniß zu bewegen[3]). Noch von einer dritten Seite wurde Juda zum Abfall von Babylonien gedrängt: von den verbannten Judäern in diesem Lande, welche vermittelst Briefen und Boten mit dem Mutterlande in lebendigem Verkehr standen. Sie stachelten zum Kriege, weil sie die nebelhafte Hoffnung hegten, daß Nebukadnezar's Heer eine Niederlage erleiden und sie auf die eine oder andere Weise ihre Freiheit erlangen und in die Heimath zurückkehren würden. Die judäischen Adligen in der Fremde intriguirten gleichzeitig gegen Zedekia; denn in ihrem träumerischen Plane lag auch der Gedanke, den entthronten König Jojachin anstatt Zedekia's einzusetzen[4]). Man weiß nicht, von

[1]) Ezechiel 17, 15. 17.

[2]) Das. 8, 10—11. Von diesen 70 Angesehenen ist auch die Rede das 9, 6. Daß auch Ahroniden darunter waren, folgt aus diesem V. ומִקדשי תחלו, wofür LXX die L.-A. haben: ἀπὸ τῶν ἁγίων μου ἄρξασθε also מְקֻדָּשַׁי „von meinen Geheiligten, den Priestern, fanget an zu vertilgen" weil auch sie so gesunken waren, ägyptische Thierbilder zu verehren [In den Emendationes wiederholt der Vf. den Vorschlag nicht. Auch die Neueren, v. Orelli, Cornill, Bertholet folgen dem masor. Text].

[3]) Jeremia 29, 1; Ezech. 17, 15.

[4]) Jeremia 28, 4.

wem das Stichwort ausgegangen ist, aber so wie es ausgegeben war, sprachen die falschen Propheten und die Traumdeuter im Chor wie auf Bestellung auf den Plätzen Jerusalems und des Tempels: „Ihr werdet nicht mehr dem König von Babel unterthänig sein, die heiligen Geräthe aus dem Tempel werden nach Jerusalem zurückwandern" [1]. Unter den babylonischen Exulanten griff die Raserei ebenfalls um sich, auch unter ihnen erhoben sich sogenannte Propheten, welche die Rückkehr der Exulanten und Freiheit, Frieden und Glück für Jerusalem verkündeten [2]. Sie thaten dieses gewissermaßen unter den Augen Nebukadnezar's. Drei solcher Propheten sind namhaft gemacht: Achab, Sohn Kolaja's, Zedekia, Sohn Maaseja's und Schemaja, der Nechlami; von den beiden Ersteren erzählte man sich, daß sie mit Eheweibern Unzucht getrieben hätten [3]. Schemaja war ein Vorläufer jener Geistesmörder, welche für sich die Redefreiheit in Anspruch nahmen, gegen Andersgesinnte aber so unduldsam waren, daß sie solche durch Kerker und Tod stumm gemacht wissen wollten [4].

Im vierten Jahre seit der Regierung Zedekia's (593) trafen zu gleicher Zeit Gesandte der Länder, welche Zedekia zum Wort- und Treubruch gegen Nebukadnezar drängen wollten, in Jerusalem ein, von Edom, Moab, Ammon, von Tyrus und Sidon; sie boten ihre Redekünste auf und machten Versprechungen und Pläne, um den wankelmüthigen König zur Entscheidung zu bewegen [5]. Juda hätte stolz darauf sein können, daß es so sehr aufgesucht und umworben wurde; es hätte sich als Mittelpunkt betrachten können, von dem aus der Gang der

[1]) Das. 27, 9. 14. 16.

[2]) Das. 29, 8. 15 fg. Ezech. 13, 1 fg.

[3]) Jeremia 29, 21 fg.

[4]) Das. 29, 24 fg.

[5]) Jeremia 27, 1 fg. Die Ueberschrift lautet zwar בראשית ממלכת יהויקים, allein es muß offenbar dafür צדקיה gelesen werden, wie aus v.v. 3. 12. 20 fg. und 28, 1 hervorgeht; vergl. B. I, S. 470 [S. auch v. Orelli u. Duhm z. St.]. Die Zeit dieser Gesandtschaft ist 28, 1 gegeben; im vierten Jahre Zedekia's. Das. 51, 59 ist zwar angegeben, daß Zedekia selbst in diesem Jahre nach Babel gereist sei; allein es ist an sich undenkbar, daß dieser König die weite Reise gemacht hätte; daher empfiehlt sich die L.-A. der LXX ἐπορεύετο παρὰ Σεδεκίου d. h. בלכתו מאת צדקיה, so daß lediglich Seraja als Gesandter von Zedekia mit Huldigungsgeschenken nach Babel gereist wäre. Seraja wär nämlich שַׂר מִנְחָה, nach LXX ἄρχων δώρων statt שר מנוחה (woraus die Ausll. einen Reisemarschall gemacht haben). Das Datum der Reise des Seraja wird aber durch die L.-A. der Peschito zweifelhaft; sie hat dafür בשנת חד עסרא, im elften Jahre des Zedekia, d. h. zur Zeit der Verbannung dieses Königs. Dafür spricht auch der Inhalt des Briefes, den Jeremia mitgegeben hat, V. 60 fg. [Die genannten Ausleger dagegen meinen, daß Zedekia, eben um sich zu rechtfertigen, gerade in diesem Jahre nach Babel gereist sei].

politischen Ereignisse bestimmt werden sollte. Welche Antwort Zedekia den Gesandten ertheilt hat, ist nicht bekannt geworden. Bei seinem schwächlichen Charakter konnte er sicherlich zu keinem Entschlusse kommen. Auf der einen Seite lächelte ihm die Hoffnung auf Unabhängigkeit, und auf der andern grinste ihn die Furcht vor den Folgen an, denen er sich aussetzte, wenn er den Zorn des mächtigen Königs von Babylon gegen sich reizen sollte. Aber die Fürsten Juda's, die sich in hochfliegende Träume wiegten, haben gewiß den Gesandten die befriedigende Zusicherung gemacht, daß sie den schwachen König für ein gemeinsames Bündniß gegen Nebukadnezar gewinnen oder dazu drängen würden.

Was gab aber den winzigen Königen von Edom, Moab und Ammon, die Nebukadnezar mit einem Fußtritte hätte zermalmen können, den Muth, so offen gegen ihn Ränke zu schmieden, und dem König Zedekia und seinen Räthen, die Gesandten dieser Könige zu empfangen und mit ihnen die Möglichkeit einer feindlichen Haltung in's Auge zu fassen und zu besprechen? Was gab gar den babylonischen Verbannten die Kühnheit, gewissermaßen unter Nebukadnezar's Augen Widerstand gegen ihn zu predigen und den Verfall seiner Macht zu verkünden? Worauf stützte sich ihre eitle Hoffnung? Es scheint, daß Nebukadnezar, während ein Theil seines Heeres bei der Belagerung von Insel-Tyrus beschäftigt war, einen ernstlichen Krieg gegen die Elamiter zu führen hatte. Dieses Volk, welches als außerordentlich kriegerisch und geschickt in der Handhabung der Waffen geschildert wird, war zwar nach der Theilung des assyrischen Reiches unter Medien und Babylonien dem letzteren zugefallen. Aber die Herrschaft über dasselbe war nur Schein; ernstlich unterjocht konnte es nicht werden. Es kämpfte stets für seine wilde Freiheit und setzte jedem noch so mächtigen Eroberer hartnäckigen Widerstand entgegen. Um diese Freiheit zu bezwingen, scheint Nebukadnezar in dieser Zeit Krieg gegen Elam (Elymais) geführt, vielleicht auch eine kleine Niederlage erlitten zu haben[1]). Zudem war der

[1]) Jeremia 49, 34 fg. enthält eine Strafandrohung gegen Elam und zwar aus der „ersten Zeit der Regierung Zedekia's". Dieselbe Zeitangabe kommt auch das. 27, 1 vor, und bedeutet das vierte Jahr Zedekia s. o. 335 Note. V. 49, 37 sagt aus: Elam wird gebrochen werden vor den Feinden und denen, welche ihm nachtrachten, לפנו איבירם ולפני מבקשי נפשם; diesen Ausdruck gebraucht Jeremia öfter, um Nebukadnezar zu bezeichnen, 21, 7; 22, 25; 34, 20—21; 44, 30; 46, 26. Dieser Vers will also sagen, daß Nebukadnezar Elam besiegen und es zerstreuen werde. G. Rawlinson, the five monarchies III, p. 245 fg., nimmt ohne Weiteres an, daß Elam oder Susiana zum babylonischen Reiche gehört habe, ohne dafür einen historischen Beweis anführen zu können. Man kann es aber aus dem Umstand folgern, daß, da das von Juda so weit ab liegende Land dem Gesichtskreise des Propheten so nahe lag, wie Aegypten,

mächtige König Kyaxares von Medien, dessen Tochter Nebukadnezar heimgeführt hatte, gestorben (594 oder 593). Mit seinem Nachfolger Astyages stand der babylonische König nicht mehr auf freundschaftlichem Fuße. Ja, er fürchtete den Einfall der Meder in sein Land und hat wahrscheinlich die meilenlange Mauer von hundert Fuß Höhe und zwanzig Fuß Dicke zwischen dem Euphrat und Tigris, die sogenannte medische Mauer, aufführen lassen, um einen feindlichen Angriff von Medien fernzuhalten [1]). Diese verwickelte Lage, in der sich Nebukadnezar im zwölften Jahr seiner Regierung befand, gab den kleinen Königen den Muth zu Intriguen, den judäischen Verbannten in Babylonien die Tollkühnheit, von ihrer baldigen Befreiung zu sprechen, und den Machthabern in Jerusalem, welche von allen Vorgängen durch eben diese Verbannten unterrichtet waren, die Zuversicht, das Joch Babels zu brechen, und endlich mit den Propheten und Zauberern den Wahnwitz auszurufen: „Binnen Kurzem wird die Knechtschaft Juda's aufhören."

Dieser betäubenden Raserei trat Jeremia entgegen, und es gehörte nicht geringer Muth dazu. Seinem prophetischen Geiste war es klar, daß Nebukadnezar berufen sei, seine Siegeslaufbahn unaufhaltsam zu durcheilen und viele Völker seinem Scepter zu unterwerfen. Er warnte daher den König Zedekia, das Volk und die Priester, sich nicht schmeichlerischen Täuschungen zu überlassen, sondern sich in die babylonische Unterthanenschaft zu fügen, sonst würden sie von dem mächtigen Eroberer zermalmt werden. Um seinen Worten Nachdruck zu geben, legte er sich ein Joch von Holz auf den Nacken, begab sich zu den Gesandten der fremden Länder und bedeutete ihnen im Namen Gottes: daß er, der die Erde und ihre Fülle geschaffen, sie dem zuwenden werde, der von ihm berufen sei, und daß er Nebukadnezar kräftigen werde, alle diese Länder sich zu unterwerfen. Sie sollten daher freiwillig ihren Hals unter sein Joch beugen, sonst würden sie durch Krieg, Hunger und Pest heimgesucht werden. Dem judäischen Volke verkündete er mit voller Zuversicht: weit entfernt, daß sich seine Hoffnung auf Wiedererstattung der nach Babel geführten Gefäße des Tempels erfüllen werde, werde es auch die zurückgebliebenen Zierden des Tempels, die Säulen, das eherne Meer und die Wasserwagen dorthin wandern

Tyrus und die Nachbarländer Juda's, wenn auch nur nominell, zu Babylonien und nicht zu Medien gehört haben muß. [Vgl. jetzt Meyer a. a. O. I, S. 560].

[1]) M. Dunker (Gesch. des Alterthum's II, S. 470) hat es wahrscheinlich gemacht, daß der Bau der medischen Mauer, welche die Sage der Semiramis, d. h. der Nitokris, Nebukadnezar's Frau, zuschreibt, von Nebukadnezar stammt. [Vgl. Meyer a. a. O. I, S. 588 f.]

sehen [1]). Während er zum Volke mit dem Joch auf dem Halse so sprach, näherte sich einer der gegnerischen Propheten Anania (Chananja), Sohn Azur's aus Gibeon, zerbrach das Joch und sprach ebenfalls im Namen Gottes: „Innerhalb zweier Jahre wird das Joch Nebukadnezar's von den Völkern zerbrochen, und Jojachin und sämmtliche Verbannte werde ich hierher zurückführen". Jeremia selbst war von der Plötzlichkeit des Auftrittes im ersten Augenblick betreten und sprach: „Amen! möge Gott deine Worte erfüllen". Gleich darauf wurde es seinem Geiste offenbart, daß er sprechen möge: Statt des Joches von Holz wird Nebukadnezar ein Joch von Eisen auf den Nacken aller der Völker legen, welche ihm Widerstand entgegensetzen würden. Dem Anania verkündete er baldigen Untergang, weil er durch falsche Vorspiegelung im Namen Gottes das Volk verführen wollte. Er soll kaum zwei Monate darauf vom Tode hingerafft worden sein [2]).

Jeremia erachtete es auch als seinen Prophetenberuf, die bethörten Verbannten in Babylon zu warnen. Er richtete ein Sendschreiben an sie des Inhalts: „Bauet Häuser und bewohnt sie, pflanzet Weinberge und genießet die Früchte, nehmet Frauen und erzeuget Söhne und Töchter, führt für eure Söhne Frauen heim und verheirathet eure Töchter in der Fremde; kümmert euch um das Wohl der Stadt, wohin ihr verbannt seid, denn mit ihrem Wohlergehen ist das eure verbunden. Lasset euch von euren Propheten und Gauklern nicht verführen; denn erst nach siebzig Jahren werde ich euch nach Juda zurückführen" [3]). Den falschen Propheten, Achab und Zedekia, verkündete er, daß der König von Babylon sie dem Feuertode übergeben, und daß ihre Namen zum Fluche im Kreise der Verbannten dienen würden [4]). Das Sendschreiben übergab Jeremia den zwei Gesandten, welche der König Zedekia an Nebukadnezar, wahrscheinlich mit Huldigungsgeschenken, beordert hatte. Er scheint es doch für dringend gehalten zu haben, dem König von Babylon zu erkennen zu geben, daß er ihm Vasallentreue bewahre und dem Bündniß verschiedener Fürsten gegen seine Herrschaft nicht beigetreten sei. Waren es Jeremia's Feuerworte, die Zedekia zurückgehalten haben, sich in die Gefahr zu stürzen? Oder hatten die Räthe die Lage bedenklich gefunden, weil ein unerwartetes Ereigniß eingetreten war? Genug, Zedekia blieb noch seinem Eide getreu, und Juda genoß noch etwa zwei Jahre (593—591)

[1]) Jeremia Kap. 27.
[2]) Das. Kap. 28.
[3]) Das. 29, 1 fg.
[4]) Das. V. 21.

leidliche Ruhe. Aber die auf eine Veränderung der Lage gerechnet hatten, waren unzufrieden und ließen Jeremia ihre Enttäuschung entgelten, als wenn sein Einschreiten den Frieden erhalten hätte. Höhnisch fragten sie ihn öfters: „Was ist's mit dem Drohworte Jhwh's?" Mit einem Wortspiel antwortete er ihnen: „Das Drohwort ist: „„ich werde euch aufgeben und verstoßen [1])"". Von den Verbannten in Babylonien wurde ebenfalls gegen Jeremia gewühlt. Einer der dortigen Volksverführer Schemaja, der Nachlemi (o. S. 335), klagte ihn mittelst eines Sendschreibens an, daß er verrätherisch gehandelt habe, indem er die Exulanten ermahnt habe, sich in Babylonien dauernd anzusiedeln. Schemaja machte ferner dem Priester zweiter Ordnung Zephanja (o. S. 288), dem Aufseher über den Tempel, bittere Vorwürfe, daß er so nachsichtig gegen den Propheten sei; seine Pflicht wäre es gewesen, gegen Jeremia, so wie gegen sämmtliche Propheten seiner Gesinnung, die sich wahnsinnig geberdeten, streng zu verfahren, sie in Gewahrsam zu bringen, vielleicht gar zu foltern [2]). Die Ränkeschmiede unter den Verbannten wünschten nichts sehnlicher als den Bruch Juda's mit Nebukadnezar und hätten die Stimme verstummen machen mögen, welche auf das Wahnsinnige dieses Planes laut aufmerksam machte. Und mit den Schwindelköpfen in Babel stimmten auf's schönste die in Jerusalem überein. Die falschen Propheten riefen stets: „Ich habe geträumt", und erzählten ihre Träume einander von dem großen Heil, das Juda bevorstehe, wenn es Babel's Joch abzuschütteln wagen werde. In diesem betäubenden Lärm wurde Jeremia's Stimme immer weniger vernommen. Er konnte nur noch in Klagen ausbrechen: „Wegen der Propheten ist mein Herz mir im Innern gebrochen, mein ganzes Wesen löst sich auf, ich bin wie ein Trunkener geworden, wie ein Mann, den der Wein gefüllt" [3]).

Diesen verwirrenden Stimmen von innen, dem Drängen von außen, von Aegypten und den Nachbarländern, und dem Ungestüm

[1]) Das. 23, 33 fg. Daß das Wort מַשָּׂא, welches das Volk, die Priester und Propheten Jeremia zuriefen, eine ironische Bedeutung haben sollte, folgt aus V. 36: והפכתם את דברי אלהים חיים. Das Wortspiel in der Antwort liegt in וְנָשִׁיתִי אתכם das, nach V. 39, auch zu V. 33 ergänzt werden muß. Man braucht nicht nach LXX zu der unsinnigen L.-A. אַתֶּם הַמַּשָּׂא Zuflucht zu nehmen, da נשי auch einfach gleich נטש, „preisgeben" bedeutet. Möglich, daß die Gegner geflissentlich das Wort משא „Prophezeiung" ausgesprochen haben מַשָּׁא, „Darlehnsschuld". Dann paßt das Wortspiel נשיתי noch besser. Sinnlos ist es, das Wort משא als „Hochspruch" zu erklären.

[2]) Das. 29, 25 fg.

[3]) Das. 23, 9 fg.

der ehrgeizigen Großen Juda's konnte Zedekia's Schwäche nicht Stand halten. Er ließ sich vom Strudel fortreißen, versagte Nebukadnezar den Tribut und löste damit, uneingedenk seines Eides, das Vasallenverhältniß Juda's (591 [1]).

So war denn das Los geworfen, welches über die ganze Zukunft des judäischen Volkes entscheiden sollte. Man kann, wenn man gerecht sein will, nicht dem Hofe oder der ägyptischen kriegslustigen Partei allein die Schuld an diesem wahnsinnigen Schritt aufbürden. Der Taumelgeist hatte zuletzt den größten Theil des Volkes, wenigstens in der Hauptstadt, ergriffen. Jeremia stand mit seinen düstern Ahnungen und Prophezeiungen für den Ausgang dieses Schrittes so ziemlich vereinzelt. Denn selbst seine Gesinnungsgenossen, die treuen Anhänger Jhwh's, lebten in der kaum glaublichen Zuversicht, daß Jerusalem, die Stadt Gottes, und der Tempel, die heilige Burg, nicht untergehen könne, daß der Feind mit einer noch so zahlreichen Heeresmacht ihnen nicht werde beikommen können. Selbst die Nachbarländer scheinen Jerusalem gegen Kriegsunglück und Zerstörung für gefeit gehalten zu haben. „Alle Könige der Erde und Bewohner des Erdkreises glaubten nicht daran, daß ein Widersacher und Feind in Jerusalem's Thore eindringen werde" [2]). Die judäische Hauptstadt war seit ihrem fünfhundertjährigen Bestande, wenn auch hin und wieder von Schischak und von Joasch eingenommen, doch stets verschont geblieben; diese Thatsache mochte als ein Zeichen für ihre Unverletzlichkeit angesehen worden sein. Zudem hatten mehrere Propheten sie als eine heilige Asylstadt gepriesen, welche ihre frommen Bewohner schützend und schirmend unter ihren mütterlichen Flügeln vor jedem Leid bergen werde [3]). Der Prophet Joël, welcher einen furchtbaren Tag des Herrn für die Sünder und Frevler angekündigt, hatte verheißen, daß Jerusalem „eine Zuflucht sein werde für den Ueberrest, den der Herr berufen werde" [4]). Auch Jesaia hatte dieselbe Verheißung gebracht, daß, wenn Gott auch den Sündenpfuhl Jerusalem's mit Strenge läutern werde,

[1]) Der Abfall Zedekia's von Nebukadnezar wird gewöhnlich kurz vor die kriegerische Unternehmung des Letzteren gegen Juda angesetzt, d. h. in Zedekia's neuntes oder frühestens achtes Jahr. Das ist aber entschieden falsch. Denn aus Ezechiel's Rede geht hervor, daß der Abfall bereits in Zedekia's sechstem Jahre ein Factum war, und daß Nebukadnezar in dessen siebentem Jahre bereits den Kriegszug angetreten und Loose geworfen hatte, ob er zuerst Juda oder Ammon angreifen solle; vergl. darüber Frankel-Graetz, Monatsschrift, Jg. 1874, S. 524 fg.

[2]) Klagelieder 4, 12.

[3]) Jesaia 31, 5.

[4]) Joël 3, 5.

so werde doch der Rest, der in Zion zurückbleiben wird, zum Leben aufgezeichnet werden [1]). Noch entschiedener hatte zuletzt Zephania die Unverwüstlichkeit des heiligen Berges für den Ueberrest Israels betont, allerdings „den Ueberrest von Sanftmüthigen und Armen, welche nicht Unrecht thun und nicht Lügen sprechen, auf deren Zunge sich nicht Trug finden wird" [2]).

Diese Zuversicht, daß Jerusalem gerade in der Zeit der gegenseitigen Rüstung Aegyptens und Babels zur Behauptung der Weltherrschaft eine rettende Zufluchtsstätte sein werde, hatte ein Psalmist von den Korachiden zur Tröstung und Ermuthigung betont, und zwar nicht bloß für die Frommen, sondern für alle, alle, welche in der heiligen Stadt geboren sein werden:

„Der Berg Zion wird nimmer wanken,
„Sein Grund ruht auf heiligen Bergen.
„Der Herr liebt Zion's Pforten mehr als alle Stätten Jakob's.
„Rühmliches wird von dir erzählt, Gottesstadt.
„Soll ich etwa Aegypten und Babel meinen Freunden rühmen?
„Sieh' da, Philistäa, Tyrus und das Aethiopier-Volk,
„Dieser ist dort geboren?
„Aber von Zion wird gesprochen werden:
„Mann für Mann, die in ihr geboren,
„Und er hat es hoch errichtet.
„Der Herr wird beim Aufzeichnen der Stämme zählen:
„„Dieser ist dort geboren""!
„Und es singen wie Tänzer alle meine Gebeugten in dir" [3]).

Kein Wunder, wenn selbst Sänger von der Prophetenpartei die Unbezwingbarkeit und Schutzfähigkeit Jerusalems so volltönend und zuversichtlich verkündet haben, daß die Kriegspartei des besten Muthes war: der Abfall von Nebukadnezar werde ihr keinen Schaden bringen. Jaasanjah, Pelatja und andere Fürsten des Volkes, welche zum Abfall gedrängt hatten, sprachen zuversichtlich und derb: „Nicht so bald! Nur Häuser bauen! Wir sind der Topf und sie (die Hauptstadt) das Fleisch" (das davon nicht gesondert werden kann [4]). Gewiß haben die Machthaber es nicht an Vorkehrungen fehlen lassen, die Mauern

[1]) Jesaia, 4, 3.

[2]) Zephanja 3, 12.

[3]) Ps. 87. Ueber die Bedeutung dieses dunkeln Ps. vergl. Monatsschrift, Jg. 1874, S. 8. Das Exegetische wird an einer andern Stelle auseinandergesetzt werden. Daß dieser Ps. dieser Zeit angehört, folgt daraus, daß Aegypten und Babel רהב ובבל V. 3 zuerst aufgezählt werden, sie waren also damals Großstaaten. Babel wurde aber erst unter Nebukadnezar Großmacht. Folglich fällt die Abfassung desselben in dessen Zeit, weder früher, noch später, da doch auch der Bestand Zions vorausgesetzt wird.

[4]) Ezechiel 11, 1—3.

Jerusalems widerstandsfähig zu machen, Kriegsmittel anzuschaffen und es mit dem nöthigen Bedarf zu versehen — und in der That hat es den heftigen Angriffen des Feindes achtzehn Monate widerstehen können. Aber das hauptsächlichste Vertrauen setzten die Einwohner auf die unerklärliche, geistige Widerstandskraft der Stadt, auf eine wunderbare Errettung. Die Rollen hatten gewechselt. Zu Jesaia's Zeit, bei der Belagerung Sancherib's, war es der Prophet, welcher das Volk auf den geistigen Schutz gewiesen hat, und dieses hatte wenig Vertrauen darauf. In dem letzten Kampfe dagegen zerstörte ein anderer Prophet den Wahn, als könnte das Volk durch den Tempel geborgen werden [1]). Aber Jeremia's Stimme wurde während der Zurüstungen zum Kriege noch weniger gehört. Der Erfolg schien die Verheißungen der Afterpropheten und Glücksverkünder zu bestätigen. Nebukadnezar sandte nicht sofort sein Heer, um den Wortbruch Zedekia's und den Abfall Juda's zu züchtigen und Jerusalem zu zermalmen. Er ließ mehr als ein Jahr vergehen, ehe er den Kriegszug antrat und dann wieder mehr als ein Jahr, ehe er seinen Angriff auf Jerusalem eröffnete [2]).

Was mag der Grund dieser Zögerung gewesen sein? Gewisses ist darüber nichts überliefert worden; indessen ist es wahrscheinlich, daß Juda nicht allein gestanden hat, sondern daß die Nachbarvölker, welche Gesandte nach Jerusalem abgeordnet hatten [3]), in ein Bündniß mit Juda gegen Nebukadnezar getreten sind. Baalis, der König von Ammon, hatte entschieden eine feindliche Stellung gegen Babel eingenommen [4]). Tyrus, das ohne Zweifel diesem Bündnisse angehört, wenn es nicht dasselbe angeregt hat, konnte zwar nicht viel leisten, da seine Hauptinsel noch immer belagert war, aber es hat wohl den Verbündeten Gelder für die Kriegsbedürfnisse geliefert. Die Idumäer und Philister hatten gewiß auch gemeinschaftliche Sache mit Juda gemacht [5]). Vor Allem war es Aegypten, welches Juda und die

[1]) Vgl. o. S. 304.

[2]) Ezechiel 21, 23 fg. Dieses Stück gehört nach 20, 1 zum siebenten Jahre Zedekia's; die Belagerung Jerusalem's begann aber erst im neunten Jahre.

[3]) S. o. S. 335. Es folgt auch aus Ezechiel 12, 14, wo von Zedekia gesagt wird: עֶזְרֹה וְכָל אֲגַפָּיו אזרה, er hatte also Hülfsvölker.

[4]) Ezechiel 21, 28; Jeremia 40, 14. Baalis' Feindseligkeit gegen Gebalja war lediglich gegen die Chaldäer gerichtet.

[5]) In den Klageliedern wird öfter hervorgehoben, daß Jerusalem's Freunde es in letzter Stunde verlassen, verrathen und noch dazu Schadenfreude über seinen Untergang empfunden haben. Diese Anklage bezieht sich zunächst auf Edom das. 4, 21 fg.; Ezech. 25, 12. Aber auch die Philister empfanden Schadenfreude Ez. das. 16 und ebenso Ammon und Tyrus das. 25, 2. 8 fg.; 26, 2 fg. Alle diese Völkerschaften gehörten also früher zu den Freunden Jerusalems, über welche Klagelieder 1, 2 geklagt wird: כל רעיה בגדו בה היו לה לאיבים.

Nachbarvölker zu feindlicher Haltung gegen Babel ermuthigte und ihnen Beistand versprach. Auf Psammetich II. war sein Sohn Apries (Hofra, Chophra, Uaphris) gefolgt, welcher ein unternehmender König war und lange regierte (590—571). Er versprach nicht nur dem König Zedekia Hülfstruppen und Rosse, sondern zog auch einmal mit einem großen Heere aus, um die Chaldäer aus Juda zu verdrängen [1]). An Apries hatte sich Zedekia eng angeschlossen und sein ganzes Vertrauen auf ihn gesetzt. Unter diesen Umständen, bei einer solchen feindlichen Verbindung der Völker vom Libanon bis zur Grenze Aegyptens diesseits und jenseits des Jordan, hat es ohne Zweifel Nebukadnezar bedenklich gefunden, den Treubruch Zedekia's durch einen raschen Kriegszug zu züchtigen. Er mußte erst ein kriegstüchtiges, zahlreiches Heer mit Belagerungswerkzeugen ausrüsten, und dazu gehörte Zeit. So konnten sich die Bewohner Juda's und namentlich die Hauptstädter immer tiefer in den Wahn hineinleben, daß der Zorn Nebukadnezar's sie nicht ereilen werde. Die Propheten, welche stets Heil verkündeten, schienen Recht zu behalten, Jeremia's Prophezeiung dagegen Lügen gestraft zu sein. Selbst diejenigen, welche ihm Glauben schenkten, trösteten sich damit, daß die von ihm ausgegangene Strafandrohung nicht zu ihrer Zeit eintreffen werde. Es bildeten sich geflügelte Worte in Juda: Die Einen sagten: „die Tage werden sich hinziehen und die unheilvolle Prophezeiung wird untergehen (sich nicht erfüllen)", die Andern: „die Prophezeiung ist für eine lange Frist und für spätere Zeiten" [2]).

In Jerusalem herrschte gewiß ausgelassene Freude während der Jahre, in denen das so gefürchtete chaldäische Heer sich nicht blicken ließ. Unter den babylonischen Exulanten war der Freudentaumel nicht minder groß, wenn er auch an sich halten mußte. Ihre Sehnsucht, aus der Verbannung in's Vaterland zurückzukehren und dort ihre ehemalige hervorragende Stellung wieder einzunehmen, spiegelte ihnen die entfernte Aussicht als nahe Hoffnung und die Hoffnung als Wirklichkeit vor. Die falschen Propheten, Achab und Zedekia, fuhren fort, die Verbannten in ihrer Selbsttäuschung zu bestärken, prophezeiten Heil für Jerusalem und bekräftigten dadurch die Frevelthaten der Frevler. Dazu kamen noch rasende Prophetinnen. An den Armhöhlen trugen sie eine Art Polster und über dem Kopfe einen weiten Ueberwurf und gingen so weissagend von Haus zu Haus, verkündeten diesem ein glückliches Leben in der Heimath, einem andern den Untergang

[1]) Ezechiel 17, 15. Jeremia 37, 5 fg.
[2]) Ezechiel 12, 22 fg.

und nährten überall einen verdummenden Wahn [1]). Der Wahnglaube der babylonischen Judäer wirkte wieder durch die stets unterhaltene Verbindung auf die in der Heimath, so daß eine nüchterne Ueberlegung und Handlungsweise hier und dort gar nicht aufkommen konnten.

Da trat unter den Exulanten ein echter Prophet auf, welcher nach schwerem Kampfe und Ringen eine geläutertere Gesinnung anbahnen sollte. Es war Ezechiel (Jecheskeel), der Sohn Busis, ein Ahronide (geb. um 620, st. um 570 [2]). Er war ein Mann mit kräftiger, hinreißender Beredtsamkeit, mit einer lebendigen, üppigen Phantasie, mit einer süßen, einnehmenden Stimme [3]), voller Muth und Ausdauer und durchdrungen von dem hohen Ideal, welches das judäische Volk verwirklichen sollte. Mit den Verbannten war er unter Jojachin nach Babylonien gekommen und hatte seinen Wohnsitz in Tel-Abib an dem großen Kanal (Nehar-Kebâr), welchen Nebukadnezar zur Verbindung des Euphrat und Tigris hatte anlegen lassen. Hier waren viele angesehene Familien aus Judäa angesiedelt, welche eine große Freiheit genossen und ihre Aeltestenverfassung aus der Heimat beibehalten durften. Unter ihnen lebte Ezechiel mehrere Jahre, wie es scheint, still, mit seinen eigenen Angelegenheiten beschäftigt, mit seiner Frau in seinem eigenen Hause. Plötzlich schwebten vor seinen Augen außerordentliche Gesichte, als wenn der Himmel geöffnet wäre, und er göttliche Erscheinungen sähe. Er erblickte in der Einsamkeit, wie eine mächtige Wolke mit leckendem, glänzendem Feuer von einem Sturmwind gejagt, einen eigenthümlichen Thronwagen von goldsilberner Farbe (Chaschmal [4]) heranrollte; dieser Thronwagen schien sich auf Rädern mit lautern Augen, je ein Rad im andern, rasch hin und her, auf und ab zu bewegen; auf dem Thronwagen erschien ihm eine Menschengestalt mit vier thierähnlichen Wesen, mit je vier Gesichtern und vier Flügeln. Die Gesichter glichen je eines einem Menschenantlitz nach vorn, einem

[1]) Ezechiel 13, 17 fg. כסתות das. V. 18. 20, Pl. von כסת, wie קשתות von קשת, bedeuten dasselbe wie das neuhebr. כסת „Kissen, Polster". מספחות das. ist, wie Ewald diesmal richtig getroffen hat, משפחות „Hüllen", V. 20 ist das erste לפרחות dittographirt vom Folgenden [So auch Benzinger z. St.]. פרחות bedeutet allerdings wie im Syrischen „Vögel", aber der Sinn von ושלחתי את הנפשות לפרחות kann nur sein: „ich werde die Personen zur Freiheit senden, frei machen" (von dem Zauber der Weissagerinnen). Analogie dafür ist קרא דרור (da דרור ebenfalls „Vogel" bedeutet) und שלח לחפשי.

[2]) Ezechiel's Lebenszeit läßt sich durch die Momente bestimmen, daß er im Beginn seiner prophetischen Thätigkeit im fünften Jahre seit Jojachin's Verbannung, 1, 2, im Jahre 592 bereits im Mannesalter stand, und nach 29, 17 noch 20 [22] Jahre später, 572 [570] prophezeit hat.

[3]) Das. 33, 31 fg.

[4]) Ueber חשמל s. B. I, S. 369.

Adlergesicht nach hinten, einem Löwengesicht rechts und einem Stiergesicht links. Ueber den Häuptern der vier thierähnlichen Wesen erblickte er ein Firmament aus Krystalleis ausgedehnt und darüber einen Thron aus Sapphir und darauf ein Wesen, das zwar menschenähnlich schien, aber nichts Körperliches an sich hatte, sondern oberhalb wie ein heller Strahl und unterhalb wie Feuerglanz, wie Regenbogen schillernd[1]). Bei der Bewegung der Flügel der thierähnlichen Wesen vernahm Ezechiel ein betäubendes Geräusch, wie das bewegter Wasserwogen oder eines Kriegslagers. In dieser vielfältigen, verwirrenden Erscheinung schien es ihm, als wenn Gott oberhalb des Thronwagens — mit unendlich vielen Augen, der Allgegenwart, mit Verstandeskraft (versinnbildlicht durch den Menschen), mit Muth (Löwen), mit Schnelligkeit (Adlersflug) und mit Kraft (Stier) in augenblendendem Glanze und blitzähnlichem Schlängeln — sich ihm offenbarte und ihn eine Stimme vernehmen ließ. Betäubt und geblendet von der gewaltigen Erscheinung fiel er zur Erde. Ein Geist erweckte ihn, richtete ihn auf und ertheilte ihm den prophetischen Beruf für „das Haus des Ungehorsams", für das treulose Volk Israel. Er sollte zu seinen Genossen im Exile sprechen, mögen sie es hören oder nicht, damit sie es erfahren, daß ein echter Prophet in ihrer Mitte aufgetreten sei. Die Stimme verkündete ihm zugleich, daß er von seinen Stammesgenossen viel Leid zu erdulden haben werde, weil er ihnen nur Klagen, Seufzer und Jammer werde zu verkünden haben.

War die Erscheinung, die an seinem Blicke blendend und überwältigend vorübergezogen war, eine wahrhafte Wirklichkeit oder bloß trügerische Täuschung der Sinne? Ezechiel selbst fühlte sich dadurch zum Propheten berufen und war bereit diesem Beruf sein Leben zu weihen. Er bewährte sich in der Folge als ein echter Seher; er hat die Ereignisse, welche das Volk, den König und Jerusalem zermalmend treffen sollten, im Voraus geschaut und verkündet, und seine Weissagung hat sich erfüllt. Anfangs hat aber das schauerlich erhabene Gesicht ihn nicht gehoben, sondern gebrochen. Wie taumelnd kehrte er in sein Haus und zu den Verbannten in Tel-Abib zurück und saß sieben Tage entsetzt unter ihnen. Dann fing er an zu den Volksgenossen von dem

[1]) Ezechiel 1, 3. 15. In der Schilderung des Gesichtes ist Manches dunkel. Der dunkle V. 1, 27 ist aber leicht nach der Parallele 8, 2 zu erklären: והנה דמות כמראה אש: ממראה מתניו ולמטה אש וממתניו ולמעלה כמראה הזהר כעין החשמלה. Also muß auch in 1, 27 gelesen werden: כעין החשמל כמראה אש זהר לו סביב ממראה מתניו ולמעלה, also זהר statt בית. Dann braucht man nicht zu der sinnlosen Erklärung zu greifen בית gleich ב״ע „etwas Weißes". [In den Emendationes schlägt der Vf. vor: וכמראה אש מְבַּיִת לה סביב, ממראה מתניו ולמעלה זֹהַר, וממראה וגו׳]

Gesichte zu sprechen: daß er beauftragt sei, ihnen im Gegensatze zu den falschen Propheten Unheil zu verkünden. Sofort erfuhr er eine harte Behandlung, sie banden ihn mit Stricken wie einen Wahnsinnigen und verwehrten ihm öffentlich zu sprechen[1]). In dieser theils auferlegten, theils freiwilligen Haft brachte er vierhundert und dreißig Tage zu (390 und 40 Tage) und beging symbolische Handlungen, welche den Zuschauern wegen ihrer Sonderbarkeit auffallen mußten. Auf einem Ziegelstein bildete er die Stadt Jerusalem ab, als wenn sie sich in Belagerung befände, aß dabei grobes Brod aus verschiedenen Mehlarten nur einmal des Tages und trank Wasser mit einem Maße abgemessen. Dann schor er sich Kopf- und Barthaar ab, verbrannte davon ein Drittel, schlug ein Drittel mit dem Schwerte und ließ das letzte Drittel in den Wind verwehen und band nur weniges davon ein. In der ersten Zeit haben ihn wohl seine Volksgenossen, die sein Thun und Treiben beobachtet haben, für wahnsinnig gehalten. Als er aber über die Bedeutung der symbolischen Handlungen befragt wurde, verkündete er die Bedeutung seiner Handlungsweise: daß Jerusalem in schwere Belagerung gerathen, daß die Einwohner ihr Brod zugewogen in Bangigkeit essen und ihr Wasser zugemessen in Stumpfheit trinken werden, daß der größte Theil des Volkes durch Feuer, Schwert und Zerstreuung in alle Winde umkommen und nur ein kleiner Rest davon übrig bleiben, daß Unglück über Unglück es treffen, das Heiligthum selbst entweiht werden werde. Nachdem er das Alles in eindringlichen Worten erklärt hatte, begann seine Umgebung zu glauben, daß er ein gottgesandter Prophet sei. Die Aeltesten suchten ihn seitdem in seinem Hause auf und richteten Fragen an ihn[2]). Wie sie sich ihm näherten, waren sie schon halb gewonnen. Denn seine Beredtsamkeit, durch seine angenehme Stimme gehoben, war unwiderstehlich. Ezechiel hatte sich zwar nach Jeremia gebildet, den er ohne Zweifel vor seiner Verbannung öfter gehört hatte. Seine prophetischen Reden ähneln daher denen Jeremia's inhaltlich im Großen und Ganzen; aber Ezechiel besaß eine lebhaftere Phantasie und mehr dichterische Begabung als sein Musterbild. Seine Reden sind daher schwungvoller gehalten, reich an Wendungen, anziehend, nicht selten künstlich angelegt und durch eingestreute Räthselsprüche, Allegorieen und Wortspiele außerordentlich spannend. Jeremia sprach kurz und dem Inhalte angemessen, den er auseinander setzen wollte; seine Bilder sind zart, seine Betrachtungen elegisch, von Wehmuth und Weichheit durchzogen, als wenn er unter Thränen gesprochen hätte. Ezechiel dagegen liebte die Ausführlichkeit; die Bilder, die er gebrauchte,

[1]) Vgl. Frankel-Graetz, Monatsschrift. Jg 1874, S. 521 fg.
[2]) Ezechiel 8, 1.

setzte er nach allen Seiten auseinander, vermied auch nicht derbe Ausdrücke und Anstößigkeiten, um den Gedanken ihren vollen Ausdruck zu geben, und er zeigte keinerlei Rührung. Ganz besonders anziehend sind seine Reden, wenn sie Schilderungen enthalten. Wie schön ist nicht seine Rede gegen Tyrus, wenn er dessen Größe schildert und dessen Fall verkündet! Er vergleicht Tyrus mit einem großen, festen, prachtvoll ausgestatteten Handelsschiff, auf welchem die Erzeugnisse aller damals bekannten Völker und Länder aufgehäuft liegen, mit denen der phönicische Staat in Handelsverbindungen getreten war. In so lebensvoller Leibhaftigkeit läßt Ezechiel diese Völker mit dem Bodenreichthum ihrer Länder an dem Auge vorüberziehen, daß der Forscher noch heute daraus den großen Umfang des Handelsverkehrs in der alten Zeit berechnen kann. Dieses reichbeladene tyrische Prachtschiff, das sich auf den Wellen wiegt, wird plötzlich vom Sturmwind in den Abgrund geschleudert. So wird's Tyrus ergehen [1]). Ebenso anschaulich, prachtvoll und poetisch ist Ezechiel's Schilderung von der einstigen Größe Assyriens und seinem Falle [2]).

Mit dem Auftreten dieses reichbegabten Propheten unter den babylonischen Exulanten beginnt eine günstige Wendung. Schonungslos deckte er ihre Unthaten und die Frevel des ganzen Volkes auf, mitleidslos vernichtete er ihre eitle Hoffnung auf Fortbestand und ihre ganze Jämmerlichkeit. Klar und deutlich zeigte er ihnen den Weg zur Besserung. Ezechiel verkündete gleich Jeremia, daß eine Sinnesänderung nicht von den entarteten Bewohner des Mutterlandes, sondern von den babylonischen Verbannten ausgehen werde. Die ganze Fülle, welche in dieser Wandlung liegen sollte, drückte er treffend durch die Bezeichnung „ein neues Herz und einen neuen Geist" aus. Er ermahnte nicht bloß die Exulanten, daß sie sich ein neues Herz und einen neuen Geist erwerben mögen, sondern er verhieß auch, daß ihr Herz von Stein sich in ein weiches, biegsames, empfängliches Herz von Fleisch verwandeln werde [3]). Der an der Natürlichkeit haftende Sinn der alten Welt auf dem Erdrunde, welcher zur Vergötterung der Creatur und der Zeugungskraft, zum häßlichen Götzendienst und zum Sinnentaumel geführt hat, und dem auch Israel, von seiner Nachbarschaft verleitet, nachhing, dieser Sinn werde gebrochen und dafür ihm ein neuer Sinn der Selbstbeschränkung und der Unterwerfung unter die sittliche Ordnung eingepflanzt werden. Der Prophet des Exils hat zuerst diesen Gedanken, daß Israel eine Selbstläuterung,

[1]) Ezechiel Kap. 27.
[2]) Das. Kap. 31.
[3]) Das. 11, 19 fg.; 18, 31 u. a. St.

eine Wiedergeburt an sich vornehmen und dadurch Vorbild sein werde, zur leichtfaßlichen Klarheit gebracht. Er drückte diesen Gedanken sinnbildlich aus: „ich werde über euch reines Wasser sprengen, daß ihr von eurer Unreinheit geläutert werden sollt, und von allen euern Gräueln werde ich euch reinigen“ [1]).

Gleich in der ersten Rede, welche Ezechiel nach der Erlösung aus seiner Haft vor den Aeltesten Juda's, die ihn aufgesucht hatten, gehalten, betonte er diesen Gedanken. In einem Gesichte, das ihn im Augenblick überwältigt hatte, fühlte er sich von einem Geiste an den Haarlocken zwischen Himmel und Erde nach Jerusalem entführt. Hier sah er alle die götzendienerischen Gräuel, welche dort getrieben wurden, wie auf dem Altare ein scheußliches Götzenbild aufgestellt war, wie siebzig Aelteste heimlich dem ägyptischen Thierkultus fröhnten, wie an einer anderen Stelle die Weiber den Tammuz beweinten, wie hier fünf und zwanzig Männer dem Tempel den Rücken kehrten und die Sonne anbeteten, und endlich wie dort ein scheußlicher Phallusklotz in den Tempelraum hineinragte [2]).

Er sah ferner im Geiste, wie der Gott Israels, im Tempel über den Cherubim thronend, diesen verließ, sich zuerst auf die Schwelle des Tempels zurückzog und von da sich auf den Thronwagen mit den beflügelten, viergestaltigen, glänzenden Trägern des Himmels begab, welche das Ohr des Propheten als Cherubim bezeichnen hörte [3]). An diesem Platze blieb die Erscheinung nicht, sondern begab sich zum Eingang des östlichen Tempelthores, verließ dann die Stadt und zog sich auf den Oelberg im Osten zurück [4]). Durch diese Erscheinung wurde ihm angedeutet, daß Gott den so vielfach entweihten Tempel und die schuldvolle Stadt gänzlich verlassen habe und ihnen nicht mehr Schutz gewähren werde. Zugleich vernahm Ezechiel im Geiste eine Stimme, welche den Auftrag an Befehlsvollstrecker ertheilte, alle Bewohner Jerusalems erbarmungslos und ohne Unterschied, Greise, Jünglinge, Weiber, Jungfrauen, Kinder, zu vernichten und nur die-

[1]) Das. 36, 25 fg.

[2]) Das. 8, 17. והנם שלחים את הזמורה אל אפם. Statt אפם אל deutet die Massora die L.-A. אל אפי an (nämlich als תקון סופרים), d. h. also „sie stecken die Weinruthe in meine Nase“, mir in's Gesicht. Die Aufzählung der Abscheulichkeiten in diesem Abschnitt bildet eine Klimax, und die letzte wird als die höchste Stufe bezeichnet; הנקל . . . מעשות את התועבות . . . וישובו להכעיסני והנם שלחים את הזמורה. Folglich kann diese Verkehrtheit nicht so Unbedeutendes, etwa mantische Reiserbündel, den Barsom, bedeuten, sondern etwas höchst Schandbares (vergl. o. S. 299 und Monatsschr. Jg. 1874, S. 443).

[3]) Das. 10, 4. 18.

[4]) Das. 10, 19; 11, 23—24.

jenigen zu schonen, welche mit dem Zeichen des Tau (Taw) versehen sein würden, welches einer der Vollstrecker auf die Stirne derer, „die da seufzen und stöhnen ob der Gräuel Jerusalems", gezeichnet hatte. Er sah die gräßliche Vernichtung, die mit den Priestern den Anfang machte, sah mit Entsetzen, wie der Tempel und die Vorhöfe sich mit Leichen füllten und flehte in Verzweiflung zu Gott: „Willst du denn den ganzen Ueberrest Israels vernichten?" Gottes Stimme antwortete ihm darauf: „Ja, die Sünde des Hauses Israel in Juda ist gewaltig groß, das Land ist voll Blutschuld und die Stadt voll Unreinheit" [1]). Ferner vernahm Ezechiel die Worte: „Zu deinen Stammesverwandten, den Genossen der Verbannung, sprechen die Bewohner Israels: „„Entfernt Euch von Juda! Uns ist das Land zum Erbe gegeben"". Allein, wenn ich sie auch unter die Völker zerstreut habe, so werde ich ihnen zu einem kleinen Heiligthum werden in den Landen, wohin sie gekommen sind, und ich werde ihnen ein neues Herz und einen neuen Geist geben, damit sie meinen Satzungen folgen, mir zum Volke seien, und ich ihnen zum Gott" [2]).

Alle diese Erscheinungen, die Ezechiel während der Anwesenheit der Aeltesten hatte, theilte er ihnen später mit. Damit hatte er den Kerngedanken ausgesprochen: Gott hat Juda und Jerusalem aufgegeben, dagegen die Verbannten zum Grundstock eines neuen Volkes auserkoren. Während die Jerusalemer, auch die Bessern, welche dem Propheten nahe standen, die „Stadt Gottes und den Tempel Gottes" als unverwüstliche Schutzorte ansahen [3]), von denen Feind und Unheil fern bleiben würden, erklärte Ezechiel, daß sie verlassen und aufgegeben seien, und daß Gott nicht mehr in Jerusalem, sondern bei den Verbannten in Babel weile.

Indessen waren diese noch weit, weit entfernt, den Worten ihres Propheten Glauben zu schenken und sich zu bessern. Gerade der Abfall Juda's von Nebukadnezar bestärkte sie in ihrem Wahn, daß ihre Rückkehr nahe bevorstehe. Diesen Wahn in ihrem Herzen zerstörte Ezechiel durch Symbol und Wort. Er zog Gefangenen-Kleider an und wanderte am Tage von einem Ort zum andern, und des Abends

[1]) Das. 9, 9 fg. V. 9 ist מטה unverständlich, es kann nicht „Rechtsverdrehung" bedeuten [So dennoch z. B. v. Orelli, Benzinger u. A.]. LXX haben dafür zweierlei Uebersetzungen (eine ein Glossem): ἡ πόλις ἐπλήσθη ἀδικίας καὶ ἀκαθαρσίας, d. h. טֻמְאָה.

[2]) Das. 11, 15 fg. Statt אנשי גאלתך haben LXX αἰχμαλωσία und Peschito דשביתך, d. h. אנשי גלותך [So auch Ewald, Cornill u. A.]. V. 15b ist: רחקו מעל ה' nicht verständlich. Man muß wohl dafür lesen מעל יהודה. Vgl. dagegen Benzinger z. St.] V. 16 haben LXX statt וָאֱהִי das Futur. ἔσομαι = אהי

[3]) O. S. 341.

im Dunkeln grub er sich durch eine Mauerwand, verhüllte sein Antlitz und trug seine Sachen auf der Schulter. Als seine Volksgenossen ihn fragten, was das zu bedeuten habe, erklärte er ihnen, er sei ein Vorbild dessen, was dem Volke Juda und dem König bevorstehe. Jenes wird in die Verbannung wandern, und dieser wird durch einen Mauerdurchbruch mit verhülltem Antlitz, um sich völlig unkenntlich zu machen, und in der Dunkelheit entfliehen [1]).

Mit jeder neuen Rede wuchs sein Ansehen unter seinen Exilsgenossen. Diejenigen, welche ihn früher geknebelt und gequält hatten, suchten ihn öfter auf [2]), um ihn über den Ausgang des Kampfes zu befragen, der sie in äußerster Spannung hielt. Seine angenehme Stimme und seine sprudelnde Beredtsamkeit zogen ihm immer mehr Zuhörer an, wenn sie auch gar nicht die Neigung hatten, ihre Handlungsweise zu ändern [3]). Sie kamen sogar zu ihm mit ihren kleinen Götzenbildern an ihrem Herzen, um ihn zu befragen. Da erklärte er mit einemmale: er würde denen, welche offen als Götzendiener vor ihm erschienen, nicht mehr Rede stehen [4]). Diese Drohung scheint von Erfolg gewesen zu sein; denn er wurde noch öfter aufgesucht und gab den Befragenden Auskünfte, die ihnen allerdings nicht lieb waren. In einer Gleichnißrede bewies er ihnen, wie Juda unmöglich werde gegen Nebukadnezar obsiegen können: „Kann man aus Weinstockholz irgend ein Geräth machen oder auch nur einen Pflock? Und wenn nun solches Holz gar an beiden Enden verkohlt und in der Mitte angebrannt ist, dann taugt es um so weniger". So verhalten sich die Bewohner Jerusalems, sie sind von Hause aus schwach und werden durch die erste Niederlage noch mehr geschwächt werden [5]).

In einer musterhaften Rede schilderte er die Schlechtigkeit und Undankbarkeit Jerusalems. Er schilderte die Stadt als ein in Verlassenheit geborenes weibliches Kind, sich in seinem eignen Blute und im Schmutze wälzend. Dieses Kindes hat sich Gott angenommen, es groß gezogen, zu einer blühenden Jungfrau aufwachsen lassen, hat ihr Geschmeide gespendet und sie geliebt. Stolz auf seine Schönheit wurde das Weib undankbar und treulos, buhlte mit aller Welt, schlimmer als öffentliche Buhlerinnen, schlachtete ihre eigenen Kinder

[1]) Ezechiel 12, 3 fg. Dieser Passus ist von sämmtlichen Auslegern verkannt worden. V. 3 bezieht sich auf das Volk und das Symbol wird V. 11 erklärt; V. 4—5 dagegen bezieht sich auf den „König" und wird in V. 12 erläutert. [Aehnlich Cornill u. Benzinger z. St.]

[2]) Das. 14, 1.

[3]) Vgl. das. 33, 30 fg.

[4]) Das. 14, 3 fg.

[5]) Das. 15, 1 fg.

und entwürdigte sich. Dieses undankbare und unzüchtige Weib müsse Gott gebührend züchtigen, über sie als doppelte Verbrecherin, als Ehebrecherin und Kindesmörderin, Gericht halten lassen. Denn sie sei noch schlimmer geworden als ihre Schwestern Sodom und Samaria, diese werden durch Jerusalems Unthaten beinahe gerechtfertigt und entschuldigt [1]). Denen, welche in unheilbarer Verblendung noch immer ihre Hoffnung auf Befreiung von der babylonischen Vasallenschaft setzten, bewies Ezechiel mit einem schönen Gleichniß von den beiden Adlern und dem winzigen Weinstock, daß dieses Unterfangen, das mit Treubruch begann, nicht gelingen könne, daß Nebukadnezar nicht nöthig haben werde, große Anstrengungen zu machen, um den Trotz zu beugen, und daß Aegyptens Hilfe eitel sein werde [2]). Ezechiel entfaltete eine Mannigfaltigkeit in seinen Reden und gebrauchte verschiedene Wendungen, um dem Volke die Aussichtslosigkeit der Hoffnungen und die bodenlose Verirrung zum Bewußtsein zu bringen, bald in Erzählungs-, bald in Gleichniß- und Räthselform [3]). Als Nebukadnezar zur Niederwerfung des Aufstandes in Judäa ernstliche Rüstungen machte, sprach er: „So war des Gottes Wort an mich: „Menschensohn! Richte dein Angesicht gegen Süden, entströme Reden gegen Mittag und prophezeie gegen das südliche Waldgebirge. So spricht der Herr: „Waldgebirge, ich lege Feuer an dich an, und es wird jeden frischen und jeden trocknen Baum verzehren, nicht wird die Flamme erlöschen, und entflammt wird jedes Antlitz werden von Süd nach Nord" [4]).

Endlich rückte die Stunde bitteren Ernstes heran. Nebukadnezar, welcher sich einige Zeit still verhalten hatte, zog mit einem Heere aus, um die rebellischen Völker wie empörte Sklaven empfindlich zu züchtigen. In der Libanon- oder Jordan-Gegend angekommen, sollte das Los entscheiden, gegen welches Land er zuerst den Kriegszug eröffnen sollte, ob gegen Ammon oder Juda; er schleuderte Pfeile, welche den Namen dieser Länder trugen, befragte die Hausgötter, ließ die Leber der Opferthiere untersuchen [5]).

Wie es scheint, unterwarfen sich die Nachbarvölkerschaften, welche erst zum Abfall gereizt hatten, Ammon, Moab und Edom, schon bei der Annäherung des Feindes und krochen in Demuth vor ihm. Edom, das Juda am nächsten gelegen war, nahm noch dazu eine feindliche

[1]) Ezechiel 16, 1 fg.
[2]) Das. 17 1, fg. V. 17. ישע statt עשה
[3]) Kap. 19 und 21
[4]) Das. 21, 1 fg.
[5]) Das. 21, 24 fg. S. o. S. 340, Anmerk 1.

Haltung gegen dasselbe an[1]). Tyrus, das selbst in Bedrägniß war, konnte keine Hilfe leisten. So war denn Juda auf Aegyptens Beistand allein angewiesen. Aber auch dieses zauderte Anfangs, einen Gegenstoß auszuführen [2]). Leicht war es daher Nebukadnezar, das Land Juda zu unterjochen und selbst die meisten festen Städte zu nehmen; nur im Südwesten leisteten Lachisch und Aseka Widerstand [3]). Das chaldäische Heer ließ sie indessen liegen und rückte gegen Jerusalem am zehnten Tage des zehnten Monats (Ende 588 oder Anfangs 587 [4]). Die judäische Hauptstadt hatte sich inzwischen befestigt, auch wohl mit Mundvorrath und Wasser für eine längere Belagerung versehen. Aber die Landbewohner mit ihren Kindern und Heerden hatten sich bei der Annäherung des Feindes in die Stadt geflüchtet und die Verzehrer vermehrt. Auch die Rechabiten mit ihrem Oberhaupte, Namens Jaasanja, Nachkommen jenes Jonadab, welcher für sich und seine Familie die Lebensweise der Nasiräer eingeführt (o. S. 45), zogen in Jerusalem ein [5]). Da Zedekia oder seine Palastdiener, Hofleute und Großen auf die Aufforderung, sich zu ergeben, mit „Nein" geantwortet hatten, begann Nebukadnezar eine regelrechte, hartnäckige Belagerung. Schanzen wurden aufgeworfen, welche die Höhe der Mauern erreichten; Belagerungsthürme wurden errichtet, damit die Krieger unter schützender Bedeckung Pfeile in die Stadt schleudern konnten; Mauerbrecher wurden aufgeführt, um durch schwere Steine die Mauern zu erschüttern und Breschen zu machen.

Die Jerusalemer müssen sich auch muthig vertheidigt haben; die Belagerung hat mit kurzer Unterbrechung beinahe ein und ein halbes Jahr gedauert (Januar 587 bis Juni 586). Anführer der judäischen Vertheidigungstruppen war übrigens ein Eunuch im Dienst des Königs Zedekia [6]). Der König selbst hatte nur eine leidende Rolle; er war weder Kriegsführer, noch überhaupt Leiter der Bewegung. Seine Rathlosigkeit und Schwäche traten in der schweren Zeit so recht in's Licht. Wenn die Vorgänge in Juda und Jerusalem seit Jojakim's

[1]) Vergl. o. S. 342. Jeremia 35, 11, wo statt מפני חיל ארם gelesen werden muß חיל ארום [Vgl. dagegen v. Orelli und Duhm, die an der L.-A. ארם festhalten].

[2]) Klagelieder 4, 17, was sich offenbar auf Aegypten bezieht. [So auch Oettli z. St.]

[3]) Jeremia 34, 7.

[4]) Könige II, 25, 1; Jeremia 39, 1; 52, 4; Ezechiel 24, 1 fg.

[5]) Jeremia 35, 2 fg. Die Ueberschrift V. 1 בימי יהויקים muß emendirt werden in בימי צדקיהו 27, 1. Denn nach V. 35, 11 geschah dieses während Nebukadnezar's Belagerung, und diese fand doch erst in Zedekia's Zeit statt.

[6]) Könige II, 25, 19 und Parallele Jeremia.

Regierungsantritt einem bunten, wirren Possenspiel glichen, so schlug dieses mit einemmale in ein thränenreiches Trauerspiel um, und in diesem Schauerdrama eines ganzen Volkes bildet die Leidensgeschichte des Propheten Jeremia einen Zwischenact.

Seine innere Stimmung war durch die eingetretene Belagerung Jerusalems gerade so wie seine äußere Stellung peinlich und beklemmend geworden. Sein Gefühl als Volksgenosse und seine Vaterlandsliebe drängten ihn, wenn auch nicht wegen seines vorgerückten Alters an der Vertheidigung und am Kriege Theil zu nehmen, so doch den Kämpfern Muth einzuflößen. Sein Prophetenberuf und seine Sehergabe dagegen geboten ihm, offen zu verkünden, daß der Kampf eitel, daß das viele Blut umsonst vergossen sein werde, daß der Untergang der Stadt wegen ihrer Blutschuld und Sündenlast ein fester Rathschluß sei. Die Redefreiheit war ihm in dieser Zeit nicht entzogen[1]), durfte ihm vielleicht nicht entzogen werden, weil sein Ansehen als echter Prophet durch die eingetretenen Ereignisse bestätigt worden war. Die Völker des Nordens hatten ihre Throne vor den Thoren Jerusalems aufgeschlagen und bereiteten ein großes Strafgericht vor. Jeremia wäre im Stande gewesen, das Volk und die Krieger gegen den König und die Großen aufzustacheln, ihnen die Herrschaft aus den Händen zu entwinden, mit dem Feinde zu unterhandeln und ihn unter günstigen Bedingungen in die Stadt aufzunehmen. Ein solcher Umsturz lag aber seiner Seele fern, er rieth im Anfange der Belagerung nicht einmal den Einzelnen, zu dem Feinde überzugehen und sich dadurch die persönliche Erhaltung zu sichern[2]). Er beschränkte sich darauf, seine Warnungen im allgemeinen zu wiederholen und auf Abstellung der empörenden Ungerechtigkeit zu dringen. Zu Zedekia sprach er: „Du, der du auf dem Throne David's sitzest, und deine Leute, welche in diesen Thoren Gericht halten, übet Recht und Gerechtigkeit, rettet den Beraubten von der Hand des Räubers, Fremdlinge, Waisen und Wittwen lasset nicht bedrücken und vergewaltigen und lasset nicht unschuldiges Blut an diesem Orte vergießen“[3]). Besonders lag ihm das Wohl derer am Herzen, welche zur Sklaverei erniedrigt waren. Es waren solche, welche aus Armuth sich oder ihre Kinder zu Sklaven verkauft hatten, oder solche, welche wegen Zahlungsunfähigkeit von den Gläubigern zum Sklavendienste gezwungen worden waren. Das Befreiungsgesetz,

[1]) Jeremia 37, 4.

[2]) Wenn das. 21, 9 erzählt wird, er habe den Einzelnen den Uebertritt zum Feinde gerathen, so war dieses bereits, nach der Parallelstelle, 38, 1 fg., in dem Stadium der Belagerung, als die Hungersnoth bereits gewüthet hatte.

[3]) Das. 21, 12; 22, 1 fg.

welches in je sieben Jahren für solche Unglückliche angewendet werden sollte, wurde eben so wenig wie die übrigen pentateuchischen Sittlichkeitsgesetze zur Ausführung gebracht. Jeremia scheint für diese Elenden seinen prophetischen Eifer entwickelt zu haben. Er sprach eindringlich zum Königshause und zum Volke für die Heiligkeit des Sabbats, daß an ihm keinerlei Arbeit verrichtet und daß besonders keine Lasten aus den Thoren in die Stadt und aus den Häusern getragen werden sollten[1]). Mit der Heiligkeit des siebenten Tages hing die Heiligkeit des siebenten Jahres zusammen, welches den Geknechteten die Freiheit bringen sollte. Die Anwendung dieses Gesetzes scheint Jeremia durchgesetzt zu haben. War es vielleicht die Furcht vor einem Aufstande der Geknechteten inmitten des Krieges, welche die Fürsten und Reichen bewog, sie mit einemmale in Freiheit zu setzen? Mag der Beweggrund ein niedriger oder ein hoher gewesen sein, Jerusalem sah eines Tages ein großartiges Schauspiel. Auf des Königs Befehl gingen die Fürsten Juda's und Jerusalems, die Eunuchen — die Vertreter des Königs — die Priester und das Volk ein feierliches Bündniß ein, daß den zur Sklaverei Verdammten die Freiheit gegeben werden sollte. Zur Bekräftigung der Verpflichtung wurde vor dem Tempel eine althergebrachte Ceremonie in Anwendung gebracht. Ein junges Rind wurde in zwei Theile zerlegt, auf zwei Seiten aufgeschichtet, und zwischen diesen Theilen gingen die Machthaber, die Sklavenbesitzer, die Priester hindurch; das Bündniß und die Verpflichtung wurden auch vollzogen[2]). Die freigewordenen Sklaven mögen die Reihen der Streiter vermehrt haben.

Als die Belagerung Jerusalems beinahe ein Jahr gedauert hatte, während dessen wohl mit abwechselndem Glück von der Ferne gekämpft worden war, trat eine Abwechselung ein. Der König Apries (Hofra) von Aegypten entschloß sich endlich, seine oft wiederholte Zusage zu erfüllen, und sandte ein Heer gegen Nebukadnezar. Dieses ägyptische Heer muß so bedeutend gewesen sein, daß die Chaldäer bei der Nachricht von dessen Annäherung die Belagerung Jerusalems aufhoben und sich ihm entgegenwarfen (Februar oder März 586)[3]). Der Jubel in Jeru=

[1]) Jeremia 17, 19 fg. Diese Rede kann nur während der Belagerung gehalten worden sein. Denn V. 26 ובאו מערי יהודה ומסביבות ירושלם . . . מביאים עלה . . . תודה בית ה', setzt voraus, daß die in der nächsten Umgebung Jerusalems nicht dahin zum Opfern kommen konnten, was doch lediglich in Folge der Belagerung vorgekommen sein kann.

[2]) Das. 34, 8. 10. 15. 19.

[3]) Die Zeit des Zuges Apries' gegen Nebukadnezar (Jer. 37, 5. 7) läßt sich aus folgenden Momenten fixiren. Jeremia wurde noch im zehnten Jahre Zedekia's in Mattara eingesperrt (das. 32, 1—2). Diese Haft erfolgte erst einige

salem war groß. Als die Thore nach so langer Sperre geöffnet wurden, stürzten die Einwohner mit Hast hinaus, um wieder das Gefühl der Freiheit zu genießen und sich umzusehen, wie es auf dem Lande und um ihre Felder und Weinberge bestellt war, oder auch um sich mit Mundvorrath für die etwaige Wiederholung der Belagerung zu versehen. Kaum war der Schrecken der Belagerung gewichen, so verfielen mehrere Adlige und Reiche wieder in ihre alte Ruchlosigkeit. Die kurz vorher entlassenen Sklaven und Sklavinnen wurden gezwungen, zu ihrem früheren Dienste und ihrer früheren Entwürdigung zurückzukehren, uneingedenk des feierlichen Bündnisses und Eides. Ueber diese Herzenshärte und Selbstsucht war Jeremia in tiefster Seele empört; er hielt auch den Großen und dem Könige eine vernichtende Standrede, worin er ihnen den Eidbruch vorhielt und verkündete, daß die abgezogenen Chaldäer wieder zurückkehren und Jerusalem einnehmen, und daß Feuer, Krieg, Hunger und Pest gegen das Volk wüthen werden[1]). Dem Könige, welcher ihn durch zwei Höflinge und den Tempelaufseher Zephania ersuchen ließ, durch sein Gebet zu erwirken, daß die Chaldäer nicht mehr zurückkehren mögen, erwiderte er, daß Pharao bald in sein Land zurückkehren und daß die Chaldäer die Belagerung wieder aufnehmen werden; der König und das Volk mögen sich keiner Täuschung hingeben. Selbst wenn sie im Stande wären, sämmtliche Chaldäer aufzureiben, und wenn nur zwei Verwundete von ihnen übrig blieben, so würden auch diese die Stadt anzünden[2]).

Waren viele Fürsten Juda's schon früher gegen Jeremia eingenommen, so hegten sie seit der von ihm gehaltenen letzten Standrede einen tödtlichen Haß gegen ihn. Als er eines Tages die Stadt verlassen wollte, um sich in das Land Benjamin, wohl nach seiner Ge-

Zeit nach dem Abzug der Chaldäer oder ihrem Zug gegen das ägyptische Heer (das. 37, 11 fg. 21). Folglich rückte das ägyptische Heer noch im zehnten Jahre Zedekia's aus. In demselben Jahre im zehnten Monat bedrohte Ezechiel Aegypten mit Untergang wegen seiner eitlen Vorspiegelung von Hülfe für Juda (Ezech. 29, 1 fg.). Drei Monate später, im ersten Monat des elften Jahres Zedekia's wußte Ezechiel bereits, daß Pharao eine Niederlage gegen Nebukadnezar erlitten hatte (das. 30, 21): את זרוע פרעה מלך מצרים שברתי und V. 22: ושברתי את זרעתיו את החזקה ואת הנשברת, d. h. also ein Arm Pharao's ist bereits gebrochen, er hat bereits eine Niederlage erlitten. Folglich fand der Digressionszug Apries' gegen Nebukadnezar zwischen dem elften und zwölften Monate des zehnten Jahres Zedekia's, d. h. Ende Winter oder Anfangs Frühjahr 586, statt Es folgt auch daraus, daß Jeremia nur etwa 4—5 Monate in Mattara in Haft war, nämlich vom elften Monate des zehnten Jahres bis zum vierten Monate des elften Jahres Zedekia's.

[1]) Das. 34, 16.

[2]) Das. 37, 7 fg.; Dasselbe auch 21, 1 fg.

burtsstadt Anatoth, zu begeben, wurde er von einem Aufseher angefallen, als wollte er zu den Chaldäern überlaufen. Trotz seiner Betheuerung, daß ihm ein Fluchtgedanke fernläge, wurde er dennoch den Fürsten überliefert. Diese, froh eine Gelegenheit zur Rache an ihm zu haben, behandelten ihn wie einen Verräther und Spion, schlugen ihn und brachten ihn in einen Cisternenkerker (Adar 586) im Hause des Listenführers Jonathan, der, ein harter, herzloser Mann, zu seinem Kerkermeister eingesetzt wurde. Dort blieb Jeremia in einem engen, schmutzigen, ungesunden Raume viele Tage [1]). Sein strenger Kerkermeister ließ keinen Menschen zu ihm, nicht einmal seine Verwandten, als wollte er ihn durch die Einsamkeit mürbe machen oder gar umkommen lassen. Hand an ihn zu legen, wagten die Fürsten indessen nicht. In diesem Kerker hauchte er ergreifende Klagelieder aus über sein Mißgeschick, nicht bloß wegen seiner Leiden, sondern mehr noch wegen der Verkennung seiner Absichten [2]).

Nicht lange dauerten der Freudenrausch und der Taumel in Jerusalem. Das chaldäische Heer, welches dem ägyptischen unter Apries entgegengezogen war, schlug dieses auf's Haupt und trieb es in die Flucht [3]). Einer der beiden Arme Pharao's war gebrochen. Und nun war Juda ganz auf sich angewiesen. Die Nachbarvölker, selbst die ehemaligen Bundesgenossen, hatten nur Hohn für dasselbe und konnten den Tag des Falles Jerusalems nicht erwarten. Die Chaldäer kehrten zur Belagerung Jerusalems zurück und schlossen es noch enger ein, um damit ein Ende zu machen. Nun begann der Muth der in der Hauptstadt Eingeschlossenen zu sinken. Viele, auf ihr Heil bedacht, verließen an unbewachten Stellen die belagerte Stadt, gingen zu den Chaldäern über oder entkamen nach Aegypten. Der König Zedekia

[1]) Das. 37, 11 fg. V. 15 b. כי אותו עשו לבית הכלא ist nicht leicht verständlich; es ist doch eigentlich gleichgültig, ob sie die Cisternen des Jonathan zum Kerker gemacht haben. Die syr. Version hat dafür eine bessere Lesart: מטול דלה עבדיה אסירא d. h. אותו עשו לרב דכלא; ihn, den Jonathan, hatten die Fürsten zum Kerkermeister gemacht, um Jeremia zu überwachen. V. 16 ist noch dunkler. Dieselbe Version hat dafür ואריביוהי לארמיא מן בות גובא לגובא; die L.-A. der LXX χερέθ statt חניות erinnert an מחראות, Könige II, 10, 27, und das wäre „Kloake". Ueber die Zeit o. S. 354, Anmerk 3, und weiter unten.

[2]) Klagelied 3, das unstreitig von Jeremia stammt, ist noch vor der Tempelzerstörung gedichtet. Denn die Klagen beziehen sich auf die eigenen Leiden. V. 48 שבר בת עמי beweist nichts dagegen. Diesen Ausdruck gebrauchte Jeremia noch vor der Katastrophe wegen des gewiß bevorstehenden Elends. Vergl. Jer. 8, 21 u. a. St.

[3]) Folgt aus Ezech. o. S. 354, Anmerk. 3.

selbst wurde ängstlich über den Ausgang und sah zu spät ein, daß es eine Thorheit war, sich mit der babylonischen Großmacht messen zu wollen, ohne ein ganzes für Freiheit begeistertes Volk hinter sich zu haben. Eine schwache Hoffnung setzte er noch auf den Propheten Jeremia. Heimlich ließ er ihn in ein inneres Gemach seines Palastes kommen und fragte ihn, ob er eine Prophezeiung für den Ausgang geschaut habe. „Ja wohl", antwortete Jeremia, „habe ich eine solche, daß du in die Hand des Königs von Babel unfehlbar fallen wirst, wenn du dich nicht ihm unterwirfst". Gedemüthigt und ergeben hörte Zedekia diese Worte an; er war gerecht genug, sie den Verkünder nicht entgelten zu lassen. Er ließ ihn vielmehr auf seine Bitte nicht mehr in den abscheulichen Kerker des Listenführers Jonathan zurückbringen, sondern räumte ihm eine Wohnstätte in seinem eigenen Palaste ein, in dem Hofe Mattara, und ließ ihm täglich einen Laib Brod aus der königlichen Backanstalt liefern. Hier blieb Jeremia mehrere Monate [1]). Er war aber da in freier Haft, durfte Besuche empfangen und sprechen; sein treuer Begleiter Baruch, Sohn Nerija's, war wieder in seiner Nähe [2]).

Eines Tages kam sein Vetter Chanamel aus Anatoth zu ihm und bot ihm an, ein Familienfeld zu kaufen, da er der einzig Berechtigte sei, es zu erwerben. Von diesem Besuch und Angebot ist ihm früher durch den prophetischen Geist die Kunde zugekommen, mit der Weisung, den Kauf mit einer gewissen Feierlichkeit zu veranstalten. Demzufolge wog er vor den Augen der Anwesenden im Hofe Mattara das Kaufgeld zu, schrieb nach Vorschrift zwei Kaufscheine, einen versiegelten und einen offenen, ließ Zeugen unterzeichnen und übergab beide seinem Jünger Baruch, der sie zu dauernder Erhaltung in ein irdenes Gefäß legen sollte. Er konnte sich aber dabei der Verwunderung nicht enthalten: Die Schanzen der Chaldäer rücken immer näher, Jerusalem wird bald dem Feinde preisgegeben und das Volk verbannt werden, und er sollte noch ein Feld an sich kaufen! Darauf wurde sein Seherblick von der engen, düsteren Gegenwart in die ferne, schönere Zukunft entrückt. Allerdings geht Jerusalem wohlverdient wegen seiner Unthaten der gewissen Zerstörung entgegen. Aber es wird eine Zeit

[1]) Jer. 37, 17 fg. Ueber die Dauer der Haft in Mattara vgl. o. S. 354 Anmerk. 3. Im Kerker des Jonathan blieb er nur ימים רבים; nehmen wir das Höchste, einen Monat, an, denn länger hätte er es in diesem ungesunden Loch wohl nicht aushalten können. In Mattara blieb er, bis kein Brod mehr in der Stadt war (Jeremia 38, 9), das Brod hörte ganz auf im Monat Tammus (Kön. II 25, 2 u. Parallele). Folglich war Jeremia in Mattara etwa von Nißan bis Tammus, wahrscheinlich schon von Adar an, nach Jeremia 32, 1 fg.

[2]) Folgt aus Jeremia 32, 12.

kommen, in der man wieder Felder um Silber nach Vorschrift kaufen wird im Lande Benjamin, in der Umgegend und im Süden; denn die Verbannten werden zurückkehren [1]). Noch manche trostreiche Rede hielt er vor den Versammelten im Vorhof Mattara für die Zukunft des Volkes, während draußen das Schwert wüthete [2]).

Der Krieg forderte nicht allein seine Opfer, auch die Hungersnoth gesellte sich dazu. Hatten die Bewohner Jerusalems während der kurzen Befreiung durch das ägyptische Entsatzheer in der Hoffnung auf den gewissen Untergang der Chaldäer den Mundvorrath sorglos verbraucht? Oder hat der Feind die geheimen Zugänge zur Stadt, durch welche Nahrungsmittel eingeführt wurden, sorgsamer überwachen lassen, um die Uebergabe zu erzwingen? Genug, es trat mit einem Male Knappheit ein, und das Brod mußte nach Gewicht vertheilt werden. Es wurde immer seltener und seltener, und nun raffte der bleichwangige Hungertod die Einwohner hin. Das Schwert draußen, der Hunger im Innern häuften die Leichen täglich mehr in den Häusern und auf den Straßen, sie konnten nicht mehr begraben werden, gingen in der heißen Jahreszeit in Verwesung über und erzeugten eine verderbliche Seuche. Als sollten die düstern Strafreden der Propheten, die in zwei Jahrhunderten einander ablösten, Wort für Wort in Erfüllung gehen, um das Volk durch die gehäuften Leiden und Schrecknisse von seiner götzendienerischen Thorheit und sittlichen Krankheit gründlich zu heilen, boten die Straßen Jerusalems Grauen erregende Vorgänge dar, welche die Ueberlebenden nimmer vergessen konnten. Hier wanden sich zarte Kinder auf den Plätzen und winselten: „O Mutter, gieb uns Brod und Wein", und hauchten weheklagend ihr Leben in dem Schoß der Mütter aus [3]). Dort wandelten Greise und Vornehme, welche sonst Leckerbissen in Fülle hatten und in Purpur erzogen waren, die trockene Haut an den Knochen festgeklebt, wie Schatten umher, wurden in dieser Wandlung nicht erkannt und schleppten sich, bis sie zusammenbrachen [4]). Wie es die Propheten und namentlich Ezechiel vorausgesagt hatten, warfen die Reichen vergebens ihre Schätze um Brod hin [5]). Das grausigste aber war, daß die Hände zarter, liebevoller Mütter ihre eigenen Kinder kochten, um sich an deren Fleisch zu sättigen [6]).

[1]) Jeremia 32, 7 fg.
[2]) Das. Kap. 33.
[3]) Klagelieder 2, 11—12.
[4]) Das. 4, 5 fg.
[5]) Das. 1, 11; vgl. Ezechiel 7, 19.
[6]) Klagelieder 2, 20; 4, 10.

Erst in dieser Drangsalszeit sprach Jeremia zu Allen, die es hören konnten: „Wer in der Stadt bleibt, wird durch Schwert, Hunger und Pest umkommen, wer aber zu den Chaldäern übergeht, wird sein Leben retten; denn die Stadt muß fallen und wird verbrannt werden!" Als die machthabenden Großen, Schephatja, Sohn Matthans, Gedalja, Sohn Paschchurs und andere von diesen Reden Kunde erhielten, drangen sie in den König, den Propheten dem Tode zu überliefern, weil er den überlebenden Kriegern den Muth zum Weiterkämpfen benähme. Zedekia, rath- und willenlos, antwortete: „Er ist ja in euren Händen, denn der König vermag nichts gegen euch." Darauf ließen diese Fürsten Jeremia in eine Cisterne im Hofe Mattara, die voller Schlamm war, werfen. Auch jetzt noch wagten sie nicht, Hand an ihn zu legen, sondern gedachten ihn ohne ihr Hinzuthun dem Tode auszusetzen. Er wäre auch da umgekommen, wenn nicht ein Aethiopier aus der Dienerschaft des Königs, Namens Ebed-Melech, sich seiner erbarmt hätte. Dieser Sklave war empört über die Mißhandlung, welche die judäischen Fürsten dem Propheten zugefügt hatten, und über die Schwäche des Königs, mit der er dies Alles duldete. Er machte Zedekia aufmerksam, daß Jeremia in dieser Cisterne und durch die Hungersnoth unfehlbar umkommen müsse. In Folge dessen gestattete der König dem Ebed-Melech, ihn vermittelst Stricken aus der Grube zu ziehen. So tief war die Cisterne und so geschwächt die Menschen, daß dreißig Personen dazu erforderlich waren, einen einzigen Menschen aus der Tiefe herauszuziehen. Jeremia's Leben war gerettet; aber seine Freiheit erlangte er nicht, der König hielt ihn in Haft in Mattara, sorgte aber dafür, daß die Großen ihm nicht mehr nach dem Leben trachten konnten[1]). Erst der äthiopische Sklave hatte dem König Muth eingeflößt. Zedekia war überhaupt im tiefsten Innern geneigt, sich dem Feinde zu übergeben, aber allerlei Bedenken hielten ihn davon zurück. Um sich über einen so verhängnißvollen Schritt zu vergewissern, kam er mit Jeremia in einem geheimen Gemach zusammen und fragte ihn, ob es unabänderlich beschlossen sei, daß die Stadt fallen werde, und ob, wenn er es wagen sollte, überzugehen, er nicht von den Judäern in dem chaldäischen Lager beschimpft und getödtet werden würde. Der Prophet gab ihm die bündigste Versicherung, daß ihm im feindlichen Lager kein Haar gekrümmt werden würde und fügte noch hinzu, im Fall der Fortsetzung des Kampfes würden die Weiber des Palastes selbst ihn wegen seiner Unklugheit verspotten: „Es haben dich deine Bundesgenossen getäuscht und überwunden, und während deine Füße im Schlamm versunken sind, ziehen

[1]) Ezech. 21, 8 fg.; 38, 1 fg. Aus V 16 folgt, daß Zedekia ihm nicht mehr Leid's zufügen ließ.

sie sich zurück" [1]). Zedekia schien entschlossen, sich dem Sieger zu übergeben, und bat den Propheten, den Gegenstand der Unterhaltung den Fürsten zu verschweigen, im Falle die Zusammenkunft des Königs ihnen verrathen werden sollte. Nichts desto weniger fehlte Zedekia der Muth zu diesem Schritte: er that nichts und ließ das Verhängniß an sich herankommen. Bis zuletzt war er nicht im Stande, seine angeborene Zaghaftigkeit zu überwinden. Das war der letzte König von David's Nachkommen.

Indessen raffte der Würgengel des Todes in dreifacher Gestalt die Bevölkerung hin; die Zahl der Krieger verminderte sich immer mehr bis zuletzt nur so wenige übrig geblieben waren, daß sie die Mauern nicht mehr vertheidigen konnten. Endlich schlug die letzte Stunde des Falles des auch von den Heiden für uneinnehmbar gehaltenen Jerusalem. Am neunten Tammus (Juni 586) gab es gar kein Brod mehr in der Stadt, und in Folge dieser vollständigen Erschöpfung gelang es den Chaldäern eine breite Bresche in die Mauer zu machen, durch die sie in die Stadt eindrangen. Nebukadnezar war nicht dabei anwesend; er weilte indessen in Ribla in Syrien, wahrscheinlich um von dort aus gegen das zu gleicher Zeit belagerte Thyrus zu operiren. Seine Feldherrn, welche die Belagerung geleitet hatten, Nebusaradan, der Anführer der Leibwache, und Nergal-Scharezer, der Aelteste der Magier, und andere [2]) zogen ungehindert bis in die Mitte Jerusalems ein und schlugen ihr Zelt in dem Mittelthore auf, welches die Unterstadt (Millô) mit dem Zion verband, um hier Gericht über die Bevölkerung zu halten. Die chaldäischen Krieger fanden wahrscheinlich keinen Widerstand, da die Bewohner durch Hunger und Schrecknisse gespensterähnlich sich kaum schleppen konnten. Sie ergossen sich daher ungehindert in alle Theile der Stadt, tödteten Jünglinge und Männer, die ihnen widerstandsfähig

[1]) Das. 38, 14 fg. כבא השלישי אשר בבית ה' scheint nicht richtig zu sein; denn um eine geheime Unterredung mit Jeremia zu haben, brauchte er sich nicht mit ihm vom Palast in den Tempel zu begeben [Vgl. auch Duhm z. St.].

[2]) Die Namen der Chaldäischen Eroberer Jerusalems kommen nur Jeremia 39, 3 fg. vor, fehlen aber in den Parallelstellen das. 52 und Könige II, 25. Die Namen sind auch verstümmelt, gesichert ist nur נרגל ש־אצר רב מג, auch 39, 13 erwähnt. Hier wird aber zwischen Nebusaradan und Nergal-Scharezer ein Dritter genannt: נבושזבן רב סרים; dafür steht V. 3 שרככים רב סרים. Beide Namen müssen sich also decken, und einer ist jedenfalls verstümmelt. Vor שרככים fehlt aber entschieden der Götzenname נבו, welcher irrthümlich zu סמגר־נבו gezogen wurde. Der volle Name muß also lauten נבו שרככים. Da ז und ר ursprünglich gleiche Figuren hatten, so bleibt die Wahl zwischen . . . נבושז oder . . . נבושר. Von dem zweimal in V. 3 vorkommenden Namen נרגל שראצר ist einer gewiß dittographirt und hinter סמגר fehlt der Würdennamen [Vgl. auch Duhm z. St.].

schienen, machten Andere zu Gefangenen und banden sie in Ketten [1]). Die rohen Krieger, durch die langdauernde Belagerung verwildert, schändeten Frauen und Jungfrauen und schonten kein Alter [2]). Auch in den Tempel drangen sie ein, richteten dort ein Blutbad unter den Ahroniden und Propheten an, welche sich in dem Schutz des Heiligthums geborgen glaubten, und erhoben ein Wuthgeschrei, als wollten sie den Gott Israels bekämpfen. Mit den Chaldäern drangen auch die Nachbarvölker ein, welche sich Nebukadnezar angeschlossen hatten, Philister, Idumäer und Moabiter. Sie raubten die Schätze und verunreinigten die Heiligthümer [3]).

Zedekia war es indeß gelungen, mit dem Rest der Streiter in der Nacht durch den Königsgarten und durch einen unterirdischen Gang im Nordosten der Stadt zu entkommen. Er suchte eiligen Schrittes über den Jordan zu gelangen. Aber ebenso rasch verfolgten chaldäische Reiter die Flüchtlinge und verlegten ihnen den Weg in den Engpässen [4]). Da diese geschwächt waren, mehr schlichen als gingen, konnten sie leicht eingeholt und zu Gefangenen gemacht werden [5]). In der Stadt fanden die Häscher von den Angesehenen nur den Hohenpriester Seraja, den Tempelhauptmann Zephania, den Eunuchen, welcher den Krieg geleitet hatte, den Listenführer (Sopher), fünf oder sieben der Vertrauten des Königs, die Thürhüter und noch sechzig Mann [6]). Alle diese gemachten Gefangenen so wie die Ueberläufer wurden vor der Hand in Fesseln nach Rama geführt [7]), bis Nebukadnezar's Befehl bestimmen würde, was mit ihnen geschehen sollte. Sie konnten nicht in Jerusalem

[1]) Klagelieder 1, 15. 18. 2, 21.
[2]) Klagelieder 5, 11.
[3]) Das. 2, 7. 20.
[4]) Das. 4, 19. Obodja 1, 11.
[5]) Klagelieder 1, 3. 6.
[6]) Jeremia 52, 24 fg. u. Parall. 40, 1.
[7]) Jeremia 40, 1 ist ausdrücklich angegeben, daß Jeremia und viele Andere aus Jerusalem und vom Lande, welche nach Babylon transportirt werden sollten, in Rama weilten. המגלים בבלה bedeutet nicht „die Verbannten," wie Ewald sinnlos übersetzt, sondern „die zu Verbannenden." Aus Rama hat Nebusaradan Jeremia entlassen. Daß Rama in dieser Zeit eine Rolle spielte, folgt auch aus 31, 14; vgl. Monatsschrift, Jg. 1872, S. 65 fg. Wenn es aber 39, 14 im Widerspruch damit heißt, daß die chaldäischen Feldherren vom Hofe Mattara aus Jeremia dem Gedalja übergeben haben, mit dem Zusatze להוצאהו אל הבית, so ist dieser Zusatz durchaus unverständlich, es kann unmöglich bedeuten: um ihn wegzunehmen aus dem Hause oder Aehnliches. Der V. erhält nur Sinn, wenn man statt הבית setzt הרמה, eine kühne, aber nothwendige Emendation. [Vgl. dagegen Duhm z. St.] Dadurch ist alles verständlich. Gedalja hatte von Anfang an die Ueberwachung der Gefangenen erhalten und hat sie bis auf weitere Ordre provisorisch nach einem gesünderen Orte, nach Rama, bringen lassen.

und in der Nähe gelassen werden, weil dort von den vielen unbegrabenen Leichen die Luft verpestet war. Unter den Gefesselten befand sich auch der Prophet Jeremia; er war im Hofe Mattara im königlichen Palaste angetroffen worden und galt den chaldäischen Söldnern, die ihn zum Gefangenen gemacht hatten, als einer der Palastdiener. Wahrscheinlich theilte auch sein Jünger Baruch sein Geschick. Zum Aufseher über die Gefangenen und Flüchtlinge hatten die Feldherren einen Judäer von edlem Geschlechte eingesetzt, Gedalja, Sohn Achikams, aus der Familie Schaphan, welche wahrscheinlich vom Anfange der Belagerung an Nebukadnezar's Parteigänger geworden war.

Die letzte Hoffnung schwand dem unglücklichen Ueberreste des Volkes, als die Nachricht einlief, auch der König sei in Gefangenschaft gerathen [1]). Zedekia war mit seinem Gefolge von den chaldäischen Reitern bei Jericho eingeholt worden, als er nicht weit vom Jordan war, dessen Uebergang ihm hätte Rettung bringen können [2]). Während der Rest der Krieger, der noch um ihn war, bei der Annäherung der chaldäischen Verfolger sich zerstreute und über den Jordan setzte oder sonst wo einen Schlupfwinkel aufsuchte, geriethen Zedekia, seine Söhne und einige Edle in die Gewalt des Feindes und wurden weit, weit vom Vaterlande hinweggeführt bis nach Ribla, wo Nebukadnezar weilte. Dieser entlud mit Recht seinen ganzen Zorn auf ihn wegen seines Treu- und Eidbruches. Aber die Züchtigung, die er über ihn verhängte, war grausam. Wenn je ein König, so verdiente Zedekia Nachsicht, weil er ein willenloses Werkzeug gewesen war. Nebukadnezar ließ ohne Rücksicht Zedekia's Söhne und sämmtliche prinzliche Verwandten vor seinen Augen hinrichten, und dann ließ er ihn blenden. Geblendet und gefesselt wurde er zuletzt nach Babel verbannt; er hat wohl seine Schmerzen nicht lange überlebt.

Was sollte aus der Stadt Jerusalem werden? Sie war ein Leichenhaus geworden; „alle ihre Thore und Versammlungsplätze waren verödet, ihre Wege trauernd" [3]). Aber sie stand noch; die Feldherren, welche sie erobert hatten, hatten keinen Auftrag für ihr Geschick. Nebukadnezar selbst scheint Anfangs unschlüssig darüber gewesen zu sein. Das Land Juda wollte er keineswegs in eine Wüste verwandelt wissen, da er es für einen Krieg gegen Aegypten, wofür er jetzt noch mehr entbrannt war, nicht entbehren konnte. Ein Land ohne Stützpunkt einer größeren Stadt hätte sich nicht behaupten können. Es

[1]) Klagelied 1, 20.

[2]) Jeremia 39, 5 und Parallele auch für das Folgende. ערבות ירחו bedeutet die Sandfläche zwischen Jericho und dem Jordan.

[3]) Klagelied 1, 4.

sprach also Manches für die Erhaltung Jerusalems. Auf der andern Seite schien es gefährlich, die rebellische Stadt fortbestehen zu lassen. Wer sollte für ihre Treue in der Zukunft Bürgschaft leisten? Diese Betrachtung überwog, und in Folge dessen sandte Nebukadnezar den Obersten seiner Leibwache, Nebusaradan, mit dem Auftrage Jerusalem zu zerstören. Sofort drängten sich die haßerfüllten idumäischen Großen an ihn, um ihn zu entflammen, die Zerstörung ohne Schonung zu vollstrecken. „Zerstöret, zerstöret sie bis auf den Grund", sprachen sie[1]). So ertheilte Nebusaradan den Befehl, die Mauern niederzureißen, den Tempel, die Paläste und alle schönen Häuser zu verbrennen, und der Befehl wurde gewissenhaft ausgeführt (10. Ab = August 586[2]). Die noch übrig gebliebenen Schätze des Tempels, die kunstvoll gearbeiteten ehernen Säulen, das eherne Meer, die Wasserwagen aus Erz, die Opfer-Schalen aus Gold und Silber, die musikalischen Instrumente, alles, alles wurde in Stücke zertrümmert und nach Babylon gebracht. Jerusalem war ein Trümmerhaufen geworden und der Tempelberg die Anlage für eine Waldhöhe, wie es nicht bloß Jeremia und Ezechiel zuletzt, sondern der Prophet Micha hundert und vierzig Jahre vorher verkündet hatten.

Keine der völkerbeherrschenden Großstädte, welche von der Spitze ihres Glanzes in den Staub gesunken sind, ist in ihrem Untergange so verherrlicht worden, wie Jerusalem. Die Poesie hat ihr schmerzensreiches Geschick in Klageliedern, Psalmen und Gebeten mit so rührenden Tönen geschildert, daß ihr jedes weichgestimmte Herz noch heute nicht das Mitgefühl versagen kann. Die Poesie hat um ihr Haupt eine Märtyrerkrone gewunden, die sich in einen Strahlenkranz umwandelte. War es Jeremia, der zuerst auf den Trümmern Jerusalems ein Klagelied ausgehaucht hat, oder war es sein Jünger Baruch? Haben dann noch zwei oder drei Dichter den Trauergesang fortgesetzt? Diese Frage wird wohl niemals beantwortet werden können. Sicher ist es, daß die erhaltenen vier Klagelieder um den ersten Sturz der judäischen Hauptstadt nicht von einem einzigen Dichter herrühren, und nicht den gleichen Inhalt haben, sondern die aufeinanderfolgenden vier Leidensstationen bejammern. — Alle diese Klagelieder haben eine eigene Form, die Reihe der Verse folgt in alphabetischer Ordnung aufeinander[3]).

[1]) Ps. 137, 7.

[2]) Jeremia 52, 12 fg. In der Parallelst. Könige II, 25, 8 fg. ist statt des zehnten der siebente Tag angegeben, ohne Zweifel ein Fehler durch Buchstabenverwechselung. Die Peschito hat בתשעתא, am neunten.

[3]) Hier möge kurz der Nachweis geführt werden, daß die drei Klagelieder 1, 2 und 4 nicht aus derselben Zeit stammen. In 1 ist noch keine Erwähnung von der Tempelzerstörung, im Gegentheil, der Bestand Zions wird noch voraus-

Das erste Klagelied ist unmittelbar nach der Einnahme Jerusalems gedichtet. Die Stadt bestand noch, die Mauern, die Paläste, der Tempel waren noch nicht zerstört, aber sie waren bereits ihrer Bewohner und ihrer Freuden beraubt:

„O, wie sitzt sie so einsam die volkreiche Stadt!
„Sie ist einer Wittwe gleich geworden.
„Die große unter den Völkern,
„Die Fürstin unter den Ländern
„Ist zur Frohnsklavin geworden.
„Sie weint bitterlich in der Nacht,
„Und ihre Thränen auf ihre Wangen.
„Sie hat keinen Tröster unter allen ihren Freunden,
„Alle ihre Genossen haben treulos an ihr gehandelt,
„Sind ihre Feinde geworden!"

Dieses Klagelied beweint am meisten die Verlassenheit Jerusalems; ihr größter Schmerz ist die Treulosigkeit ihrer Bundesgenossen, die jetzt Schadenfreude an ihrem Fall empfinden.

„Zion bricht die Hände, sie hat keine Tröster".

. . . . . . . . . . . . . . . . . . .

„Höret es alle Völker und sehet meinen Schmerz.
„Meine Jungfrauen und meine Jünglinge sind in Gefangenschaft gewandert.
„Ich rief meine Freunde, und sie täuschten mich,
„Meine Priester und Aeltesten vergingen in der Stadt"[1]).

Das zweite Klagelied trauert mehr über die Zerstörung der Stadt und der Mauern, ganz besonders aber über den Untergang des Heiligthums.

„O, wie hat der Herr in seinem Zorne die Tochter Zions verwüstet!
„Er hat vom Himmel zur Erde Israels Pracht geschleudert,
„Und nicht seines Fußes Schemel gedacht.

. . . . . . . . . . . . . . . . .

„Er hat die Seinigen Alle aufgegeben, sein Heiligthum umgestürzt,
„Hat in die Hand der Feinde ihre Burgen und Thürme überliefert,
„Sie erhoben im Tempel des Herrn eine Stimme wie an einem Schlachttag"[2]).

Das dritte Klagelied bejammert den Untergang alles Edeln durch die schleichende Hungersnoth und die Hoffnungslosigkeit für den Ueberrest durch die Gefangennahme des Königs.

gesetzt (V. 4), ebenso des Tempels (V. 10). In 2 dagegen wird über die Zerstörung des Tempels besonders geklagt (V. 1. 2. 6. 7). Kap. 4 klagt nicht mehr über die Zerstörung, sondern über die Hetzjagd gegen die Flüchtlinge (V. 19), über die Gefangenschaft Zedekia's (V. 20). Kap. 3, das unzweifelhaft Jeremia angehört, ist noch vor der Zerstörung gedichtet, vgl. o. S. 356, und Klagelied 5 gehört in viel spätere Zeit, als bereits Schakale sich auf dem Berge Zion getummelt hatten (V. 18). Die Jeremianische Autorschaft der Klagelieder 1, 2, 4 läßt sich weder beweisen, noch durchaus negiren. Nur Kap. 5 kann ihm nicht angehören.

[1]) Klagelied 1, 2. 17 fg.

[2]) Das. 2, 1. 6 fg.

„O, wie ist das Gold verdunkelt, verwandelt das edle Metall,
„Hingeworfen die heiligen Steine an der Spitze aller Straßen!
„Die theuren Söhne Zions, die mit Gold aufgewogenen,
„Wie sind sie irdenen Schläuchen gleich geworden,
„Dem Werke von Töpferhand!

. . . . . . . . . .

„Größer war die Strafe meines Volkes als die Sodom's,
„Das doch in einem Augenblick unterging,
„Und die Hände sind nicht ermattet in ihr."

. . . . . . . . . . . . . . . . . . .

„Leichter waren unsere Verfolger als des Himmels Adler,
„Auf Bergen haben sie uns verfolgt,
„In der Wüste uns aufgelauert.
„Der Odem unsres Lebens, der Gesalbte des Herrn,
„Wurde in ihren Netzen gefangen,
„In dessen Schatten wir unter den Völkern zu leben gedachten"[1].

Die ganze Tiefe des brennenden Schmerzes hat ein Levite aus der Sängerfamilie der Aßaphiden, der ebenfalls in Fesseln geschlagen war, in wenigen Zügen vergegenwärtigt:

„O Gott, Völker sind in dein Erbe eingedrungen,
„Haben deinen heiligen Tempel verunreinigt,
„Haben Jerusalem zum Trümmerhaufen gemacht.
„Die Leichen deiner Knechte haben sie den Vögeln des Himmels,
„Das Fleisch deiner Frommen den Thieren des Feldes preisgegeben
„Vergossen haben sie ihr Blut wie Wasser rings um Jerusalem,
„Und Keiner war da, zu begraben!
„Wir wurden zur Schmach für unsre Umgebung.
„Zum Spott und zum Schimpf für unsre Umgebung.

. . . . . . . . . . . . . . . . . . . . . . .

„Warum sollen die Völker sagen dürfen:
„„Wo ist denn ihr Gott""?
„Möge vor unseren Augen die Rache für das vergossene
„Blut deiner Knechte bekannt werden!
„Möge vor dich das Gestöhne der Gefesselten kommen.
„Nach der Macht deines Armes laß die dem Tode Geweihten überleben!
„Und erwidere unsern Nachbarn siebenfach in ihren Schooß
„Die Schmähung, mit der sie dich schmähen!
„Und wir dein Volk, die Heerde deiner Weide,
„Wollen dich ewig preisen,
„Von Geschlecht zu Geschlecht deinen Ruhm erzählen"[2]).

Alles hatte das Volk verloren, nur die Hoffnung nicht.

[1]) Das. 4, 1. 6. 19—20.

[2]) Ps. 79. Ohne einen Schein von Beweis setzen einige Ausll. diesen Ps. in die Makkabäer-Zeit. Jeder Zug in demselben paßt lediglich auf die Zeit unmittelbar nach der Zerstörung Jerusalem's. Die Klage über die Schmähung der Völker, die in Ezechiel wiederholt wird, paßt durchaus nicht auf jene Zeit. Dazu kommt noch die Parallele von V. 6 mit Jeremia 10, 25 und die Verwandtschaft dieses Ps. mit Klagelied 5, 19. Daher setzen ihn mit Recht andere Ausll. unmittelbar nach der Zerstörung Jerusalems. [Auch Keßler setzt die Abfassung des Psalmes in die exilische Zeit.]

## Dreizehntes Kapitel.

### Die Nachwehen des Unterganges.

Zusammenschmelzen des Volkes. Die judäischen Flüchtlinge. Feindseligkeit der Idumäer gegen sie. Flüchtlinge in Phönicien. Die Krieger unter Jochanan, Sohn Kareach's in Schlupfwinkeln. Das Klagelied. Nebukadnezar's Plan bezüglich Juda's. Gedalja als Statthalter in Mizpah. Jeremia ihm zur Seite. Der Wiederanbau des Landes. Heiligthum in Mizpah. Ismael's Mordthat an Gedalja. Jochanan Ben Kareach rächt seinen Tod. Zersprengung des Ueberbleibsels in Juda. Auswanderung nach Aegypten. Verödung Judäa's. Lieblosigkeit der Idumäer gegen die Judäer und Haß dieser gegen jene. Hoffnung der ausgewanderten Judäer in Aegypten. Jeremia's Ermahnung an sie in Taphnai. Hophra's Sieg und Untergang. Jeremia's letzte Klage.

(586 — 572).

Ein Jahrtausend war etwa verstrichen, seitdem die Stämme Israel's so muthvoll und hoffnungsreich unter einem kräftigen Führer über den Jordan gesetzt und festen Fuß im Lande Kanaan gefaßt hatten, und ein halbes Jahrtausend, seitdem die beiden ersten Könige des davidischen Hauses das Land Israel zu einem weit gebietenden Großstaat erhoben hatten und nun welches Ende! Der größte Theil der Zehnstämme war seit mehr als einem Jahrhundert in unbekannten Ländern verschollen. Von den übrigen Stämmen, die das Reich Juda ausmachten, war der größte Theil durch Krieg, Hunger oder Pest aufgerieben, ein kleiner Theil in Gefangenschaft geführt, ein ganz winziger Bruchteil nach Aegypten ausgewandert oder sonst flüchtig, oder lebte im Lande in Angst, was der Sieger über den Rest verhängen werde. Wie sehr hatte sich Ezechiel's Verkündigung über Juda erfüllt: „Ein dritter Theil wird durch Hunger in deiner Mitte (Jerusalem) umkommen, ein dritter Theil wird in deiner Nähe durch Schwert sterben, und ein dritter Theil wird in alle Winde zerstreut werden, und auch gegen ihn wird das Schwert gezückt werden und er wird zur Schmach unter den Völkern werden" [1]). Gegen diesen geringen Ueberrest entfesselte sich in der That die Wuth vielfacher Feinde, um auch ihm den Untergang zu bereiten, als sollte nicht ein einziger von Israel in seinem Heimathlande bleiben. Das Nachspiel war ebenso grausig als der Hauptact des Unterganges.

[1]) Ezechiel 5, 12 fg.

Der Rest der Krieger, welcher mit Zedekia in der Nacht durch unterirdische Gänge aus der eroberten Hauptstadt entflohen war, hatte sich bei der Annäherung der chaldäischen Verfolger zerstreut. Eine Handvoll desselben war unter Anführung eines Fürsten aus königlichem Geblüte, Namens **Jsmaël**, Sohn **Nethanja's**, über den Jordan entkommen, hatte bei dem ammonitischen Könige **Baalis** Schutz gefunden und sich in Ammonitis und dem benachbarten Moab niedergelassen[1]). Die Uebrigen hatten es vorgezogen, nach Aegypten zu entfliehen, wohin schon früher mehrere Familien ausgewandert waren[2]), weil sie dort unter dem mit ihrem Lande verbündeten Hophra mehr Sicherheit zu finden hofften. Aber um dahin zu gelangen, mußten sie das Gebiet von Jdumäa berühren, und hier erwartete sie ein grimmiger, unversöhnlicher Feind. Die Jdumäer, des alten Hasses gedenkend und ungerührt von der brüderlichen Zuvorkommenheit Juda's, als hätten sie noch nicht genug an der Schadenfreude wegen der Zerstörung Jerusalems, die sie so eifrig betrieben, nicht genug an der Beute die sie gemacht hatten, trieben ihre Feindseligkeit soweit, daß sie an der Grenze ihres Landes Wache hielten, die flüchtigen Judäer tödteten, oder sie, um den Chaldäern zu schmeicheln, ihnen überlieferten[3]). Nicht bloß Haß stimmte Edom zur Grausamkeit gegen die elenden Flüchtlinge, sondern auch politische Berechnung. Es speculirte auf den Besitz des ganzes Gebietes, welches so lange dem Volke Jsrael gehört hatte. Durch die blutige Verfolgung der Judäer glaubte es diesen Besitz leichter erlangen zu können. Wenn kein Mann von ihnen übrig bliebe, so würde das Land herrenlos geworden sein, und Nebukadnezar, dem es so eifrig Vorschub geleistet hatte, würde nicht umhin können, aus Dankbarkeit es ihm zu überlassen. Laut sprachen es die Jdumäer aus: „Die beiden Völker und die beiden Reiche werden uns gehören, wir werden sie in Besitz nehmen"[4]). Haß und Schadenfreude an den Unglücklichen zeigten auch die Philister[5]), und selbst die Ammoniter und Tyrier, welche doch mit Nebukadnezar im Kriege waren und öffentlich den Judäern eine freundliche Miene zeigten, freuten sich heimlich über den Untergang Jerusalems[6]). Die Sidonier übten Feindseligkeit ganz offen gegen die flüchtigen Judäer[7]). Nur

1) Jeremia 40, 11. 14; 41, 1.
2) Das. 24, 8.
3) Obadja 1, 14. Ezechiel, 25, 12; 35, 5; vgl. Note 3.
4) Ezechiel 35, 10; 36, 3--5.
5) Das. 25, 15 fg.
6) Das. 25, 3 fg.; 26, 2 fg.
7) Das. 28, 24 fg

wenige judäische Flüchtlinge haben Aufnahme in einigen phönicischen Städten gefunden, so in Sarepta (Zarphat) bei Sidon und in Aradus[1]). Phönicien war zu weit von Judäa entfernt, und ehe sie dahin gelangten, wurden sie von den Chaldäern eingeholt und gefangen.

Die meisten Kriegsobersten und ihre Leute, welche mit Zedekia aus Jerusalem entkommen waren, zogen es daher vor, im Lande zu bleiben. Sie klammerten sich an den Boden, der sie geboren, als könnten sie sich nicht von ihm trennen. Es waren Jochanan von der Familie Kareach, Seraja von der Familie Tanchumeth, die Bene-Ephai aus der benjaminitischen Stadt Netopha und Jesanjahu, Sohn Schemaja's aus der Familie Maachat. Aber sie mußten Schlupfwinkel aufsuchen, um nicht von den im Lande zurückgelassenen Chaldäern gefangen zu werden. In den Klüften, Grotten und Höhlen der Gebirge oder in Trümmerhaufen zerstörter Städte verbargen sie sich, machten wohl auch von ihren Schlupfwinkeln aus Ausfälle, um Nahrungsmittel aufzusuchen oder vereinzelte Chaldäer und Anhänger derselben anzugreifen[2]). Eine eitle Hoffnung belebte ihren Muth. Sie sprachen: „Abraham stand allein und wurde Erbe des Landes, und wie sind ihrer viele, so werden wir den Besitz des Landes ertrotzen"[3]). Dieser Ueberrest der Judäer war aber öfter gezwungen, für die Fristung ihres elenden Daseins von seinen Schlupfwinkeln aus mit Gefahr Lebensmittel aufzusuchen. Wurden sie gefangen, so wartete ihrer ein schmählicher Tod oder eine beschimpfende Mißhandlung. Vornehme, wenn sie alt waren, wurden erhängt, jüngere wurden verurtheilt, Mühlen von Ort zu Ort zu tragen und andere Sklavendienste zu verrichten. Aus dieser verzweiflungsvollen Lage heraus, an der er selber betheiligt war, dichtete einer der Sänger jenes herzzerreißende Klagelied, das sich mit seinen kurzen Versen wie Schluchzen und Weinen ausnimmt.

„Gedenke, o Gott, was aus uns geworden,
„O, schaue und sieh unsere Schmach!
„Unser Erbe ist den Eroberern zugewendet,
„Unsere Häuser den Fremden.
„Waisen sind wir geworden, ohne Vater,
„Unsere Mütter gleich Wittwen.
„Unser Wasser müssen wir für Geld trinken,
„Unser Holz um Tausch holen.
„An unserm Halse werden wir verfolgt,

[1]) S. Note 3.

[2]) Folgt aus Jeremia 40, 7—8, Ezech. 33, 24 fg. Vgl. Frankel-Graetz, Monatsschrift, Jg. 1870, S. 270 fg.

[3]) Ezechiel das. V. 24.

„Wir sind erschöpft und haben keine Ruhe.

— — — — — — — — — — —

„Unsere Väter haben gesündigt und sind nicht mehr
„Und wir müssen ihre Sünden erdulden.
„Sklaven herrschen über uns,
„Niemand befreit von ihrer Hand

. . . . . . . . . . . . .

„Unsere Haut ist wie ein Ofen verbrannt
„Von der Gluthhitze des Hungers.
„Greise sind verscheucht von der Volksversammlung,
„Jünglinge von der Gesangstätte.
„Hin ist die Freude unseres Herzens,
„In Trauer verwandelt unser Tanz.
„Gefallen ist unseres Hauptes Krone,
„Weh uns, daß wir gesündigt.
„Deswegen ist unser Herz schmerzhaft,
„Deswegen sind unsere Augen verdunkelt,
„Wegen des Berges Zion, der verödet,
„Schakale wandeln darauf.
„Du, Gott, der du ewig bleibst,
„Dein Thron für und für,
„Warum willst du uns für immer vergessen,
„Uns auf lange Tage verlassen[1])?"

Einen Augenblick schien es, als sollte dieses Elend der Zersprengten, dieser Vernichtungskampf gegen die Flüchtlinge ein Ende nehmen. Nebukadnezar wollte Judäa nicht ganz untergehen lassen; er brauchte es als ein Durchzugsland für einen Krieg mit Aegypten. Hätte er es ganz entvölkert, so hätten wilde Thiere es zum Tummelplatz gemacht, und es wäre gefährlich gewesen, es zu durchziehen; den Idumäern mochte er es wegen ihrer Beziehung zu Aegypten oder aus anderen Gründen nicht überlassen. Er beschloß daher, es als ein winziges Gemeinwesen fortbestehen zu lassen. Allerdings ein einheimischer König sollte nicht mehr an der Spitze desselben bleiben; er traute den Königen aus dem davidischen Hause nicht, nachdem drei derselben sich feindlich gegen ihn gekehrt hatten. Einen fremden König über sie zu setzen, verbot die Klugheit, weil ein solcher nicht im Stande gewesen wäre, die gelockerten Bande wieder zusammenzuziehen. Er beschloß daher, Gedalja aus dem Hause Schaphan, welcher sich als zuverlässiger Parteigänger bewährt hatte, an die Spitze des kleinen Gemeinwesens zu stellen. Dieser sollte die Ueberbleibsel um sich sammeln, sie zusammenhalten und zum Betriebe des Acker- und Gartenbaues ermuthigen, damit das Land nicht eine Wüstenei werde. Nebusaradan, welcher die Stadt Jerusalem zerstört hatte, erhielt darauf von Nebu-

[1]) Klagelied 5; vergl Monatsschr das. S. 272.

kadnezar den Auftrag, die Verdächtigen unter den Gefangenen und den Ueberläufern theils zu ihm nach Ribla zu senden, theils in die Gefangenschaft nach Babylonien zu schicken, das niedrige Volk, die Bauern und Winzer dagegen im Lande zu lassen. Diesen sollten Ackerfelder zugetheilt werden, die sie gewissermaßen als Lehen von dem Eroberer erhielten, mit der Bedingung, sie anzubauen und die Verwüstung nicht um sich greifen zu lassen. Ueber diese setzte er Gedalja, Sohn Achikams, als Statthalter (Pechah). Er sollte seinen Sitz in Mizpah nehmen (etwa anderthalb Stunden nordöstlich von Jerusalem).

Eine bessere Wahl konnte Nebukadnezar nicht treffen. Gedalja war der geeignete Mann für diese schwierige Lage. Er war milde und friedliebend, gewissermaßen ein Jünger des Propheten Jeremia, dessen Freund und Beschützer sein Vater Achikam gewesen war. Um die noch blutenden oder eiternden Wunden zu heilen, dazu bedurfte es einer sanften Hand, völliger Hingebung und Hintansetzung der eigenen Persönlichkeit. Gedalja war vielleicht zu milde, oder er rechnete zu viel auf die gute Seite der Menschen, auf die Dankbarkeit. Ihm übertrug Nebusaradan vor der Hand die ungefährlichen Gefangenen, die Töchter des Königs Zedekia, viele Weiber und Kinder und auch Eunuchen von Zedekia's Hofe[1]); ihm unterstellte er auch die Ackerbauer, wohl nicht viel über tausend Personen.

Nebukadnezar war zugleich darauf bedacht, den Propheten Jeremia ihm zur Seite zu geben. Er hatte daher seinem Vertreter Nebusaradan den Auftrag gegeben, Jeremia rücksichtsvoll zu behandeln und allen seinen Wünschen entgegenzukommen. Nebukadnezar, welcher ohne Zweifel seit seiner Thronbesteigung von Jeremia's Vorausverkündigung von Schritt zu Schritt vernommen hatte, war von dessen prophetischer Begabung überzeugt, oder es schmeichelte ihm, daß ihm durch den Mund eines ihm fernstehenden Sehers ein hoher Beruf und Machtfülle zuerkannt wurden. Als Nebusaradan sich von Jerusalem nach Rama begab, in dessen Nähe das Grabmal der Erzmutter Rahel war[2]), um unter den dort angesammelten Gefangenen und Ueberläufern eine Auswahl zu treffen, welche im Lande bleiben und welche nach Babylonien verbannt werden sollten, löste er die Fesseln, womit auch Jeremia wie sämmtliche Gefangene gebunden waren, und stellte ihm frei, nach Babel auszuwandern, wo er rücksichtsvoll behandelt werden solle, oder nach Belieben sich irgendwo einen Aufenthaltsort zu wählen. Er rieth ihm

[1]) Jeremia 41, 10. 16. 43, 6.
[2]) Vergl. Monatsschr. Jg. 1872, S. 69 fg.

aber, sich zu Gedalja nach Mizpah zu begeben[1]). Jeremia, der mit Recht beklagte, auserschen zu sein, das Elend in seiner ganzen Fülle zu sehen, mußte auch die Jammerscenen mit ansehen, wie die Gefangenen von Rama aus gefesselt nach Babylonien abgeführt wurden. Herzzerreißend waren die Wehklagen der Unglücklichen, Männer, Weiber und Kinder, die von ihrem Geburtslande weggeschleppt wurden. Jeremia gab ihnen einen Trost mit. „Eine Stimme der Klage und bitterlichen Weinens wird in Rama vernommen, Rahel weint um ihre Kinder, sie mag sich nicht trösten lassen." So spricht der Herr: „„Laß deine Stimme vom Weinen und die Augen von Thränen, denn es giebt einen Lohn für dein Werk, sie werden aus des Feindes Lande zurückkehren, es giebt eine Hoffnung für deine Nachkommen, sie werden in ihr Gebiet zurückkehren[2])"".

Außerordentlich schwer wurde Jeremia die Wahl, sein Herz zog ihn zu seinen Leidensgenossen, zumal wenig Aussicht für seine Thätigkeit im Lande war. Ihm wurde es schon durch die Prophetie kund, daß die nach Babylonien Verbannten zur Verjüngung berufen seien. Er verglich die Verbannten mit guten wohlschmeckenden Frühfeigen, die im Lande Bleibenden dagegen mit schlechten vom Sturm abgeschüttelten Feigen[3]). Er hatte wiederholentlich dem Könige Zedekia gerathen, sich dem Sieger zu ergeben und nach Babel auszuwandern, weil die im Lande Bleibenden dem Fluche und dem Untergange geweiht sind. Folgerichtig hätte auch er nach Babylonien auswandern müssen. Allein andererseits wurde es Jeremia schwer, das Geburtsland aufzugeben. Schwer fiel es ihm aber auch, sich Gedalja anzuschließen; er fürchtete mit Recht, daß er sich dadurch bei dem Ueberreste der Flüchtlinge im Lande von neuem dem Verdachte aussetzen würde, daß er ein Parteigänger des Siegers sei, welcher das Volk vernichtet, die Hauptstadt und den Tempel zerstört und der Schöpfung David's und Salomo's den Untergang gebracht hat. Die zur Verbannung verurtheilten Leidensgenossen selbst scheinen es ihm verübelt zu haben, daß er sie verlassen wollte, da sie durch ihn, der bei Nebukadnezar in Gnaden stand, eine Erleichterung ihrer Leiden hoffen mochten. Jeremia rang, von diesen verschiedenen Gefühlen bewegt, mit sich selbst und brach in Klagen aus: „Wehe mir, meine Mutter, daß du mich geboren, einen Mann des Streites und des Haders für alle. Ich habe nicht ausgeliehen und nicht geborgt, und doch flucht mir Jedermann." Da wurde ihm die prophetische Offenbarung, daß er im Lande bleiben, sich Gedalja

[1]) Jeremia 40, 1—5.
[2]) Jer. 31, 14 fg. Vgl. Monatsschr. das.
[3]) Das. 24, 2 fg. 29, 17 fg.

anschließen und hier in der Mitte der verwilderten Ueberbleibsel seine belehrende und erziehende Thätigkeit fortsetzen sollte. Er verkündete daher denen, die es hörten: „So sprach Gott:“ „„Fürwahr ich habe dich zum Guten überleben lassen, ich habe zur Zeit des Unglücks und zur Zeit der Drangsal den Feind für dich beschwichtigt. Wenn du zurückkehrst, werde ich dich zurückkehren lassen, und du wirst mir dienen. Und wenn du Edles aus Gemeinem ziehen wirst, wirst du wie mein Mund sein. Sie werden zu dir sich wenden, du aber nicht zu ihnen. Ich werde dich für dieses Volk zu einer festen Mauer von Erz machen, sie werden gegen dich kämpfen, dir aber nicht beikommen können, denn ich werde mit dir sein, dir beizustehen. Ich werde dich von der Hand der Bösen retten und dich erlösen von der Faust der Gewaltigen[1])““.

Mit traurigem Herzen begab sich Jeremia zu Gedalja nach Mizpah. Sein Jünger Baruch war wieder in seiner Begleitung. Er hatte nicht viel Hoffnung, daß er aus dem Rest des gemeinen Gesindels werde Edles erziehen können. Hat er doch in seiner vierzigjährigen Thätigkeit bei den Vornehmen und Gebildeten nur wenig ausrichten können, um wie viel weniger bei den Niedrigen und Unwissenden[2]). Indessen er mußte sich fügen. Nebukadnezar legte so viel Werth auf Jeremia, daß er ihm nicht bloß Geschenke, sondern auch Tageszehrung verabreichen ließ[3]). Seine Anwesenheit in der Nähe Gedalja's flößte in der That den im Lande Gebliebenen mehr Vertrauen für die Zukunft ein. Der Statthalter ließ nämlich bekannt machen, daß alle diejenigen Flüchtlinge, welche sich um ihn schaaren würden, unangefochten bleiben und ruhig in den Städten sich niederlassen und ihre Felder bearbeiten könnten. So kamen nach und nach die Zersprengten aus Moab, Ammon, Edom und den andern Nachbarländern, wo sie sich einstweilen angesiedelt, sich aber nicht sehr behaglich gefühlt hatten, zu Gedalja und schlossen mit ihm Frieden, d. h. sie verpflichteten sich, dem chaldäischen König treue Unterthanen zu sein. Sie bauten das Land an, nicht bloß Getreide, sondern auch Wein und Feigen. Der Boden gab wieder Segen, und da die Bevölkerung gering war und die Bauern, Gärtner und Winzer ein größeres Maß von Bodenbesitz erhielten, so erzielten sie reichliche Ernten. Einige Städte erhoben sich wieder aus den Trümmern. Auch ein Heiligthum errichtete Gedalja in Mizpah, da in Jerusalem und auf dem Tempelberge Schakale hausten und diese Stätten nicht mehr hergestellt werden sollten[4]).

[1]) Jeremia 15, 16 fg. S. Monatsschr. a. a. O.

[2]) Vergl. das. 5, 4. — [3]) Das. 40, 4 b.

[4]) Das. 41, 4 ff. Das בית ה׳, von dem hier die Rede ist, kann unmöglich in Jerusalem gedacht werden, wie mehrere Historiker annehmen, da nach Klagelied

Mizpah galt als eine geheiligte Stätte, da auch Samuel dort einst einen Altar errichtet und es zum Sammelpunkte gemacht hatte. Die halb israelitische halb heidnische Colonie, die Chuthäer in Sichem, Schilo und Samaria erkannten dieses Heiligthum an und wallfahrteten dahin mit Opfergaben und Weihrauch[1]), da die Priester von Bethel ausgerottet waren und die Altarstätte an diesem Orte zerstört war (o. S. 290). So wurde Mizpah Mittelort eines kleinen Gemeinwesens. Der „Rest Judas", über welchen Gedalja gesetzt war, wurde zwar durch die Anwesenheit der Chaldäer an ihre Abhängigkeit von dem chaldäischen Oberherrn gemahnt. Diese überwachten nicht bloß das Volk sondern auch den Statthalter, daß sie nicht etwa verrätherische Pläne schmiedeten. Aber unter den Umständen, bei der Größe des Elends, welches über das Land hereingebrochen war, war diese Lage doch erträglich, jedenfalls günstiger, als der Rest erwarten konnte. Er war doch immer auf heimischem Boden.

Müde des Abenteurerlebens in den Gebirgen und Wüsten, im Kampfe mit wilden Thieren und den noch wilderen Chaldäern, entschlossen sich auch diejenigen Kriegsobersten zum Anschluß an Gedalja und zur Unterwerfung, welche so lange, auf ihr Schwert und auf eine eitle Hoffnung vertrauend, getrotzt hatten. Jochanan, Sohn Kareach's, und die andern Fürsten traten in Unterhandlung mit Gedalja, und, da er ihnen die Versicherung gab und sie mit einem Eide bekräftigte, daß über ihre Vergangenheit ein Schleier geworfen werden solle, daß die Chaldäer nicht an Rache dächten, wofern nur sie sich entschlössen, in der Zukunft dem König Nebukadnezar unterwürfig zu sein, so söhnten auch sie sich mit der Lage aus, streckten die Waffen, bestellten die Felder und richteten die Trümmer der Städte auf, die ihnen bisher als Schlupfwinkel gedient hatten[2]). Mit ihrer Mannschaft machten sie eine stattliche Zahl aus und vermöge ihrer kriegerischen und abenteuerlichen Lebensweise, welche sie gegen jede Gefahr gestählt hatte, konnten sie den schwachen „Rest Judas" mit der nöthigen Stärke versehen. Zuletzt stellte sich auch der Kriegsoberste Jsmaël, Sohn Nethanja's, ein.

Mit ihm, welcher verschlagen und gewissenlos war, zog ein böser Geist in Mizpah ein, um die verhältnißmäßig günstige Lage der Ueber-

5, 18, der Berg Zion, d. h. der Tempelberg gänzlich verödet war. Dieser provisorische Tempel kann daher nur in Mizpah gestanden haben. Berichtet doch das Makkabäerbuch I. 4, 4b, daß in Mizpah früher ein Betort war, *ὅτι τόπος προσευχῆς εἰς Μασσηφὰ τὸ πρότερον τῷ Ἰσραήλ*. Wenn nicht zur Zeit Gedalja's, zu welcher Zeit könnte denn sonst in Mizpah ein Heiligthum gewesen sein?

[1]) Das. 41, 5. מנחה bedeutet übrigens auch blutige Opfer.

[2]) Das. 40, 7 fg. Vgl. darüber Monatsschr. Jg. 1872, S. 273 fg.

bleibsel Juda's zu stören. Ismaël machte zwar auch seinen Frieden mit Gedalja und den Chaldäern und versprach Unterwerfung, hegte aber im tiefen Herzen Groll und Ingrimm gegen Beide. War es Neid, daß er, von königlicher Abkunft, einem ihm nicht ebenbürtigen Statthalter untergeordnet sein sollte, oder wilder patriotischer Haß gegen die Chaldäer, welche die Herren des Landes waren, oder beides zugleich, das ihm den verruchten Plan eingab, Gedalja aus dem Wege zu räumen? Von Baalis, dem König von Ammon, welchem das Entstehen und Wachsthum eines judäischen Gemeinwesens unter chaldäischem Schutz zuwider war, wurde er zu einer Unthat aufgestachelt, welche diesem ein Ende machen sollte. Die übrigen Hauptleute und besonders Jochanan, Sohn Kareach's, erhielten indessen geheime Kunde von Ismaël's verrätherischem Anschlag gegen Gedalja, machten diesem Mittheilung davon, stellten sich ihm zur Verfügung, ja baten um seine Erlaubniß, den Böses sinnenden aus dem Wege zu schaffen, damit der allmählich wieder anwachsende Rest Juda's nicht abermals untergehe. Gedalja schenkte aber der Warnung keinen Glauben, sei es, daß er sie als Eingebung der Eifersüchtelei dieser Männer gegen ihren ehemaligen Kriegsgenossen hielt, sei es, daß er dem Ismaël den ihm eidlich verheißenen Schutz nicht auf einen bloßen Verdacht hin entziehen wollte, oder auch weil er befürchten mochte dadurch eine Spaltung herbeizuführen.

Gedalja's Gewissenhaftigkeit, mag sie aus Stärke oder Schwäche entsprungen sein, war verhängnißvoll für ihn und für das kaum organisirte Gemeinwesen. Vier Jahre[1]) mögen bereits seit der Zerstörung Jerusalem's und der Sammlung der zerstreuten Judäer unter dem Statthalter verstrichen gewesen sein, als Ismaël mit zehn Begleitern in Mizpah zu einer Festversammlung eintraf und eine freundliche Miene gegen Gedalja zeigte. Dieser lud sie zu einem Mahle ein, und während desselben, als die Anwesenden, vielleicht vom Weine berauscht, nichts Arges ahnten, zückten Ismaël und seine Genossen ihre Schwerter gegen den Statthalter und tödeten ihn und mit ihm auch die anwesenden waffenfähigen Männer und die Chaldäer[2]). Die übrigen Leute in Mizpah, Greise, Frauen, Kinder und Eunuchen, ließ er durch seine Leute überwachen, damit die Unthat nicht ruchbar werde. Da Ismaël erfahren hatte, daß am andern Tage achtzig Männer aus Sichem, Schilo und Samaria in Mizpah zum Feste mit Opfern eintreffen sollten, ging er

[1]) Vgl. Note 10.

[2]) Das. 40, 13 fg. 41, 1—3. Der allgemein gehaltene Ausdruck V. 3 a ואת כל היהודים הכה wird zum Schlusse näher bestimmt: את אנשי המלחמה הכה ישמעאל. Aus demselben V. geht auch hervor, daß auch anwesende Chaldäer erschlagen wurden.

ihnen entgegen, lockte sie in die Stadt, trennte sie von einander und ließ sie einzeln tödten bis auf zehn Mann, welche ihm geheimgehaltenen Mundvorrath auszuliefern versprachen [1]). Die Leichname der erschlagenen siebzig Männer ließ Ismaël in eine große Cisterne werfen, die der König Assa bei Mizpah angelegt hatte. Nach dieser Unthat schleppten Ismaël und seine zehn Gehülfen die in Mizpah versammelte Mannschaft, meistens Frauen und Kinder, darunter auch die Töchter des Königs Zedekia, den greisen Propheten Jeremia und seinen Jünger Baruch in die Gefangenschaft, um sie über den Jordan nach Ammonitis zu bringen. Dort glaubte der Frevler sicher zu sein, von dem Racheschwert des Königs von Babylon wegen der Ermordung des Statthalters und von der chaldäischen Truppe nicht erreicht zu werden. Was wollte Ismaël mit den Gefangenen in Ammonitis anfangen?

Indessen so heimlich er auch sein finsteres Werk betrieb, lange verschwiegen konnte es nicht bleiben. Jochanan und die übrigen Häuptlinge hatten Kunde davon erhalten und waren nicht wenig entrüstet darüber, des Stützpunktes beraubt zu sein und in's ungewisse Abenteurerleben wieder zurückgeworfen zu werden. Eiligst rüsteten sie sich, um die Freventhat gebührend zu züchtigen. An dem ersten Ruhepunkt, den die Mörder erreicht hatten, an dem Teiche bei Gibeon, kamen Jochanan und die übrigen ihnen entgegen und schickten sich zum Kampfe gegen sie an. Beim Anblick der Hilfsschaar eilten die Gefangenen auf sie zu. Ein Handgemenge scheint sich doch entsponnen zu haben, da zwei Leute Ismaëls gefallen sind [2]). Dieser entkam aber mit acht Mann, ging über den Jordan und kehrte nach dem Lande Ammon zurück. Sein verruchter Anschlag war gelungen, das judäische Gemeinwesen war durch den Tod Gedalja's aufgelöst.

Die Uebriggebliebenen waren rathlos. Was sollten sie beginnen? Im Lande zu bleiben, fürchteten sie sich, weil vorauszusehen war, daß Nebukadnezar, wenn auch nicht den Tod Gedalja's, so doch den Tod der Chaldäer nicht ungeahndet und sie als Mitschuldige seine Rache entgelten lassen werde. Aber auch ohne diese Furcht, wie konnten sie sich im Lande halten? Wer sollte Oberhaupt sein und die ungefügen Glieder zusammenhalten? Wer sollte sie gegen die Feinde in der Nachbarschaft schützen, die nur darauf lauerten, sie zu vernichten, damit Israels Namen nicht mehr genannt werde? Der erste Gedanke

[1]) Das. 41, 5—6 statt הלך הלך ובכה haben LXX *αὐτοὶ ἐπορεύοντο καὶ ἔκλαιον*, d. h. המה הלכים הלך ובכה, was viel richtiger ist, da es sich auf die Festwaller aus Schilo, Sichem und Samaria bezieht. Warum sollte auch Ismaël geweint oder sich weinend gestellt haben? [So auch Duhm z. St.].

[2]) Folgt aus 41, 15 das.

des Restes war daher, nach Aegypten auszuwandern, ehe noch Nebukadnezar feindselig gegen sie verfahren konnte. Die Führer, und an ihrer Spitze Jochanan, Sohn Kareachs, richteten daher ihre Schritte südwärts. Bei Bethlehem [1]) machten sie Halt, weil Bethlehem selbst wahrscheinlich zerstört war. Inzwischen machte sich eine ruhigere Stimmung geltend, und der Gedanke tauchte auf, ob es nicht rathsamer wäre, sich an's Vaterland anzuklammern, als ein fremdes Land aufs Ungewisse hin aufzusuchen. Wie es scheint, hatte Baruch diesen Gedanken angeregt [2]) und damit bei einigen Häuptlingen Anklang gefunden. Andere aber waren dagegen, besonders scheint sich *Jesanja*, aus der Familie Machat, dem Vorschlage widersetzt zu haben [3]). Bei dieser Meinungsverschiedenheit über einen Plan, von dem das Wohl und Wehe so Vieler abhing, beschlossen die Führer, Jeremia die Entscheidung zu überlassen. Er sollte sich an Gott betend wenden und von ihm eine prophetische Weisung erbitten, welchen Weg sie gehen, und was sie unternehmen sollten. Sie riefen dabei Gott zum Zeugen an, daß sie sich seinem Ausspruch, ob günstig oder ungünstig, unterwerfen würden.

Zehn Tage rang Jeremia im Gebet, daß die richtige prophetische Erleuchtung seinen Geist erhellen möge. Die Trübsale, die er durchgemacht hatte, scheinen seinen Blick zuletzt verdunkelt zu haben. Inzwischen hatte sich die Stimmung der Führer geändert, alle waren jetzt mehr zur Auswanderung entschlossen. Als Jeremia die Häuptlinge und das ganze Volk von Groß bis Klein zusammen berief, um ihnen zu eröffnen, was der prophetische Geist ihm geoffenbart hatte, daß sie im Lande bleiben und sich nicht vor Nebukadnezar fürchten mögen, er würde ihnen Gnade zuwenden, sie wieder im Lande wohnen und darin einwurzeln lassen — als Jeremia ihnen das eröffnete, merkte er, daß ihre Mienen bei dieser Entscheidung finster blieben. Er fügte daher drohend hinzu, daß, falls sie auf der Auswanderung bestehen sollten, sie das Schwert, das sie so sehr fürchteten, erst recht erreichen werde. Keiner von ihnen werde je das Vaterland wieder sehen, sie würden sämmtlich durch vielfache Plagen in Aegypten untergehen. Kaum hatte Jeremia die Rede beendet, als ihm Jesanja und auch Jochanan zuriefen: „Du verkündest Lügen im Namen Gottes. Nicht er hat dir die Worte eingegeben, sondern dein Jünger Baruch". Ohne sich weiter zu besinnen,

[1]) Die L.-A. für die Localität bei Bethlehem das. V. 17 גרות כמהם ist zweifelhaft. LXX haben: Γαβηρώ, Γηβαρώ Γηβηρώθ; die syrische Version hat אדרא, d. h. גרן „Tenne". Keineswegs bedeutet das Wort eine Karavanserei. [Vgl. *Giesebrecht* z. St. u. *Buhl* a. a. O. S. 156.]

[2]) Folgt aus 43, 3 das.

[3]) Folgt aus 43, 2. [*Duhm* hält Asarja, vgl. 42, 1, für die richtigere L.-A.].

brachen die Führer auf den Weg nach Aegypten auf und zogen die ganze Menge willig oder unwillig nach. Auch Jeremia und Baruch mußten ihnen folgen. Was sollten sie allein in dem öden Lande beginnen? So wanderte die Schaar bis zur ägyptischen Stadt **Taphnä** (Tachpanches[1]), einer Garnisonsstadt am pelusischen Nilarm. Von dem Könige Hophra wurden sie freundlich aufgenommen; er war dankbar genug, denjenigen Gastlichkeit einzuräumen, welche durch seine Aufstachelung in solches Elend gerathen waren. Sie trafen dort Judäer an, welche schon früher dahin ausgewandert waren. Sie waren in **Migdol**, **Memphis** und **Saïs** (Pathros?) angesiedelt[2]); ihr Sammelpunkt scheint aber Taphnä gewesen zu sein. So waren denn nach mehr als Tausend Jahren seit dem Auszuge aus Aegypten die Söhne Jakob's wieder dahin zurückgekehrt; aber wie verändert! Damals waren es kräftige Hirtenstämme, mit einem engen Gesichtskreise zwar, aber unverdorben und ungebrochen, die Seele von Hoffnungen geschwellt. Ihre Nachkommen dagegen waren nach langen Kämpfen wunden Herzens und zerstörten Geistes, von ihrem Ursprunge bereits zu weit entfernt, um Trost und Beruhigung in ihrem Gotte und in ihrer Volksthümlichkeit zu finden, und doch nicht genug von diesen losgelöst, um mit andern Völkern verschmelzen und unter ihnen untergehen zu können. Wie alle Emigranten lebten sie indessen von Täuschungen, lauschten auf jede politische Regung, in der steten Hoffnung, daß sie ihnen Gelegenheit bringen werde, in die Heimat zurückzukehren und dort in der alten Ungebundenheit fortzuleben.

Indessen wurde Juda vollständig von seinen Söhnen entvölkert. Nebukadnezar nahm nämlich die Vorgänge in Mizpah, die Ermordung Gedalja's und der ihm beigegebenen Chaldäer, nicht so gleichgültig hin. Er mag eingesehen haben, daß es ein Fehler gewesen sei, ein schwaches judäisches Gemeinwesen, welches lediglich auf zwei Augen beruhte, fortbestehen zu lassen. Er sandte daher abermals den Führer seiner Leibwache dahin, um Rache an dem Rest der Judäer zu nehmen. Nebusaradan traf allerdings die Führer, Jochanan und seine Genossen nicht mehr an, überhaupt keinen Mann von irgend welcher Bedeutung, sondern nur die zurückgebliebenen Ackerbauer, Gärtner und Winzer. Diese mit Weibern und Kindern, siebenhundert und fünf und vierzig Personen Landbevölkerung, den letzten Rest, führte er in die Gefangenschaft nach Babylonien (um 582), die dritte Verbannung seit Jojachin[3]). Die Unschuldigen büßten auch diesmal für die Schuldigen. Was aus

[1]) Das. 42, 1. 43, 7.

[2]) Folgt aus das. 44, 1.

[3]) S. Jeremia 52, 30. Vergl. Note 10.

Ismaël und seinen Blutgenossen geworden ist, hat die geschichtliche Erinnerung nicht erhalten. Gedalja's Namen dagegen blieb in Folge seines gewaltsamen Todes bei den Ueberlebenden in Andenken. Sein Todestag wurde alljährlich in Babylonien als Trauertag begangen[1]). — Nebukadnezar's Plan ging seit Gedalja's Ermordung dahin, keinen Judäer mehr im Lande zu lassen. Da sie ihm von keinem Nutzen waren, im Gegentheil sich ungeachtet feierlicher Versprechungen und Eide stets von Neuem Aegypten zuwendeten, so wäre ihr Verbleiben im Lande, wenn auch in noch so geringer Zahl, für ihn eher nachtheilig gewesen. So blieb denn Juda vollständig entvölkert und verödet, ohne Menschen und jene Thiere, welche zur Häuslichkeit menschlicher Bewohner gehören. Statt ihrer nahmen wilde Thiere davon Besitz. Ein später lebender Prophet klagte über diese vollständige Verödung. „Die heiligen Städte sind wüste geworden, Zion eine Wüste, Jerusalem eine Einöde" [2]). Auch dieses Strafgericht, welches die Propheten über das Land verkündet hatten, war in Erfüllung gegangen. Der Boden Juda's konnte sich förmlich ausruhen und die Sabbatjahre feiern, welche so lange nicht gefeiert worden waren[3]). Nur im Süden hatten sich die Idumäer einige Striche an ihrer Grenze von Juda angeeignet — mit oder ohne Erlaubniß des babylonischen Königs — und ihr Gebiet bis an das Mittelmeer in der Niederung (Schephela) ausgedehnt[4]). Gegen die Idumäer, welche zur Schadenfreude über den Untergang Jerusalems noch Plünderung, Auslieferung der Flüchtlinge und An-

[1]) Zacharia 8, 19. צום השביעי bezieht sich auf den Tag, an welchem Gedalja getödtet wurde, nach der talmudischen Tradition (Rosch ha-Schana 18b u. a. St.).

[2]) Um die Behauptung Bertheau's und anderer von einer in Juda auch nach der dritten Deportation zurückgebliebenen Bevölkerung zu widerlegen, muß hier der Gegenbeweis geführt werden, weil diese Historiker aus der falschen Voraussetzung auch noch falsche Schlüsse gezogen haben. Nicht bloß Jes. 64, 9 wird van der vollständigen Verödung Juda's und von seinen Trümmern gesprochen: ערי קדשך היו מדבר, sondern auch an anderen Stellen das. 44, 26; 51, 3; 54, 3; 58, 12; 61, 4: 62, 4: ולארצך לא יאמר עוד שממה. Ferner Jer. 33,˰ 10. 12: בערי יהודה . . . הנשמות מאין אדם ומאין בהמה; 44, 6. Ezechiel 36, 10. 33. 35. Zacharia 7, 14: והארץ נשמה אחריהם מעבר ומשב. Alle diese Propheten waren Augenzeugen. Aus Zacharia folgt noch, daß nicht bloß sämmtliche Städte verödet waren, sondern auch das ganze Land, indem kein Durchreisender darin zu erblicken war.

[3]) Leviticus 26, 34. 43; Chronik II, 36, 21.

[4]) Folgt aus dem Ausdruck והשפלה את (ארץ) פלשתים Obadja 1, 19—20 und aus Herodot's Angabe III, 5, daß sich das Gebiet der Araber erstreckte von Kadytis (Gaza) bis zur Stadt Jenysos an der Grenze Aegypten's. Unter Arqber in Kambyses' Zeit können nur die Idumäer gemeint sein. Die Nabatäer kennt Herodot noch nicht.

eignung des Erbes hinzugefügt hatten, herrschte daher unter den Verbannten ein ingrimmiger Haß. Zwei Propheten, welche dem Blutbade und der Verwüstung entkommen waren und unter den Ausgewanderten lebten, gaben dieser schmerzlichen Empfindung einen lebhaften Ausdruck: Obadja und ein Namenloser. Beide haben über Edom Unheil verkündet, als Entgelt dafür, was es an seinen Stammverwandten und an Jerusalem verübt hatte. — Obadja lebte höchst wahrscheinlich unter denen, welche in den phönicischen Städten eine Zuflucht gefunden hatten. Indem er diesen Trost und Hoffnung einzuflößen suchte, wendete er sich mit einer Strafrede gegen Edom:

„Sieh', klein hab' ich dich unter den Völkern gemacht,
„Verachtet bist du gar sehr,
„Deines Herzens Uebermuth hat dich aber verführt.
„Auf Felsenkreise, auf hohem Sitze weilend,
„Spricht es: „„Wer wird mich hinunterbringen?
„„Wenn du so hoch flögest wie der Adler,
„„Wenn du zwischen Sternen dein Nest aufschlügest,
„„So werde ich dich von dort hinabstürzen (spricht Gott)““.
„Wegen der Gewaltthat an deinem Bruder Jakob wird dich Scham bedecken,
„Und du wirst für immer vernichtet sein. —
„Am Tage, als du gegenüber standest,
„Wie Eroberer sein Gut geplündert,
„Und Fremde kamen in seine Pforten,
„Ueber Jerusalem Loose warfen,
„Und auch du warst einer von ihnen.
„Du hättest nicht zusehen sollen
„Am Unglückstage deines Bruders,

. . . . . . . . . . . . . . .

„Du hättest dich nicht über die Söhne Juda's freuen sollen
„Am Tage ihres Unterganges.
„Du hättest nicht in meines Volkes Pforten eingehen sollen
„Am Tage seines Verhängnisses,
„Du hättest nicht am Scheidewege stehen sollen,
„Um seine Flüchtlinge zu vertilgen,
„Und du hättest nicht seinen Rest ausliefern sollen
„Am Tage der Noth.
„Nun ist nahe der Tag des Herrn,
„Wie du gethan, so wird dir gethan werden.

. . . . . . . . . . . . . . . . .

„Denn wie ihr auf meinem heiligen Berge (den Giftbecher) getrunken habt,
„So werden alle Völker trinken,
„Werden trinken und verwirrt werden,
„Und werden sein, als wären sie nicht.
„Auf dem Berge Zion wird Rettung sein;
„Er wird heilig sein,
„Und das Haus Jakob wird seine Erben beerben.
„Das Haus Jakob wird Feuer sein
„Und das Haus Joseph Flamme

„Und das Haus Esau zur Stoppel,
„Sie werden es anzünden und vernichten.
„Es wird kein Rest vom Hause Esau bleiben.
„Sie werden den Süden, den Berg Esau's, erben
„Und die Schephela, (das Land) der Philister.
„Sie werden (wieder) einnehmen das Gefilde Ephraim's
„Und das Gefilde Samaria's,
„Und Benjamin das Gilead-Land.
„Die Ausgewanderten dieser Schaar
„Von den Söhnen Israels,
„Welche im Lande der Phönicier sind bis Sarepta,
„Und die Ausgewanderten Jerusalems,
„Welche in Arwad (?) sind,
„Sie werden die Städte des Südens einnehmen.
„Es werden Retter hinaufziehen zum Berge Zion,
„Um den Berg Esau's zu richten
„Und die Herrschaft wird dem Herrn gehören"[1]).

Ein anderer Prophet aus dieser Zeit, der irgendwo im Exile sprach, entwarf ein schauerliches Bild der Verwüstung, welche über Edom kommen werde[2]). Wegen des lieblosen Benehmens Edom's gegen die Judäer zur Zeit ihres grausigen Unglücks wuchs die Gehässigkeit gegen dasselbe in's Maßlose und hat noch lange nachgewirkt.

Obwohl die Judäer überall auf Lieblosigkeit stießen, und ihr Land zum Theil von ihren Feinden eingenommen war, wiegten sich die in Aegypten lebenden Ausgewanderten noch in der Hoffnung, daß sie bald in die Heimat zurückkehren und sie wieder bevölkern würden. Kriegerische Vorgänge haben diese Hoffnung in ihnen genährt. Der ägyptische König Hophra hatte sich nämlich zu einem neuen Kriege aufgerafft. Nebukadnezar hatte sich nach dreizehnjähriger Belagerung der Insel Tyrus, ein Jahr nach der Zerstörung Jerusalems, zu einem Frieden mit den Tyriern entschlossen, welchen diese aus Ermattung und in Folge großer Verluste annahmen, so hart er auch für sie war. Er ließ das tyrische Gemeinwesen mit der Schifffahrt und dem ausgebreiteten Handel fortbestehen; es mußte aber seine Oberhoheit anerkennen und ihm die Flotte nöthigenfalls zur Verfügung stellen. Den König Ithobal von Tyrus führte er indessen gefangen nach Babylonien und setzte dafür einen andern ein[3]). Während Nebukadnezar nach dieser Seite seine Herrschaft gesichert glaubte, unternahm Hophra einen gewaltigen Kriegszug gegen Cypern, wahrscheinlich unterstützt von einer

[1]) Obadja 1, 10 fg. S. Note 3.
[2]) Jesaia Kap. 34—35.
[3]) Josephus nach einem phönicischen Historiker Contra Apionem I, 2. Vgl. Movers, Phönicier II, 450, welcher aus den verschiedenen Berichten dieses Faktum richtig gezogen hat. [Vgl. Meyer a. a. O. I, S. 596].

griechischen Flotte, eroberte diese Insel, landete in Phönicien, nahm Sidon und andere Städte ein, führte einen Seekrieg gegen die tyrische Flotte und entführte reiche Beute aus den phönicischen Städten[1]). In Folge dieses glücklichen Zuges des Hophra schöpften die Judäer Hoffnung, daß er auch Judäa in Besitz nehmen und es ihnen wieder erstatten werde. Aus dieser Täuschung wollte sie der greise Prophet Jeremia reißen. Er hatte ohnehin auf dem Herzen, ein scharfes Wort mit den ägyptischen Judäern zu sprechen, weil sie, durch das Unglück ungewarnt und ungebessert, in Aegypten wieder den Cultus der Göttin Neïth, der sogenannten Himmelskönigin, angenommen hatten. Bei dieser Sucht, das Fremde hochzustellen, ließen sie in unbegreiflicher Verblendung das Eigene nicht fahren, riefen noch immer den Namen Jhwh an und schwuren bei ihm[2]). Zum letzten Mal, ehe er in's Grab stieg, wollte ihnen Jeremia sagen, daß sie bei dieser unverbesserlichen Thorheit nimmermehr werden die Heimat wiedersehen können. Er berief daher die Judäer, welche in Migdol, Taphnä, Memphis und Saïs (?) wohnten, zu einer großen Versammlung in Taphnä zusammen[3]). Noch stand er in solchem Ansehen bei ihnen, daß sie seinem Aufrufe Folge gaben. Den Versammelten hielt er die Thorheit unverblümt vor Augen. „Warum wollt ihr euch selbst Unglück zufügen, damit kein Rest von euch bleibe, indem ihr fortfahret, Gott mit eurem Götzendienst auch in der Fremde zu höhnen? Habt ihr das Unglück, das eure Vorfahren und euch selbst betroffen, vergessen? „Nun, ich werde", spricht Gott, „an Allen, die in Aegypten wohnen, so ahnden, wie ich an den Bewohnern Jerusalems geahndet habe, mit dem Schwerte, mit Hunger und Pest. In das Land Juda, nach dem ihr euch sehnet, werdet ihr nicht zurückkehren, es sei denn als Flüchtlinge". — So tief wurzelte indeß die götzendienerische Verkehrtheit in ihren Herzen, daß sie sich deren offen rühmten und dem Propheten in's Gesicht sagten, daß sie nicht davon lassen würden. Am frechsten geberdeten sich die Weiber. „Das Gelübde, das aus unserm Munde ging, der Himmelskönigin Räucherwerk und Weinopfer darzubringen, werden wir erfüllen, wie wir und unsere Väter es in den Städten Juda's und in den Straßen Jerusalems einst gethan. Damals hatten wir Fülle an Brod, wir waren glücklich und sahen nicht Unglück. Seitdem wir aber auf-

[1]) Herodot II, 161. Diodor I. 68; vgl. Movers das. 451, 456 fg. [Meyer das. 593 ff.].

[2]) Jer. 44, 26.

[3]) Das. 44, 11 fg. Der Localname פתרוס das. kann unmöglich Oberägypten oder Theben bedeuten; so weit südlich haben sich schwerlich Judäer niedergelassen. Es scheint weit eher Saïs zu bedeuten, das damals Hauptstadt des Landes war.

gehört haben, der Himmelskönigin zu opfern, hatten wir Mangel an allem und kamen durch Schwert und Hunger um. „Uebrigens", so sprachen die Weiber weiter, „vergöttern wir denn die Himmelskönigin ohne unsere Männer?" Dieser Frechheit gegenüber erklärte Jeremia: „Erfüllet nur eure Gelübde, alle Judäer im Lande Aegypten werden umkommen. Nur wenige Schwertentronnene werden von Aegypten in's Land Juda zurückkehren. Diese werden erfahren, wessen Wort bestehen wird, das meinige oder das ihrige". Zum Zeichen dessen verkündete er, daß der König Hophra, auf den sie so sehr bauten, in die Hand seiner Feinde fallen werde, wie Zedekia in Nebukadnezars Hand gefallen sei[1]).

In dieser Zeit (um 571) scheint Nebukadnezar ein großes Heer gegen Aegypten geführt zu haben. Den Plan, den er seit dem Beginn seiner Regierung gehegt hatte, das Nilland zu unterjochen, wollte er jetzt umsomehr ausführen, als Hophra gewagt hatte, das ihm unterthänige Phönicien mit Krieg zu überziehen. Jeremia in Aegypten und Ezechiel in Babylonien, beide verkündeten eine große Niederlage Aegyptens durch den babylonischen Großkönig[2]). Indessen scheint auch dieser Kriegszug gegen Aegypten kein glückliches Ende gehabt zu haben. Ein gewaltiges Erdbeben, welches die chaldäischen Krieger an der Grenze Aegyptens mit Entsetzen erfüllt hatte, soll sie zum Abzug getrieben haben[3]). Diese Prophezeiung von der Unterwerfung Aegyptens durch Nebukadnezar hat sich nicht erfüllt. Aber die Verkündigung, daß Hophra ein unglückliches Ende nehmen werde, ist in Erfüllung gegangen. In einem kriegerischen Unternehmen gegen Kyrene erlitt sein ägyptisches Heer eine Niederlage, und die Kriegerkaste, eifersüchtig auf die Karier und Jonier, welche er bevorzugte, empörte sich gegen ihn. Ein Aegypter aus einem niedrigen Stande, Amasis (Amosis), stellte sich an die Spitze der Empörer, besiegte Hophra, entthronte ihn und ließ ihn später erwürgen (571—70[4]). Dieser neue Pharao, welcher alle Sorgfalt verwendete, um die Aegypter an sich zu ziehen und zugleich die Griechen für sich zu gewinnen, hatte kein Interesse an den Judäern, welche sich in Aegypten angesiedelt hatten.

[1]) Das. 44, 15 fg.

[2]) Ez. 29, 17 giebt das Datum dieses Kriegszuges genau an, im 27. Jahre seit Jechonja's Exil, d. h. im 32. Jahre Nebukadnezars, um 571. Auf diesen Krieg bezieht sich wohl Jeremia 46, 13 fg. Es sind dabei die ägyptischen Städte genannt, in welchen Judäer wohnten: Migdol, Memphis und Taphnaï, והשמיעו במגדול והשמיעו בנף ובתחפנחס. V. 21 ist auf die griechischen Söldlinge angespielt: גם שכיריה בקרבה כעגלי מרבק, auf welche Hophra so viel Werth gelegt hatte, daß er die ägyptischen Krieger deßwegen vernachlässigt hat (Herodot II, 161). [Vgl. Meyer, a. a. O. S. 596 f.]

[3]) Syncellus, Chronographia p. 453.

[4]) Herodot II, 161 fg.; 169 fg. [Meyer das. 599 f.].

Sie wurden vernachlässigt und mußten ihren Traum, durch die Hülfe Aegyptens in ihre Heimath zurückzukehren, aufgeben. Jeremia scheint diese Wandlung noch erlebt zu haben. Verspottet von seinen Stammesgenossen, daß sich seine Prophezeiung wider Aegypten nicht bewährt habe, als wenn ihn Gott verlassen hätte, scheint er noch im Alter über Verfolgung geklagt zu haben:

„Du bist meine Hoffnung, Herr, meine Zuversicht von Jugend an,
„Auf dich stützte ich mich von Mutterleib an,
„Von Mutterschoß an bist du meine Macht,
„Von dir klingt mein Lied stets.
„Wie ein Thor ward ich für Viele,
„Du aber bist meine Schutzmacht
— — — — — — — — — —.
„Verwirf mich nicht zur Zeit des Alters,
„Beim Schwinden meiner Kraft verlaß mich nicht,
„Denn meine Feinde sprachen zu mir,
„Und die auf mein Leben lauern, beriethen sich zusammen:
„Gott hat ihn verlassen, verfolgt und ergreift ihn;
„Denn er hat keine Annehmer"
— — — — — — — — —
„Herr du hast mich von Jugend an belehrt,
„Und bis jetzt verkündete ich deine Wunder,
„Bis zum Alter und Greisenalter verlaß mich nicht.
— — — — — — — — — — — — — — —
„Du hast mich erblicken lassen viel Noth und Unglück,
„Hast mich aber wieder zum Leben gebracht
„Und mich aus den Tiefen der Erde hinaufgezogen [1])".

Seine weiche Seele mag im Alter noch trauriger geworden sein, weil es ihm nicht gelungen war, aus „Gemeinem Edles zu ziehen", Seine Umgebung, der Ueberrest Juda's in Aegypten, verharrte in seiner Thorheit und Herzenshärtigkeit. Aber Jeremia's Mühe war doch nicht umsonst. Die Samen, die er ausgestreut hatte, gingen auf einem andern Boden, von prophetischen Genossen gepflegt, herrlich auf. Seine Berufung, nicht bloß zu zerstören, sondern auch zu bauen und neu zu pflanzen, hat sich in einem anderen Kreise bewährt.

[1]) Ps. 71. Er hat viele Parallelen mit Ps. 31. Diesen halten mehrere Ausleger für Jeremianisch, aber Ps. 71 paßt noch viel besser auf Jeremia's Lage im Alter. V. 5–6 und 17 erinnert an Jeremia 1, 5 בבטן ידעתיך . . . ובטרם תצא מרחם הקדשתיך. Ps. 71, 6; (גזי und Ps. 22, 10 גחי sind wohl Corruptelen). V. 7 giebt keinen Sinn, wenn man nicht aus כמופת macht: כמו־פחי. [Vgl. jedoch V M. 28, 46, worauf Keßler hinweist.] Allerdings mag der Ps. von einer späteren Ueberarbeitung sein, aber die hervorgehobenen Verse können nur von Jeremia stammen [Auch Hitzig, Delitzsch und Keßler möchten den Psalm für jeremianisch halten].

# Noten.

---

## 1.

### Schischak's (Scheschenk) Zug gegen Juda.

Als Champollion der Jüngere zuerst 1828—29 in einem Saale zu Karnak in Bas-Relief einen König mit Namen ששנק (Scheschenk) entdeckte und dabei unter vielen anderen Figuren von Gefangenen eine bemerkte, welche in einem Schilde den Namen יודהמלך und mit dem Zusatz Kah (Land), also „König des Landes Juda", las [1]), war die Freude der Forscher groß. Scheschenk der Hieroglyphen ist nichts anderes als der שישק der Bibel und der Sesonchis oder Sesonchosis der Manethonischen 22ten Dynastie. Durch hieroglyphische Inschriften und Figuren schien nicht nur die biblische Relation von dem Kriegszuge Schischak's gegen Juda bestätigt, sondern auch das Porträt des Königs Rehabeam erhalten. Denn die Figur des Gefangenen mit dem Namen Judh-Malk konnte doch wohl nichts anderes als der König des Landes Juda sein. Diese Entdeckung ging als Faktum in die betreffenden Geschichtsbücher über. Hinterher zeigte es sich indeß als eine halbe Täuschung; die Inschrift kann nämlich nicht „König von Juda" bedeuten, folglich können diese Inschriften und Figuren nicht auf die biblische Relation Licht werfen. Bunsen behauptete noch 1856: die Inschrift bedeute Juda König, ja auch noch 1860 Buntschli (in Herzog Real-Encycl. XII. 599 [selbst noch Ebers bei Riehm-Bäthgen s. v. Sisak]), während schon Brugsch diese Auffassung als einen Irrthum bezeichnet und nachgewiesen hat, daß es vielmehr den Namen einer Stadt bezeichnen müsse (Geographische Inschr. ägypt. Denkmäler II, vom Jahre 1858 S. 62 fg. und histoire d'Égypte 227 vom Jahre 1859 [So auch W. Max Müller, Asien und Europa nach altägyptischen Denkmälern, S. 167]). Sonderbar genug ist es, wie man so lange diesen Irrthum conserviren konnte, da doch das Wort Kah, welches „Land" und „Ort" bezeichnet, darauf hätte führen müssen, daß Judh Malk Kah unmöglich weder Königreich Juda, noch Juda König, noch sonst etwas dergleichen bedeuten kann (Vergl. über den Zwang, der dieser Inschrift angethan wurde, Rosselini, monumenti dell' Egitto IV, p. 158, Note). Sämmtliche Halbfiguren haben ganz dieselbe Physiognomie ohne einen individuellen Zug. Folglich kann die 29te Figur ebensowenig den gefangenen König Rehabeam darstellen, wie die übrigen 155 Halbfiguren. Endlich wurde doch Rehabeam nach der biblischen Relation nicht in Gefangenschaft geführt, sondern blieb auf seinem Throne. Wie kann er als Gefangener vorgeführt worden sein? Alle diese Einwürfe haben die Aegyptologen nicht beachtet. Bunsen giebt noch das Bild des Gefangenen mit dem Schild (Aegypten IV, S. 268) mit der Angabe „Juda vor Sisak" und will damit noch andeuten, daß die Figur Juda den König Rehabeam darstelle. Kurz, aus den Figuren und Inschriften ohne Zuhilfenahme der biblischen Relation würde man durch-

[1]) Champollion, lettres écrites de l'Egypte en 1828—29, Paris 1833.

aus nicht erfahren, auf welche Begebenheiten sie sich beziehen. Die Inschriften im Anfang sind, wie alle ägyptischen auf anderen Monumenten, nichtssagend, größtentheils Lobhudeleien auf den König. Man liest nur heraus Ammon — Scheschenk und Allgemeines über Siege, die dieser errungen. Das Wesentlichste ist in der Anrede des Gottes enthalten. Ammon redet Scheschenk an (nach Brugsch's Uebersetzung): „Ich habe gewährt, daß die Völker des Nordens zu dir kommen, sich vor dir niederzuwerfen! und daß die des Südens der Größe deines Namens unterworfen wurden. Ihre Könige warfen sich auf ihren Bauch, denn sie sind in ihren Thälern niedergeworfen worden. Wären ihrer noch so viele, so wären sie doch nichts gewesen. Das Unglück traf sie, und sie waren, als wären sie nicht geboren worden." Diese Anrede giebt auch nicht einen einzigen individuellen Zug und keine Andeutung, welche Völker Scheschenk besiegt hat, und welche unter den Völkern des Nordens und des Südens zu verstehen sind. Zur Orientirung möge vorausgeschickt werden, daß auf dem Scheschenk-Denkmal im Ganzen 156 Halbfiguren mit Schildern abgebildet sind, die sämmtlich durch eine Linie um den Hals als Gefangene dargestellt sind. Zuerst wegen Raumumangels 5 Reihen zu je 13, zusammen 65, dann bei erweitertem Rande 4 Reihen zu je 17, zusammen 68 und endlich eine letzte Reihe von 23. Die Schilder der letzten Reihe sind völlig leer von Inschriften. Champollion, Rosselini, Bunsen und andere Aegyptologen hatten von den 133 lesbaren Inschriften nur drei dechiffrirt, nämlich: Mahanma oder Mahnoma-Kah, ferner Baithuarou oder Baitharona-Kah und Maktaa oder Maktaû-Kah. Diese wurden von denselben entziffert als Machanaim, Bethoron und Megiddo. Aus diesen zwei Namen, Megiddo und Machanaim, wurde gefolgert, daß Schischak nicht bloß gegen Juda, sondern auch gegen Israel Krieg geführt und nicht bloß diesseits, sondern auch jenseits des Jordans Städte unterworfen habe. Das verstößt aber gegen den Wortlaut der biblischen Erzählung, daß Schischak nur Rehabeam besiegt und nur feste Städte Judäa's unterworfen hat. Im weiteren Verlauf entzifferte Brugsch noch mehr Städtenamen in den Schildern (geogr. Inschr. a. a. O, S. 59 fg.) und bemühte sich per fas et nefas entsprechende Localnamen aus der Bibel dafür zu setzen, nämlich Lbata = Rabbith?; Taankau = Taanach; Snmaa = Schunem; Batsuraa = בית שאן; Lhabaa = Rehob; Hapulmaa = Hopharaim(?); Adlma = Adoraim; Qbaana = Gibeon; Qadmt = Kedemoth; Ajuln = Ajalon; Arna = Eglon; Balma = Jibleam; Zadptl = צר פתואל oder צר פתור??; Bat-Almat = עלמת; Sauka = Socho; Battapu = בית תפוח? Abalaa = Abel: Admaa = אדום und noch andere Unmöglichkeiten. Den Namen Judhmalk erklärte Brugsch als Stadtnamen, was auch nach dem Vorangeschickten nicht anders sein kann. Aber welchem hebräisch-geographischen Namen diese Hieroglyphe entsprechen soll, ist ihm selbst räthselhaft geblieben, am meisten die Deutung des Judhmalk. Er bemerkt darüber S. 63: „Will man das ägyptische h hinter Jud als den hebräischen Artikel ansehen, und nicht zu Jud ziehen, so würde der Name des Ortes יהוד המלך, im anderen Falle יהודה מלך gelautet haben. Findet sich nun eine solche Ortsbenennung vor? In der alten palästinensischen Geographie nicht; dagegen ist zu bemerken, daß einzelne Ortschaften im heutigen Lande den gewiß aus dem Alterthume her überkommenen Namen Jehudijeh, gewöhnlich mit dem Artikel el-Jehudijeh, führen."

Nach Brugsch's Auslegung müßte man annehmen, daß Schischak's Eroberung sehr weit im Norden und bis jenseits des Jordans gereicht habe. Gegen diese Annahme sprach sich mit Recht ganz entschieden Blau aus (Zeitschrift d. D. M.

Gesell. Jahrg. 1861, S. 233 fg.). „Soll die Gedenktafel Scheschenk's einen historischen Commentar zu der hebräischen Ueberlieferung enthalten, so sind zwei Dinge zur Beglaubigung ihres Werthes erforderlich: 1. Daß der Zug, von welchem Scheschenk berichtet, eben sich als ein Zug gegen das Reich Juda und Jerusalem kennzeichne, und eine Besetzung israelitischer Gebietstheile, wenn nicht als untergeordnetes Mittel zu jenem Zwecke, überhaupt nicht erwähne, und 2. daß die Hauptfestungen Juda's in der ägyptischen Aufzählung einen Platz gefunden haben, aus dem ersichtlich wird, daß ihre Einnahme auch für Scheschenk die strategische Hauptsache war." Blau widerlegt auch Brugsch's Hypothese, daß die Reihenfolge der Schilder einer geographischen Ordnung folge. Ob aber Blau's Annahme richtig ist, daß sie eine historisch-strategische Reihe bezeichnen, daß „während der Expedition von Zeit zu Zeit die Berichte der einzelnen Heerführer . . . an das Hauptquartier des Königs erstattet und aus diesen später nach Schluß des Feldzuges und der Rückkehr" die Zusammenstellung in Karnak gemacht wurde, hat er nicht streng bewiesen. Wichtiger ist die Ermittelung der Namen der Städte und Burgen aus den Hieroglyphen in Uebereinstimmung mit den in der Bibel vorkommenden Namen und zwar der Städte Juda's, die Blau vollständiger als seine Vorgänger enträthselt hat.

Als sicher kann wohl die Enträthselung folgender Namen gelten, Scheschenk hat diese also eingenommen und sie gehören zu den עָרֵי מְצֻרוֹת אֲשֶׁר לִיהוּדָה (Chronik II. 12, 4) oder wohl richtiger עָרֵי בְּצֻרוֹת.

| | | | |
|---|---|---|---|
| Lbata | (Schild 13) | entsprechend | לְבָאוֹת |
| Qbaana d. h. קְבַעַן | („ 23) | „ | גִּבְעוֹן |
| Bathuaren | („ 24) | „ | בֵּית חוֹרוֹן |
| Ajuln | („ 26) | „ | אַיָּלוֹן |
| Mkdau מכדו | („ 27) | „ | מַקֵּדָה [vielmehr מגדו nach Müller] |
| Kaqalj | („ 37) | „ | קְעִילָה |
| Sauka | („ 38) | „ | סוֹכֹה [vgl. noch Müller, S. 161]. |
| Batzaab בת צבר | („ 45) | „ | בֵּית צוּר |
| Admaa | („ 56) | „ | אֲדֻמִּים [vgl. Müller, S. 168, Edumia in Ostephraim?] |
| Zaqapaa | („ 80) | „ | אפקה |
| Ashatata | („ 93) | „ | אשרוד |
| Aldaata | („ 108) | „ | עֲרָד |

Zweifelhaft bleiben

| | | | |
|---|---|---|---|
| Taankau | („ 14) | „ | חכן oder ענקים? [nach Müller הענך] |
| Mahanma | („ 22) | „ | מחנה דן |
| Qadtma | („ 23) | „ | עדהים [nach Müller קְדֵתַיִם] |
| Adil | („ 28) | „ | לוד |
| Judh (Juth) Malk | („ 29) | „ | יהוד [nach Müller יַד הַמַּלְכָּה] |
| Ngbalj | („ 74) | „ | בית גיברין, hat zur vorexilischen Zeit nicht existirt. |
| Addmaa | („ 79) | „ | עדלם |
| Jurhm | („ 112) | „ | יריח [nach Müller, 168 etwa ירחם אל] |
| Trtmaa | („ 121) | „ | אפרת — בית לחם. |

Jerusalem soll im letzten Schild (133) angedeutet sein, von dem nur noch die Hieroglyphen Jura zu lesen sind. Uebrigens, da die Inschrift oberhalb der Figuren angiebt, daß Scheschenk Völker des Nordens und Südens unterworfen hat, so ist es vielleicht gar vergebliche Mühe, in den Inschriften der Schilder lauter Namen judäischer Städte zu suchen. Können nicht auch Städtenamen anderer von Scheschenk eroberter Länder aufgeführt sein? [Vgl. jetzt W. Müller, Asien u. Europa nach altägyptischen Denkmälern, 1893, S. 166—172].

## 2.

## Der Mesa-Stein oder die moabitische Inschrift von Dhiban.

Die sogenannte Mesa-Inschrift ist vielleicht interessanter wegen des Aufsehens, das sie bei der Nachricht von ihrer Entdeckung gemacht hat, als wegen der historischen Ausbeute, die sie liefert. Die Nachricht von dem Funde machte die Runde durch sämmtliche europäische Zeitungen, und die Orientalisten, berufene und unberufene, glaubten es ihrer Ehre schuldig zu sein, die Entzifferung der Inschrift zu versuchen und in Zeitschriften und Zeitungen dem Publikum Kunde davon zu geben. Die Thatsache verdiente allerdings die Aufmerksamkeit, die sie erregte. Es war, als wenn der König Mesa von Moab, ein seit 2750 Jahren Verstorbener, plötzlich seinen Sargdeckel gesprengt und unter die Lebenden getreten wäre. Die biblische Erzählung von Mesa ist also bewahrheitet; denn der König von Moab hat wirklich existirt; ein Stein mit einer Inschrift, den er zum Andenken aufgestellt hatte, legt Zeugniß von ihm ab und mittelbar auch von der israelitischen Geschichte, welche im Buche der Könige erzählt wird. Der israelitische Königsname, Omri, ist darin deutlich genannt. Das war die überraschende Thatsache, für die sich das Publikum außerordentlich interessirt hat, gerade so, als wenn man eine Steininschrift von Troja entdeckt hätte.

Viel mehr Interessantes bietet aber der Stein nicht. Manche Wörter und ganze Zeilen sind nicht mehr leserlich, und außerdem hat ein böses Geschick es so gefügt, daß gerade das Wissenswerthe in der Inschrift nicht mehr entziffert werden kann. Die Entdeckung selbst hat nämlich auch eine Geschichte mit Entwickelungsstadien. Den ersten Anfang muß man nicht in Clermont-Ganneau's Bericht suchen, sondern in Petermanns Berichtigung (Zeitschrift d. D. M. Ges. 1870, S. 640 fg.). Ein Prediger Klein aus dem Elsaß, der 1868 die Gegend des todten Meeres besuchte, hatte erfahren, daß auf einem Trümmerhaufen von Dhiban im ehemaligen Moabiterlande ein schwarzer Basaltblock mit phönicischen Inschriften läge, und er machte sich dahin auf, ihn in Augenschein zu nehmen. Als er darauf dem preußischen Generalconsulat, damals von dem Geographen Petermann vertreten, Nachricht davon gab, bemühte dieses sich, in den Besitz des interessanten Steines zu gelangen, wendete aber nicht die geeigneten Mittel an. Es hat zu viel und zu wenig Eifer dafür an den Tag gelegt und dadurch die Aufmerksamkeit der Beduinen jener Gegend, der Beni Hamide, auf den Werth desselben gelenkt und doch nicht die rechten Wege eingeschlagen, um sie zur Auslieferung des Steines zu gewinnen. Da es zu viel officielle Schritte gethan hatte, erregte es die Gewinnsucht des Pascha und den Haß der Bevölkerung gegen diesen, die ihm den Gewinn nicht gönnte. Es scheint, daß sich auch ein Stück Aberglaube darein gemischt hat. Die Beduinen hielten den schwarzen Stein mit den eigenthümlichen Figuren für das Werk eines Dämons. Inzwischen erfuhr auch 1869 der Secretär des französischen Consuls, Clermont-Ganneau, von diesem Stein; er bemühte sich gleichzeitig in den Besitz desselben zu gelangen, suchte die Bemühung des preußischen General-Consulats zu contreminiren, und dadurch wurden die Beni Hamide nur noch eifersüchtiger auf ihren Stein. Das Ende war, daß sie das werthvolle Steindenkmal erhitzten, dann plötzlich kaltes Wasser darauf gossen und ihn zum Bersten brachten. Von der Inschrift hatte sich zwar Clermont-Ganneau einen schlechten Abklatsch verschafft, aber auch dieser wurde von den Händen der Araber in Stücke zerrissen und zerdrückt. Diesen Abklatsch, der selbstverständlich viele Lücken enthielt und keinen Sinn gab, veröffentlichte derselbe. Später kam Clermont-Ganneau und ein Engländer, Warrens, in den Besitz von größeren und kleineren Trümmerstücken des Steines, welche zum Theil die Lücken ergänzten. Von dieser berichtigten Inschrift gab der Erstere eine Copie in der Revue archéologique 1870, p. 183 und 362 fg., und diese Copie liegt allen Schriften zu Grunde, welche darüber gesprochen haben. Wäre der Stein unversehrt in die Hand der Fachmänner gelangt, wäre er weniger lückenhaft gewesen, so würde man wahrscheinlich etwas mehr historisches Material daraus extrahirt haben können. So aber, wie die Inschrift gegenwärtig vorliegt, kann man nur davon aussagen, daß der Inhalt im Allgemeinen die biblische Relation beurkundet, aber weder neue Thatsachen liefert, noch pragmatische Handhaben bietet, noch für die Chronologie etwas leistet. Scheinbar widerspricht noch mancher Passus den Angaben im Buche der Könige oder schweigt über die Thatsachen, die daselbst mit großer Ausführlichkeit erzählt werden. Allein dieses liegt lediglich an der Lückenhaftigkeit und Unleserlichkeit mancher Partieen. Viele Forscher haben die Lücken und unleserlichen Stellen zu ergänzen gesucht, Clermont-Ganneau, der Entdecker oder Vermittler für das Publikum, dann Graf Vogüé, Derenburg, Oppert, Neubauer, Renan, Ch. Braston in Frankreich, Ginsburg, Warrens und Weir in England, in Deutschland besonders Schlottmann, Nöldeke, Kämpf, M. A. Levy und Andere. [Vgl. ferner R. Smend und A. Socin, Die Inschrift des Kgs. Mesa von Moab (Freib. i. B. 1886); Nordlander, Die Inschrift des Kgs. Mesa von Moab (Leipzig 1896), Socin, Zur Mesa-Inschrift. In den „Berichten über die Verhandl. der Kgl. sächs. Gesellsch. d. Wissensch." in Leipzig, Bd. 49, Jahrg. 1897, S. 171—184. M. Lidzbarski, Eine Nachprüfung der Mesainschrift in der „Ephemeris für semitische Epigraphik" I, S. 1—10]. Aber bei historisch wichtigen Partieen weichen ihre Conjecturen von einander ab. Die 34 oder 35 Zeilen der Inschrift enthalten etwa 1000 Buchstaben und davon ist nicht viel mehr als die Hälfte dechiffrirt. Möglich, daß der Scharfsinn noch manches davon enträthseln wird, aber zu einer brauchbaren historischen Urkunde wird sie nie erhoben werden können.

Die Inschrift lautet nach den Berichtigungen, welche Clermont-Ganneau und Warrens [und zuletzt Smend, Socin, Nordlander und Lidzbarski] auf Grund der Steinfragmente angebracht haben, wie folgt:

1) אנכ משע בנ כמש [1]) מלכ מאב הד

2) יבני אבי מלכ על מאב שלשנ שת ואנכ מלכ

3) תי אחר אבי ואעש הבמת זאת לכמש בקרחה במשע מ [2])

[[1]) Smend und Socin (= SS) u. Nordlander (= N) lesen כמשמלכ als Namen des Vaters, L. (= Lidzbarski) schlägt vor כמשכנ. — [2]) So SS. und N., L. schlägt vor בנסכי.]

4) שע כי השעני מכל רשלכנ וכי דראני בכל שנאי עמר

5) י מלכ ישראל ויענו את מאב ימן רבן כי יאנפ כמש באר

6) צה ויחלפה בנה ויאמר גם הא אענו את מאב בימי אמר כדב[ר] [1])

7) וארא בה ובבתה וישראל אבד אבד עלם וירש עמרי את [אר]

8) צ מה דבא וישב בה ימה וחצי ימי בנה ארבען שת ויש

9) בה כמש: בימי ואבנ את בעל מען ואעש בה האשוח ואכ[נ]

10) את קריתנ ואש גד ישב בארצ עטרת מכלם ויבנ לה מלכ י

11) שראל את עטרת ואלתחם בקר ואחזה ואהרג את כל העם מ

12) הקר רית לכמש ולמאב ואשב משם את אראל דודה ו[אס(?)]

13) חבה לפני כמש בקרית ואשב בה את איש שרנ ואת אש

14) מחרת ויאמר לי כמש לכ אחז את נבה על ישראל וא

15) הלכ בללה ואלתחם בה מבקע השחרת עד הצהרם ואח

16) זה ואהרג כלה שבעת אלפ כגברן וגרן[2]) וגברת ו[גר]

17) ת ורחמות כי לעשתר כמש החרמתה ואקח משם ארא

18) לי יהוה ואסחב הם לפני כמש ומלכ ישראל בנה את

19) יהצ וישב בה בהלתחמה בי ויגרשה כמש מפני ו

20) אקח ממאב מאתנ אש כל רשה ואשאה ביהצ ואחזה

21) לספת על דיבנ אנכ בנתי קרחה חמת היערנ וחמת

22) העפל ואנכ בנתי שעריה ואנכ בנתי מגדלתה וא

23) נכ בנתי בת מלכ ואנכ עשתי כלאי האשו[ח לם]ינ בקרב

24) הקר ובר אנ בקרב הקר בקרחה ואמר לכל העם עשו ל

25) כם אש בר בביתה ואנכ כרתי המכרתת לקרחה באסר

26) ישראל אנכ בניתי ערער ואנכ עשתי המסלת בארננ

27) אנכ בנתי בת במת כי הרס הא אנכ בנתי בצר כי עינ

28) . . . . ש דיבנ חמשנ כי כל דיבנ משמעת ואנכ מלכ

29) תי מ את בקרנ אשר יספתי על הארצ ואנכ בנת

30) . . . . . ובת דבלתנ ובת בעלמענ ואשא שם את נקד[3])

31) צאנ הארצ וחורננ ישב בה בנ דדן ודדנ אמר[4])

32) . . עמר לי כמש רד הלתחם בחורננ וארד

33) . . . בה כמש בימי וע ל. . דה[5]) כשם עשר

34) . . . . . . . שת דק ואנ

35) . . . . . . . . . . . . . . . . . .

Der Stein war schwarzer Basalt, tafelförmig, an den Enden abgerundet, und nach Klein, der ihn noch vor der Zertrümmerung gesehen hat, 113 Centimeter lang, 70 breit und 35 hoch. Er war so schwer, daß vier Männer sich anstrengen mußten, um ihn herumzuwälzen, (Zeitschr. d. D. M. G. das. S. 645.)

Welche historische Ausbeute liefert nun diese merkwürdige Inschrift? Suchen wir das unzweifelhaft Gewisse festzuhalten. Die ersten vier Zeilen sind bis auf wenige unwesentliche Einzelheiten verständlich. Wir erfahren daraus, daß der, welcher das Denkmal gesetzt hat, Mescha (Mesa, משע) hieß, daß sein Vater 30 Jahre über Moab geherrscht hat. Ob der Name des Vaters כמש-נדב gelautet hat, wie Cl. G. zuerst gelesen hat, oder כמש-גד, wie Einige vermuthet haben, und jener zugestimmt hat, ist zweifelhaft, da כמש und גד einander widersprechen. Jenes bedeutet wahrscheinlich „Gott der Zerstörung, Kriegsgott," während dieses „Glücksgott" bedeutet[6]). Ebenso zweifelhaft ist es,

[[1]) Nach L. ist die L.-A. כדבר unsicher. — [2]) SS. lesen hier מבנן. — [3]) So SS., L. schlägt statt dessen vor: מעדנ. — [4]) So SS., L. möchte lesen בת וק אש. — [5]) Zwischen ל und ד ein Loch nach L. — [6]) L. schlägt כמשכנ vor und erinnert an כניהו und יכניהו.]

ob man zu יבני (Z. 2) הדב ergänzen und הדיבני lesen darf. Was Schlottmann aus diesem Beinamen folgert (Stud. und Krit. Jahrg. 1871, S. 606), ist unbegrundet und für die Geschichte gleichgültig, ebenso, ob man (Z. 3—4) lesen soll, במת משע mit Schl. oder כלשע mit Oppert (Journal asiatique XV, p. 522). השלכן (Z. 4) ist ein Unwort, dafür המלכן (המלכים) zu lesen, ist nur errathen. Von Zeile 5 an enthält die Inschrift Andeutungen bezüglich Israels, seiner Könige oder seines Königs und des Verhaltens zu Moab und Mesa. Leider ist hier der Text ganz unverständlich. Mit den letzten Worten der 4ten Zeile beginnt die Verlegenheit, sie sind unleserlich und dadurch ist auch der Sinn der folgenden Zeilen verdunkelt. Soll man Z. 4 das ע am Ende עכרי[1]) lesen, oder עמר? Omri ist allerdings deutlich genannt (Z. 7) aber in einer Verbindung, die keine rechte Vorstellung giebt, auch abgesehen von der Lücke. — (Z. 8): וירש עמרי את . . . צ . . מה דבא וישב בה gäbe allerdings einen Sinn, wenn Medaba, ein Land oder ein Territorium oder mindestens eine wichtige Stadt wäre, daß man davon sagen könnte: „Omri habe das Land Medaba erobert" und demgemäß lesen könnte וירש עמרי את ארץ מהדבא. Aber so oft in den biblischen und nachbiblischen Relationen von dieser Stadt die Rede ist, wird ihr immer nur eine untergeordnete Bedeutung beigelegt. Zudem soll das Wort מה דבא zweisilbig geschrieben und ein Trennungszeichen dazwischen gesetzt sein. Dann ist es vielleicht gar nicht Medaba? Endlich kann וישב בה nicht bedeuten: „er setzte sich darin fest." Denn Omri wird wohl schwerlich sein Hauptland verlassen haben, um seinen Wohnsitz in Medaba oder selbst in Moab zu nehmen. Man muß vielmehr lesen וַיִּשְׁבְּ בו (ebenso Z. 19): „er machte Gefangene darin." Kurz, gerade der leitende Vers, welcher Licht auf die dunklen Partieen werfen sollte, ist selbst dunkel oder mindestens nur halb verständlich.

Dunkel ist jedenfalls Z. 5, selbst ohne Berücksichtigung des vorangehenden unleserlichen Wortes ע · · · [vgl. Anm. 1] und des vereinzelt stehenden ו. Die Entzifferung der meisten Ausleger מלך ישראל ויענו את מאב ימן רבן, als ob ein König von Israel Moab gequält hätte, ist gewiß nicht richtig. Denn, wie mit Recht dagegen eingewendet wurde (Z. d. D. M. G. das. S. 218) kann das Verbum ויענו nicht Singular sein. Die Spracherscheinungen in der Inschrift berechtigen nicht dazu, eine solche abstruse Form anzunehmen; eben so wenig kann Zeile 6 אענו את מאב erste Person Imperfecti sein. Eher empfiehlt sich die Entzifferung (das.) מלכי ישראל ויענו את מאב, daß von Königen Israels im Plural die Rede sei. Dann sind freilich die darauf folgenden Zeilen erst recht unverständlich. Und in der That bleibt das Meiste in der Inschrift unverständlich; man darf sich darüber keiner Täuschung hingeben: ויחלפה ב . . . נה ויאמר גם הא אענו את מאב בימי אמר . . . . וארא בה ובבתה giebt schlechterdings keinen annehmbaren Sinn. Noch dazu ist die Auslegung von חלף mit dem Accusativ: „es folgte auf ihn" durchaus absurd zu nennen. Aus וישראל אבד אבד עלם ist nichts zu machen, denn den Sinn, der zunächst sich aufdrängt „Israel ging oder geht unter oder wird untergehen," kann es nicht haben, da es zum folgenden Passus nicht stimmt. Mit viel mehr Recht nimmt Oppert עלם als Eigennamen an und übersetzt: „et Israel a complètement anéanti 'Alman."

Die Hauptdunkelheit liegt darin, daß man die Zeit nicht chronologisch fixiren kann. Denn sie aus Z. 8—9 zu ermitteln, ist schlechterdings unmöglich, da sich gerade hier bedauerlicherweise eine Lücke findet.

[[1]) Die Lesung עמר am Ende von Zl. 4 und י am Anfang von Zl. 5 = עמרי scheint fest zu stehen.]

וישב בה . . . . . . . . בנה ארבען שת . . .
בה כמש בימי ואבנ את בעלמענ ואעש בה

Die Lücke in Zeile 8[1]) will zwar Cl. G. zum Theil ausfüllen durch das Wort ימי: allein er ist seiner Sache nicht ganz sicher, ob auf dem Bruchstück zu dieser Zeile sich dieses Wort befindet. Aber selbst mit diesem Worte ist nicht viel zur Ermittelung des Sinnes gewonnen; man muß noch zu viel ergänzen, nämlich וישב בה [ישראל בימיו ובן ימי בנה ארבען שת [וישי]בה כמש בימי, daß Israel in Medaba (!) 40 Jahre gewohnt und Chemosch es in Mescha's Tagen zurückerstattet habe. Dabei geräth man in Widerstreit mit den biblischen Angaben, indem im Buche der Könige ausdrücklich angegeben ist, daß Omri's Enkel Jehoram abermals Moab bekriegt und besiegt hat, und zwar zur Zeit der Regierung Mescha's, und nur durch einen andern Vorfall ist Jehoram mit seinen Verbündeten abgezogen. Mit diesem Kriege bringen die meisten Ausleger, nach de Vogüé's Vorgang, die in der Inschrift erwähnten Thatsachen in Verbindung und setzen sie in das Jahr 896 oder 895. Sie denken sich den Vorgang der Art, daß Mescha nach Abzug der drei verbündeten Könige das Joch Israels abgeschüttelt und die Israeliten aus den Städten, namentlich der Zwingburg Medaba (?), vertrieben habe. Allein um diesen chronologischen Punkt festzustellen, müssen sie eine Unwahrscheinlichkeit und eine Unmöglichkeit behaupten. Sie müssen Omri, der doch viele Tage Moab bedrückt haben soll, länger als 12 Jahre regieren lassen, was durchaus falsch ist (vergl. I, S. 471), und müssen ferner die 40 Jahre der Inschrift als eine runde ansehen, weil Omri's und Achab's Regierungsjahre zusammen keine 40 Jahre ausgeben. Um diesen Nothbehelfen zu entgehen, haben Andere die Zeit des Denkmals später angesetzt. Nöldeke ergänzte zuerst Z. 8 וישב בה [בנה וגם בן; הא ובנה]. Wenn in der Lücke ימי wirklich stand, müßte man demnach ergänzen בימי בנה ובימי בן בנה, daß Israel noch unter Jehoram Medaba oder Moab in Besitz hatte. Allein abgesehen davon, daß die Lücke soviel Ergänzungsworte nicht verträgt, stimmt es doch nicht mit den biblischen Angaben, welche berichten, daß Mescha nach Achab's Tod abgefallen ist; also hat sich Moab damals frei gemacht. Es ist eben so mißlich, mit Weir und Oppert die Befreiung Moabs, welche die Inschrift verewigen wollte, zur Zeit Jehu's zu setzen. Oppert findet Jehu's Namen in der Inschrift und zwar deutlich in Z. 17, 18:

ואקח משם . . . . . . . . .
לי יהוה (יהוא)

Er übersetzt die Stelle: J'enlevai des veaux de Jehu. Zu den trümmerhaften Buchstaben לי . . . ist er geneigt: עג zu ergänzen, so daß das Ganze lauten würde ואקח משם עגלי יהוה. Undeutlich findet er auch Jehu in Zeile 16 und damit verbunden den Schluß von Z. 15 וא . . . . ה ואהרג כלה שבעה אלפן. Oppert übersetzt die Stelle et je vainquis l'armée de Jehu et je la tuai en entier 7000 hommes. Es ist aber nur errathen. Errathen ist auch die anderweitige Dechiffrirung von Z. 17—18. Clermont-Ganneau las zuerst כלי יהוה: „und ich nahm von dort die Gefäße (Opfergeräthe) Jhwhs." Später zweifelte er selbst an der Richtigkeit der Ergänzung und möchte lieber אהלי dafür gelesen wissen. Aber das Eine wie das Andere giebt keinen befriedigenden Sinn[2]).

[[1]) Nach SS. (S. 4) u. L. (S. 5) stände der Text von Zl. 8 jetzt genau so fest, wie er jetzt oben (S. 389) gedruckt ist. Viel gewonnen ist für den Sinn des Satzes dadurch allerdings auch nicht.]

[[2]) SS. und L. lesen übereinstimmend אראלי יהוה.]

Es ist also alles zweifelhaft, die Facta und die Zeit. Am füglichsten würde die Zeit stimmen, wenn man annehmen könnte, daß Mescha das Denkmal gesetzt habe, als er nach dem Tode Achab's abgefallen war. Während der zweijährigen Regierung Achasja's und einiger Jahre der Regierung Jehorams von Israel hatte Mescha Spielraum, die jenseitigen Israeliten aus den von ihnen eingenommenen Städten zu vertreiben, Neubauten anzulegen und alles das zu schaffen, dessen er sich in der Inschrift rühmt, in etwa 6—8 Jahren; wenn nur nicht die ארבען שת, „vierzig" Jahre im Wege wären. Ist diese Zahl auch richtig gelesen? In welchem Zusammenhange steht sie mit dem in der vorangegangenen Zeile erwähnten Omri? So lange diese Frage nicht beantwortet ist, kann von einer historischen Ausbeutung der Inschrift keine Rede sein. Und beantwortet kann sie wegen der vielfachen Lückenhaftigkeit nicht werden. So bleibt, wie gesagt, alles zweifelhaft.

Das Sicherste in der Inschrift sind noch einige moabitische Städtenamen, welche mit denen in den biblischen Schriften übereinstimmen.

Z. 9: ואבנ את בעל מענ

Z. 10: וא . . . . את קריתנ

Z. 14—15: ויאמר לי כמש לך אחז את נבה על ישראל
ואהלך בללה ואלתחם בה מבקע השחרת עד צהרם

Z. 18—19: ומלך ישראל בנה את
יהצ וישב בה

Z. 20—21: ואשאה ביהצ ואחזה
לספת על דיבנ

Z. 26: . . . . אנכי בנתי ערער ואנכ עשתי המסלת בארננ

Z. 27: . . . . בנתי בת במת כי הרס הא אנכ בנתי בצר

Z. 30: ובת דבלתן ובת בעלמענ

Z. 31: וחורננ

Z. 32: בחוררנ.

Es sind also neun Städte, die in Moab lagen, genannt und außerdem der Fluß Arnon.

## 3.

## Zeitbestimmung der achronistisch überlieferten prophetischen Schriften.

### I. Die drei ältesten litterarischen Propheten.

Die prophetischen Schriften liefern bekanntlich einen reichen Beitrag zur judäisch-israelitischen Geschichte, und ohne sie wäre diese mehrere Jahrhunderte hindurch wie die arabische eine trockene annalistische Aufzählung. Diese Schriften bilden das ausdrucksvolle Bild zum Rahmen der Annalen der beiden Bücher der Könige. Indessen sind mehrere Schriften der kleinen Propheten und mehrere Partieen in den großen ohne chronologische Ueberschrift. Die Ausleger und Einleitungsschriften gehen daher bezüglich der chronologischen Einreihung derselben vielfach auseinander. Zur Gewinnung von Geschichtsmaterial aus diesen Quellen für die Zeitgeschichte der Verfasser ist aber die chronologische Fixirung derselben unentbehrlich; daher mag hier das Sichere bezüglich dieses Punktes theils aus Erforschung von Vorgängern und theils durch selbstständige Begründung zusammengestellt sein. Beginnen wir mit den bekannt gewordenen ältesten Schriften.

Allgemein wird zugegeben, daß Hosea, Amos und Joël[1]) zeitgenössisch aufgetreten sind. Den Ersten setzt die Ueberschrift in die Zeit Usia's und Jerobeam's II., und der Inhalt bestätigt die Zeit; denn der Bestand des Hauses Jehu wird vorausgesetzt (1, 4). Beim Zweiten, dessen Zeitgenossenschaft mit Jerobeam II., durch 7, 10 fg. bestätigt ist, wird in der Ueberschrift noch näher angegeben, daß er zwei Jahre vor dem Erdbeben zur Zeit Usia's aufgetreten ist Das Factum des Erdbebens ist bestätigt durch Zacharia 14, 5. Auch aus dem Inhalt ergiebt sich, daß Amos ein Erdbeben verkündet hat (2, 13 fg., 3, 14 fg.). Indessen nur diese drei Kapitel stammen aus der Zeit vor dem Erdbeben, dagegen Kap. 4 und die folgenden aus der nachfolgenden Zeit. Denn V. 4, 11 spricht von der Zerstörung durch Erdbeben, wie von einer bereits der Vergangenheit angehörenden Thatsache. Auch 8, 8 und 9, 5—6 spielen auf die Vorgänge während des Erdbebens an. Danach sind die Thatsachen, welche in Amos vorausgesetzt werden, chronologisch zu vertheilen. Amos spricht aber auch von der Heuschrecken-Calamität, als bereits eingetroffen (4, 9), auch von der sie begleitenden Plage der Dürre und der Hungersnoth (4, 6—8). Man muß wohl beachten, daß der Refrain ולא שבתם עדי (das. V. 6. 8. 9. 10. 11) deutlich genug zu erkennen giebt, daß hier durchgehends von bereits vergangenen Facten die Rede ist; sämmtliche Verba in dieser Partie müssen daher als Praeterita erklärt werden, wenn sie auch theilweise die Futur- oder Imperfect-Form haben. Die Heuschrecken-Calamität führt auf Joël, dessen Schrift ihr ganz gewidmet ist. Daraus ergiebt sich, daß Amos die Partie von Kap. 4 an nach Joël's Rede gehalten hat. Der erste Theil dagegen (Kap. 1—3) gehört der Zeit vor Joël an. Bestätigt wird diese Annahme durch den Umstand, daß Joël bereits vom stattgefundenen Erdbeben und den es begleitenden Erscheinungen spricht (2, 10, 11). Vergl. darüber Programm des jüd. theolog. Seminars von 1873. Dadurch und auch durch andere Momente (wovon später), ist die Gleichzeitigkeit von Joël und Amos erwiesen, aber in dem Verhältniß, daß der Letztere seine erste Rede vor dem Ersteren gesprochen. Folglich ist Joël 4, 16 וה׳ מציון ישאג וגו׳ Amos entlehnt (1, 2) [So auch Kuenen a. a. O. S. 330]. — Was Hosea betrifft, so scheint er, obwohl gleichzeitig, später als beide gesprochen zu haben. Denn Hosea's zwei Reden sind lediglich gegen den im Zehnstämmereich herrschenden Cultus des Baal gerichtet (2, 10. 15. 18), und er rügt auch die Verkehrtheit der Astarten- und Hammon-Bilder. Denn (3, 1) muß man statt ואהבי אשישי ענבים durchaus lesen: ואשרים וחמנים (s. o. S. 88, N. 2) [In den Emendationes setzt der Vf. ein Fragezeichen hinter seinen Vorschlag]. Amos dagegen, welcher größtentheils gegen die Verirrungen und Laster des Zehnstämmereichs spricht, hat nicht ein einziges Wort der Rüge gegen den Baal-Cultus. Er spricht lediglich gegen den Stier-Cultus in Bethel (3, 14; 4, 4; 5, 4), auch gegen denselben Cultus in Dan (8, 14), und gegen das Sündenbild in Samaria (das. אשמת שמרון), aber durchaus nicht gegen Baal. Selbst wenn in V. 5, 26 eine Anspielung auf Götzenthum liegen sollte, was noch nicht ausgemacht ist, würde sie noch mehr

[1]) [Ueber die Zeit Joël's gehen die Meinungen der neueren Exegeten himmelweit auseinander. Sie schwanken um nahezu ein halbes Jahrtausend. Während die Einen den Propheten für einen Zeitgenossen Rehabeam's halten, wollen ihn die Anderen in die persische Zeit hinter Maleachi setzen. Vgl. das Nähere bei Kuenen, hist. krit. Einl. in die Bücher des Alt. Test. Dtsch v. Müller. II (1892), S. 325 f. Strack, Einl. in d. A. T., 5. Aufl. (1898), S. 99 ff.].

beweisen, daß die Verehrung des Baal damals noch nicht in Samaria eingeführt war. Folglich muß der Baal-Cultus hier erst später überhand genommen haben, und zwar unter Jerobeam II., als er Damaskus und Chamath erobert und annectirt hatte (Könige II 14, 28 [1]). Denn wäre die Thatsache des Bestandes dieses Cultus, gegen den Jehu so sehr geeifert hatte, nicht durch Hosea bezeugt, so ließe es sich nicht denken, daß einer von Jehu's Nachkommen ihn wieder eingeführt haben sollte. Könige II, 14, 6 b וגם האשרה עמדה בשמרון spricht nicht dagegen, da es ohne Zweifel ein verstümmelter Halbvers ist. Man muß also die Restauration des Baal-Cultus unter Jerobeam II. so spät als möglich setzen und eben gegen diese aufgefrischte Verirrung sprach Hosea, daß das Haus Jehu seinem Ursprung untreu geworden, und daß das Blut in Jesreel umsonst vergossen sei (1, 4). Die chronologische Reihenfolge der ersten litterarischen Propheten ist demnach: Amos, Joël und Hosea. Daß der Letztere an die Spitze gestellt wurde, stammt aus dem Mißverständniß des ersten V.: תחלת דבר ה' בהושע. Diesem unter Jerobeam II. prophezeienden Hosea gehören übrigens lediglich die ersten drei Kapitel an, die übrigen dagegen können nur von einem viel später lebenden Propheten stammen, wovon weiter unten.

Aus diesen drei ältesten Propheten läßt sich nun viel historisches Material gewinnen. Um indessen den richtigen chronologischen Maaßstab dafür zu haben, muß festgestellt werden, ob Amos im Anfang oder, wie Einige behaupten, am Ende der Usianischen Regierung gesprochen, oder wann das Erdbeben, das erschütternde Factum dieser Zeit, anzusetzen ist. Maßgebend dafür ist die deutliche Voraussetzung bei Amos, daß Juda zu seiner Zeit noch winzig und schwach war. Er nennt noch zum Schluß seiner Reden Juda „die eingefallene Hütte David's" (9, 11): ביום ההוא אקים את סכת דוד הנפלת. Der Gedankengang ist, daß während Gott das Haus Israel — in Folge der Schuld Jerobeam's II. — zerstreuen werde, er die Hütte David's aufrichten werde. Das ist auch der Sinn von V. 9, 8: עיני ה' בממלכה החטאה והשמדתי אתה . . . אפס כי לא השמיד אשמיד את בית יעקב. Unter „dem sündhaften Reiche" meint Amos das Zehnstämmereich, und unter dem „Hause Jakob's" versteht er Juda. Diese Hütte Davids hatte damals Risse und Trümmer: וגדרתי את פרציהן והריסתיו אקים ובניתיה כימי עולם. Auch sonst bezeichnet er Juda als klein und winzig. Als Gott ihn schauen läßt, zuerst, daß Samaria durch Heuschrecken und dann wieder, daß es durch Feuer verheert werden soll, ruft Amos fürbittend aus: מי יקום יעקב כי קטן הוא (7, 2. 5). Dieser V. ist in Folge des ungewöhnlichen Gebrauches des Frage-Pron. מי mißverstanden worden. LXX und Peschito geben aber die richtige L.-A. und das rechte Verständniß dafür an: τίς ἀναστήσει τὸν Ἰακώβ; מנו נקימיוהי ליעקב, d. h. מי יקים יעקב כי קטן הוא. Wenn Heuschrecken oder Feuer Samaria verheeren sollen, so kann diese Calamität sich nicht auf dieses Land beschränken, sondern muß auch Jakob oder Juda in Mitleidenschaft ziehen. „Wer wird Jakob aufrichten, da es doch so klein und schwach ist." Das ist der einzig richtige Sinn dieser Verse. Folglich war Juda zur Zeit, als Amos sprach, d. h. unter Usia, noch winzig und schwach; es

[1]) Dieser dunkle Vers ואשר השיב את דמשק ואת חמת ליהודה בישראל könnte vielleicht dadurch erklärt werden, wenn man das ב in בישראל als aus ו entstanden ansieht; öfter findet diese Verwechselung das ו conjunct. mit ב statt, worauf schon Saadia aufmerksam gemacht hat. Dann würde der Vers lauten: השיב ליהודה וישראל [Einen anderen, übrigens ganz unannehmbaren, Vorschlag macht Klostermann z. St.].

war eine eingefallene Hütte und hatte Risse und Trümmer. Da nun Usia sein Land groß gemacht hat, wie nicht bloß aus der Chronik, sondern auch aus dem Buche der Könige und Jesaia hervorgeht, so kann Amos unmöglich zu Ende oder während der Blüthe der Usianischen Regierung, sondern muß im Anfang derselben gesprochen haben, und das Erdbeben muß in dieselbe Zeit versetzt werden.

In wie fern ist im Anfang der Regierung dieses Königs in Juda eine Schwäche eingetreten, und von wo aus ist sie herbeigeführt worden? Amos selbst giebt sie an: durch Edom (1, 11). Esau hat seinen Bruder (Jakob, Juda) mit dem Schwerte verfolgt, seine Bruderliebe unterdrückt und seinen Groll lange bewahrt. Die Idumäer haben also Juda Risse und Trümmer beigebracht und zwar aus Revanche, weil Amazia, Usia's Vorgänger, sie bekriegt und unterjocht hatte (s. B. I, S. 66). Amos prophezeite zugleich über Gaza und die philistäische Pentapolis und auch über Tyrus Unheil, weil sie Verbannte und Flüchtlinge, d. h. **Judäer**, an Edom ausgeliefert haben (1, 6. 9). Er verhieß auch für die Zukunft, daß Juda das Land Edom dann in Besitz nehmen werde (9, 12), wenn „die eingefallene Hütte" David's aufgerichtet sein werde. — Von den Leiden Juda's durch Fremde spricht auch Joël (4, 17): והיתה ירושלם קדש וזרים לא יעברו בה עוד, und auch daß diese Leiden von Edom herrührten (4, 19): ואדום למדבר שממה תהיה מחמס בני יהודה אשר שפכו דם נקיא בארצם. Andere Verse sprechen auch von judäischen Gefangenen, welche durch fremde Völker in die Ferne zerstreut wurden (4, 1), und auch von der Feindseligkeit, welche Tyrus, Sidon und die philistäischen Städte Juda zugefügt haben (V. 4 fg.). Kurz, Joël und Amos setzen eine Schwächung und Demüthigung Juda's, besonders durch die Idumäer, voraus und zwar in der ersten Zeit des Königs Usia. Denn nur während der Minderjährigkeit dieses Königs kann diese elende Lage Juda's bestanden haben. Denn nicht lange nach seinem Regierungsantritt hat er die idumäische Hafenstadt Ailat wieder an Juda gebracht (K. II. 14, 22), was eben voraussetzt, daß er die Idumäer besiegt hat; vgl. B. I. S. 471, wo nachgewiesen ist, daß der elende Zustand während des Interregnums zwischen **Amazja's Tod und Usia's Thronbesteigung eingetreten sein muß**. Joël und Amos liefern also als Augenzeugen Nachrichten über die damalige Lage.

Die glückliche Wendung, welche durch Usia herbeigeführt wurde, läßt sich aus einer anderen Betrachtung erschließen. Usia hat Ailat wieder erobert und befestigt. Wozu? Doch wohl nur zum **Zwecke der Schifffahrt auf dem rothen Meere**. Dazu gehörten aber Schiffe. Nun bezeugt Jesaia, daß zu seiner Zeit in Juda **Tarschisch-Schiffe**, d. h. **große Segelschiffe** vorhanden waren (2, 16): ועל כל אניות תרשיש. Diese Schiffe kann weder Jotham noch Achas erbaut haben, folglich hat Usia im ailanitischen Meerbusen wieder Schiffe ausgerüstet. Dadurch kam wieder viel Gold und Silber ins Land (Jesaia das. 7): ותמלא ארצו כסף וזהב ואין קצה לאצרותיו. Damit ist eine Nachricht der Chronik bestätigt, daß Usia **gar außerordentlich reich** geworden ist (II. 26, 15 b) ויצא שמו עד למרחוק כי הפליא להעזר עד כי חזק. Statt des unverständlichen להעזר hat die Peschito eine andere L.-A. דאסגי הוא למעתר וכד עתר הוא בנכסא, d. h. כי הפליא להעשיר. Auch die Relation das. V. 9. 13 von den Thürmen und Zinnen (פנות), die Usia in Jerusalem erbauen ließ, ist durch Jesaia (das. 15) belegt: ועל כל מגדל גבה ועל כל חומה בצורה. Folglich kann auch die Nachricht Chr. das. V. 6—8 historisch sein, daß Usia die philistäischen Städte eingenommen, die Araber und **Maonäer** zinsbar gemacht, und daß sein Ruf bis Aegypten erschollen sei. Wenn Usia reich und mächtig geworden war, warum sollte er nicht an den Nachbarvölkern, welche sein Volk früher so sehr mißhandelt hatten, Rache genommen haben? Gerade die Erwähnung des sonst wenig genannten Volkes der מעונים in der Chronik beweist die Geschichtlichkeit dieser Nachricht. LXX übersetzen מעונים und auch das folgende ויתנו העמונים מנחה לעזיהו durch *Μιναῖοι*. Nach Strabo wohnte die Minäer am rothen Meere. Da Usia die Hafenstadt Ailat erobert hatte, so muß er mit den Minäern in Berührung gekommen sein. Daß diese Nachricht nicht in Könige erwähnt wird, beweist nichts dagegen. So manche echt historische Nachricht in der Chronik fehlt in jenem Buche und ist entweder vom Sammler übergangen worden oder ausgefallen.

## II. Hosea II. und Zacharia I.

Es ist durchaus nicht zu verkennen, daß der Styl in den ersten drei Kapiteln Hosea's gerade so grundverschieden ist von dem der übrigen Kapitel, wie die letzten sechs Kapitel Zacharia's von den ersten acht abstechen. In der ersten Partie Hosea's meistens Symbolik, in der zweiten keine Spur davon; in der ersten eine fortlaufende ruhige Diction, in der zweiten lauter Sprünge und Aphorismen [Vgl. dagegen Kuenen's Bemerkungen a. a. O. S. 324, Nr. 13 und König, Einl. in das A. T. (Bonn 1893), S. 310]. Diese Styldifferenz hat die Ausleger darauf geführt, zwei Theile in Hosea's Schrift anzunehmen; das genügt aber keineswegs. Beide Theile können unmöglich einem und demselben Autor angehören, und ein Prophet, der noch zur Zeit Jerobeam's II. gesprochen hat, kann kaum ein halbes Jahrhundert später noch gelebt haben [Vgl. dagegen Kuenen a. a. O. Nr. 12]. Deutliche Anspielungen in der zweiten Partie führen nämlich auf die Zeit kurz vor dem Untergang des Zehnstämmereiches. Die Ueberschrift giebt an, daß Hosea noch zur Zeit Hiskija's gesprochen habe. Das kann richtig sein, nur nicht derselbe Hosea, sondern ein Anderer, der vielleicht denselben Namen geführt hat, und darum sind vielleicht die Blätter beider zusammengelegt worden. So wie man mindestens zwei Zacharia, einen älteren und einen jüngeren, annimmt, ebenso berechtigt ist man, zwei Hosea zu unterscheiden. Allerdings liegt für die Annahme zweier Propheten, Namens Zacharia, eine Andeutung vor. Der jüngere nachexilische Zacharia wird als זכריה בר עדוא bezeichnet (Esra 5, 1 [und 6, 14]), dagegen wird ein älterer zur Zeit Jesaia's und Achas זכריה בן יברכיהו genannt (Jesaia 8, 2). Da dieser neben dem Hohenpriester Uria als „bewährter Zeuge" (עד נאמן) bezeichnet wird, so war er höchst wahrscheinlich ein Prophet. So ist es erklärlich, daß die Sammlung des prophetischen Buches Zacharia in der Ueberschrift den Verf. nennt: זכריה בן ברכיה בן עדו (auch Zach. 1, 4), obwohl er an der andern Stelle nur Sohn Iddo's genannt wird. Weil beide Schriften, die des Ben-Berechja und die des Ben-Iddo in eine Sammlung gebracht wurden, so entstand der Irrthum, als wenn sie einem einzigen Propheten Zacharia angehörten und dieser ein Sohn Berechja's und Enkel Iddo's gewesen wäre [So bereits bei Knobel, Prophetismus der Hebräer (Breslau 1837) II, 173 f., dem von den neueren Exegeten z. B. auch Kuenen (a. a. O. S. 407) folgt]. Für zweierlei Hosea fehlt aber eine solche Andeutung.

Nichts desto weniger muß man eben so gut zwei Propheten Hosea, wie zwei Propheten Zacharia annehmen. Der jüngere Hosea, und der ältere Zacharia waren Zeitgenossen. Die Ausleger konnten nicht übersehen, daß Hosea II. oder, wie sie es nennen, der zweite Theil Hosea eine anarchische Zeit voraussetzt, wie sie erst nach Jerobeam II. eingetreten ist. Dasselbe gilt von Zacharia I, denn daß die Partie Zach. K. 9. 10. 11 und 13, 7—9 zusammengehören und ein einziges Stück bilden, braucht nicht mehr bewiesen zu werden. Den Schluß von K. 9 setzt 10, 1—2 fort. An diese Verse schließen sich die folgenden Verse bezüglich der Hirten oder Fürsten (רעים) an, und die Drohung gegen die gewissenlosen Hirten wird 11, 3 fg. bis zu Ende fortgesetzt. Nun wird in diesem Stücke geradezu der Untergang dreier Hirten oder Fürsten in einem Monat im Zehnstämmereich erwähnt (11, 8): ואכחד את שלשת הרעים בירח אחד. Es kommt nun darauf an, zu constatiren, welche Könige darunter gemeint sein können. Ewalds Hypothese, daß es sich auf den rasch auf einander folgenden Untergang des letzten Jehuiden Zacharia, seines, einen Monat regierenden, Mörders Schallum und eines gewissen Kobal-Am bezöge (nach Könige II. 15, 10 f.g) ist unhaltbar, da קבלעם unmöglich ein Personenname sein kann, sondern ein Localname ist (vgl. o. S. 90, 2 [und die Bemerkung dazu. Vgl. auch König, S. 369 ff.]). Dagegen werden deutlich drei Personennamen in der Erzählung von Pekach's Verschwörung gegen Pekachja (K. das. 15, 25) genannt. (ויקשר עליו (על פקחיה פקח . . שלישו ויכהו בשמרון . . . את ארגב ואת האריה ועמו חמשים איש. Der Passus ist zwar dunkel, vielleicht lückenhaft. Aber so viel ist gewiß, daß את hier nur Akkusativbedeutung haben kann, weil das Präpositionale gleich darauf durch עם gegeben ist. Der Vers sagt also aus, daß Pekach nicht bloß Pekachja, sondern auch einen Argob und Arjeh getödtet hat [dies. Auffassung hat LXX Luc. z. St. In den Emendationes macht jedoch der Vf. einen anderen Vorschlag. Vgl. übrigens auch die Bemerkungen von Klostermann und Benzinger z. St.]. Von diesem Factum scheint Zacharia zu sprechen: „Ich ließ vernichten drei Hirten in einem Monate." Diese Annahme ist um so wahrscheinlicher, als Zacharia unter dem thörichten, gewissenlosen König (11, 15 fg. 13, 7 fg.) keinen anderen als Pekach gemeint haben kann. Mit Recht setzen daher mehrere Ausleger Bertheau, Credner und Andere diese Reden Zacharia's in die Zeit Pekach's. V. 10, 16 הנה אנכי מקים רעה בארץ will keineswegs das Auftreten des thörichten Hirten für die Zukunft andeuten, sondern ist lediglich ein Referat des Propheten, über das, was Gott ihm schon früher verkündet hatte, wie 11, 4 fg an die Hand giebt. V. 11, 14 spielt auf die beginnende feindselige Haltung des Zehnstämmereiches gegen Juda an להפר את האחוה בין יהודה ובין ישראל[1]), was eben nur unter Pekach vorgekommen ist, der gegen Juda Krieg geführt hat. Vergl. darüber Frankel-Graetz Monatsschrift, Jahrgang 1874, S. 486 fg., wo erwiesen ist, daß Zacharia noch vor der Invasion des Tiglat-Pileser gesprochen haben muß, also noch nicht zur Zeit Achas, sondern noch zur Zeit Jotham's. Das Exil eines Theils der Israeliten in Assyrien, worauf dieses Stück hinweist (10, 10—11), bezieht sich auf Phul's Invasion und theilweise Deportation der Israeliten. Es folgt also daraus, daß der ältere Zacharia zwei Reden gehalten hat: die eine (Kap. 9—10) tröstend nach Phul's Invasion, und die andere (Kap. 11 und 13, V. 7—9) kurz vor Tiglat-Pileser's Einfall zur Zeit Pekach's.

[1]) Die Verse 9, 13—15, vom gemeinschaftlichen Handeln Juda's und Ephraim's unter einem friedlichen König (vgl. 10, 10) enthält einen räthselhaften und den Zusammenhang störenden Passus ועוררתי בניך ציון על בניך יון. Wie kommt Jawan hierher? Haben denn die Jonier eine so nachtheilige Einwirkung auf die beiden Reiche ausgeübt, daß gegen sie eine Strafandrohung ausgesprochen werden sollte? Setzt man statt בניך יון die Emendation בניך שמרון und erklärt על in der Bedeutung „hinzu", so ist der Passus verständlich und paßt zum ganzen Gedankengange. „Ich werde deine Söhne, Zion, erwecken zu deinen Söhnen, Schomrom". [Vgl. noch Kuenen a. a. O. S. 392 u. König a. a. O. S. 370.]

Hosea II. setzt aber den Untergang vieler israelitischer Könige voraus (7, 7), כל מלכיהם נפלו, setzt ferner voraus, daß es zu der Zeit gar keinen König gegeben hat (10, 3; 13, 11) אתן לך מלך באפי ואקח בעברתי (auch 10, 7b) מלכה כקצף על פני מים, setzt endlich voraus, daß öfter Könige und Führer eingesetzt und abgesetzt wurden (8, 3): הם המליכו ולא ממני השירו ולא ידעתי; (8, 10): ויחלו מעט ממשא מלך שרים. wo LXX eine richtigere L.-A. durchscheinen lassen: κοπάσουσι μικρὸν τὸ χρίειν βασιλέα καὶ ἄρχοντας d. h. ויחדלו מעט ממשח מלך ושרים. Dieses Alles kann nur in dem Interregnum nach Pekach's Tod vorgekommen sein (vergl. Bd. I. S. 473). Dieselbe Zeit setzt der Umstand voraus, daß das Zehnstämmereich bald um die Gunst Assyriens und bald um die Aegyptens buhlte (5, 12; 7, 11; 10, 6; 12, 2). Dieses Buhlen kann nur um die Zeit zwischen Tiglat-Pileser und Salmanassar stattgefunden haben. Hosea II., jüngerer Zeitgenosse Zacharia's, war also der letzte Prophet des Zehnstämmereichs. Selbstverständlich war er auch Zeitgenosse Jesaia's.

Man muß aber noch einen dritten Zacharia annehmen. Denn die Kapitel 12, 13 (minus V. 7—9) und 14 differiren stylistisch durchweg von den Partieen, die dem älteren Zacharia, so wie von denen, welche dem jüngeren angehören. Sie enthalten weder Symbolik, noch Anspielung auf den restaurirten Tempel, wie in den Reden des Letzteren, noch Anspielung auf Ephraim, wie in denen des Ersteren. Die drei Kapitel beschäftigen sich lediglich mit Juda und setzen Aegypten als Feind desselben voraus (14, 18—19). Daß diese Kapitel zusammengehören und nicht zerstückelt werden dürfen, liegt klar am Tage, wenn man 12, 2: וגם על יהודה יהיה במצור על ירושלם mit 14, 14 vergleicht וגם יהודה תלחם בירושלם. Beide Verse setzen voraus, daß auf dem Lande eine feindselige Stimmung gegen Jerusalem herrschte. Auf der andern Seite sah die Hauptstadt verächtlich auf die Landbevölkerung Juda's herab (12, 7). Da Ephraim und Samaria darin nicht mehr vorkommen, so kann diese dritte Partie in Zacharia nur nach dem Untergang des Zehnstämmereichs gesprochen sein. Und da Aegypten als der Hauptfeind Juda's darin erscheint, und die Herrschaft des Götzenthums und der falschen Propheten vorausgesetzt werden (13, 2 fg.), so gehört sie der Zeit nach Josia's Tode und während Jojakims Mißregierung an [So auch mit guten Gründen und unter gründlicher Abweisung späterer Ansetzungen König a. a. O. S. 373 ff.]. Der Hauptinhalt dieser Prophezeiung ist, daß die feindlichen Völker, welche Jerusalem bedrängen, sich zuletzt zu Gott bekennen werden; Aegypten wird besonders namhaft gemacht. Diese Partie hat die entschiedenste Aehnlichkeit mit Jes. 19, V 16 fg., auch formell sind sie einander ähnlich. Das Zacharianische Stück hat in den 41 Versen zwölfmal [siebzehnmal!] den Ausdruck: ביום ההוא, und das Jesaianische Stück hat in den 10 Versen denselben Ausdruck 5 [6!] mal, während in den vorangehenden Versen derselbe nicht ein einziges mal [vgl. jedoch 9, 16. 11, 11] vorkommt. Wie grundverschieden sind auch die letzten 10 Verse von den vorangehenden 16! Hier echte Jesaianische Poesie und Ironie gegen Aegypten und dort nicht einmal eine Spur von Parallelismus, sondern leichte Prosa und eine günstige Prophezeiung für Aegypten, daß es sich zu Gott bekehren werde. Diese Vergleichung führt darauf, daß diese 10 Verse in Jesaia zu den 3 Kapiteln in Zacharia gehören [Vgl. dagegen Luzzatto z. St. Auch Kuenen a. a. O. S 67 ff. hält die Authentie von Jes. 19, 16—25 für wahrscheinlicher als ihre Unechtheit]. Man vergleiche Jesaia 19, 22: ונגף ה' את מצרים נגף ורפא mit Zacharia 14, 18: ואם משפחת מצרים לא תעלה ... עליהם תהיה המגפה אשר יגף ה' את הגוים[1]).

[1]) Das Wort ולא עליהם ist in diesem Vers störend. Peschito hat dafür ואף עליהו, auch LXX haben die Negation nicht.

Reiht man die jesaianischen Verse an die Zacharianischen, so geben beide einen harmonischen Zusammenhang, und zwar muß man jene an den Schluß von diesen anreihen. Sie heben nämlich die Bekehrung Aegyptens hervor. Schon Jesaia V. 17 deutet diese Bekehrung an, wenn man das Wort לחגא recht versteht. Es kann nur von חג = חגג deriviren. לחגא bedeutet „zum Festwallort". אליו יפחד bedeutet: Aegypten wird zu ihm, dem Orte, eilen [S. die zweifellos richtige Interpretation des Satzes bei Luzzatto z. St.] לחגא in dieser Partie ist die Parallele zur andern לחג את חג הסכות. Zacharia 12, 10 spielt auf ein Factum an, das uns unbekannt ist, schwerlich auf den Tod des Propheten Urija, nach Bunsen. והביטו אלי muß wohl emendirt werden in אֵלָיו und das darauffolgende את scheint das Trümmerstück eines Wortes zu sein [Einen anderen Vorschlag macht der Vf. in den Emendationes].

## III. Der Prophet Obadja.

Noch ist ein Wort über Obadja zu bemerken, den einige Ausleger bis zur Zeit Joram's 889 hinaufrücken, und andere bis zum Beginn der seleucidischen Aera 312 hinabrücken, jedenfalls consequenter als Ewald, der nach seiner Zerstückelungsmanie einen Theil alt und einen Theil jung macht. Indessen ist die Zeit eben so deutlich angegeben, wie die Einheit unverkennbar ist. Ibn Esra hat bereits Obadja in die unmittelbar nachexilische Zeit versetzt, was ja deutlich genug die Verse 10—17 voraussetzen; וירשו בית יעקב את מורשיהם erinnert an die Hoffnung der Idumäer, daß sie das Land in Besitz nehmen oder erben werden (Ezechiel 35, 10): יען אמרך את שני הגוים ואת שתי הארצות לי תהיינה וירשנוה. Vers 20 גלות ירושלם spricht ebenfalls deutlich vom Untergang Jerusalems und der „Auswanderung" eines Theils ihrer Bewohner nach ספרד. Dieser Name kann weder Spanien sein nach dem Targum, noch Bosporus nach Hieronymus, sondern muß in Phönicien gesucht werden. Darauf führt der erste Halbvers וגלת החל הזה לבני ישראל אשר [בארץ] כנענים עד צרפת; das Subject וגלת החל gleich החיל kann sich einfach auf einen Theil des judäischen Heeres beziehen, das nach der Einnahme Jerusalem's und nach der Flucht Zedekia's sich zerstreut hatte. גלות bedeutet nämlich nicht bloß zwangsweise Verbannung, sondern auch halbfreiwillige Auswanderung. Vor Jerusalems Unglück sind viele Flüchtlinge in die Nachbarländer gewandert und suchten sich da anzusiedeln. Vergl. Klagel. 1, 3 גלתה יהודה מעני ומרב עבדה היא ישבה בגוים לא מצאה מנוח. Darauf weist ja auch Obadja V. 14 ואל תעמד על הפרק להכרית את פליטיו. Judäische Flüchtlinge sind also auch nach Phönicien gekommen, ein Theil derselben hat sich bis צרפת Sarepta und ein anderer Theil in ספרד angesiedelt Man darf wohl dafür ארוד emendiren, da Aradus eine phönicische Stadt war [Vgl. jedoch Riehm-Bäthgen s. v. Sepharad]. Vers 18, wo von בית יוסף die Rede ist, erschüttert keineswegs die Annahme von der nachexilischen Zeit Obadja's. Denn der darauffolgende Vers setzt doch unzweideutig voraus, daß Ephraim und Samaria nicht mehr existirt haben: וירשו את שדה אפרים ואת שדה שמרון ובנימין את הגלעד. Es ist aber eine Prophezeiung, daß bei der zukünftigen Restauration nicht bloß Juda, sondern auch das Haus Joseph's oder Ephraim oder die Zehnstämme wiederkehren werden. Gerade wie in der deuterojeremianischen Partie (Jeremia 50, 19): ושבבתי את ישראל אל נוהו ורעה הכרמל והבשן ובהר אפרים והגלעד תשבע נפשו u. a. St. Obadja prophezeite also unmittelbar nach dem Exil. Das Stück Jerem. 49, 7. 9. 10. 14 fg. ist aus Obadja entlehnt [Ueber das Verhältniß Obadja's zu Jeremia vgl. die gründlichen Ausführungen Kuenen's a. a. O. S. 351—354]. Denn es gehört nicht Jeremia an, sondern dem Autor der deuterojeremianischen Partie, Kap 50—51. Dafür spricht die Parall. Jerem. 49, 19 הנה כאריה יעלה und das. 50, 44.

Die chronologische Reihenfolge der Propheten ist demnach so zu ordnen:

I. Die vorexilischen Propheten.

1. Unter Jerobeam und Usia: Amos, Joël, Hosea I.

2. Unter Jotham, Achas, Hiskija, Pekach und Hosea: Jesaia, Micha, Zacharia I., Hosea II.

3. Unter Manasse wahrscheinlich Nahum.

4. Unter Josia: Zephanja, Jeremia und die Partie Jes. 24—27.

5. Unter Jojakim und Zedekia: Jeremia, Zacharia II. und Habakuk.

II. Die Propheten unmittelbar nach dem Exil:

Obadja und der Autor der Partie Jesaia 34—35.

III. Die exilischen Propheten:

Ezechiel und dreißig Jahre später der Autor der Partie Jes. 13—14, der Autor der Partie Jeremia 49, 7—22; 50—51 (Deuterojeremia ist von der vorhergenannten abhängig). Deuterojesaia und der Autor der Partie Jes 21, 1—10.

IV. Die nachexilischen Propheten.

Dazu gehören nicht bloß die beiden Zeitgenossen Haggai und Zacharia III, und Maleachi, ein Jahrhundert später, sondern auch der Autor des Buches Jona, das allerdings einen ganz andern Charakter hat.

4.

## Die judäische Aristokratie und die Schwäche des davidischen Königthums.

Einem entscheidenden Entwicklungsproceß in dem judäischen Staatsleben, dem Auftauchen einer übermächtigen Aristokratie, hat man bisher nur wenig Aufmerksamkeit geschenkt, obwohl viele Vorgänge in den letzten 150 Jahren des Reiches Juda erst dadurch das richtige Verständniß erhalten. Auch hier hat sich aus der patriarchalisch-republikanischen Ordnung das absolute Königthum entwickelt, und dieses hatte neben sich sein Correlat, eine Aristokratie. Die Stellung dieser Aristokratie dem Königthum gegenüber muß daher genetisch behandelt werden. Der letzte judäische König Zedekia sprach mit einem unterdrückten Seufzer zu den Fürsten Juda's, als sie den Tod Jeremia's drohend verlangten: „Er ist in eurer Hand, denn der König kann doch mit euch nichts sprechen." (Jeremia 38, 5): כי אין המלך יוכל אתכם דבר. Daraus folgt schon, daß der König gegenüber der Aristokratie ohnmächtig war. Eine Unterredung, die er heimlich mit Jeremia geführt hatte, sollte auf seinen ausdrücklichen Wunsch geheim bleiben, damit die Fürsten nichts davon erführen (das. V. 24—26). Doch diese Abhängigkeit Zedekia's kann in der unglücklichen Zeitlage ihren Grund gehabt haben, weil sie argwöhnisch gegen ihn waren, daß er ein falsches Spiel treibe. Indessen erscheint diese Abhängigkeit des Königthums schon früher unter Chiskija. Liest man die jesaianisch-prophetische Standrede an Schebna (22, 15—25) mit Aufmerksamkeit, so erkennt man daraus die Schattenhaftigkeit des Königs gegenüber den Fürsten. Dieser Schebna führte den Titel סכן, er war על הבית, Palastaufseher und hatte die Macht eines major domus. Es folgt aber aus dieser Rede, daß dieses Amt ein stetiges war. Denn, wie Jesaia Schebna's Sturz prophezeit, fügt er gleich hinzu, daß ein Würdigerer seine Stelle einnehmen werde, nämlich Eljakim ben Chilkijjahu. Dieser Eljakim stammte aus dem davidischen Hause (Vers 23—24) והיה לכסא כבוד לבית אביו ותלו עליו כל כבוד בית אביו. Vorangeht: ונתתי מפתח בית דוד על שכמו, er werde die Schlüssel des Hauses Davids auf seiner Schulter tragen, er werde öffnen und schließen u. s. w., und der Ort, wo Gott ihn feststellen werde, werde ein Ehrenthron für sein väterliches Haus sein. Diese poetische Schilderung involvirt in diesem Abschnitt dreierlei: einmal, daß dieser Eljakim von königlich davidischer Linie war, dann, daß er dieselbe Stellung haben sollte, wie sein Vorgänger, dessen Sturz vorausgesagt wird, und endlich daß mit dieser Stellung (מעמד, מצב) eine ausgedehnte Macht verbunden war. Indem Jesaia Eljakim verheißt, daß die Herrschaft, welche Schebna bis dahin inne hatte, dem Ersteren zugewiesen werden würde, וממשלתך אתן בידו, folgt daraus, daß das Amt des סכן Machtvollkommenheit und Herrschaft in sich schloß, was auch aus dem folgenden hervorgeht והיה לאב לישב ירושלם ולבית יהודה, er werde zum Vater, d. h. zum Angesehenen sein, nicht bloß für die Bewohner der Hauptstadt, sondern auch für das ganze Haus Juda. Da verkündet wird, daß Eljakim, der Würdigere, Schebna's Stelle einnehmen werde, so ist es unzweifelhaft, daß die Machtstellung mit der Person des סכן oder des Palastaufsehers verbunden war. Deshalb sagt auch der Verstheil von Schebna's Sturz aus תמוש היתד התקועה במקום נאמן, der Pflock, der in einem festen Orte eingeschlagen ist, werde weichen, d. h. er werde seine bisher innegehabte Machtstellung einbüßen. Die Frage drängt sich daher auf, wenn der Sochên oder der Palastaufseher diese ausgedehnte, omnipotente Herrschaft über das Reich Juda innegehabt hat, wo blieb da der König? Und die Antwort ergiebt sich von selbst: le roi regnait, mais il ne gouvernait pas. Die Königsmacht war durch den jedesmaligen Palastaufseher beschränkt, dieser war der major domus.

War dem so, so kann man voraussetzen, daß die Rüstungen zum Kriege gegen Sancherib nicht vom König Chiskija, sondern von dem major domus betrieben worden sind. Demgemäß bildet die ganze Prophezeiung in diesem Kapitel ein einheitliches Ganzes, und man braucht es nicht in zwei separate Partieen zu zerlegen. Es besteht lediglich aus zwei Hälften. In der Ersten rügt der Prophet die Kriegsrüstungen, von welchen allein das Heil erwartet wurde und nicht von Gott (V. 11): ולא הבטתם אל עשיה ויצרה מרחוק לא ראיתם. In der zweiten interpellirt er den Machtinhaber Schebna und prophezeit dessen Sturz. Er will offenbar damit sagen, daß die Kriegsrüstungen von diesem ausgegangen seien. Damit schwindet auch das Befremdende, daß der Prophet gerade unter Chiskija's Regierung den Mangel an Gottvertrauen rügt, obwohl dieser König überall als gottesfürchtig und gottvertrauend geschildert wird. Chiskija war allerdings fromm, aber die Fürsten, speciell der major domus, hatten mehr Vertrauen zu weltlichen Mitteln, zu Kriegsrüstungen. Daher wird in allen Jesaianischen Prophezeiungen aus der Chiskijanischen Zeit der König mit Stillschweigen übergangen. Er war bei allen Unternehmungen von den Großen abhängig, oder richtiger ohnmächtig, ebenso wie später Zedekia. Diese, und an ihrer Spitze der Sochên, hatten allein die Entscheidung. Daher stellt diese Prophezeiung die Fürsten an die Spitze כל קציניך נדדו יחד, „alle deine Häuptlinge fliehen allesammt." Die Rügen sind gegen diese gerichtet. ואת בקיעי עיר דוד ראיתם כי רבו ותקבצו . . . . ותתצו ; החומה ומקוה עשיתם. Darunter sind die Fürsten Judas zu verstehen, welche den Krieg und die Vertheidigungsmittel unabhängig vom König und vielleicht gegen seinen Willen geleitet haben.

Auch andere Reden Jesaia's aus dieser Zeit sind gegen die Fürsten gerichtet, so (28, 14): אנשי לצון משלי העם הזה. Bei der Rüge gegen das Bündniß mit Aegypten fehlt die Bemerkung nicht, daß die Fürsten es waren, welche nach Aegypten gegangen waren und dort als Unterhändler gewirkt haben (V. 30, 4) כי היו בצוען שריו ומלאכיו חנס יגיעו[1]). „Die Fürsten waren in Tanis und die Boten langten in Taphnae an." Gegen diese Fürsten ist auch der ironische Passus gerichtet (32, 1. 5): ולשרים למשפט ישרו. „Ueber Fürsten (wird der König) regieren, daß sie nach Recht herrschen sollen", d. h. der König wird künftig im Stande sein, die Fürsten dahin zu bringen, daß sie nicht, wie bisher, ungerecht richten und herrschen sollen. לא יקרא עוד לנדיב נבל, „der Verworfene wird nicht mehr ein Vornehmer, ein Fürst, genannt werden." Die mächtige judäische Aristokratie ist in dieser Rede drastisch geschildert. Der sittliche Zorn dieses und anderer Propheten ist lediglich gegen diese gerichtet — Schebna war der erste, mächtigste und unwürdigste unter den Fürsten Juda's.

Es ist absurd, anzunehmen, daß Schebna ein Ausländer gewesen sei, den Achas etwa aufgenommen, und dem er die mächtige Stellung übertragen hätte. Sollte ihn Chiskija auch noch beibehalten haben? So weit war es noch nicht gekommen, daß Ausländer das wichtigste Amt eingenommen haben sollten. Nein, Schebna war nur nicht vom Hause David's, wie Eljakim, sonst aber ein Judäer, aber er maaßte sich in seiner Macht das Höchste an, sich im Erbbegräbniß der Davididen ein Grabmal auszuhauen. Darum interpellirte ihn Jesaia (V. 16) מה לך פה ומי לך פה כי חצבת לך פה קבר, „was hast du „hier" und wem hast du „hier", daß du dir „hier" ein Grab aushaust?" Das „hier" bezieht sich auf das königliche Grabgewölbe auf dem Berge Zion. Die Stellung eines סכן datirte schwerlich erst aus Chiskija's Zeit, sondern war schon vor ihm vorhanden. Der hohe Beamte על הבית „über den Palast" war wohl stets Verweser. Es läßt sich denken, daß dieses bedeutende Amt in der Regel von einem Seitenverwandten des davidischen Hauses verwaltet wurde. Ein Nebenzweig desselben war das Haus Nathan, welches von einem Propheten neben das Haus David's gewissermaßen paritätisch gestellt wird (Zacharia 12, 12) וספדה הארץ משפחות משפחות לבד משפחת בית דוד לבד . . . משפחת בית נתן לבד. Unter der „Familie des Hauses Nathan" ist wohl unstreitig die jenes Nathan, des Sohnes David, zu verstehen, welche der regierenden Familie am nächsten stand. Da diese Rede Zacharia's II. aus Jojakim's Zeit stammt (s. o. S. 398), so geht daraus hervor, daß die Familie Nathan sich bis zuletzt, bis zum Untergang des Staates erhalten hat.

Die jüdische Aristokratie bestand aus drei Klassen: Die eine bildeten die Prinzen (בני המלך), Oheime, Vettern des jedesmaligen Königs und die Nachkommen der jüngeren Linie (vgl. o. 332, N. 1). Die zweite Klasse waren die Geschlechter, die ראשי האבות, auch זקנים und קצינים genannt. Die dritte bildeten die jedesmaligen Hofbeamten, die Palatini, die עבדי המלך. Jeremia 34, 19 sind die שרי יהודה ושרי ירושלם genannt, und gleich darauf צדקיהו ושריו (V. 21). Unter jenen ist der Geschlechts- und unter diesen der Hof-Adel zu verstehen. Aus Jesaia 5, 8 fg. geht hervor, daß die Aristokraten auf Latifundien ausgingen, Haus an Haus und Feld an Feld rückten.

[1]) Selbstverständlich muß statt חנס gelesen werden תחפנחס [So auch Cheyne und Marti z. Stelle].

Seit wann mag die Macht der judäischen Aristokratie welche den König in Abhängigkeit von ihrem Willen gebracht hatte, datiren? Ein bestimmtes Datum liegt nicht vor. Es scheint, daß ihre Omnipotenz unter Jotham bereits einen hohen Grad erreicht hat. Amazia war durch eine Verschwörung umgekommen, und diese war wahrscheinlich von den Aristokraten ausgegangen, wie die, welche Amon das Leben gekostet hat (Könige II. 21, 23). Usia brachte die letzten Jahre seiner Regierung im Aussatzhause zu, während welcher sein Sohn Jotham Reichsverweser war. Jotham war damals noch jung. Es läßt sich denken, daß die Aristokratie diese halb königslose Zeit zu ihrer Machtvergrößerung benutzt hat. Jotham war kein imposanter Charakter, welcher im Stande gewesen wäre, das Auftreten der Aristokraten zu hemmen. Die erste lange Rede Jesaia's (Kap. 2—5), welche Jotham's Zeit angehört (o. S. 112, N. 2), kämpft bereits gegen die Macht und den Uebermuth der Aristokraten an (vergl. 3, 14 fg.). Die Weiber, gegen deren übermäßigen Luxus, Gefallsucht und Pantoffelherrschaft Jesaia so schneidend losfuhr, waren Aristokratenfrauen. Erst von dieser Zeit an, unter Jotham, Achas, Chiskija und bis zu Ende spielen die שרי יהודה eine einflußreiche Rolle. Die Rede Zephanja's, die er während Josia's Minderjährigkeit gehalten hat, klagt die Fürsten und die Prinzen an, daß sie fremdes Wesen und götzendienerische Bräuche eingeführt haben (1, 8): ופקדתי על השרים ועל בני המלך ועל כל הלבשים מלבוש נכרי. Erst dadurch ist so vieles Räthselhafte in der judäischen Geschichte erklärbar. Es ist wohl Thatsache, daß Chiskija das Götzenwesen aus dem Lande gewiesen hat, und doch begann es unter seinem Sohne Manasse zu wuchern und behauptete sich bis zum 18. Jahre Josia's. Ganz gewiß hat es Manasse selbst nicht wieder eingeführt; denn er war im Beginn seiner Regierung noch ein Knabe. Demnach haben es gewiß lediglich die Aristokraten eingeführt. Darum wiederholte es sich nach Josia's Tod, und seine Purification wurde ebenso illusorisch wie die Chiskija's. Gegen die Aristokraten entbrannte daher ganz besonders der Eifer der Propheten, weil diese in der nachjesaianischen Zeit das Heft in Händen hatten. Zuweilen werden sie in der Apostrophe angeführt, wie (Micha 3, 1): שמעו נא ראשי יעקב oder unter der Benennung בית מלך יהודה (Jeremia 21, 11 fg.), womit der Hofadel, die Prinzen und die Würdenträger gemeint sind. Aber auch da, wo die Aristokraten nicht ausdrücklich genannt sind, galten die Strafreden der Propheten im Allgemeinen lediglich ihnen, weil sie die Tonangeber für die Nachäffung des Fremden, der Götzenkulte und der Modelaster waren.

## 5.

## Jesaia's Schule und der Kreis der Anawim.[1]

Die Thatsache ist noch nicht hervorgehoben, welche für Jesaia's Thätigkeit von Wichtigkeit ist, daß er einen Jüngerkreis um sich gesammelt hat. Allerdings liegt dieses Factum nicht so offen, wie bei Samuel, wo von dem חבל נביאים, und wie bei Elia und Elisa, wo von den בני הנביאים historisch erzählt wird. Aber Andeutungen sind genug in Jesaia's prophetischen Reden vorhanden, welche dieses Factum constatiren. Deutlich genug spricht dafür V. 8, 16 צור תעודה חתום תורה בלמדי, d. h. so viel wie בקרב למדי: „Binde ein die Warnung und

[1] [Vgl. hierzu des Vf.'s „Kritischen Commentar zu den Psalmen (Breslau 1882/3) I, 20—37, bes. S. 27 ff. und das Buch Isidor. Loeb's „La littérature des pauvres dans la bible" (Paris 1892, 8)].

verschließe die Belehrung innerhalb meiner Jünger." Diese למדים bedeuten dasselbe wie למודי ה׳ Jesaia 54, 13 und wohl auch das. 50, 4 zweimal למוד ist die ältere Form für das spätere תלמיד. Von diesen Jüngern wird ohne Zweifel ausgesagt, daß sie ישבים לפני ה׳ sind, „sie sitzen vor dem Herrn", d. h. sie sitzen im Tempel. Es wird prophezeit (Jes. 23, 18): daß der von Tyrus nach seiner Wiederherstellung gesammelte Reichthum denen zu Gute kommen werde, welche „vor dem Herrn sitzen, damit sie zur Sättigung zu essen und zur Pracht Kleidung haben sollten" כי לישבים לפני ה׳ יהיה סחרה לאכל לשבעה ולמכסה עתיק. Dabei ist allerdings zunächst an Leviten zu denken, welche im Tempel ihren beständigen Aufenthalt hatten. Einer derselben sprach in einem Psalm als höchsten Wunsch aus (27, 4), daß es ihm vergönnt sein möge, sein Lebenlang im Tempel zu weilen, um die Gnade Gottes zu schauen שבתי בבית ה׳ כל ימי חיי. Derselbe Levite bekundet sich zugleich als Sänger und Dichter (V 6): ואזבחה באהלו זבחי תרועה אשירה ואזמרה לה „Ich will Opfer des Jubels darbringen, ich will lobsingen und preisen den Herrn". Denselben Wunsch drückt auch Psalm 23, 6 aus: ושבתי בבית ה׳ לארך ימים, ושבתי סט für וישבתי steht, wie Olshausen und Hupfeld mit Recht annehmen. Wir haben demnach die Identität der למודי ה׳, „der Jünger Gottes," und der ישבים לפני ה׳, der im Tempel Weilenden. Es gilt aber zu beweisen, daß solche Jünger sich um Jesaia geschaart haben.

Als ein schwieriger Vers gilt Jesaia 29, 22--23: לא עתה יבוש יעקב ולא עתה פניו יחורו כי בראותו ילדיו מעשה ידי בקרבו יקדישו שמי והקדישו את קדוש יעקב ואת אלהי ישראל יעריצו. Ewald hat diesen Vers so sehr mißverstanden, daß er das Wort ילדיו ganz hinauswerfen zu müssen glaubte, mit der durch nichts erwiesenen Behauptung, es sei durch irgend ein Mißverständniß hineingekommen. Allein da sämmtliche alte Versionen dieses Wort hier vor sich gehabt haben, so müssen wir es beibehalten und zu erklären suchen. Ja, recht verstanden, bildete es die Pointe des Verses. Jakob, als Volk, wird trotz der Verirrung und Verkehrtheit nicht beschämt werden und nicht erblassen. „Denn wenn er in seiner Mitte seine Kinder -- mein Werk, meine Schöpfung -- sehen wird, daß sie (diese Kinder) meinen Namen heiligen, so wird auch er (Jakob) den Heiligen Jakob's heiligen und den Gott Israel's verehren" Der Sinn ist klar: Das Volk wird sich an seinen Kindern ein Beispiel nehmen. Die scheinbaren Dunkelheiten des Verses schwinden, wenn man den Sinn richtig auffaßt. מעשה ידי bildet Apposition zu ילדיו und die Kinder, welche Gott heiligen, sind Gottes Werk. Dieser Ausdruck wird nicht bloß von Sachen, sondern auch von Personen gebraucht. Vergl. Jesaia 60, 21 ועמך כלם צדיקים . . . מעשי ידי להתפאר. Das Wort בקרבו bezieht sich auf Jakob im Singul., also כי בראותו בקרבו ילדיו מעשה ידי. Im zweiten Halbvers wird von Jakob, dem Volke, der Plural gebraucht, wie öfter bei Sammelnamen bald Sing. und bald Plur. Der Sinn ist also: Das Volk wird sich ein Muster an den aus ihm hervorgegangenen oder in seiner Mitte lebenden Kindern nehmen, es wird, wie diese, Gott allein verehren und heiligen. Diese Kinder sollen zum Vorbilde dienen. Merken wir wohl, daß diese Kinder nicht die des Propheten, sondern Jakobs, des Volkes, genannt werden. Die „Kinder Jakobs", welche zugleich das Werk Gottes sind, können nur mit den „Jüngern Gottes" identisch sein. Wir müssen uns darunter Jünglinge denken, welche sich von der Verderbniß der Zeit fern gehalten hatten und einem sittlichen und religiösen Leben zustrebten. Diese Jünglinge — wir müssen immer wieder auf den Grundgedanken zurückkommen — sollen und werden, wie Jesaia hoffte, den Vätern zum Beispiel und Vorbilde dienen.

Wir können jetzt einen Schritt weiter gehen. An einer andern Stelle spricht Jesaia (8, 18), als er eben die „Jünger" Gottes genannt hatte:

הנה אנכי והילדים אשר נתן לי ה׳
לאותות ולמופתים בישראל.

„Sieh', ich und die Kinder, die mir Gott gegeben hat, sind oder dienen zum Zeichen und zum Vorbilde." Aeltere Commentatoren haben bereits in diesen Kindern Schüler oder Jünger Jesaia's erkannt. In der That kann man dieses Wort nicht anders auffassen. Denn hätte der Prophet seine eigenen Kinder im Sinn gehabt, wie andere Ausleger es auffassen, so hätte er ein Pronomen gebrauchen und ילדי sagen müssen. Auch hätte Jesaia von seinen Kindern nicht im Plural sagen können, daß sie durch ihre Namen eine prophetische Bedeutung für die späte Zukunft haben sollen. Denn er hatte nur einen Sohn mit einem bedeutungsvollen Namen שאר ישוב. Der Name des Zweiten מהר שלל חש בז sollte doch keine dauernde, sondern nur eine vorübergehende Bedeutung haben, daß die Beute Rezins und Pekachs bald dem Feinde verfallen werde. Von einem Sohne mit einem so ephemeren Zeichen kann er, unmöglich gesagt haben, daß er für Israel's Zukunft von weittragender Vorbedeutung sei. Was das Kind Immanuel betrifft, so war dieses durchaus nicht der Sohn Jesaia's, wie die dogmatisch abgeschmackte Exegese seit beinahe zweitausend Jahren behauptet, Immanuel war vielmehr der Sohn der עלמה während das Kind מהר שלל als das Kind der Prophetin, seiner Frau, ausgegeben wird. Folglich hatte Jesaia, so viel wir wissen, nur einen einzigen Sohn, dessen Namen für die entfernte Zukunft Bedeutung haben sollte, nämlich Scheâr-Jaschûb, und so kann die Stelle von den „Kindern" nicht seine Söhne involviren. Endlich, in wie fern sollte Jesaia selbst als Zeichen dienen? Etwa vermöge seines Namens? Aber dieser Name wird ja niemals allegorisch gedeutet, und er theilte ihn mit vielen anderen untergeordneten Personen.

Beachtet man aber die Verdoppelung des Ausdruckes לאותות ולמופתים, so kann man den tieferen Sinn dieser Stelle nicht verkennen. Immanuel sollte Achas bloß als אות, „als Zeichen" dienen, d. h.: wenn dieses vorausverkündete Factum eintreffen wird, so wird es die Gewähr in sich tragen, daß auch die vom Propheten vorausverkündete Rettung eintreffen wird (7, 11. 14 fg.). Dagegen wird der Gang des Propheten ohne Oberkleid (ערום) und barfuß zugleich als אות ומופת bezeichnet (20, 3—4). Als Wahrzeichen kann dieser Gang unmöglich angenommen werden, sondern lediglich als Vorbedeutung und Vorbild. So wie Jesaia barfuß und unanständig einherging, so werden auch die Gefangenen Aegyptens und Aethiopiens barfuß und nackt von dem assyrischen König deportirt werden. Nur dieser Sinn kann dieser Stelle zu Grunde liegen. מופת bedeutet also bei Jesaia Vorbild. Diese Bedeutung wird auch durch Ezechiel bestätigt (12, 6. 11): אני מופת נתתיך לבית ישראל und מופתכם כאשר עשיתי כן יעשה לכם „Ich bin euer Vorbild, so wie ich gethan, so wird euch gethan werden". Ebenso das. 24, 24: והיה יחזקאל לכם למופת ככל אשר עשה תעשו „Was er gethan, werdet auch ihr thun". מופת bedeutet auch in einem höhern Sinn Vorbild, d. h. Muster, nach dem sich Andere richten (Zacharia 3, 8): אתה ורעיך הישבים לפניך כי אנשי מופת המה. „Du und deine Genossen, denn sie sind Männer des Vorbildes, Mustermänner". In diesem Sinn ist auch jener Vers zu verstehen: „Sieh', ich und die Kinder (oder Jünglinge), die mir Gott gegeben[1]) (oder zugesellt hat), sind zum Zeichen und Vorbild von Seiten des

[1]) Man stoße sich nicht an dem Verbum נתן, das hier in Verbindung mit ילדים gebraucht wird. Es wird auch von Personen gebraucht, wenn sie in einem

Herrn Zebaoth". Darum, weil Gott ihm solche beigegeben hat, die als Vorbilder dienen können, so hoffte Jesaia auf Gott, obwohl er gegenwärtig sein Antlitz von Jakob gewendet hat (ומסתיר פניו מבית יעקב), daß bessere Zeiten kommen werden; diese Vorbilder werden eine Besserung herbeiführen. Es ist ungefähr dasselbe, was wir aus Vers 29, 22—23 gelesen haben. Hier und dort ist von denselben ילדים die Rede: sie sind identisch mit den למודים [So übrigens schon Luzzatto z. St.]. Das Wort ילדים bedeutet übrigens auch erwachsene Jünglinge.

Halten wir das Gewonnene fest. Die „Jünglinge, oder למודים, die Jünger" gehörten zu Jesaia. Gott hat sie ihm beigegeben, d. h. er hat sie erworben oder richtiger erzogen und belehrt. Er hat also eine Schule gegründet. Es sind dieselben, von welchen ausgesagt wird, daß sie vor dem Herrn, d. h. im Tempel sitzen und weilen. Es waren Sänger und Leviten darunter. Wir können noch einen Schritt weiter gehen. Unmittelbar vorher, ehe Jesaia von den Kindern oder Jünglingen spricht, daß sie durch ihre Anhänglichkeit an Gott das Haus Jakob zur Verehrung desselben bringen werden, spricht er von den „Sanftmüthigen," welche in Folge der Wandlung an Freude zunehmen, und von den Armen, die in Gott jubeln werden (29, 19): ויספו ענוים בה׳ שמחה ואביוני אדם . . . . יגילו. Diese Sanftmüthigen müssen demzufolge durchaus mit den Musterjünglingen, welche als Gottes Werk bezeichnet werden, in Verbindung stehen, oder gar mit ihnen identisch sein. Mit einem Worte, die Jünger Jesaia's werden zugleich ענוים, „Sanftmüthige, Dulder" genannt. Das ist nicht etwa ein begriffsleeres Wort, sondern es bedeutet eine hohe Tugend. ענוה „Sanftmuth" wird neben der Gerechtigkeit und Treue gerühmt. Diese ענוים werden zugleich als אביונים, oder noch stärker, als אביוני אדם die „Aermsten unter den Menschen" bezeichnet. Auf diese Armen und Sanftmüthigen oder sanftmüthigen Armen legte Jesaia viel Gewicht, sie bilden bei ihm den Mittelpunkt der Heilsverkündigung, die nur ihretwegen sich vollziehen werde. In der Prophezeiung nach dem Tode Achas' (14, 28. 32) werden zwei Momente hervorgehoben, daß Philistäa vernichtet werden und die Armen einen Aufschwung nehmen werden. Wichtig ist der letzte Vers: ומה יענה מלאכי גוי כי ה׳ יסד ציון ובה יחסו עניי עמו (Vergl. o. S. 218, N. 2). Das soll man oder soll der König, nach Jesaia's Rath, den Gesandten des Volkes oder der Völker antworten: daß Gott, der Zion gegründet hat, es auch schützen werde, und in ihm werden die Armen seines Volkes Schutz finden. So ist die Einheit dieser Prophezeiung hergestellt. Besondere Rücksicht wird hier also auf die עניי עמו genommen. Nur diese werden in Zion Schutz finden; es ist derselbe Gedanke wie in 4, 3: Wer in Zion und Jerusalem übrig bleiben wird, wird heilig genannt werden, und alle die zum Leben aufgezeichnet werden sollen, werden in Jerusalem sein. Die heilige Stadt wird die Heiligen schützen. Diese „Heiligen" sind identisch mit den עניי עמו, den Armen des Gottes-Volkes, d. h. mit den ענוים. In der der Chiskijanischen Zeit angehörenden Prophezeiung (10, 5 g.) werden ebenfalls die ענוי ארץ besonders hervorgehoben (11, 4), gerade so wie in Ps. 72 (vgl. über die Bedeutung der Anawim, Monatsschrift, Jahrg. 1869, S. 1 fg.). Die Sanftmüthigen werden von den

Connex zu einer anderen Person stehen. So von den Leviten (Numeri 3, 9; vgl. 8, 19): ונתתה את הלוים לאהרן ולבניו; (Zacharia 3, 7): ונתתי לך מהלכים בין העומדים האלה.

Propheten und Psalmisten als „Gottes Volk" κατ' ἐξοχήν bezeichnet. Daher in Ps. 72, 2 der Parallelismus:

ידין עמך בצדק

.ועניך במשפט

Denn die Anawim oder Armen oder Dulder waren ganz besonders die Gottsuchenden (Ps. 22, 27): יאכלו ענוים וישבעו יהללו ה' דרשיו; (Ps. 69, 33): ראו ענוים ישמחו דרשי אלהים. Sie sind identisch mit den „Frommen" und „Herzensgeraden" (Ps. 32, 11): שמחו בה' וגילו צדיקים והרנינו כל ישרי לב, und mit denen, welche Gottes Rechtsvorschrift ausführen (Zephanja 2, 3): בקשו את ה' כל ענוי הארץ אשר משפטו פעלו Sie waren die „Gottvertrauenden" החסים בו oder חוסי בו, und wurden ausdrücklich Heilige genannt (Ps. 34, 10): יראו את ה' קדשיו כי אין מחסור ליראיו. Nur eine eigensinnige verrottete Exegese kann leugnen, daß die Bezeichnung ענוים, אביונים, דלים von Jesaia abwärts von einer concreten Volksklasse gebraucht wird, welche die Propheten und Psalmisten als den Kern und das Herz des Volkes, als das eigentliche Volk Gottes, betrachtet haben, um derentwillen wunderbare Ereignisse und ein völliger Umschwung eintreten werde. Diese Klasse der „Gottvertrauenden" und „Gottsuchenden" erhielt sich bis ins Exil, und sie bildete die Stammgemeinde. Wenn die Propheten des Exils von der Erlösung und der Rückkehr verkündeten und die Psalmisten davon sangen, so fügten sie stets hinzu, daß diese wunderbare Veränderung den „Anawim" zu Gute kommen werde (vergl. Note 9). Hat es eine solche Klasse von „Gottsuchenden, Gottvertrauenden, Heiligen, Sanftmüthigen, armen Duldern" gegeben, so blieben sie wohl nicht vereinzelt, sondern verbanden sich ohne Zweifel zu einer eigenen Gemeinde. Auch dafür giebt es Andeutungen in der Litteratur; Ps. 89, 6 kommt der Ausdruck קהל קדשים, „Versammlung von Heiligen" vor. Diese „Heiligen" bedeuten keineswegs die Himmlischen, sondern die „Frommen", wie Ps. 34 (s. o. und Deuteron. 33, 3). Der Sinn ist: „die Himmel erkennen deine Wunder an und deine Treue (die du bewährest) in der Versammlung der Heiligen". Ebenso muß Vers 8 gefaßt werden: אל נערץ בסוד קדושים רבה „Gott wird verehrt in der großen Versammlung der Heiligen". Von Engeln kann in dieser Stelle durchaus nicht die Rede sein. Eine Parallele dazu bietet Ps. 111, 1: בסוד ישרים ועדה. Hier haben wir unverkennbar eine „Rathsversammlung," eine „Gemeinde der Geradewandelnden," d. h. der Frommen, Anawim, der Heiligen. Waren sie in einem Verbande vereinigt, so muß sie eine dominirende Persönlichkeit vereinigt haben, und das kann nur ein Prophet gewesen sein. Da nun, wie oben erwiesen ist, der Prophet Jesaia Jünger (למודים) oder Jünglinge (ילדים) um sich geschaart hatte, auf denen seine Hoffnung beruhte, daß sie dem ganzen Hause Jakob's zum Muster dienen werden, auf daß auch dieses Gott heiligen soll, so kann man wohl annehmen, daß dieser Prophet es war, welcher die Anawim zu einem Verbande vereinigt hat. Prophetenjünger waren sie nicht; denn diese Bezeichnung kommt in der Litteratur nach Amos nicht mehr vor. Die בני הנביאים gehörten lediglich dem Zehnstämmereich an. Als Jünger und Nachfolger Elia's und Elisa's beobachteten diese die Aeußerlichkeit des Nasiräerthums, wie aus Amos' Worten ersichtlich ist. Von diesem Nasiräerthum ist bei den Anawim keine Spur vorhanden. Sie bildeten also eine neue Institution im Reiche Juda, allerdings analog den Prophetenjüngern im Zehnstämmereich, aber doch verschieden von ihnen. Ihr Stifter war, man kann nicht daran zweifeln, Jesaia. Unter ihnen befanden sich unstreitig Leviten, welche im Tempel Gottes weilten und mit Gesang und Saitenspiel seine Herrlichkeit verkündeten. Ein großer Theil des Psalters legt Zeugniß für ihr Dasein ab; denn ohne diese Voraussetzung ist dieser Theil vollständig räthselhaft. Unter Chiskija wurden sie an den Hof berufen und spielten da eine einflußreiche Rolle (vergl. Note 7), und während des babylonischen Exils bildeten sie die חרדים על דבר ה' (vergl. Note 9).

## 6.

## Composition der Thora oder des Pentateuchs.

Eine gründliche und erschöpfende kritische Beleuchtung der Composition und Abfassungszeit des Pentateuchs könnte in einem Buche erledigt werden, die Widerlegung der Irrthümer und der schiefen Urtheile, welche bezüglich dieser Frage verbreitet sind, würde aber ganze Bände erfordern. Der Historiker der israelitischen Geschichte kommt dadurch in große Verlegenheit. Er darf diesen Punkt nicht übergehen und darf ihm doch nicht die Ausführlichkeit widmen, soll die Anmerkung dazu nicht zu einem Volumen anschwellen, wie sie in weitläufigen Monographien oder auch nur in den Einleitungsschriften zum alten Testamente gegeben ist. Der Historiker muß sich auf das Allernothwendigste beschränken, um seinen Standpunkt in dieser kritischen und dornigen Frage anzugeben. Er muß dadurch in Conflict mit den Fachmännern gerathen, deren Namen mit dieser Frage eng verknüpft sind. Immerhin. Vielleicht gelingt es, die Erledigung dieser Frage auf ein geringes Maaß zu reduciren, und den apparatus criticus zum Pentateuch, der in seiner gegenwärtigen Gestalt fast unübersehbar und überwältigend ist, seines Ballastes zu entledigen und die Schlagwörter, Formeln und Hypothesen, welche seit einem Jahrhundert ein Geschlecht dem andern überliefert, und die oft unbesehen als richtige Voraussetzungen angenommen werden, aus der Welt zu schaffen. Ein Ansatz dazu ist in neuester Zeit bereits gemacht worden.

Um die Leser in den Stand zu setzen, sich ein selbstständiges Urtheil über Composition und Abfassungszeit der Thora zu bilden, ist es nothwendig, die Genesis der kritischen Erörterungen und Hypothesen vorauszuschicken, denn alle Irrthümer und Rechthabereien, die sich bei der Behandlung dieser Frage kund geben, stammen von diesem Ursprung.

Der erste, welcher einen Zweifel an der Integrität des Pentateuchs ausgesprochen hat, war kein Fachmann, sondern ein jüdischer Arzt und Hofmann an einem maurisch-spanischen Hofe, Isaak Ibn-Kastar Ben Jaschusch (st. 1056), bekannter unter dem Namen **Jizchaki**. Denn wenn auch Hieronymus Esra den „instaurator Pentateuchi“ nennt, so wollte er damit keineswegs ein kritisches Urtheil aussprechen, sondern die Ansicht seiner jüdischen Lehrer wiedergeben, daß Esra, der die Thora in die Gemeinde verpflanzt hat, gleichsam ihr Wiederhersteller gewesen sei. Jizchaki dagegen sagte gerade heraus, daß die Partie von den Königen Idumäa's (Genesis 36, 30 fg.) erst in Josaphat's Zeit in den Pentateuch hineingekommen sei (Ibn-Esra z. St.): יצחקי אמר בספרו כי בימי יהושפט נכתבה זאת הפרשה . . . . . וחלילה וחלילה שהדבר כמו שדבר וספרו ראוי להשרף. Der Schelm Ibn-Esra, der sich sehr entrüstet gegen diesen Ausspruch stellte, hat aber bekanntlich noch viel Verfänglicheres aufgestellt, und es darum in Form eines Geheimnisses angedeutet in der bekannten Stelle zu Deuteronom. 1, 1 ואם תבין סוד „השנים עשר“, גם „ויכתב משה“, „והכנעני או בארץ“, „בהר ה' יראה“, גם „והנה ערשו ערש ברזל“, הכיר האמת.

In dieses Geheimniß hat er seine Ansicht gehüllt, daß nicht der ganze Pentateuch von Mose stammen könne, weil auch in den übrigen Büchern außer dem Deuteronomium Mose von sich in der dritten Person gesprochen, weil u. a. ferner die noch dauernde Anwesenheit der Kanaaniter in Palästina darin vorausgesetzt und auf den Berg Morija, den Tempelplatz, angespielt werde. Diese kritische Andeutung Ibn-Esra's diente bekanntlich Spinoza zum Ausgangspunkte seiner Annahme, daß Esra der Verfasser des Deuteronomium und ebenso der übrigen vier Bücher gewesen sei. Er habe zuerst das Erstere geschrieben und dann die übrigen Bücher daran angereiht, sei aber durch den Tod verhindert gewesen, sie abzurunden, und daher stamme das Lückenhafte und Unzusammenhängende in der Diction des Tetrateuch. Spinoza war ein Originaldenker erster Größe in der Philosophie, aber von Geschichte und litterarischer Kritik verstand er eben so wenig, wie seine Zeit, noch weniger als **Richard Simon**. Obwohl diese Hypothese den Stempel der Absurdität an sich trägt und gar nicht den Namen der Kritik verdient und gegenwärtig nur noch von den Marodeuren der alttestamentliche Exegese festgehalten wird, so hat sie doch zu ihrer Zeit viel Anklang gefunden. Ein Unberufener, der ihr entgegentreten und die Geschichtlichkeit der Genesis retten wollte, hat es nur noch schlimmer gemacht. Der Arzt Jean Astrüc (st. 1766), um die scheinbaren Widersprüche und Wiederholungen in der Geschichte der Genesis bis zum Beginne des Exodus zu rechtfertigen, von dem zweifachen Gebrauch der Gottesnamen אלהים und ה' in derselben ausgehend, nahm zwei **Haupturkunden** über die vormosaische Geschichte an, die, man weiß nicht recht wie, zusammengeflossen seien. Die anonym erschienene Schrift ist betitelt: Conjectures sur les mémoires originaux, dont il paroit, que Moyse s'est servi pour composer les livres de Genèse (Bruxelles 1753). Die eine Urkunde (A) erzähle die Geschichte stets mit dem Gottesnamen **Elohim** und die andere (B) dieselbe Geschichte, nur hin und wieder modificirt, mit dem Gottesnamen **Ihwh**. Außerdem nahm Astrüc noch mehrere kleinere Urkunden an, die in die Genesis verwebt sein sollen. So Genesis c. 14 die Geschichte von Kedarlaomer, von Lot und Abraham; 19, 29—38 die Geschichte von Lot und seinen zwei Töchtern; 22, 20—24 die Descendenz Nachors; 25, 12—18 die Nachkommen Ismaëls und noch einige kleinere Partieen. In der Geschichte der Sündfluth sollen drei Quellen zusammengeflossen sein. 7, 19 gehöre der Urkunde A an, V. 20 einer Urkunde C, V. 21 der Urkunde B, V. 22 wiederum A, V. 23 wiederum C und V. 24 soll gleichlautend in allen drei Urkunden gestanden haben.

Diese Astrüc'sche Hypothese fand rauschenden Beifall bei den rationalistischen Exegeten und beherrschte die Exegese in protestantischen Kreisen so tyrannisch, daß sich ihr selbst spiritualistisch-gläubige Ausleger nicht entziehen konnten. Astrüc hatte Takt genug, die Unterscheidung von Elohistischen und Jhwistischen Urkunden auf die Genesis und die ersten Kapitel des Exodus zu beschränken, weil hier der Wechsel der Gottesnamen in die Augen springt. Die nachfolgenden Exegeten dagegen haben diese Hypothese auch auf die übrigen drei pentateuchischen Bücher angewendet, und einige haben den Namenwechsel als ein so unfehlbares Kriterium angenommen, daß sie auch in den Psalmen elohistische und jhwistische Partieen unterschieden. Da sich indessen dieses Kriterium als unzulänglich erwies, um durchweg zweierlei Urkunden im Tetrateuch (denn das Deuteronomium wurde von den meisten davon ausgenommen), fixiren zu können, so verlegten sich die Anhänger dieser Hypothese darauf, **Hilfskriterien** zu suchen, glaubten in Styleigenheiten und Sprachgebrauch eine Verschiedenheit der Verfasser zu erkennen und berechtigt zu sein, zusammenhängende Partieen zu trennen und sie verschiedenen Verfassern oder Redactoren und verschiedenen Zeiten zuzuweisen. Da sich aber viele Partieen widerhaarig gegen diese Zweitheilung erwiesen, so nahmen die eigensinnigen Ausleger, statt in ihrer Sicherheit erschüttert zu werden, eine noch weiter gehende Theilung und Scheidung vor. Mehrere begnügten sich mit einer Dreitheilung in einer Grundschrift, eine Jhwistische Urkunde und noch dazu eine Ergänzungs- oder Ueberarbeitungspartie; diese Ergänzung beliebten Einige die Partie des zweiten Elohisten zu nennen. Man formulirte sogar, ohne irgend einen kritischen Anhaltspunkt dafür zu haben, die drei Partien als eine annalistische, eine theokratische und eine prophetische. Andere gingen in der Zerstückelung noch weiter, so namentlich Ewald und Knobel, ohne jedoch in der Scheidung eine Uebereinstimmung zu erzielen. Es würde zu weit führen, alle die Einfälle und Willkürlichkeiten auseinander zusetzen, welche aus der Astrüc'schen Hypothese geflossen sind. Man lese das Nachwort von Merx zur zweiten Auflage von Tuchs Comment. über die Genesis (1871) und Keils Lehrbuch der historisch-krit. Einl. ins a. Test. (3. Aufl. 1873, S. 72 fg. [und W. H. Green, die höhere Kritik des Pentateuchs. Deutsch von O. Becher (1897) S. 82 ff. Weitere Litteratur s. das. S. 203 ff. u. Strack Einl. in das alte Testament (5. Aufl., 1898) § 96, S. 216 bis 219]; es ist eine vollständige Krankheitsgeschichte der Versuche, den Pentateuch zu zergliedern, oder noch etwas Schlimmeres. Nicht zwei der tonangebenden Exegeten oder Kritiker, obwohl von derselben Voraussetzung ausgehend, stimmen in Vertheilung des Stoffes an die eine oder andere Quelle und in der Bestimmung der Abfassungszeit derselben überein. Manche haben ihre früher aufgestellte Ansicht als falsch erkannt, bald aufgegeben und eine andere aufgestellt, die nicht haltbarer ist. Ein schlimmes Zeichen für die von der Astrüc'schen Hypothese dominirte Pentateuch-Kritik. Mit Recht nennt Merx diese Hypothese „die verhängnißvolle Astrüc'sche Entdeckung," der die geringen Fortschritte der Pentateuchforschung beizumessen seien (Nachwort S CXV). Nur die Geschäftsnachfolger de Wette's arbeiten mit ungeschwächten Kräften unter dieser banquerotten Firma weiter [Präciseres über de Wette s. bei Green a. a. O. S. 106 ff].

Die Irrthümlichkeit dieses Kriteriums zeigt sich von einer Seite so recht eclatant. Es wird in der Regel nur auf die Genesis und allenfalls auch auf die historischen Partieen des Pentateuchs angewendet. Auch bei oberflächlicher Kenntniß des Hebräischen kann man auf diesem Gebiete leidlich operiren, hier ein Glied amputiren, dort ein gesundes Stück ausschneiden — denn ohne solche gewaltsame Operationen kann diese Schule nichts ausrichten — und sich einbilden und Andere glauben machen, man habe mit solchen verstümmelnden Operationen einen Organismus geschaffen, der Hand und Fuß habe. Allein im Pentateuch und namentlich in den drei letzten Büchern des Tetrateuchs, die sich doch jedenfalls als ein abgeschlossenes Ganzes geben, befinden sich umfangreiche Massen von Gesetzespartien, die sich mit der Schablone Elohismus, Jhwismus und Deuteroelohismus schlechterdings nicht erklären lassen. Bei gründlicher Betrachtung stellt sich heraus, daß die Gesetzestheile den Kern und Mittelpunkt des Tetrateuchs und des Deuteronomiums bilden. E. Bertheau's grundlegende Forschung: „die sieben Gruppen der mosaischen Gesetze in den drei mittleren Büchern des Pentateuchs" hat an dem constanten Zahlenverhältniß die geschlossene Zusammengehörigkeit der legislativen Partieen zur factischen Gewißheit erhoben. Darauf lassen sich die landläufigen Formeln nicht anwenden. Denn welchem der angeblichen Verfasser, Diaskeuasten oder Redactoren sollen diese Partieen angehören? Nur Nöldeke hat es erkannt, daß das Geschichtliche im Pentateuch nur Beiwerk, das Gesetzliche dagegen das Wesentliche ist (Untersuchungen z. Kritik d. alt. Test. 1869), und nur er und Graf sind auf diese legislativen Theile näher eingegangen. Der Letztere gelangte aber zu Consequenzen, welche schon der einfache historische Tact als unhaltbar zurückweisen muß, und Beide konnten sich von der Hypothese nicht losmachen, daß der Autor des Pentateuchs doch noch einen spätern Redactor voraussetze. Dieser Punkt soll übrigens später zur Sprache kommen. Hier gilt es nachzuweisen, daß die Elohim-Jhwh-Urkundentheorie mit oder ohne Diaskeuasten nur ein schlechter Einfall ist und nicht einmal die Ehre verdient, als Hypothese zu figuriren.

Wir wollen uns eine Reihe von Versen vergegenwärtigen, in denen entweder der Name Jhwh vorherrschend ist, und die doch auch den Namen Elohim enthalten und vice versa, woraus sich ergeben wird, daß diese Scheidungstheorie auf Sand gebaut ist. — Genesis 4 gilt den Anhängern dieser Hypothese als ein Jhwistisches Stück, weil dieser Gottesname 10 mal darin vorkommt, aber hintereinander wird erzählt Vers 25 u. 26: כי שת לי אלהים . . או הוחל לקרא בשם ה׳. Das. 7, 16 in einem Verse: צוה אתו אלהים ויסגר ה׳ בעדו. Das. 9, 26 bis 27: ברוך ה׳ אלהי שם . . . יפת אלהים. Das. Kap. 17 durchweg elohistisch, aber im Eingang וירא ה׳ אל אברם. Das. 28, 20—21 in einem und demselben Gebet אם יהיה אלהים עמדי . . . והיה ה׳ לי לאלהים. Kap. 30 durchweg elohistisch, aber V. 24 יסף לי ה׳ בן אחר, und ebenso Kap. 31 inmitten der elohistischen Partie V. 49 יצף ה׳. In Exodus, in der schönen und abgerundeten Erzählung von der ersten Offenbarung an Mose Kap. 3 kommt in 15 Versen 7 mal אלהים und eben so oft ה׳ vor, und in V. 4 hintereinander וירא ה׳ . . ויקרא אליו אלהים. Das. 6, 3 in einem Athemzuge וידבר אלהים . . . אני ה׳. Und nun gar die Offenbarung der Zehngebote das. 20, sie beginnt וידבר אלהים את כל הדברים האלה . . אנכי ה׳ אלהיך. Die feinsten Auslegungskünste vermögen solche Thatsachen nicht hinwegzuräumen[1]). Als wenn der Autor selbst diese Urkundentheorie hätte ad absurdum führen wollen, gebraucht er ausnahmsweise מלאך אלהים gerade in einem sg. Jhwistischen Stücke (Exodus 14, 19), während sonst stets מלאך ה׳ vorkommt, selbst in elohistischen Partieen, wie Genesis 22, 11. Um die ganze Haltlosigkeit dieser Methode kennen zu lernen, die genöthigt ist, um die sich aufthürmenden Schwierigkeiten zu überwinden, den größten Theil des Pentateuchs in lauter Trümmerstücke zu zerschlagen, vergleiche man die Uebersichtstabellen bei de Wette-Schrader (Lehrbuch S. 274 fg., 280 fg., 289 fg., 294 [und jetzt z. B. Strack a. a. O. S. 40—53]). Um ein eclatantes Beispiel anzuführen, welches diese bodenlose Willkür der Diorthose charakterisirt, wollen wir einen Augenblick bei Genesis Kap. 12, 1 bis 9 verweilen. Dieses abgerundete und zusammenhängende Stück, welches Abrahams Gottvertrauen und Friedfertigkeit darstellen will, wie er auf Gottes Geheiß ausgewandert ist, ohne zu wissen, welches Land Gott ihm und seinen Nachkommen zuweisen werde, und wie er, obwohl ihm hinterher das Land Kanaan als Eigenthum verheißen

[[1]) Das Urtheil trifft auch die allermodernsten Ausleger. Vgl. z. B. die Künsteleien und Ausflüchte Ed. Königs (Einl in d. A. T. (1893), S. 196 f. zu Gen. 4, 25. 26, Klostermann's (Neue Kirchl. Ztschr. I, 717) zu Gen. 7, 16 Holzingers (in s. Comm. zur Genesis (1898) zu Gen. 9, 26 f. 17, 1 (die „versteckten Finessen von P."!) 22, 11. 31, 49. Ex. [illegible] 3 u. c. 14.]

wurde, doch nicht in der fruchtbaren Gegend von Sichem geblieben ist, weil die Kanaaniter bereits im Lande waren, und er nicht in Streit mit ihnen gerathen wollte, sondern lieber in die weniger fruchtbare, aber damals noch unbesetzte Gegend zwischen Bethel und Aï und immer weiter bis in die öde Gegend des Negeb nomadisirt hat (vergl. darüber Frankel-Graetz, Monatsschr. Jahrg. 1874, 117 fg.), dieses abgerundete Stück zersplittert de Wette-Schrader in lauter Atome und weist die Trümmerstücke dreien verschiedenen Verfassern zu. Die Verse 1 bis 4a gehören dem prophetischen Erzähler, oder dem Jhwisten, der zweite Halbvers 4 und Vers 5 dem Annalisten oder der elohistischen Grundschrift, Vers 6 a—c dem theokratischen Erzähler oder dem zweiten Elohisten; der Schluß des Verses והכנעני אז בארץ — welches den Mittelpunkt der ganzen Erzählung bildet — wie 13, 7: והכנעני והפרזי אז ישב בארץ — sei ein Zusatz des Jhwisten. Vers 8 wird wiederum in drei verschiedene Bestandtheile auseinandergerissen. Und so geht es durch Genesis, Exodus, Numeri und zum Theil auch durch Deuteronomium. Das ist nicht wissenschaftliche Kritik, sondern Bodenlosigkeit und Rechthaberei.

Die Hauptstütze für die Annahme einer Doppelrelation hat Oehler (in s. Theologie d. A. T., 2 Bände 1873/4) vollständig zertrümmert, und dadurch hat sich der Spieß umgekehrt, der Beweis gegen die Einheit der Composition ist in einen Beweis für dieselbe umgewandelt. Die auffallende Erscheinung, daß mit Genesis 2, 4 fg. eine scheinbar abweichende Schöpfungsgeschichte erzählt werde, die durchweg den Gottesnamen ה' אלהים und eine scheinbar besondere Einleitung אלה תולדות השמים והארץ בהבראם habe, hat Astrüc zu dem übereilten Schluß geführt, mit diesem Verse beginne eine andere Urkunde, die durch den verschiedenen Gottesnamen kenntlich sei, und sämmtliche Ausleger und Isagogisten bis auf geringe Ausnahmen stimmten ihm im Chorus zu. Dazu bemerkt Oehler (a. a. O. I. S. 77, Anmerk. 3): „Man wird es so unwahrscheinlich als möglich finden, daß der Verf. so bornirt gewesen wäre, gerade zwei sich ausschließende Schöpfungsurkunden an die Spitze zu stellen. Die zweite würde ja doch zum Theil das Wesentlichste weglassen, wenn sie eine solche sein wollte. Sie setzt voraus, daß Himmel und Erde geschaffen sind, aber noch keine Vegetation entwickelt ist, und dann berichtet sie die Schöpfung des Menschen . . da fehlt doch unendlich viel zu einem vollständigen Schöpfungsbericht. In Bezug auf die Abgrenzung steht mir fest, daß die Worte אלה תולדות השמים u s. w. zum Vorhergehenden und nicht zum folgenden gehören." Oehler setzt noch weiter sinnig auseinander, wie der zweite Bericht mit dem ersten völlig harmonirt, daß beide einen einzigen Verf. voraussetzen. Für uns genügt hier die richtige Bemerkung, daß der scheinbare Anfang einer zweiten Urkunde mit dem Gottesnamen ה' אלהים weiter nichts als der Schluß der ersten Erzählung von der siebentägigen Schöpfungsgeschichte ist, und daß in dieser Relation zuerst durchweg אלהים und zum Schluß ה' אלהים gebraucht wird. Oehler hat die Zusammengehörigkeit des Verses אלה תולדות mit dem voraufgehenden Stücke nicht erwiesen. Es läßt sich aber aus Parallelen aufs Strengste erweisen, daß das Pronomen אלה stets verbindet; denn wenn eine Trennung zweier inhaltlich nicht zusammengehörenden Erzählungen angedeutet werden soll, so wird in der Regel ואלה, und nicht אלה, gebraucht. Genesis Kap. 10 wird ein selbstständiger Bericht eingeleitet durch ואלה תולדת בני נח und abgeschlossen Vers 31: אלה בני שם und 32: אלה משפחת בני נח. Das. Kap. 25, 7, 12, 19 werden drei selbstständige, nicht zusammengehörende Erzählungen eingeleitet durch ואלה. Der Heimgang Abrahams wird eingeleitet durch: ואלה ימי

שני חיי אברהם, die Geneologie Ismaëls Vers 12: ואלה תלדות ישמעאל und endlich die Relation von Isaak Vers 19: ואלה הולדת יצחק בן אברהם. — Kap. 36 beginnt das selbstständige genealogische Stück von עשו und שעיר — verschieden von der vorhergehenden Erzählung von Jakob — mit ואלה תלדות עשו. Diese Partie ist überhaupt für den verschiedenen Gebrauch des Pronomens אלה mit und ohne Waw conjunctivum außerordentlich instructiv. Denn dieses Pronomen wechselt öfter, und stets erweist sich אלה als abschließend. Eben so belehrend dafür ist Kap. 46, 8 fg. Einleitend: ואלה שמות בני ישראל und abschließend V. 15: אלה בני לאה und ebenso V. 25: . . . אלה בני בלהה. Exodus Anfang, wo die Geschichte einer ganz neuen Zeit erzählt werden soll, beginnt mit ואלה שמות בני ישראל. Interessant ist noch Exod. 6, 14 fg. Der Vers beginnt mit אלה ראשי בית אבותם, und das bezieht sich auf Mose und Ahron, also auf das vorhergehende, also abschließend; und ebenso zum Schluß das. b. אלה משפחת ראובן und 15 b. אלה משפחת שמעון abschließend. Einleitend dagegen wird gebraucht das. V. 16 ואלה שמות בני לוי und abschließend Vers 19 b אלה משפחת הלוי. Ebenso Numeri 26, 7. 14. 18 fg. 51 אלה פקודי בני ישראל. Der Abschnitt von den Bundesgesetzen beginnt Exod. Kap. 21 mit ואלה המשפטים, und der Abschluß der ganzen Gesetzesmassen im Leviticus wird gegeben Kap. 26, 46 אלה החקים והמשפטים und ebenso der Schluß von Numeri 36, 13: אלה המצות והמשפטים; vergl. noch Numeri 2, 32 mit 3, 1: 4, 37, 45 und das. 13, 16. Allüberall erweist sich אלה als eine Formel, welche eine Erzählung oder Auseinandersetzung abschließt, beendet und auf das Folgende, als eine neue Reihe, hinweist. Folglich steht Oehler's Annahme unerschütterlich fest, daß Genesis 2, 4 noch zum vorangehenden Stücke gehört. Das erste Kapitel der Schöpfungsgeschichte schließt also ab: ויכלו השמים והארץ . . . וישבת ביום השביעי . . ויברך אלהים . . כי בו שבת . . אשר ברא אלהים לעשות . אלה תולדות השמים והארץ . . . ביום עשות ה' אלהים ארץ ושמים. Also in einem und demselben Stücke אלהים und ה' אלהים; das ganze Gebäude des Elohismus und Jhwismus stürzt zusammen oder vielmehr fällt wie ein Kartenhaus um. Der Abschluß der ersten Erzählung in der Schöpfungsgeschichte, welcher ה' אלהים hat, wie die folgenden Erzählungen bis Kap. 3 Ende — ein Doppelname, der in den folgenden Erzählungen weiter nicht vorkommt — giebt doch deutlich an die Hand, daß der Verfasser mit Absicht den Wechsel der Gottesnamen gebraucht hat. Es liegt ihm also ein tieferer Sinn zu Grunde. Dieser Sinn ist uns zwar noch verschlossen; denn Alles, was darüber gesagt wurde, befriedigt nicht. Aber zu verkennen ist es nicht, daß in dem Wechsel der Namen System liegt, und daß der Verfasser der Thora geflissentlich in dem Beginn der Bücher Genesis und Exodus אלהים gebraucht, in der Fortsetzung der Genesis ה' אלהים anwendete und dann bald אלהים allein und bald ה' allein setzt.

Die zweite morsche Stütze für die Urkundenhypothese, mit welcher die Anhänger derselben sich sehr breit machen und Concordanz-Gelehrsamkeit auskramen, nämlich die angebliche stylistische Verschiedenheit, hat Keil in Staub und Moder zerblasen. Er bemerkt mit Recht (Lehrbuch der Einleitung, S. 153): „Ueberblicken wir alle diese Ausdrücke, so sind es nur drei: הקים ברית, ארם נהרים und הוליד, für welche die Jhwhstücke andere Worte gebrauchen, sollen (nämlich כרת ברית, פדן ארם und ילד für „zeugen") „und diese drei sind ohne Beweiskraft" Keil erklärt nämlich mit Recht, daß ארם נהרים sich gar nicht mit פדן ארם deckt, indem das erstere ganz Mesopotamien umfaßt während פדן ארם nur von einem District dieses Landes, der Umgegend der Stadt Haran, gebraucht wird (das. S. 152). Dagegen hat Keil nicht entschieden genug die ganze Ignoranz aufgedeckt, die darin liegt, die Ausdrücke כרת ברית und הקים ברית zu identificieren. Das Erstere wird nur gebraucht, wenn ein Bündniß mit einer feierlichen, symbolischen Handlung geschlossen wird, das Letztere dagegen im Allgemeinen, wenn von einem Vertrag, Versprechen oder einer Verheißung die Rede ist. Auch das Argument von Wechsel von ילד und הוליד hätte Keil abweisen können. Das Perfectum Kal wird nämlich ebenso vom Vater, wie von der Mutter gebraucht, bedeutet also „hat in die Welt gesetzt“. Dagegen wird das Imperfectum mit ו oder der Aorist nur von der Mutter allein gebraucht, nach einem tyrannischen Sprachgebrauche. Wenn also diese Zeitform angewendet werden soll, so muß stets יוליד im Hiphil gesagt werden. [Die Versuche, für jede einzelne Quellenschrift einen besonderen Sprachgebrauch zu construiren, sind als völlig mißglückt zu betrachten. Wer wirklich der hebräischen Sprache mächtig ist, und sich im Detail davon überzeugen will, studire z. B. nur die Zusammenstellung bei Strack a. a. O. S. 43 — 53.] Damit ist auch dieses Argument beseitigt. Alle übrigen Scheinbeweise hat Keil gründlich abgefertigt, und es ist nichts als pure Rechthaberei, wenn diese Schule sie noch immer geltend macht.

Nach dem Vorausgeschickten steht es kritisch fest, daß die Genesis und die damit zusammenhängenden historischen Partieen in Exodus ein einheitliches, künstlerisch angelegtes Ganzes, von einem einzigen Autor geschrieben, bildet. Wer es in Urkunden und Trümmer zerstückelt, hat kein Verständniß für ein litterarisches Kunstwerk, und mit einem solchen ist nicht zu streiten. Selbst de Wette konnte sich des Gefühls nicht erwehren, daß sich durch Genesis und Anfang des Exodus ein ursprüngliches Ganzes, oder, wie er sich in unklarer Vorstellung ausdrückte, „eine Art von epischem Gedicht“ hindurchzieht. Zugegeben wird auch, daß die Thora einen didaktischen Zweck verfolgt, daß der Verfasser also nicht ein litterarisches oder ästhetisches Werk liefern, sondern belehren, eindringlich belehren wollte. Die öfter gehobene Sprache und die poetischen Partieen haben nur diesen einen Zweck. Es gilt also zu ermitteln, was will das Ganze, und was jedes Stück lehren, hat man die Lehrpointe ermittelt, so erkennt man auch den Zusammenhang; denn manche Geschichtsgruppen sind nur deswegen aneinander gereiht, um die darin angedeutete Idee recht scharf heraustreten zu lassen. Abrahams zuvorkommende, eifrige und geschäftige Gastfreundschaft wird der Engherzigkeit der Sodomiter gegenüber gestellt (Kap. 18—19); die Verworfenheit des Menschengeschlechtes wird Kap. 6, 1—7 geschildert, um die Katastrophe der Sündfluth zu begründen. Das Hervorheben, daß alle Menschen von Adam und dann von Noa abstammen, will die philanthropische Brüderlichkeit lehren. Die Japhetiten sind Brüder der Semiten und sollen in den Zellen Sems wohnen (9, 27); damit soll dem Rassenhaß entgegengetreten werden. Falsch ist es jedenfalls, Particularismus darin zu erblicken. Nur die chamitischen Kanaaniter sind aus dem Bruder-Bunde ausgeschlossen, weil sie Impietät gezeigt und Unzucht getrieben haben. Man vertiefe sich nur in jede einzelne Geschichtserzählung der Genesis, so wird man finden, daß sie mit Bedacht und Sinn an ihren Platz gestellt ist und mit ihren Nachbarerzählungen Zusammenhang hat. Nitzsch nannte die Genesis „die Dogmatik des Gesetzes“ und Oehler hat mit tiefem Verständniß aus der pentateuchischen Geschichte Theologie und Dogmatik gezogen; noch mehr ist man berechtigt eine höhere Ethik daraus zu abstrahiren. Die Begebenheiten werden stets unter den ethischen Gesichtspunkt gestellt. Der ethische Hintergrund ist überall sichtbar und deutet ethische Gesetze an. So wird bei der Schöpfung der Pflanzen und Thiere hervorgehoben, למינהו oder למיניהם, daß die Gattungen nicht vermischt werden sollen, was wieder gegen die scheußliche Vermischung von Menschen und Thieren gerichtet ist (Leviticus 18, 23). Bei der Schöpfung der Himmelslichter wird hervorgehoben, wozu sie bestimmt sind, dadurch wird die Astrologie abgewiesen. Bei der Schöpfung des Menschen wird seine Ebenbildlichkeit mit Gott hervorgehoben, und damit schon auf das dem Noa gegebene Gesetz (9, 5 fg.) gewiesen.

Zu verkennen ist nicht die Betonung, daß die ganze Schöpfung — und auch der Mensch — gut angelegt sei, daß von Gott nicht das Böse stamme. Das Böse und der Bruch komme vom Menschen. Die Geschichte des ersten Menschenpaares im Paradiese ist eben so tief ethisch, wie künstlerisch. Die vollständige Einheit von Mann und Weib, die ethische Bedeutung der Ehe, und auch die Andeutung der Monogamie können nicht einfacher und künstlerischer dargestellt werden. Das Anstößige an der Erzählung von der Schlange schwindet, wenn man bedenkt, daß die Propheten sich ebenfalls der Parabel bedient haben; die Vision des Micha ben Jimla (Könige I. 22, 19 fg.) und die Scenerie in der Einleitung zu Hiob sind dafür instructiv. So wie bei diesen Erzählungen der Leser nicht einen Augenblick zweifelhaft ist, daß ihm nicht ein thatsächlicher Vorgang mitgetheilt wird, sondern lediglich eine parabolische Einkleidung, ebenso in der Erzählung von der Unterredung der Schlange mit Eva und in der von Bileams Eselin. Hier wird wenigstens noch hinzugefügt, daß Gott der Eselin bei dieser Gelegenheit Sprache geliehen habe (Numeri 22, 28). Bei der Schlange dagegen wird die Sprechfähigkeit nicht einmal angedeutet, weil der Erzähler gar nicht beabsichtigte, glauben zu machen, daß die Schlange in Wirklichkeit gesprochen habe. Nimmt man die Schlange als parabolische Figur, wofür sie der Erzähler lediglich ausgeben will, so hat die Erzählung eine sinnige, tief-ethische Bedeutung. Die Schlange ist weiter nichts als Symbol der Klugheit, der Superklugheit; der Begriff des bösen Princips oder des Urbösen liegt durchaus nicht darin. Selbst im Parsismus wurde erst in der Sassaniden-Zeit Angra-Mainyus als Schlange bezeichnet (in dem unechten 22. Fargard des Vendidad 5–6 fg. und im Bundehesch) [Vgl. Holzinger, Genesis, S. 38. 44]. Die Genesis läßt daher die Schlange sophistisiren. Die erste Sünde — nicht Erbsünde — ist aus Klügelei und Gelüste begangen worden, sie bestand darin, daß das Menschenpaar, obwohl so unwissend, daß es nackt einherging, doch sich der göttlichen Erziehung entzog und selbst urtheilen wollte, was gut und böse sei. Die erste Sünde wird nicht als Ungehorsam, sondern vielmehr als Selbstüberschätzung charakterisirt. Die auferlegte Strafe ist angemessen und als Erziehungsmittel dargestellt. Der Mensch soll durch Erfahrung zur Erkenntniß gelangen, daß er bezüglich des Guten und Bösen, der moralischen Handlung, einer höheren Leitung oder göttlicher Gesetze nicht entrathen kann.

In der Geschichte von Kain und Abel wird die Wirkung der ersten Sünde dargestellt, aber zugleich die Fähigkeit des Menschen, Herr seiner Sündengelüste zu werden (4, 7: ואתה תמשל בו), und die Reue wird als Versöhnungsmittel angedeutet. In den Nachkommen Kains wird die verderbliche Wirkung der ersten Sünde gezeigt. Lemech, Kains Urenkel vierten Geschlechtes, nimmt zwei Frauen, während seine Vorgänger nur monogamisch lebten. Von diesen Frauen hat er vier Kinder, Jabal, den Hirten, Jubal, den Harfen- und Flötenspieler, Tubalkain, den Waffenschmied und endlich eine Tochter Naahma. Die tiefere Bedeutung der ersten drei Namen hat Ph. Buttmann sinnig und überzeugend auseinandergesetzt (Mythologus I. 163 fg.). Er identificirt sowohl Jabal, wie Jubal mit Apollo, und begründet die Identificirung sprachlich durch den Nachweis, daß die älteste Form des griechischen Namens der Sonne Ἀβέλιος[1]) war, „zwischen welcher und dem Namen Apollo die von Festus uns erhaltene italienische Form des Letzteren Apello liegt", und diese wieder entstanden aus „Abello". Jubal und Jabal sind Brüder von einer Mutter. „Man vereinige diese Spur mit der fast gänzlichen Einerleiheit ihrer Namen, so wird es höchst wahrscheinlich, daß beide ursprünglich nur eine Person sind. Auch die Griechen vereinigten ja beide Gottheiten in eine Person, bald indem sie den Hirtengott Pan die Flöte erfinden lassen, bald indem sie den Gott der Lyra, als Apollon Nomios, auch zum Gott der Hirten machen". Buttmann weist (das. S. 166) nach, wie in der Mythe öfter eine Person oder ein Typus in zwei Namen zerlegt wird. Inachos und Bacchos, Romulus und Remus sind ursprünglich eins. Noch scharfsinniger ist Buttmann's Identificirung von תובל קין mit den Τελχῖνες, die nach Diodor's Berichte viele Künste erfunden und Götterbilder zuerst fabricirt, und nach Strabo's Relation, Erz und Eisen zuerst zu bearbeiten erfunden haben sollen (vergl. Preller a. a. O. S. 473 fg.). „Der Kenner erblickt nun folglich in Tubalkain einen nach dem aramäischen Radicalsystem gezerrten Namen, der ursprünglich Twalkin oder Twalkan gelautet haben muß, von welcher Form in Vulkan der erste, in Τελχῖν der zweite Consonant einer weicheren Aussprache wich". Dieser Tonangeber in der griechischen Etymologie bringt damit die Dwalinn der nordischen Mythologie in Verbindung, die Zwerge oder Dämonen, die größten Meister in der Kunst, Schlachtschwerter und allerlei Waffengattungen zu verfertigen. „Diese vierfache Uebereinstimmung: Tubalkain, Dwalinn, Telchin und Vulkan schließt den Zufall aus". Soweit Buttmann. Die Richtigkeit dieser Identificirung ergiebt sich auch aus Nebenzügen der Erzählung. Tubalkain's Schwester wird Naamah genannt. Dieser Namen ist unzweifelhaft identisch mit der Aphrodite oder Venus, der Göttin der Anmuth und des Liebreizes, die schon Homer bewundern und als Pflegerin der Ueppigkeit und Weichlichkeit verachten läßt. Aphrodite wurde aber mit Hephaistos oder Vulkan in Beziehung gesetzt; beide hatten ihren Cultus auf der Insel Lemnos (Preller I. 138, 148). Hephaistos wird in der Iliade als Schmied von kräftigen Armen, mit Hammer und Ambos arbeitend, geschildert. Wie trefflich stellt die Genesis dieses Verhältniß dar. תובל קין לטש (אבי) כל חרש נחשת וברזל ואחות תובל-קין נעמה. Tubal-Kain, der Schmied, der Vater aller Erz- und Eisenschmiedverfertiger; denn אבי muß man ergänzen, wie אבי ישב אהל und אבי כל תפש כנור ועוגב. Auch die Namen der Frauen Adah und Zillah sind glücklich gewählt und spielen auf Vorstellungen aus diesem Kreise an. — So richtig auch Buttmann die Anspielung auf die griechische Mythologie entdeckt hat, so hat er sie doch verkannt, wenn er darin ein Bruchstück einer altasiatischen Götterlehre erblickt (das. 169: „Jehova, oberster Gott, Jabal oder Jubal, Gott der Musik und der Hirten, Tubalkain, Gott der Schmiede"), und diese sollen dem Jovis, Apollon und Vulkan entsprechen. Aber die Darstellung in der Genesis will ja diese mythologischen Wesen nicht als Götter betrachtet wissen, sondern

[1]) Buttmann weist entschieden in einer Anmerkung das. S. 168 die noch von Preller (gr. Mythologie I. S. 334) behauptete Etymologie zurück, daß Ἀβέλιος aus Ἥλιος durch Einschaltung des Digamma entstanden sei, und daß dies ionische Dehnung für ἥλιος sei. Buttmann hielt Abelios vielmehr für die Urform.

vielmehr als Nachkommen des Brudermörders Kain, die ebenfalls Verderben gebracht haben! Tubalkain-Telchin oder Vulkan hat das menschenverderbende Schwert erfunden, womit Lemech Männer und Kinder getödtet hat. Jubal ist nicht blos der Erfinder der Harfe, sondern auch des עגב, der Liebesflöte, der Syrinx, womit Pan die Brunst entzündet. Und die unzüchtige Naamah, die Aphrodite, Urania oder Pandemos, die Beförderin der Prostitution, die überall Altäre und Opferung der Jungfräulichkeit hatte (vergl. Preller, das. I. 284 fg.), war als Enkelin Kain's ein Verderben verbreitendes Wesen. Von diesem Gesichtspunkte aus will die Genesis diese Nachkommen Kain's betrachtet wissen [Vgl. Holzinger a. a. O. S. 53. 55 f.].

Auch alles Folgende hat lediglich einen ethisch-didaktischen Zweck. Die Sethiten werden durchaus nicht als ein gerechtes Geschlecht dargestellt; erst Noa, der Nachkomme desselben, wandelte mit Gott, d. h. ließ sich von Gott belehren und leiten, er vertraute nicht auf seine eigene Einsicht. In den Geschlechtern vor Noa kamen vielmehr Frauenraub und die Giganten-Kämpfe vor (6, 1 fg.) נפילים, גברים; auf diese Kämpfe spielt Ezechiel an (32, 27): ולא ישכבו את גבורים נפלים מערלים (l. נפילים ערלים) . . . . כי חתית גבורים בארץ חיים, und auf den Sturz der Giganten Hiob (26, 5 u. a. St.). Der Frauenraub, den Phönicier und Griechen, als in uralter Zeit geschehen, einander vorwarfen (Herodot I. 1), bringt die Genesis nach ihrer ethischen Betrachtungsweise mit den Giganten in Verbindung. Erst mit Noa beginnt eine Wendung zum Bessern, mit ihm beginnt die göttliche Erziehung des Menschengeschlechts durch das Gesetz.

Unbeschadet des ethischen Gesichtspunktes überliefern die Relationen der Genesis auch factische Geschichte. Die Völkertafel ist ein Zeugniß dafür. Ein unbefangener, rein ethnographischer Schriftsteller, Joh. Gust. Cuno, bemerkt darüber (Forschungen im Gebiete der alten Völker I. S. 265): „Die Völkertafel kann in Bezug auf ihren ethnographischen Werth kaum hoch genug gestellt werden, sie ist aber auch deßwegen so ungemein interessant, weil hier die Gruppirung von Völkern zu Familien in einer Weise stattfindet, wie sie sonst das ganze Alterthum nicht kennt, wie sie erst unser Jahrhundert mit Hilfe der Wissenschaft der Sprachvergleichung wieder durchgeführt hat" [Vgl. auch Strack, d. BB. Gen., Ex, Lev. u. Num. (1894), S. 35]. So ist die Herkunft der Terachiden von ארפכשד, d. h. wie gegenwärtig allgemein angenommen wird, aus Ἀῤῥαπαχῖτις, am südlichen Abhange des karduchischen Gebirges, und ihre Auswanderung von Ur-Kasdim, d. h. von einer Stadt der Karduchier oder Gordyener, unstreitig historisch [Vgl. jetzt hierzu die Ausführungen Hommel's in seinem Buche: „Die altisraelitische Ueberlieferung in inschriftlicher Beleuchtung" (1897), S. 212. 293—297]. Denn darüber herrscht doch wohl kein Zweifel, daß, da Chaldäer und כשדים ein und dasselbe Volk sind, der Lautwechsel nur dadurch erklärt werden kann, wenn man die Gordyener oder Karduchen herbeizieht. Aus כרדו oder קרדו ist durch den Wechsel der Liquiden ר in ל einerseits, Χαλδαῖοι und aus dem ebenso häufigen Wechsel von ר und ש andererseits כשד geworden. Es ist die einzig richtige Ableitung des Namens, welche bereits Golius gemacht hat. Die Identität von Gordyenern und Chaldäern ist auch durch Xenophon's Angabe daß die Letzteren in den karduchischen Gebirgen, im jetzigen Kurdistan, gewohnt haben, gesichert. So viel Gewisses geht doch aus dem dunklen Verse (Jesaia 23, 13) hervor, daß Assyrien zuerst die כשדים oder Chaldäer in Dienst genommen hat. Dasselbe scheint Nebukadnezar oder schon sein Vater gethan zu haben und dadurch wurde Babylonien, weil seine Kriegsschaaren größtentheils aus

Chaldäern bestanden zu haben scheinen, „Land Chasdim" oder Chaldäa genannt. Diese Benennung ist daher jüngeren Ursprungs. Als das chaldäische Reich durch die Perser untergegangen war, ging die Benennung auf die Astrologen und Wahrsager über, weil diese in Babylonien heimisch waren. Bei römischen und spät-griechischen Schriftstellern, sowie in Daniel haben „Chaldäer" und „Kasdim" nur noch diese Bedeutung. — Abraham's und der Terachiden Geburtsland אור כשדים kann also nur im karduchischen Gebirge gelegen haben, welche Bedeutung אור auch immer haben mag. Es ist daher nur leeres Gerede von Schrader, wenn er in einem Nachtrag zu „Keilschrift und altes Testament", (S. 383 fg. und sonst noch) aus einer, wer weiß ob richtig gelesenen Keilinschrift „Uruu Akkadu" das Factum folgert und darauf versessen ist, daß die Terachiden aus dem Süden, aus dem Lande Sinear, eingewandert wären. Dann hätten sie einen fürchterlichen Umweg gemacht, zuerst von Südbabylonien nach dem um 5 Breitengrade weit im Norden gelegenen Haran auszuwandern und dann in entgegengesetzter Richtung weit, weit von Nord nach Süd, von 37° Br bis zum 32° Br. in Palästina einzuwandern Herr Schrader hat wahrscheinlich noch keine Reise im Lande der Kameele gemacht und weiß nicht, was ein Umweg von 200 Meilen durch Wüsten und unbewohnte Gegenden bedeutet. Auf der Karte reist sich's leicht [Vgl. Dillmann zu Gen. 11, 28 und Hommel, a. a. O. 211—214].

Doch kommen wir von dieser nothwendigen Digression auf das Hauptthema, die Composition und Anlage der Thora zurück. Der Zusammenhang der einzelnen Theile wird durchsichtig, wenn man den ethischen Kern der Erzählungen ermittelt. Der ethische Hintergrund in den geschichtlichen Theilen zeigt sich am augenscheinlichsten in den Biographieen der Erzväter. Philo hat schon richtig diesen Kern erkannt und ausgedrückt. Er nennt die hebräischen Patriarchen „lebendig gewordene vernünftige Gesetze" (de Abrahamo Anfang): *οἱ γὰρ ἔμψυχοι καὶ λογικοὶ νόμοι ἄνδρες ἐκεῖνοι γεγόνασιν.* Ganz besonders gilt das von Abraham; er wird als Ideal-Patriarch aufgestellt. Er wird nicht bloß als gottesfürchtig und vertrauensvoll, sondern auch als höchst tugendhaft und besonders als friedfertig und Feind aller Ungerechtigkeit geschildert. Nahe liegt die darin enthaltene Lehre, daß seine Nachkommen seine Tugenden sich zu eigen machen mögen. Es ist auch ausdrücklich angegeben, daß er nur deßwegen bei Gott beliebt war, weil er seine Tugenden auf sein Geschlecht vererben und es darin belehren soll (Genesis 18, 19). Auf diesen Tugenden beruhen das Heil und der Segen, der von ihm und seinen Nachkommen auf alle Geschlechter der Erde übergehen soll. Träger und Fortpflanzer des Heils sollen aber seine Nachkommen von Sara sein. — Auch der Beschneidung, die, nach der Genesis, Abraham zuerst angenommen hat, liegt eine ethische Anforderung zu Grunde, wie Oehler (a. a. O. S. 297) unwiderleglich nachgewiesen hat. Sie bedeutet die Reinigung des Herzens oder das Abthun der Herzenshärtigkeit. Daher die bei den Propheten so häufige Gedankenverbindung von „Unbeschnittenen des Fleisches und Unbeschnittenen des Herzens" (ערלי לב ,ערלי בשר) und der Ausdruck: „die Vorhaut des Herzens zu beschneiden". Die Einleitung zum Gesetze der Beschneidung (Gen. 17, 1): התהלך לפני והיה תמים, spricht ganz entschieden für die Intention, sie im ethischen Sinne aufzufassen, wenn sie auch als Bundeszeichen gelten soll.

Indessen nicht bloß die Tugenden der Patriarchen werden in der Genesis als Muster aufgestellt, sondern auch ihre Fehler und Untugenden werden aufgedeckt, damit sie zum warnenden Beispiel dienen sollen. Man hat so oft über

Jakob's scheinbare Betrügerei gegen Esau gespöttelt, obwohl jener nur die geistige Erstgeburt, die dieser verachtet hatte, an sich gebracht hat, und gegen die List bezüglich des Vatersegens hat Jakob sich der Mutter gegenüber gesträubt. Man sollte aber die eigene Art der Geschichtserzählung bewundern, daß sie auch das Tadelnswerthe an ihren Helden nicht verschweigt. So deckt sie die Unthaten Simeon's und Levi's an den Sichemiten und das Verhältniß Juda's [1]) zu einer vermeintlichen Tempeldirne ohne Schonung auf. Auch die Episoden in der Erzählung des Lebens der Patriarchen, welche die Ikonoklasten gerade als Interpolationen ansehen, gehören streng zum Ganzen. Das Stück von den Nachkommen Nachor's (Gen 22, 20 fg.) ist angefügt wegen Rebekka, die später Isaak zugeführt werden sollte. Auch darin liegt Ethisches, daß auch die zwei letzten Erzväter sich nicht mit den verworfenen Töchtern Kanaan's verheiratet, sondern ihre Frauen aus Abraham's Familie genommen haben. Reinheit und Sittlichkeit der Ehe war ihr Hauptstreben. — Die Erzählung von Abraham's zweiter Ehe mit Ketura (25, 1 fg.) wird hervorgehoben, um anzudeuten, daß die Midianiter — denn diese bilden den Mittelpunkt in dieser Erzählung — der Stamm, aus dem Mose's Schwiegervater Reuel (Exodus 2, 18), sein Schwager Jethro (das. 3, 1 fg.) und die mit den Israeliten verbundenen Keniter hervorgingen (Numeri 10, 29; Richter 1, 16 u. a. St.), daß also die Midianiter ebenfalls von Abraham stammen, ebenso wie Ismaël und Edom. Aber sie haben keinen Antheil an der Heilslehre Abraham's und seiner Nachkommen. Ihnen hat Abraham lediglich irdische Güter gegeben (Gen. 25, 5). Mehrere Stücke deuten dasselbe an, daß die unechten Nachkommen Abraham's wohl irdischen Segen hatten, aber nicht den geistigen. Ismaël kam vor allen seinen Brüdern zu festen Wohnsitzen (Gen. 25, 18): על פני כל אחיו נפל; vergl. das. 16, 12: על פני כל אחיו ישכן. Esau oder Edom hatte bereits einen fruchtbaren Landstrich und auch Könige (Gen. c. 36), ehe die echten Abrahamiden zu Ruhesitzen gelangten; diese mußten vielmehr lange wandern und wandern, mußten erst durch die Leidensschule gehen, ehe sie das ihnen zugewiesene Land besitzen konnten. Jakob, der Erzvater, klagt über Leiden und Wanderungen (Gen. 47, 9) und Jakob, das Volk, hatte ebenfalls Grund darüber zu klagen. Antithetisch sind daher aneinander gereiht Edom's glückliche, ruhige Tage (Kap. 36) und Jakob's unstäte Wanderungen (Kap. 37). Wie wenig Sinn für künstlerische Anlage einer litterarischen Composition verrathen diejenigen, welche diese beiden zusammengehörenden Partieen zerreißen, sie verschiedenen Verfassern und Zeiten zuweisen und daraus gar Schlüsse ziehen!

Wenn eine und dieselbe Namengebung bei verschiedenen Gelegenheiten motivirt wird, so ist das für die Zertrümmerer Grund genug, zweierlei Urkunden und zweierlei Verfasser anzunehmen. So bezüglich Beerseba (Genes. 21, 31 und 26, 33) und so in Bezug auf den Namen Israel (32, 27—28 und 35, 9

[1]) Es ist eine Albernheit, in der Geschichte von Juda und Thamar eine Anspielung auf David's sträfliches Verhältniß zu Batscheba zu erblicken, weil diese auch בת שוע (nach einer erweichten Aussprache des ב) genannt wird, und weil die mit dieser Geschichte gar nicht zusammenhängende kanaanitische Frau Juda's zufällig eine Tochter Schua's war. Sollte der Verf. einen Makel auf die Könige vom Hause David's haben werfen wollen? Es ist ungereimt [Vgl. die weitere Ausmalung dieser Hirngespinste bei Stade, Gesch. Isr. I, 158]. Die Thora erzählt auch die Gewaltthat Levi's an den Sichemiten, obwohl seine Nachkommen den Priesterstamm bildeten. Liegt auch darin eine tadelnde Tendenz?

bis 10). Was die letztere Stelle betrifft, so beruht die daraus gezogene Folgerung auf einem allgemeinen Mißverständniß. In dem Namen **Jisrael** erblickt die landläufige Exegese, den „Gotteskämpfer" im Sinne von „Kämpfer mit Gottes Beistand". In dem Manne, mit dem er gekämpft hat, sieht sie einen Engel, und dadurch bezieht sie schon die erste Namensänderung Jakob in Jisrael auf göttlichen Ursprung. Dann muß ihr allerdings die zweite Erzählung der Namensänderung auf göttliche Weisung ganz überflüssig erscheinen. Diese Auffassungsweise ist aber irrthümlich. In der ersten Erzählung (Genesis 32, 25—26) ist unzweideutig angegeben, daß Jakob gegen einen Mann rang und Sieger blieb, und in der Motivirung der Namensänderung ist das Verhältniß auf dieselbe Weise dargestellt. Aber diese Motivirung will verstanden sein; כי שרית עם אלהים ועם אנשים ותוכל kann ja unmöglich einen kategorischen Sinn haben, da Jacob doch nur mit einem einzigen Wesen gerungen hat, während hier der Plural gebraucht wird. Man muß daher den Halbvers hypothetisch auffassen; er entspricht vollständig dem Halbvers Exodus 20, 25 und anderen Beispielen, in denen die hypothetischen Glieder durch Perfect und Aorist gegeben werden.

כי שרית עם אלהים ועם אנשים ותוכל ist gleich:
כי חרבך הנפת עליה ותחללה.

Die Partikel כי involviert in diesen Fällen eine doppelte Bedeutung, die der Begründung und der Bedingung; der Sinn des Verses kann daher nur der sein: „Denn kämpftest du (auch) mit Göttern und Menschen, so bliebest du Sieger." Factisch hat Jakob lediglich mit einem einzigen Wesen gerungen; aber der Vorgang und der neue Namen sollten ihm zur Vorbedeutung dienen, daß er (oder sein Samen), wenn er auch gegen höhere Wesen und Menschen kämpfen sollte, stets Sieger bleiben würde. Das Wesen, das ihm entgegentrat, wird in der Genesis איש, ein „menschliches Wesen" genannt. Allerdings in Hosea, dem diese Erzählung bereits vorlag, wird es מלאך genannt, aber das Verhältniß ist eben so dargestellt, daß Jakob mit diesem rang und ihn dahin brachte, sich für besiegt zu erklären (12, 4—5): ובאונו שרה את אלהים וישר אל מלאך בכה ויתחנן לו. Dieses Wesen weinte und flehte (Jakob) an, es zu entlassen. Es ist aber nicht erwiesen, daß מלאך in der älteren biblischen Litteratur „Engel", d. h. „himmlisches Wesen" bedeute, noch überhaupt daß die biblische Theologie eine ausgebildete Angeologie kenne. Unter dem מלאך (Exodus 23, 20): הנה אנכי שלח מלאך לפניך 2c. ist Mose, der Führer, zu verstehen. Selbst in der nachexilischen Litteratur, die bereits von der persischen Engellehre tangirt ist, wird ein Prophet מלאך genannt (Chaggaï 1, 13) חגי מלאך ה׳ במלאכות ה׳, ebenso wird der Hohepriester מלאך genannt (Maleachi 2, 7): כי שפתי כהן . . . כי מלאך ה׳ צבאות הוא. „Bote Gottes" ist Alles, was durch die eigenthümliche Erscheinung, durch etwas Außerordentliches, durch einen höhern Auftrag sich als von Gott eigens gesandt oder veranstaltet, bewährt. Auch Menschen mit einem bedeutungsvollen Auftrag werden מלאכים genannt, so in der Geschichte Abraham's (Genes 18, 2). Daher wechselt so oft איש אלהים und מלאך ה׳. Indessen ist hier der Ort nicht, dieses Thema ausführlich zu erörtern. Hier genügt es darauf hinzuweisen, daß in der ersten Erzählung angedeutet wird, daß Jakob das Wesen, welches seine Namensänderung ausgesprochen hatte, nicht als vollgültiges Organ Gottes angesehen hat, und erst als ihm Gott (im Gesichte) erschien, und diese Aenderung bestätigte, galt sie ihm als Offenbarung. Nur eine Vertiefung in Sinn und Anlage der Genesis läßt dergleichen feinere Züge scharf heraustreten und erklärt die scheinbaren Wiederholungen[1]).

So erklärt sich auch die scheinbare Wiederholung mehrerer Gesetze (Exodus 23, 14—19 und 34, 18—26), die ganz gleichlautend sind. Diese Gesetze gehören zum Bundesbuche (das. 24, 7) und sind, laut Angabe, unmittelbar nach der Mittheilung des Dekalogs mitgetheilt worden. Inzwischen hat das Volk sich durch die Sünde des goldenen Kalbes vergangen und die ersten Gebote des Dekalogs übertreten. Es schien also nöthig, die Hauptgesetze noch einmal dem Volke einzuschärfen; daher die Wiederholung. Diese enthält ganz besonders Warnungen gegen Götzendienst (34, 13—17) und Cultusgesetze in Verbindung mit den Festen. Die Wiederholung ist also motivirt und beruht keineswegs auf einer Benutzung verschiedener Urkunden.

Was den Zusammenhang der Gesetzespartieen betrifft, so ist ja in verschiedenen Stellen der drei mittleren Bücher angegeben, daß sie zu verschiedenen Zeiten geoffenbart wurden. Oefter ist auch dabei die historische Veranlassung erwähnt. Diese historischen Einleitungen bilden den Rahmen der Gesetzesgruppen, und man muß darauf achten, wenn man den Zusammenhang der einzelnen Gesetze unter einander ermitteln will. Bertheau hat seine Annahme zur kritischen Gewißheit erhoben, daß die einzelnen Gesetze unter der Zehnzahl gruppirt sind. In den Gesetzen des Bundesbuches ist diese Zehnzahl augenfällig markirt. Indessen ist es Bertheau nicht überall gelungen, an der Hand dieses Zahlenverhältnisses den Zusammenhang der einzelnen Gesetze unter einander zu ermitteln, daher müssen manche seiner Gruppirungen berichtigt werden. Der Zusammenhang der Gesetzesgruppen in Exodus von Kap. 25 an ist leicht zu finden. Es sollte ein Zelttempel für die Wüstenwanderung erbaut werden, dessen Mittelpunkt die Bundeslade mit den beiden Steintafeln und zwei Altäre bilden sollten. Die Gesetze dafür sind transitorischer Natur. Daran reihen sich selbstverständlich Gesetze für die Priester und für die Einweihung des Zelttempels. Zum Schluß dieser Gruppe (31, 12—18) wird das Sabbatgesetz eingeführt, gewissermaßen, um anzudeuten, daß auch am Bau des Heiligthums und seiner Geräthe am Sabbat nicht gearbeitet werden soll. Nun sollte die Geschichte des Baues und der Einweihung erzählt werden; sie ist aber durch den Vorfall mit dem goldenen Kalbe unterbrochen. Nachdem diese Geschichte und die darauf bezüglichen Gesetze erledigt sind, beginnt die Geschichte der Anfertigung des Zelttempels und des Zubehörs, wobei Eingangs wiederum das Sabbatgesetz in Erinnerung gebracht wird (35, 1—3). An die Einweihungsopfer schließen sich die Opfergesetze überhaupt (Levi-

[1]) Auch die Wiederholung der Namengebung Beerseba deutet eine Differenz an, wenn man genau auf einige Züge achtet. Was die Wiederholung des Dekalogs betrifft, aus dessen stellenweise abweichender Ausdrucksweise eine Verschiedenheit des Urtextes gefolgert wird, so beruht auch diese Annahme auf Irrthum. In Deuteronomium wird der Dekalog lediglich referirt oder citirt. Mose erzählt, was bei der Offenbarung desselben vorgekommen ist. Ein Citat braucht wahrhaftig nicht wörtlich zu sein. Vers 5, 15 braucht nicht zum Dekalog zu gehören, sondern ist eine selbstständige Ermahnung, an den Dekalog angeknüpft, die Sclaven menschlich zu behandeln, wie 15, 15; 16, 12; 24, 18. 22. Da das Deuteronomium auf humane Behandlung der Sclaven und der Verlassenen besonders Gewicht legt, nimmt es jede sich darbietende Gelegenheit wahr, zu wiederholen: „Sei eingedenk, daß auch du Sclave und elend warst“. Der Vers ist ein belehrender Zusatz.

ticus c. 1—7). Leviticus Anfang schließt sich ebenso eng an Exodus an, wie dieses an Genesis. Erst Leviticus Kap. 8—9 wird die Geschichte der Einweihung des Zelttempels vollendet. Dabei wird vom Untergang der beiden ältesten Söhne Ahrons erzählt wegen ihrer Versündigung am Heiligthum mit dem von außen hineingebrachten Feuer erzählt (Kap. 10, 1—5). Alles Folgende hat auf diesen Tod Bezug. An den auch damit zusammenhängenden verkürzten Vers, daß die Priester den Unterschied von Heilig und Profan, von Rein und Unrein lehren sollen (10, 10), lehnt sich die ganze große Gesetzesgruppe über Reinheit und Unreinheit an (c. 11—16). Dann wird abermals die Geschichte von den beiden Söhnen Ahron's aufgenommen (16, 1), und daran wird das Verbot angereiht, daß Ahron oder jeder Hohepriester zu jeder Zeit in das Allerheiligste eintrete (was die Söhne Ahron's sich zu Schulden kommen ließen), sondern nur einmal zur Sühne für das Heiligthum, den Priesterstand und das Volk. Dieses eine Mal sollte am 10. des 7. Monats stattfinden. So hat diese Gesetzesgruppe einen innigen Zusammenhang; sie ist an den Faden der Geschichte vom Tode der Söhne Ahron's und von ihrer Verschuldung gereiht. — Richtig bemerkt Bertheau (sieben Gruppen, S. 197), daß die Gesetzesmassen in Leviticus Kapitel 17—20 zusammengehören, „und daß Kap. 17 ursprünglich mit 20, 1—9 verbunden gewesen und seinen Ort nach 18—19 gehabt haben muß". Demgemäß beginnt diese Gruppe mit den Gesetzen gegen Incest. Das ist wichtig; denn diese Gesetze schließen sich unmittelbar an die Vorschrift für den Sühnetag an. Es muß hier also eine Gedankenverbindung vorliegen. Diese scheint darin zu liegen, daß die Capitalsünden, um deren willen die Suhne an diesem Tage stattfinden soll, namhaft gemacht werden, nämlich Incest und Unkeuschheit überhaupt, in welche die Aegypter und die Kanaaniter verfallen sind, und von denen die Israeliten sich fern halten sollen (Kap. 18). Der Sühnetag, das ist darin angedeutet, ist zunächst für die geschlechtlichen Vergehungen und das damit verbundene grobsinnliche Götzenthum, für die Unreinheit, in deren Mitte das Heiligthum weilt (Levit. 16, 16) und Zeuge derselben ist, eingesetzt. Die Israeliten sollen diese Unreinheit abthun und vielmehr heilig sein, eine hohe Sittlichkeit erstreben (Kap. 19). In diese Gruppe sind auch Verbote der Vermischung aufgenommen (V. 19), weil diese zu Incest mit Thieren führen (s. o. S. 414). Auch die Vermischung mit einer Sklavin ist damit verwandt und wird daran angereiht (Vers 20 bis 22). Zur Heiligkeit gehört auch das Fernhalten von götzendienerischen Bräuchen (Vers 26—28). Ganz besonders sollen die Väter dafür sorgen, daß ihre Töchter nicht dem unzüchtigen Cultus zur Opferung ihrer Jungfräulichkeit fröhnen sollen (V. 29). אל תחלל את בתך להזנותה ולא תזנה הארץ ומלאה הארץ זמה. Es ist dieses ein hochwichtiges Gesetz zur Steuerung des Cultus der Mylitta oder der Beltis oder der *Ἀφροδίτη Οὐρανία*, der Göttin der geheiligten Prostitution, eines Cultus, der von Phönicien, Babylonien und Assyrien aus sich überall bis nach Cypern, Lydien, Griechenland und bis Sicilien verbreitet hat. Noch zur Zeit des jüngeren Dionysius und Plato's haben die italischen Lokrer in einem Kriege gegen Rhegium gelobt: si victores forent, ut die festo Veneris virgines suas prostituerent (Justinus 21, 3). Dieser Cultus hatte auch eine Stätte im Zehnstämmereich und in Juda gefunden (o. S. 193, 250). Kein Wunder, daß die Thora dagegen eifert und das Verbot in der Gruppe der Incest-Gesetze unterbringt. Das Gesetz, das Alter zu ehren und die Fremden zu lieben (19, 32—36), beschließt diese

Gruppe mit der Erwähnung ושמרתם את כל חקתי (V. 37). Kap. 20 könnte wohl daran angereiht gedacht werden, weil es die Strafen auf die früher erwähnten Laster enthält, und daran könnte sich Kap. 17 anschließen, das ebenfalls von Strafen handelt. Allein, dann würden die folgenden Gesetzesgruppen keinen Zusammenhang haben, namentlich wäre es auffallend, daß die Gesetze über Sabbat und Feste (c. 23), die doch wesentlich mit den Gesetzen über Sabbat- und Jobeljahr (c. 25) zusammengehören, von einander getrennt sein sollen. Nimmt man die Geschichte von dem Lästerer (24, 10 fg.) als Ausgangspunkt, so lassen sich diese Gruppen natürlicher an einander reihen. Dabei ist nämlich die Strafe auf Gotteslästerung bestimmt (V. 16), und daran sind andere Strafgesetze angereiht (V. 17—22). Daran lassen sich füglich die Strafgesetze überhaupt (Kap. 20 und 17) anfügen. — An 17, 15—16, das von Verunreinigung durch Aas handelt, schließen sich füglich die Gesetze für die Priester an, daß sie sich von Verunreinigung und Entweihung fernhalten sollen (Kap. 21. 22, 1—16), dann das Gesetz von der Fehlerlosigkeit der Opferthiere (22, 17—33; V. 22, analog 21, 18 fg.), dann die Gesetze von Festen und Festopfern (c. 23[1]) und daran wieder die Gesetze des Sabbat- und Jobeljahres (c. 25). Die ganze Gruppe schließt ab mit der wiederholten, weil höchst wichtigen Warnung vor Götzenthum und mit Einprägung der Ruhetage und der Ehrfurcht vor dem Heiligen (26, 1—2). Der Schluß, Kap. 26, 3—45, die Verheißung und Strafandrohung auf Uebertretung, beweist, daß die Gesetzesgruppen als eine Einheit aufgestellt wurden. Unerklärt bleibt allerdings der Nachtrag Kap. 27.

Numeri, meistens geschichtlich, hat einen unverkennbaren Zusammenhang. Ermittelt muß noch werden die Anreihung der Gesetze Numeri Kap. 15, 1—31 an den Vorfall der Kundschafter. Denn die Gesetzesgruppen c. 18—19 geben sich selbst als Ausfluß aus der Auflehnung der Rotte Korach's gegen das Priesterthum der Ahroniden[2]). Solcher Gestalt bilden die vier Bücher eine enggeschlossene Einheit; die Geschichte führt bis zur Gesetzesoffenbarung, und Gesetze reihen sich an geschichtliche Vorfälle an; nur äußerst wenige Partieen erscheinen unzusammenhängend. Das Deuteronomium giebt sich selbst als ein selbstständiges Gesetzbuch aus, und setzt eine ältere Sammlung voraus (Deuteronom. 28, 69). Die Einheit dieses Buches braucht nicht erwiesen zu werden; auch der verstockteste Zertrümmerer muß anerkennen, daß es aus einem Guß, und Glied an Glied gereiht ist. Die drei Bestandtheile desselben: geschichtliche Erinnerungen außer der chronologischen Reihenfolge, Ermahnungen und Gesetze, wechseln mit einander ab. Die Frage nach der Autorschaft der beiden Sammlungen, so viel auch darüber hin und her gestritten wurde, kann kritisch nicht ermittelt werden. Sie muß auch anders formulirt werden. Wann sind einzelne Theile derselben veröffentlicht worden? Beim Deuteronomium ist die Zeit seiner Veröffentlichung historisch angegeben. Aber auch für die ältere Sammlung muß es eine Zeit der Opportunität gehabt haben, in der sie bekannt gemacht wurde. Denn daß die Thora bei allem künstlerischen Werthe, der ihr eigen ist, nicht als ein litterarisches Product gelten, sondern auf

[1]) Kap. 24, 1—9 gehören zum Sabbatgesetz.

[2]) Numeri c. 25—31 haben einen Zusammenhang, wenn man sich Kap. 31 an 25, 19 angereiht denkt, wofür eine Andeutung in פסקא באמצע פסוק liegt. Die Wiederholung der Festopfergesetze Kap. 28 beruht auf Hervorhebung des Weinopfers נסך יין zu jedem Opfer. Dieses konnte nur kurz vor dem Einzug in das Land, in dem es Wein geben wird, angeordnet werden.

das Gemüth und die Handlung belehrend und erweckend einwirken will, ist sonnenklar. Als das Deuteronomium im Tempel aufgefunden und dem König Josia vorgelegt worden war, wurde es öffentlich verlesen (Könige II. 23, 2). Das Bundesbuch hat Mose, wie erzählt wird, dem Volke vorgelesen (Exodus 24, 7). „Die steinernen Tafeln, die Lehre und die Vorschrift" sind niedergeschrieben, um das Volk zu belehren — להורתם (das. Vers 12). Und, so kann man weiter folgern, sind einzelne Partien bei passender Gelegenheit, um Irrthümer zu zerstreuen, vorgelesen worden. Formulirt man die Frage in der Art, dann läßt sich die Zeit, in welcher die ältere Sammlung bereits abgeschlossen und bekannt war, chronologisch fixiren. Hosea II. (vergl. o. S. 398) führt gelegentlich einen Vers an, der in seiner jetzigen Gestalt durchaus unverständlich ist (Hosea 8, 12) אכתוב לו רבו תורתי כמו זר נחשבו. Das Wort רבו ist grammatisch unhaltbar; „die Fülle meiner Lehre" giebt schlechterdings keinen Sinn. Das Keri hat zwar dafür רבי, im Plural, der allerdings erforderlich ist, da das Prädicat נחשבו sonst incongruent wäre. Aber der Plural giebt eben so wenig einen erträglichen Sinn. Die Emendation דברי drängt sich von selbst auf, und dadurch erhält der Vers einen prägnanten bedeutungsreichen Sinn: אכתוב לו דברי תורתי כמו זר נחשבו. Das Verbum אכתוב muß analog dem Verbum נחשבו als Aorist genommen werden. Also: „Ich schrieb ihm (dem Volke) die Worte meiner Lehre, aber sie wurden wie etwas Fremdes geachtet." Hier haben wir eine deutliche Spur vom Vorhandensein der Thora in Hosea's II. Zeit. Unterstützt wird diese Annahme durch die Wahrnehmung, daß gerade dieser Hosea mehrere Stellen aus der Thora citirt (9, 10): המה באו בעל פעור וינזרו לבשת; es ist die summarische Wiedergabe der Erzählung (Numeri 25, 1 fg.). Ferner citirt Hosea (12, 4—5) aus Genesis: בבטן עקב את אחיו ובאונו שרה את אלהים וישר אל מלאך בכר ויתחנן לו (vergl. o. S. 420). Endlich führt er (12, 13) an: ויברח יעקב שדה ארם ויעבד ישראל באשה ובאשה שמר. Also deutlich zwei Citate aus Genesis und eins aus Numeri. Ist das zufällig? Außer bei Hosea findet sich noch ein Citat aus Numeri bei seinem Zeitgenossen Micha (6, 5): עמי זכר נא מה יעץ בלק מלך מואב ומה ענה אתו בלעם בן בעור. Dieses Citat setzt die ganze Relation von Balak und die poetischen Partieen im Segen Bileam's voraus. Eine Anspielung auf die Erzählung von der Feuer- und Wolkensäule durch den Wüstenzug scheint bei Jesaia vorzuliegen (4, 5): ענן יומם ונגה אש להבה לילה, ebenso bei demselben eine Anspielung auf die Erzählung von Mose's Erheben des Stabes beim Durchzuge durch das rothe Meer (10, 26b): ומטהו על הים ונשאו בדרך מצרים. Das kann nicht zufällig sein, daß gerade die drei zeitgenössischen Propheten aus der Zeit des Achas und Chiskija Stellen aus der Thora citiren, während ältere Propheten ein Schweigen darüber beobachten. Nun nehme man den Vers aus Hosea noch hinzu: „Ich schrieb ihm die Worte meiner Lehre, sie kamen ihm aber fremd vor", worunter doch jedenfalls Gesetze zu verstehen sind, so hat man einen vollgültigen Beweis, daß die Thora in dieser Zeit bekannt, allgemein bekannt war, bekannt nicht bloß in Juda, wo Jesaia und Micha gesprochen haben, sondern auch im Zehnstämmereich, wo Hosea II. aufgetreten ist. Bekannt kann die Thora — oder einzelne Stücke derselben — nur dadurch geworden sein, daß sie öffentlich verlesen worden war. Man vergl. die Erzählung von Athalia und von der Zerstörung des Baal-Tempels, der Bilder und Altäre in Jerusalem bei Joasch's Regierungsantritt (Könige II. 11, 17—18) mit Exodus 33, 12—17, von der eingeschärften Warnung, sich nicht mit kanaanitischen Frauen zu verheirathen, damit sie die Söhne nicht zum Götzendienst verleiten, und von der Ermahnung, die Altäre, Spitzsäulen und Ascheras der Kanaaniter zu zerstören; man vergleiche sie, ob diese Exodus-Partie nicht den Eindruck macht, daß sie zur Zeit des Königs Joasch nach dem Untergang der Kanaaniterinnen Isebel und Athalia von dem Hohenpriester Jojada öffentlich verlesen worden sind, als dieser das Volk und den König ein Bündniß mit Gott schließen ließ. Dazu nehme man noch, daß unter demselben König die Ausbesserung des Tempels vorgenommen, aber erst nach Ueberwindung von Schwierigkeiten ausgeführt wurde, so wird man es überzeugend finden, daß die Erzählung vom Bau der Stiftshütte oder des Zelttempels und von der Freigebigkeit des ganzen Volkes für denselben ebenfalls damals verlesen worden ist. Exodus Kap. 25 bis 39, die ein Ganzes bilden, erweisen sich also als uralt. — Die Erzählung von Korah und seinen Genossen, die eigenmächtig Weihrauch darbrachten, von der Strafe, die darauf erfolgte, dem Zeichen, daß nur die Nachkommen Ahron's Weihrauch darbringen und über die Unnahbarkeit des Heiligthums wachen sollten (Numeri Kap. 17—18), sieht ganz aus, als wenn sie zur Zeit des Königs Usia verlesen worden wäre, als dieser in dem Allerheiligsten Weihrauch opfern wollte (Chronik II. 26, 16 fg.). Dieses Factum ist unzweifelhaft geschichtlich, wenngleich es nur von der Chronik bezeugt ist. Das Buch der Könige scheint geflissentlich diese Auflehnung des Königs vom Hause David's gegen das Priesterthum verschwiegen zu haben. Der Chronist hatte aber keinen Grund, das Factum zu verschweigen. — Die erste Sammlung der Thora war also nach den Beweisen aus Hosea, Micha und Jesaia zur Zeit des Achas bereits bekannt, und muß damals bereits veröffentlicht gewesen sein, und veröffentlicht ist sie wohl worden, weil damals die ganze Ordnung umgekehrt worden war. Dieser König hat zuerst neben den fremden Culten noch Menschen- oder Kinderopfer eingeführt (Kön. II. 16, 3). Gegen diese Verkehrtheit eiferte besonders der zeitgenössische Prophet Micha (6, 7): האתן בכורי פשעי פרי בטני חטאת נפשי. Diejenigen absprechenden Kritiker, welche behaupten, daß das Gesetz selbst das Opfer der Erstgeborenen vorgeschrieben hätte, haben diese Stelle nicht beachtet. Den leichtfertigen Beweis aus Ezechiel dafür werden wir später beleuchten. — Allerdings scheinen Afterpropheten das Erstgeburtsgesetz liebedienerisch so interpretirt zu haben, darum mußte Jeremia öfter und energisch Menschenopfer zurückweisen: אשר לא צויתי ולא עלתה על לבי. Aber schon vorher wurden die Gesetze veröffentlicht, worin gegen Menschenopfer und Götzenthum ganz besonders geeifert wird. Ein ganzer Gesetzesabschnitt ist diesem gewidmet (Leviticus 20, 1—7 auch 18, 21): אשר יתן מזרעו למלך und ferner: ומזרעך לא תתן להעביר למלך ולא תחלל את שם אלהיך[1]). Dieser Zusatz „und du sollst den Namen deines Gottes nicht damit entweihen", scheint die Vorstellung zurückweisen zu wollen, als wenn der heilige Gott Israels selbst solche Opfer verlange.

Hätte die pessimistische Kritik diese Winke beachtet, daß Partieen der Genesis, des Exodus und des Numeri bereits den Propheten Hosea, Micha und auch Jesaia in ihrer gegenwärtigen Gestalt vorgelegen haben, so würde sie in ihrem apodiktischen Absprechen vorsichtiger gewesen sein; denn da diese Bücher, wie oben nachgewiesen, einen einheitlichen, künstlerischen und logischen Zusammenhang haben, so muß das ganze Buch diesen Propheten als abgeschlossenes Ganzes vorgelegen haben. Unter Achas muß also die letzte Veröffentlichung stattgefunden haben. Sein Sohn Chiskija nahm bereits die Vorschrift der Thora als Regel für den Staat.

[1]) Daß להעביר nur ein Euphemismus statt להבעיר ist, ist augenscheinlich.

Alles, was sonst über Abfassung der Thora in späterer Zeit gesagt wurde, kann sich nicht einmal auf einen Scheinbeweis stützen. Geradezu widersinnig ist die von Spinoza zuerst geltend gemachte Annahme, daß Esra die ganze Thora verfaßt habe, und ebenso widersinnig ist die noch von modernen Kritikern aufgestellte Behauptung, daß einzelne Theile derselben von ihm interpolirt worden wären. [Sie ist in etwas anderem Gewande in unseren Tagen wieder aufgenommen worden von J. Wellhausen, der bekanntlich die Hypothese von der außerordentlichen Jugend des sogenannten Priestercodex, d. h. des ganzen Leviticus nebst verwandten Theilen der angrenzenden Bücher Exodus und Numeri aufgestellt und sich bemüht hat nachzuweisen, daß dieser ganze Complex noch viel jünger sei als das Deuteronomium. Allein [1])] wer diese große Partie jünger macht als das Deuteronomium, der leidet an einem eigenthümlichen Staar. Das Deuteronomium setzt entschieden den „Priestercodex" voraus und will nur den in diesem gegebenen Gesetzen eine andere Form, eine andere Wendung, eine Reduction des Ritualen in das Ethische geben. Man müßte ein doppelt so starkes Buch als das Wellhausen'sche schreiben, um alle seine Irrwege zu beleuchten. Sie beruhen auf ungenügender Uebung im Verständniß des Textes. Daher stellt er alles auf den Kopf. Es soll z. B. in den Zeiten vor Josia, also vor dem Auffinden des Deuteronomiums, gar kein Werth darauf gelegt worden sein, immer die gleiche . . . Opferstätte zu haben . . . sondern an jedem Orte, wo er seinen Namen ehren läßt, will Jahwe zu seinen Anbetern kommen und sie segnen" (S. 30). Das ist ein Mißverständniß des V. Exodus 20, 21 בכל המקום אשר אזכיר את שמי אבוא אליך וברכתיך. Es bedeutet nicht, an jedem Orte, sondern an irgend welchem Orte (was כל öfter bedeutet) und hat ganz denselben Sinn, wie das öfter im Deuteronomium gebrauchte אל המקום אשר יבחר ה'. Nun giebt doch Wellhausen zu, daß dieses Stück, als ein Theil des „Bundesbuches", alt sei. Folglich deutet dieses Buch selbst das Vorhandensein einer Centralcultusstätte an, wie sie doch Ps. 78, einer der ältesten, geradezu poetisch hervorhebt, daß, nach der Zerstörung Silo's und der Verwerfung des hegemonirenden Stammes Ephraim, Zion an dessen Stelle getreten, und ein Heiligthum geworden sei wie der Himmel, fest wie die Erde (V. 60—69): ויטש משכן שלו . . . וימאס באהל יוסף ויבחר את שבט יהודה את הר ציון אשר אהב ויבן כמו רמים מקדשו וגו'. In dem Zelte Joseph's oder in der Wohnung Silo's ist doch das Stiftszelt deutlich genug zu verstehen. Damit fällt Wellhausen's Hypothese, welche im ersten Kapitel seines Buches ganze 50 Seiten füllt, in welchem er die Erzählung vom אהל מועד als eine sehr späte, nach der Rückkehr aus dem babylonischen Exil entstandene Fiction behandelt. Diese Hypothese fällt in nichts zusammen[2]). Es soll kein Gewicht darauf gelegt

[1]) [Von hier an bis S. 436 folgt die Abhandlung des Vfs. in der Monatsschrift, Jahrg. 1886, S 202 ff., 233 ff.]

[2]) Die Methode der Wellhausen'schen Beweisführung mag Folgendes charakterisiren. Seine Negirung des Stiftszeltes belegt er (S. 43): „die einzige Stelle, wo der Name Ohel Moëd vorkommt I. Sam. 2, 22 ist schlecht bezeugt und inhaltlich verdächtig". In wie fern ist sie schlecht bezeugt? Die Fußnote sagt: „die Septuaginta hat diese Stelle nicht". Sehen wir die Stelle an. Hebr. Text ועלי שמע את כל אשר יעשון בניו לכל ישראל ואת אשר ישכבון את הנשים הצבאות פתח אהל מועד. Nun fehlt in LXX nicht bloß das Stiftszelt, sondern auch der ganze Passus von der Schändung der Frauen im Heiligthum. Offenbar hat der Vertent aus irgend welcher Rücksicht diese Schandthat nicht wiedergeben wollen. Oder richtiger ein späterer Abschreiber hat diese Stelle weggelassen. Denn Josephus, welcher die biblische Geschichte bekanntlich nach der

werden, daß das Zelt in Silo auch in Ps. 78 bezeugt wird ויהי בשלם סוכו ומעונתו בציון, wo שלם gewiß שילה bedeutet (nach LXX שילה = Σηλώμ) und also die „Hütte“ in diesem alten Psalm vorausgesetzt wird. Es sei nur nebenher erwähnt, weil Jemand die Identität von שלם und שילה anfechten könnte.

Auf den ersten Blick begreift man gar nicht Wellhausen's leidenschaftliche Verbissenheit gegen den sogen. „Priestercodex“. Für die Bedeutung des Pentateuch's als Urgrund für die religiöse Anschauung und für die ethische Gesetzgebung ist es doch im Grunde gleichgültig, ob ein Theil desselben im fünften vorchristlichen Jahrhundert oder um mehrere Jahrhunderte früher schriftlich promulgirt worden ist. In dem Priestercodex finden sich doch gediegene Barren ethischer Vorschriften genug, aus denen die Imitation später schwache Filigranarbeit gesponnen hat. In Kap. 19 des Leviticus, also inmitten des verpehmten Priestercodex, finden sich wie an einer Perlenschnur aneinander gereiht ethische Verse, welche die Grundlage für die moralische Civilisation bilden, viel mehr noch als im Dekalog. „Du sollst von deiner Ernte dem Armen und Fremdling überlassen. — Ihr sollt nicht stehlen, nicht ableugnen, nicht lügen einer gegen den andern. — Ihr sollt nicht beim Gottesnamen falsch schwören. — Du sollst deinen Nächsten nicht bedrücken, nicht berauben, den Lohn des Arbeiters nicht einmal bis zum Morgen vorenthalten. — Ihr sollt nicht Unrecht thun im Gerichte. Du sollst nicht Rücksicht nehmen weder auf den Niedrigen, noch auf den Angesehenen, in Gerechtigkeit sollst Du Deinen Nächsten richten. — Du sollst nicht zwischenträgerisch umhergehen in Deinem Volkskreise. Du sollst beim Blut Deines Nächsten nicht gleichgültig stehen. — Du sollst Deinen Bruder nicht im Herzen hassen. — Du sollst Dich nicht rächen und nicht nachtragen Deinen Volksgenossen, Du sollst Deinen Nächsten, wie Dich selbst lieben. Wie ein Eingeborener sei euch der Fremdling, der bei Euch weilt, Du sollst ihn, wie Dich selbst lieben“. — Dieses Alles und noch mehr ist im Priestercodex enthalten, auch die Keuschheitsgesetze, die Warnung vor Blutschande sind nur in diesem Theile enthalten, kurz der Inhalt einer civilisatorischen, humanen Religion, auf welchem der gegenwärtige Culturzustand beruht, und ohne welchen der krasse Egoismus und die Fleischeslust des Naturalismus noch fortbestehen würden, dieses Alles lehrt der Priestercodex. Was liegt nun daran, ob diese Grundlehren einige Jahrhunderte früher oder später geoffenbart worden sind, ob sie Moses oder Esra gelehrt hat?

Allein man merkt die Absicht, welche Wellhausen mit der Herabdrückung dieses Theils verfolgt. Es riecht scharf nach Tendenz. Diese große Masse des

LXX bearbeitet hat, hatte noch diese Stelle vor sich (Alterth. V, 10, 1): Γυναῖκας τε τὰς ἐπὶ θρησκεία παραγενομένας ὕβριζον φθοραῖς. Und in wie fern ist diese Erzählung inhaltlich verdächtig? Weil die Söhne Eli's dadurch geschändet werden? Aber das ist ja die Tendenz dieser Erzählung: die Vorfahren Abiathar's gegenüber den Nachkommen Zadok's in ein schlechtes Licht zu stellen, weil jene dem Götzenthume der judäischen Könige gefröhnt haben, während die בני צדוק sich davon fern gehalten haben, wie Ezechiel hervorhebt. Man könnte daraus entnehmen, aus welchem Kreise die Bücher Samuel's und Könige redigirt worden sind. — W. führt auch für seine Hypothese an (Note 43), daß in Samuel die Cultusstätte in Silo היכל genannt werde, also sicher kein „Zelt gewesen“. Aber kann er die L.-A. היכל garantiren? Könige I, 21, 1 kommt auch dieses Wort vor: Nabot besaß einen Weinberg אצל היכל אחאב. Dieses Wort giebt LXX mit παρὰ τῇ ἅλῳ wieder, was doch gewiß nicht Tempel oder Palast sein kann. Der Vertent muß also ein anderes Wort statt היכל in seinem Texte vor sich gehabt haben. Nun kann das zweimalige היכל in der Erzählung von Eli-Samuel verschrieben sein für אהל.

Pentateuchs soll nicht aus den Factoren eines vollblütigen Volkslebens hervorgegangen sein, sondern aus dem Kreise einer anämischen, beschränkten Sekte. Diese Sekte habe von Esra's Zeit an durch die Strenge levitischer Religionsgesetze als Gefäß eine Zeit lang ihren Dienst gethan, bis eine Zeit eingetreten sei, in welcher es überflüssig geworden, und es sei jetzt כלי אין חפץ בו; das ist die Tendenz der „Prolegomena zur Geschichte Israels". Man kann im Voraus wissen, wie diese Geschichte ausfallen wird. W. schwimmt in der Strömung, zu welcher actuell bedeutende deutsche Historiker den Anstoß gegeben haben, nämlich in der Strömung der subjektiven Historiographie: Anbetung des Erfolges, Verherrlichung der Macht, Heroencultus. Buckle's Gesichtspunkt für die Geschichtsbetrachtung wird von deutschen Historikern fast belächelt. Imperatoren, Legionen und Divisionen, Waffenglanz und diplomatische Siege werden wieder in den Vordergrund der Weltgeschichte gestellt. Alles, was schwach und von dem Titanenschritt der Sieger niedergetreten wurde, wird von dieser historischen Schule verächtlich behandelt. Vae victis! Die Gefallenen zählt sie nur auf, um den Sieg der Starken in's Licht zu setzen. Nun giebt es ein Volk, das in seiner Schwäche, trotz seiner wiederholten Niederlagen, doch stark geblieben ist, und eine weltgeschichtliche Bedeutung erlangt hat. Die Geschichte Israels bildet nun einmal eine nicht zu verleugnende Ausnahme. Sie hat ohne Gewaltmittel eine Culturmission vollzogen. Das soll, das darf nicht sein. Der breite Strom civilisatorischer Thaten in Judäa soll sich an der Bethlehemitischen Krippe verrieseln, oder — so will es Wellhausen darstellen — es sei kein Strom gewesen, sondern nur ein Rieselbach, der sich im Sande verloren hätte, wenn ihn nicht ein mystischer Messianismus aufgenommen und zum Strömen gebracht hätte. W.'s Geschichte Israel's wird, wie man im Voraus behaupten kann, noch viel tendenziöser gefärbt sein, als die Ewald's. Er wird gewiß in Deutschland für den Augenblick eine höchst günstige Stimmung für seinen, wenn auch unterhöhlten Pragmatismus der israelitischen Geschichte finden. Man müßte aber, wie gesagt, einen Folianten ausfüllen, um den Ungrund seiner Deductionen aufzudecken. Einige Züge dürften indeß für vorurtheilslose Leser genügen, um seine Behauptung von Esra's Autorschaft des Priestercodex, d. h. des ganzen Pentateuch's mit Abzug einiger Partieen, ad absurdum zu führen.

In der Einleitung zu den Gesetzen über Incest wird vor den schlimmen Beispielen der Unzucht der Aegypter und Kanaaniter gewarnt (Levit. Kap. 18). Wie kommt Esra oder seine pentateuchischen Mitarbeiter darauf, diese Völker als Warnungstafel hinzustellen? Beide Völker hatten damals ihre Bedeutung verloren, sie waren von den Persern unterjocht, die Israeliten, oder — wie es Wellhausen lieber hört — die Juden, hatten damals nicht die geringste Beziehung zu den Aegyptern und Kanaanitern. Esra hätte diese Unzüchtigkeiten, wenn er Beispiele hat anführen wollen, Ammonitern und Moabitern aufwälzen müssen, mit denen das judäische Gemeinwesen damals in Conflict war, und gegen deren Ehevermischung Esra zu kämpfen hätte. Es ist völlig absurd, diese Partie Esra's Zeit zu vindiciren; sie muß lange, lange vor ihm als Gesetz niedergeschrieben sein, zu einer Zeit, als die Israeliten noch in Contact mit Aegypten und Phönicien gewesen ist.

Wie denkt sich denn W. die Agrargesetze im Priestercodex (L. c. 25)? Wie, Esra sollte für das winzige Gemeinwesen zu seiner Zeit Gesetze fabricirt haben für das Sabbatjahr, für das Jobeljahr, für den Ankauf und Verkauf von Grundstücken und Häusern in Festungen und auf dem Lande und von Sklaven? Nehemia klagt: „In dem Land, das Du uns gegeben, sind wir Knechte, sein

Ertrag ist Zuwachs für die Könige, die über unsere Personen und unser Vieh herrschen" (9, 36). Und für diesen Zustand soll Esra eine abgerundete Agrar- und Sklaven-Gesetzgebung erdacht haben? Giebt es eine absurdere Utopie? Und weiter. Die Geschichte von den Töchtern Zelaphchad's wird des Breitern im Priestercodex erzählt und das Gesetz daran geknüpft, daß weibliche Erben von Stammbesitz nur innerhalb des Stammes sich verheirathen dürfen, damit ein Theil des Stammgutes nicht einem andern Stamme zugewendet werde (Num. c. 36). Die Quintessenz dieses Gesetzes ist, daß die Stammesverfassung intact bleiben soll. Welches Interesse hatte Esra oder seine Zeitgenossen für die Stammesunterschiede? Sie waren mit der Rückkehr aus dem Exil völlig verwischt. Alle werden in der nachexilischen Zeit יהודים, Judäer, genannt. Wenn auch hin und wieder vom Stamm Benjamin die Rede ist, so hatte dieser Stamm keinen abgegrenzten Besitz, sondern wohnte mit Zugehörigen des Stammes Juda untermischt. Und nun soll sich Esra hingesetzt und Gesetze formulirt haben für gewesene Zustände, die für seine Zeitgenossen nicht das geringste Interesse hatten?

Doch wozu so lange bei dieser Absurdität verweilen, daß Esra Autor der größtentheils legislativen Thora gewesen sei? Sie ist nicht neu, sie ist bereits von Spinoza mit Applomb behauptet worden, aber darin liegt nicht seine Denkergröße. Man kann Spinoza die Farbenblindheit für die Colorit-Nuancen des hebräischen Stiles verzeihen. Zu seiner Zeit war dieser Farbensinn noch nicht ausgebildet. Er konnte nicht den Abstand ermessen, welcher zwischen dem klassischen Stil im Pentateuch und dem der Esraischen Sprachfärbung liegt, der so groß ist, wie zwischen der griechischen Koiné und der byzantinischen Schreibweise. Wir kennen Esra's und Nehemia's Stil aus den Stücken, welche der Chronist aus deren Denkschriften aufgenommen hat; er ist unrein und geradezu unschön in Sprache und Syntax. Und nun soll er das reine, in den historischen Partieen schöne Hebräisch im Pentateuch geschrieben haben! Das hebräische Schriftthum seit Ezechiel enthält mehr oder weniger Aramaismen, und selbst das zierliche Buch Ruth ist nicht frei davon. Der Einfluß des Aramäischen war unwiderstehlich. Stammte der Pentateuch aus der nachexilischen Zeit, so müßte er sie durch Aramaismen verrathen. Allein man kann eine hohe Preisaufgabe stellen, solche darin nachzuweisen, und es würde kein Hebraist sich darum bewerben. Es ist also reine Verblendung, die Abfassung des Pentateuchs in die ödeste Zeit der hebräischen Litteratur zu setzen, welche nur die Chronik producirt hat, eine Verblendung, die, wie gesagt, man nur Spinoza zu Gute halten kann.

Einen besondern Trumpf spielt W. für seine Hypothese mit dem Sühnetag aus. Die Vorschrift für diesen Tag im Priestercodex verrathe dessen Jugend, da nicht einmal in der Erzählung im Buch Esra von der Begehung der Feiertage darauf Rücksicht genommen werde (S. 115). Hätte W. sich die Bedeutung dieses Tages, und wie er in dem Priestercodex angeführt wird, klar gemacht, so hätte er nicht auf dieses Argument kommen können. Wie, die Stiftshütte ist noch nicht fertig, es werden erst weitläufige Vorschriften für Bau und Einweihung gegeben, und doch soll schon ein Sündenfarren für dieselbe dargebracht werden, um den Altar zu sühnen, 7 Tage hintereinander (Exod. 29, 36—37)? Ergänzt wird diese Sühnevorschrift bei der Einweihung der Stiftshütte. Da wird gar angegeben, es soll ein Sühneopfer dargebracht werden, um Ahron und das Volk zu sühnen (Levit. 9, 7). Dieses Sühnen wird noch mehr vervollständigt durch die Vorschrift nach dem Untergang der zwei Söhne Ahrons, daß gesühnt werden soll für Ahron, sein Haus, die Gemeinde Israels, das Heiligthum, den Altar (das. 16, 16 ff.). Und diese allgemeine Sühne soll jährlich wiederholt werden am 10. des siebenten Monats, d. h. am Jom-hakippurim. War der Gesetzgeber für diese Vorschriften so gedankenlos, daß er eine Sühne für Priester und Volk verordnet hat, die sich bis dahin noch nicht das geringste Vergehen hatten zu Schulden kommen lassen, und gar eine Sühne für Altar und Heiligthum, die noch nicht errichtet waren? Eine Sühne für Schuldlose und Schuldloses? Der Text setzt indeß eine Schuld voraus: „So soll er (Ahron) sühnen für das Stiftszelt, welches *mit ihnen weilt in der Mitte ihrer Unreinheit*“ (V. 26). Der Gesetzgeber hat demnach nicht gedankenlos eine Sühne für Volk und Stiftszelt vorgeschrieben, sondern weil das Volk in *Unreinheit*, d. h. doch wohl im *Götzenthume* steckt, und das Heiligthum dadurch selbst als geschändet und entweiht angesehen wird. Vertieft man sich in diesen Gedanken, so kann man die Genesis dieser Gesetzgebung erkennen, welche im innigsten Zusammenhange mit der Vorschrift für den pomphaften Bau des Stiftszeltes steht. Darin liegt der *Schlüssel für das Verständniß des Sühnetages* und des ganzen sogen. *Priestercodex*, und diesen Schlüssel hat Wellhausen nicht gefunden.

Zu diesem Schlüssel führt die levitische Verordnung im Propheten Ezechiel. Für die Einweihung des von ihm beschriebenen neuen Tempels soll der Altar durch ein Opfer entsündigt und gesühnt werden (43, 20—22). Wozu das? Der untergegangene Tempel war durch vielfache Sünden, besonders durch vielgestaltiges Götzenthum, entweiht worden. Ein Götzenbild war im Tempel aufgestellt (8, 5), sogar ein Priapbildniß war darin angebracht (V. 17), der Name Gottes war dadurch entweiht, indem er den Götzenklötzen gleichgestellt werden konnte. Darum verläßt nun Gott das entweihte Heiligthum, zuerst von da zur Schwelle, dann zur Ostpforte, weicht von da zur Stadt und endlich zum Oelberge (10, 1, 18—19; 11—23). Gott hat den Tempel verworfen, weil er verunreinigt ist. Darum soll das Heiligthum, an dem noch die Erinnerung an die Greuelthaten haftet (43, 7—8; 44, 9—10), *vorher gesühnt* und Gottes wieder würdig gemacht werden, und diese Sühne soll alljährlich wiederholt werden[1]); das ist doch jedenfalls ein Sühnetag. Diese Sühne soll nicht etwa erfolgen, wie W.'s schiefe Auffassung es darstellt, weil man sich unaufhörlich „unter dem bleiernen Drucke der Sünde und des Zornes gefühlt hat“ (S. 116), sondern weil im Tempel Todsünden durch Götzendienst begangen worden waren, und diese auch in der Erinnerung ausgelöscht werden sollen. Diese Analogie in Ezechiel führt zum Auffinden des Schlüssels für die Einführung des Sühnetages im Pentateuch, für die Vorschrift zum Bau der Stiftshütte und überhaupt für die Abfassungszeit des Priestercodex. W. war nicht glücklich bei dem Suchen des chronologischen Schlüssels.

Auch in der Methode, welche W. bei der Beweisführung für seine Hypothesen anwendet, ist er nicht glücklich, und dadurch zeigen sich die Stützen für dieselben recht morsch. Seine Argumentation läßt an seiner Competenz für Entscheidung dieser Fragen zweifeln.

W. behauptet: ursprünglich sei die allgemeine Beschneidung bei den Israeliten gar nicht üblich gewesen, sondern nur beim *Bräutigam vor der* Hochzeit. Er beruft sich dabei auf eine noch gegenwärtig herrschende Sitte

[1]) Ezechiel 45, 18—20. V. 20, auf den Wellhausen ebenfalls recurrirt, ist unverständlich, weil schadhaft; בשבעה בחדש מאיש שגה ומפתי ist unerklärlich. Die griechische Version: ἐν τῷ μηνὶ τῷ ἑβδόμῳ und dann μιᾷ τοῦ μηνὸς λήψῃ παρ᾽ ἑκάστου ἀπομοιρίαν erleichtert das Verständniß durchaus nicht. Diese Stelle darf man für Lösung dieser Frage nicht heranziehen.

bei einigen arabischen Stämmen, daß sich Freier erst vor der Hochzeit beschneiden lassen. Nun, wenn diese arabischen Stämme Mohammedaner sind, so müßte die angeführte Thatsache bezweifelt werden, da die Moslemin allgemein die Beschneidung an den männlichen Kindern vollziehen. Doch das nebenher. Aber W. will es aus Exod. 4, 24 f. beweisen (S. 360). Daselbst werde erzählt: Sippora habe ihren jungen Sohn beschnitten als Stellvertretung für Mose, den der himmlische Zorn getroffen habe, weil er sich vor der Hochzeit nicht beschnitten habe. Mose soll eigentlich Blutbräutigam (חתן דמים) sein, aber symbolisch sei der kleine Sohn zur Sühne für das Vergehen Mose's ein Blutbräutigam geworden. Wunderlich genug ist es schon, daß Mose hier dargestellt werden soll, als einer, der sich über die Sitte oder den religiösen Brauch, sich vor der Hochzeit zu beschneiden, hinweggesetzt hätte, ein Vergehen, das doch als so schwerwiegend bezeichnet wird, daß er deswegen dem Tode hätte verfallen sollen. Doch lassen wir diese Schrullen gelten und sehen wir, wie W. die Stelle exegetisch behandelt. Sippora soll, weil Mose wegen der Unterlassung sterben sollte, mit der abgeschnittenen Vorhaut ihres Sohnes Mose's Schaam berührt, und damit den Knaben als Blutbräutigam substituirt haben; dadurch sei der Zorn von Mose gewichen. Die Textesworte sind aber so schief als möglich ausgelegt. Abgesehen von der zweifelhaften Bedeutung des Wortes חתן דמים, so lautet doch die Erzählung ganz anders. Ein Engel Gottes habe Mose in der Nachtherberge überfallen, ihn zu tödten (so richtig Septuaginta: *συνήντησεν αὐτῷ ἄγγελος θεοῦ*). Um dieses abzuwenden, habe Sippora mit der blutigen Vorhaut die Füße des Engels berührt oder bespritzt. (ותגע לרגליו bedeutet mit Blut bespritzen, Exod. 12, 22 והגעתם אל המשקוף מן הדם. Auch LXX bezieht richtig לרגליו auf den Engel). Sie sprach zum Engel: „Du bist mir nun חתן דמים“ (was wahrscheinlich bedeutet: durch das Blut, das Dich berührt hat, bist Du mir verwandt geworden), da ließ der Engel von Mose ab. Da erkannte sie, daß sich der Engel nur habe beschwichtigen lassen, weil sie die Beschneidung an ihrem bis dahin unbeschnittenen Sohn vollzogen hatte.

Diese Erzählung steht im engsten Zusammenhang mit dem Voraufgehenden. Pharao soll Gottes erstgeborenen Sohn freilassen, sonst werden die Erstgeborenen Aegyptens aussterben. Erstgeburt, Beschneidung und Pascha-Feier werden durch die Erinnerung an den Auszug im engsten Zusammenhang dargestellt (Exod. 12, 13 f. 14, 1 f.). Der Unbeschnittene darf nicht vom Pascha genießen. So wird in der Erzählung von Sippora historisch dargestellt, daß die Unterlassung der Beschneidung an den Kindern den Tod nach sich ziehen kann, von dem sogar Mose bedroht gewesen sei, weil er sie unterlassen hatte. — W. will seine wunderliche Behauptung noch durch die Geschichte der Sichemiten beweisen, daß diese, um zur Verschwägerung mit den Söhnen Jakobs zugelassen zu werden, hätten zusagen müssen, sich vor der einzugehenden Ehe zu beschneiden. Allein in dieser Erzählung ist angegeben, sämmtliche Männlichen (כל זכר) hätten sich beschnitten. Hatte denn Jakob so viel Töchter, mit denen sich die Sichemiten sofort hätten verheirathen können, um deswegen als liebenswürdige Freier sich beschneiden zu lassen? Und mit diesen Argumenten beweist W., daß die Beschneidung der Knaben nur als ein gemildertes Argument für die ursprüngliche Beschneidung der jungen Männer sei, und darin soll sich ebenfalls die gähnende Kluft zwischen dem Priestercodex und dem älteren Bestandtheil des Pentateuchs zeigen? Das ist aber nicht Exegese, sondern das sind Argutien der wildesten Art. Und auf solchem schwammigen Untergrunde soll eine ganz neue Construction der israelitischen Geschichte aufgebaut werden? So auch die Behauptung:

aus dem Propheten Jesaia ließe sich entnehmen, daß die altisraelitische Vorstellung gewesen sei, die Gottheit habe die Weise und die Regel des Ackerbaues gelehrt, habe den Landmann unterwiesen und ihm das Rechte gelehrt (S. 417) also etwa wie Minerva oder Demeter die Hellenen Oelpflanzung und Ackerbau gelehrt hat.

In der Fußnote wird die Stelle (Jes. 28, 23—29) in diesem Sinne ausgelegt, und der darin enthaltene Gedanke, daß Gott durch Leiden sein Volk erzieht, wird durch exegetisches Mißverständniß auf das Niveau des Niedrigen herabgezogen. Jesaia will doch offenbar in dieser Stelle etwas sehr Beherzigenswerthes mittheilen; darum leitet er mit den Worten ein: „Erwäget und höret meine Stimme, lauschet und hört mein Wort". Und schließt mit den Worten: גם זאת מאת ה׳ צבאות הפליא עצה הגדיל תושיה, was W. wunderlich genug übersetzt: „Wunderbare Weisheit und große Einsicht". עצה und תושיה ist aber nicht Weisheit oder dgl., sondern Rathschluß, Beschluß. Eine noch wunderlichere Verkennung zeigt die Uebersetzung des V. 29: לחם יודק im fragenden Sinne: „Wird das Korn zermalmt?" Aber was zwingt denn, diesen Verstheil ohne ה interrogativum fragend zu nehmen? Schon das ist Willkür. Nun weiter: „Nein, nicht immerdar drischt er (der Landmann, der voraufgehend gar nicht als Subjekt figurirt) und treibt das Wagenrad und die Pferde (?) darüber". Also הםם bedeutet „treiben"! Und wo steckt die Präposition: darüber? „Er zermalmt es nicht" für לא ידקנו Aber ein feinfühliger Ausleger hätte aus der Septuaginta die richtige L.-A. herausgefunden durch die geringe Emendation des Suffixum: *οὐδὲ . . καταπατήσει ἡμᾶς* (für *ὑμᾶς*) d. h. לא יְדַקֵּנוּ (statt יְדֻקֶּנּוּ); die Stelle spricht also nicht von der Belehrung des Landmannes, sondern von der des Volkes. Ebenso irrthümlich ist übersetzt והפיץ קצח וכמון יזרק „er streut Dill und säet Kummel". Denn הפיץ heißt zerstreuen und יזרק werfen, d. h. wirft eben hin, gleichgültig, wohin der Samen fällt, da diese Pflanzen geringwertig sind. Als Gegensatz wird angeführt (leg. נחלתו[1]) וְשָׂם חטה ושערה וכסמת גבלתו: Weizen, Gerste und Spelt legt er bedachtsam ins Feld, daß auch nicht ein Samenkorn verloren gehen soll. Daraus muß man schon erkennen, daß der Prophet eine Parabel anbringen will, daher wird noch hinzugesetzt: „Dill und Kümmel werden nicht mit dem Dreschwagen ausgedroschen, sondern mit dem Stock geschlagen", weil es nicht darauf ankommt, ob Körner zurückbleiben. Und nun wieder im Gegensatz לחם יודק oder richtig: לחם יודש (wie die Peschitto hat): „Brodkorn wird gedroschen" d. h je werthvoller eine Samenfrucht ist, desto härter wird sie behandelt. Die Anwendung dieser Parabel auf das Volk giebt der Schluß. Und dies Alles hat W. durchweg mißverstanden und eine Trivialität daraus gemacht. Ein Hebraist, welcher eine nicht gar zu dunkle Stelle so verkehrt auslegt, bringt seine Hypothesen um allen Credit.

Es ist wahrhaft erstaunlich, welche Hypothesen neuerdings wieder über die Entwickelung des alttestamentlichen Schriftthums zu Tage treten. Renan macht sich zwar lustig über die Pedanterie der deutschen Bibelkritiker und will gewissermaßen einen Theil dieses Schriftthums im Gegensatz zu diesen älter machen, verfällt indeß ebenfalls in vage Behauptungen und zeigt, daß er den Stoff nicht vollkommen beherrscht. In der Revue des deux mondes stellt er die Genesis dieses Schriftthums dar (Märzheft 1886: les origines de la bible, histoire et legende). Darin behauptet er: L'idée du Sabbat est originaire de Babylone. Elle a dû éclore non chez des nomades au travail inter-

[1]) נחלה steht elliptisch נחלת שדה וכרם, für Besitzung, Feld, נחלות שממות und שָׂם bedeutet auch „einpflanzen"; צפצפה שָׂמו.

mittant mais dans une civilisation bâtissante, fondée sur le travail servile. Also die Sabbatruhe ist nicht israelitisch, sondern stammt aus Babylonien. [Die Behauptung ist jüngst von **Friedrich Delitzsch** in seinem Vortrage „Bibel und Babel" (Berlin 1902) wiederholt und u. A. von **J. Barth** in seiner Abhandlung: „Babel und isr. Religionswesen" (Berlin 1902), S. 6—14 gründlich und siegreich widerlegt worden.] Aber da hätten doch die Israeliten sie erst während des babylonischen Exils kennen gelernt haben können! Und doch spricht der Prophet Amos öfter vom Sabbat mehrere Jahrhunderte vor dem Exile, ebenso Jesaia ein Jahrhundert später, und Jeremia klagt das Volk der Sabbatentweihung an. Auch abgesehen davon: Welches Volk im Alterthum hatte keine Sclavenhorden, welche die Arbeit für ihre Herren hätten verrichten müssen? Die Aegypter wohl noch mehr als die Babylonier; sie haben noch mehr Bauten ausgeführt. Wenn schon, dann hätten die Israeliten den Sabbat von ihren ägyptischen Zwingherren lernen können. Aber hatten diese auch ein Gesetz oder einen Gesetzgeber, welcher ihnen befohlen hätte, die Sklaven einmal in sieben Tagen ruhen zu lassen? Es ist erheiternd, aber auch zugleich betrübend, wie mit der Entstehung der pentateuchischen Gesetzgebung herumgesprungen wird.

Renan thut sich sehr viel zu Gute auf die Erfindung, daß die alt-israelitische Litteratur — welche überhaupt ursprünglich profaner Natur gewesen sei — aus Liedern bestanden habe, zusammengestellt in einer Sammlung, genannt, das Buch Jaschar. Mit diesem Jaschar oder ha-Jaschar operirt Renan vielfach in dieser Abhandlung. Er meint, es habe die Lieder enthalten, welche bis auf David's Zeit gedichtet worden seien. Seit dieser Zeit habe die israelitische Historiographie begonnen, und das Jaschar habe seitdem keinen Zuwachs erhalten. Das ist zwar unschuldig, aber wahr ist es nicht. Denn wir besitzen ein Zeugniß, daß noch **nach der Salomonischen Zeit** eine Art Lied in diese Sammlung eingetragen worden war. Dieses Zeugniß findet sich zwar nicht in dem hebräischen Texte; aber der Quelle, woher es stammt, wird Renan die Glaubwürdigkeit nicht absprechen. Es findet sich in der griechischen Uebersetzung zum Buche der Könige (I, 8, 53). Bei der Erzählung von der Einweihung des Tempels hat sie den Zusatz (der eigentlich zu V. 12 gehört): „Damals sprach Salomo .... *Ἥλιον ἐγνώρισεν ἐν οὐρανῷ* — der Herr sprach zu wohnen im Nebel, baue mein Haus, ein prächtiges Haus Dir, *τοῦ κατοικεῖν ἐπὶ καινότητος*". **„Siehe, es ist geschrieben im Buche des Liedes"** [1]). Kein Hebraist wird verkennen, daß dieser Zusatz sich ursprünglich im Urtext befunden haben muß, zumal er theilweise eine falsche Uebersetzung verräth. So schon der Eingang: *Ἥλιον ἐγνώρισε ἐν οὐρανῷ*, hebräisch wohl: עליון נודע בשמים (oder ein anderes Verbum) vor den Worten im Texte: ה' אמר לשכן בערפל. Diese Partie, wozu eben V. 12 gehört, war geschrieben „**im Buche des Liedes**".

[1]) Nebenher sei gezeigt, wie falsch Renan's Sepher ha-Jaschar ist. Hier wird es genannt: *οὐκ ἰδοὺ αὐτὴ γέγραπται ἐν βιβλίῳ τῆς ᾠδῆς* d. h. הלא היא כתובה בספר השיר, und es ist dasselbe wie ספר הישר, denn die syrische Uebersetzung giebt das ספר הישר in Josua 10, 13 wieder: בספרא דתושבחתא, d. h. בספר השיר und in Samuel II 1, 18. בספר השיר. Es gab also kein Buch Jaschar, sondern ein „**Buch des Liedes** oder der **Lieder**". Renan, welcher doch nicht auf den masoretischen Text schwört, hätte diese Emendation sich nicht entgehen lassen sollen, da sie doch seine Annahme von dem Liederbuche bestätigt, und er hätte nicht gebraucht eine schlechte Etymologie vom Worte הישר zu geben.

Durch diese Angabe wird Renan's Hypothese von zwei Seiten dementirt. Die Eintragung von Liedern in die Sammlung des Buches ha-Schir hat noch in der Salomonischen Zeit fortgedauert, und dann, daß darin auch poetische Stücke *religiösen* Inhalts aufgenommen worden sind. Wer so apodiktisch über den Ursprung der Bibel spricht, dem durfte diese Notiz nicht entgehen.

Trotzdem setzt Renan weitläufig und mit Applomb auseinander, daß ein Theil des geschichtlichen Pentateuchs im Zehnstämmereich schriftlich aufgezeichnet worden sei, ein anderer Theil aber im Reiche Juda — selbstverständlich ohne einen stichhaltigen Beweis. In der Zeit des Königs Chiskija, in welcher die Schreibekunst allgemeiner geworden sei, seien beide Partieen combinirt worden, und das sei also der Bestandtheil des Geschichtlichen im Pentateuch, bestehend aus zwei verschiedenen Quellen (welche die deutschen Bibelkritiker als elohistische und jehovistische oder sonst wie bezeichnen). Mit lebhafter Phantasie bemerkt er: In der Stunde, in welcher diese Combination zweier Quellen gemacht worden, sei das Christenthum und der Islam im Keime vorhanden gewesen! Eine wunderliche Phantasie! Als ob das Christenthum und der Islam durch die Geschichtchen von der Weltschöpfung, von der Sündfluth, von Noa, der den Weinstock gepflanzt hat (dem Sorgenbrecher, worauf sich nach Renan זה ינחמנו beziehen soll), von dem Raub Sara's durch Pharao und Abimelech, von Lot's Töchtern ꝛc., als ob diese Töchterreligionen des Judenthums nur dadurch erweckt worden wären! Selbst die Anknüpfung an den Sündenfall ist ja erst später von der christlichen Dogmatik benutzt worden. Die Propaganda des Christenthums durch Paulus und des Islam durch Mohammed ist ja lediglich durch die Entgegensetzung des Monotheismus gegen das unzüchtige Götzenthum und der Sittengesetze gegen die heidnischen Verirrungen erfolgt, d. h. durch die *Gesetzestheile* des Pentateuchs.

Doch dies nebenher. Ist es denn in der Hauptsache denkbar, daß die ersten Geschichtsschreiber oder Legendenschreiber es der Mühe werth gehalten haben, nur die neuen Geschichtchen aus der grauen Vorzeit und weiter nichts aufzutischen? Und kaum hatte Einer aus dem Zehnstämmereich diese Geschichtchen dargestellt, soll flugs ein anderer aus Juda ihm haben Concurrenz machen wollen, dieselbe Geschichte in anderer Couleur zu verfassen? Es ist bis zur Lächerlichkeit absurd. Man muß sich doch einen Leserkreis denken, den diese Urkunden aus alter Zeit interessiren sollte. Was für ein Interesse sollte es aber für Leser haben, ob die Weltschöpfung so oder so vor sich gegangen war, ob die Sündfluth in dieser oder in einer andern Folge stattgefunden hat? Noch mehr! Man muß doch wohl bei der Untersuchung über das älteste Schriftthum auf concretem Boden bleiben und sich fragen, aus *welchem Kreise* es wohl stammen möge. Und darauf kann man nur antworten: die ältesten israelitischen Schriftsteller waren gewiß *Propheten* oder *Priester* oder die ihnen nahestehenden Kreise. Und diese sollten dem Volke oder den Lesern weiter nichts als alte Legenden geboten haben? Es ist undenkbar; die Propheten, soweit wir sie seit dem ältesten Amos kennen, der seine Worte niedergeschrieben, verfolgten nur das Interesse der Sittlichkeit und Gerechtigkeit, und die Priester wohl auch das des Tempels. Wenn diese schriftstellerisch auf die Besserung des Volkes durch eine Schrift wirken wollten, so wäre es das verkehrteste Mittel gewesen, Legenden aus der grauen Vorzeit zu schreiben. Es sei denn, daß sie mit diesen Legenden oder Ueberlieferungen eine *sittliche* oder *religiöse Tendenz* verfolgt haben.

Und das ist das punctum saliens. Die geschichtlichen Partieen in der Genesis über die Vorzeit haben durchaus keine selbstständige litterarische Bedeutung, sondern sollen einem Zwecke dienen. Dieser Zweck kann kein anderer gewesen sein, als gewisse religiös-sittliche Ideen und Institutionen ermahnend oder warnend zu veranschaulichen. Kann man in Abrede stellen, daß die Erzählung von Isaak's beabsichtigter Opferung auf Morija auf das Heiligthum auf dem Berge Morija hinweist? Mag die Geschichte von der Sündfluth einer assyrischen Legende entnommen sein — was noch lange nicht eine feste Thatsache ist [vgl. Barth a. a. O. S. 21—31] — so wird ihr in der Genesis nur ein ethischer Werth beigelegt, das Geschichtliche ist nur Nebensache, und ebenso das von der Katastrophe von Sodom und Gomorrha, vom babylonischen Thurmbau. Wer da behauptet, daß die Erzählungen einen selbstständigen Cyclus ausgemacht haben, daß der Verf. der einen Genesis-Urkunde eine pessimistische Anschauung vom Leben gehabt habe, der einer anderen eine optimistische, leidet beinahe an Hallucinationen. Er hat sich nicht klar gemacht, daß diese Urkunden nur aus dem Prophetenkreise hervorgegangen sein können, und dieser hatte durchweg eine optimistische Lebensbeschauung. Wie gesagt, dieser Kreis, welcher nicht von Schriftstellersucht besessen war, hatte diese Urkunden gewiß nicht um ihrer selbst willen schriftlich fixirt, sondern er wollte sie als Einleitung zu einem Codex geben, welcher Gesetze enthielt.

Mag Wellhausen noch so sehr, sich an die Grundbedeutung des Wortes תורה anklammernd, sich darauf steifen, daß es nicht ein bestimmtes, fixirtes Gesetz involvire, sondern einfach Belehrung, um daraus zu folgern, daß es zur Zeit der älteren Propheten noch kein geschriebenes Gesetz gegeben habe — nicht einmal den Dekalog! — er hat, wie vieles Andere, so auch das übersehen, daß an nicht wenigen Stellen auf ein solches geschriebenes Gesetz hingewiesen wird. Amos im neunten Jahrhundert wirft dem Reiche Juda vor, daß es die göttliche Satzung nicht bewahrt habe (2, 4) על מאסם את תורת ה' ואת חקיו לא שמרו. Was bedeutet denn חקים? Doch etymologisch nichts Anders als eingegrabene Bestimmungen! W. muß doch zugeben, daß die Genesis der vordeuteronomischen Zeit angehört, und in dieser wird es Abraham zum Verdienste angerechnet (26, 5) וישמר משמרתי מצותי חקתי ותורתי. Wenn das nicht eine banale Tautologie sein soll, so setzt es doch voraus, daß es eine Gesetzsammlung gegeben haben müsse, in welcher bereits verschiedene Theile und Gattungen unterschieden waren. Waren doch zur Zeit Jesaia's ungerechte Gesetze niedergeschrieben (10, 1), wie sollte der Prophetenkreis sich nicht aufgefordert fühlen, Gesetze der Gerechtigkeit und Sittlichkeit, der reinen Gotteserkenntniß niederzuschreiben? Bestätigt ist doch diese Thatsache durch den nur scheinbar dunkeln V. (Hosea 8, 11) אכתוב לו רבי תורתי כמו זר נחשבו, worin man nur den richtigen Sinn finden kann [vgl. auch S. 424], wenn man statt des unverständlichen רבו oder רבי liest דִּבְרֵי, also: „ich habe für es (das Volk) die Worte meiner Lehre aufgeschrieben, sie wurden aber als Fremdes geachtet. So kann denn doch תורה hin und wieder eine niedergeschriebene Lehre bedeuten. Wenn man nicht zur lächerlichen Ausflucht greifen will, daß diese Gesetzsammlung nicht mit dem Pentateuch identisch, sondern verloren gegangen sei, so wird man nothwendiger Weise zugestehen müssen, daß mindestens ein Theil des legislativen Pentateuchs zur Zeit der ältern Propheten vorhanden war.

Was den sogen. Priestercodex betrifft, so kann nur die Voreingenommenheit ihn jung machen. Es kommen Wörter darin vor, welche ihr hohes Alt documentiren: das Wort אזכרה, an dessen etymologischer Erklärung man verzweifelt, ist gewiß uralt. Ebenso פדר, תנוך אזן, חשב האפד, חשן, יותרת הכבד, die Namen der unreinen Vögel, der Heuschreckenarten סלעם und חרגל, die Benennung

28*

der verschiedenen Leprosen, der Leibesfehler, der Gegenstände aus der Stiftshütte, קרסים, קרשים, כרכב, לולאות, der verschiedenen Edelsteine, der Verba, משלבות, מקבילות, מלק, רכס, כשור.

Um diese Kleinigkeiten kümmert sich W. nicht im Geringsten, und ebenso wenig um richtiges Textverständniß. Sonst könnte er nicht so gewissensruhig hinschreiben: die Patriarchen pflanzten Bäume, d. h. heilige Bäume (S. 31), was beweisen soll, daß diese Erzählungen jünger seien als das Deuteronomium, welches das Pflanzen von Aschera's und jedes Baumes verbietet. Aber wo findet sich denn in der Genesis, daß die Patriarchen solche Bäume gepflanzt hätten? Nur von Abraham wird erzählt (G. 21, 33) ויטע אשל בבאר שבע. Allein ist denn die oberflächliche Interpretation auch richtig? Das Wort אשל kommt nur hier und Samuel I, 31, 13 vor ויקברו תחת האשל ביבשה. Aber hier giebt die Parallele Chronik I, 10, 12 die richtige L.-A. תחת הָאֵלָה ביבש. Unter einem Elah-Baum pflegte man die Leiche theurer Personen zu begraben (G 35, 8). Wie nun, wenn man nun auch in der Erzählung von Abraham liest: „Er spannte sein „Zelt" aus in Beerseba" (אהלו statt אשל), so bleibt ja nichts von der Tamariske, die Abraham (bei W. irrthümlich Isaak) gepflanzt haben soll?. Man darf nicht etwa Anstoß an ויטע nehmen, da sonst noch נטע statt נטר gebraucht wird (Daniel 11, 45 ויטע אהלי, Jesaia 5, 16 לנטע שָׁמַיִם[1]). Eine ähnliche Emendation ist nöthig für Josua 24, 26: ויקימה שם תחת הָאֵלָה אשר במקדש ה׳, nämlich zu lesen תחת הָאֹהֶל, und zwar אשר למקדש ה׳. Denn unmöglich kann der Verf. von Josua oder, wie man zu sagen pflegt, der Deuteronomist, zum Irrthum Veranlassung haben geben wollen, daß eine Terebinthe oder sonst ein Baum beim Heiligthum in Silo gestanden hat, da das Deuteron. dergleichen geradezu verpönt. Statt שכם muß nothwendig nach Septuaginta gelesen werden שלה, (24, 1; 25). Man muß hier entschieden האהל lesen; so ist das אהל מעד in Silo, dessen Nichtexistenz zur Zeit des Deuteronomisten W.'s Hauptargument bildet, aus Josua hier, wie aus 18, 1 erwiesen. Zu allen diesen auffallenden Schwächen, milde ausgedrückt, kommt bei W. der höchste Grad der Willkür hinzu in der Abgrenzung der supponirten verschiedenen Quellen oder Urkunden im Complex des Pentateuchs. Verstößt ein Passus innerhalb eines abgegrenzten Bestandtheils gegen seine Hypothese, so wird er, unbekümmert um den Zusammenhang mit dem Voraufgehenden oder Folgenden, ausgesondert, und, je nach Bedarf, älter oder jünger gemacht. Diese Zerstückelungsmethode, die auf die Homerischen Epen angewendet wurde, beleidigt noch mehr das ästhetische und kritische, als das religiöse Gefühl.

[Und schließlich wie soll denn nach der Vorstellung der Zerstückelungskritiker die Einführung des ihrer Meinung nach untergeschobenen Gesetzes vor sich gegangen sein?] „Esra und seine Gehülfen" oder die jüdischen Schriftgelehrten

[1]) Muß nun an einer Stelle אֵלָה statt אשל gelesen werden, und ist an der andern Stelle wahrscheinlich die richtige L.-A אהל statt אשל, so wird auch die dritte Stelle, wo אשל vorkommt (Samuel I 24, 6) תחת האשל ברמה, zu lesen sein האלה. Denn אשל als Baum kommt weder im Arabischen noch Syrischen vor, auch nicht im Talmudischen (Levy hat das Wort im Wörterbuche falsch erklärt). Denn אשלי רברבי bedeutet: große Ketten, wie Raschi es richtig erklärt (Beza 27 b und zum Theil auch Aboda Sara 7 b). Statt אשלי דינין in Jerus. muß gelesen werden אשרי, gleich dem voraufgehenden Worte. In Genesis Rabba V 54, wo das biblische אשל erklärt wird, denkt der Erklärer nicht im Geringsten daran, daß es eine Baumart bedeuten könne, sondern allenfalls פרדס. Merkwürdigerweise übersetzt LXX אשל consequent ἄρουρα, ein Feld- oder Gartenstück.

müssen hiernach als eine Bande von Fälschern angesehen werden, die sich zusammengethan hätte, um den Text wissentlich zu fälschen, das Anstößige zu beseitigen oder Jüngeres in's Alterthum hineinzutragen. Hat es denn nur ein einziges Exemplar gegeben, an dem diese angeblichen Fälscher gemodelt haben sollten? Und wenn es zur Zeit Esra's oder der großen Versammlung in den Gemeinden Palästina's und Persien's ganz gewiß noch andere Thora-Rollen gegeben hat, haben die Fälscher nicht die Controlle gefürchtet? Man merke wohl, Esra und Nehemia berufen sich in ihrer Denkschrift geradezu auf die Thora oder das Buch der Lehre Mose's, worunter sie nicht nur das Deuteronomium, sondern auch die Gesetze in den früheren Büchern verstanden. Maleachi, der Prophet, ermahnte das Volk, „Gedenket der Lehre Mose's, meines Knechtes“ die ich ihm aufgegeben habe am Horeb für ganz Israel חקים ומשפטים, d. h. die Gesetzessammlung. Ihnen war also die Thora in ihrer Gesammtheit etwas Heiliges, Göttliches und Unantastbares, und doch sollen Esra oder noch Spätere willkürliche Aenderungen darin angebracht haben? Welch ein Widersinn! Nein, diejenigen, welche aus Euphemismus oder in Folge der Erkenntniß einer falschen Lesart eine andere Lesart andeuten wollten, verfuhren ehrlich: sie gaben an: תקון סופרים, „Aenderung der Schriftkundigen“ oder קרי und כתיב. Vor geflissentlichen Fälschungen in der ihnen hochheiligen Thora wären die Führer der Esra'schen und Nachesra'schen Zeit ebenso zurückgeschaudert wie fromme Juden in unsrer Zeit.

Wir wollen uns indessen die Hauptbeweise dieser Jury, welche das Verdict der Fälschung ausgesprochen hat, genau ansehen, und sie werden uns recht hohl und nichtig erscheinen. In dem ursprünglichen Gesetze bezüglich der menschlichen Erstgeborenen soll ursprünglich gestanden haben: והבערת פטר רחם (Exod. 13, 12) „Du sollst Alles, was den Mutterschooß öffnet, verbrennen“. Das alte Gesetz habe also Opfern der Erstgeburt anbefohlen. Da dieses Gesetz aber den Spätern bei fortgeschrittener religiöser Vorstellung anstößig geschienen, hätten sie eine Aenderung angebracht, sie hätten hinzugefügt, daß die Erstgeborenen ausgelöst werden sollen und hätten והבערת in והעברת corrigirt. Aber welche bodenlose Dummheit bürdet man diesen Fälschern damit auf! Anstatt das alte Gesetz zu eliminiren, hätten sie noch Spuren desselben stehen gelassen, damit ihre Fälschung so recht eines Tages an den Tag kommen soll! Hitzig und Andere wissen es ganz genau, daß die Klausel von der Auslösung der Erstgeborenen in Ezechiel's Zeit in dem Gesetze nicht gestanden habe. Worauf beruht diese Gewißheit? Auf der Auslegung eines Verses in Ezechiel, deren man sich schämen sollte, obwohl sie Spinoza zuerst aufgestellt hat. Dieser Prophet soll im Namen Gottes ausgesagt haben: „Ich habe ihnen (den Israeliten) schlechte Gesetze gegeben, indem ich sie verunreinigt habe, zu verbrennen jeden Erstgeborenen“ (18, 25). Also, Gott selbst soll erst hinterher zum Bewußtsein gekommen sein, daß er früher schlechte Gesetze gegeben und befohlen habe, die Erstgeborenen zu opfern! Erkennt man nicht sofort in der klaren Auseinanderlegung des Inhaltes, daß man dem Propheten Unsinn aufbürdet, wenn er Gott so sprechen lassen sollte? Ueber die einzig richtige Erklärung dieses V. vergl. m. Geschichte Bd. X, S. 191 [3. Aufl. S. 174] und Monatsschr. Jahrg. 1869, S. 461 fg. von Dünner. Es ist eine Verkennung des ganzen israelitischen Alterthums, wenn man behauptet, Menschenopfer und besonders Verbrennen der Erstgeborenen sei ein uraltes Gesetz gewesen. Nein, und tausendmal nein. Erst unter Achas ist es aus der Nachbarschaft eingeführt worden, und nicht nur die Propheten Micha, Jeremia und Ezechiel[1]) eiferten dagegen, sondern auch das alte Gesetz (o. S. 425).

Der zweite Hauptbeweis dieser Kritikasterei für Interpolationen in späterer Zeit beruht auf dem Sühnetag. Dieser soll nach Leviticus 16, 29 fg., 23, 27 fg., Numeri 29, 7 fg. erst später hinein practicirt worden sein, da ihn das Bundesgesetz (Exod. 23, 14 fg.), die Wiederholung desselben (das. 34, 18), ferner Deuteronom. (c. 16) und Ezechiel nicht kennen. Allein dieser Scheinbeweis entspringt aus einer oberflächlichen Exegese. Das Bundesgesetz spricht lediglich von den Wall- oder Wanderfesten, an denen alle erwachsenen Männer theilnehmen, zum Tempel wallfahrten und dort nicht mit leeren Händen erscheinen sollen: שלש רגלים תחג לי בשנה . . . יראה כל זכורך . . ולא יראו פני ריקם. Der Sühnetag sollte aber nicht ein solches gemeinsames Fest sein, sondern der Hohepriester sollte an demselben im Tempel die Sühne vollziehen und das Volk sollte, jeder in seinem Hause, Fasten beobachten. Da das Bundesgesetz nur von den drei Wanderfesten und nicht vom Sühnetag spricht, so konnte es selbstverständlich die Wiederholung auch nicht anführen (vergl. o. S. 421). Das Deuteronomium spricht ebenfalls lediglich von denselben drei Festen, bezeichnet sie noch dazu als Freudenfeste und ermahnt, daß die Armen, Verlassenen und Fremdlinge zur Theilnahme an dem Freudenmahle zugezogen werden sollen (vergl. o. S. 282). Hier hätte der Sühnetag keinen Platz. Beide Gesetzgebungen sprechen deswegen nicht vom Sühnetag, weil sie denselben in einer anderweitigen Gesetzesgruppe voraussetzen. Ezechiel spricht allerdings auch nicht vom Sühnetag, aber auch nicht „von dem Wochenfeste" im dritten Monate, das doch selbst die George, Redslob und Vatke als alt anerkennen. Er nennt nur das Paschafest, das siebentägige Fest der ungesäuerten Brode und das siebentägige Fest des siebenten Monates. Also entweder — oder, entweder beweist Ezechiel's Stillschweigen gar nichts, oder das für alt gehaltene Bundesgesetz ist ebenfalls erst in der nach-ezechielischen Zeit interpolirt worden. In der That beweist Ezechiel gar nichts. Denn in dieser Partie hat er überhaupt manche Abweichungen vom alten Gesetze. Er legt lediglich Gewicht darauf, daß der Fürst an diesen Festen ein Sühnopfer darbringen soll. Er verkündet überhaupt eine ganz neue Ordnung. Er ignorirt nicht bloß Gesetze des Exodus und Leviticus, sondern auch solche des Deuteronomiums, das doch zugegebenermaßen vor Ezechiel eingeführt war. Man kann allenfalls sagen, daß zu seiner Zeit die Tempel und Fest-Gesetze noch flüssig waren, aber nicht, daß solche Gesetze, die er nicht regardirt, vor ihm nicht vorhanden gewesen wären [Vgl. hierzu jetzt auch noch die Ausführungen oben S. 429].

Doch Dozy führt eine Stelle an, woraus hervorgehen soll, daß der Prophet Jeremia selbst die Schriftgelehrten der Fälschung der Gesetze beschuldigt haben soll. Es lautet bei Dozy (die Israeliten zu Mekka, S. 9): „Der Prophet ruft seinen Zeitgenossen zu: „Was sagt ihr, wir sind weise, denn das Gesetz Gottes ist bei uns? Fürwahr, der trügerische Stift der Schriftgelehrten hat es verfälscht". Aber findet sich denn wirklich ein solcher Vers bei Jeremia? Bei demselben (8, 8) heißt es nur: איכה תאמרו חכמים אנחנו ותורת ה׳ אתנו אכן הנה לשקר עשה עט שקר סופרים. Der Vers ist allerdings dunkel, aber das, was Dozy in ihn hineinlegt, liegt durchaus nicht darin. Der Prophet wirft dem Volke, oder eigentlich den Königen, Fürsten, Priestern und falschen Propheten vor, daß sie ein Gräuelbild im Tempel aufgestellt, in Tôphet ihre Söhne und Töchter ver-

[1]) Vergl. Ezechiel 16, 20—21 und die Erklärung dazu o. S. 425.

brennen (7, 30 fg.), d. h. doch wohl gegen das Gesetz handeln, und doch behaupten, weise zu sein und Gottes Lehre zu haben. Der Schluß dieser ironischen Wendung ist: הנה בדבר ה׳ מאסו וחכמת מה להם (das. 8, 9). „Sie verwerfen Gottes Wort (oder wie LXX haben νόμον κυρίου) und was für Weisheit haben sie?“ Also nicht Fälschung des Gesetzes rügt der Prophet, sondern die Ruhmredigkeit derer, welche das Gesetz zu kennen vorgeben und ihm zuwider handeln. In diesem Sinne muß der dunkle Vers ausgelegt werden. Schwierig ist nur das Verbum עשה, weil man das dazu gehörige Subject vermißt. Annähernd gut übersetzen LXX: εἰς μάτην ἐγενήθη; לשקר bedeutet hier vergeblich, zwecklos, wie Samuel I. 25, 21 und wie überhaupt שקר mit שוא und חנם gleichbedeutend ist. Also: vergeblich ist es (das Gesetz) geworden“, oder „vergeblich hat er (Gott) es gemacht,“ und der Schlußvers kann nur bedeuten: עט שקר (עט) ספרים, „ein vergeblicher Griffel ist der Griffel der Schreiber“ (welche das Gesetz abschreiben). Solche Ellipsen des Subjects, wenn das Wort bereits beim Prädicat vorkommt, sind im hebräischen Styl nicht selten; wie z. B. כסאך אלהים, דרכך זמה und andere St. Der Prophet ironisirt also nicht die Fälschung des Gesetzes, sondern die Vergeblichkeit desselben, da es nicht geübt wird. Es ist dieselbe Rüge wie in Ps. 50, 16—17: ולרשע אמר אלהים מה לך לספר חקי ותשא בריתי עלי פיך ואתה שנאת מוסר ותשלך דברי אחריך. „Zum Frevler spricht Gott: was hast du meine Gesetze zu rühmen, und trägst meinen Bund (meine Bundeslehre) auf deinem Munde, während du Zucht hassest und meine Worte hinter dich wirfst“? Aus Jeremia folgt also das gerade Gegentheil von dem, was Dozy daraus beweisen will. Das Gesetz der Lehre war vorhanden, Schreiber haben es copirt und verbreitet, aber befolgt wurde es nicht. Es ist dieselbe Rüge, die Jeremia auch anderweitig ausspricht (2, 8) ותפשי התורה לא ידעוני, „die Inhaber des Gesetzes (die Priester) achten oder kennen mich nicht“. Hätte er die Fälschung geißeln wollen, so hätte er bei dieser Gelegenheit sich anders ausdrücken müssen. — Kurz die Beweise von Interpolationen und Fälschungen in der Thora hängen an Spinngeweben. Der Pentateuch mit seinen zwei Abtheilungen bildet ein einheitliches Ganzes und war lange, lange vor dem Exil und vor Esra abgeschlossen und veröffentlicht. Es ist recht schmerzlich, einen Koryphäus auf dem Gebiete der arabischen Literatur, Herrn Dozy, dem die wissenschaftliche Welt so viel für die exacte Kenntniß der spanisch-arabischen Geschichte verdankt, in Gesellschaft von Marodeuren der Kritik zu sehen. Er hat durch seine Prämisse von Interpolationen im Pentateuch seine Untersuchung über die Einwanderung der Israeliten in die arabische Halbinsel in der Zeit David's auf Ungrund gestellt, und dadurch hat er auch das Haltbare seiner Hypothese unsicher gemacht.

## 7.

## Der König Chiskija, seine Psalmen, die Psalmen seiner Zeit und andere, wenig bekannte Vorgänge unter seiner Regierung.

Es zweifelt Keiner unter den Fachmännern daran, daß Chiskija dichterische Begabung besessen hat. Denn die Echtheit des ihm beigelegten Dankgebetes (Jesaia 38, 10—19) wird von Niemandem [Für die Echtheit u. A. auch Dillmann und v. Orelli z. St., dagegen jedoch Marti, vgl. die Litteraturangaben daselbst] in Abrede gestellt. Es wird also zugegeben, daß Chiskija der Dichter desselben war. Später soll dieser Dankpsalm erläutert und für die Geschichte ausgenutzt werden. Für jetzt interessirt uns nur die Thatsache, daß Chiskija thatsächlich ein Psalmendichter war. Daraus läßt sich die Folgerung ziehen, daß mehrere Hymnen im Psalter und anderweitig, die einen königlichen Sänger voraussetzen, nur ihn zum Autor haben können. Beschäftigen wir uns zunächst mit Psalm 101.

„Daß hier in diesem Psalm ein König spricht, läßt sich besonders aus der gelobten Vertilgung der Frevler, die eine obrigkeitliche Macht und Autorität voraussetzt, mit einiger Sicherheit annehmen. Daß dieser König David sei, ist eine naheliegende und allgemeine Annahme, die aber aus dem Inhalte des Psalmes weder zu erweisen noch zu widerlegen ist“. So urtheilt Hupfeld im Eingange zu diesem Psalm (in seinem ausführlichen Commentar zu den Psalmen). Indessen mehr noch als Vers 5 und 8, beweist Vers 6, daß der Psalm von einem Herrscher gedichtet sein muß: עיני בנאמני ארץ לשבת עמדי הלך בדרך תמים הוא ישרתני. Nur die Treuen und Harmlosen sollen ihm aufwarten. Denn שרת bedeutet „ein höheres Amt versehen“. Der Dichter will also mit diesem Verse sagen, daß nur Treue und Redliche seine Beamten sein sollen. Dagegen mag er nichts wissen von: מלשני בסתר רעהו, von גבה עינים ורחב לבב, nichts von רשעי ארץ und den פעלי און, von den Verläumdern, Hochmüthigen, Lügnern, Frevlern und Uebelthätern. Diese will er aus seinem Hause entfernt wissen. Es ist unzweifelhaft, daß nur ein König so reden konnte, und daß nur ein König der Dichter dieses Psalms gewesen sein kann. Diese Voraussetzung nimmt auch Ewald an (poëtische Bücher II, S. 82). Selbst Hitzig gab das Factum zu, nur daß er nach seiner Manier den Psalm makkabäisch macht und ihn Jonathan vindicirt. Aber dieser Hohepriester war noch nicht Fürst und hatte keinen Hof und keinen Beamtenstand, auf den die Züge in diesem Psalm passen könnten. Auf der andern Seite, wenn der Dichter auch ein Herrscher war, so kann der Psalm doch durchaus nicht von David stammen. Das läßt sich aus dem letzten Verse beweisen. Der Dichter spricht seinen Plan aus להכרית מעיר ה׳ כל פעלי און, er wolle die Gottesstadt von Uebelthätern säubern. Aber in David's Zeit war Jerusalem noch nicht die Gottesstadt. Sie wurde es erst durch den darin erbauten Tempel; durch das Heiligthum wurde sie die heilige Stadt und in Folge dessen die Gottesstadt (Psalm 18, 2—3. 9; 46, 5; 87, 3; Jesaia 52, 1; 60, 14). Wenn also auf einer Seite der Psalm einen königlichen Sänger voraussetzt, und auf der andern Seite David nicht der Verfasser sein kann, wer anders als Chiskija kann ihn gedichtet haben? Denn nur er war thatsächlich ebenso wie David ein Psalmendichter, er war nächst David der frömmste König und noch viel sittlicher und reiner als David. Nur durch die Annahme dieser Autorschaft wird der ganze Sinn des Psalms erschlossen. Es ist gewissermaßen ein Regierungsprogramm Chiskija's. Durch seinen Vater Achas war die sittliche und religiöse Ordnung umgekehrt worden, waren die Stadt und der Hof mit Uebelthätern gefüllt. Diese zu verbannen (nicht zu vertilgen[1]), nimmt

[1]) Das Verbum הצמית, das zweimal in diesem Psalm vorkommt, bedeutet nicht vertilgen, sondern der Grundbedeutung des Verbums צמת nach, „binden“, „einschränken“, „unschädlich machen“. Auch להכרית bedeutet nicht durchaus „vertilgen“, sondern verbannen, wie Könige I 9, 7 והכרתי את ישראל מעל פני האדמה אשר נתתי להם, und wie הכרת מקרב עמו ursprünglich nur den Sinn hat, „aus der Familie oder dem Stamm ausgestoßen“ zu werden.

sich sein Nachfolger vor. Wen will er an deren Stelle setzen? Die „Treuen im Lande“ oder die Redlichen, die harmlos Wandelnden, d. h. die **Anawim** (s. o. S. 406). David konnte unmöglich einen solchen Vorsatz ausgesprochen haben, da er an seinem Hofe mehrere Männer hatte, die selbst vor Blutvergießen keinen Scrupel empfanden. Nur Chiskija kann der Autor dieses Psalms gewesen sein, da es weder vor ihm, noch nach ihm einen so edel regierenden König im davidischen Hause gegeben hat, und keinen Zweiten, der Dichter gewesen wäre. Nur Chiskija konnte von sich sagen אתהלך בתם לבבי בקרב ביתי. Die syntaktischen Schwierigkeiten in Vers 1—2 sind leicht zu lösen, es gehört aber nicht hierher.

Dasselbe gilt vom Psalm 2. Sämmtliche Ausleger geben zu, daß auch dieser nur von einem Herrscher gedichtet sein kann (denn die Annahme, daß dieser und andere ähnliche Psalmen im Sinne eines Königs von einem Andern gedichtet worden seien, ist ein bloßer Notbehelf, eingegeben von der Verlegenheit, den Autor zu ermitteln). Auch in diesem Psalm haben die vorurtheilslosen Forscher von David abgesehen, da hier Zion der **heilige Berg** genannt wird, eine Bezeichnung, die er zu David's Zeit noch nicht gehabt haben kann. Denn es steht fest: bei den Propheten und Dichtern bedeutet Zion nicht die Davidsstadt, sondern entweder den Tempelberg oder die ganze Stadt Jerusalem um des Tempels wegen (vergl. Joel 4, 17 בציון הר קדשי, Pf. 50, 2 מציון מכלל יפי אלהים הופיע) Gott erschien von Zion, d. h. vom Heiligthum aus, welches ein Gottesberg geworden ist, wie einst der Sinai (wie es Hupfeld richtig auslegt); vergl. Pf. 20, 3 Parall. von קדש und ציון. Da nun in David's Zeit der Tempel noch nicht bestand, so hatte Zion nicht diese Bedeutung, und so kann Psalm 2 nur **nachdavidisch** sein, und wiederum kann kein anderer als Chiskija der Dichter desselben gewesen sein. Wer sind aber die Könige und Fürsten, welche nach diesem Psalm mit Abfall gedroht haben? Chiskija hat einige Kriege geführt oder führen lassen und einige Nachbarvölker unterworfen. Ausdrücklich wird es bezüglich der Philister erzählt (Könige II 18, 8); daß er aber auch andere Völker besiegt hat, sagt Vers 7 בכל אשר יצא ישכיל. Moab wird aufgefordert, sich unter den Schutz des **gerechten** Königs vom Hause David zu begeben (Jes. 16, 1. 3. 5). Darunter kann lediglich Chiskija gemeint sein, so dunkel auch die Partie ist. Wir finden ferner eine judäische Familie פחת מואב (Esra und Nehemia im Verzeichniß der Rückkehrenden u. a. St.). Diese Familie muß also von einem Haupte abstammen, das die Statthalterschaft über Moab inne gehabt hat. Sie wird auch als לבני יואב bezeichnet, woraus geschlossen werden kann, daß sie von Joab abstamme[1]). Diese Statthalterschaft kann erst in der **assyrischen** Zeit eingeführt worden sein, denn פחה ist ein assyrisches Wort; die Statthalterschaft über Moab kann demnach erst seit der Einmischung der Assyrer in die judäischen Angelegenheiten, d. h. von Achas abwärts, eingeführt worden sein. Da nun sämmtliche Könige nach Chiskija zu schwach waren, als daß sie Moab hätten unterjocht haben können, so ist es wohl möglich, daß Chiskija die Herrschaft über Moab erlangt und einen permanenten Statthalter darüber eingesetzt hat. Wenn man Psalm 60 auf die Chiskijanische Zeit bezieht, so würde daraus hervorgehen, daß dieser König die Hoffnung hatte, über die Nachbarvölker zu herrschen. In Psalm 2 ist nun dargestellt, daß die dem König unterworfenen Völker und ihre Fürsten, denen er das Band der Unterthänigkeit

[1]) Aus Esra 8, 4. 9 scheint zwar hervorzugehen, als wenn בני פחת מואב verschieden waren von den בני יואב; aber das Letztere ist wohl Corruptel.

aufgelegt hatte, zusammen beriethen, das Joch abzuschütteln. Darauf bezieht sich der Psalm mit hoher Wahrscheinlichkeit. Die Sprache und Diction zeigen keine Spur von Jugend. Hitzig's Hypothese, daß Alexander Jannai der Autor gewesen sei, wird wohl niemals Beifall finden. Diese Psalmen 101 und 2 darf die Kritik, sowie jenen Dankpsalm Chiskija vindiciren, und zwar scheint der erste im Beginne seiner Regierung, der letzte dagegen nach der Unterwerfung der Philister und anderer Nachbarvölker, also nach der Befreiung von Sancherib's Invasion, gedichtet zu sein.

Da Chiskija's Dankpsalm in Jesaia eine historische Wichtigkeit hat, so ist es nothwendig, die Dunkelheiten desselben zu erläutern. Vers 10 ist das Wort ברמי nicht erklärbar; einige griechische Versionen haben: ἐν ἡμίσει, auch eine aramäische Version hat: בפלגותא; man muß also dafür lesen בחצי, wie Ps. 102, 25. בחצי ימי [vgl. dagegen Luzzatto und Marti z. St.]. Chiskija war zur Zeit seiner Krankheit und zur Zeit der assyrischen Invasion 39 Jahre alt, also ungefähr in der Hälfte des Menschenalters. — Zu Vers 11 hat der Text der LXX statt לא אראה יה יה בארץ החיים zwei abweichende Uebersetzungen, von denen eine ein Glossem zu sein scheint, οὐκέτι μὴ ἴδω τὸ σωτήριον τοῦ Θεοῦ ἐπὶ γῆς ζώντων, und οὐκέτι μὴ ἴδω τὸ σωτήριον τοῦ Ἰσραὴλ ἐπὶ γῆς (wohl auch hier zu ergänzen ζώντων). Also anstatt des unerklärlichen יה יה entweder תשועת ה' oder תשועת ישראל. Diese L.-A. beleuchtet die Zeitlage. Der König erwartet die Errettung von Sancherib's Invasion ganz bestimmt, indessen erkrankt er sehr schwer und kommt dem Tode nahe. Er konnte also nicht hoffen, die Errettung von Seiten Gottes oder die Errettung Israel's zu schauen. Das ist der ungezwungene Sinn dieses Verses. — Vers 13 שויתי, welches im Targum durch נהמית wiedergegeben ist, ist nichts anders als שועתי [So auch Marti, z. St.]. — Der zweite Halbvers מיום ועד לילה scheint dittographirt von Vers 12 zu sein [= Marti, z. St.] — Vers 14: דלו עיני למרום geben LXX durch ἐξέλιπον γάρ μου οἱ ὀφθαλμοὶ τοῦ βλέπειν εἰς τὸ ὕψος. d. h. חדלו עיני מהביט למרום [Andere Vorschläge macht der Verf. in den Emendationes]. Das Uebrige ist noch dunkel. Der dunkelste Passus ist V. 16: אדני עליהם יחיו ולכל בהן חיי רוחי ותחלימני והחייני. Er ist nur erklärlich, wenn ein König das Gebet gesprochen hat, und zwar zur Zeit einer Bedrängniß. Der König wurde als der Lebensoden des Volkes angesehen, der, wenn er erlösche, den Tod des Volkes herbeizöge. Vergl. Klagelieder 4, 20: רוח אפינו משיח ה'. Darum bittet Chiskija, Gott möge ihn leben lassen und gesund machen, für sie (für das Volk — עליהם), damit sie fort leben können — יחיו — denn für jeden von ihnen ist der Hauch meines Lebens: ולכל [בהם] חיי רוחי. — Vers 17 מר לי מר hat keinen Sinn. Das erste מר ist ein Verbum im Kal von מור (Hiphil המיר), d. h. „vertauscht, verwandelt", „also in Glück ist mir das Bittere vertauscht" [„המיר לי" schlägt der Verf. in den Emendationes vor]. — Statt חשקת muß man wohl lesen: חשכת, d. h. „zurückgehalten" [So auch Marti z. St.] und zu משחת ist zu ergänzen מרדת. — Zu Vers 20 muß man vor להושיעני ergänzen אמר: „Gott hat verheißen". Targum und Peschito haben למפרקנא, also ה' אמר לרושיענו Gott hat verheißen, „uns zu retten". Aus diesem Schlußvers, aus Vers 16 und der nach LXX nothwendigen Ergänzung תשועת ה' geht hervor, daß die Krankheit Chiskija's während der Belagerung Jerusalem's stattgefunden hat, und Chiskija in Folge der Genesung noch mehr überzeugt war, daß die Rettung Jerusalem's und des Volkes nicht ausbleiben werde. Das Gedicht bestätigt demnach, was in Jesaia's Verkündigung mitgetheilt wird (das. 38, 5), daß Gott sein Leben um 15 Jahre verlängern, ihn von den Assyrern erretten und die Stadt beschützen werde, um David's Willen.

Sollte ein durch Gottesfurcht, Sittlichkeit und Dichtkunst so hervorragender König wie Chiskija, ein Gönner und Beschützer der Sänger, nicht von diesen verherrlicht worden sein? Es ist kaum denkbar. Von den 8 [1]) **Königspsalmen** im Psalter müssen, wenn auch nicht alle, so doch einige auf diesen König anspielen, oder in einer anderen Wendung: sie sind nur allseitig verständlich, wenn man sich Chiskija hinzudenkt, wenn man annimmt, daß er den Psalmisten gesessen hat. Ganz bestimmt bezieht sich Ps. 72 auf diesen König. Einleitend bemerkt Ewald richtig zu demselben: „Unstreitig bei Gelegenheit des Antritts eines neuen Herrschers gedichtet, denn der Königssohn hatte . . . noch gar keine eigene That vollendet, alles über ihn Gesagte ist noch **Wunsch** und **Ahnung**. Davidisch kann der Psalm allerdings nicht sein, denn David war nicht der Sohn eines Königs, aber auch auf Salomo kann er sich nicht beziehen, wie die Ueberschrift andeutet, denn damals war der Gegensatz der Bedrücker und der Armen noch nicht vorhanden, und die Lande שבא (Sabäu) und סבא (Meroë) waren bei Salomo's Regierungsantritt nicht bekannt. Es muß vielmehr sich auf einen der spätern, viel versprechenden Könige beziehen". Ewald räth zwischen Chiskija und Josia. Das ist jedenfalls tactvoller als Hitzig's Einfall von Ptolemäus Philadelphus, worüber kein Wort zu verlieren ist Allein auf Josia kann sich der Psalm auch nicht beziehen, denn man könnte dann fragen, warum nicht auf einen anderen sogar **götzendienerischen** davidischen König. Denn Josia duldete ebenfalls das Götzenthum bis in sein achtzehntes Regierungsjahr. Und warum sollte der Psalmist gerade von ihm so viel Tugend gerühmt und erwartet haben? Zu übersehen ist nicht, daß der Psalm eine bestimmte Erwartung ausspricht und Hoffnungen auf den neuen König setzt. Wenn der Sänger Eingangs äußert: Gott möge diesem König sein Recht und seine Gnade gewähren — צדקה ist, von Gott gebraucht, nur Gnade — so muß er ihn dessen für würdig gehalten haben. Und ein so würdiger Prinz war einzig und allein Chiskija, von dem schon Zacharia I. prophezeit hat (9, 10): ומשלו מים עד ים ומנהר עד אפסי ארץ, und diese Reminiscenz wiederholt der Psalmist (V. 9) buchstäblich וירד מים עד ים ומנהר עד אפסי ארץ [**Keßler** z. St. möchte die Priorität dem Psalmisten zuerkennen]. Und gerade wie jener von einem König verkündet hat, ודבר שלום לגוים, erwartet auch dieser (V. 7) von ihm: יפרח בימיו צדיק (l. צדק) ורב שלום עד בלי ירח. Auch Jesaia verkündete von dem Sohne des Königs Achas (9, 5. 6), auf dessen Schulter die Herrschaft sein werde, daß seine Herrschaft weit — רבה המשרה (so statt לםרבה) — und des Friedens kein Ende sein werde, sobald er auf dem Thron David's sitzen werde: ולשלום אין קץ על כסא דוד. Es war also nicht eine liebedienerische Sprache, welche der Psalmist an den König richtete, sondern die Aeußerung einer bestimmten Erwartung, welche die Frommen von ihm hegten, und so bleibt nur Chiskija allein, bezüglich dessen die Erwartung gerechtfertigt erscheint.

Wenn je ein Psalm einen individuellen Charakter zeigt, so ist es wohl dieser, und er erklärt sich am ungezwungensten, wenn man zum Hintergrunde Chiskija, seine Antecedentien und die Hoffnungen, welche die Besseren von ihm hegten, nimmt. Er war so recht le roi désiré. Die Armen, Dürftigen, Leidenden die עניי עם und ענוי ה׳, d. h. ענוי ה׳, für welche der Psalmist eintritt und den

[1]) Ps. 20, 21, 28, 45, 61, 63, 72, 84 und allenfalls noch 110 [In seinem „Kritischen Comm. zu den Psalmen" I, S. 14 f. will der Verf. die Königspsalmen als eine besondere Gattung nicht gelten lassen. Vgl. das. die Bemerkungen zu den einzelnen hier aufgezählten Psalmen].

König ermahnt, sich ihrer anzunehmen, sind nicht als lästige Bettler, sondern als jene verarmten Dulder, die ענוים, anzusehen (vgl. o. S. 406). Daß von Solchen die Rede ist, dafür dient zum Beweise V. 5: ייראך עם שמש. — Hier ist nichts zu emendiren oder umzudeuten. Das Subject sind die vorangegangenen עניי עם und בני אביון, und das Object bleibt Gott. Der König möge und wird den Duldern beistehen und die Unterdrücker unterdrücken, damit sie Gott verehren können: עם שמש, beim Aufgang der Sonne und לפני ירח (temporal) vor dem Aufgange des Mondes, d. h. frühmorgens und gegen Abend: ערב ובקר, zur Zeit der beiden Tagesopfer, מנחת הבקר und מנחת הערב, wie Ps. 92, 3: להגיד בבקר חסדך ואמונתך בלילות (vergl. Ps. 141, 2). Der Psalmist von 72, wahrscheinlich selbst ein Levite von der Sängerklasse, dachte zunächst bei Abfassung dieser dichterischen Adresse an den neuen König an seine Leidensgenossen, die verarmten Leviten. Diese Dulder soll der König von ihren bisher erlittenen Unbilden מתוך ומחמס erlösen. Der Psalmist sprach dieselbe Erwartung aus, welche Jesaia von dem Sproß aus Isaï's Wurzel hegte (11, 4): ושפט בצדק דלים והוכיח במישור לענוי ארץ. Wir haben also für diesen Psalm Analogieen in Hülle und Fülle aus der Zeit Chiskija's. Man kann noch ein Argument dafür anführen, daß es sich in Chiskija's Zeit um die armen Dulder gehandelt hat, und daß sie Mittelpunkt der Wünsche und Erwartungen waren. Die Adresse in Ps. 72 — denn für eine solche darf man ihn nach Ton und Inhalt wohl halten — scheint nicht ein frommer Wunsch geblieben, sondern realisirt worden zu sein. Der in Sam. I. 2, 1—10 eingeschaltete Psalm spricht entschieden dafür. Denn daß er nicht von Hanna gesungen wurde, braucht wohl nicht bewiesen zu werden. Der Vers ויתן עז למלכו וירם קרן משיחו setzt einen König voraus. Nun hat dieser Psalm zum Mittelpunkt: מקים מעפר דל . . . להושיב עם נדיבים וכסא כבוד ינחלם, und dieser Vers spricht von einer Thatsache, daß die Armen aus dem Staube erhoben und auf Fürsten-, d. h. Richter-Throne gesetzt worden waren. Deutlich genug giebt Vers 5 dieses Verhältniß an שבעים בלחם נשכרו ורעבים חדלו. Diese aus dem Staube erhobenen Armen werden „Fromme" genannnt, Vers 9 רגלי חסידיו. Darum beginnt der Psalm mit einem Jubelgesang, daß so Unerwartetes und Erfreuliches eingetreten ist. Wer hat diesen Umschwung herbeigeführt? Ein König, ein Gottgesalbter. Kann man dabei an einen andern König, als an Chiskija denken? Kurz dieses Psalmfragment bezeugt, daß Chiskija dem Wunsche entsprochen hat, welchen die psalmistische Adresse von ihm gehegt und das psalmistische Programm ausgeführt hat, das er selbst aufgestellt hatte.

Mit dem in Samuel eingeschalteten Psalm hat Psalm 75 frappante Aehnlichkeit.

| Samuel: | Psalm: |
|---|---|
| 7) משפיל אף מרומם. | 8) זה ישפיל וזה ירים. |
| 8b) לה׳ מצקי ארץ וישת עליהם תבל. | 4) אנכי תכנתי עמודיה. |
| 3) אל תרבו תדברו גבוהה גבוהה יצא עתק מפיכם. | 6) אל תרימו למרום קרנכם תדברו בצואר עתק. |
| 9) רגלי חסידיו ישמר ורשעים בחשך ידמו. | 11) וכל קרני רשעים אגדע תרוממנה קרנות צדיק. |

Dieser Psalm scheint ebenfalls in die Chiskijanische Zeit zu gehören. Er ist an Vornehme gerichtet, und warnt sie, sich nicht zu überheben; denn ihr Sturz sei — unter einem gerechten Könige nahe [Im „Kritischen Commentar" II, 446 meint der Verf., der Psalm sei zwar vorexilisch, es gebe aber keinen Anhaltspunkt für seine Abfassungszeit. Nach Keßler dagegen „fügt er sich vorzüglich in die Zeit des assyrischen Angriffs" (Jes. c. 36 f.)].

Mit hoher Wahrscheinlichkeit ist Psalm 21 ebenfalls auf Chiskija gedichtet. Ewald schwankt zwar zwischen Usia und Chiskija; allein auf den Ersteren paßt kein einziger Zug, während auf den Letzteren einige passen, namentlich Vers 8: כי המלך בטח בה׳ ובחסד עליון, wenn man diesen Zug mit Könige II. 18, 5 vergleicht. Noch individueller ist der Zug Vers 5: חיים שאל ממך נתתה לו. Da Chiskija während seiner Krankheit um Verlängerung seines Lebens gefleht hat, so paßt dieser Zug ohne Weiteres auf ihn. Denkt man sich den Psalm gedichtet zur Zeit, als Chiskija genesen war, aber die andere Gefahr von dem assyrischen Feinde noch drohend dastand, dann erhält der ganze Psalm Prägnanz. Der Psalmist knüpfte an die Errettung des Königs vom Tode die Hoffnung, daß auch die andern Gefahren abgewendet werden würden, indem Gott die Feinde vertilgen werde (Vers 9—13), wie Hupfeld richtig ausgelegt hat, daß die zweite Person zum Schlusse sich ebenfalls auf Gott beziehe. Der Grundgedanke des Psalmes ist, daß sich der König des Sieges erfreuen werde (Vers 2). Daß der Psalm 20 sich ebenfalls auf Chiskija bezieht und mit 21 in Verbindung steht, ist möglich, läßt sich aber nicht erweisen. Aber der Königspsalm 61 ist höchst wahrscheinlich auf Chiskija gedichtet. Das Gebet (Vers 7—8) ימים על ימי מלך תוסיף . . . ישב עולם לפני אלהים setzt voraus, daß das Leben des Königs bedroht, und daß er gottesfürchtig war, zwei Züge, woran Chiskija ganz besonders zu erkennen ist. Auffallend ist nur, daß der Psalmist dieses Gebet weit entfernt vom Lande an Gott richtete: מקצה הארץ, und daß er sich nach dem Tempel sehnte: אגורה באהלך עולמים. Wo weilte damals der Dichter? War er aus Jerusalem während der Belagerung entflohen? [Vgl. „Krit. Comm." des Verfs. II, 385 f.].

Psalm 45 bezieht sich mit noch mehr Wahrscheinlichkeit auf Chiskija und durchaus nicht auf Salomo, an dem Hupfeld festhält, jedenfalls richtiger als de Wette's persische Könige oder Hitzig's Achab. Denn Vers 7 אהבת צדק ותשנא רשע paßt nur auf einen einheimischen und frommen König und demnach auf Chiskija besser als auf Salomo, noch mehr Vers 5 . . . . צלח רכב על דבר אמת וענוה צדק. Denn die ענוה, welche hier als eine besondere Tugend gerühmt wird, war durchaus kein Charakterzug Salomo's. Diese Tugend und das Wort dafür sind erst durch die Anawim ausgeprägt worden (Vergl. o. S. 406). Auch שבט מישור (V. 7) paßt auf Chiskija. Nimmt man V. 13: ובת צור במנחה . . יחלו עשירי עם mit Ewald (wie es nicht anders möglich ist, da das ו nicht vor einem Vokativ stehen darf) nicht als Tyrustochter, sondern als „Tyrus", wie בת אדום, בת מצרים und בת בבל, so fällt die Anspielung auf eine Heirath des in diesem Psalm besungenen Königs mit einer Tyrierin, etwa auf eine solche Salomo's weg. Nimmt man V. 11 ושכחי עמך nicht als Volk, sondern als Stamm, dann fällt auch der Scheinbeweis weg, als wenn die Königin aus einem fremden Volke dem König zugeführt worden wäre. Gerade weil sich dieses Epithalamium (שיר ידידות) auf einen so gerechten, so gottesfürchtigen, bei der Sängerklasse so beliebten König bezieht, ist es würdig befunden worden, dem Psalter eingereiht zu werden. Wie käme es sonst in diese Sammlung? Für Liebeslieder ist kein Platz in den Psalmen. Liest man V. 8: ויבחרך statt des grammatisch und metrisch unpassenden מבחרך, so ist jede Spur vertilgt, welche einen Wahlkönig vermuthen lassen könnte. Uebrigens scheint aus Vers 11—12 herauszuklingen, daß die Braut sich durch die Wahl zur Gattin eines Königs nicht so sehr beglückt gefühlt hat. Der Dichter scheint sie aufmerksam zu machen, sie möge doch die große Ehre würdigen, daß sie die Gemahlin eines solchen Königs werden soll. Darum rühmt er im Vers 13, was für Geschenke Tyrus und seine Handelsherrn „die reichsten der Völker" ihr bringen werden, und welche Prachtkleider sie trägt (Vers 14): כל כבודה בת מלך פנימה ככשבצות זהב לבושה. Dieser V. ist bisher nur gezwungen erklärt worden, weil das פנימה durchaus störend ist. Man muß dafür lesen פנינים „Perlen“. Dann ist der Sinn verständlich, wenn man noch dazu nimmt, wie LXX haben בכשבצות, statt ממשבצות. Denn משבצות sind doch die Carré's, wie sie sich an den Prachtgewändern auf den assyrischen Monumenten finden. Innerhalb dieser Carré's an den Kleidern der Erwählten waren Perlen angebracht. Also „aller Reichthum einer Königstochter, Perlen in goldenen Carré's, ist ihr Gewand“. Die Erwählte, welche der König nur ihrer Schönheit wegen bevorzugt hat, kann demnach keine Königstochter gewesen sein, sonst brauchte ihr nicht geschildert zu werden, welche Pracht ihr zugedacht sei. Für eine Königstochter verstände sich der Luxus von selbst. Der Dichter betont aber, wie sie sich durch die Wahl eines solchen Gatten und den reichen Schmuck geehrt und beglückt fühlen müßte. Wenn, wie bereits auseinandergesetzt wurde, dieses Epithalamium sich auf Chiskija bezieht, so hätten wir an ihm ein Stück individueller Biographie dieses Königs. Die Gattin, die er erwählte, war wahrscheinlich חפצי בה (auf welche auch Jes. 62, 4 anspielt), die Mutter Manasse's (Kön II, 21, 1). Dieser war nach dem Tode seines Vaters erst 12 Jahr alt. Daraus würde folgen, daß Chiskija möglicherweise erst nach der Befreiung von der Invasion Sancherib's geheirathet hat. Der Name חפצי בה, „mein Wohlgefallen an ihr“ deutet auf Schönheit und Wahl zur Gemahlin wegen dieser Schönheit.

Die übrigen Königspsalmen sind zu wenig individuell gehalten, als daß man daraus entnehmen könnte, auf welchen König sie anspielen. Aber Psalm 21, 45, 61 und 72 sind aller Wahrscheinlichkeit nach auf Chiskija, sowie 2 und 101 von ihm gedichtet worden.

Noch ist eine poetische Partie aus Chiskija's Regierungszeit zu beleuchten, welche Vorgänge aus dem bisherigen Dunkel heraustreten läßt.

Die zwei Verse Jesaia 21, 11—12 משא דומה אלי קרא משעיר, die den Exegeten bisher ein versiegeltes Räthsel waren, hat Dozy (die Israeliten zu Mekka, S. 60 fg.) treffend erklärt und dabei das Factum, das ihnen zu Grunde liegt, mit der Relation der Chronik von der Auswanderung der Simeoniten in Verbindung gebracht. Es ist vielleicht das einzige Resultat in Dozy's mit so vieler Gelehrsamkeit unterstützten Behauptung, daß die Uransiedler in Mekka Simeoniten gewesen, daß diese zu David's Zeit dahin ausgewandert seien, den Tempel oder Haram zu Mekka gegründet und alle die Ceremonien bei demselben, welche die Araber noch heutigen Tages bei den Wallfahrten dahin beobachten, bis auf die kleinste Kleinigkeit eingeführt hätten. Es ist eine unglückliche Hypothese, ähnlich der Geiger'schen, von der Abstammung der Sadducäer aus dem Hause des Hohenpriesters Zadok. Beide Hypothesen, obwohl durch eine erdrückende Zahl von Beweisen unterstützt, erweisen sich bei näherer Untersuchung so bodenlos, wie sie bei der oberflächlichen Betrachtung sich als unwahrscheinlich kund geben. Herr Dozy mag seine Hypothese gegenwärtig selbst aufgegeben haben, darum soll hier nicht weiter darauf eingegangen werden. Nur die Thatsache von der Auswanderung der Simeoniten und von der Anspielung des Jesaianischen „Massa“ auf dieselbe soll hier auf das rechte Maß gebracht werden. Im Verlaufe soll eine höchst wichtige Beweisstelle dafür herangezogen werden, welche Dozy übersehen oder nicht gewürdigt hat. Diese Stelle unterstützt auf der einen Seite sein Resultat, daß die Simeoniten ausgewandert sind, und widerlegt auf der andern Seite seine Behauptung, daß sie ganz verschollen oder aus dem Gesichtskreis der nachdavidischen Geschlechter geschwunden wären, weil sie sich weit ab in Arabien, um Mekka, angesiedelt hätten. Um die Thatsache und die Zeit dieser Auswanderung zur historischen Gewißheit zu erheben, und die Stätte der Ansiedelung zu ermitteln, muß die Untersuchung nach einer andern Methode, als Dozy dabei angewendet hatte, geführt werden. Denn wollte man dem Gang seiner Untersuchung folgen, müßte man das Kind mit dem Bade ausschütten, wie es Bertheau in der 2. Aufl. seines Comment. zur Chronik (1873, S. 49) zu thun scheint. Er bemerkt: „Raum und Gelegenheit gestatten nicht den Widerspruch gegen seine (Dozy's) Auffassung und gegen die Folgerungen, die er aus den Angaben unserer Verse (der Chronik) zieht, zu begründen".

In Chronik (I. 4, 24—43) werden nämlich bei Gelegenheit der genealogischen Aufzählung des Stammes Simeon zwei Auswanderungen von Simeoniten referirt. Zuerst werden dreizehn simeonitische Stammfürsten namhaft gemacht und von ihnen wird erzählt: אלה הבאים בשמות נשיאים במשפחותם . . . וילכו למבוא גדר עד למזרח הגיא לבקש מרעה לצאנם . . . ויבאו אלה הכתובים בשמות בימי יחזקיהו מלך יהודה ויכו את אהליהם ואת המעונים אשר נמצאו שמה . . . וישבו תחתיהם. Daran schließt sich noch eine Relation von den Simeoniten (Vers 42 fg.): ומהם מן בני שמעון הלכו להר שעיר אנשים חמש מאות ופלטיה . . . בראשם ויכו את שארית הפלטה לעמלק וישבו שם עד היום הזה. Vor Allem muß constatirt werden, daß sämmtliche fachmännische Ausleger dieser Relation Historicität vindiciren, so sehr sie auch vielen Angaben und Erzählungen der Chronik geschichtliche Unterlagen absprechen und sie ins Reich der Sage verweisen oder auf Rechnung der tendenziösen Ausschmückung setzen. Sie nehmen alle an, daß der Verf. der Chronik den Bericht über die Simeoniten in einem älteren geschichtlichen Werke vorgefunden und aus diesem wörtlich in sein Buch hineingestellt habe. Und in der That machen die Erzählungen den Eindruck authentischer Geschichtlichkeit. Steht nun die Thatsache der Auswanderungen der Simeoniten fest, so müssen zwei Fragen erörtert werden, die chronologische Fixirung und die Zusammengehörigkeit oder Gesondertheit der zwei Auswanderungen. Der chronologische Punkt scheint auf den ersten Blick gesichert, da bei der Auswanderung der dreizehn simeonitischen Fürsten angegeben ist: „in den Tagen des Königs Chiskija". Allein der Passus הכתובים . . בימי יחזקיהו läßt es doch zweifelhaft, ob die Aufzeichnung der dreizehn Namen oder die Auswanderung in dieser Zeit erfolgt ist.

Der syntaktischen Ordnung des Verses 41 nach, scheint der Verfasser die Auswanderung chronologisch angeben zu wollen; denn sonst müßte man annehmen, zu Chiskija's Zeit habe eine Volkszählung oder genealogische Aufnahme stattgefunden. Allein davon berichtet nicht einmal die Chronik. Sie deutet eine solche Aufnahme in David's Zeit, zur Zeit der allgemeinen Volkszählung, an (I. 26, 31) und führt ausdrücklich eine solche zur Zeit des judäischen Königs Jotham und des israelitischen Königs Jerobeam II. an (das. 5, 17). Mag diese letzte Volkszählung historisch oder erdichtet sein, jedenfalls folgt daraus, daß die Chronik selbst eine andere, etwa zur Zeit Chiskija's, nicht geltend macht. Daher ist es wohl wahrscheinlich, daß sie die Auswanderung der dreizehn simeonitischen Fürsten mit ihren Leuten zur Zeit Chiskija's hat ansetzen wollen Uebrigens giebt Bertheau, der die Zeitbestimmung auf die Zählung bezieht, selbst zu, daß die Auswanderung in dieselbe Zeit gesetzt werden muß, „denn die damals aufgeschriebenen Fürsten werden ausdrücklich (V. 38) als diejenigen bezeichnet, welche den Zug unternahmen". (S. 47) Also hat die

Auswanderung der Dreizehn zu Chiskija's Zeit stattgefunden. Die Localität, in welcher diese sich angesiedelt haben, ist unbestimmt angegeben. Dagegen ist die Localität der Auswanderung der 500 Simeoniten unter vier Führern ganz bestimmt bezeichnet, nämlich das Gebirge Seïr, dessen Lage nicht zweifelhaft ist. Dozy's Behauptung, daß es das ganze Gebirge der arabischen Halbinsel bedeute (a. a. O. S. 46), hat er ohne begründenden Beweis aufgestellt Nun drängt sich dabei die Frage auf: Hat die Auswanderung der 500 gleichzeitig mit der der früher Genannten, also zur Zeit Chiskija's, stattgefunden, oder früher oder später? Der Wortlaut spricht gegen die Gleichzeitigkeit, denn gerade durch die Wiederholung: והם מן בני שמעון הלכו להר שעיר, will der Verfasser oder Referent hervorheben, daß die 500 nicht zur Gruppe der 13 Fürsten gehört haben, sonst hätte er einfach ומהם setzen sollen. Aus diesem Grunde hat Graf (geschichtliche Bücher des alten Testaments, 1866) ganz richtig die beiden Auswanderungen auseinandergehalten Dozy, welcher die 500 Simeoniten brauchte, um die 400 Amalekiter schlagen zu lassen, welche dem von David und seinen Mannen unter den Ihrigen angestellten Gemetzel entgangen waren, und sie noch mehr braucht, um israelitische Ansiedler für Mekka zu haben — Dozy mußte consequent die beiden Auswanderungen in eine verschmelzen und diese viel früher ansetzen. Das Datum der Chiskijanischen Regierung hat für ihn nur die Bedeutung der Rücksicht, welche unter dieser Regierung auf die auswärts angesiedelten Israeliten genommen worden sei. Freilich fiele es ihm schwer nachzuweisen, wie Chiskija es angestellt haben kann, die in Heg'as und bei Mekka wohnenden Simeoniten zählen und genealogisiren zu lassen. Davon abgesehen, ist es durchaus thatsächlich richtig, daß Simeoniten mindestens zu zwei verschiedenen Zeiten ausgewandert sind. Denn aus zwei deutlichen Beweisstellen geht mit Bestimmtheit hervor, daß zur Zeit Chiskija's Simeoniten bereits im Auslande angesiedelt waren und sich nach der Heimkehr ins angestammte Land gesehnt haben. Einen Beweis für die Thatsache hat Dozy richtig geführt, den andern, viel entscheidenderen Beweis hat auch er übersehen.

Die bereits citirte Stelle Jesaia (a. a. O.) משא דומה אלי קרא משעיר שמר מה מלילה . . . אמר שמר אתא בקר וגם לילה . . . hat Dozy durch Rectificirung des Textes beweiskräftig dafür gemacht, daß sie von Ausgewanderten spricht, welche sich nach Rückkehr sehnten. Er stützte sich besonders auf die auffallende L.-A. Aquila's, der auch Theodotion und Symmachus folgen: *πρὸς ἐμὲ καλεῖ τοὺς φεύγοντας παρὰ τοῦ Σηεὶρ*[1]), da hier deutlich von, sagen wir, solchen die Rede ist,

[1]) Zur Emendation der L.-A. hut Dozy richtig bemerkt, daß Aquila נודדים vorgelegen haben muß; daher seine Uebersetzung *φεύγοντας*, nur daß er das Subject als Object angesehen hat, weil das Verb. im Singul. und das Nomen im Plur. steht. Dozy wußte aber diese Verlegenheit nicht zu überwinden. Er übersetzt den Vers (das. S. 64): „Von Seir her rufen die Verbannten mir zu", ohne die Berechtigung zur Umwandlung des Sing in Plur. nachgewiesen zu haben, und den Sing. haben sämmtliche Versionen. Man muß also lesen: אלי קרא הנידד משעיר im Sing. Das מ vom folgenden Worte משעיר kann durch Versehen angesetzt, und so aus הנידד משעיר hier הנודדים משעיר geworden sein. נודד im Singular bedeutet nach hebräischem Sprachgebrauch als Collectivum „mehrere Flüchtlinge". Zur Abrundung des Verses muß zu ליל noch etwas ergänzt werden, denn ליל kann nur Status constr. sein, sodann bedeutet לילה allein niemals „Leiden" (Ewalds Beweis aus Hiob 35, 10 beruht auf einem Irrthum). Endlich ist die Tautologie מה מלילה מה מליל sonderbar. Er-

welche außerhalb des Vaterlandes den Rath des Propheten anriefen. Die Antwort des Propheten weist ebenfalls darauf hin: שבו אתיו „kehrt um, kommt heim". Richtig hat auch Dozy וגם לילה, das keinen Sinn giebt, in ונס לילה verwandelt, eine Emendation, die auch Andere vor ihm gemacht haben. Demnach hat der Prophet denen, welche ihm aus Seïr zuriefen: „Wächter, was wird aus der Nacht (der Leiden)?" geantwortet: „Es kommt der Morgen und es entflieht die Nacht" . . . „kehret um, kommet zurück". Dadurch ist die räthselhafte Stelle sinnvoll erklärt. Es folgt daraus, daß Israeliten in der Fremde, und zwar in Seïr, über Leiden geklagt und sich zurückgesehnt haben. Diese Israeliten waren φεύγοντες παρὰ τοῦ Σηείρ, d. h. נודדים. Darunter können Flüchtlinge, Verbannte, aber auch Ausgewanderte verstanden sein (vergl. Jes. 16, 3 נודד אל תגלי = das. Vers 4 נדחי מואב, wo von solchen die Rede ist, die halbfreiwillig ausgewandert waren). Aber die weitgehende Folgerung, welche Dozy macht, daß diese Verbannten aus Arabien, etwa gar aus Mekka den Schmerzensschrei erhoben hätten, ist durchaus nicht erwiesen, ja, der Text spricht entschieden dagegen. Denn der Ruf ertönt aus Seïr, was durchaus nichts anderes ist, als das Land Edom mit den Städten Sela (Petra), Taiman, Bezer. Daß das hier angeführte Land דומה identisch sei mit Duma-al-Gandal im Lande Neg'd in Arabien, ist nicht zu erweisen. Die Septuaginta haben ausdrücklich dafür Ἰδουμαία. Möglich, daß der ihnen vorgelegene Text gelautet hat: משא ארומה. Alles in Allem genommen, folgt aus diesem „Massa" mit Gewißheit, daß Israeliten, die in Idumäa weilten, sich zurückgesehnt haben, und zwar zur Zeit des Propheten Jesaia. Will man nun — wozu man doch berechtigt ist — diese Israeliten in Seïr mit den 500 ausgewanderten Simeoniten identificiren, von denen die Chronik erzählt, so muß man zugeben, daß diese Auswanderung vor Jesaia's, also vor Chiskija's Zeit erfolgt sein muß, da jene sich doch bereits in dieser Zeit über Leiden beklagt haben. Die Klageführenden können also nicht die ersten Auswanderer gewesen sein, sondern allenfalls die Nachkommen der früher ausgewanderten 500 Simeoniten. Wer demnach in den Klagen in diesem „Massa" Simeoniten zum Hintergrunde nimmt, muß consequent die Auswanderung derselben vor Chiskija's Regierung ansetzen. Das thut Dozy, nur daß er diese Auswanderung gar zu früh in Saul's oder David's Zeit ansetzt und abenteuerliche Legenden der Araber damit in Verbindung bringt.

Indessen, streng genommen, ist aus der Jesaianischen Stelle eine früher erfolgte Auswanderung von Simeoniten nicht erwiesen. Denn daß es gerade Simeoniten gewesen wären, welche ein Klagen aus Seïr erhoben haben, steht im Text durchaus nicht und beruht lediglich auf Combination. Es ist nicht einmal streng erwiesen, daß diese Klage zu Jesaia's Zeit erhoben worden ist. Wer bürgt denn dafür, daß dieses Stück (21, 11—12) Jesaianisch ist? Könnte es nicht einem andern Propheten angehören? Unmittelbar voran geht ein Stück (Vers 1—10), das allgemein als exilisch angesehen wird, und demnach nicht Jesaianisch sein kann. Kann nicht auch das Stück „Massa Duma" exilisch sein? [So z. B. in der That Marti u. A. z. St. Vgl. ferner Kuenen a. a. O. S. 50 f., Buhl, Gesch. der Edom., S. 69].

---

gänzt man zu ליל das Wort צרה oder מצוקה, dann ist der Vers abgerundet und hat einen palilogischen Parallelismus, also:

שמר מה מלילה
שמר מה מליל הצרה?
אמר שמר . . . .

Es giebt aber eine andere Stelle, welche deutlicher an die Hand giebt, daß Simeoniten irgendwo außerhalb der Heimath gelebt haben und zurückgewünscht wurden, und zwar noch vor Chiskija's Zeit. — Ein Crux interpretum ist bekanntlich der Vers Deuteron, 33, 7 im Segen Mose's: וזאת ליהודה ויאמר שמע ה' קול יהודה ואל עמו תביאנו . . . Drei scheinbar unlösliche Schwierigkeiten bietet er der Exegese. Die eine ist, daß der Stamm Simeon in der Reihenfolge der Stämme ausgelassen ist, die zweite, daß die drei ersten Stämme in abweichender Ordnung aufgeführt erscheinen: Rëuben — Juda — Levi, und endlich die Unverständlichkeit des Passus: ואל עמו תביאנו, „bringt ihn (den Stamm Juda) heim zu seinem Volke". Was soll das bedeuten? Gesenius, Hoffmann und Andere haben aus diesem Satze die Folgerung gezogen, daß der Segen Mose's spät, sehr spät, etwa gar im babylonischen Exile abgefaßt sei; denn wenn der Stamm Juda zu seinem Volke gebracht, d. h. mit dem übrigen Israel vereinigt werden soll, so muß er davon getrennt und in die Gefangenschaft geführt worden sein. Allein dagegen sträubt sich der ganze Inhalt des Stückes, da es das Vorhandensein sämmtlicher Stämme voraussetzt. Vergl. über diese Schwierigkeiten und die vereitelten Versuche, sie zu lösen, Wilh. Volck, Segen Mose's (Erlangen 1873), S. 56 fg. — Indessen sind sie längst gelöst und zwar von einem talmudischen Autor des zweiten Jahrhunderts, einfach, befriedigend und mit kritischem Tacte gelöst. Dieser Autor war R' Eliëser, Sohn des Jose ha-Gelili. Hätten die Kritiker von Fach dessen Ausgleichung dieser Schwierigkeiten gekannt, so hätten sie nicht zu verzweifelten Auslegungskünsten zu greifen oder falsche Folgerungen daraus zu ziehen brauchen.

Dieser R' Eliëser hat 32 Interpretationsregeln zum Verständniß räthselhafter oder einander widersprechend scheinender Stellen in der Bibel aufgestellt. Diese Regeln werden unter dem Titel: ל"ב מדות של רבי אליעזר, auch unter dem Titel פרקי angeführt. Citirt werden sie bereits von Autoren des elften Jahrhunderts, vergl. darüber J. Reifmann, histor. krit. Abhandlungen, Heft 1 (Wien 1866), S. 5 fg. Abgedruckt sind die 32 Regeln R' Eliëser's in den Talmud-Exemplaren nach dem Schlusse des Tractates Berachot. Sie sind aus Simson Chinon's Kheritot mit dessen Zusätzen ausgezogen. Unter diesen Regeln ist die 20te, welche sich auf den Vers im Segen Mose's bezieht, von höchster kritischer Wichtigkeit. Sie lautet: התורה נדרשת . . . כדבר שנאמר בזה ואינו ענין לו והוא ענין לחבירו. מאימתי הוא ענין? משיצטרך לו. כיצד? "וזאת ליהודה„ תנהו ענין לשמעון, שהרי שמעון היה צריך לו יותר מיהודה. מנין? מראובן. כיון שברך משה את ראובן „וזאת ליהודה" משמע "וזאת לשמעון". Diese Regel wird von Kimchi, aus Ibn-G'anach entlehnt, mit unbedeutenden Varianten citirt zu Jeremia 33, 26. Es ist eine außerordentlich kühne Diorthose. „Die Bibel kann interpretirt werden, indem man einen Ausspruch, der an einer Stelle steht, aber nicht dahin paßt, auf eine andere bezieht. Wann kann es darauf bezogen werden? Wenn es nöthig ist. Z. B.: „Und dieses für Juda", das wende auf Simeon an; denn für Simeon ist es nöthiger, als für Juda. Woher der Beweis? Von Rëuben. Nachdem Mose Rëuben gesegnet hat, sprach er: „Und dieses für Juda", es ist aber zu verstehen: „Dieses für Simeon". In ihrer unbeholfenen Sprache leistet diese Bemerkung zum Verständniß der Stelle einen vortrefflichen Dienst. Diese interessante Notiz steht nicht vereinzelt, sie wird auch zur Stelle kurz in Sifrê angeführt (Nr. 348 und daraus in Jalkut z. St.). Sie lautet hier: דבר אחר . „וזאת ליהודה" מלמד שנתפלל משה על שבטו של שמעון. Der Sinn des Verses ist also: וזאת לשמעון ויאמר שמע ה' קול שמעון ואל עמו תביאנו. Wie gut paßt das Wortspiel שמע und שמעון! Die Reihenfolge der Stämme ist also nach der

Ordnung aufgezählt, zuerst Rëuben, dann Simeon und Levi. Für Juda findet sich auch eine Andeutung, was aber hier auseinanderzusetzen zu weit führen würde. Also für Simeon galt der Segenswunsch: „Bringe ihn zu seinem Volke heim". Simeon muß also von der Gesammtheit getrennt gewesen sein und zwar zur Zeit, als die übrigen Stämme noch im Lande waren. Wo war Simeon? Nun, er war ausgewandert; wohin? Die Chronik sagt es uns, nach dem Gebirge Seïr. Wann war er dahin ausgewandert? Jedenfalls noch vor der Regierungszeit Chiskija's. Denn zu seiner Zeit traf das Exil der Zehnstämme ein. Es ist unnöthig, die Beweiskräftigkeit dieser Stelle weitläufig auseinanderzusetzen, sie leuchtet dem kritischen Sinne sofort ein. Das Factum, das Dozy ermittelt hat, daß der Stamm Simeon oder ein Theil desselben in der Fremde über Leiden geklagt hat, ist dadurch bestätigt, und auch daß die Auswanderung vor Chiskija's Zeit stattgefunden hat. Aber das, was Dozy daran angeknüpft hat, ist gerade dadurch widerlegt. Die ausgewanderten Simeoniten blieben stets im Gesichtskreis ihrer Volksgenossen, im Gesichtskreis der Propheten; sie können daher nicht nach Arabien ausgewandert sein, sondern müssen in der Nähe Juda's gelebt haben und zwar in Seïr; auch waren sie keineswegs verschollen. Daß die Sprüche (Proverbia 31, 1—9) von Lemuel, dem König von „Massa" oder eigentlich von der Mutter eines simeonitischen Fürsten außerhalb Juda's stammen, und לְמוּאֵל nur ein Ablaut des Namens נְמוּאֵל oder יְמוּאֵל sei, wie Dozy conjecturirt (a. a. O. S. 90), ist mehr als zweifelhaft; denn der Gedankengang dieser Sprüche erinnert zu sehr an den Vorstellungskreis, wie er sich in Jerusalem unter Anregung der Propheten und Psalmisten entwickelt hat. Nur die Form ברי und בר für בני und בן, vielleicht auch מלכין weisen auf die Zeit unter chaldäischer Einwirkung. — Aus den hier behandelten zwei Stellen geht also mit Gewißheit hervor, daß die Nachricht der Chronik von der Auswanderung der 500 Simeoniten auf thatsächlichem Grunde beruht. Ganz verschieden davon ist die Auswanderung der 13 simeonitischen Fürsten mit ihren Leuten. Diese fand zu Chiskija's Zeit statt. Was die Localität betrifft, so ist nichts gegen die von den LXX erhaltene L.-A einzuwenden וילכו למבא גרר, ἕως τοῦ ἐλθεῖν Γέραρα, d. h. גרר [So auch Mühlau bei Riehm-Bäthgen s. v. Gedor, S. 491]. Denn nur dort können Chamiten gewohnt haben. Gerar ist noch etwa 8 Kameelstunden in gerader Richtung von Beerseba, dem Hauptsitz der Simeoniten, entfernt, wenn es identisch ist mit dem heutigen Um el-G'erar. Was מעינים Ketib (מעונים Keri) betrifft, so braucht es nicht Minäer zu sein, die allerdings am rothen Meere wohnten, sondern einfach „Quellen" = מעינים. Die Peschito giebt eine Bestätigung dafür, sie übersetzt nämlich: וכל כבועא דמיא דאית תמן טממו אנון, d. h. ויכו אח אהליהם ואת המעינים אשר נמצאו שמה סתמו. Die Simeoniten haben also die Zelte der bei Gerar wohnenden Chamiten geschlagen und ihre Cisternen zugeschüttet. Die Gegend von Gerar lag südlich vom eigentlichen Philisterland. Das paßt recht gut. Nachdem Chiskija die Philister besiegt und unterworfen hatte, fanden die Simeoniten Spielraum, sich auszudehnen und aus ihrem Gebiete, das durch die Ausbreitung des regierenden Stammes Juda für sie zu eng geworden war, herauszukommen [Vgl auch noch Schrader-Winckler, a. a. O. S. 141 ff., Riehm-Bäthgen II, S. 1503 b, vgl. 967].

8.

## Die Invasion der Skythen in Judäa.

Aus Herodot's Bericht (I. 103—105) von der Verheerung durch die Skythen in Asien und aus seinen Mittheilungen, daß sie auch in Aegypten einen Einfall versuchten, daß ihnen Psammetich im syrischen Palästina (ἐν τῇ Παλαιστίνῃ Συρίῃ) entgegenging, sie durch Geschenke davon abzuhalten, und daß ein Theil derselben in Askalon den Tempel der Aphrodite (Mylitta) verbrannt habe, aus dieser umständlichen Relation hat man mit Recht geschlossen, daß Judäa von diesem Einfall nicht verschont geblieben sein kann. Sie, welche auf Plünderung ausgingen, sollten Jerusalem bei Seite gelassen haben, das ihrem Ungestüm nicht hätte widerstehen können? Entweder auf ihrem Zuge nach Aegypten oder auf ihrem Rückzuge, als sie Askalon zerstörten, das an der Grenze des judäischen Gebietes nur eine Tagereise in gerader Richtung von Jerusalem entfernt lag, müssen sie einen Abstecher dahin gemacht haben. Diese Thatsache ergiebt sich von selbst, wenn auch gar kein Zeugniß dafür vorhanden wäre. Ein indirectes Zeugniß wird gewöhnlich aus Syncellus angeführt, welcher eine Relation aus Eusebius' chronologischem Kanon entlehnt hat, daß Beth-Schean den Namen Skythopolis von den Skythen erhalten habe (405, 3): Σκύθαι τὴν Παλαιστίνην κατέδραμον καὶ τὴν Βασὰν (l. Βαιθσὰν) κατέσχον τὴν ἐξ αὐτῶν κληθεῖσαν Σκυθόπολιν. Allerdings wurde die Stadt Beth-Schean unweit des diesseitigen Jordan während des zweiten Tempels von den Griechen Skythopolis genannt (bei Josephus und auch in der griechischen Uebersetzung zu Richter und anderen Schriften [vgl. Buhl a. a. O. S. 205]). Haben sich Skythen in der günstig gelegenen Stadt Beth-Schean angesiedelt, so müssen sie Palästina von Westen nach Osten durchstreift und auch Judäa berührt haben. Sepp führt noch einen Beweis dafür an. Der ziemlich bedeutende Fluß Hieromax (Scheriat el-Mandhur), welcher von Osten kommend in den Jordan mündet, ist nur ein gräcisirter Name für den ursprünglichen ירמוך, wie er im Talmud genannt wird. Jarmuch soll aber ein skythischer Name sein. Demnach müssen Skythen sich an den Ufern des Jordan niedergelassen haben. Indessen ist weder dieses Argument, noch jenes aus Syncellus-Eusebius unanfechtbar. Man hat gegen das letztere geltend gemacht, daß der Name Skythopolis aus einer Corruption des Namens Sukkothpolis entstanden sein kann. Nicht weit von Beth-Schean südlich lag nämlich die Stadt סוכות, und diese mögen die Macedonier Skythopolis genannt haben, und der Name mag auf das nahgelegene Beth-Schean übertragen worden sein.

Indessen, so gewiß es einerseits ist, daß die skythischen Horden, welche gegen Aegypten gezogen und Philistäa verheert haben, Judäa nicht ganz verschont haben können, so auffallend ist es auf der anderen Seite, daß weder in den Königsannalen, noch in den prophetischen Schriften aus jener Zeit eine Nachricht von einer solchen Verheerung erhalten ist. Man hat zwar in Zephanja und Jeremia Andeutungen dafür finden wollen, aber die Beweise [illegible]rd durchaus falsch. Um die ganze Unhaltbarkeit dieser der Exegese entlehnten Stützpunkte nachzuweisen, ist es nothwendig, die Invasion der Skythen chronologisch genau zu fixiren. Herodot erzählt, daß, während der medische König Kyaxares, welcher den Tod seines Vaters Phraortes in einer Niederlage durch die Assyrer rächen wollte (das. 103: τιμωρέων τε τῷ πατρί), die Stadt Ninive belagerte, skythische Horden in Medien eingefallen seien, welche diesen zwangen, von dieser Belagerung abzustehen und für die Sicherheit des eigenen Landes zu sorgen. Daraus folgt ohne weiteres, daß die Niederlage des Phraortes, die Thronbesteigung seines Sohnes, die Belagerung Ninive's und der Einbruch der Skythen nicht lange auf einander folgten. Es kommt also nur darauf an, Kyaxares' Regierungsanfang zu fixiren, um die Zeit der Invasion zu ermitteln. Nun hat M. v. Niebuhr exakter als Max Duncker aus dem Synchronismus der medischen und lydischen Königsreihe für Kyaxares' Regierungsanfang das Jahr 114 oder 115 der Aera Nabonassar eruirt (Gesch. Assur und Babels S. 66 fg.), d. h. 634—633 vorchristlicher Zeit [Vgl. zur Chronologie jetzt Meyer, Geschichte d. Alterthums I, S. 553—558, vgl. S. 544 f. Danach regierte Kyaxares von 624—587. S. auch Schrader-Winckler, S. 102 f.]. Dieses Datum wird um zwei Jahre Differenz durch ein ausdrückliches Zeugniß bestätigt, und es ist merkwürdig, daß weder Niebuhr noch andere Forscher es für diese chronologische Untersuchung herangezogen haben. Diodor referirt nämlich nach Herodot, daß Kyaxares im zweiten Jahre der 37. Olympiade zum König der Meder erhoben wurde (II. 32, 88—90). *Κατὰ γὰρ τὸ δεύτερον ἔτος τῆς ἑπτακαιδεκάτης Ὀλυμπιάδος ᾑρέθη βασιλεὺς ὑπὸ Μήδων Κυαξάρης, καθ' Ἡρόδοτον.* Nun findet sich zwar diese Datumsangabe bei Herodot nicht, wahrscheinlich fand sie Diodor in dessen untergegangener Schrift über die Assyrer. Hier ist also deutlich angegeben, daß Kyaxares seinem Vater nachfolgte: Olymp. 37, 2, d. h. 631 vorchr. Zeit. In das erste Jahr Kyaxares' setzt auch Eusebius' Kanon den Einbruch der Skythen: Scythae usque ad Palaestinam penetraverunt (nach Hieronymus Uebersetzung, woraus die Angabe bei Syncellus), und das Jahr bestimmte er als Olym. 36, 4, d. h. 633, was sich dem obigen Datum nähert. Anderseits setzt er dieses Factum 123 ab urbe condita, d. h. 631; dieses beruht auf seinem von Hause aus unkritischen Calcül. Als gewiß kann demnach angenommen werden, daß Kyaxares 634 oder 631 zu regieren begann. In demselben Jahre begann er den Krieg gegen Assyrien und Ninive's Belagerung. In demselben Jahre brachen die skythischen Horden ein. Indessen ist es unwahrscheinlich, daß auch die Invasion der Skythen durch Asien bis Aegypten in demselben Jahre stattgefunden haben soll. Um Medien zu unterjochen, Assyrien tributpflichtig zu machen, wahrscheinlich auch in Babylonien einzufallen, dann durch Syrien und Phönicien zu stürmen und endlich durch die Ebene an der Küste bis Philistäa vorzudringen, dazu haben sie wohl einige Jahre gebraucht. Man kann also den Einfall der Skythen in Palästina frühestens um 631 ansetzen, d. h. in Josia's neuntes Jahr (s. chronolog. Tafel, B. I.). Jedenfalls war diese Invasion bereits eine vergangene Thatsache, als Jeremia auftrat, da er erst im dreizehnten Jahre Josia's zu prophezeien begann. Es ist also ein grober Irrthum von Ewald, Duncker und Andern, einige Jeremianische Partieen, z. B. Kap. 4—6, auf den Skythenschwarm zu beziehen. Nachdem dieser längst abgezogen war, soll Jeremia von ihm als einem zukünftigen Ereigniß gesprochen haben! Nur die Chaldäer deutet er an, sowie auch 1, 13 fg. מצפון תפתח הרעה gleich 47, 2 הנה מים עלים מצפון. So faßt es richtig Keil auf (Einl. 2, S. 334) [Durchschlagend scheinen jedoch die Darlegungen Kuenen's a. a. O. S. 165, Nr. 12 zu sein]. Dagegen kann Zephanja nicht die Chaldäer im Sinne gehabt haben, denn da er, wie allgemein angenommen wird, vor der Reformation, d. h. vor 621 gesprochen hat, so kann er unmöglich an die Chaldäer gedacht haben, da diese vor Nebukadnezar gar keine Bedeutung hatten. Wenn Zephanja von einem bestimmten verheerenden Feinde spräche, dann könnte er wohl an die Skythen gedacht haben, da er auch Assur und Ninive den Untergang androht (2, 13 fg.) Allein er spricht von keinem bestimmten Feinde, sondern nur allgemein von Unheil, das eintreffen werde. Daher läßt sich aus seinen Prophezeiungen gar nichts für die Invasion der Skythen in Juda schließen. Allenfalls könnte V. 3. 6 darauf bezogen werden: הכרתי גוים נשמו פנותם החרבתי חוצותם מבלי עבר נצדו עריהם מבלי איש מאין יושב. Diese Partie gehört aber entschieden der Zeit nach der Josianischen Reformation an.

Dagegen läßt sich aus Ezechiel's Schilderung von Gog und Magog (c. 38 bis 39) auf die Anwesenheit der Skythen in Judäa schließen. Josephus und Hieronymus erklären מגוג als Skythen (Alterth. I. 6, 1). *Μαγώγης δὲ τοὺς ἀπὸ αὐτοῦ Μαγώγας ὀνομασθέντας ᾤκισε, Σκύθας δὲ ὑπ' αὐτῶν προσαγορευομένους*, Hieronymus zu Ezechiel: Magog esse gentes Scythicas immanes et innumerabiles, quae trans Caucasum montem . . . tendantur. Man hat das Wort גוג auf den Berg Cauk — Caucasus zurückgeführt[1]). In der That erkennt man in Ezechiel's Schilderung durchaus die Art und Weise der Skythenhorden. Gog zieht aus zu plündern und zu rauben, Gold und Silber wegzutragen, Vieh und Erwerb zu nehmen, große Beute zu machen (38, 13). Er bricht aus dem äußersten Norden ein (מירכתי צפון 38, 15; 39, 2) und zieht eine unzählige Menge Völkerschaften hinter sich her, Kimmerier (גמר), Armenier (בית תוגרמה), Aethiopier und andere Völkerschaften (38, 5—7). Wie ein Unwetter zieht er herauf, wie eine Wolke, die Erde zu bedecken (V. 9). Ezechiel prophezeite in diesen Kapiteln eine eigene Gestaltung der Zukunft. Nachdem Israel aus dem Exile zurückgekehrt sein und friedlich und sicher ohne Festungen und Mauer das Land bewohnen werde, werde es plötzlich von einem Schwarmvolke und vielen Völkerschaften in dessen Gefolge überfallen und bekriegt werden, aber dieser Feind werde einen schmählichen Untergang finden. Dieses Schwarmvolk nannte er Gog und Magog, d. h. Skythen, und schilderte es nach den an den Skythen wahrgenommenen Eigenschaften. Diese zutreffende Schilderung setzt voraus, daß man in Judäa, speciell in Jerusalem, eine Vorstellung von dem Wesen der Skythen hatte, d. h. daß sie da gesehen worden waren. Selbst wenn Ezechiel um einige Jahre jünger als Jeremia gewesen sein sollte, fiele seine Geburt doch nur wenige Jahre nach der skythischen Invasion, und er konnte in seiner Jugend von ihnen und ihrer Plünderungssucht und Zerstörungswuth gehört haben. Diese Jugenderinnerungen dienten ihm später dazu, das Schwarmvolk seines prophetischen Gesichtes mit den Zügen auszustatten, welche den Skythen eigen waren. Nur auf diese Weise sind die Kapitel über Gog und Magog exegetisch und psychologisch erklärlich. Es folgt also mindestens daraus, daß die Skythen den Judäern bekannt waren.

Ein noch triftigerer Beweis nicht bloß für die Bekanntschaft der Judäer mit den Skythen, sondern auch für deren Eingreifen in das Geschick des Landes läßt sich aus dem Liede Deuteron. c. 32 entnehmen. In demselben ist angegeben, daß das israelitische Volk wegen seines verkehrten Götzenthums von einem Unvolk, von einem verworfenen Volke gezüchtigt werden werde oder gezüchtigt worden sei. Den Mittelpunkt bildet Vers 21: הם קנאוני בלא אל כעסוני

[1]) Khog soll ursprünglich „Gebirge" bedeuten. Joh. Gust. Cuno, Forschungen im Gebiete der alt. Völker, S. 263 [Vgl. Meyer a. a. O. S. 558 u. Duhm z. St.].

ואני אקניאם בלא עם בגוי נבל אכעיסם. בהבליהם. Welches Volk konnte als verworfenes, gemeines, unangesehenes Gesindel, als Unvolk bezeichnet werden? Die Ausleger haben dabei an die Assyrer gedacht. Aber diese werden in der biblischen Literatur als uraltes, geachtetes Volk gleich dem Aegyptischen dargestellt. Man kann also unter לא עם und גוי נבל weder die Assyrer noch die Aegypter und noch weniger die Nachbarvölker Israels verstehen. Allenfalls könnte man dabei an die Chaldäer denken, von denen Jesaia 23, 13 ebenfalls sagt: הן ארץ כשדים זה העם לא היה, daß dieses Volk früher nicht bestand. Allein das Lied im Deuteron. kann nicht der chaldäischen Zeit angehören, denn es wird vorausgesetzt, daß Israel dem häßlichen Götzenthum fröhnte (15—18), und auch, daß es bereits gelitten habe (Vers 30. 42—43). Auf dieser Voraussetzung ist das ganze Lied angelegt. Das Volk ist bereits empfindlich heimgesucht worden. Anstatt sich die Schuld beizumessen, wälzt es sie in arger Verkennung auf seinen Gott: הלה׳ תגמלו זאת עם נבל ולא חכם. Dieses deiktische זאת ist bedeutsam. Es weist auf einen Leidensstand hin, der in der damaligen Gegenwart noch fortdauerte. Das Lied will eben diese Verkennung aus dem Herzen bannen und betonen: daß Gott gerecht, treu und ohne Fehl ist (Vers 4). Die Leiden treffen das Volk wohl verdient und sollen auch dazu dienen, es seine Ohnmacht empfinden zu lassen (V. 36 b) כי יראה כי אזלת יד ואפס עצור ועזוב. Aus allem diesen geht mit Gewißheit hervor, daß das verworfene Volk, das nicht einmal den Namen Volk verdient, da es weder Heimath noch staatlichen Zusammenhang hat, sondern raubend und plündernd die Länder durchrast, Leiden über Juda gebracht und es bis zur Ohnmacht geschwächt hat, daß dieses Volk nur das skythische gewesen sein kann. Es ergiebt sich daraus, daß die Skythen auch in Judäa gehaust haben. Sie haben es wohl plündernd, sengend und brennend durchstreift, so daß alle Habe, Werthvolles und Geringes (עצור ועזוב) verloren gegangen ist. Jerusalem selbst scheinen sie aber nicht betreten zu haben, sie hätten sich bei der Belagerung der jedenfalls festen Stadt lange aufhalten müssen, was wohl schwerlich in ihrer Absicht gelegen haben kann. Sie waren ja nur gekommen, wie Ezechiel schildert: לשלל שלל . . . לבז בז . . . לשאת כסף וזהב לקחת מקנה וקנין לשלל שלל גדול. Wahrscheinlich hat ihnen Josia, sowie der ägyptische König Psammetich Schätze angeboten, um die Hauptstadt zu verschonen. Der Einfall der Skythen in Judäa kann daher als eine historische Thatsache angesehen werden, und er hat moralische und politische Nachwirkung gehabt.

Kann die skythische Verheerung in Palästina als Thatsache angenommen werden, so könnte auch eine größere prophetische Partie auf diesen, der Erinnerung tief eingeprägten Vorgang und diese Zeit zurückgeführt und dem vollen Verständnisse eröffnet werden. Kap. 24—27 in Jesaia, welche ein einheitliches Ganzes bilden, stechen so auffallend von dem echt-jesaianischen Stile ab, daß die meisten kritischen Ausleger von Eichhorn bis auf Hitzig, Ewald, Bertheau, Bleek sie für pseudojesaianisch halten. Aber in der Bestimmung der Abfassungszeit derselben gehen sie weit auseinander; so setzt sie z. B. Hitzig noch in die assyrische Zeit, Ewald unter Kambyses während seines Zuges nach Aegypten [Luzzatto bezieht sie auf die Eroberung Babels durch Cyrus]. Diese Hypothese ist entschieden falsch. Denn Vers 27, 9 setzt voraus, daß Jakob, d. h. Juda noch in Götzendienst versunken war, noch Ascherim und Sonnensäulen hegte. Ferner wird Assyrien ausdrücklich genannt neben Aegypten (27, 13) und es ist auch angedeutet (27, 1) unter dem Bilde der riegelförmigen, langgestreckten Schlange נחש בריח, sowie Aegypten unter der gewundenen (heimtückischen) Schlange נחש עקלתון dargestellt wird[1]. Das assyrische Reich bestand also damals noch, aber in demselben waren schon israelitische und judäische Verbannte. Bleek, der die richtige Abfassungszeit geahnt hat, ließ sich einen halben Widerspruch zu Schulden kommen. Er bemerkt (Einl. S. 463): „Wahrscheinlich ist sie (die spätere Weissagung) aus später Zeit . . nach der Zerstörung des assyrischen Reiches, als die Juden von . . . den Aegyptern viel zu leiden hatten". Und gleich darauf: „die Abfassung fällt wahrscheinlich in das Zeitalter des judäischen Königs Josia oder unmittelbar darauf". Aber da Assyrien zur Zeit Josia's noch bestanden hat, so kann diese Partie nicht zugleich unter Josia und nach der Zerstörung Ninive's verfaßt worden sein. Auch kann das assyrische Reich damals noch nicht untergegangen gewesen sein, wie soeben bewiesen wurde. Bleek hat sich vom Scheine verführen lassen, in einigen Versen Ausdrücke von dem Untergange einer mächtigen Stadt, Ninive, zu finden, in Vers 25, 2. כי שמת מעיר (מעיר delendum) לגל קריה בצורה למפלה ארמון זרים לעולם לא יבנה; Vers 26, 5: כי השח ישבי מרום קריה נשגבה, ישפילנה ישפילה עד ארץ יגיענה עד עפר auch 27, 10. Selbst zugegeben, daß darunter Ninive zu verstehen wäre, so folgt noch nicht daraus, daß es damals bereits zerstört war. Man bemerke wohl, daß diese Ausdrücke in einem Dankgebete vorkommen. Vers 26, 1 ביום ההוא יושר השיר הזה בארץ יהודה. Zu Vers 25, 1 muß Aehnliches ergänzt werden, sonst ist der Uebergang unverständlich. In einem solchen Dankliede pflegt der Wunsch als bereits erfüllte Wirklichkeit anticipirt zu werden. Nur durch diese Annahme sind mehrere Psalmen zu verstehen. Ps. 9, 16 טבעו גוים יגו׳ bedeutet nicht: Völker waren bereits versunken, sondern man wird nach geschehener Errettung Solches singen; Ps. 20, 7; עתה ידעתי כי הושיע ה׳ משיחו, will nicht sagen, daß Gott bereits geholfen habe, und die Feinde zu Roß und Wagen niedergesunken seien, sondern daß das Danklied später diese eingetretenen Thatsachen besingen werde, vergl. Ps. 22, 24—25. So auch in unserer prophetischen Partie. Der Prophet verkündet, daß nach dem Eintritt der großen Ereignisse man in Juda ein solches Lied singen werde, daß nämlich die feste Stadt, die Bewohner der Höhe, die Burg der Eroberer in Trümmer zerfallen sind. Diese Zerstörung war noch nicht zur Thatsache geworden, sondern wird anticipirt.

Um nun einen sicheren Ausgangspunkt zur Fixierung der Zeit für diese Kapitel zu haben, muß man das Augenmerk auf das räthselhafteste Moment in der ganzen Partie richten. Inmitten von Betrachtungen über Unterdrücker im Allgemeinen und über Völker ohne Namen wird unerwartet Moab als Feind des judäischen Volkes genannt (25, 10—12) כי תנוח יד ה׳ בהר הזה ונדוש מואב תחתיו. Das ist höchst auffallend. Ewald, dem Moab höchst unbequem ist, und das seiner Hypothese den Todesstoß versetzt, macht eine Bemerkung, die er schwerlich beweisen kann: daß „Moab, ebenso wie Edom in den spätern Jahrhunderten nichts weiter als Beispiel der unverbesserlichen Widerspenstigkeit gegen Jhwh war". Und weil er diesen Passus von Moab nicht unterbringen kann und doch per fas et nefas einen Strophenbau markiren will, versetzt er diese Verse. Die Erwähnung Moabs muß aber einen historischen Hintergrund haben. Man braucht nicht weiter zu suchen um diesen und damit auch die richtige Zeitlage zu finden. Zephanja, der im Anfang von Josia's Zeit prophezeit hat, verkündete ein Strafgericht zunächst über die philistäische Tetrapolis

[1]) Unter התנין אשר בים muß Phönicien verstanden werden [S. jedoch z. B. v. Orelli und Marti z. St., die darunter Aegypten verstehen wollen].

und dann über Ammon und Moab, über Aethiopien und Assyrien. Bei Ammon und Moab verweilte er am längsten und begründete das Strafgericht, weil sie Gottes Volk geschmäht und gelästert und höhnische Worte über dessen Gebiet geäußert (2, 8—10): שמעתי חרפת מואב וגדפי בני עמון אשר חרפו את עמי ויגדילו על גבולם . . . זאת להם תחת גאונם כי חרפו ויגדילו על עם ה׳ צבאות. Es muß also in Josia's Zeit eine tiefe Feindseligkeit zwischen Moab und Juda bestanden haben. Auch Jeremia spricht von Moab's Hohn gegen Gott, d. h. gegen das Volk Gottes (48, 42: ונשמד מואב כי על ה׳ הגדיל. Er, der überhaupt Reminiscenzen aus älteren Propheten in seine Reden einflicht, hat eine Wendung über Moab, die auch in unserer Partie vorkommt.

| Jeremia 48, 43—44. | Jesaia 24, 17—18. |
|---|---|
| פחד ופחת ופח עליך יושב מואב . . . הנס מפני הפחד יפל אל הפחת והעלה מן הפחת ילכד בפח. | פחד ופחת ופח עליך יושב הארץ והיה הנס מקול הפחד יפל אל הפחת והעולה מתוך הפחת ילכד בפח. |

Schon aus dieser Parallelisirung ergiebt sich, daß das Bild in Jesaia originell und in Jeremia nur Entlehnung ist, und dadurch ist auch Ewald's Hypothese von der nachexilischen Abfassungszeit dieser Partie gerichtet. Doch suchen wir zunächst den Grund der Feindseligkeit zwischen Juda und Moab in Josia's Zeit auf, welche durch Zephanja constatirt ist. Reibungen zwischen Moab und den jenseitigen Stämmen können selbstverständlich nach Untergang des Zehnstämmereichs nicht bestanden haben, da die Stämme Gad, Rëuben und Halbmanasse exilirt waren. Ammon hatte das Gebiet von Gad in Besitz genommen (Jeremia 49, 1): לבני עמון . . . . מדוע ירש מלכם את גד ועמו בעריו ישב. Auch Moab war der Erbe der jenseitigen Stämme geworden, wie aus Jeremia Kap. 48 hervorgeht. Die Feindseligkeit Moab's muß demnach direkt gegen Juda gerichtet gewesen sein. Erinnern wir uns, daß unter Chiskija Moab schutzflehend sich nach Zion gewendet hat, und daß die judäische Familie פחת מואב von den Nachkommen Joab's die Thatsache voraussetzt, daß Juda eine Art Herrschaft über Moab hatte (s. o. S. 441). Dieses Abhängigkeitsverhältniß bestand, wie wir aus Zephanja's Worten erfahren, in der Zeit Josia's nicht mehr. Moab war nicht nur selbstständig geworden, sondern befand sich auch in einer glücklichen Lage und äußerte Schadenfreude über das Mißgeschick, welches Juda betroffen hatte. Diese Schadenfreude von Seiten des ehemaligen Vasallen wurde in Jerusalem schmerzlicher empfunden als das Mißgeschick selbst. Zephanja motivirt das Strafgericht über Moab, weil es das Volk Gottes geschmäht und gehöhnt hatte. Auch der Prophet der in Frage stehenden Jesaianischen Partie deutet die schmerzliche Empfindung in Folge des Hohns an (25, 8): וחרפת עמו יסיר מעל כל הארץ. Da er nun in der größtentheils allgemein gehaltenen prophetischen Rede an einer Stelle Moab hervorhebt, so leuchtet es ein, daß die Schmähung von Seiten dieses Volkes in Jerusalem eine besondere Erbitterung hervorgerufen hatte Daraus folgt, daß dieser Prophet dieselbe Zeitlage voraussetzt wie Zephanja, und daß er demnach dessen Zeitgenosse gewesen sein muß, d. h. unter Josia gesprochen (oder geschrieben) hat [vgl. hierzu noch die Zusammenstellung der anderweitigen Ansetzungen bei Kuenen a. a. O. S. 90 u. Marti S. 182].

Nun setzt diese Partie eine allgemeine Verheerung voraus (24, 5 fg.). Sie spricht von mächtigen gewaltthätigen Völkern (25, 3): עם עז קרית גוים עריצים, und schildert sie (24, 4) wie ein Unwetter gegen die Mauer: כי רוח (גוים) עריצים כזרם קיר.

Sie deutet endlich an, daß die Feinde Juda's ebenfalls von den gewaltthätigen Völkern gelitten haben (27, 7): הכמכת מכהו הכהו אם כהרג הרגיו הרג. Welche Völker oder welches Volk kann in Josia's Zeit eine solche Verheerung gebracht haben? Wohlverstanden noch während des Bestandes des assyrischen Reiches, der vorausgesetzt wird (o. S. 456), also noch vor dem Untergang Ninive's? Innerhalb der Josianischen Zeit kennt die Geschichte nur die Skythen als ein solches Zerstörung verbreitendes und schreckliches Volk. Folglich hat diese Partie die Skythen zum Hintergrunde. Sie spricht aber deutlich genug, daß Juda ebenfalls in dieser Zeit viel gelitten hat (26, 16): ה' בצר פקדוך; (26, 13): בעלונו אדנים זולתך. Sie schildert das Unglück, das über Juda damals gekommen war, als einen Sturm (26, 20) und braucht ein schönes Bild: „Gehe, mein Volk, in deine Gemächer und schließe die Thüre hinter dir zu. Verbirg dich einen kleinen Augenblick, bis der Sturm vorübergehen wird." Sie deutet endlich an, daß damals Leichen in Juda gefallen sind (26, 19): יחיו מתיך נבלתי יקומון. Daraus folgt, daß die Skythen auch in Judäa zerstörend gewüthet haben. Die Einzelheiten in diesem tief angelegten, räthselhaften, echt poetischen Stücke treten besser hervor, wenn man sich dahinter die grausige Verheerung durch die Skythen denkt, die von dem Propheten als Geißel Gottes dargestellt werden, weil alle Welt „die Lehren übertreten, das Gesetz gewechselt, das ewige Bündniß aufgelöst hat" (24, 5).

# Register.

## A.

## B.



## C.



## D.



## E.

F.



G.



H.

## J.

## K.



## L.



## M.

## N.



## O.



## P.

## Q.



## R.



## S.

## T.



## U.



## V.



## W.



## Z.